AS ESTRUTURAS ANTROPOLÓGICAS DO IMAGINÁRIO

AS ESTRUTURAS ANTROPOLÓGICAS DO IMAGINÁRIO

INTRODUÇÃO À ARQUETIPOLOGIA GERAL

Gilbert Durand

Tradução
HÉLDER GODINHO

SÃO PAULO 2019

Esta obra foi publicada originalmente em francês com o título
LES STRUCTURES ANTHROPOLOGIQUES DE L'IMAGINAIRE
por Dunod, Paris, em 1992.
Copyright © Dunod, Paris, 1992.
Copyright © 1997, Livraria Martins Fontes Editora Ltda.,
São Paulo, para a presente edição.

1ª edição 1997
4ª edição 2012
2ª tiragem 2019

Tradução
HÉLDER GODINHO

Preparação do original
Maurício Balthazar Leal
Revisões gráficas
Lígia Silva
Lilian Jenkino
Produção gráfica
Geraldo Alves
Paginação
Studio 3 Desenvolvimento Editorial

Dados Internacionais de Catalogação na Publicação (CIP)
(Câmara Brasileira do Livro, SP, Brasil)

Durand, Gilbert
  As estruturas antropológicas do imaginário : introdução à arquetipologia geral / Gilbert Durand ; tradução Hélder Godinho. – 4ª ed. – São Paulo : Editora WMF Martins Fontes, 2012.

  Título original: Les structures anthropologiques de l'imaginaire.
  ISBN 978-85-7827-607-2

  1. Antropologia 2. Arquétipo (Psicologia) 3. Imagem (Psicologia) 4. Simbolismo (Psicologia) I. Título.

12-09198   CDD-128.3

Índices para catálogo sistemático:
1. Imaginário : Antropologia filosófica 128.3

Todos os direitos desta edição reservados à
Editora WMF Martins Fontes Ltda.
Rua Prof. Laerte Ramos de Carvalho, 133 01325.030 São Paulo SP Brasil
Tel. (11) 3293.8150 e-mail: info@wmfmartinsfontes.com.br
http://www.wmfmartinsfontes.com.br

Índice

Prefácio da sexta edição 9
Prefácio da quarta edição 13
Prefácio da terceira edição 15

Introdução 21

    As imagens de "quatro vinténs" 21
    O símbolo e as suas motivações 32
    Método de convergência e psicologismo metodológico 42
    Intimações antropológicas, plano e vocabulário 51

LIVRO PRIMEIRO
O REGIME DIURNO DA IMAGEM

O Regime Diurno da imagem 65

1.ª Parte. As faces do tempo 69

    1. Os símbolos teriomórficos 69
    2. Os símbolos nictomórficos 90
    3. Os símbolos catamórficos 111

2.ª Parte. O cetro e o gládio 123

    1. Os símbolos ascensionais 125
    2. Os símbolos espetaculares 146

3. Os símbolos diairéticos 158
4. Regime Diurno e estruturas esquizomórficas do imaginário 179

LIVRO SEGUNDO
O REGIME NOTURNO DA IMAGEM

O Regime Noturno da imagem 191

1.ª Parte. A descida e a taça 199

1. Os símbolos da inversão 199
2. Os símbolos da intimidade 236
3. As estruturas místicas do imaginário 269

2.ª Parte. Do denário ao pau 281

1. Os símbolos cíclicos 281
2. Do esquema rítmico ao mito do progresso 328
3. Estruturas sintéticas do imaginário e estilos da história 345
4. Mitos e semantismo 355

LIVRO TERCEIRO
ELEMENTOS PARA UMA FANTÁSTICA TRANSCENDENTAL

Elementos para uma fantástica transcendental 375

1. Universalidade dos arquétipos 377
2. O espaço, forma "a priori" da fantástica 398
3. O esquematismo transcendental do eufemismo 413

Conclusão 425

Anexo I – Das convergências da nossa arquetipologia com o sistema lógico de S. Lupasco 435
Anexo II – Classificação isotópica das imagens 441
Índice geral das obras citadas 445
Índice alfabético dos nomes próprios mitológicos 463
Notas 471

SÓCRATES: *Assim, portanto, naquele que não sabe, existem, acerca dessas coisas que acontece ele não saber, pensamentos verdadeiros sobre as próprias coisas que não sabe?*
MÊNON: *Com certeza!*
SÓCRATES: *E agora esses pensamentos erguem-se nele, como se de um sonho se tratasse.*

Platão, *Mênon*, 85 c

Submeter a imaginação, mesmo que disso dependesse aquilo a que impropriamente chamamos a felicidade, é furtarmo-nos a tudo o que, no fundo de nós próprios, existe de justiça suprema. Só pela imaginação vislumbro as coisas que podem vir a tornar-se realidade, e isso é o suficiente para levantar um pouco o terrível interdito. O suficiente para que eu me abandone a ela sem receio de enganar-me...

A. Breton, *Manifeste du Surréalisme*

Prefácio da sexta edição

As teses que este livro defendia há justamente vinte anos, na vanguarda dos estudos promovidos pela psicanálise, pelo surrealismo e pela fenomenologia bachelardiana, foram sendo, ano após ano, confirmadas pela corrente de pensamento que marca a "grande virada" de civilização que vivemos desde há um quarto de século.

Os velhos neopositivismos unidimensionais e totalitários perdem todos os dias mais um pouco do que lhes resta de prestígio, minados pela instrumentação da investigação científica moderna, assim como pela inquietação e pelas aspirações dos homens do nosso tempo. O estruturalismo formal, quanto a ele, fechou-se para sempre no gueto de uma linguagem estéril, preciosa e, muitas vezes, ridícula. E se as nossas escolas e os nossos mass media *se fazem ainda eco dessas velharias, a investigação de ponta liquidou esses obstáculos epistemológicos do último século. Ao manifesto do "Novo Espírito Científico", lançado há quarenta e cinco anos, pode seguir-se com pertinência, nos nossos dias, um manifesto do "Novo Espírito Antropológico"*[1]*. Tantos trabalhos de primeira ordem, como os de Eliade, Corbin ou Dumézil, tantas epistemologias de vanguarda, como as do sistematicista Bertalanffy, do biólogo François Jacob, do matemático Thom*[2]*, vieram precisar a tópica lupasciana que sustentava a nossa pesquisa; tantas publicações de "novos filósofos", "novos sociólogos", "novos psicólogos" – como James Hillman –, mesmo de "novos teólo-*

gos" – como David L. Miller –, dirigiram-se para os mesmos horizontes que este livro outrora descobria, motivo por que nos parece necessário reeditar pela sexta vez uma obra que julgamos nada ter perdido do seu valor heurístico. Nós mesmos e os nossos próximos colaboradores do Centre de Recherche sur l'Imaginaire *não deixamos de ampliar e consolidar em trabalhos de "mitocrítica" e de "mitanálise" as perspectivas traçadas aqui há vinte anos*[3].

Decerto estas últimas deveriam ser completadas. Em particular, gostaríamos de dar à etologia dos últimos vinte anos o lugar da reflexologia betchereviana. Mas Lorenz, Tinbergen ou Portmann não nos parecem anular fundamentalmente os trabalhos pioneiros da Escola de Leningrado. Embora toda a ciência se funde, de fato, numa "filosofia do não", o trabalho científico não deixa de constituir uma trajetória coerente no feixe múltiplo da sua expansão. Confundiu-se muito com as visões circunstanciais do mundo e do homem, induzidas desta ou daquela etapa metodológica e hipostasiadas de modo muito pouco científico, com a deontologia comum a qualquer fase do saber. Será necessário repetir que o método, prudentemente empírico, que seguimos neste livro está nos antípodas de um sistema unitário? Não se deve confundir sistemático com espírito de sistema. Longe disso! Por isso, nunca aqui se tratou de "estrutura absoluta", do mesmo modo que não se fizeram tonitruantes revelações de "coisas escondidas". Não! Porque toda a "estrutura" implica por definição uma relação entre elementos que são os seus subsistemas, e isto até o infinito, e o que nós descrevemos e classificamos está bem patente, é conhecido, repetido em todos os mitos e poemas da humanidade "desde o princípio do mundo", semper et ubique. *É que a ética do sábio exige a competência paciente e erudita ao mesmo tempo que a disponibilidade de espírito diante dos fenômenos, ou seja, diante do imprevisto maravilhoso do que "aparece". Fora desta dupla atitude de modéstia culta e de liberdade de espírito, há apenas charlatanismo e ideologia sectária. Muitas vezes ainda se conjugam a incompetência do charlatão e a arrogância do sectário em "somas" peremptórias e apressadas que os nostálgicos da ditadura cientificista encorajam com grande alarde.*

Mas nós temos a agradável certeza de que esses são apenas combates de retaguarda. Que o sr. Hormais me desculpe, mas o próprio sentido da história já não é o que era! Um pensamento "contra a corrente" construiu longe das luzes escolásticas a esperança e o espírito do mundo vindouro. Este livro não quer mais do que ter o mérito de durante um quarto de século estar presente na corte vitoriosa deste "alegre saber"!

Prefácio da quarta edição

Não vamos acrescentar nada ao prefácio da edição anterior, que data apenas de 1969, a não ser que muitas obras vieram, durante estes três anos, confirmar a eficácia das nossas opiniões. No plano da lógica dos sistemas antropológicos, notemos o livro recente de Marc Beigbeder, La contradiction ou le nouvel entendement, Bordas, 1973; *no terreno da psicologia do imaginário, retenhamos o 1.º tomo do excelente estudo de Jean Chateau,* Les sources de l'imaginaire *(Edit. Universit., 1972); no plano da aplicação de uma análise figurativa das estruturas da imagem, sentimo-nos obrigados a assinalar aqui a publicação, pelos nossos colegas e amigos do* Centre de Recherche sur l'Imaginaire *que temos a honra de dirigir, das duas teses monumentais de Jean Perrin,* Les structures de l'imaginaire shelleyen, P. U. de Grenoble, 1973, *e de Simone Vierne,* Jules Verne et le roman initiatique, contribution à l'étude de l'imaginaire, Agrafe d'or, 1973. *Possam estes exemplos ser seguidos e valer-nos outros bons trabalhos de análise figurativa!*

Prefácio da terceira edição

No limiar desta terceira edição, de uma obra com apenas nove anos, sem nada mudar do texto da nossa primeira edição, que não pretendia ser mais do que um modesto repertório inventariado e classificado dos dinamismos imaginários, queremos esboçar um brevíssimo inventário epistemológico do estado atual das questões relativas às "Estruturas" e ao "Imaginário". No que respeita às primeiras, apesar de toda a publicidade desagradável dada aos diversos "estruturalismos", diremos que a nossa posição não mudou e que foi confirmada pelos trabalhos de Stéphane Lupasco ou de Noam Chomsky[1], e muito pouco abalada por certos trabalhos, de resto notáveis, da velha guarda do "estruturalismo formal" e jakobsoniano[2]. Se para Chomsky há uma "gramática generativa" e uma espécie de infra-estrutura criacional da linguagem, se para Lupasco toda estrutura profunda é um sistema "material" de forças em tensão, para nós a estrutura fundamental, "arquetípica", nunca deixou de considerar os materiais axiomáticos – logo as "forças" – do imaginário. Por detrás das formas estruturadas, que são estruturas extintas ou arrefecidas, transparecem, fundamentalmente, as estruturas profundas que são, como Bachelard ou Jung já o sabiam, arquétipos dinâmicos, "sujeitos" criadores. O que os trabalhos de N. Chomsky confirmam esplendidamente é que há uma estrutura dinâmica na intenção geral das frases muito mais do que nas formas mortas e vazias das categorias sintáticas ou lexicológicas. É o que tentávamos pôr em evidência há dez anos, no título dos nossos capítulos terminais consagrados a uma "fantástica transcendental". Por outras palavras, como teremos ocasião de precisar numa próxima obra, só se pode falar de "estrutura" quando as formas deixam o domínio da troca mecânica para passar ao do uso semântico, quando o estruturalismo aceita de uma vez por todas ser "figurativo". Sem esta condição a tentativa estruturalista se perde na procura estéril do que Ricoeur chamava "o sentido do não-sentido".

O estado da segunda questão – a relativa aos estudos sobre o Imaginário – permanece solidário desta reafirmação de um estruturalismo "materialista" ou "figurativo". A bem dizer, poucas obras significativas apareceram desde 1960 sobre o problema do Imaginário. A única que se queixa deste problema deve-se a um psicólogo que, apesar das suas qualidades incontestáveis de bom psicólogo, não é capaz de distinguir "a" função do Imaginário de maneira diferente daquela que, há um século, e há já trinta anos com Sartre, tinha sido feita pela filosofia psicológica estreita, saída do intelectualismo associacionista e através dele das concepções bem gastas, velhas como Aristóteles.

O livrinho de Philippe Malrieu é, neste aspecto, uma regressão em relação aos trabalhos de Bachelard, que ele critica, da psicanálise e dos surrealistas. Não só o autor retoma por sua conta a tese clássica do Imaginário como modo "primitivo" do conhecimento científico e da existência segundo outrem (o que significa que não sai do complexo de cultura do Ocidente cristão e tecnocrata que coloca como valores supremos a ciência de tipo físico-químico e a relação interpessoal de tipo evangélico), mas ainda se engana decididamente quando censura a Bachelard, e a mim próprio, o "primado" material do Imaginário. E quando, criticando o "arbitrário" da classificação que dou, acrescenta numa nota, a propósito do simbolismo da cruz: "Poder-se-ia pensar também na dominante diairética, esquizomorfa: a cruz indica, como a árvore, a ascensão, e também a encruzilhada, a escolha", o psicólogo confunde a sua própria fantasia (funcionando em regime polêmico e diairético!) e o conteúdo positivo do simbolismo da cruz (tal como nos é dado pelos recenseamentos científicos da antropologia). Diante de milhares e milhares de inter-

pretações culturais da cruz como "convergência de contrários, totalização, centro do Universo", quantas cruzes que sejam símbolo da elevação, da escolha, pode o psicólogo alinhar? Se a crítica de P. Malrieu repousasse numa crítica antropológica séria, aperceber-se-ia de que quando a cruz desliza para uma acepção esquizomorfa deforma-se e passa de figuras de simetria pontual (cruz grega, asteca, maia, suástica, etc.) para desfigurações do cruciforme (cruz latina) e, no limite, para o simples "tau" do crucifixo, para o simples poste onde "está elevado" (mas ainda como "pontifex") Cristo e onde desaparece o cruzamento constitutivo da estrutura cruciforme. De tal modo é verdade — contra qualquer manipulação psicológica tendente a rebaixar o Imaginário ao nível de um meio primitivo — que o Imaginário possui uma realidade onde se vêm arrumar imperiosamente as fantasias do próprio psicólogo. Estas últimas, tal como a imagem da pessoa ou do interpessoal, não são imagens privilegiadas. Considerar os valores privilegiados da sua própria cultura como arquétipos normativos para outras culturas é sempre dar mostras de colonialismo intelectual. A única coisa normativa são as grandes reuniões plurais de imagens em constelações, enxames, poemas ou mitos.

Quanto à censura que muitas vezes nos foi feita de nos "limitarmos" à classificação "betchereviana", ela apenas se justifica justamente neste complexo de cultura ocidental que por um lado desconfia de todo o fisiologismo antropológico em nome — mais ou menos confessado — de um certo "espiritualismo" vago, mesmo se personalista, e que por outro lado quer a todo o preço privilegiar um eixo de determinações explicativas e, segundo o velho adágio aristotélico, "saber pela causa". Ora, repito, como há dez anos: a reflexologia vem tomar lugar nas estruturas do trajeto antropológico e não o inverso. O reflexo dominante nunca foi para mim princípio de explicação, quando muito foi elemento de confirmação, de ligação aos seriíssimos trabalhos da Escola de Leningrado.

Digamos, por fim, algumas palavras para responder a uma última crítica: a que nos censura por não termos considerado a gênese das imagens, a história. Responderemos que este livro não queria mostrar como as estruturas se constroem e se transfor-

mam. Antes de se falar de "construção das estruturas", é preciso encontrar uma hipótese conceitual, um léxico operatório de estruturas que a prática poderá obrigar depois a modificar. Este livro, repitamo-lo, não quis ser mais que um repertório cômodo e estático das grandes constelações imaginárias. E, reclamando-se de um certo estruturalismo, quis sobretudo não mistificar, escamoteando – como costuma o Ocidente – o caráter mítico (portanto passível da classificação imaginária) da história. Decerto que não confundimos mito histórico e gênese de um fenômeno. Mas a gênese escapa à história e reservamos para outros trabalhos o estudo dinâmico – complexo e não linear – da formação e da transformação das imagens, dos mitos, dos símbolos e... da história.

Em resumo: tal como há dez anos, o Imaginário – ou seja, o conjunto das imagens e relações de imagens que constitui o capital pensado do homo sapiens – aparece-nos como o grande denominador fundamental onde se vêm encontrar todas as criações do pensamento humano. O Imaginário é esta encruzilhada antropológica que permite esclarecer um aspecto de uma determinada ciência humana por um outro aspecto de uma outra. Porque nós contestamos mais do que nunca, neste ano de 1969, as parcelizações universitárias das ciências do homem que, conduzindo ao gigantesco problema humano das visões estreitas e facciosas, mutilam a complexidade compreensiva (ou seja, a única fonte de compreensão possível) dos problemas postos pelo comportamento do grande macaco nu: o homo sapiens. Mais do que nunca, reafirmamos que todos os problemas relativos à significação, portanto ao símbolo e ao Imaginário, não podem ser tratados – sem falsificação – por apenas uma das ciências humanas. Qualquer antropólogo, quer seja psicólogo, sociólogo ou psiquiatra especializado, deve ter uma soma cultural tal que ultrapasse de longe – pelo conhecimento das línguas, dos povos, da história, das civilizações, etc. – a magra bagagem distribuída pela nossa Universidade sob o título de diplomas de Psicologia, Sociologia, Medicina... Para poder falar com competência do Imaginário, não nos podemos fiar nas exigüidades ou nos caprichos da nossa própria imaginação, mas necessitamos possuir um repertório quase exaustivo do Imaginário normal e patológico em *todas as camadas culturais que a história, as mitologias, a etnologia, a lingüística e as literaturas nos propõem. E aí, mais uma vez, reencontramos a nossa fidelidade materialista ao frutuoso mandamento de Bachelard: "A imagem só pode ser estudada pela imagem..." Só então se pode honestamente falar do Imaginário com conhecimento de causa e compreender-lhe as leis. E a primeira constatação revolucionária que há a fazer, com o autor da* Psicanálise do fogo *como com o do* Manifesto do surrealismo, *é que este Imaginário, longe de ser a epifenomenal "louca da casa" a que a sumaríssima psicologia clássica o reduz, é, pelo contrário, a norma fundamental – a "justiça suprema", escreve Breton – diante da qual a contínua flutuação do progresso científico aparece como um fenômeno anódino e sem significação.*

Era a estas conclusões que chegávamos há nove anos, na seqüência de uma laboriosa compilação que deu origem a este livro. É nelas que continuamos a acreditar em 1969. Por isso, republicamos tal e qual a obra editada em 1960 e reeditada em 1963, modificando apenas o Anexo n.º II, que, acrescentado em 1963 e referindo-se ao paralelismo dos nossos trabalhos com os de Lupasco, nos parece, de fato, que deve ser corrigido no conteúdo. Esperamos que esta espécie de "manual" do Imaginário preste os mesmos serviços que no ano passado prestou aos diversos investigadores que põem no centro das suas preocupações a frágil grandeza do homo sapiens.

Introdução

> *Uma antropologia entendida no seu mais amplo sentido, ou seja, um conhecimento do homem que associe diversos métodos e disciplinas, e que um dia nos revelará os mecanismos secretos que movem este hóspede que está presente sem ter sido convidado para os nossos debates: o espírito humano...*
>
> Cl. Lévi-Strauss, *Anthropologie structurale*, p. 91
>
> *O documento escapa muitas vezes à história, mas não pode escapar à classificação.*
>
> A. Leroi-Gourhan, *L'homme et la matière*, p. 18

As imagens de "quatro vinténs"

O pensamento ocidental e especialmente a filosofia francesa têm por constante tradição desvalorizar ontologicamente a imagem e psicologicamente a função da imaginação, "fomentadora de erros e falsidades". Alguém notou[1], com razão, que o vasto movimento de idéias que de Sócrates, através do augustinismo, da escolástica, do cartesianismo e do século das luzes, desemboca na reflexão de Brunschvicg, Lévy-Bruhl, Lagneau, Alain ou Valéry tem como conseqüência o "pôr de quarentena" tudo o que considera férias da razão. Para Brunschvicg, toda a imaginação – mesmo platônica! – é "pecado contra o espírito"[2]. Para Alain, mais tolerante, "os mitos são idéias em estado nascente" e o imaginário é a infância da consciência[3].

Poder-se-ia esperar, parece, que a psicologia geral fosse mais clemente para com a "louca da casa". Mas não. Sartre mostrou[4] que os psicólogos clássicos confundem a imagem com o duplicado mnésico da percepção, que mobilia o espírito com "miniaturas" mentais que não passam de cópias das coisas objetivas. No limite, a imaginação é reduzida pelos clássicos àquela franja aquém do limiar da sensação que se chama imagem remanescente ou consecutiva. É sobre esta concepção de um imaginário desvalorizado que floresce o associacionismo[5], esforço certamente louvável para explicar as conexões imaginativas, mas que comete o erro de reduzir a imaginação a um *puzzle* estático e sem espessura e a imagem a um misto, muito equívoco, a meio caminho entre a solidez da sensação e a pureza da idéia. Bergson[6] deu o primeiro dos golpes decisivos no associacionismo ao abrir dimensões novas no *continuum* da consciência. No entanto, Bergson não liberta completamente a imagem do papel subalterno que a psicologia clássica a fazia desempenhar. Porque, para ele, a imaginação reduz-se à memória, a uma espécie de contador da existência, que funciona mal no abandono do sonho mas que volta a regularizar-se pela atenção perceptiva à vida. Ora, Sartre nota que não se pode confundir o imaginado e o rememorado. E se a memória colore, de fato, a imaginação com resíduos *a posteriori*, não é, por isso, menos exato que existe uma essência própria do imaginário que diferencia o pensamento do poeta dos pensamentos do cronista ou do memorialista. Há uma *faculdade do possível* que é necessário estudar por meios diferentes da introspecção bergsoniana, sempre suspeita de regressão. Não insistiremos mais sobre a sólida crítica que Sartre dirige simultaneamente contra a teoria clássica da imagem miniatura e contra a doutrina bergsoniana da imagem recordação[7] censurando uma e outra posição por "coisificarem" a imagem e assim romperem o dinamismo da consciência, alienando a sua função principal que é conhecer, mais do que ser: "Sem dúvida, substituíram-se as pesadas pedras de Taine por ligeiros nevoeiros vivos que se transformam sem cessar. Mas esses nevoeiros não deixaram, por isso, de ser coisas..."[8] Precisamos nos interrogar agora sobre se *L'imaginaire* de Sartre manteve as promessas críticas de *L'imagination*.

Para evitar "coisificar" a imagem, Sartre preconiza o método fenomenológico, que tem a vantagem de não deixar aparecer do fenômeno imaginário mais do que intenções purificadas de qualquer ilusão de imanência[9]. A primeira característica da imagem que a descrição fenomenológica revela é que ela é uma consciência e, portanto, como qualquer consciência, é antes de mais nada transcendente[10]. A segunda característica da imagem que diferencia a imaginação dos outros modos da consciência é que o objeto imaginado é dado imediatamente no que é, enquanto o saber perceptivo se forma lentamente por aproximações sucessivas. Só o cubo imaginado é que tem imediatamente seis faces. Logo, a observação de um tal objeto pela imaginação não me ensina nada, não passa, afinal de contas, de uma "quase-observação"[11]. Donde resulta, imediatamente, uma terceira característica[12]: a consciência imaginante "concebe o seu objeto como um nada"; o "não-ser" seria a categoria da imagem, o que explica a sua última característica, ou seja, a sua espontaneidade[13]; a imaginação bebe o obstáculo que a opacidade do real percebido constitui, e a vacuidade total da consciência corresponde a uma total espontaneidade. É assim a uma espécie de nirvana intelectual que chega a análise do imaginário, este último não passando de um conhecimento desenganado, uma "pobreza essencial".

Por mais que Sartre, nos capítulos seguintes, tente fazer um recenseamento completo da "família da imagem"[14], não conseguirá impedir que esta última seja considerada como sendo de bem pobre parentesco mental e que as três partes finais da sua obra[15], nas quais abandona, de resto, o método fenomenológico, sejam subentendidas pelo *leitmotiv* da "degradação" do saber que a imagem representa. Sem cessar, aparecem sob a pena do psicólogo atributos e qualificações degradantes[16]: a imagem é uma "sombra de objeto" ou então "nem sequer é um mundo do irreal", a imagem não é mais que um "objeto fantasma", "sem conseqüências"; todas as qualidades da imaginação são apenas "nada"; os objetos imaginários são "duvidosos"; "vida factícia, coalhada, esfriada, escolástica, que, para a maior parte das pessoas, é somente o que lhes resta, é ela precisamente que um esquizofrênico deseja..."[17]. Finalmente, esta "pobreza essencial" que constitui a imagem e se manifesta especialmente no sonho "também assemelha-se muito ao erro no espinosismo"[18] e a imagem torna-se assim "fomentadora de erro", como para os metafísicos clássicos. Ainda por cima, o papel da imagem na vida psíquica é rebaixado ao de uma possessão quase demoníaca, o nada tomando uma espécie de consistência "mágica" pelo caráter "imperioso e infantil"[19] da imagem que se impõe obstinadamente ao pensamento. Enfim, e de maneira absolutamente paradoxal, Sartre, na sua conclusão, parece subitamente desmentir o dualismo, que ao longo de duzentas e trinta páginas tinha escrupulosamente tido o cuidado de estabelecer, entre espontaneidade imaginária e esforço de conhecimento verdadeiro, e volta a uma espécie de monismo do *cogito*. Longe de tirar as conclusões lógicas da negatividade constitutiva da imagem, limita-se a confundir numa nulificação geral a afirmação perceptiva ou conceitual do mundo e as fantasias irrealizantes da imaginação. É pelo processo geral da nulificação que se reconciliam consciência do real e consciência do irreal, e a obra desemboca nesta banal conclusão: "Esta consciência livre... que ultrapassa o real em cada instante, que é, com efeito, senão, muito simplesmente, a consciência tal como se revela a si própria no *cogito*?"[20] A esta afirmação segue-se um muito contestável *post-scriptum* constituído por considerações estéticas, no qual Sartre retoma a tese da irrealidade da arte e o tema do ressentimento contra a poesia. O autor de *L'imaginaire* lembra-se que foi detrator de Baudelaire, Camus e Faulkner[21].

O mérito incontestável de Sartre foi o de fazer um esforço para descrever o funcionamento específico da imaginação e para distingui-lo – pelo menos nas primeiras duzentas páginas da obra – do comportamento perceptivo ou mnésico. Mas, à medida que os capítulos avançam, a imagem e o papel da imaginação parecem volatilizar-se e chegar definitivamente a uma total desvalorização do imaginário, desvalorização que não corresponde, de modo nenhum, ao papel efetivo que a imagem desempenha no campo das motivações psicológicas e culturais. Finalmente, a crítica que Sartre dirigia às posições clássicas em *L'imagination*, censurando-as por "destruírem a imagem" e por "fazerem uma teoria da imaginação sem imagens", volta-se contra o autor de *L'imaginaire*. Com efeito, afirmar ao mesmo tempo que "a imagem é uma realidade psíquica indubitável" e que a imagem não pode nunca ser atingida por uma "indução"[22] dos fatos da experiência concreta, mas sim por uma "experiência privilegiada" de que a *soi-disant* fenomenologia psicológica contém o segredo, parece-nos contraditório. Podemos então perguntarmo-nos por que razões, nos seus dois volumes consagrados à imaginação, Sartre subtraiu a este ponto a compreensão da imagem.

Em primeiro lugar, parece-nos, por uma incapacidade do autor do ensaio sobre *Baudelaire* de apreender o papel geral da obra de arte e do seu suporte imaginário. A arte sartriana oscila ela própria, constantemente, entre o jogo hábil e insignificante da comédia de *boulevard* e a pesada tentativa de reintegração total do real, na qual se reconhece um hipernaturalismo à Zola, acrescido de uma filosofia no estilo de P. Bourget[23]. Nunca a arte é considerada como uma manifestação original de uma função psicossocial, nunca a imagem ou a obra de arte é tomada no seu sentido pleno, mas sempre como mensagem de irrealidade. De onde o caráter muitas vezes inautêntico da obra romanesca e teatral de Sartre, que ora é um brilhante pastiche do teatro burguês ou do romance americano, ora sai pesadamente dos quadros estéticos para abordar as intermináveis margens da pedante descrição fenomenológica. Finalmente, a estética sartriana, também ela, é uma "quase-estética"[24], e não nos devemos espantar com que um autor tão fechado à estética tenha falhado tanto na compreensão da essência da imagem.

Mas, sobretudo, parece-nos que Sartre subtraiu a compreensão da imaginação por se ter querido limitar a uma aplicação restrita do método fenomenológico, empobrecido pelo solipsismo psicológico. Com efeito, parece paradoxal ter tentado o estudo do fenômeno da imaginação sem se dignar a consultar o patrimônio imaginário da humanidade que a poesia e a morfologia das religiões constituem. A obra que Sartre consagra a *L'imaginaire* poderia muito bem intitular-se "Consciência-da-imagem-em-Jean-Paul-Sartre". Por este psicologismo tão estreito quanto parcial, Sartre peca contra a fenomenologia. Porque uma fenomenologia do imaginário deve, antes de tudo, entregar-se com complacência às imagens e "seguir o poeta até o extremo das suas imagens sem nunca reduzir esse extremismo, que é o próprio fenômeno do elã poético"[25]. Sartre parece ter confundido redução fenomenológica e restrição psicológica devido ao comprometimento numa estreita e timorata situação dada, e falhar, por isso, nessa modéstia sistemática que com razão exige Bachelard do fenomenólogo[26]. Para poder "viver diretamente as imagens", é ainda necessário que a imaginação seja suficientemente humilde para se dignar encher de imagens. Porque se se recusa essa primordial humildade, esse originário abandono ao fenômeno das imagens, nunca se produzirá – por falta de elemento indutor –

essa "ressonância" que é o próprio princípio de todo o trabalho fenomenológico[27]. Em Sartre, uma psicologia introspectiva muito rapidamente leva a melhor sobre a disciplina fenomenológica, sobre a vontade de submeter à "experiência da consciência" o patrimônio imaginário da humanidade. Rapidamente a consciência, que não é mais que ressonância tautológica, se esgota e, desde a página setenta e seis, Sartre[28] abandona deliberadamente a fenomenologia para se entregar a hipotéticas construções explicativas. Na realidade, apenas as trinta primeiras páginas da obra utilizam a descrição fenomenológica, visto que as quarenta e seis seguintes são exclusivamente constituídas por variações sobre o mesmo tema descritivo da "família da imagem".

Parece-nos que a falha sartriana em descrever um modelo psicológico da imaginação é apenas o caso limite do esforço geral de uma certa psicologia bastarda de postulados fenomenológicos e limitada por uma perspectiva metafísica preconcebida. Por essa razão reservamos a crítica das posições da *Denkpsychologie*, posições que, no entanto, são anteriores à tese sartriana, mas que nos parecem pôr em evidência, de forma mais matizada, a partir de uma observação mais limítrofe, as causas profundas da desvalorização radical que Sartre impõe ao imaginário. Certamente existem diferenças profundas entre a *Denkpsychologie* e a psicologia de Sartre. Enquanto em Sartre, com efeito, o imaginário é descrito, no fim de contas, tão-somente como exemplo significativo da acuidade essencial da consciência humana, em outros pensadores menos diretamente obcecados pela metafísica encontramos uma idêntica minimização da imaginação, mas desta vez em proveito de um pensamento que gostaria de aparecer válido, purificado da poluição das imagens[29]. Nesta perspectiva, há um retorno à coisificação da imagem, que Sartre denuncia. Enquanto neste último e nos seus predecessores associacionistas e bergsonianos o imaginário era, no fundo, o símbolo de todo o pensamento (protótipo das ligações mecânicas para os associacionistas ou da totalidade mnésica da consciência para Bergson, protótipo exemplar da nulificação para Sartre), pelo contrário, para os pensadores a que nos referimos agora só há minimização da imaginação com o único fim de privilegiar, por antítese, os elementos formais do pensamento. Afinal de contas, as posições associacionistas, bergsonianas ou sartrianas tendiam igualmente, em sentidos diferentes, para um monismo da consciência psicológica, de que o imaginário não era mais que uma ilustração didática. Monismo mecanicista, metafórico ou nulificante, pouco importa: a imaginação, quer reduzida à percepção enfraquecida, à recordação da memória ou, ao contrário, à "consciência-de" em geral, não se distinguia – apesar das hesitações sartrianas – da corrente homogênea dos fenômenos da consciência. Pelo contrário, a *Denkpsychologie*, no prolongamento do cartesianismo, reclama-se resolutamente de um dualismo. Mas, paradoxalmente, inspira-se explicitamente no dualismo de James – e naquele de que Bergson por vezes dá provas[30] –, que separa a "corrente da consciência", ou seja, a única consciência válida, do pólipo superficial das imagens. Paradoxo, dizemos, porque o "pensamento sem imagens" caro à *Denkpsychologie* parece morfologicamente aproximar-se mais das ligações formais das "imagens-idéias" do associacionismo que das riquezas fluidas da corrente da consciência. Todavia, o que Bradley[31] distingue, mais ou menos na mesma época que James, é o primado dos elementos transitivos da linguagem e do pensamento sobre os elementos substantivos e estáticos, enquanto Wundt[32] distingue da percepção produtora de imagens a apercepção de um "sentido" intelectual. Mas é sobretudo com Brentano e Husserl[33] que a atividade do espírito vai ser oposta radicalmente aos "conteúdos" imaginários e sensoriais. A "intenção" ou ato intelectual do espírito, ou seja, o sentido organizador dos estados ou das coleções de estados de consciência, é afirmada como transcendente a esses próprios estados. E Sartre, como vimos, não perdeu a lição dessa transcendência constitutiva da consciência. Daí que os psicólogos da *Denkpsychologie* aceitem, como Sartre, a dicotomia metafísica, cara aos clássicos, entre consciência formal e resíduo psicológico e "material" do pensamento. Paralelamente a essas conclusões que separavam de novo a atividade lógica do psicológico, os psicólogos da Escola de Würtzburg, verificando "no terreno da introspecção experimental o antipsicologismo de Husserl"[34], chegavam a noções psicológicas muito próximas da de "intenção", tais como as de "consciência de regras", "tensões da consciência", "atitudes de consciência", pensamentos puros de imagens e constitutivos do conceito. E isto porque o conceito é um "sentido" que a imagem e a palavra podem simplesmente evocar mas que preexiste a um como a outro, e a imagem não passa de um "impedimento" para o processo ideativo.

Nessas teorias intelectualistas, o que chama a atenção, em primeiro lugar, é o equívoco da concepção da imagem, estreitamente empirista e tanto mais empirista quanto a querem desacreditar a fim de a separar de um pensamento puramente lógico. Em seguida, o que salta aos olhos é o equívoco das fórmulas e noções empregadas "tomando à letra essa expressão de pensamento sem imagens" que, honestamente, só pode significar, escreve Pradines[35], "um pensamento não feito de imagens, quisse que o pensamento nem sequer fosse acompanhado por imagens... o que levava a procurar um pensamento incapaz de se exercer...". A Escola de Würtzburg como a *Denkpsychologie* postulam um pensamento sem imagens apenas porque a imagem é de novo reduzida ao duplicado remanescente da sensação, donde naturalmente se conclui que tais imagens não acrescentam nada ao sentido das noções abstratas. Mas sobretudo a crítica geral que se pode fazer das teorias recenseadas até aqui é que todas minimizam a imaginação, quer pervertendo o seu objeto, como em Bergson, onde esse objeto se resolve em resíduo mnésico, quer depreciando a imagem como um vulgar duplicado sensorial, preparando assim a via ao niilismo psicológico do imaginário sartriano. A psicologia geral, mesmo a timidamente fenomenológica, esteriliza a fecundidade do fenômeno imaginário rejeitando-o pura e simplesmente ou então reduzindo-o a um inábil esboço conceitual. Ora, é neste ponto que é necessário, com Bachelard, reivindicar para o filósofo o direito "a um estudo sistemático da representação"[36] sem qualquer exclusão. Por outras palavras, e apesar da sua etimologia hegeliana, a fenomenologia psicológica separou sempre o número significado do fenômeno significante, confundindo na maior parte dos casos o papel da imagem mental com os signos da linguagem definidos pela escola saussuriana[37]. O grande mal-entendido da psicologia da imaginação é, afinal, para os sucessores de Husserl e mesmo de Bergson, o terem confundido, através do vocabulário mal elaborado do associacionismo, a imagem com a palavra. Sartre[38], que no entanto se tinha preocupado em opor o signo escrito "gabinete do subchefe" e o "retrato" de Pedro, acaba pouco a pouco, em capítulos de títulos ambíguos, por aliar erradamente a imagem com a família semiológica. Finalmente, para Sartre a imagem nem sequer é, como para Husserl[39], um "enchimento" necessário do signo arbitrário, ela não passa de um signo degradado. A genealogia da "família da imagem" não passa da história de um equívoco abastardamento. O contrário do sentido próprio, o sentido figurado, não pode então deixar de ser um sentido desprezível. Mas é capital que notemos que na linguagem, se a escolha do signo é insignificante porque este último é arbitrário, já não acontece o mesmo no domínio da imaginação em que a imagem – por mais degradada que possa ser concebida – é ela mesma portadora de um sentido que não deve ser procurado fora da significação imaginária. O sentido figurado é, afinal de contas, o único significativo, o chamado sentido próprio não passando de um caso particular e mesquinho da vasta corrente semântica que drena as etimologias. Donde o necessário regresso para além da pseudofenomenologia sartriana a uma fenomenologia ingênua, preparada por um longo despojamento científico[40]. O *analogon* que a imagem constitui não é nunca um signo arbitrariamente escolhido, é sempre intrinsecamente motivado, o que significa que é sempre símbolo. É, finalmente, por terem falhado na definição da imagem como símbolo que as teorias citadas deixaram evaporar a eficácia do imaginário[41]. E, se Sartre bem vê que há uma diferença entre o signo convencional, "não posicional" e que não "dá o objeto"[42], e a imagem, erra por ver nela apenas uma degradação do saber, uma apresentação de um quase-objeto, remetendo-a assim à insignificância[43].

Outros psicólogos felizmente perceberam o fato capital de que no símbolo constitutivo da imagem há homogeneidade do significante e do significado no seio de um dinamismo organizador e que, por isso, a imagem difere totalmente do arbitrário do signo. Pradines nota já, apesar de algumas restrições, que o pensamento não tem outro conteúdo que não seja a ordem das imagens. Se a liberdade não se resume a uma cadeia partida, uma cadeia partida representa, no entanto, a liberdade, é o símbolo – ou seja, um hormônio do sentido – da liberdade[44]. Jung[45], na esteira da psicanálise, viu igualmente bem que todo o pensamento repousa em imagens gerais, os arquétipos, "esquemas ou potencialidades funcionais" que "determinam inconscientemente o pensamento". Piaget[46] consagra toda a terceira parte de uma longa obra a mostrar, a partir de observações concretas, a "coerência funcional" do pensamento simbólico e do sentido conceitual, afirmando assim a unidade e a solidariedade de todas as formas da representação. Mostra que a imagem desempenha um papel de significante diferenciado "mais que o indício, dado que é autônomo do objeto percebido, mas menos que o signo dado que permanece imitação do objeto e, portanto, signo motivado (por oposição ao signo verbal arbitrário)". Os próprios lógicos[47], levando ainda mais longe a crítica de uma dicotomia entre o significante e o sentido, reconheceram ser praticamente impossível dissociar o esquema das ligações axiomáticas e o conteúdo intuitivo do pensamento. Enfim Bachelard[48] faz repousar a sua concepção geral do simbolismo imaginário sobre duas intuições que faremos nossas: a imaginação é dinamismo organizador, e esse dinamismo organizador é fator de homogeneidade na representação. Segundo o epistemólogo, muito longe de ser faculdade de "formar" imagens, a imaginação é potência dinâmica que "deforma" as cópias pragmáticas fornecidas pela percepção, e esse dinamismo reformador das sensações torna-se o fundamento de toda a vida psíquica porque "as leis da representação são homogêneas", a representação sendo metafórica a todos os seus níveis, e, uma vez que tudo é metafórico, "ao nível da representação todas as metáforas se equivalem". Certamente, essa "coerência" entre o sentido e símbolo não significa confusão, porque essa coerência pode afirmar-se numa dialética. A unidade do pensamento e das suas expressões simbólicas apresenta-se como uma constante correção, como uma perpétua afinação. Mas um pensamento afinado, um pensamento de "cem mil francos", não pode prescindir das imagens de "quatro vinténs"[49] e, reciprocamente, o jorrar luxuriante das imagens, mesmo nos casos mais confusos, é sempre encadeado por uma lógica, ainda que uma lógica empobrecida, uma lógica de "quatro vinténs". Pode-se dizer que o símbolo não é do domínio da semiologia, mas daquele de uma semântica especial, o que quer dizer que possui algo mais que um sentido artificialmente dado e detém um essencial e espontâneo poder de repercussão[50].

A primeira conseqüência importante dessa definição do símbolo é a anterioridade tanto cronológica como ontológica do simbolismo sobre qualquer significância (*signifiance*) audiovisual. É o que o gramático[51] parece ter notado claramente quando define a "factividade" como o caráter comum de todas as maneiras de se exprimir, "ou seja, de enunciar que o espírito do sujeito falante é a sede de um fenômeno e que este deve reagir sobre o espírito de um outro ser... o grito tornou-se linguagem quando tomou um valor factivo". O plano primitivo da expressão, de que o símbolo imaginário é a face psicológica, é o vínculo afetivo-representativo que liga um locutor e um alocutário e que os gramáticos chamam "o plano locutório" ou interjetivo, plano em que se situa – como a psicologia genética o confirma – a linguagem da criança. A evolução para o plano delocutório, quer dizer, para a expressão centrada sobre as percepções e as coisas, é muito mais tardia. É o plano locutório, plano do próprio símbolo, que assegura uma certa universalidade nas intenções da linguagem de uma dada espécie, e que coloca a estruturação simbólica na raiz de qualquer pensamento. A psicologia patológica de Minkowski[52] chega mesmo a inverter o esquema clássico e sartriano do empobrecimento do pensamento pela imagem e, retomando a concepção dos grandes românticos alemães[53] e do surrealismo contemporâneo[54] (que faremos nossa ao longo desta exposição), considera a passagem da vida mental da criança ou do primitivo para o "adultocentrismo"[55] como um *estreitamento*, um recalcamento progressivo do sentido das metáforas. É esse "sentido" das metáforas, esse grande semantismo do imaginário, que é a matriz original a partir da qual todo o pensamento racionalizado e o seu cortejo semiológico se desenvolvem. É, portanto, resolutamente, na perspectiva simbólica que nos quisemos colocar para estudar os arquétipos fundamentais da imaginação humana.

O símbolo e as suas motivações

Esta semântica das imagens conduz, no entanto, a uma segunda conseqüência. Com efeito, ao adotar uma tal posição invertem-se os hábitos correntes da psicologia clássica que eram ou decalcar a imaginação sobre o desenvolvimento descritivo de todo o pensamento ou estudar a imaginação através da óptica do pensamento retificado, do pensamento lógico. Ora, rejeitar para o imaginário o primeiro princípio saussuriano do arbitrário do signo implica a rejeição do segundo princípio, que é o da "linearidade do significante"[56]. O símbolo não sendo já de natureza lingüística deixa de se desenvolver numa só dimensão. As motivações que ordenam os símbolos não apenas já não formam longas cadeias de razões mas nem sequer cadeias[57]. A explicação linear do tipo dedução lógica ou narrativa introspectiva já não basta para o estudo das motivações simbólicas. É o que nos faz compreender que a classificação sartriana[58] dos modos diversos do imaginário, que se limita aos caracteres lógicos e superficialmente descritivos das motivações imaginárias, não recolhe mais que as intenções pobremente batizadas intenções de "ausência", de "afastamento", de "inexistência". Sartre, cedendo uma vez mais ao que poderíamos chamar de ilusão semiológica, subordina as classes de motivação imaginária às classes da experiência perceptiva ou da prevenção lógica. O que é necessário, para substituir o determinismo de tipo causal que a explicação utiliza nas ciências da natureza, é encontrar um método compreensivo das motivações. Renan[59] já tinha notado que a motivação não tinha a linearidade das ligações "necessárias", nem o completo arbitrário das intuições aleatórias. A motivação forma uma categoria compacta, se assim podemos dizer, de determinação, tal como os "sinais" que Saussure[60] opõe aos signos da linguagem e que já apresentam "complicações simultâneas a várias dimensões". Veremos, na conclusão deste livro[61], que esse caráter pluridimensional, portanto "espacial", do mundo simbólico é essencial. De momento, preocupemo-nos apenas com o método e perguntemo-nos qual é o meio de escapar à esterilidade da explicação linear sem cair – o que seria o cúmulo! – nos ímpetos intuitivos da imaginação.

A classificação dos grandes símbolos da imaginação em categorias motivantes distintas apresenta, com efeito, pelo próprio fato da não-linearidade e do semantismo das imagens, grandes dificuldades. Se se parte dos objetos bem definidos pelos quadros da lógica dos utensílios, como faziam as clássicas "chaves dos sonhos"[62], cai-se rapidamente, pela massividade das motivações, numa inextricável confusão. Parecem-nos mais sérias as tentativas para repartir os símbolos segundo os grandes centros de interesse de um pensamento, certamente perceptivo, mas ainda completamente impregnado de atitudes assimiladoras nas quais os acontecimentos perceptivos não passam de pretextos para os devaneios imaginários. Tais são, de fato, as classificações mais profundas de analistas das motivações do simbolismo religioso ou da imaginação literária. Tanto escolhem como norma classificativa uma ordem de motivação cosmológica e astral, na qual são as grandes seqüências das estações, dos meteoros e dos astros que servem de indutores à fabulação, tanto são os elementos de uma física primitiva e sumária que, pelas suas qualidades sensoriais, polarizam os campos de força no *continuum* homogêneo do imaginário; tanto, enfim, se suspeita que são os dados sociológicos do microgrupo ou de grupos que se estendem aos confins do grupo lingüístico que fornecem quadros primordiais para os símbolos. Quer a imaginação estreitamente motivada seja pela língua, seja pelas funções sociais, se modele sobre essas matrizes sociológicas, quer genes raciais intervenham bastante misteriosamente para estruturar os conjuntos simbólicos, distribuindo seja as mentalidades imaginárias, seja os rituais religiosos, quer ainda, com um matiz evolucionista, se tente estabelecer uma hierarquia das grandes formas simbólicas e restaurar a unidade no dualismo bergsoniano das *Deux sources*, quer enfim que com a psicanálise se tente encontrar uma síntese motivante entre as pulsões de uma libido em evolução e as pressões recalcadoras do microgrupo familiar. São estas diferentes classificações das motivações simbólicas que precisamos criticar antes de estabelecer um método firme.

A maior parte dos analistas das motivações simbólicas, que são historiadores da religião, fixaram-se numa classificação dos símbolos segundo o seu parentesco mais ou menos nítido com uma das grandes epifanias cosmológicas. É assim que Krappe[63] subdivide os mitos e os símbolos em dois grupos: os símbolos celestes e os símbolos terrestres. Cinco dos primeiros capítulos da sua *Genèse des mythes* são consagrados ao céu, ao Sol, à Lua, às "duas grandes luminárias" e às estrelas, enquanto os seis últimos capítulos se ocupam dos mitos atmosféricos, vulcânicos, aquáticos, ctônicos, cataclísmicos e, enfim, da história humana e seu simbolismo. Eliade[64], no seu notável *Tratado de história das religiões* segue mais ou menos o mesmo plano de clivagem das hierofanias, mas, com mais profundidade, consegue integrar os mitos e os símbolos cataclísmicos, vulcânicos e atmosféricos em categorias mais gerais, o que nos vale vastos capítulos consagrados aos ritos e símbolos uranianos, ao Sol, à Lua e à "mística lunar", às águas, às cratofanias e à Terra. Mas, a partir do sétimo capítulo[65], o pensamento do mitólogo parece subitamente interessar-se pelos caracteres funcionais das hierofanias e os estudos dos símbolos agrários polarizam-se em torno das funções de fecundidade, dos ritos de renovação e cultos da fertilidade, que insensivelmente conduzem, nos últimos capítulos, a meditar sobre o Grande Tempo e os mitos do Eterno Retorno[66]. Vemos portanto que essas classificações, que se pretendem inspiradas por normas de adaptação ao mundo objetivo, tanto sideral como telúrico e meteorológico, parecem irresistivelmente levar a considerações menos objetivas: nos seus últimos capítulos, Eliade reconduz insensivelmente o problema das motivações ao plano da assimilação das imagens ao drama de uma duração íntima e separa-o do positivismo objetivo dos primeiros capítulos, enquanto Krappe[67] termina o seu livro de forma assaz confusa com considerações sobre muito "diversas" cosmogonias e "mitos de origem" que, implicitamente, o reconduzem também a uma motivação psicológica das imagens pela percepção completamente subjetiva do tempo.

Bachelard[68] parece dominar melhor o problema ao aperceber-se imediatamente de que a assimilação subjetiva desempenha um papel importante no encadeamento dos símbolos e suas motivações. Supõe que é a nossa sensibilidade que serve de *medium* entre o mundo dos objetos e o dos sonhos e utiliza as diversões de uma física qualitativa e de primeira instância do tipo aristotélico. Ou sobretudo detém-se no que uma tal física pode já conter de objetivo, e, em vez de escrever monografias sobre a imaginação do quente, do frio, do seco e do úmido, limita-se à teoria dos quatro elementos. São estes quatro elementos que vão servir de axiomas classificadores para os tão sutis estudos poéticos do epistemólogo, porque esses "quatro elementos são os hormônios da imaginação"[69]. No entanto, Bachelard percebe que essa classificação das motivações simbólicas é, por sua simetria, demasiado racional, demasiado objetivamente razoável para demarcar exatamente os caprichos da louca da casa. Com um instinto psicológico muito seguro, rompe então essa simetria quaternária ao escrever cinco livros, dos quais dois são consagrados aos aspectos antitéticos do elemento terrestre. Dá-se conta de que a matéria terrestre é ambígua, moleza da gleba, por um lado, dureza da rocha, por outro, porque "incita", diz, "tanto à introversão como à extroversão"[70]. Acrescentaremos que, com esta ambigüidade, Bachelard toca numa regra fundamental da motivação simbólica em que todo elemento é bivalente, simultaneamente convite à conquista adaptativa e recusa que motiva uma concentração assimiladora sobre si. Do mesmo modo, em *A água e os sonhos*[71], o elemento aquático divide-se contra si mesmo, a água clara não tendo de forma nenhuma o mesmo sentido que as águas fechadas e profundas, a água calma significando o contrário da água violenta. Daqui resulta que não parece que a classificação elementar faça aparecer os motivos últimos que resolveriam as ambivalências. Reconhecer explicitamente que as imagens mais belas são muitas vezes focos de ambivalência[72] não é, afinal, confessar a falha de tal classificação? Se a classificação é assim inadequada é, por outro lado, insuficiente, como tentamos mostrar em outra passagem[73], porque a percepção humana é rica em tonalidades elementares muito mais numerosas que as consideradas pela física aristotélica. Para a sensorialidade, o gelo e a neve não se resolvem em água, o fogo permanece distinto da luz, a lama não é a rocha ou o cristal. É somente na obra capital *O ar e os sonhos* que Bachelard entrevê a revolução copérnica que consistirá em abandonar as intimações objetivas que estimulam a trajetória simbólica, para se ocupar apenas do movimento dessa trajetória em si mesma.

Não deixa no entanto de ser verdade que os belíssimos livros que Bachelard consagra aos quatro elementos apresentam, devido ao próprio princípio adotado para a classificação, uma certa flutuação, uma certa sinuosidade na análise das motivações simbólicas, o epistemólogo e o teórico do não-cartesianismo parecem paradoxalmente recusar-se a penetrar na complexidade dos motivos e refugiar-se numa poética preguiçosa no baluarte pré-científico do aristotelismo.

Pode-se, também, em lugar de procurar eixos de referência perceptivos ou cósmicos para as categorias simbólicas, descobrir-lhes motivações sociológicas e, mesmo, filológicas. É o que Dumézil[74] e Piganiol[75] implicitamente tentaram, um pondo a tônica no caráter funcional e social das motivações do ritual, dos mitos e da própria terminologia, o outro na diferença das mentalidades e dos simbolismos que decorrem do estatuto histórico e político de ocupante ou ocupado. A idéia central da tese dumeziliana é que os sistemas míticos de representações e a expressão lingüística que os mostra dependem, nas sociedades indo-européias, de uma tripartição funcional. Entre os indo-europeus seria a subdivisão em três castas ou ordens, sacerdotal, guerreira, produtiva, que faria girar todo o sistema das representações e motivaria o simbolismo tanto laico como religioso. Mas, além do fato de que esta tripartição não é absolutamente estável e admite, por exemplo, uma certa confusão entre a soberania mágico-religiosa, por um lado, e a realeza guerreira, por outro, como Dumézil, de resto[76], reconhece, parece-nos que o filólogo não mostrou as razões profundas da tripartição das próprias castas. Essa tripartição e as funções que a ela se ligam parecem-nos ser tão secundárias na motivação simbólica como as projeções naturalistas sobre objetos ou elementos celestes e terrestres, como acabamos de criticar. Se Dumézil, por exemplo, nota bem a muito curiosa convergência dos mitos e lendas do mundo indo-europeu relativas ao zarolho e ao maneta, percebe-se mal na perspectiva puramente sociológica qual pode ser a ligação entre essas enfermidades, o seu simbolismo, e as três funções sociais fundamentais[77].

Quanto a Piganiol, chama a motivação histórica em socorro da sociologia. Nota com que facilidade mitos, costumes e símbolos no mundo mediterrânico se encaixam em duas rubricas sociológicas: enquanto certas populações pastoris ou certas camadas étnicas levantam altares, prestam culto ao fogo masculino, ao Sol, aos pássaros ou ao céu[78], outros, pelo contrário, levam uma vida sedentária de agricultores, contentam-se com pedras esfregadas com sangue à guisa de altar, invocam divindades femininas e telúricas. Esta segregação das mentalidades de base seria devida à sobrevivência das populações indígenas "asianas" submetidas pelos invasores indo-europeus. Mas o excelente estudo de Piganiol, como o de Dumézil, não explica a origem da sensibilização das consciências para dois modos de simbolismo diferentes, e sobretudo não legitima as numerosas anastomoses que se formaram entre as duas mentalidades.

Przyluski, no seu estudo *La grande déesse*[79], tenta dar conta dessas duas séries de fabulações por um evolucionismo da consciência humana muito próximo do que está implicitamente contido na tese de Piganiol. O simbolismo da imaginação religiosa evoluiria normalmente das motivações que gravitam em torno do culto da *genitrix* e da fecundidade para as motivações mais elevadas que fazem entrar em consideração a contemplação de um Deus pai. Seria por um progresso através de três estados da espiritualidade e da sociedade que o homem teria atingido uma concepção monoteísta mais ou menos expurgada da exuberância das imagens. Há na obra de Przyluski uma perspectiva dos valores muito próxima da defendida por Bergson em *Les deux sources*: um conjunto simbólico é desvalorizado em relação a um outro, aqui o ginecocentrismo imaginário em relação ao androcentrismo, como era em Bergson a religião fechada, fabuladora, mitológica, em relação à abertura do misticismo purificado dos cristãos. Mas enquanto Bergson só por razões axiológicas cedia à subordinação do fechado ou aberto, Przyluski unifica decididamente[80], num perfil evolucionista, a mentalidade simbólica que progride do esboço da "Deusa Mãe" à realização acabada do "Deus Pai". Além de essa hierarquização nos parecer minada na raiz pela desvalorização racionalista do imaginário que denunciamos há pouco, não podemos aceitar essa valorização *a priori* de um sistema simbólico em detrimento do outro, valorização motivada por preocupações apologéticas pouco compatíveis com um estudo científico dos fatos. Sobretudo, todo o postulado evolucionista e, especialmente, progressista para explicar a relação de sistemas simbólicos parece-nos proceder tautologicamente: os esquemas (*schèmes*)* progressistas também são passíveis, eles próprios, como mostraremos[81], de uma motivação simbólica.

Todas essas classificações parecem-nos pecar por um positivismo objetivo que tenta motivar os símbolos unicamente com a ajuda de dados extrínsecos à consciência imaginante e estão, no fundo, obcecadas por uma explicação utensiliária da semântica imaginária. Fenômenos astrais e meteorológicos, elementos de uma física grosseira de primeira instância, funções sociais, instituições de etnias diferentes, fases históricas e pressões da história, todas essas explicações que, a rigor, podem legitimar esta ou aquela adaptação do comportamento, da percepção e das técnicas, não dão conta dessa potência fundamental dos símbolos que é a de ligarem, para lá das contradições naturais, os elementos inconciliáveis, as compartimentações sociais e as segregações dos períodos da história. Torna-se então necessário procurar as categorias motivantes dos símbolos nos comportamentos elementares do psiquismo humano, reservando para mais tarde o ajustamento desse comportamento aos complementos diretos ou mesmo aos jogos semiológicos.

Foi nessa pesquisa das motivações que a psicanálise parece ter se fixado, voltando deliberadamente as costas às explicações demasiado racionais e lineares da psicologia clássica ou fenomenológica. Não perderemos tempo, dado que são sobejamente conhecidos, com os postulados da psicologia de Freud[82], para quem o símbolo é motivado pelo *Lustprinzip* que geneticamente se desenvolve ao longo das localizações hierarquizadas de cima para baixo do eixo digestivo, depois se fixa ao nível urinário e, por fim, genital. Voltaremos a defrontar-nos no nosso estudo com a importância que Freud atribui às motivações da libido pelas fixações orais, anais, sexuais. No entanto, devemos fazer

---

* Não sendo possível, em português, dar conta da diferença entre *schéma* e *schème*, traduzo ambos por *esquema*, sendo no entanto, na maior parte dos casos, imediatamente compreensível, para o leitor, perceber pelo contexto de qual dos conceitos se trata. (N. do T.)

nossa a crítica que Piaget dirige ao próprio mecanismo da fixação, ou seja, ao processo mais ou menos traumatizante do recalcamento. Porque é evidente que o simbolismo na sua riqueza ultrapassa de longe o estreito setor do recalcado e não se reduz aos objetos que a censura tornou tabus[83]. A psicanálise deve libertar-se da obsessão do recalcamento, porque existe, como se pode verificar nas experiências de sonhos provocados, todo um simbolismo independente do recalcamento.

Adler[84], ao lado da eflorescência simbólica motivada pelo princípio do prazer, põe a tónica num princípio de poder, motivação de todo um vasto setor simbólico que se formaria graças ao mecanismo de sobrecompensação apagando gradualmente os sentimentos de inferioridade experimentados na infância. Veremos que esta contribuição nova, com a condição de não dar ela própria provas de imperialismo, pode parcialmente assimilar-se a outras motivações compensatórias da fraqueza da infância. Enfim, Jung[85] mostra-nos como a libido se complica e se metamorfoseia sob a influência de motivações ancestrais, sendo todo o pensamento simbólico, antes de mais, tomada de consciência de grandes símbolos hereditários, espécie de "germe" psicológico, objeto da *paleopsicologia*. Certamente, pode-se começar por criticar o apelo feito a uma doutrina da hereditariedade psíquica pouco menos que mal estabelecida, mas é ao conjunto da psicanálise que sobretudo se pode censurar o imperialismo unitário e a simplificação extrema das motivações: os símbolos, para Freud, classificam-se demasiado facilmente segundo o esquema da bissexualidade humana, e para Adler segundo o esquema da agressividade. Há nisso, como viu Piaget[86], um imperialismo do recalcamento que reduz sempre o conteúdo imaginário a uma tentativa envergonhada de enganar a censura. Por outras palavras, a imaginação segundo os psicanalistas é o resultado de um conflito entre as pulsões e o seu recalcamento social, enquanto, pelo contrário, ela aparece na maior parte das vezes, no seu próprio movimento, como resultando de um acordo entre os desejos do ambiente social e natural. Longe de ser um produto do recalcamento, veremos ao longo deste estudo que a imaginação é, pelo contrário, origem de uma libertação (*défoulement*). As imagens não valem pelas raízes libidinosas que escondem mas pelas flores poéticas e míticas que revelam.

Como muito bem diz Bachelard[87], "para o psicanalista a imagem poética tem sempre um contexto. Ao interpretar a imagem, ele a traduz numa linguagem diferente do *logos* poético. Por isso, nunca, com tanta razão, se pôde dizer: *traduttore, traditore*".

Em resumo, poderíamos escrever que todas as motivações, tanto sociológicas como psicanalíticas, propostas para fazer compreender as estruturas ou a gênese do simbolismo pecam muitas vezes por uma secreta estreiteza metafísica: umas porque querem reduzir o processo motivador a um sistema de elementos exteriores à consciência e exclusivos das pulsões, as outras porque se atêm exclusivamente a pulsões, ou, o que é pior, ao mecanismo redutor da censura e ao seu produto – o recalcamento. O que quer dizer que implicitamente se volta a um esquema explicativo e linear no qual se descreve, se conta a epopéia dos indo-europeus ou as metamorfoses da libido, voltando a cair nesse vício fundamental da psicologia geral que denunciamos, que é acreditar que a explicação dá inteiramente conta de um fenômeno que por natureza escapa às normas da semiologia.

Parece que para estudar *in concreto* o simbolismo imaginário será preciso enveredar resolutamente pela via da antropologia[88], dando a esta palavra o seu sentido pleno atual – ou seja: conjunto das ciências que estudam a espécie *homo sapiens* – sem se pôr limitações *a priori* e sem optar por uma ontologia psicológica que não passa de espiritualismo camuflado, ou uma ontologia culturalista que, geralmente, não é mais que uma máscara da atitude sociologista, uma e outra destas atitudes resolvendo-se em última análise num intelectualismo semiológico. Gostaríamos de, para estudar as motivações simbólicas e tentar dar uma classificação estrutural dos símbolos, rejeitar simultaneamente o projeto caro aos psicólogos fenomenologistas e os recalcamentos ou intimações sociófugas[89] caras aos sociólogos e aos psicanalistas. Gostaríamos, sobretudo, de nos libertar definitivamente da querela que, periodicamente, põe uns contra os outros[90], culturalistas e psicólogos, e tentar apaziguar, colocando-nos num ponto de vista antropológico para o qual "nada de humano deve ser estranho", uma polêmica nefasta à base de suscetibilidades ontológicas, que nos parece mutilar dois pontos de vista metodológicos igualmente frutuosos e legítimos quando se acantonam na convenção metodológica. Para tal, precisamos nos colocar deliberadamente no que chamaremos o *trajeto antropológico, ou seja, a incessante troca que existe ao nível do imaginário entre as pulsões subjetivas e assimiladoras e as intimações objetivas que emanam do meio cósmico e social*. Esta posição afastará da nossa pesquisa os problemas de anterioridade ontológica, já que postularemos, de uma vez por todas, que há *gênese recíproca*[91] que oscila do gesto pulsional ao meio material e social e vice-versa. É neste intervalo, neste caminhar reversível que deve, segundo nos parece, instalar-se a investigação antropológica. Afinal, o imaginário não é mais que esse trajeto no qual a representação do objeto se deixa assimilar e modelar pelos imperativos pulsionais do sujeito, e no qual, reciprocamente, como provou magistralmente Piaget[92], as representações subjetivas se explicam "pelas acomodações anteriores do sujeito" ao meio objetivo. Veremos, ao longo do nosso estudo, quanto a tese do grande psicólogo é justificada: não que o pensamento simbólico seja anárquica assimilação, mas sempre assimilação que se lembra de algum modo das atitudes acomodativas e que, se "afasta qualquer acomodação atual", excluindo com isso "a consciência do eu e a tomada de consciência dos mecanismos assimiladores"[93], não esquece, no entanto, as intimações[94] acomodativas que lhe dão de alguma maneira o conteúdo semântico. Podemos dizer, parafraseando a equação de Lewin[95], que o símbolo é sempre o produto dos imperativos biopsíquicos pelas intimações do meio. Foi a esse produto que chamamos trajeto antropológico, porque a reversibilidade dos termos é característica tanto do produto como do trajeto[96].

Esta teoria do trajeto antropológico encontra-se implicitamente contida no livro *O ar e os sonhos*[97], de Bachelard, tal como nas reflexões de Bastide sobre as relações da sociologia e da psicanálise[98]. Para Bachelard, os eixos das intensões fundamentais da imaginação são os trajetos dos gestos principais do animal humano em direção ao seu meio natural, prolongado diretamente pelas instituições primitivas tanto tecnológicas como sociais do *homo faber*. Mas esse trajeto é reversível; porque o meio elementar é revelador da atitude adotada diante da dureza, da fluidez ou da queimadura. Poder-se-ia dizer que qualquer gesto chama a sua matéria e procura o seu utensílio, e que toda a matéria extraída, quer dizer, abstraída do meio cósmico, e qualquer utensílio ou instrumento é vestígio de um gesto passado. A imaginação de um movimento reclama, diz Bachelard, a imaginação de uma matéria: "À descrição puramente cinemática de um movimento... é preciso sempre acrescentar a consideração dinâmica da matéria trabalhada pelo movimento."[99] Essa gênese recíproca do gesto e do ambiente, de que o símbolo é o lugar, foi bem destacada pela psicologia social americana: Kardiner[100] inscreve nas noções de "primariedade" e de "secundariedade", balizando o aquém e o além da personalidade de base, o fato de que o indivíduo e as suas pulsões, se recebem realmente uma marca normativa do meio ambiente, comunicam por sua vez, por um efeito "secundário", modificações profundas ao ambiente material e às instituições. E Bastide[101], ao cabo de um minucioso estudo sobre as relações da libido e do meio social, conclui mostrando o papel piloto que a sociedade desempenha em função da libido. A pulsão individual tem sempre um "leito" social no qual corre facilmente ou, pelo contrário, contra os obstáculos do qual se rebela, de tal modo que "o sistema projetivo da libido não é uma pura criação do indivíduo, uma mitologia pessoal". É, de fato, nesse encontro que se formam esses "complexos de cultura"[102], que vêm render os complexos psicanalíticos. Assim o trajeto antropológico pode indistintamente partir da cultura ou do natural psicológico, uma vez que o essencial da representação e do símbolo está contido entre esses dois marcos reversíveis.

Uma tal posição antropológica, que não quer ignorar nada das motivações sociópetas ou sociófugas do simbolismo e que dirigirá a pesquisa ao mesmo título para a psicanálise, as instituições rituais, o simbolismo religioso, a poesia, a mitologia, a iconografia ou a psicologia patológica, implica uma metodologia que vamos agora elaborar.

Método de convergência e psicologismo metodológico

Para delimitar os grandes eixos desses trajetos antropológicos que os símbolos constituem, somos levados a utilizar o método pragmático e relativista[103] de convergência que tende a mostrar vastas constelações de imagens, constelações praticamente constantes e que parecem estruturadas por um certo isomorfismo dos símbolos convergentes. Não querendo nos limitar a preconceitos metafísicos, somos obrigados a partir de uma investigação pragmática que não se deve confundir com o método analógico. A analogia procede por reconhecimento de semelhança entre relações diferentes quanto aos seus termos, enquanto a convergência encontra constelações de imagens semelhantes termo a termo em domínios diferentes do pensamento. A convergência é uma homologia mais do que uma analogia[104]. A analogia é do tipo A é para B o que C é para D, enquanto a convergência seria sobretudo do tipo A é para B o que A' é para B'. Encontramos, de novo, esse caráter de semanticidade que está na base de todo símbolo e que faz com que a convergência se exerça sobretudo na materialidade de elementos semelhantes mais do que numa simples sintaxe. A homologia é equivalência morfológica, ou melhor, estrutural, mais do que equivalência funcional. Se quisermos uma metáfora para fazer compreender esta diferença, diremos que a analogia pode comparar-se à arte musical da fuga, enquanto a convergência deve ser comparada à da variação temática. Veremos que os símbolos constelam porque são desenvolvidos de um mesmo tema arquetipal, porque são variações sobre um arquétipo. É este método que Bergson deixava entrever[105] num artigo de *La pensée et le mouvant* quando preconizava para o escritor filósofo a escolha de imagens "tão díspares quanto possível" a fim, dizia, de não nos atermos ao signo, para que "o signo afaste o signo" até a significação e que as metáforas "se acumulem intelectualmente para deixarem lugar somente à intuição do real". Todavia, através dessa disparidade semiológica, Bergson apercebia-se de que era necessário conservar um isomorfismo semântico ao reconhecer que se fizesse de tal forma que as imagens "exijam todas do nosso espírito, apesar das diferenças de aspecto, a mesma espécie de atenção e, de algum modo, o mesmo grau de tensão...", definindo assim verdadeiros conjuntos simbólicos. São esses conjuntos, essas constelações em que as imagens vêm convergir em torno de núcleos organizadores que a arquetipologia antropológica deve esforçar-se por distinguir através de todas as manifestações humanas da imaginação. Essa convergência foi, de resto, bastante evidenciada pela experimentação. Desoille[106], nos experimentos com os sonhos acordados, nota a "coesão psíquica" de certas imagens que, nos devaneios, têm tendência para se anastomosar em constelações. Por exemplo, os esquemas ascensionais acompanham-se sempre de símbolos luminosos, de símbolos tais como a auréola ou o olho. O psicólogo ficou impressionado pelo caráter de rigor e universalidade das imagens ligadas aos esquemas da ascensão ou da descida e, por comparação, encontrou as mesmas convergências simbólicas na obra de Dante. Também Piganiol[107] opõe as constelações rituais "pastorais" às constelações "agrícolas": "Os nômades tendem para o monoteísmo, adoram o espaço celeste, a organização patriarcal leva-os ao culto de Deus pai... pelo contrário, os agricultores prestam culto à deusa, têm um ritual sacrifical e vêem o culto invadido por um pululamento de ídolos..." Mas é sobretudo a psicanálise literária que nos permite esboçar um estudo quantitativo e quase estatístico[108] do que Baudouin chama[109] o "isomorfismo" ou a "polarização" das imagens. Na poesia hugoliana, por exemplo, aparece a polarização constante de sete categorias de imagens que parecem, pela sua convergência, definir de fato uma estrutura de imaginação. Dia, claridade, azul-celeste, raio de luz, visão, grandeza, pureza são isomorfos e são matéria de transformações bem definidas: dia pode dar, por exemplo, "luz" ou então "iluminar" e, assim, reencontrar a claridade que, por sua vez, se modulará em "brilho", "archote", "lâmpada", enquanto o azul-celeste dará "branco", "aurora", "louro", e que raio de luz reenviará para "sol", "astro", "estrela", e que a visão agregará o "olho" e a grandeza se diversificará num riquíssimo vocabulário: "alto", "zênite", "diante", "subir", "levantar", "imenso", "cimo", "céu", "fronte", "Deus", etc., enquanto a pureza se metamorfoseia em "anjo". Baudouin[110] vai mesmo mais longe e chega às mesmas conclusões dos excelentes trabalhos de P. Guiraud[111] ao esboçar uma estatística das imagens, sublinhando a freqüência das diversas polarizações: por exemplo, em 736 imagens, 238 referem-se à dialética luz-trevas, 72 às duas direções verticais, das quais 27 a "grande" e "pequeno", ou seja, globalmente, diz Baudouin, 337 imagens "polarizadas" em 736, o que dá mais ou menos metade das imagens. Certamente no presente trabalho, dada a dispersão antropológica dos materiais, não se tratava de utilizar uma estatística estrita[112]. Limitamo-nos a uma simples aproximação que permitiu fazer emergir, com um método que poderíamos chamar microcomparativo[113], séries, conjuntos de imagens, e percebemos, rapidamente, que essas convergências evidenciavam os dois aspectos do método comparativo: o seu aspecto estático[114] e o seu aspecto cinemático, o que significa que as constelações se organizavam ao mesmo tempo em torno de imagens de gestos, de esquemas transitivos e igualmente em torno de pontos de condensação simbólica, objetos privilegiados onde se vêm cristalizar os símbolos.

É aqui precisamente que surge uma das dificuldades da pesquisa antropológica. Obrigatoriamente, para expor os resultados e descrever essas constelações, é-se levado a utilizar o discurso. Ora, o discurso tem um fio, um vetor que se vem acrescentar aos sentidos das intuições primeiras. Metodologicamente, vemo-nos obrigados a reintroduzir o que tínhamos tido o cuidado de eliminar ontologicamente, a saber, um sentido progressivo da descrição, um sentido que é obrigado a escolher um ponto de partida seja no esquema psicológico, seja no objeto cultural. Mas atentemos ao seguinte: se metodologicamente somos forçados a começar por um princípio, isso não implica de forma nenhuma que esse começo metodológico e lógico seja ontologicamente primeiro. Conservaremos, portanto, essa firme vontade de "psicanálise objetiva"[115] que nos impedirá de confundir o fio do nosso discurso ou da nossa descrição com o fio da ontogênese e da filogênese dos símbolos. E se escolhemos deliberadamente um ponto de partida metodológico "psicologista" não é de forma nenhuma para sacrificar a um psicologismo ontológico. Simplesmente pareceu-nos mais cômodo partir do psíquico para chegar ao cultural, não sendo esta comodidade outra coisa que a "simplicidade" preconizada por Descartes. Parece-nos, antes de mais, que se trata de uma simples comodidade gramatical: é mais fácil ir do sujeito – mesmo que seja sujeito pensante! – para os complementos diretos e, depois, para os complementos indiretos. O *cogito* apresenta uma dimensão metodológica exemplar muito simplesmente porque é um modelo de bom senso gramatical. O *cogito* – e o idealismo ou mesmo o psicologismo que ele implica – só tem real valor se se considerar como método de ação mental e não como modelo constitutivo do real. É Kant quem completa adequadamente Descartes e não Hegel. O culturalismo que parte de um pluralismo empírico[116] – ou seja, do complexo – é sempre mais difícil como método que o psicologismo. O psicologismo – e a psicanálise, segundo o próprio Friedmann[117] – apresenta sempre um ponto de partida mais simples e um desenvolvimento mais "fechado" sobre si próprio, o que oferece facilidades metodológicas que as posições culturalistas não têm. A precedência dos imperativos biopsicológicos sobre as intimações sociais só será aqui afirmada pela sua comodidade metodológica. Mais simples, o ponto de partida psicológico é igualmente mais geral. Foi o que o etnólogo Lévi-Strauss claramente viu[118] ao verificar que a psicologia da criança pequena constitui o "fundo universal infinitamente mais rico que aquele de que cada sociedade particular dispõe". Cada criança "traz, ao nascer, e sob forma de estruturas mentais esboçadas, a integralidade dos meios de que a humanidade dispõe desde toda a eternidade para definir as suas relações com o mundo...". O meio cultural pode, assim, aparecer ao mesmo tempo como uma complicação e, sobretudo, como uma especificação de certos esboços psicológicos da infância, e o etnólogo encontra uma expressão feliz ao qualificar a criança de "social polimórfica". Polimorfia na qual as vocações e as censuras culturais vão selecionar as formas de ação e pensamento adequadas a este ou aquele gênero de vida. Donde resulta que do ponto de vista metodológico se possa falar de imperativos naturais, enquanto nos contentamos com o termo "intimação" para caracterizar o social[119]. A necessidade é aqui, como aliás muitas vezes, de ordem cronológica e não ontológica.

É portanto no domínio psicológico que será necessário descobrir os grandes eixos de uma classificação satisfatória, quer dizer, capaz de integrar todas as constelações que encontramos pelo caminho. Resta saber em qual setor da psicologia se devem procurar essas "metáforas axiomáticas"[120]. Bachelard intuiu que essas metáforas são as que indicam o movimento. E muitas vezes insiste nessa teoria que ultrapassa e anula a simples classificação substancialista das obras que consagrou às imagens. Em *A água e os sonhos*, a propósito de E. Poe, e em *A terra e os devaneios do repouso*, Bachelard precisa que "os símbolos não devem ser julgados do ponto de vista da forma... mas da sua força", e conclui valorizando em extremo a imagem literária "mais viva que qualquer desenho" porque transcende a forma e é "movimento sem matéria"[121]. Essa maneira cinemática de reconsiderar o esquema classificador dos símbolos é confirmada por numerosos psicólogos. Para alguns[122] a "constância dos arquétipos" não é a de um ponto no espaço imaginário, mas a de uma "direção"; daí que declarem que essas "realidades dinâmicas" são as "categorias do pensamento". Mas é sobretudo Desoille[123] quem parece ligar mais nitidamente as "imagens motrizes" aos modos de representação visual e verbal, mostrando mesmo que essa cinemática simbólica é dinamicamente mensurável, dado que nos atos mentais de imaginação do movimento há uma diferença da ordem de 15 a 20% em relação ao metabolismo do repouso mental. São, portanto, essas "imagens motrizes" que podemos tomar como ponto de partida psicológico de uma classificação dos símbolos. Resta saber em que domínio da motricidade encontraremos essas "metáforas de base", essas grandes "categorias vitais"[124] da representação.

É à reflexologia detchereviana[125] que iremos buscar o princípio da nossa classificação e a noção de "gestos dominantes"[126]. Só a reflexologia nos parece apresentar uma possibilidade de estudar esse "sistema funcional" que é o aparelho nervoso do recém-nascido e em particular o cérebro, "esse velho instrumento adaptado a fins bem determinados"[127]. A reflexologia do recém-nascido parece-nos evidenciar a trama metodológica sobre a qual a experiência da vida, os traumatismos fisiológicos, a adaptação positiva ou negativa ao meio virão inscrever os seus motivos e especificar o "polimorfismo" tanto pulsional como social da infância. As "dominantes reflexas" que Vedenski e depois Betcherev e a sua escola[128] iriam estudar de maneira sistemática são extamente os mais primitivos conjuntos sensório-motores que constituem os sistemas de "acomodações" mais originários na ontogênese e aos quais, segundo a teoria de Piaget[129], se deveria referir toda a representação em baixa tensão nos processos de assimilação constitutivos do simbolismo. Ao estudar os reflexos primordiais, Betcherev[130], retomando os trabalhos e a terminologia de Oukhtomsky, descobre duas "dominantes" no recém-nascido humano.

A primeira é uma dominante de "posição" que coordena ou inibe todos os outros reflexos quando, por exemplo, se põe o corpo da criança na vertical. Ela estaria, segundo Betcherev, ligada à sensibilidade estática classicamente localizada nos canais semicirculares. Posteriormente, foi demonstrado[131] que esses reflexos posturais eram comportamentos supra-segmentários ligados ao sistema extrapiramidal e que alguns desses reflexos de se endireitar são reflexos ópticos ligados à integridade das áreas visuais do córtex. Decerto não é nossa intenção utilizar tais quais essas dominantes fisiológicas como dominantes de representação simbólica, e Piaget[132] tem razão em pretender que o recém-nascido ou a criança "não tira nenhuma intuição generalizada" das atitudes posturais primordiais, mas o psicólogo geneticista reconhece, no entanto, que a verticalidade e a horizontalidade são percebidas pela criança de tenra idade "de maneira privilegiada". Pouco nos importa que seja uma verticalidade "física" e intuitiva que se perceba, em vez de uma clara idéia de verticalidade matemática. Porque é a topologia da verticalidade que entra aqui em jogo mais que as suas características geométricas. Pode-se dizer que numa tal dominante reflexa se acumulam o *analogon* afetivo e o *analogon* cinestésico da imagem[133].

A segunda dominante aparece ainda mais nitidamente: dominante de nutrição que, nos recém-nascidos, se manifesta por reflexos de sucção labial e de orientação correspondente da cabeça. Esses reflexos são provocados ou por estímulos externos, ou pela fome. Já no cão Oukhtomsky[134] tinha notado uma dominante digestiva especialmente no ato de deglutição e no de defecação, tendo como efeito concentrar "as excitações provenientes de fontes longínquas e suprimir a capacidade dos outros centros de responder às excitações diretas". Como no caso precedente, todas as reações estranhas ao reflexo dominante encontram-se retardadas ou inibidas. A essas duas dominantes podem associar-se reações audiovisuais que Betcherev estuda. Se em seguida esses órgãos sensoriais podem, por sua vez, por condicionamento, tornar-se dominantes, não deixa de ser verdade, como nota Kostyleff[135], que a nutrição e a posição "são reações inatas de caráter dominante". A dominante age sempre com um certo imperialismo, pode já ser considerada como um princípio de organização, como uma estrutura sensório-motora. Quanto a uma terceira dominante natural, só foi, a bem dizer, estudada no animal adulto e macho por J. M. Oufland[136], no seu artigo "Une dominante naturelle chez la grenouille mâle dans le réflexe copulatif". Essa dominante manifesta-se por uma concentração das excitações no reforço do complexo braquial. Oufland supõe que esta dominante seria de origem interna, desencadeada por secreções hormonais e só aparecendo em período de cio. Betcherev[137] afirma de novo, de um modo mais vago, que o "reflexo sexual" é uma dominante. Apesar da falta de informações neste domínio quanto ao animal humano, podemos reter, no entanto, das conclusões de Oufland o caráter cíclico e interiormente motivado da dominante copulativa. Por outro lado, a psicanálise habituou-nos a ver na pulsão sexual uma dominante todo-poderosa da conduta animal. Morgan[138] acrescenta algumas precisões sobre o caráter natural dominante e cíclico do ato copulativo: "Os esquemas motores de acasalamento não se constituem", escreve, "graças à experiência, mas... dependem da maturação de conexões nervosas até então latentes na estrutura inata do organismo... o comportamento do acasalamento aparece completamente montado em diversos animais." E Morgan conclui que "precisamos admitir que os esquemas motores do acasalamento são organizações inatas", que dependem não de localizações nervosas mas da "erotização do sistema nervoso"[139].

Mas, sobretudo, o notável é que as motivações do acasalamento seguem um ciclo e que o próprio ato sexual, nos vertebrados superiores, é acompanhado de movimentos rítmicos e, em certas espécies, precedido de verdadeiras danças nupciais. É portanto sob o signo do ritmo que se desenrola o ato sexual. Morgan[140] distingue três ciclos sobrepostos na atividade sexual: o ciclo vital, que na realidade é uma curva individual de potência sexual, o ciclo sazonal, que apenas pode interessar à fêmea ou ao macho de uma espécie dada ou ainda aos dois ao mesmo tempo; enfim, os ciclos de *oestrus*, só encontrados nas fêmeas dos mamíferos. Morgan sublinha, de resto, que esses processos cíclicos, em particular o *oestrus*, têm profundas repercussões comportamentais. No chimpanzé, por exemplo, o ciclo de *oestrus* é oportunidade para uma "inversão" da hierarquia social entre os dois sexos, e as motivações endócrinas que estão na base do *oestrus* "modificam um comportamento social que pela sua dimensão ultrapassa o simples comportamento sexual". Retenhamos de passagem esta instrutiva extrapolação sociológica de um incidente puramente fisiológico e concluamos que esta "dominante sexual" aparece em todos os níveis com caracteres rítmicos sobredeterminados. Por outro lado, se admitirmos as teorias do pré-exercício de Groos[141], poderemos dizer que numerosos jogos e exercícios da criança apresentam um caráter rítmico, ecolálico ou estereotipado, que não passaria de uma prefiguração coreográfica, de algum modo, do exercício da sexualidade. Haveria, neste sentido, um interessante estudo a fazer sobre o onanismo infantil, pré-exercício direto, segundo Jung[142], da plena sexualidade. Mais: se adotarmos a análise freudiana dos deslocamentos genéticos da libido, constataremos que originariamente esta rítmica sexual está ligada à rítmica da sucção e que há uma anastomose muito possível entre a dominante sexual latente da infância e os ritmos digestivos da sucção[143]. O mamar seria também pré-exercício do coito. Veremos que esta ligação genética de fenômenos sensório-motores elementares encontra-se ao nível dos grandes símbolos: os símbolos do engolimento têm freqüentemente prolongamentos sexuais.

Quanto à ligação entre esta motricidade primária e, parece, inconsciente e a representação, já não apresenta dificuldades para a psicologia contemporânea. Desde 1922, Delmas e Boll[144] tinham notado o caráter normativo para o conteúdo global da psique das grandes propriedades biológicas primordiais, tais como a nutrição, a geração e a motilidade, e Piéron escrevia no *Nouveau traité de psychologie*[145] que o "corpo inteiro colabora na constituição da imagem" e as "forças constituintes" que coloca na raiz da organização das representações parecem-nos muito próximas das "dominantes reflexas". Piaget[146] evidencia "que se pode seguir de uma maneira contínua a passagem da assimilação e da acomodação sensório-motora... à assimilação e à acomodação mental que caracterizam os primórdios da representação", a representação – e especialmente o símbolo – não sendo mais que uma imitação interiorizada, e os fenômenos de imitação manifestando-se, senão desde o primeiro mês, pelo menos sistematicamente desde o sexto, em que a imitação do próprio corpo se torna a regra constante. Enfim, não só Marx[147] destacou a ligação da motricidade dos músculos da linguagem com o pensamento, como Wyczoikowski[148] e Jacobson[149] mostraram, por métodos mecânicos ou elétricos, que uma motricidade periférica estendida a numerosos sistemas musculares estava em estreita relação com a representação. Sem querer decidir entre os partidários de uma teoria puramente central e os de uma teoria amplamente periférica do mecanismo da simbolização, tomemos como hipótese de trabalho que existe uma estreita concomitância entre os gestos do corpo, os centros nervosos e as representações simbólicas.

Em resumo, podemos dizer que admitimos as três dominantes reflexas, "malhas intermédias entre os reflexos simples e os reflexos associados", como matrizes sensório-motoras[150] nas quais as representações vão naturalmente integrar-se, sobretudo se certos esquemas (*schémas*) perceptivos vêm enquadrar e assimilar-se aos esquemas (*schémas*) motores primitivos, se as dominantes posturais, de engolimento ou rítmicas se encontram em concordância com os dados de certas experiências perceptivas. É a este nível que os grandes símbolos vão se formar, por uma dupla motivação que lhes vai dar esse aspecto imperativo de sobredeterminação tão característico.

Intimações antropológicas, plano e vocabulário

É no ambiente tecnológico humano que vamos procurar um acordo entre os reflexos dominantes e o seu prolongamento ou confirmação cultural. Em termos pavlovianos, poder-se-ia dizer que o ambiente humano é o primeiro condicionamento das dominantes sensório-motoras, ou, em termos piagetianos, que o meio humano é o lugar da projeção dos esquemas de imitação. Se, como pretende Lévi-Strauss[151], o que é da ordem da natureza e tem por critérios a universalidade e a espontaneidade está separado do que pertence à cultura, domínio da particularidade, da relatividade e do constrangimento, não deixa por isso de ser necessário que um acordo se realize entre a natureza e a cultura, sob pena de ver o conteúdo cultural nunca ser *vivido*. A cultura válida, ou seja, aquela que motiva a reflexão e o devaneio humano, é, assim, aquela que sobredetermina, por uma espécie de finalidade, o projeto natural fornecido pelos reflexos dominantes que lhe servem de tutor instintivo. Decerto os reflexos humanos, perdendo como os dos grandes macacos "essa nitidez e essa precisão" que se encontra na maior parte dos mamíferos, são capazes de um muito amplo e variado condicionamento cultural. O que não deixa de implicar que esse condicionamento deva ser, pelo menos em geral, orientado pela própria finalidade do reflexo dominante, sob pena de provocar uma crise neurótica de inadaptação. Um mínimo de adequação é, assim, exigido entre a dominante reflexa e o ambiente cultural. Longe de ser uma censura ou um recalcamento que motiva a imagem e dá vigor ao símbolo, parece, pelo contrário, que é um acordo entre as pulsões reflexas do sujeito e o seu meio que enraíza de maneira tão imperativa as grandes imagens na representação e as carrega de uma felicidade suficiente para perpetuá-las.

Nesta pesquisa cultural inspirar-nos-emos freqüentemente nos excelentes trabalhos de Leroi-Gourhan[152], não só porque nossa pesquisa encontra algumas grandes classificações tecnológicas mas também porque o tecnólogo dá ao seu estudo um caráter prudentemente a-histórico: a história das representações simbólicas, como a dos instrumentos, é demasiado fragmentária para que possamos nos servir dela sem alguma temeridade. Mas "o documento escapa muitas vezes à história mas não pode escapar à classificação"[153]. Por outro lado, tal como Leroi-Gourhan equilibra os materiais técnicos por "forças", também nós temos de equilibrar os objetos simbólicos pela obscura motivação dos movimentos dominantes que definimos. Todavia, contrariamente a certas necessidades da teoria tecnológica, nunca aqui concederemos precedência à matéria sobre a força[154]. Porque nada é mais maleável que uma matéria imaginada, enquanto as forças reflexológicas e as pulsões tendenciais permanecem mais ou menos constantes. Leroi-Gourhan parte, com efeito, de uma classificação material muito próxima da que criticamos em Bachelard[155]. Pode-se mesmo encontrar um esboço de classificação elementar no tecnólogo: a primeira categoria é de fato a da terra, material das percussões, lugar dos gestos como "partir, contar, modelar"; a segunda é a do fogo, que suscita os gestos de aquecer, cozer, fundir, secar, deformar; a terceira nos é dada pela água com as técnicas da diluição, da fundição, da lavagem, etc. Enfim, o quarto elemento é o ar que seca, limpa, aviva[156]. Mas depressa o tecnólogo[157] enuncia uma grande lei que corrige o materialismo rígido que esta classificação elementar deixava pressentir: "Se a matéria comanda inflexivelmente a técnica, dois materiais pertencentes a corpos diferentes mas possuindo as mesmas propriedades físicas gerais terão inevitavelmente a mesma manufatura." É reconhecer que a matéria age por detrás dos caracteres conceituais que a classificação aristotélica revela, é confessar a importância do gesto. E se o cobre e a casca têm por comum instrumento de manufatura a matriz e o percussor, se o fio de cânhamo, de rotim ou o arame são tratados por processos idênticos, é, parece, porque a iniciativa técnica depende do gesto, gesto que não se preocupa com as categorias de um materialismo intelectual fundado sobre afinidades aparentes. Os objetos não passam, no fim de contas, como o nota o tecnólogo[158], de complexos de tendências, redes de gestos. Um vaso não passa da materialização da tendência geral de conter os fluidos, na qual vêm convergir as tendências secundárias da modelagem da argila ou do corte da madeira ou da casca: "Temos assim como que um tecido de tendências secundárias que cobrem numerosos objetos particularizando as tendências gerais." Por exemplo, as tendências para "conter", "flutuar", "cobrir" particularizadas pelas técnicas do tratamento da casca dão o vaso, a canoa ou o telhado. Se este vaso de casca é cosido, isto implica imediatamente uma outra clivagem possível das tendências: coser para conter dá o vaso de casca, enquanto coser para vestir dá a veste de peles, coser para abrigar dá a casa de pranchas cosidas[159]. Esta "dupla entrada" que os objetos concretos propõem concede, assim, uma enorme liberdade à interpretação tecnológica dos utensílios. Esse caráter de polivalência de interpretação acentuar-se-á ainda nas transposições imaginárias. Os objetos simbólicos, ainda mais que os utensílios, não são nunca puros, mas constituem tecidos onde várias dominantes podem imbricar-se, a árvore, por exemplo, pode ser, como veremos[160], ao mesmo tempo símbolo do ciclo sazonal e da ascensão vertical; a serpente é sobredeterminada pelo engolimento, pelo *ouroboros* e pelos temas ressurrecionais da renovação do renascimento; o ouro é ao mesmo tempo cor celeste e solar e quintessência oculta, tesouro da intimidade. Mais: verificamos que o objeto simbólico está muitas vezes sujeito a inversões do sentido, ou, pelo menos, a redobramentos que conduzem a processos de dupla negação: o engolido, a árvore invertida, a barca-cofre que contém ao mesmo tempo que sobrenada, o cortador de elos que se torna no senhor dos elos, etc. Esta complexidade de base, esta complicação do objeto simbólico justifica o nosso método, que é partir dos grandes gestos reflexológicos para desenredar os tecidos e os nós que as fixações e as projeções sobre os objetos do ambiente perceptivo constituem[161].

Os três grandes gestos que nos são dados pela reflexologia desenrolam e orientam a representação simbólica para matérias de predileção que já têm apenas uma longínqua relação com uma classificação já demasiado racionalizada em quatro ou cinco elementos. E, segundo a equação que Leroi-Gourhan estabelece: força + matéria = instrumento[162], diremos que cada gesto implica ao mesmo tempo uma matéria e uma técnica, suscita um material imaginário e, senão um instrumento, pelo menos um utensílio. É assim que o primeiro gesto, a dominante postural, exige as matérias luminosas, visuais e as técnicas de separação, de purificação, de que as armas, as flechas, os gládios são símbolos freqüentes. O segundo gesto, ligado à descida digestiva, implica as matérias da profundidade; a água ou a terra cavernosa suscita os utensílios continentes, as taças e os cofres, e faz tender para os devaneios técnicos da bebida ou do alimento. Enfim, os gestos rítmicos, de que a sexualidade é o modelo natural acabado, projetam-se nos ritmos sazonais e no seu cortejo astral, anexando todos os substitutos técnicos do ciclo: a roda e a roda de fiar, a vasilha onde se bate a manteiga e o isqueiro*, e, por fim, sobredeterminam toda a fricção tecnológica pela rítmica sexual. A nossa classificação tripartida concorda, portanto, entre outras, com uma classificação tecnológica que distingue os instrumentos percussores e contundentes, por um lado, os continentes e os recipientes ligados às técnicas da escavação, por outro, enfim, os grandes prolongamentos técnicos do tão precioso utensílio que é a roda: os meios de transporte do mesmo modo que as indústrias têxteis ou do fogo.

Pode-se, igualmente, neste ambiente tecnológico imediato, reintegrar o que Piaget[163] chama os "esquemas afetivos" e que não são mais que as relações, caras aos psicanalistas, do indivíduo e seu meio humano primordial. É, com efeito, como uma espécie de instrumento que o pai e a mãe aparecem no universo infantil, não só instrumentos com uma tonalidade afetiva própria segundo a sua função psicofisiológica, mas instrumentos rodeados eles próprios de um cortejo de utensílios secundários: em todas as culturas a criança passa naturalmente do seio materno para os diversos recipientes que, quando do desmame, servem de substitutos do seio. Do mesmo modo, se por um lado o pai aparece na maior parte dos casos como obstáculo possuidor do instrumento alimentador que é a mãe, também é venerado ao mesmo tempo como uma manifestação enviada da força de que as armas, os instrumentos de caça e de pesca são os atributos. Parece-nos assim econômico integrar as motivações do meio familiar nas motivações tecnológicas. Piaget preocupou-se em sublinhar, de resto, que esses "esquemas afetivos" eram mais que simples esquemas pessoais e constituíam já espécies de categorias cognitivas. "É evidente", escreve o psicólogo[164], "que o inconsciente afetivo, ou seja, o aspecto afetivo da atividade dos esquemas assimiladores, nada tem de privilegiado do ponto de vista da inconsciência: só o halo místico que envolve a intimidade da pessoa pôde iludir os psicólogos nesta matéria." Sem chegar a esta tomada de posição contra a psicanálise e as suas motivações personalistas, reconhecemos no entanto que as persona-

---

* Para simplificar, traduzirei sempre *briquet* por *isqueiro*, independentemente dos seus diversos tipos, que em antropologia recebem designações diferentes. (N. do T.)

gens parentais se deixam singularmente classificar nos dois primeiros grupos de símbolos definidos pelos reflexos posturais e digestivos. O levantar-se, a posição postural será na maior parte dos casos acompanhada de um simbolismo do pai com todas as implicações, tanto edipianas como adlerianas, que pode comportar, enquanto a mulher e a mãe se verão anexar pelo simbolismo digestivo com suas implicações hedonísticas. Seja como for, a classificação que propomos tem o privilégio de integrar, ao lado da tecnologia, a classificação sexual e parental que, na maior parte dos casos, os psicanalistas dão aos símbolos.

Uma notável concordância aparece ainda entre as três categorias definidas pela reflexologia e a tripartição e a bipartição funcional encaradas por Piganiol e Dumézil. Sejamos claros, porque poderiam acusar-nos de extrapolar consideravelmente conclusões sociológicas que não se aplicam para estes dois autores, senão aos indo-europeus ou mesmo apenas aos romanos. Mas se as três funções dumezilianas ou as duas estratificações funcionais da Roma antiga, segundo Piganiol, não se encontram nitidamente noutras culturas é simplesmente porque estão sociologicamente mal delimitadas. Dumézil não reconhece explicitamente[165] que é porque as civilizações indo-européias souberam discernir e reforçar a tripartição funcional que atingiram uma supremacia e um incomparável equilíbrio sociológico? Não se poderá conceber que o sucesso temporal das civilizações indo-européias, e do Ocidente em particular, é devido em grande parte à adequação harmoniosa, nos grandes períodos da história, entre as funções sociais e os imperativos biopsicológicos? A diferença das funções e depois, no seio dessas mesmas funções, a discriminação de poderes bem definidos, como, por exemplo, o executivo, o legislativo e o judiciário no seio da função real, não seriam a marca de um acordo ótimo entre as aspirações biopsicológicas e as intimações sociais? Se nos permitimos extrapolar a tripartição dumeziliana é porque ela nos parece convergir em numerosos pontos com a repartição psicotecnológica que tomamos como base de trabalho. Melhor ainda, esta convergência permitir-nos-á dar conta de certas ligações entre ritos e símbolos das diferentes funções, ligações que permaneceram misteriosas e inexplicadas em Dumézil[166].

É necessário assinalar, no entanto, que a tripartição reflexológica não corresponde termo a termo à tripartição dumeziliana: o primeiro grupo da dominante postural subsume, como veremos, as duas primeiras funções sociológicas: a realeza, sob as suas duas formas, e a função guerreira; e é a segunda dominante reflexológica que integra a terceira função alimentadora que Dumézil estabeleceu. Em contrapartida, a bipartição sociológica e simbólica cara a Piganiol, e que permanece muito próxima das bipartições habituais dos historiadores da religião, coincide, na sua primeira parte "uraniana", com as constelações da primeira dominante reflexa, e na sua segunda parte "ctônico-lunar" com as constelações polarizadas pelas duas últimas dominantes reflexas. Como, de resto, nota Dumézil[167], a bipartição não é em nada contraditória da tripartição, e não é "incômoda para a interpretação funcional". Também não o é para a análise estrutural.

Por outro lado, a bipartição, tal como a concebe Piganiol[168], permite estender legitimamente para além do domínio do simbolismo indo-europeu o hiato ctônico-uraniano verificado pelo historiador nos usos e costumes romanos, porque "o livro da história de quase todos os povos abre-se pelo duelo do pastor Abel e do agricultor Caim"[169]. E Piganiol[170] esboça a aplicação deste princípio aos chineses, à África Negra e aos semitas. Trabalhos tão diversos como os de Dumézil e Piganiol fazem sempre aparecer esta fundamental bipolaridade. Quanto a Przyluski, como já notamos[171], esforça-se por encontrar uma passagem evolutiva de um termo ao outro e justificar assim a supremacia de Abel sobre Caim. Por fim, como veremos, a bipartição e a tripartição coincidem com a organização do espaço sagrado tal como Soustelle o estudou para os antigos mexicanos[172]: aspecto polêmico e guerreiro das divindades do norte e do sul, aspecto vencedor do sol-nascente, do leste, aspecto misterioso e involuntário do oeste, enfim papel mediador e sintético do centro do espaço, coincidem com as implicações dos reflexos dominantes: polêmica e subida são de dominante postural, involução e noturno do oeste de dominante digestiva, enfim, o centro parece dar bem a chave rítmica e dialética do equilíbrio dos contrários.

A partir daqui podemos estabelecer o princípio do nosso plano, que, considerando essas notáveis convergências da reflexologia, da tecnologia e da sociologia, será fundamentado ao mesmo tempo sobre uma vasta bipartição entre dois *Regimes* do simbolismo, um *diurno* e o outro *noturno*, e sobre a tripartição reflexológica. Optamos por uma bipartição dessa classificação empírica das convergências arquetípicas por duas razões: primeiro porque, como acabamos de indicar, esse duplo plano ao mesmo tempo bipartido e tripartido não é contraditório e dá admiravelmente conta das diferentes motivações antropológicas a que chegaram investigadores tão afastados uns dos outros como Dumézil, Leroi-Gourhan, Piganiol, Eliade, Krappe ou os reflexólogos e psicanalistas. Em seguida porque a tripartição das dominantes reflexas é funcionalmente reduzida pela psicanálise clássica a uma bipartição. Com efeito, a libido na sua evolução genética valoriza e liga afetivamente, de modo sucessivo mas contínuo, as pulsões digestivas e as sexuais. Portanto, pode-se admitir, pelo menos metodologicamente, que existe um parentesco, senão uma filiação, entre dominante digestiva e dominante sexual. Ora, é tradição no Ocidente – e veremos que essa tradição repousa nos próprios dados da arquetipologia – dar aos "prazeres do ventre" uma conotação mais ou menos tenebrosa ou, pelo menos, noturna. Por conseqüência, propomos que se oponha este *Regime Noturno* do simbolismo ao *Regime Diurno* estruturado pela dominante postural com as suas implicações manuais e visuais, e talvez também com as suas implicações adlerianas de agressividade. O *Regime Diurno* tem a ver com a dominante postural, a tecnologia das armas, a sociologia do soberano mago e guerreiro, os rituais da elevação e da purificação; o *Regime Noturno* subdivide-se nas dominantes digestiva e cíclica, a primeira subsumindo as técnicas do continente e do hábitat, os valores alimentares e digestivos, a sociologia matriarcal e alimentadora, a segunda agrupando as técnicas do ciclo, do calendário agrícola e da indústria têxtil, os símbolos naturais ou artificiais do retorno, os mitos e os dramas astrobiológicos.

Essas duas partes de análise nas quais agrupamos, segundo o método de convergência, as grandes constelações simbólicas constituem os dois primeiros livros do nosso trabalho e serão seguidas de um terceiro, no qual tentaremos compreender filosoficamente a motivação geral do simbolismo. Sem, com efeito, esquecer que teremos até lá afastado sistematicamente qualquer pressuposição ontológica, tanto do psicologismo como do culturalismo, ser-nos-á então fácil, a partir dos resultados da nossa pesquisa, verificar qual é a convergência suprema que os múltiplos semantismos contidos nas imagens vêm ditar. Lembraremos, para concluir, que o desenvolvimento desse estudo só foi possível porque partimos de uma concepção simbólica da imaginação, quer dizer, de uma concepção que postula o semantismo das imagens, o fato de elas não serem signos, mas sim conterem materialmente, de algum modo, o seu sentido. Ora, podemos pretender que ao reagrupar positivamente as imagens teremos desse modo condensado os seus sentidos múltiplos, o que nos permitirá abordar a teoria do sentido supremo da função simbólica e escrever o nosso terceiro livro sobre a metafísica da imaginação. Antes de começarmos o nosso estudo, resta-nos ainda dar, à luz do que acaba de ser estabelecido, algumas precisões sobre o vocabulário que contamos empregar.

Numerosos autores notaram com razão a extrema confusão que reina na demasiado rica terminologia do imaginário: signos, imagens, símbolos, alegorias, emblemas, arquétipos, esquemas (*schémas*), esquemas (*schèmes*), ilustrações, representações esquemáticas, diagramas e sinepsias são termos indiferentemente empregados pelos analistas do imaginário. Por isso, tanto Sartre como Dumas ou Jung[173] consagraram várias páginas a precisar o vocabulário. É o que vamos tentar, por nossa vez, ajudados pelo esboço de classificação e metodologia que acabamos de estabelecer. Só reteremos o estrito mínimo de termos aptos a esclarecer as análises que vamos empreender.

Para começar, deixaremos de lado tudo o que apenas diz respeito à semiologia pura. Quando utilizarmos a palavra "signo", o faremos apenas em sentido muito geral e sem querer atribuir-lhe o seu sentido preciso de algoritmo arbitrário, de sinal contingente de um significado. Do mesmo modo, não utilizaremos o termo "emblema", que não passa, no fundo, de um simples signo, e, embora Dumas[174] admita que os emblemas podem atingir a vida simbólica, contestaremos esse ponto de vista e mostraremos, por exemplo, que o emblema crístico não se transforma em símbolo da cruz mas que é exatamente o inverso que se produz. Deixaremos igualmente de lado a alegoria, "símbolo arrefecido", como nota Hegel[175], semântica dissecada em semiologia e que apenas tem um valor de signo convencional e acadêmico.

Em contrapartida, adotamos o termo genérico "esquema" (*schème*) que fomos buscar em Sartre, Burloud e Revault d'Allonnes, tendo estes últimos ido buscá-lo, de resto, na terminologia kantiana[176]. O esquema é uma generalização dinâmica e afetiva da imagem, constitui a factividade e a não-substantividade geral do imaginário. O esquema aparenta-se ao que Piaget, na esteira de Silberer[177], chama "símbolo funcional" e ao que Bachelard[178] chama "símbolo motor". Faz a junção já não, como Kant pretendia, entre a imagem e o conceito, mas sim entre os gestos inconscientes da sensório-motricidade, entre as dominantes reflexas e as representações. São estes esquemas que formam o esqueleto dinâmico, o esboço funcional da imaginação. A diferença entre os gestos reflexológicos que descrevemos e os esquemas é que estes últimos já não são apenas engramas teóricos mas trajetos encarnados em representações concretas precisas. Assim, ao gesto postural correspondem dois esquemas: o da verticalização ascendente e o da divisão quer visual quer manual, ao gesto do engolimento corresponde o esquema da descida e o acocoramento na intimidade. Como diz Sartre[179], o esquema aparece como o "presentificador" dos gestos e das pulsões inconscientes.

Os gestos diferenciados em esquemas vão determinar, em contato com o ambiente natural e social, os grandes arquétipos mais ou menos como Jung os definiu[180]. Os arquétipos constituem as substantificações dos esquemas. Jung vai buscar esta noção em Jakob Burckhardt e faz dela sinônimo de "origem primordial", de "engrama", de "imagem original", de "protótipo"[181]. Jung evidencia claramente o caráter de trajeto antropológico dos arquétipos quando escreve: "A imagem primordial deve incontestavelmente estar em relação com certos processos perceptíveis da natureza que se reproduzem sem cessar e são sempre ativos, mas por outro lado é igualmente indubitável que ela diz respeito também a certas condições interiores da vida do espírito e da vida em geral..." Este arquétipo, intermediário entre os esquemas subjetivos e as imagens fornecidas pelo ambiente per-

INTRODUÇÃO

ceptivo, seria, para usar a linguagem de Kant, "como o número da linguagem que a intuição percebe..."[182]. Decerto, Jung insiste sobretudo no caráter coletivo e inato das imagens primordiais, mas sem entrar nessa metafísica das origens e sem aderir à crença em "sedimentos mnésicos" acumulados no decurso da filogênese podemos fazer nossa uma observação capital do psicanalista, que vê nesses substantivos simbólicos que são os arquétipos "o estádio preliminar, a zona matricial da idéia"[183]. Bem longe de ter a primazia sobre a imagem, a idéia seria tão-somente o comprometimento pragmático do arquétipo imaginário num contexto histórico e epistemológico dado. O que explica simultaneamente que "... a idéia, por causa da sua natureza racional, está muito mais sujeita às modificações da elaboração racional que o tempo e as circunstâncias influenciam fortemente e para quem ela consegue expressões conformes ao espírito do momento"[184]. O que seria então dado *ante rem* na idéia seria o seu molde afetivo-representativo, o seu motivo arquetipal, e é isso que explica igualmente que os racionalismos e os esforços pragmáticos das ciências nunca se libertem completamente do halo imaginário, e que todo o racionalismo, todo o sistema de razões traga nele os seus fantasmas próprios. Como diz Jung, "as imagens que servem de base a teorias científicas mantêm-se nos mesmos limites... (que as que inspiram contos e lendas)"[185]. Sublinharemos, portanto, por nosso lado a importância essencial dos arquétipos que constituem o ponto de junção entre o imaginário e os processos racionais. Baudouin[186] insistiu nesta ligação mostrando que havia duas conexões possíveis entre as imagens e os pensamentos: uma horizontal, que agrupa várias imagens numa idéia, a outra vertical, na qual uma imagem suscita várias idéias. Segundo este autor[187], o conceito seria constituído por uma espécie de indução arquetipal. Todavia, a linguagem deste psicanalista está mal fixada, confundindo freqüentemente arquétipos e esquemas ou arquétipos e simples símbolos. Contrariamente, de resto, às suas afirmações há uma grande estabilidade dos arquétipos. É assim que aos esquemas da ascensão correspondem imutavelmente os arquétipos do cume, do chefe, da luminária, enquanto os esquemas diairéticos se substantificam em constantes arquetipais, tais como o gládio, o ritual batismal, etc.; o esquema da descida dará o arquétipo do oco, da noite, do "Gulliver", etc.; e o esquema do acocoramento provocará todos os arquétipos do colo e da intimidade. O que diferencia precisamente o arquétipo do simples símbolo é geralmente a sua falta de ambivalência, a sua universalidade constante e a sua adequação ao esquema: a roda, por exemplo, é o grande arquétipo do esquema cíclico, porque não se percebe que outra significação imaginária lhe poderíamos dar, enquanto a serpente é apenas símbolo do ciclo, símbolo muito polivalente, como veremos.

É que, com efeito, *os arquétipos ligam-se a imagens muito diferenciadas pelas culturas e nas quais vários esquemas se vêm imbricar*. Encontramo-nos então em presença do símbolo em sentido estrito, símbolos que assumem tanto mais importância quanto são ricos em sentidos diferentes. É, como viu Sartre[188], uma forma inferior, porque singular, do esquema. Singularidade que se resolve na maior parte das vezes na de um "objeto sensível", uma "ilustração" concreta do arquétipo do esquema[189]. Enquanto o arquétipo está no caminho da idéia e da substantificação, o símbolo está simplesmente no caminho do substantivo, do nome, e mesmo algumas vezes do nome próprio: para um grego, o simbolismo da Beleza é o *Doríforo* de Policleto. Deste comprometimento concreto, desta reaproximação semiológica, o símbolo herda uma extrema fragilidade. Enquanto o esquema ascensional e o arquétipo do céu permanecem imutáveis, o simbolismo que os demarca transforma-se de escada em flecha voadora, em avião supersônico ou em campeão de salto[190]. Pode-se mesmo dizer que perdendo polivalência, despojando-se, o símbolo tende a tornar-se um simples signo, tende a emigrar do semantismo para o semiologismo: o arquétipo da roda dá o simbolismo da cruz que, ele próprio, se transforma no simples sinal da cruz utilizado na adição e na multiplicação, simples sigla ou simples algoritmo perdido entre os signos arbitrários dos alfabetos.

No prolongamento dos esquemas, arquétipos e simples símbolos podemos considerar o mito. Não tomaremos este termo na concepção restrita que lhe dão os etnólogos, que fazem dele apenas o reverso representativo de um ato ritual[191]. Entenderemos por mito um sistema dinâmico de símbolos, arquétipos e esquemas, sistema dinâmico que, sob o impulso de um esquema, tende a compor-se em narrativa. O mito é já um esboço de racionalização, dado que utiliza o fio do discurso, no qual os símbolos se resolvem em palavras e os arquétipos em idéias. O mito explicita um esquema ou um grupo de esquemas. Do mesmo modo que o arquétipo promovia a idéia e que o símbolo engendrava o nome, podemos dizer que o mito promove a doutrina religiosa, o sistema filosófico ou, como bem viu Bréhier[192], a narrativa histórica e lendária. É o que ensina de maneira brilhante a obra de Platão, na qual o pensamento racional parece constantemente emergir de um sonho mítico e algumas vezes ter saudade dele. Verificaremos, de resto, que a organização dinâmica do mito corresponde muitas vezes à organização estática a que chamamos "constelação de imagens". O método de convergência evidencia o mesmo isomorfismo na constelação e no mito.

Enfim, este isomorfismo dos esquemas, arquétipos e símbolos no seio dos sistemas míticos ou de constelações estáticas levar-nos-á a verificar a existência de certos protocolos normativos das representações imaginárias, bem definidos e relativamente estáveis, agrupados em torno dos esquemas originais e a que chamaremos estruturas. Decerto este último termo é muito ambíguo e flutuante na língua francesa[193]. Todavia, pensamos, com Lévi-Strauss, que ele pode, com a condição de ser precisado, acrescentar alguma coisa à noção de "forma" concebida quer como resíduo empírico de primeira instância, quer como abstração semiológica e condensada[194] resultando de um processo indutivo. A forma define-se como uma certa parada, uma certa fidelidade, um certo estatismo[195]. A estrutura implica pelo contrário um certo dinamismo transformador. O substantivo "estrutura", acrescentado a atributos com sufixos tomados da etimologia da palavra "forma", e que, na falta de melhor, utilizaremos metaforicamente, significará simplesmente duas coisas: em primeiro lugar que essas "formas" são dinâmicas, ou seja, sujeitas a transformações por modificações de um dos termos, e constituem "modelos" taxionômicos e pedagógicos, quer dizer, que servem comodamente para a classificação mas que podem servir, dado que são transformáveis, para modificar o campo imaginário. Em segundo lugar, estando mais de acordo neste caso com Radcliffe-Brown que com Lévi-Strauss[196], esses "modelos" não são quantitativos mas sintomáticos; as estruturas, tal como os sintomas na medicina, são modelos que permitem o diagnóstico e a terapêutica. O aspecto matemático é secundário em relação ao seu agrupamento em síndromes, por isso essas estruturas descrevem-se como modelos etiológicos mais do que se formulam algebricamente. Esses agrupamentos de estruturas vizinhas definem o que chamaremos um *Regime* do imaginário. Voltaremos mais adiante a falar desta primazia qualitativa das estruturas semânticas[197]. De momento, contentemo-nos em definir uma estrutura como uma forma transformável, desempenhando o papel de protocolo motivador para todo um agrupamento de imagens e suscetível ela própria de se agrupar numa estrutura mais geral a que chamaremos *Regime*.

Uma vez que esses regimes não são agrupamentos rígidos de formas imutáveis, pôr-nos-emos por fim a questão de saber se são eles mesmos motivados pelo conjunto dos traços caracterológicos ou tipológicos do indivíduo, ou ainda qual é a relação que liga as suas transformações às pressões históricas e sociais. Uma vez reconhecida a sua relativa autonomia – relativa porque tudo tem um limite relativo na complexidade das ciências do homem – restar-nos-á esboçar, baseando-nos na realidade arquetipal desses regimes e dessas estruturas, uma filosofia do imaginário que se interrogue sobre a forma comum que integra esses regimes heterogêneos e sobre a significação funcional dessa forma da imaginação e do conjunto das estruturas e dos regimes que ela subsume.

LIVRO PRIMEIRO
O Regime Diurno da imagem

Semanticamente falando, pode-se dizer que não há luz sem trevas enquanto o inverso não é verdadeiro: a noite tem uma existência simbólica autônoma. O *Regime Diurno* da imagem define-se, portanto, de uma maneira geral, como o regime da antítese. Este maniqueísmo das imagens diurnas não escapou aos que abordaram o estudo aprofundado dos poetas da luz. Já tínhamos notado, com Baudouin[1], a dupla polarização das imagens hugolianas em torno da antítese luz-trevas. Também Rougemont[2] se esforça por encontrar o dualismo das metáforas da noite e do dia nos trovadores, nos poetas místicos do sufismo, no romance bretão de que *Tristão e Isolda* é uma ilustração e, por fim, na poesia mística de S. João da Cruz. Segundo Rougemont, este dualismo de inspiração cátara estruturaria toda a literatura do Ocidente, irremediavelmente platônica. Guiraud[3] mostra, também, excelentemente a importância das duas palavras-chave mais freqüentes em Valéry: "puro" e "sombra", que formam "o suporte do cenário poético". "Semanticamente" estes dois termos "opõem-se e formam os dois pólos do universo valeriano: ser e não ser... ausência e presença... ordem e desordem". E Guiraud nota a força de polarização que possuem essas imagens axiomáticas: em torno da palavra "puro" gravitam "céu", "ouro", "dia", "sol", "luz", "grande", "imenso", "divino", "duro", "dourado", etc., enquanto próximo da "sombra" aparecem "amor", "segredo", "sonho", "profundo", "misterioso", "só", "triste", "pálido", "pesado", "lento", etc. O foneticista opõe mesmo as sonoridades destes dois termos: "u", ou então "i", é a mais aguda das vogais, enquanto "on" é a mais grave. O instinto fonético do poeta, ao fazê-lo procurar por predileção estes dois sons[4], vai em paralelo com a vocação das imagens. É por isso que muito naturalmente os capítulos consagrados ao *Regime Diurno* da imagem se dividirão em duas grandes partes antitéticas, a primeira – de que o sentido do título será dado pela própria convergência semântica – consagrada ao fundo das trevas sobre o qual se desenha o brilho vitorioso da luz; a segunda manifestando a reconquista antitética e metódica das valorizações negativas da primeira.

Primeira Parte
As faces do tempo

> *Tempo com lábios de lima, em faces sucessivas, afias-te, tornas-te febril...*
> R. Char, *A une sérénité crispée.*

1. Os símbolos teriomórficos

À primeira vista, o simbolismo animal parece ser bastante vago porque demasiado comum. Parece que pode agregar valorizações tanto negativas, com os répteis, ratos, pássaros noturnos, como positivas, com a pomba, o cordeiro e, em geral, os animais domésticos. Todavia, apesar dessa dificuldade, qualquer arquetipologia deve abrir com um Bestiário e começar por uma reflexão sobre sua universalidade e banalidade.

De todas as imagens, com efeito, são as imagens animais as mais freqüentes e comuns. Podemos dizer que nada nos é mais familiar, desde a infância, que as representações animais. Mesmo para o pequeno cidadão ocidental, o urso de pelúcia, o gato de botas, Mickey, Babar vêm estranhamente veicular a mensagem teriomórfica. Metade dos títulos de livros para crianças são sagrados ao animal[5]. Nos sonhos de crianças relatados por Piaget[6], numa trintena de observações mais ou menos nítidas, nove referem-se a sonhos de animais. É de resto notável que as crianças nunca tenham visto a maior parte dos animais com que sonham, nem os modelos das imagens com que brincam. Do mesmo modo, verifica-se que existe toda uma mitologia fabulosa dos costumes animais que a observação direta apenas poderá contradizer. E, no entanto, a salamandra permanece, para a nossa imaginação, ligada ao fogo, a raposa à astúcia, a serpente continua a "picar" contra a opinião do biólogo, o pelicano abre o coração, a cigarra enternece-nos, enquanto o gracioso ratinho repugna-nos. O que mostra quanto esta orientação teriomórfica da imaginação forma uma camada profunda, que a experiência nunca poderá contradizer, de tal modo o imaginário é refratário ao desmentido experimental. Poderíamos mesmo pensar que a imaginação mascara tudo o que não a serve. O que desencadeia o lirismo de um Fabre não são as descobertas inéditas mas as confirmações aproximativas das lendas animais. Certos primitivos[7], os kurnais da Austrália, por exemplo, sabem muito nitidamente fazer a distinção entre o arquétipo imaginário e o animal objeto da experiência cinegética. Chamam *jiak* a este último, enquanto reservam o nome de *muk-jiak*, "animais notáveis", para os arquétipos teriomórficos dos contos e lendas. O animal apresenta-se, portanto, nestes tipos de pensamento, como um abstrato espontâneo, o objeto de uma assimilação simbólica, como mostra a universalidade e a pluralidade da sua presença tanto numa consciência civilizada como na mentalidade primitiva. A etnologia evidenciou com clareza o arcaísmo e a universalidade dos símbolos teriomórficos que se manifestam no totemismo ou as suas sobrevivências religiosas teriocéfalas.

A lingüística[8] comparada notou também, desde há muito tempo, que a repartição dos substantivos faz-se primitivamente segundo as categorias do animado e do inanimado. Em nahuatl, em algonquino, nas línguas dravídicas e ainda nas línguas eslavas, os substantivos repartem-se em gêneros segundo essas categorias primitivas. Segundo Bréal[9], o neutro das línguas indo-européias corresponderia também a uma primitiva divisão entre inanimado e gêneros animados. A repartição dos gêneros por semelhança de sexo seria muito mais tardia. O Bestiário parece, portanto, solidamente instalado na língua, na mentalidade coletiva e na fantasia individual. Torna-se necessário, agora, que nos interroguemos sobre o esquema geral de que o arquétipo teriomórfico e as suas variações simbólicas são a projeção assimiladora.

Antes disso, é necessário precisar este ponto: para além da sua significação arquetípica e geral, o animal é suscetível de ser sobredeterminado por características particulares que não se ligam diretamente à animalidade. Por exemplo, a serpente e o pássaro, de que mais adiante[10] estudaremos as capitais significações, só são, por assim dizer, animais em segunda instância. O que neles prima são as qualidades não propriamente animais: o enterramento e a mudança de pele que a serpente partilha com o grão, a ascensão e o vôo que o pássaro partilha com a flecha. Este exemplo leva-nos a uma dificuldade essencial da arquetipologia: a sobreposição das motivações que provoca sempre uma polivalência semântica ao nível do objeto simbólico. Bochner e Halpern[11] notam justamente que, na interpretação de Rorschach, o tipo do animal escolhido é tão significativo como a escolha da animalidade como tema geral. As interpretações são diferentes quando se trata da escolha de animais agressivos que refletem "sentimentos poderosos de bestialidade e agressão" ou, pelo contrário, quando se trata de animais domésticos. Neste capítulo, consagrado aos símbolos teriomórficos, é por isso necessário procurar primeiro o sentido do abstrato espontâneo que o arquétipo animal em geral representa e não se deixar levar por alguma implicação particular.

Precisamos primeiro nos desembaraçar das explicações empiristas que geralmente são dadas como motivos à zoolatria e à imaginação teriomórfica. Essas explicações tentam fazer derivar estas últimas de rituais nos quais os humanos desempenham o papel de animais. Como nota Krappe[12], isso é pôr a carroça na frente dos bois. O homem tem assim tendência para a animalização do seu pensamento e uma troca constante faz-se por essa assimilação entre os sentimentos humanos e a animação do animal. No entanto, a explicação de Krappe permanece muito vaga, contentando-se em jogar com a etimologia da palavra animal.

Mais precisa pretende ser a explicação psicanalítica desenvolvida por Jung[13] em *Métamorphoses et symboles de la libido*. O símbolo animal seria a figura da libido sexual. Indistintamente, "o pássaro, o peixe, a serpente eram para os antigos símbolos fálicos", escreve Jung. Acrescenta a esta enumeração o conteúdo quase completo do Bestiário: touro, bode, carneiro, javali, burro e cavalo. As hierodulas que se prostituam com bodes e o Leviatã ou o Beemot do *Livro de Jó*, "atributo fálico do criador", seriam a prova dessa sexualização da teriomorfia[14]. A Esfinge constitui o resumo de todos esses símbolos sexuais, "animal terrível, derivado da mãe"[15], e ligado ao destino incestuoso de Édipo. Jung descreve a genealogia do monstro, filho de Équidna, ela mesma serpentiforme e filha de Géia, a mãe universal. O animal em geral e a Esfinge em particular seriam "uma massa de libido incestuosa"[16].

Esta tese parece-nos ao mesmo tempo demasiado vaga quanto à elaboração do material e demasiado precisa e limitada quanto à interpretação. Demasiado vaga porque Jung coleta sem ordem e sem análise isomórfica ou funcional os dados díspares da sua enorme cultura, misturando animais reais e monstros compósitos, não considerando importantes bifurcações funcionais tais como as que inspiram o simbolismo do pássaro ou da serpente. Mas, paralelamente a essa confusão, a interpretação permanece demasiado limitada pelo pan-sexualismo que vem, ainda por cima, restringir uma observação clínica unicamente localizada na personalidade do europeu contemporâneo. Não se tem, no entanto, o direito de extrapolar no tempo e no espaço a libido incestuosa. No espaço porque o complexo "é uma formulação social, relativa às diversas civilizações, aos diversos meios sociais no interior de uma mesma civilização"[17]. O complexo é fenômeno de cultura para o qual só se deve legitimamente aplicar a fórmula explicativa no seio de uma civilização dada. No tempo, já que a libido incestuosa não passa de uma experiência relativamente tardia, tendo o próprio Freud mostrado que essa libido só se fixa depois de numerosas metamorfoses digestivas do princípio do prazer. É por isso necessário ligar a imaginação teriomórfica a uma camada ontogenética mais primitiva que o Édipo, e sobretudo a uma motivação mais universalizável. A imaginação teriomórfica ultrapassa de longe, tanto no espaço como na ontogênese, a era da crise edipiana e a zona da burguesia vienense da *Belle Époque*. Decerto que o Édipo, vindo vazar-se nas constelações teriomórficas preexistentes, pode perfeitamente reforçar e orientar essas imagens para significações tendenciosas, e sublinharemos no fim destes capítulos consagrados às *Faces do Tempo* as implicações libidinosas e sexuais contidas na constelação que agrupa, ao lado do simbolismo teriomórfico, os símbolos da queda e do pecado. Não deixa por isso de ser verdade que o sentido primeiro da imagem teriomórfica é mais primitivo e universal que a estreita especificação freudiana da libido. É esse sentido primitivo que se trata de decifrar, tentando, contrariamente a Jung, compreender os imperativos dinâmicos de uma tal forma.

O resumo abstrato espontâneo do animal, tal como ele se apresenta à imaginação sem as derivações e as especializações secundárias, é constituído por um verdadeiro esquema: o esquema do animado. Para a criança pequena, como para o próprio animal, a inquietação é provocada pelo movimento rápido e indisciplinado. Todo animal selvagem, pássaro, peixe ou inseto, é mais sensível ao movimento que à presença formal ou material. O pescador de trutas sabe muito bem que só os seus gestos demasiado bruscos parecerão insólitos ao peixe. O teste de Rorschach[18] confirma esse parentesco no psiquismo humano entre o animal e o seu movimento. Geralmente, as percentagens de respostas animais e de respostas cinestésicas são inversamente proporcionais, compensando-se mutuamente: o animal não é mais que o resíduo morto e estereotipado da atenção ao movimento vital. Quanto mais elevada é a porcentagem de respostas animais, mais o pensamento está envelhecido, rígido, convencional ou invadido por humor depressivo. A grande proporção de respostas animais é sintoma de um bloqueamento da ansiedade. Mas, sobretudo, quando as respostas cinestésicas são acompanhadas com as de animais, tem-se a indicação de uma invasão da psique pelos apetites mais grosseiros, acidente normal na criança pequena mas que no adulto é sinônimo de inadaptação e regressão às pulsões mais arcaicas. O aparecimento da animalidade na consciência é portanto sintoma de uma depressão da pessoa até os limites da ansiedade. Resta-nos distinguir agora diversas especificações dinâmicas do esquema do animado.

Uma das primitivas manifestações é o *formigamento*, "imagem fugidia mas primeira"[19]. Não retenhamos pela etimologia da palavra o trabalho das formigas que aparenta a imagem destas últimas à da serpente fossadora. Conservemos do formigamento apenas o esquema da agitação, do fervilhar (*grouillement*). Dali[20], em numerosas obras, ligou diretamente o formigamento da formiga ao fervilhar da larva. É este movimento que, imediatamente, revela a animalidade à imaginação e dá uma aura pejorativa à multiplicidade que se agita. É a este esquema pejorativo que está ligado o substantivo do verbo fervilhar (*grouiller*), a larva[21]. Para a consciência comum, todo inseto e todo verme é larva. Schlegel, tal como Hugo[22], vê no gafanhoto um composto fervilhante e pernicioso. Tema que Hugo vai buscar ao *Apocalipse* onde gafanhotos e rãs – essas velhas pragas do Egito! – se conjugam para simbolizar o mal, dirigidas por Abadon, "o destruidor", o anjo do abismo[23]. Também o verme é uma imagem terrificante muito freqüente em Hugo, na qual Baudouin quer ver um monstro fálico complementar do monstro feminóide que é a aranha. A serpente, quando é considerada apenas como movimento serpenteante, ou seja, como fugaz dinamismo, implica também uma "discursividade" repugnante que se liga à dos pequenos mamíferos rápidos, ratos e ratazanas[24].

Esta repugnância primitiva diante da agitação racionaliza-se na variante do esquema da animação que o arquétipo do caos constitui. Como nota Bachelard, "não há, na literatura, um único caos imóvel... e no século XVII a palavra caos aparece ortografada *cahot* (solavanco)"[25]. O inferno é sempre imaginado pela iconografia como um lugar caótico e agitado, como o mostram ou o afresco da Sistina, ou as representações infernais de Bosch, ou a *Dulle Griet* de Breughel. Em Bosch, de resto, a agitação vai de par com a metamorfose animal. O esquema da animação acelerada que é a agitação formigante, fervilhante ou caótica parece ser uma projeção assimiladora da angústia diante da mudança, e a adaptação animal não faz mais, com a fuga, que compensar uma mudança brusca por uma outra mudança brusca. Ora, a mudança e a adaptação ou a assimilação que ela motiva é a primeira experiência do tempo. As primeiras experiências dolorosas da infância são experiências de mudança: o nascimento, as bruscas manipulações da parteira e depois da mãe e mais tarde o desmame. Essas mudanças convergem para a formação de um engrama repulsivo no lactente. Pode-se dizer que a mudança é sobredeterminada pejorativamente pelo "complexo de Rank" e pelo traumatismo do desmame, que vêm corroborar essa primeira manifestação de temor que Betcherev e Maria Montessori[26] evidenciaram nas reações reflexas do recém-nascido submetido a manipulações bruscas.

Devemos aproximar desta valorização negativa do movimento brusco o tema do Mal em Victor Hugo a que Baudouin muito justamente chama o *Zwang*, a violência que se manifesta na fuga rápida, na perseguição fatal, na errância cega de Caim perseguido, de Napoleão vencido ou de Jean Valjean, o eterno fugitivo. Essa imagem tem caráter obsessivo no poeta. Segundo o psicanalista[27], existiria uma raiz edipiana para um tal fantasma que se manifesta nos poemas célebres *La conscience, Le petit roi de Galice* e *L'aigle du casque*. Certamente, uma educação edipiana vem, como sempre, reforçar esses esquemas, mas não é menos verdade que esse esquema da fuga diante do Destino tem raízes mais arcaicas que o medo do pai. Baudouin[28] tem razão em ligar esse tema da errância, do Judeu errante ou do Maldito ao simbolismo do cavalo, que constitui o próprio núcleo do que o psicanalista chama o "complexo de Mazeppa". É a cavalgada fúnebre ou infernal que estrutura moralmente a fuga e lhe dá esse tom catastrófico que se encontra em Hugo, Byron ou Goethe. O cavalo é isomorfo das trevas e do inferno: "São os negros cavalos do carro da sombra."[29]

Só o que os poetas fazem é reencontrar o grande símbolo do cavalo infernal tal como aparece em inumeráveis mitos e lendas[30], em ligação quer com constelações aquáticas, quer com o trovão ou com os infernos, antes de ser anexado pelos mitos solares. Mas essas quatro constelações, mesmo a solar, são solidárias de um mesmo tema afetivo: o medo diante da fuga do tempo simbolizada pela mudança e pelo ruído.

Examinemos, para começar, o semantismo tão importante do cavalo ctônico. É a montaria de Hades e de Poseidon. Este último, sob a forma de garanhão, aproxima-se de Géia, a Terra Mãe, Deméter Erínia, e engendra as Erínias, dois potros, demônios da morte. Numa outra lição da lenda, é o membro viril de Urano, cortado por Cronos, o Tempo, que procria os dois demônios hipomórficos[31]. E vemos perfilar-se por detrás do garanhão infernal uma significação simultaneamente sexual e terrificante. O símbolo parece ele próprio multiplicar-se sem motivo na lenda: é num abismo consagrado às Erínias que desaparece Erion, o cavalo de Adrasto. Também Brimo[32], a deusa fereica* da morte, é

---

* De Fereia, nome de Hécate. (N. do T.)

figurada em moedas montada num cavalo. Outras culturas ligam ainda de modo mais explícito o cavalo, o Mal e a Morte. No *Apocalipse*, a Morte cavalga o cavalo esverdeado[33]; Ariman, tal como os diabos irlandeses, arrebata as suas vítimas a cavalo; para os gregos modernos como para Ésquilo a morte tem por montaria um corcel negro[34]. O folclore e as tradições populares germânicos e anglo-saxônicos conservaram esta significação nefasta e macabra do cavalo: sonhar com um cavalo é sinal de morte próxima[35].

É preciso examinar mais de perto o demônio hipomórfico alemão, a *mahrt*, cuja etimologia é comparada por Krappe[36] ao antigo eslavo *mora*, a feiticeira, ao russo antigo *mora*, o espectro, ao polaco *mora*, e ao checo *mura*, que são exatamente o nosso pesadelo (*cauchemar*). Enfim, podemos aproximar da mesma etimologia o *mors, mortis* latino, o antigo irlandês *marah*, que significa morte, epidemia, o lituano *maras*, que quer dizer peste. Krappe[37] chega mesmo a explicar por eufemização a aproximação etimológica com as sedutoras "filhas de Mara", personificações indianas do desastre e do mal. Mas é sobretudo Jung[38] que insiste no caráter hipomórfico do "pesadelo" (*cauche-mar*) e dos súcubos noturnos. Motiva a etimologia de *cauchemar* pelo *calcare* latino – que em francês dá a expressão *cocher la poule*, que significa ao mesmo tempo copular e espezinhar – e pelo antigo alto-alemão *mahra*, que significa garanhão e vem se confundir com a imagem da morte no radical ariano *mar*, morrer. O psicanalista nota de passagem que a palavra francesa *mère* (mãe) está muito próxima da raiz em questão[39], sugerindo com isso que a mãe é o primeiro utensílio que a criança cavalga, e igualmente que a mãe e a ligação à mãe podem assumir um aspecto terrificante. Uma vez mais acrescentaremos que o sentido psicanalítico e sexual da cavalgada aparece de fato na constelação hipomórfica mas que vem simplesmente sobredeterminar o sentido mais geral que é o de veículo violento, de corcel cujas passadas ultrapassam as possibilidades e que Cocteau, com um instinto muito seguro, saberá modernizar no seu filme *Orfeu*, transformando-o em motocicletas mensageiras do Destino.

Krappe[40] acrescenta, de resto, à mitologia em questão uma nota que abstrai o símbolo de qualquer sugestão cavalar: em suíço-alemão *möre* é uma injúria que quer dizer porca, e *mura* em cigano é a espécie noturna de borboleta que chamamos significativamente em francês "Esfinge cabeça de morto". Trata-se, portanto, em todos os casos do *esquema muito geral da animação* duplicada pela angústia diante da mudança, a partida sem retorno e a morte. Estas significações vêm polarizar-se na divindade psicopompa e guardiã dos infernos Hécate, deusa da lua negra e das trevas, fortemente hipomórfica, súcuba e pesadelo, de quem Hesíodo[11] faz a patrona dos cavaleiros, a senhora da loucura, do sonambulismo, dos sonhos e especialmente da Empusa, fantasma da angústia noturna. Mais tarde, Hécate será confundida no panteão grego com Artemisa, a "deusa dos cães". Sempre ao mesmo campo de polarização nefasta, Jung[42] anexa as Valquírias, mulheres-centauro que arrebatam as almas. A padiola mortuária é chamada na Idade Média "Cavalo de S. Miguel", o féretro diz-se em persa "cavalo de madeira" e P. M. Schuhl, depois de Ch. Picard[43], tece interessantes considerações sobre o cavalo cenotáfio na Antiguidade clássica. Notemos que no *Apocalipse* o cavalo da morte apresenta um notável isomorfismo com o leão e a goela do dragão. Com efeito, os cavalos dos anjos exterminadores têm cabeças "como cabeças de leão" e o seu poder reside "na boca e na cauda, esta semelhante a uma serpente e provida de uma cabeça, e é por ela que fazem o mal..."[44]. Vemos portanto como se desenha, sob o esquema do animado, o arquétipo do Ogre que estudaremos daqui a pouco. Por agora, continuemos a examinar as constelações simbólicas que gravitam em torno do simbolismo hipomórfico.

Apesar das aparências, o cavalo solar deixa-se facilmente assimilar ao cavalo ctônico. Como veremos a propósito do signo zodiacal do Leão, o sol não é um arquétipo estável e as intimações climáticas podem muitas vezes dar-lhe um nítido acento pejorativo. Nos países tropicais, o sol e o seu cortejo de fome e seca é nefasto. O Surya védico[45], o sol destruidor, é representado por um corcel. Os múltiplos cavalos solares da tradição européia conservam mais ou menos eufemizado o caráter temível do Surya védico. Leucipo é um cavalo branco, antigo deus solar, e os habitantes de Rodes sacrificam cavalos a Hélio[46]. A Freyr, o deus solar escandinavo, são consagrados os cavalos, e o seu substituto cristão S.

Estêvão é igualmente protetor destes animais. Josias faz desaparecer os cavalos consagrados ao sol pelos reis de Judá[47]. Mas não é ao sol enquanto luminária celeste que está ligado o simbolismo hipomórfico, mas ao sol considerado como temível movimento temporal. É esta motivação pelo itinerário que explica a indiferente ligação do cavalo com o sol ou com a lua: deusas lunares dos gregos, escandinavos e persas viajam em veículos puxados por cavalos. O cavalo é, portanto, o símbolo do tempo, já que se liga aos grandes relógios naturais. É o que ilustra admiravelmente o Upanixade *Brilhad-Aranyaka*[48], no qual o cavalo é a própria imagem do tempo: o ano é o corpo do cavalo, o céu o dorso, a aurora a cabeça. Mas assim se introduz nesta figuração hipomórfica do zodíaco uma possível valorização positiva, sobretudo quando, nos países temperados, o cavalo for ligado a Febo e perder pouco a pouco as sombrias valorizações negativas que o animavam. Nesta eufemização encontramos um típico exemplo da vida do símbolo que, debaixo das pressões culturais, transmigra e carrega-se de significações diferentes. Por intermédio do sol vemos mesmo o cavalo evoluir de um simbolismo ctônico e fúnebre para um puro simbolismo uraniano, até se tornar duplo do pássaro na luta contra a serpente ctônica[49]. Mas segundo nos parece esta evolução eufemizante até a antífrase é devida às intimações históricas e em geral às rivalidades de dois povoamentos sucessivos de uma mesma região: as crenças do invasor e do inimigo têm sempre tendência a levantar suspeitas do indígena. Esta reviravolta simbólica é, como veremos, muito habitual, e no caso do cavalo parece provir de um imperialismo arquetipal urano-solar[50] que pouco a pouco converte beneficamente os atributos primitivos ligados ao simples simbolismo do sol: passa-se da fuga do tempo para o sol nefasto e tropical, depois da corrida solar para uma espécie de triunfo apolíneo do sol temperado, triunfo do qual o cavalo continua a participar[51]. Mas, primitivamente, o cavalo é o símbolo da fuga do tempo, ligado ao Sol Negro, tal como voltaremos a encontrar no simbolismo do leão. Pode-se, por isso, em geral, assimilar o semantismo do cavalo solar ao do cavalo ctônico. O corcel de Apolo não é mais que trevas domadas.

O cavalo aquático parece-nos que se reduz igualmente ao cavalo infernal. Não só porque o mesmo esquema do movimento é sugerido pela água corrente, as vagas alterosas e o rápido corcel, não só porque se impõe a imagem folclórica da "grande égua branca"[52], mas ainda porque o cavalo é associado à água por causa do caráter terrificante e infernal do abismo aquático. O tema da cavalgada fantástica e aquática é corrente no folclore francês, alemão[53] e anglo-saxônico. Encontramos também esse tipo de lendas entre os eslavos, os livônios e os persas. No folclore destes últimos, é o rei sassânida Yezdeguerd I que é morto por um cavalo misterioso saído de um lago, tal como é morto no Ocidente Teodorico, o ostrogodo[54]. Na Islândia, é o demônio hipomórfico Nennir, irmão do Nykur das ilhas Féroe, e do Nok norueguês, irmão do Kelpi escocês e do demônio das nascentes do Sena[55], que anda pelos rios. Enfim, Poseidon dá o tom a toda a simbologia grega do cavalo. Não só toma a forma deste animal como também é ele que oferece aos atenienses o cavalo[56]. Poseidon, não o esqueçamos, é filho de Cronos, usa o tridente primitivamente feito dos dentes do monstro (em breve sublinharemos este isomorfismo entre esquema da animação e arquétipo da boca dentada). É o deus "selvagem, descontente, pérfido"[57]. É igualmente o deus dos tremores de terra, o que lhe dá um aspecto infernal. O correlativo celta do Poseidon grego é Nechtan, demônio que anda pelas fontes, parente etimológico do Netuno latino[58].

Enfim, última manifestação, o cavalo vê-se ligado ao fenômeno meteorológico do trovão. E Pégaso, filho de Poseidon, demônio da água, transporta os raios de Júpiter[59]. Talvez seja necessário ver neste isomorfismo uma confusão no seio do esquema da animação rápida com a fulgurância do relâmpago. É o que Jung deixa entender a propósito dos Centauros, divindades do vento rápido, e acrescenta, como um freudiano, "do vento furioso femeeiro"[60]. Por outro lado, Salomon Reinach[61] mostrou que o rei mítico Tíndaro é um antigo deus cavaleiro cujo nome se confunde com o vocábulo onomatopaico do trovão *tundere*. É, portanto, sob o aspecto de um cavalo ruidoso e espantadiço que o folclore, como mito, imagina o trovão. É o que significa a crença popular que pretende que, quando troveja, "o diabo está ferrando o cavalo"[62]. Voltaremos a encontrar, a propósito do grito animal, este aspecto ruidoso da teriomorfia. O galope do cavalo é isomorfo do rugido do leão, do mugido do mar e do dos bovídeos.

Antes de passar a esse duplicado bovino do cavalo indo-europeu, recapitulemos a convergência do semantismo hipomórfico. Descobrimos uma notável concordância com nossa própria análise no excelente trabalho de Dontenville sobre a mitologia francesa[63]. Este último circunscreve bem as significações complementares que toma o símbolo hipomórfico: antes de mais um aspecto terrificante monstruoso, tal como o cavalo da métopa de Selinonte que sai do pescoço cortado da Górgona, e depois intervém toda uma série de valorizações negativas. O "Cavalo Branco", o cavalo sagrado dos germanos que hoje em dia na Baixa Saxônia é confundido com o "Shimmel Reiter", símbolo da catástrofe marinha, que se manifesta pela inundação e pela ruptura dos diques, parente próximo da pérfida *Blanque jument* do Pas-de-Calais, do *Bian Cheval* de Celles-sur-Plaine, do *Cheval Malet* vendeano, ou desse *Cheval Gauvin* jurassiano que afoga no Loue[64] os passantes atrasados. Em terceiro lugar, Dontenville distingue o aspecto astral da *Grand jument* ou do *Bayart* folclórico que se desloca de Leste para Oeste com saltos prodigiosos: mito solar que foi cristianizado sob a forma do cavalo de S. Martinho ou de S. Gildas, cujo casco aparece gravado um pouco por todo o lado na França. Destas marcas saem as nascentes, e o isomorfismo do astro e da água aparece constituído: o cavalo é ao mesmo tempo percurso solar e percurso fluvial. Por fim, e é esse o ponto de concordância mais interessante para o nosso estudo, Dontenville[65] nota uma reviravolta dialética no papel de Bayart semelhante à eufemização do cavalo solar de que falamos. Por uma espécie de antífrase sentimental, o cavalo Bayart, demônio maléfico das águas, é invocado para a travessia dos rios. Dontenville[66] dá deste fenômeno uma explicação histórica e cultural: o invasor germano, cavaleiro e nômade, introduz o culto do cavalo, enquanto o celta vencido teria considerado o cavalo do vencedor como um demônio maléfico e portador de morte, tendo as duas valorizações subsistido, depois, lado a lado. Sem contestar o papel dessas intimações históricas, vamos ver, e confirmaremos depois, que elas desempenham um papel inverso do que Dontenville pressentiu na reviravolta dos valores simbólicos, e que é necessário procurar motivações mais imperativas e do domínio psicológico para estas atitudes axiológicas e semânticas tão contraditórias. Voltaremos, em breve, a encontrar, a propósito do Herói ligador e do Herói cortador, idênticos processos de transformação[67]. De momento[68], notemos as etapas desta transformação e assinalemos que o "cavalo fada", "engendrado pelo dragão", do romance cortês *Renaud de Montauban* está prisioneiro do monstro e só é conquistado depois de grande luta pelo herói Maugis, que utiliza, para isso, primeiro processos mágicos e depois um combate singular. Tendo conseguido a vitória, Maugis "quebra as cadeias de Bayart" e este último uma vez domado torna-se a fiel montaria do bom cavaleiro, montaria benéfica que voará em socorro dos "Quatro Filhos de Aymon" e dos Sete Cavaleiros. Esta transformação dos valores hipomórficos – que, contrariamente à teoria histórica de Dontenville, é uma transmutação no sentido positivo – é simbolizada pela mudança de cor de Bayart[69], naturalmente branco, mas tinto de baio nesta situação. Vemos assim aparecer na lenda dos *Quatre fils Aymon* o processo de eufemização que sublinhávamos a propósito do cavalo solar e que voltaremos a encontrar no decurso deste estudo.

O cavalo pérfido, espantadiço, transformando-se numa montaria domada e dócil, atrelada ao carro do herói vitorioso. É que diante do vencedor como diante do tempo só há uma única atitude possível. Decerto, podemos resistir e heroicamente hipostasiar os perigos e os malefícios que o invasor ou o tempo provocam no vencido. Podemos também colaborar. E a história, longe de ser um imperativo, não passa de uma intimação diante da qual a escolha e a liberdade são sempre possíveis.

Insistimos neste exemplo, dado pelo folclore, para mostrar a notável convergência antropológica do nosso estudo com a do historiador da mitologia francesa, mas também para sublinhar a extrema complexidade, continuamente ameaçada de polivalências antitéticas, que reina ao nível do símbolo *stricto sensu*, do símbolo pronto a passar, como dissemos[70], do plano semântico ao da pura semiologia. Resta-nos, para completar o simbolismo do cavalo, examinar o simbolismo corolário dos bovídeos e dos outros animais domésticos.

Os símbolos bovinos aparecem como duplicações pré-arianas da imagem do cavalo[71]. O touro desempenha o mesmo papel imaginário que o cavalo. A palavra sânscrita *ge* apresenta um resumo do isomorfismo do animal e do ruído, porque significa touro, terra, ao mesmo tempo que ruído[72]. Se à primeira vista o touro é ctônico como o cavalo, é igualmente, como este último, símbolo astral, mas é, mais do que este, indiferentemente solar ou lunar. Não só encontramos deuses lunares de forma taurina bem caracterizada, como Osíris ou Sin, o Grande Deus mesopotâmico, como também as deusas lunares taurocéfalas trazem entre os chifres a imagem do sol[73]. Os chifres dos bovídeos são o símbolo direto dos "cornos" do crescente da lua, morfologia semântica que se reforça pelo seu isomorfismo com a gadanha ou a foice do Tempo Cronos, instrumento de mutilação, símbolo da mutilação da lua que o crescente é, o "quarto" de lua. Como o leão, o touro Nandim[74] é o monstro de Shiva ou de Kali Durga, quer dizer, da fase destruidora do tempo. Através da simbólica teriomórfica, o astro – o sol ou a lua – é apenas tomado como símbolo do tempo; o Surya védico, o Sol Negro, é também chamado "touro", como em Assur o deus Touro é filho do sol, tal como Freyr é o Grande Deus dos escandinavos[75]. As significações aquáticas são as mesmas para o touro e para o cavalo: o touro das águas existe na Escócia, na Alemanha ou nos países bálticos. Aquelau, deus do rio, tem forma taurina[76]; Poseidon mantém a forma asiânica do touro, e é sob esta forma que se manifesta a Fedra na tragédia de Eurípides ou de Racine[77]. É assim que se deve explicar o caráter cornudo de numerosos rios: o Tibre de Virgílio, como o Eridan ou o Oceano grego, têm cabeça taurina. Monstro das águas furiosas, o touro tem talvez a mesma etimologia que a nossa Tarasca[78]. Tarascon dá com efeito Tarusco em Estrabão e Taurusco em Ptolomeu. "O touro pela sua etimologia liga-se talvez à (palavra) *tar* (que significa rocha em pré-indo-europeu) de Tarascon...; de resto, na Bretanha, em Haia, em Runigon, etc., o monstro é um touro totalmente negro saído da rocha." E Dontenville[79] sublinha com isso o isomorfismo ctônico-aquático do símbolo taurino. Quanto ao touro[80] do trovão, nada é mais universal que o seu simbolismo, da Austrália atual à Antiguidade fenícia ou védica encontra-se sempre o touro ligado à fúria atmosférica. Tal como o *bull roarer* dos australianos, cujo mugido é o do furacão em fúria. Pré-dravidianos prestam honras ao touro do raio e Indra – chamado pelos vedas[81] o "touro da terra" – é, com os seus auxiliares, os Maruts, o possuidor de Vajra, o raio. Todas as culturas paleorientais simbolizam a potência meteorológica e destruidora pelo touro. Os cognomes sumérios de Enlil significam: "Senhor dos ventos e do furacão", "Senhor do furacão", "Deus do corno", cuja companheira é Ningala, "a Grande Vaca". O deus Min, protótipo do Amon egípcio, é qualificado de touro e possui o raio como atributo, a sua companheira é a vaca Hator; e enfim Zeus tonante arrebata Europa, une-se a Antíope e tenta violar Deméter sob a forma de um touro fogoso[82].

Verificamos assim o estreito parentesco dos simbolismos taurino e eqüestre. É sempre uma angústia que motiva um e outro, e especialmente uma angústia diante da mudança, diante da fuga do tempo como diante do "mau tempo" meteorológico. Esta angústia é sobredeterminada por todos os perigos acidentais: a morte, a guerra, as inundações, a fuga dos astros e dos dias, o ribombar do trovão e o furacão... O seu vetor essencial é o esquema da animação. Cavalo e touro são apenas símbolos, culturalmente evidentes, que reenviam para o alerta e para a fuga do animal humano diante do animado em geral. É o que explica que esses símbolos sejam facilmente intermutáveis e que possam sempre, no Bestiário, encontrar substitutos culturais ou geográficos. Krappe[83] nota que os astros – nós diremos o curso temporal dos astros – tomam numerosas formas animais: cão, carneiro, javali, enquanto Eliade[84] nota que Verethragna, o Indra iraniano, aparece a Zaratustra indistintamente sob a forma de garanhão, touro, bode ou javali. Em última análise, podemos verificar com Langton[85] que a crença universal nas potências maléficas está ligada à valorização negativa do simbolismo animal. O especialista da demonologia verifica que numerosos demônios são espíritos desencarnados de animais, especialmente de animais temidos pelo homem, ou ainda criaturas híbridas, misturas de partes de animais reais. Podemos encontrar no Antigo Testamento diversos vestígios desta demonologia teriomórfica[86]. A demonologia semítica dá-nos todas as variedades da teriomorfia. Primeiro, os Se'irim ou demônios peludos, comuns às crenças babilônicas, árabes e hebraicas, que – reencontramos mais uma vez as ambivalências assimiladas por Dontenville[87] – foram objeto de culto entre os assírios, os fenícios e mesmo os hebreus. O sentido corrente da palavra *sa'ir* (plural *se'irim*) é, segundo Langton[88], *bove* e, etimologicamente, o "cabeludo". Azazel, o grande bode da tradição cabalística, era o chefe dos *se'irim*[89]. Acompanham estes demônios cabeludos os Ciyyim, "os ladradores, os gritadores", que andam pelo deserto, depois os Ochim, "os uivadores", que podem aparentar-se a Ahoû, o chacal assírio, ou ainda aos mochos. Veremos que as avestruzes, os chacais e os lobos são as outras encarnações semíticas dos espíritos nefastos, mas estes animais levam-nos a examinar uma outra implicação dos símbolos teriomórficos que vem valorizar ainda mais, num sentido negativo, o esquema da animação terrificante e os seus símbolos, e barrar o caminho à eufemização.

Como escreve Bachelard[90], indo buscar o seu vocabulário aos alquimistas, assiste-se ao deslizar do esquema teriomórfico para um simbolismo "mordicante". O fervilhar anárquico transforma-se em agressividade, em sadismo dentário. Talvez seja o seu caráter adleriano[91] que torna as imagens animais e os mitos de luta animal tão familiares à criança, compensando assim progressivamente os seus legítimos sentimentos de inferioridade. Muitas vezes, com efeito, no sonho ou na fantasia infantil o animal devorador metamorfoseia-se em justiceiro. Mas, na maior parte dos casos, a animalidade, depois de ter sido o símbolo da agitação e da mudança, assume mais simplesmente o simbolismo da agressividade, da crueldade. A nossa química científica manteve da sua infância alquimista o verbo "atacar". Bachelard[92] escreve uma pertinentíssima página sobre o Bestiário alquímico, mostrando como uma química da hostilidade, fervilhante de lobos e de leões devoradores, existe paralelamente à doce química da afinidade e das "Núpcias Químicas". Por *transfert*, é assim a boca que passa a simbolizar toda a animalidade, que se torna o arquétipo devorador dos símbolos que vamos examinar. Reparemos bem num aspecto essencial deste simbolismo: trata-se exclusivamente da boca armada com dentes acerados, pronta a triturar e a morder, e não da simples boca que engole e que chupa que – como veremos[93] – é a exata inversão do presente arquétipo. O esquema pejorativo da animação vê-se, parece, reforçado pelo traumatismo da dentição que coincide com as fantasias compensatórias da infância. É assim uma goela terrível, sádica e devastadora que constitui a segunda epifania da animalidade. Um poeta inspirado reencontra naturalmente o arquétipo do ogre quando toma à letra a expressão figurada "a mordidela do tempo" e escreve Cronos[94]: "Tempo com lábios de lima, em faces sucessivas, afias-te, tornas-te febril."

Poderia servir de transição entre o esquema da animação e a voracidade sádica o grito animal, bramido que a goela armada vem sobredeterminar. Os psicanalistas, de quem rejeitamos as conclusões demasiado estritamente edipianas, gostariam de ver a origem da música primitiva, tão próxima do ruído "concreto", na imitação do mugido do antepassado totêmico[95]. Bastide[96] nota que todos os heróis músicos, Marsias, Orfeu, Dioniso e Osíris, morreram habitualmente despedaçados pelos dentes das feras. Na iniciação mitríaca podemos encontrar rituais de bramido, e esta iniciação é comemorativa de um sacrifício[97]. Bachelard[98] mostra que o grito inumano está ligado à "boca" das cavernas, à "boca de sombra" da terra, às vozes "cavernosas" incapazes de pronunciar vogais doces. Por fim, na mesma exploração experimental do sonho encontramos pessoas aterrorizadas pelos gritos de seres semi-humanos que uivam mergulhados num charco lodoso[99]. É, portanto, na goela animal que se vêm concentrar todos os fantasmas terrificantes da animalidade: agitação, mastigação agressiva, grunhidos e rugidos sinistros. Não nos devemos espantar se são evocados no Bestiário da imaginação com mais freqüência que outros certos animais mais bem dotados em agressividade. A lista dos demônios semíticos que tínhamos esboçado no fim do parágrafo precedente prolonga-se, por exemplo, pela evocação das Benoth Ya'anah, "as filhas da voracidade", que para os árabes não passariam das avestruzes cujo estômago conservou, mesmo no Ocidente, uma sólida reputação; a versão dos Setenta traduz mais classicamente por "sereias"[100]. Depois vêm os Iyym, os lobos, palavra saída, segundo Langton[101], de uma raiz que significa "uivar", aos quais se juntam, naturalmente, os Tannim, os chacais.

Para a imaginação ocidental, o lobo é o animal feroz por excelência. Temido por toda a Antiguidade e pela Idade Média, volta aos tempos modernos periodicamente para se reencontrar em algum animal do Gévaudan, e nas colunas dos nossos jornais constitui o equivalente mítico e invernal das cobras do mar estivais. O lobo é ainda no século XX um símbolo infantil de medo pânico, de ameaça, de punição. O "Grande Lobo Mau" vem substituir o inquietante Ysengrin. Num pensamento mais evoluído, o lobo é assimilado aos deuses da morte e aos gênios infernais. Tal como a Mormólice[102] dos gregos, de que o vestido de Hades, feito de uma pele de lobo, é uma reminiscência[103], como de resto a pele de lobo que cobre o demônio de Témese ou o deus ctônico gaulês que César identifica com o *Dis Pater*[104] romano. Para os antigos etruscos, o deus da morte tem orelhas de lobo. Muito significativa do isomorfismo que estamos examinando é a consagração romana do lobo, votada ao deus *Mars gradinus*, ao Marte "agitado", que corre, ou ainda a Ares, a violência destruidora próxima da dos Maruts, companheiros de Rudra[105]. Na tradição nórdica os lobos significam a morte cósmica: são devoradores de astros. Nos *Eddas*, são dois lobos, Sköl e Hali, filhos de uma giganta, e igualmente o lobo Fenrir, que perseguem o sol e a lua. No fim do mundo, Fenrir devorará o sol, enquanto um outro lobo, Managamr, fará o mesmo com a lua. Esta crença reaparece tanto na Ásia Setentrional, onde os yakutes explicam as fases lunares pela voracidade de um urso ou lobo devorador, como nos nossos campos franceses, onde se diz indiferentemente que um cão "uiva à lua" ou "uiva à morte". Com efeito, a duplicação mais ou menos doméstica do lobo é o cão, igualmente símbolo da morte. É disso testemunha o panteão egípcio[106], tão rico em figuras cinomorfas: Anúbis, o grande deus psicopompo, é chamado Impu, "aquele que tem a forma de um cão selvagem", e em Cinópolis é venerado como deus dos infernos. Em Licópolis, é ao chacal Upuahut que cabe esse papel, enquanto Kenthamenthiou tem também o aspecto de um cão selvagem. Anúbis reenvia-nos para o Cérbero greco-indiano. Os cães simbolizam igualmente Hécate[107], a lua negra, a lua "devorada", algumas vezes representada, como Cérbero, sob a forma de um cão tricéfalo. Enfim, do estrito ponto de vista da psicologia, Maria Bonaparte[108] mostrou bem, na sua auto-análise, a ligação estreita que existia entre a morte – neste caso a mãe morta – e o lobo ctônico associado ao tremor de terra e finalmente a Anúbis. Esta "fobia de Anúbis", mais explícita que o temor do Grande Lobo Mau, aterrorizou a infância da psicanalista, ligando-se, durante a análise, por um notável isomorfismo, ao esquema da queda no mar e ao sangue. Há, portanto, uma convergência muito nítida entre a mordedura dos canídeos e o temor do tempo destruidor. Cronos aparece aqui com a face de Anúbis, do monstro que devora o tempo humano ou que ataca mesmo os astros mensuradores do tempo.

O leão (por vezes o tigre ou o jaguar) desempenha nas civilizações tropicais e equatoriais[109] mais ou menos o mesmo papel que o lobo. Há quem ligue a etimologia de *leo* a *slei*, "despedaçar", que se encontra no *slizam*, "fender", do velho alemão[110]. Ligado no zodíaco ao sol que queima e à morte, passa por devorar os filhos, é a montaria de Durga, entra na composição da famosa imagem da Esfinge. Mas é na *Nrisinha-pûrva-tâpaniya Upanishad* e na *Nrisinha-uttara-tâpanîya-Upanishad* ou "Upanixade do homem Leão" (*sinah* significa leão) que o rei dos animais é assimilado à onipotência terrível de Vishnu[111]: "Vishnu, o Terrível, o Todo-Poderoso, o imenso, chameja em todas as direções, glória seja dada ao homem-leão temível." O deus Vishnu é o deus das metamorfoses, e o Zodíaco é chamado "disco de Vishnu"[112], ou seja, do sol mensurador do tempo. A raiz da palavra *sinha* não deixa, por outro lado, de lembrar a lua *sin*, relógio e calendário por excelência.

O leão é, portanto, também um animal terrível, aparentado ao Cronos astral. Krappe[113] mostra-nos numerosas lendas, entre os hons como entre os bosquímanos, nas quais o sol mais ou menos leonino devora a lua. Outras vezes é a divindade do trovão que se entrega a esta tarefa. Na Croácia cristã é a S. Elias que cabe o papel de comedor da lua. Os eclipses são mais ou menos universalmente considerados destruições, por mordedura, do astro solar ou lunar. Os mexicanos pré-colombianos empregavam a expressão *tonatiuh qualo* e *metztli qualo*, quer dizer: "devoração" do sol e da lua. Encontramos as mesmas crenças entre os caribes e os mouros, e entre os índios tupi é o jaguar, que é um animal devorador, enquanto para os chineses é indiferentemente um cão, um sapo ou um dragão. Entre os nagas de Assam é um tigre e para os persas é o próprio diabo que se entrega a esse funesto festim. Estamos já vendo a ambivalência do astro devorador-devorado vir cristalizar-se na agressão teriomórfica do leão ou do animal devorador. O sol é ao mesmo tempo leão e devorado pelo leão. É o que explica a curiosa expressão do *Rigveda*[114] que qualifica o sol de "negro": Savitri, deus solar, é ao mesmo tempo a divindade das trevas. Na China, encontra-se a mesma concepção do sol negro Ho, que se liga ao princípio Yin, ao elemento noturno, feminino, úmido e paradoxalmente lunar[115]. Vamos voltar a encontrar em breve esta cor moral do desastre. Notemos, de momento, que esta "obscura claridade" do sol negro, quer seja assimilada a Vishnu, o Leão, ou a Savitri, é dita *pasâvita-niveçanah*, "aquele que faz entrar e sair", ou seja, a grande mudança, o tempo[116].

Este animal que devora o sol e esse sol devorador e tenebroso parece-nos ser um parente próximo do Cronos grego, símbolo da instabilidade do tempo destruidor, protótipo de todos os ogros do folclore europeu. Macróbio diz-nos de Cronos que é o *Deus leontocephalus*[117]. Em terras célticas, como entre os ameríndios ou os filistinos, o sol ctônico passa por ser antropófago[118]. Dontenville analisou as características do nosso ogro ocidental, duplo folclórico do diabo. Orco corso ou Ourgon das Cévennes, "alto como um mastro de navio, a goela armada com dentes *Gnaques**, de rochedo..."[119], Okkerlo dos irmãos Grimm, Orcon do Morbihan, Ougernon da antiga Beaucaire de Tarascon, todas estas encarnações são a epifania multiforme do grande arquétipo do ogro que é necessário assimilar, segundo o folclorista, ao Orcus subterrâneo, ao Ocidente engolidor do sol[120]. Este ogro seria a valorização negativa, "negra", como acabamos de ver para Savitri védico e Ho chinês, de Gargan-Gargântua, o sol céltico. Ele seria o sentido ativo de engolir, comer, o pai de todas as Górgonas habitantes das ocidentais Górgades[121]. Ao sublinhar o isomorfismo entre o arquétipo devorador e o tema das trevas, Dontenville escreve com propriedade: "Temos a noite, a noite da terra e do túmulo, em Orcus e o Ogro..."[122]. É freqüentemente sob este aspecto ogresco que a deusa Kali é representada: engo-

---

* *Gnaques*, no texto: vocábulo antigo e regionalizante, utilizado por Dontenville na obra várias vezes citada. (N. do T.)

lindo gulosamente as entranhas da sua vítima ou ainda antropófaga e bebendo o sangue por um crânio[123], os dentes são presas hediondas. A iconografia européia, especialmente a medieval, é rica em representações desta "boca do inferno" que engole os condenados e que ainda aparece, vermelha, no *Sonho de Filipe II* de Greco. Quanto aos poetas, muitos são sensíveis ao satanismo canibalesco. Para termos consciência disso basta percorrer o excelente estudo que Bachelard consagra a Lautréamont[124]. Hugo também não escapa à obsidiante imagem do mal devorador. Baudouin[125] recolhe os motivos canibalescos na obra do poeta, motivos encarnados na personagem de Torquemada. O analista sublinha que os complexos de mutilações estão ligados em Hugo aos temas do abismo, da boca e do esgoto. Torquemada, obcecado pelo inferno, descreve-o como uma boca mutiladora, "cratera de mil dentes, boca aberta do abismo...", e o sadismo do inquisidor fará do *quemadero* a duplicação terrestre desse inferno[126].

Terror diante da mudança da morte devoradora, é assim que nos aparecem os dois primeiros temas negativos inspirados pelo simbolismo animal. Estes dois temas teriomórficos parecem-nos ter sido particularmente evidenciados em mais de 250 contos e mitos americanos por S. Comhaire-Sylvain[127] e consagrados ao casamento nefasto de um ser humano e de um ser sobrenatural. Numa centena de casos o ser sobrenatural nefasto é um animal ou um ogro. Em 5 apenas, este animal é um pássaro, enquanto em 13 casos o pássaro é um mensageiro benéfico. Em 21 casos o demônio é um réptil: cobra capelo, píton, cobra ou boa, e em 28 casos um monstro ogresco: ogro, lobisomem, *ghoul**, feiticeira ou mulher com cauda de peixe. Nos outros 45 casos, o diabo toma geralmente a aparência de um animal feroz: leão, leoa, touro, etc. Em contrapartida, o cavalo parece eufemizar-se, à maneira do cavalo Bayart, em 17 casos. Toda esta teriomorfia é integrada em contos e mitos em que o motivo da queda e da salvação é particularmente nítido. Quer o demônio teriomórfico triunfe, quer as artimanhas sejam frustradas, o tema da morte e da aventura temporal e perigosa permanece subjacente a todos esses

---

* *Ghoul*: vampiro feminino das lendas orientais. (N. do T.)

contos em que o simbolismo teriomórfico é tão aparente. O animal é assim, de fato, o que agita, o que foge e que não podemos apanhar, mas é também o que devora, o que rói. Tal é o isomorfismo que liga em Dürer o cavaleiro à morte e faz Goya pintar na parede da sala de jantar um atroz Saturno[128] devorando os filhos. Seria muito instrutivo anotar neste último pintor todos os temas do *Zwang* e da crueldade devoradora. Dos *Caprichos* aos *Desastres da guerra*, o pintor espanhol fez uma inultrapassável análise iconográfica da bestialidade, símbolo eterno de Cronos e de Tanatos. Vamos ver sobrepor-se a esta primeira face teriomórfica do tempo a máscara tenebrosa que, nas constelações estudadas, as alusões à negrura do sol e às suas devastações deixavam pressentir.

2. Os símbolos nictomórficos

O poeta alemão Tieck[129] oferece-nos um belo exemplo deste isomorfismo negativo dos símbolos animais, das trevas e do barulho: "Tive a impressão de que o meu quarto era levado comigo para um espaço imenso, negro, terrificante, todos os meus pensamentos se entrechocavam... uma barreira alta desmoronou-se ruidosamente. Diante de mim, apercebi-me então de uma planície deserta, a perder de vista. As rédeas escorregavam-me das mãos, os cavalos arrastaram o carro numa corrida louca, senti os cabelos porem-se em pé ao mesmo tempo que me precipitava aos gritos no meu quarto..." Belo exemplo de pesadelo no qual a ambivalência terrificante parece motivada por esse arquétipo tão importante, essa abstração espontânea tão negativamente valorizada para o homem, que as trevas constituem.

Os psicodiagnosticadores que utilizam o Rorschach conhecem bem o "choque negro" provocado pela apresentação do cartão IV: "Perturbação súbita dos processos racionais"[130] que produz uma impressão disfórica geral. O sujeito sente-se "abatido" pelo negror do cartão e apenas consegue repetir: "a obscuridade é a minha impressão dominante... e uma espécie de tristeza"[131]; a diminuição depressiva das interpretações acompanha este sentimento de abatimento. Rorschach[132] atribui estas respostas "choque negro" ao tipo depressivo, indolente e estereotipado. Oberholzer[133], que estudou a universalidade do choque negro e a sua constância, mesmo entre os primitivos da Insulíndia, atribui-lhe o valor sintomático muito geral "de angústia da angústia". Estávamos aqui diante da essência pura do fenômeno da angústia. Bohm[134] acrescenta que esse choque diante do negro provoca experimentalmente uma "angústia em miniatura". Esta angústia seria psicologicamente baseada no medo infantil do negro, símbolo de um temor fundamental do risco natural, acompanhado de um sentimento de culpabilidade. A valorização negativa do negro significaria, segundo Mohr[135], pecado, angústia, revolta e julgamento. Nas experiências de sonho acordado nota-se, igualmente, que as paisagens noturnas são características dos estados de depressão. É interessante notar que um choque diante do negro produz-se igualmente nas experiências de Desoille[136]: uma "imagem mais escura", uma "personagem vestida de negro", um "ponto negro" emergem subitamente na serenidade das fantasias ascensionais, formando um verdadeiro contraponto tenebroso e provocando um choque emotivo que pode chegar à crise nervosa[137]. Essas diferentes experiências dão fundamento à expressão popular "ter idéias negras", sendo a visão tenebrosa sempre uma reação depressiva. Como bem o diz Bachelard[138], "uma só mancha negra, intimamente complexa, desde que seja sonhada nas suas profundezas, chega para nos pôr em situação de trevas". Por exemplo, a aproximação da hora crepuscular sempre pôs a alma humana nesta situação moral. Pensemos em Lucrécio descrevendo-nos em versos célebres o terror dos nossos antepassados diante da aproximação da noite, ou na tradição judaica quando o *Talmude* nos mostra Adão e Eva vendo "com terror a noite cobrir o horizonte e o horror da morte invadir os corações trêmulos"[139]. Esta depressão hespérica é de resto comum aos civilizados, selvagens e mesmo animais[140]. No folclore[141], a hora do fim do dia, ou a meia-noite sinistra, deixa numerosas marcas terrificantes: é a hora em que os animais maléficos e os monstros infernais se apoderam dos corpos e das almas. Esta imaginação das trevas nefastas parece ser um dado fundamental, opondo-se à imaginação da luz e do dia. As trevas noturnas constituem o primeiro símbolo do tempo, e entre quase todos os primitivos como entre os indo-europeus ou semitas "conta-se o tempo por noites e não por dias"[142]. As nossas festas noturnas, o S. João, o Natal e a Páscoa, seriam a sobrevivência dos primitivos calendários noturnos[143]. A noite negra aparece assim como a própria substância do tempo. Na Índia, o tempo chama-se Kala – parente etimológico muito próximo de Kali –, um e outro significando "negro, sombrio", e a nossa era secular chama-se presentemente Kali-Yuga, "a idade das trevas". Eliade verifica que "o tempo é negro porque é irracional, sem piedade"[144]. Também por isso a noite é sacralizada. A Nyx[145] helênica como a Nôtt escandinava, arrastadas num carro por corcéis sombrios, não são alegorias vãs mas temíveis realidades míticas.

É este simbolismo temporal das trevas que assegura o seu isomorfismo com os símbolos até aqui estudados. A noite recolhe na sua substância maléfica todas as valorizações negativas precedentes. As trevas são sempre caos e ranger de dentes, "o sujeito lê na mancha negra (do Rorschach)... a agitação desordenada das larvas"[146]. S. Bernardo[147] compara o caos às trevas infernais, enquanto o poeta Joë Bousquet fala da noite "viva e voraz". O bom senso popular não chama à hora crepuscular a hora "entre cão e lobo"? Nós próprios mostramos como ao negrume[148] estavam ligadas a agitação, a impureza e o barulho. O tema do bramido, do grito, da "boca do senhor" é isomorfo das trevas, e Bachelard[149] cita Lawrence, para quem "o ouvido pode ouvir mais profundamente que os olhos podem ver". O ouvido é assim o sentido da noite. Ao longo de três páginas, Bachelard[150] mostra-nos que a obscuridade é amplificadora do barulho, é ressonância. As trevas da caverna retêm nelas o grunhido do urso e o respirar dos monstros. Mais ainda, as trevas são o próprio espaço de toda a dinamização paroxística, de toda a agitação. O negrume é a própria "atividade", e toda uma infinidade de movimentos é desencadeada pela falta de limites das trevas, nas quais o espírito procura cegamente o "*nigrum, nigrius nigro*"[151].

Desta solidez das ligações isomórficas resulta que a negrura é sempre valorizada negativamente. O diabo é quase sempre negro ou contém algum negror. O anti-semitismo não seria talvez outra fonte além desta hostilidade natural pelos tipos étnicos escuros. "Os negros na América assumem também uma tal função de fixação da agressão dos povos hospedeiros", diz Otto Fenichel[152], "tal como entre nós os ciganos... são acusados com razão ou sem ela de toda a espécie de malfeitorias." Deve-se aproximar disto o fato de que Hitler confundia no seu ódio e no seu desprezo o judeu e os povos "negróides". Acrescentaremos que se explica assim na Europa o ódio imemorial do mouro, que se manifesta nos nossos dias pela segregação espontânea dos norte-africanos que residem na França[153]. Dontenville[154] notou bem a assimilação constante dos pagãos e dos ímpios aos "sarracenos", pela opinião pública cristã, mesmo em lugares onde o estandarte do profeta nunca flutuou. São testemunhas disso as portas e torres sarracenas da região de Gex e das duas Savóias. O mouro torna-se uma espécie de diabo, de papão, tanto nas figuras grotescas que ornamentam as igrejas da Espanha, como no Anjou, onde "o gigante Maury se embosca num rochedo perto de Angers e espreita os bateleiros do Maine para os engolir com os respectivos barcos"[155]. Vemos assim que a distância entre este Maury e o Ogro não é grande. O ogro, tal como o diabo, tem freqüentemente pêlo negro ou barba escura[156]. É sobretudo interessante notar que esta "negrura" do mal é admitida pelas populações de pele negra: voltaremos a falar mais adiante do fato de o Grande Deus benfazejo dos bambara, Faro, ter uma "cabeça de mulher branca", enquanto o mal, Musso-Koroni, "simboliza tudo o que se opõe à luz: obscuridade, noite, feitiçaria"[157]. Podemos acrescentar à mesma lista de reprovados os "jesuítas", de quem Rosenberg[158] fazia a encarnação cristã do espírito do mal. O anticlericalismo popular inspira-se também na França no ódio do "corvo" e no "obscurantismo". O teatro ocidental veste sempre de negro as personagens reprovadas ou antipáticas: Tartufo, Basílio, Bártolo, Mefistófeles ou Alceste. A ferocidade de Otelo tem assim o mesmo fundo que a perfídia de Basílio. São estes elementos engramáticos que explicam, em grande parte, o sucesso insensato da apologia racista do Siegfried branco, gigante e louro, vencedor do mal e dos homens negros.

Enfim, uma vez que as trevas se ligam à cegueira, vamos encontrar nesta linhagem isomórfica, mais ou menos reforçada pelos símbolos da mutilação, a inquietante figura do cego. A simbólica cristã transmitiu-nos o simbolismo dialético da Igreja confrontada com a cega Sinagoga, figurada sempre com os olhos tapados[159], tanto na fachada de Notre-Dame de Paris como no quadro de Rubens *O triunfo da Igreja*, do Museu do Prado. E. Huguet[160], que se entreteve a catalogar as imagens da cicatriz e da mutilação em Victor Hugo, nota como é freqüente a mutilação ocular ou a cegueira. Tal é a notável constelação que encontramos no poema *Dieu*: "Sem olhos, sem pés, sem voz, mordedor e despedaçado..." Nos *Travailleurs de la mer* são as descrições da Jacressarde, das casas do pátio, que acrescentam o atributo "zarolho" aos atributos "herpética, enrugada". Verifica-se, de resto, que numerosas valorizações negativas são espontaneamente acrescentadas pela consciência popular a qualificativos tais como "zarolho" ou "cego". O sentido moral vem duplicar semanticamente o sentido próprio. É por essa razão que, nas lendas e fantasias da imaginação, o inconsciente é sempre representado sob um aspecto tenebroso, vesgo ou cego[161]. Desde o Eros-Cupido com os olhos tapados, precursor das nossas modernas libidos, até esse "Velho Rei" que consteia o folclore de todos os países, passando pelo tão célebre e terrível Édipo, que a parte profunda da consciência se encarna na personagem cega da lenda. Léïa[162] sublinhou, com justiça, a tripartição psicológica das personagens da *Gita*. Ao lado do cocheiro e do combatente, há esse famoso "Rei cego", Dhritarâshtra, símbolo do inconsciente ao qual a consciência clara e ágil, o contador lúcido e clarividente conta o combate de Arjuna. Esta personagem apagada da epopéia hindu deve ser aproximada de todos os "velhos reis" modestos e subalternos que dormitam na memória dos nossos contos: *A corça do bosque* e *Ricardinho da poupa*, a *Gata borralheira* e o *Pássaro azul*[163]. Sem nos iludir sobre a ambivalência da pessoa grotesca do velho rei, ainda muito próximo da majestade e do poderio, é no entanto a caducidade, a cegueira, a insignificância, ou mesmo a loucura, que prevalece aqui e que, aos olhos do *Regime Diurno* da imagem, colore o inconsciente de um matiz degradado, assimila-o a uma consciência decaída. Decaída como o Rei Lear, que perdeu o poder porque perdeu a razão. A cegueira, tal como a caducidade, é uma enfermidade da inteligência. E é este arquétipo do rei cego que, inconscientemente, obcecava os pensadores racionalistas de quem criticamos as interpretações da imaginação. Os próprios termos sartrianos: "vesga", "louca", "degradada", "pobre", "fantasma", veiculavam com eles esse tom pejorativo de que sempre se colore a cegueira que se confronta com a clarividência[164]. Mas nos nossos contos de fadas, muito mais que nos austeros racionalistas, a ambivalência subsiste: o velho rei está constantemente pronto a conciliar-se com o jovem herói da luz, príncipe encantador que casa com a filha do velho real. Se o caráter de caducidade e cegueira é na maior parte dos casos valorizado negativamente, vê-lo-emos, no entanto, eufemizar-se e aparecer com a solarização benéfica das imagens. Odin, na sua onipotência, continua zarolho como para deixar pressentir um misterioso passado, pouco claro, terrificante, propedêutico à soberania. Os poetas vêm, uma vez mais, confirmar a psicanálise das lendas. Todos foram sensíveis a este aspecto noturno, cego e inquietante que reveste o forro inconsciente da alma. Mefistófeles, confidente tenebroso e sombrio conselheiro, é o protótipo de uma abundante linhagem desses "estrangeiros vestidos de negro" e que se nos assemelham "como um irmão".

Da sombra que perdeu Peter Schlemihl ao rei ou ao soberano de que nos falam René Char ou Henri Michaux[165] todos são sensíveis à vertente íntima, tenebrosa e por vezes satânica, da pessoa, a esta "translucidez cega" que *o espelho* simboliza, instrumento de Psique, e que a tradição pictural perpetua, de Van Eyck[166] a Picasso, como a tradição literária de Ovídio a Wilde ou a Cocteau. Um belo exemplo do isomorfismo da mutilação e do espelho nos é fornecido pela mitologia do tenebroso deus mexicano Tezcatlipoca[167]. O nome do deus significa espelho (*tezcatl*) fumegante (*popoca*), ou seja, espelho feito com a obsidiana vulcânica, espelho que espelha o destino do mundo. Tem apenas uma perna e um pé, os outros foram devorados pela terra (este deus é assimilado à Ursa Maior, cuja "cauda" desaparece abaixo do horizonte durante uma parte do ano). Mas este simbolismo do espelho afasta-nos suavemente daquele do velho rei cego para introduzir uma nova variação nictomórfica: a água, além de bebida, foi o primeiro espelho dormente e sombrio.

É de fato a partir desse símbolo da água hostil, da água negra, que melhor nos podemos aperceber da fragilidade das classificações simbólicas que querem orientar-se por referências puramente objetivas. O próprio Bachelard, na sua notável análise, abandona o seu princípio elementar de classificação – que não era mais que um pretexto – para fazer valer axiomas classificadores mais subjetivos. Ao lado do riso da água clara e alegre das fontes, sabe dar lugar a uma inquietante "estinfalização"* da água[168]. Esse complexo formou-se no contato com a técnica da embarcação mortuária ou, então, o medo da água tem uma origem arqueológica bem determinada, vindo do tempo em que os nossos primitivos antepassados associavam os atoleiros dos pântanos à sombra funesta das florestas? "O homem que não pode dispensar a água não deixa de sofrer com ela: as inundações, tão nefastas, ainda são acidentais, mas o lodaçal e o pântano são permanentes e vão crescendo."[169] De momento, sem responder a estas perguntas e sem optar por estas hipóteses, contentemo-nos em analisar o aspecto tenebroso da água. Bachelard, retomando o excelente estudo de Maria Bonaparte, mostrou que o *mare tenebrum* tinha tido o seu poeta desesperado em Edgar Poe[170]. A cor "de tinta", nele, encontra-se ligada a uma água mortuária, toda embebida pelos terrores da noite, pejada de todo o folclore do medo que estudamos até aqui. Como diz Bachelard, em Poe a água é "superlativamente mortuária", é a duplicação substancial das trevas, é a "substância simbólica da morte"[171]. A água torna-se mesmo um convite direto a morrer, de estinfálica que era "ofeliza-se". Vamos deter-nos um pouco nas diferentes ressonâncias fantásticas desta grande epifania da morte.

A primeira qualidade da água sombria é o seu caráter heraclitiano[172]. A água escura é "devir hídrico". A água que escorre é amargo convite à viagem sem retorno: nunca nos banhamos duas vezes no mesmo rio e os cursos de água não voltam à nascente. A água que corre é figura do irrevogável. Bachelard insiste neste caráter "fatal" da água para o poeta americano[173]. A água é epifania da desgraça do tempo, é clepsidra definitiva. Este devir está carregado de pavor, é a própria expressão do pavor[174]. O pintor Dali reencontrou, de resto, num quadro célebre[175], esta intuição

---

* Do lago Estínfalo (cf. o trabalho de Hércules, "Os pássaros do lago Estínfalo"). (N. do T.)

da liquefação temporal ao representar relógios "moles" e que escorrem como água. A água noturna, como o deixavam pressentir as afinidades isomórficas com o cavalo ou com o touro, é, portanto, o tempo. É o elemento mineral que se anima com mais facilidade. Por isso, é constitutiva desse arquétipo universal, ao mesmo tempo teriomórfico e aquático, que é o *Dragão*[176].

A intuição do poeta sabe ligar o monstro universal à morte na espantosa *Queda da casa Usher*[177]. O Dragão parece resumir simbolicamente todos os aspectos do regime noturno da imagem que considerámos até aqui: monstro antediluviano, animal do trovão, furor da água, semeador de morte, ele é bem, como notou Dontenville, uma "criação do medo"[178]. O folclore estuda minuciosamente as epifanias do monstro através da toponímia céltica. O Dragão tem "um nome genérico comum a muitos povos, *Dracs* do Dauphiné e do Cantal, *Drachte* e *Drake* germânico, *Wurm* ou *Warm* que lembra o fervilhar do nosso "verme" e dos nossos "parasitas" (*vermine*). Sem contar os antigos Gérion e Górgona, a nossa Tarasca, touro aquático, e o Mâchecroûte – cujo nome é por si só um programa! – que anda pelo remoinho da Guillotière em Lyon ou pela Colobre escondida na Fonte de Vaucluse[179]. A morfologia do monstro, a de um sáurio gigantesco, palmípede e por vezes alado, conserva-se com uma rara constância desde a sua primeira representação iconográfica em Noves na Baixa Durance. A recordação do Dragão céltico está muito vulgarizada, é muito tenaz: Tarascon, Trovins, Troyes, Poitiers, Reims, Metz, Mons, Constance, Lyon e Paris têm os seus heróis sáurios e as suas procissões comemorativas. As gárgulas das nossas catedrais perpetuam a imagem dessa voracidade aquática. Nada é mais comum que a ligação entre o arquétipo sáurio e os símbolos vampirescos ou devoradores. Todos os relatos[180] lendários descrevem com horror as exigências alimentares do Dragão: em Bordéus, o monstro devorava uma virgem por dia, tal como em Tarascon e Poitiers. Essa ferocidade aquática e devorante vai popularizar-se em todos os Bestiários medievais sob a forma de fabulosos *coquatrix* e de inumeráveis *cocadrilles* e *cocodrilles** dos nossos

---

* Formas de francês medieval que designam o crocodilo ou monstros a ele aparentados. (N. do T.)

campos. Este Dragão não é a medonha Équidna[181] da nossa mitologia clássica, metade serpente, metade pássaro palmípede e mulher? Équidna, mãe de todos os horrorosos monstros: Quimera, Esfinge, Górgona, Cila, Cérbero, Leão de Neméia, e na qual Jung[182] quer encarnar – dado que ela copulou com o filho Cão de Gérion para gerar a Esfinge – uma "massa de libido incestuosa" e fazer dela, por isso, o protótipo da Grande Prostituta apocalíptica.

Porque no Apocalipse o Dragão está ligado à Pecadora e lembra os Raab, Leviatã, Beemot e diversos monstros aquáticos do Antigo Testamento[183]. É, acima de tudo, o "Monstro que está no mar", a "Besta de fuga rápida", a "Besta que se levanta do mar"[184]. Sem antecipar sobre as feminizações psicanalíticas do Monstro das águas mortuárias, contentemo-nos em sublinhar a evidência destacada pelo método de convergência. Parece que o Dragão existe, psicologicamente falando, sustentado pelos esquemas e arquétipos do animal, da noite e da água combinados. Nó onde convergem e se cruzam a animalidade vermicular e fervilhante, a voracidade feroz, o barulho das águas e do trovão, tal como o aspecto viscoso, escamoso e tenebroso da "água espessa". A imaginação parece construir o arquétipo do Dragão ou da Esfinge a partir dos terrores fragmentares, nojos, sustos, das repulsões instintivas ou experimentadas, e finalmente ergue-o medonho, mais real que o próprio rio, fonte imaginária de todos os terrores das trevas e das águas. O arquétipo vem resumir e clarificar os semantismos fragmentários de todos os símbolos secundários.

Deter-nos-emos também alguns instantes num aspecto secundário da água noturna, e que pode desempenhar o papel de motivação subalterna: *as lágrimas*. Lágrimas que podem introduzir indiretamente no tema do afogamento, como o faz notar a *boutade* de Laertes no *Hamlet*: "Já tens demasiada água, pobre Ofélia, por isso retenho as lágrimas..."[185] A água estaria ligada às lágrimas por um caráter íntimo, seriam uma e outras "a matéria do desespero"[186]. É neste contexto de riqueza, de que as lágrimas são o sinal fisiológico, que se imaginam rios e lagos infernais. O escuro Estige ou o Aqueronte são lugares de tristeza, o lugar das sombras que aparecem como afogadas. A ofelização e o afogamento são temas freqüentes dos pesadelos. Baudouin[187], ao analisar dois sonhos de moças relativos ao afogamento, nota que são acompanhados por um sentimento de incompletude que se manifesta por imagens de mutilação: o "complexo de Ofélia" duplica-se de um "complexo de Osíris" ou de "Orfeu". Na imaginação sonhadora da menina, a boneca é partida, esquartejada, antes de ser precipitada na água do pesadelo. E a jovem adivinha o isomorfismo do Dragão devorador quando pergunta: "O que acontece quando nos afogamos? Ficamos inteiros?" Cérbero é, como estamos vendo, o vizinho imediato do Cocito e do Estige, e o "campo das lágrimas" é contíguo ao rio da morte. É o que aparece muitas vezes em Hugo, para quem o interior do mar, onde numerosos heróis acabam os seus dias por afogamento brutal – como os dos *Travailleurs de la mer* e de *L'homme qui rit* –, se confunde com o abismo por excelência: "enxame de hidras", "análogo à noite", "*oceano nox*" em que os esboços de vida, as larvas, "desempenham as ferozes ocupações da sombra..."[188].

Uma outra imagem freqüente e muito mais importante na constelação da água negra é a cabeleira. Ela vai imperceptivelmente fazer deslizar os símbolos negativos que estudamos para uma feminização larvar, feminização que será definitivamente reforçada por essa água feminina e nefasta por excelência: o sangue menstrual. É muito a propósito do "complexo de Ofélia" que Bachelard[189] insiste na cabeleira flutuante que pouco a pouco contamina a imagem da água. A crina dos cavalos de Poseidon não está longe dos cabelos de Ofélia. Bachelard não tem qualquer dificuldade em nos mostrar a vivacidade do símbolo ondulante nos autores do século XVII, como em Balzac, d'Annunzio ou Poe, este último sonhando ser afogado num "banho de tranças de Annie"[190]. Poderíamos acrescentar que é o mesmo compositor que é inspirado pelas tranças de Melisande ou pelas da *Moça dos cabelos de linho*, e também pelos múltiplos *Reflexos na água* que povoam a obra do cantor de *O mar*. Bachelard sublinha, numa perspectiva dinâmica, que não é a forma da cabeleira que suscita a imagem da água corrente, mas sim o seu movimento. Ao ondular, a cabeleira traz a imagem aquática, e vice-versa. Há, portanto, uma reciprocidade neste isomorfismo, de que o verbo "ondular" é a ligação. A onda é a animação íntima da água. É também a figura do mais velho hieróglifo egípcio que se encontra igualmente em vasos neolíticos[191]. De resto, notemos de passagem, sem lhe dar muita importância, que a noção de onda nas ciências físicas, de que a ondulação sinusoidal é o signo, repousa na equação da freqüência e vem lembrar-nos que é também o tempo que regula as ondulações no laboratório. A onda do físico não passa de uma metáfora trigonométrica.

Também na poesia, a onda da cabeleira está ligada ao tempo, a esse tempo irrevogável que é o passado[192]. Não temos nós, no Ocidente, numerosas crenças populares que fazem com os caracóis da cabeleira talismãs – recordação? Se esta temporalização da cabeleira pode ser facilmente compreendida, quer porque o sistema piloso e a cabeleira constituem a marca da temporalidade e da mortalidade, como nas figuras de antepassados dos bambara[193], quer, pelo contrário, porque o tempo aparece como grande arrancador de cabelos, como testemunha a fábula de La Fontaine, lição ocidental de um apólogo universal[194], é, no entanto, mais difícil dar conta de uma maneira direta da feminização da cabeleira, porque só no Ocidente a cabeleira é apanágio do sexo feminino[195].

Antes, porém, de nos pormos na via de verdadeira explicação, quer dizer, do isomorfismo que liga pelos mênstruos a onda e o seu símbolo piloso, por um lado, e a feminilidade, por outro, precisamos nos deter numa convergência secundária na qual vamos voltar a encontrar o espelho sobredeterminado pela onda e pela cabeleira[196].

Porque o espelho não só é processo de desdobramento das imagens do eu, e assim símbolo do duplicado tenebroso da consciência, como também se liga à coqueteria, e a água constitui, parece, o espelho originário. O que nos chama a atenção ao mesmo título que o simbolismo lunar nas imagens que Bachelard[197] mostra em Joachim Gasquet ou Jules Laforgue é que o reflexo na água é acompanhado pelo complexo de Ofélia. Mirar-se é já, de algum modo, ofelizar-se e participar da vida das sombras. A etimologia vem mais uma vez confirmar a poesia: para os bambara, o corpo do duplo humano, o *dya*, é "a sombra no chão ou a imagem na água". Para evitar o roubo sempre nefasto da sua sombra, o bambara recorre ao espelho aquático, "mira-se na água de uma cabaça, depois, quando a imagem é nítida, turva-a balançando o recipiente, o que faz partir o *dya* sob a proteção de Faro (o deus benéfico)"[198]. Ora, a cabeleira está ligada ao espelho em toda a iconografia das *toilettes* de deusas ou de simples mortais. O espelho, em numerosos pintores, é elemento líquido e inquietante. Daí a freqüência no Ocidente do tema de *Susana e os velhos*, no qual a cabeleira desfeita se junta ao reflexo glauco da água, como em Rembrandt, que, por quatro vezes, retoma este motivo, ou em Tintoretto, onde se aliam o ornamento feminino, a carne, a cabeleira preciosa, o espelho e a onda. Este tema reenvia-nos para dois mitos da Antiguidade clássica[199] em que nos deteremos um instante porque sublinhavam admiravelmente a força das imagens míticas engendradas pela convergência dos esquemas e dos arquétipos. O primeiro desses mitos é o menos explícito: o de Narciso, o irmão das Náiades, perseguido por Eco, companheira de Diana, e a quem estas divindades femininas fazem sofrer a metamorfose mortal do espelho. Mas é sobretudo no mito de Acteão que vêm cristalizar-se todos os esquemas e símbolos dispersos da feminilidade noturna e terrível. Acteão surpreende a *toilette* da deusa, que, com os cabelos soltos, se banha e se mira nas águas profundas de uma gruta. Assustada pelos clamores das Ninfas, Ártemis, a deusa lunar, metamorfoseia Acteão em animal, em veado, e senhora dos cães lança a matilha para a carniça. Acteão é despedaçado, lacerado, e os seus restos dispersos sem sepultura fazem nascer lastimosas sombras que andam pelas sarças. Este mito reúne e resume todos os elementos simbólicos da constelação que estamos estudando. Nada lhe falta: teriomorfia, na sua forma fugaz e na sua forma devorante, água profunda, cabeleira, *toilette* feminina, gritos, dramatização negativa, tudo envolto numa atmosfera de terror e catástrofe. Resta-nos agora aprofundar o papel nefasto que vemos a mulher das trevas desempenhar, a ondina maléfica que vem, sob o aspecto da Lorelei, substituir, pela sua feminilidade enfeitiçante, o poder até aqui atribuído ao animal raptor.

O que constitui a irremediável feminilidade da água é que a liquidez é o próprio elemento dos fluxos menstruais. Pode-se dizer que o arquétipo do elemento aquático e nefasto é o *sangue menstrual*. É o que é confirmado pela ligação freqüente, embora insólita à primeira vista, da água e da lua. Eliade[200] explica este isomorfismo constante: por um lado porque as águas estão submetidas ao fluxo lunar, por outro porque sendo germinadoras ligam-se ao grande símbolo agrário que é a lua. Limitar-nos-emos à afirmação: as águas estão ligadas à lua porque seu arquétipo é menstrual. Quanto ao papel fecundante das águas e da lua, não passa de um efeito secundário dessa motivação primordial. A maior parte das mitologias confunde as águas e a lua na mesma divindade, como entre os iroqueses, os mexicanos, os babilônios ou na *Ardîsûra-Anâhita* iraniana[201]. Os maori e os esquimós, ou os antigos celtas, conhecem as ligações existentes entre a lua e os movimentos marinhos. O *Rigveda* afirma esta solidariedade entre a lua e as águas[202]. Mas pensamos que o historiador das religiões[203] faz mal em só procurar para este isomorfismo a explicação cosmológica corrente. Porque vamos ver convergir no simbolismo lunar dois temas que se vão reciprocamente sobredeterminar e fazer deslizar todo este simbolismo para um aspecto nefasto que nem sempre conserva. A lua está indissoluvelmente ligada à feminilidade, e é pela feminilidade que encontra o simbolismo aquático.

Com efeito, teremos ocasião de voltar longamente a este assunto[204]: *a lua* aparece como a grande epifania dramática do tempo. Enquanto o sol permanece semelhante a si mesmo, salvo quando dos raros eclipses, enquanto ele só se ausenta por um curto lapso de tempo da paisagem humana, a lua, por sua vez, é um astro que cresce, decresce, desaparece, um astro caprichoso que parece submetido à temporalidade e à morte. Como sublinha Eliade[205], é graças à lua e às lunações que se mede o tempo: a mais antiga raiz indo-ariana que diz respeito ao astro noturno, *me*, que dá o sânscrito *mas*, o avéstico *mah*, o *menâ* gótico, o *mene* grego e o *mensis* latino, quer igualmente dizer medir. É por esta assimilação ao destino que a "lua negra" é, na maior parte dos casos, considerada como o primeiro morto. Durante três noites, apaga-se e desaparece do céu, e os folclores imaginam que é então engolida pelo monstro[206]. Por essa razão isomórfica, numerosas divindades lunares são ctônicas e funerárias. Tal seria o caso de Perséfone, Hermes e Dioniso. Na Anatólia, o deus lunar Men é igualmente o deus da morte, tal como o lendário Kotschei, o imortal e astuto gênio do folclore russo. A lua é muitas vezes considerada como o país dos mortos, quer para os polinésios tokalav, os iranianos ou os gregos, quer para a opinião popular do Ocidente da época de Dante[207]. Mais notável ainda do ponto de vista da convergência isomórfica é a crença da população das Côtes-du-Nord que pretende que a face invisível da lua contém uma boca enorme que serve para aspirar todo o sangue derramado sobre a terra. Esta lua antropófaga não é rara no folclore europeu[208]. Nada é mais temível para o camponês contemporâneo que a famosa "lua vermelha" ou "lua ruiva", mais ardente que o sol devorador dos trópicos. Lugar da morte, signo do tempo, é assim normal atribuir à lua, e especialmente à lua negra, um poderio maléfico. Esta influência maligna aparece no folclore hindu, grego, armênio e entre os índios do Brasil. O Evangelho de S. Mateus utiliza o verbo *séléniazesthaï*, "ser lunático", quando alude a uma possessão demoníaca[209]. Para os samoiedos e os dayak, a lua é o princípio do mal e da peste; na Índia apelidam-na de "Nirrti", a ruína[210]. Quase sempre a catástrofe lunar é diluviana[211]. Se muitas vezes é um animal lunar – uma rã, por exemplo – que deita pela boca as águas do dilúvio, é porque o tema mortal da lua casa-se estreitamente com a feminilidade.

Porque o isomorfismo da lua e das águas é, ao mesmo tempo, uma feminização, sendo o ciclo menstrual que constitui o termo intermédio. A lua está ligada à menstruação, como ensina o folclore universal[212]. Na França, a menstruação chama-se "o momento da lua", e entre os maori é a "doença lunar". Muitas vezes, as deusas lunares, Diana, Ártemis, Hécate, Anaitis ou Freyja, têm atribuições ginecológicas. Os índios da América do Norte dizem da lua minguante que "está com as regras". "Para o homem primitivo", nota Harding[213], "o sincronismo entre o ritmo mensal da mulher e o ciclo da lua devia parecer a prova evidente de que existia um elo misterioso entre eles." Este isomorfismo da lua e dos períodos menstruais manifesta-se em numerosas lendas que fazem da lua ou de um animal lunar o primeiro marido de todas as mulheres. Entre os esquimós, as jovens virgens nunca olham para a lua com medo de ficarem grávidas e, na Bretanha, as moças fazem o mesmo, com medo de ficar "aluadas"[214]. É, por vezes, a serpente, enquanto animal lunar, que passa por se unir às mulheres. Esta lenda, ainda viva nos Abruzos, era corrente entre os antigos, se acreditarmos em Plutarco, Pausânias e Díon Cássio[215], e é universal porque voltamos a encontrá-la, com poucas variantes, entre os hebreus, hindus, persas, hotentotes, na Abissínia ou no Japão[216]. Em outras lendas, o sexo da lua inverte-se e ela transforma-se numa bela jovem, sedutora por excelência[217]. Torna-se a temível virgem caçadora que lacera seus apaixonados, e cujos favores, como no mito de Endimião, conferem um sono eterno, fora da influência do tempo. Nesta lua menstrual já se esboça a ambivalência do ser, "criança doente e doze vezes impura". Reservamos para mais tarde o estudo completo das epifanias lunares eufemizadas[218]; retenhamos, de momento, apenas a selvageria sanguinária da caçadora, assassina das filhas de Leto e de Acteão, protótipo da feminilidade sangrenta e negativamente valorizada, arquétipo da mulher fatal.

É neste isomorfismo que se deve considerar o símbolo que os psicanalistas ligam a uma exasperação do Édipo, a imagem da "Mãe Terrível", ogra que o interdito sexual vem fortificar. Porque a misoginia da imaginação introduz-se na representação através desta assimilação ao tempo e à morte lunar[219] das menstruações e dos perigos da sexualidade. Esta "Mãe Terrível" é o modelo inconsciente de todas as feiticeiras, velhas feias e zarolhas, fadas corcundas que povoam o folclore e a iconografia. A obra de Goya, muito misógina no conjunto, está plena de caricaturas de velhas decrépitas e ameaçadoras, simples *coquettes* fora de moda e ridículas, mas também feiticeiras que veneram "Mestre Leonardo", o grande Bode, e preparam pratos abomináveis. Quarenta ilustrações em oitenta e duas da série dos *Caprichos*[220] representam velhas caricatas e feiticeiras, e na "Casa do Surdo" as horríveis *Parcas* equivalem ao ogro *Saturno*. Léon Cellier notou justamente que a personagem de Lakmi era em Lamartine o protótipo romântico da *vamp* fatal, que alia a uma aparência encantadora uma profunda crueldade e uma grande depravação[221]. A obra de Hugo é igualmente rica em epifanias da "Mãe Terrível". É Guanhuarma dos *Burgraves* que o psicanalista[222] assimila à madrasta corsa à qual o poeta estava confiado na infância mas que permanece para nós o grande arquétipo coletivo símbolo do destino e que Baudouin aproxima muito judiciosamente da Lilith-Ísis do *Fin de Satan*. É, de fato, a que declara: "Ananke sou eu", ela é a vampira (*goule*), a alma negra do mundo, a alma do mundo e da morte. "Na filosofia de Hugo, a fatalidade vem coincidir com o Mal, com a matéria."[223] E Baudouin sublinha o sistema etimológico "mater-matriz-materia". Antes de voltarmos a estas "águas mães" que são os mênstruos, resta-nos considerar as manifestações teriomórficas da vampira (*goule*), da mulher fatal.

De imediato, podemos verificar com os lingüistas[224] que a repartição dos substantivos em gênero animado e inanimado, tal como existe em certas línguas primitivas, é substituída em outras línguas por uma repartição em gênero ândrico e em gênero metândrico. Este último compreende as coisas inanimadas, os animais dos dois sexos e as mulheres. A feminilidade está, portanto, lingüisticamente, entre os caraíbas e os iroqueses, relegada ao nível da animalidade, é semanticamente conatural ao animal[225]. Do mesmo modo, a mitologia feminiza monstros teriomórficos tais como a Esfinge e as Sereias. Não é inútil lembrar que Ulisses se faz atar ao mastro do seu navio para escapar simultaneamente ao laço mortal das Sereias, a Caribde e às mandíbulas armadas de uma tripla fila de dentes do dragão Cila. Estes símbolos são aspecto negativo extremo da fatalidade mais ou menos inquietante que, de resto, Circe, Calipso ou Nausica personificam. Circe, a feiticeira, a meio caminho entre as Sereias e a encantadora Nausica, Circe dos belos cabelos, senhora do canto, dos lobos e dos leões, não é ela que introduz Ulisses nos infernos e lhe permite contemplar a mãe morta, Anticléia? Toda a *Odisséia*[226] é uma epopéia da vitória sobre os perigos das ondas e da feminilidade. Em Hugo, há um animal negativamente sobredeterminado porque escondido no escuro, feroz, ágil, enleando as presas num fio mortal, e que desempenha o papel da vampira: *a aranha*. Este animal obceca V. Hugo, que chega a desenhá-lo[227]. Decerto, o elemento fonético desempenha um papel na escolha do símbolo: aranha, *arachné*, tem uma sonoridade vizinha de *anankê*. Mas o tema volta com tanta constância à imaginação do poeta que é necessário ver nele mais que um jogo de palavras: em *Le titan*, em *Eviradnus*, em *Notre-Dame de Paris*, onde Claude Frollo compara a luta do homem contra o destino à de uma mosca apanhada na teia, em *La fin de Satan*, onde só a antítese da mosca é evocada, o poeta recorre ao pequeno animal ameaçador, que condensa todas as forças maléficas. A aranha torna-se mesmo o protótipo a partir do qual se formam personagens antropomórficas: em *Os miseráveis*, Javert, que desempenha o papel de uma aranha policial, ou a taberna da Thénardier, "teia onde Cosette estava presa e tremia..."[228], de que a Thénardier, a madrasta, é a chave simbólica. A aranha reaparece em *Masferrer*, em *Les derniers jours d'un condamné* e em *L'homme qui rit*, onde a imagem emerge explicitamente do seu contexto psicanalítico quando Gwynplaine nota no "centro da teia, uma coisa formidável, uma mulher nua..."[229]. Decerto, não daremos a este símbolo a interpretação narcisista que o psicanalista lhe atribui, para quem "a aranha ameaçadora no centro da teia é, de resto, um excelente símbolo da introversão e do narcisismo, essa absorção do ser pelo seu próprio centro..."[230]. Preferiremos a interpretação clássica[231], para a qual a aranha "representa o símbolo da mãe de mau feitio que conseguiu aprisionar a criança nas malhas da sua rede". O psicanalista aproxima judiciosamente essa imagem onde domina "o ventre frio" e as "patas peludas", sugestão repugnante do órgão feminino, do seu complemento masculino, o verme, que sempre também esteve ligado à decadência da carne[232]. Belo exemplo de sobredeterminação ontogenética de um símbolo da misoginia que parece, como esperamos mostrar, repousar em bases filogenéticas mais amplas. Baudouin nota igualmente que o terror edipiano da fuga diante do pai e a atração incestuosa pela mãe vêm convergir no símbolo aracnídeo: "Duplo aspecto de uma mesma fatalidade."[233] A aranha conjugando-se com o verme resulta na hidra, "espécie de verme irradiante", muitas vezes isomórfico do elemento feminino por excelência: o Mar. É na *hidra* gigante de *Les travailleurs de la mer*, o polvo, símbolo direto da fatalidade do oceano, que a onipotência nefasta e feminóide se manifesta[234]. A cena do combate com o polvo é o episódio central deste romance, e Júlio Verne retomará cuidadosamente esta imagem arquetipal em *Vingt mille lieus sous les mers*, imagem sempre ativa, como o prova a impressionante seqüência que Walt Disney imaginou na transcrição cinematográfica da obra de Júlio Verne. O polvo, pelos seus tentáculos, é o animal ligador por excelência. Vemos que o mesmo isomorfismo passa através dos símbolos de Sila, das sereias, da aranha ou do polvo[235]. E o simbolismo da cabeleira parece vir reforçar a imagem da feminilidade fatal e teriomórfica. A cabeleira não se liga à água por ser feminina, mas, pelo contrário, feminiza-se por ser hieróglifo da água, água cujo suporte fisiológico é o sangue menstrual. Mas *o arquetipal do elo* vem sobredeterminar sub-repticiamente a cabeleira, porque ela é ao mesmo tempo signo microcósmico da onda e tecnologicamente o fio natural que serve para tecer os primeiros nós.

Voltaremos a encontrar mais tarde[236] as imagens apaziguadas das rodas de fiar e das rocas: as fiandeiras são sempre valorizadas e as rocas feminizadas e ligadas, no folclore, à sexualidade. A velha canção de *Pernette* ou, no Dauphiné, de *Porcheronne*, e uma ronda do século XVIII:

"agarra na espada, e eu, na minha roca, bater-nos-emos em duelo na ervinha...",

são disso testemunho. Mas, de momento, detenhamo-nos apenas no produto da fiação: o *fio*, que é o primeiro elemento de ligação artificial. Na *Odisséia*, o fio já é símbolo do destino humano[237]. Tal como no contexto micênico, Eliade[238] aproxima certamente o fio do labirinto, conjunto metafísico-ritual que contém a idéia de dificuldade, de perigo de morte. O elemento que liga é a imagem direta das "ligações" temporais, da condição humana ligada à consciência do tempo e à maldição da morte. Muito freqüentemente, na prática do sonho acordado, a recusa da ascensão, da elevação, é figurada por uma notável constelação: "Fios negros que ligam o sujeito por detrás puxando-o para baixo"[239], fios que podem ser substituídos pelo enlace de um animal e, bem entendido, pela aranha. Retomaremos mais adiante o problema, caro a Dumézil e a Eliade, da utilização antiteticamente valorizada do "ligador" e do "cortador da ligação"[240]. Ocupemo-nos apenas, de momento, do sentido fundamental, que é negativo, da ligação e das divindades ligadoras.

Eliade conclui que em Yama e Nirrti, as duas divindades védicas da morte, esses "atributos de ligador não são só importantes, mas constitutivos", enquanto Varuna só acidentalmente é um deus ligador. Também Urtra, o demônio, é o que acorrenta os homens e os elementos: "os laços, as cordas e os nós caracterizam as divindades da morte"[241]. Este esquema da ligação é universal e encontra-se nos iranianos, para quem Ariman é o nefasto ligador, nos australianos e chineses, para os quais são, respectivamente, a demônia Aranda ou o demônio Pauhi quem desempenha esta função. Para os germanos, para quem o sistema ritual de morte é o enforcamento, as deusas funerárias chamam os mortos com uma corda[242]. A *Bíblia*, enfim, é rica de alusões aos "laços da morte"[243]. Eliade[244] estabelece, de resto, uma importante correlação etimológica entre "ligar" e "enfeitiçar": em turco-tatar *bag*, *bog* significa fio e feitiçaria, como em latim *fascinum*, malefício, é parente próximo de *fascia*, faixa. Em sânscrito, *Yukli*, que significa atrelar, quer também dizer "poder mágico", donde deriva precisamente o "ioga". Veremos mais tarde que elementos para ligar e processos mágicos podem ser captados, anexados, pelas potências e dotar assim de uma certa ambigüidade o simbolismo do elemento que liga. Esta ambivalência, a caminho da eufemização, é a mais especialmente lunar, uma vez que as divindades lunares são ao mesmo tempo fatores e senhoras da morte e das punições[245]. Tal é o sentido do belo hino de Ishtar citado por Harding: a deusa da catástrofe ata e desata o fio do mal, o fio do destino. Mas essa ambivalência cíclica, essa elevação do fio simbólico a uma potência "ao quadrado" do imaginário, faz-nos antecipar as eufemizações dos símbolos terrificantes. De momento, contentemo-nos com o aspecto primordial do elemento de ligação e com o simbolismo de primeira instância. Esse simbolismo é puramente negativo: o fio é a potência mágica e nefasta da aranha, do polvo e, também, da mulher fatal e feiticeira[246]. Resta-nos examinar, retomando esse tema da feminilidade "terrível", como se passa, por intermédio da água nefasta por excelência, o sangue menstrual, dos símbolos nictomórficos para os símbolos viscerais da queda e da carne. O sangue menstrual, como dissemos, ligado às epifanias da morte lunar é o símbolo perfeito da água negra. Na maior parte dos povos, o sangue menstrual, e depois qualquer sangue, é tabu. O *Levítico*[247] ensina-nos que o sangue do fluxo feminino é impuro e prescreve minuciosamente a conduta que se deve seguir durante o período menstrual. Para os bambara, o sangue menstrual é testemunha da impureza da Feiticeira-Mãe primitiva Musso-Koroni e da infecundidade momentânea das mulheres. É "o interdito principal das potências sobrenaturais criadoras e protetoras da vida"[248]. O princípio do mal, o *Wanzo*, penetrou no sangue do gênero humano por uma circuncisão original feita pelos dentes da ogra Musso-Koroni. Donde a necessidade recíproca de um sacrifício sangrento, excisão ou circuncisão, a fim de libertar a criança do seu *Wanzo*[249]. Devemos notar que este tabu imperialista tem um caráter mais ginecológico que sexual: não só na maior parte dos povos as relações sexuais são interditadas no período de regras, como também é interdito permanecer próximo de uma mulher regrada. Nas épocas menstruais isolam as mulheres nas cabanas, e a mulher nem sequer deve tocar no alimento que consome. Nos nossos dias, ainda, os camponeses europeus não permitem a uma mulher "indisposta" tocar na manteiga, no leite, no vinho ou na carne, com medo de que esses alimentos se tornem impróprios para consumo. Interditos semelhantes podem ser encontrados na *Bíblia*, nas leis de Manu ou no *Talmude*[250]. Esse tabu é essencial, e Harding[251] nota que o termo polinésio *tabu* ou *tapu* é aparentado a *tapa*, que significa "mênstruos". O famoso *Wakan* dos dacota significa igualmente "mulher indisposta" e o *sabbat* babilônico teria igualmente uma origem menstrual. O *"sabbat"*[252] era respeitado durante as regras da deusa lunar Ishtar, "o *sabbat* só era observado, de início, uma vez por mês, e depois em cada parte do ciclo lunar", e *sabattu* significaria "mau dia de Ishtar". Em todas estas práticas, a tônica é posta no acontecimento ginecológico, mais que nunca "culpa" sexual, significação que só será dada pelo esquema da queda. O sangue menstrual é simplesmente a água nefasta e a feminilidade inquietante que é preciso evitar ou exorcizar por todos os meios. Do mesmo modo, no poeta E. Poe, a água maternal e mortuária não passa do sangue. O próprio Poe escreve: "Esta palavra sangue, esta palavra suprema, esta palavra rei, sempre tão rica de mistério, de sofrimento e de terror... esta sílaba vaga, pesada e gelada."[253] É este isomorfismo terrificante, de dominante feminóide, que define a poética do sangue, poética do drama e dos malefícios tenebrosos, porque, como nota Bachelard[254], "o sangue nunca é feliz". E se a "lua ruiva" é tão nefasta[255] é porque a lua "tem as suas regras" e as geadas que daí resultam são "o sangue do céu". Esta valorização excessivamente negativa do sangue seria mesmo, se dermos crédito à anedota célebre relatada por James[256], um arquétipo coletivo, filogeneticamente inscrito no contexto da emoção, e manifestar-se-ia espontaneamente antes de qualquer tomada de consciência clara. Sem tomar partido sobre essa origem quase reflexa do temor do sangue, contentemo-nos em concluir que há um isomorfismo estreito que liga o sangue como água escura à feminilidade e ao tempo "menstrual".

A imaginação, graças a esta constelação, vai encaminhar-se imperceptivelmente através do conceito da *mancha* sangrenta e da nódoa para o matiz moral da culpa, que, como veremos no parágrafo seguinte, o arquétipo da queda precipitará. Przyluski[257] estabeleceu notavelmente a correlação lingüística que podia existir entre Kali ou Kala, divindade da morte, e *Kâla*, por um lado, que significa "tempo, destino", e, por outro, *Kâlaka*, derivada de *Kâla e* significando "manchado, sujo", física e moralmente. Tanto mais que a mesma família de palavras sânscritas dá, por outro lado, *Kalka*, sujidade, culpa, pecado, e *Kalusa*, sujo, impuro, turvo. Além disso, *Kali* significa a "má sorte", o lado do dado que não tem nenhum ponto. É assim que a raiz pré-ariana *Kal*, negro, obscuro, se encaminha, portanto, filologicamente, para os seus compostos nictomórficos. Por sua vez, semiologia e semantismo concordam, retraçando em abreviado a constelação que une as trevas e o sangue, como acabamos de explicar. A deusa Kali é representada vestida de vermelho, lavando os lábios de um crânio cheio de sangue, em pé numa barca que navega num mar sangrento, "divindade sanguinária cujos templos se assemelham hoje a matadouros"[258]. A psicanálise faz-se eco da semântica religiosa quando Maria Bonaparte[259] escreve: "Quantas vezes não gemi com esse pesadelo em que o mar, eterno símbolo materno, me fascinava para me engolir e me incorporar nele... e em que o gosto salgado da água que me enchia a boca era talvez a recordação inconsciente, inapagável, do sangue insípido e salgado, que, quando da minha hemoptise, quase me tinha custado a vida..." Enfim, outro exemplo deste isomorfismo dos arquétipos e símbolos tenebrosos encarnados pela mulher nefasta nos é fornecido pelo mito da Kali dos bambara: Musso-Koroni, "a velhinha". "Ela simboliza", escreve Germaine Dieterlen[260], "tudo o que se opõe à luz: obscuridade, noite, feitiçaria. É também a imagem da rebelião, da desordem, da impureza." E vemos nela a mancha, a nódoa, transmutar-se em queda e culpa, assegurando assim a junção com os símbolos catamórficos que dentro em pouco vamos estudar. Mulher de vida desordenada e agitada, não foi capaz de conservar a pureza que vinha de Pemba e lhe conferia a "cabeça branca". Ela é a impureza e a infidelidade que traiu o demiurgo Pemba e, "deixando de cooperar na obra da criação, começa a perturbá-la"[261]. Banida pelo criador, torna-se fúria, e a violência sanguinária dos seus atos determina nela a aparição das primeiras menstruações. O bambara reúne menstruação, sadismo oral e loucura nefasta numa impressionante fórmula: "o sangue saiu de Musso-Koroni no momento em que ela se circuncidou com as unhas e os dentes"[262]. Desde então, polui tudo em que toca e introduz o mal no universo, quer dizer, o sofrimento e a morte. Representam-na sob os traços de uma feiticeira demente, velha vestida de andrajos, com os pés calçados com sandálias desemparelhadas, "que percorre o campo e simula loucura".

Os símbolos nictomórficos são, portanto, animados em profundidade pelo esquema heraclitiano da água que corre ou de cuja profundidade, pelo seu negrume, nos escapa, e pelo reflexo que redobra a imagem como a sombra redobra o corpo. Esta água negra é sempre, no fim de contas, o sangue, o mistério do sangue que corre nas veias ou se escapa com a vida pela ferida[263], cujo aspecto menstrual vem ainda sobredeterminar a valorização temporal. O sangue é temível porque é senhor da vida e da morte e porque na sua feminilidade é o primeiro relógio humano, o primeiro sinal humano correlativo do drama lunar. Vamos agora assistir a uma nova sobredeterminação da temporalidade sangrenta e noturna pelo grande esquema da queda que transformará o sangue feminino e ginecológico em sangue sexual ou, mais precisamente, em carne, com as suas duas valorizações negativas possíveis: sexual e digestiva.

3. Os símbolos catamórficos

A terceira grande epifania imaginária da angústia humana, diante da temporalidade, parece-nos residir nas imagens dinâmicas da *queda*. A queda aparece mesmo como a quintessência vivida de toda a dinâmica das trevas, e Bachelard[264] tem razão em ver neste esquema catamórfico uma metáfora realmente axiomática. Verificaremos, de resto, que esta metáfora é solidária dos símbolos das trevas e da agitação. Mesmo se contestarmos a realidade de engramas e imaginários preexistentes a qualquer experiência, seremos obrigados a verificar com Betcherev ou Maria Montessori[265] que o recém-nascido é de imediato sensibilizado para a queda: a mudança rápida de posição no sentido da queda ou no sentido do endireitar-se desencadeia uma série reflexa dominante, quer dizer, inibidora dos reflexos secundários. O movimento demasiado brusco que a parteira imprime ao recém-nascido, as manipulações e as mudanças de nível brutais que se seguem ao nascimento seriam, ao mesmo tempo, a primeira experiência da queda e "a primeira experiência do medo"[266]. Haveria não só uma imaginação da queda, mas também uma experiência temporal, existencial, o que faz Bachelard escrever que "nós imaginamos o impulso para cima e conhecemos a queda para baixo"[267]. A queda estaria assim do lado do tempo vivido. São as primeiras mudanças desniveladas e rápidas que suscitam e fortificam o engrama da vertigem. Talvez mesmo em certas populações em que o parto deve ser ritualmente queda do recém-nascido no chão se forme na imaginação da criança um reforço do traumatismo de Rank, sendo o nascimento associado *ipso facto* a uma queda[268]. O sonho acordado também evidencia o arcaísmo e a constância do esquema da queda no inconsciente humano: as regressões psíquicas são freqüentemente acompanhadas de imagens brutais de queda, queda valorizada negativamente como pesadelo que leva muitas vezes à visão de cenas infernais. A recusa da ascensão toma o aspecto de entorpecimento ou gravidade negra, e o paciente de Desoille[269] declara: "Fiquei com grossos sapatos negros nos pés, é isso que me pesa." O engrama da queda é, com efeito, reforçado desde a primeira infância pela prova da *gravidade* que a criança experimenta quando da aprendizagem penosa do andar. O andar passa de uma queda corretamente utilizada como suporte da postura vertical, e cuja falha é provada por quedas reais, choques, pequenos ferimentos que agravam o caráter pejorativo da dominante reflexa. Para o bípede vertical que somos, o sentido da queda e da gravidade acompanha todas as nossas primeiras tentativas autocinéticas e locomotoras. Uma vez que a queda está, de resto, ligada, como nota Bachelard[270], à rapidez do movimento, à aceleração e às trevas, poderá vir a ser a experiência dolorosa fundamental e que constitua para a consciência a componente dinâmica de qualquer representação do movimento e da temporalidade. A queda resume e condensa os aspectos temíveis do tempo, "dá-nos a conhecer o tempo que fulmina"[271]. Analisando em si próprio, como em Balzac ou Alexandre Dumas, aquilo a que chama o "complexo de Anteu", complexo definido pelo mal-estar vertiginoso que o afastamento de um ponto de apoio estável e terrestre cria, Bachelard confirma as observações de Desoille sobre o fenômeno da vertigem. Tanto para um como para o outro[272], o inconsciente parece prévia e funcionalmente sensibilizado para receber o choque criado pela imagem de uma banal ascensão num edifício elevado. Para um como para o outro, a vertigem é imagem inibidora de toda a ascensão, um bloqueamento psíquico e moral que se traduz por fenômenos psicofisiológicos violentos. A vertigem é um relembrar brutal da nossa humana e presente condição terrestre.

Numerosos mitos e lendas põem a tônica no aspecto catastrófico da queda, da vertigem, da gravidade ou do esmagamento. É Ícaro que cai, aniquilado pelo Sol de que se tinha querido aproximar demasiado, e vê-se precipitado no mar, mito que os pesadelos de vôo interrompido e de queda na "água viscosa"[273] encontram espontaneamente; é Tântalo que, depois de ter ousado fazer devorar a carne do seu filho Pélope pelas divindades do Olimpo, é engolido pelo Tártaro. É Faetonte, filho do Sol, que, por ter usurpado as prerrogativas paternas, é fulminado por Zeus e depois precipitado na dura Terra: é Ixíon, Belerofonte e muitos outros que terminam os dias na catástrofe da queda. Com alguma variação, é ainda Atlas esmagado eternamente pelo fardo terrestre, herói da luta pela verticalidade. Um belo isomorfismo catamórfico nos é fornecido pela mitologia do antigo México. Mictlantécutli, o deus do inferno do norte (Mictlan), é chamado *Tzontemoc*, "aquele que cai de cabeça" como o sol poente, o sol negro. Mictlantécutli é acompanhado pelos seus animais familiares, a coruja e a aranha, é o patrono do dia "cão" da semana, tal como do dia "morte". O norte, sede dos infernos e lugar do sol "caído", é igualmente o país negro, do frio, do inverno[275]. Esse tema da queda aparece como o signo da punição e vê-se multiplicado numa mesma cultura, como acabamos de verificar para a tradição grega e que se pode igualmente mostrar na tradição judaica: a queda de Adão repete-se na queda dos anjos maus. O *Livro de Henoc*[276] conta-nos como os anjos, "seduzidos pelas filhas dos homens", descem à Terra, unem-se com as suas sedutoras e engendram enormes gigantes. Estes anjos rebeldes são comandados por Azazel e Semiazas. Rafael, por ordem de Deus, pune os trânsfugas, esmaga-os debaixo de pesados rochedos antes de, no fim dos tempos, precipitá-los num abismo de fogo. O abismo, *leitmotiv* da punição apocalíptica, teria por protótipo, segundo Langton[277], o episódio do *Bundehesh*, onde se vê Ariman precipitado na Terra, por ter tentado tomar de assalto os céus, e a sua queda cava um abismo que, no futuro, o Príncipe das Trevas habitará. Como sublinharam bem os etnólogos[278], este esquema da queda é exatamente o tema do tempo nefasto e moral, moralizado sob a forma de punição.

Introduz-se no contexto físico da queda uma moralização e mesmo uma psicopatologia da queda: em certos apocalipses apócrifos a queda é confundida com a "possessão" pelo mal. A queda torna-se, então, símbolo dos pecados de fornicação, inveja, cólera, idolatria e assassínio[279]. Mas essa moralização desenrola-se num fundo temporal: a segunda árvore do jardim do Éden, de que o consumo do fruto determinará a queda, não é a do conhecimento, como pretendem lições recentes, mas a da morte. A rivalidade entre a serpente, animal lunar, e o Homem parece reduzir-se em numerosas lendas à rivalidade de um elemento imortal, regenerado, capaz de arranjar pele nova, e do homem decaído da sua imortalidade primordial. O método comparativo mostra-nos que o papel de ladrão de imortalidade é desempenhado igualmente pela serpente na epopéia babilônica de Gilgamesh ou numa lenda paralela à de Prometeu relatada pelo compilador Eliano[280]. Em numerosos mitos é a lua ou o animal lunar quem engana o primeiro homem e troca o pecado e a queda pela imortalidade do homem primordial. A Morte, para os caraíbas e na *Bíblia*, é o resultado direto da queda[281].

Em numerosas tradições, acrescenta-se a este primeiro resultado catamórfico uma outra conseqüência que confirma o caráter antagonista da lua nefasta e das aspirações humanas e que traz o risco de provocar (como acontece no contexto judaicocristão) uma interpretação puramente sexual da queda. Os mênstruos são, com efeito, muitas vezes considerados como conseqüências secundárias da queda. Chega-se assim a uma feminização do pecado original que vem convergir com a misoginia que a constelação das águas escuras e do sangue deixava transparecer. A mulher, de impura que era pelo sangue menstrual, torna-se responsável pelo pecado original. Na *Bíblia*[282], embora a serpente não provoque diretamente a menstruação, a sua intervenção não deixa de determinar conseqüências ginecológicas: "Multiplicarei os sofrimentos da tua gravidez, gerarás na dor." Outras tradições[283] são mais explícitas: entre os algonquinos e na Índia, é para expiar uma culpa que as mulheres são menstruadas. Esta feminização da queda moral encontra-se também nas tradições ameríndias, como nas persas, esquimós, rodesianas ou melanésias, e alimenta igualmente o mito grego de Pandora. Mas é preciso insistir no contra-senso sexual que pode resultar desta feminização da queda. Krappe, depois de Bayle e Frazer[284], faz desta sexualização apenas uma lição tardia devida a um teólogo moralista. Com efeito, como notamos a propósito da feminilidade lunar e menstrual, a simbolização feminóide da queda parece ter sido primitivamente escolhida apenas por razões de fisiologia ginecológica e não por razões sexuais.

Houve em certas culturas um deslocamento do fenômeno menstrual para considerações de moral sexual. Substituiu-se ao conhecimento da morte e à tomada de consciência da angústia temporal, como catástrofe fundamental, o problema mais anódino do "conhecimento do bem e do mal", que, pouco a pouco, se sexualizou grosseiramente. Essa inflexão para a sexualidade foi introduzida numa época relativamente recente, sob a influência de uma corrente ascética pessimista que parece ter vindo da Índia e se difundido numa grande parte do Oriente Próximo antes de atingir o Ocidente. Manifesta-se no orfismo, nos escritos milésios e, enfim, no platonismo. A Igreja não teria feito mais que herdar, através de Sto. Agostinho, a fobia sexual dos gnósticos e dos maniqueus[285]. Essa modificação – que é uma banalização – do esquema da queda original num tema moral e carnal ilustra bem a dupla valência de numerosos temas psicanalíticos que são ao mesmo tempo "sub" conscientes e indicativos de um "sobre" consciente que é um esboço metafórico das grandes concepções filosóficas. É provável, por exemplo, que o emblema cosmológico da serpente, de que estudaremos a seu tempo as ricas significações[286], ligado pelo seu simbolismo cíclico à lua e aos mênstruos, tenha sido banalizado por ser forma oblonga facilmente assimilada a um tema fálico e puramente sexual. A explicação mecânica da menstruação como violação primordial reforça ainda as implicações sexuais desse símbolo, e o engrama da queda é banalizado e limitado a um incidente carnal, singularizado, e que, por isso, se afasta do seu sentido arquetipal primitivo que tinha a ver com o destino moral do homem. Talvez seja necessário ver neste processo uma eufemização da morte, transferida de um arquétipo de tipo junguiano, portanto coletivo, para um incidente traumatizante de tipo freudiano, logo puramente individual. A feminização da queda seria, ao mesmo tempo, a sua eufemização. O incoercível terror do abismo minimizar-se-ia no medo venial do coito e da vagina.

A eufemização, constitutiva, como veremos, da imaginação[287] é um processo que todos os antropólogos[288] notaram e cujo caso extremo é a antífrase na qual uma representação é enfraquecida disfarçando-se com o nome ou o atributo do contrário. Em alemão e em francês, prostituta eufemiza-se em "rapariga" ou em "virgem"; na mitologia grega as Erínias são substituídas pelas Eumênides; as doenças mortais ou graves são universalmente eufemizadas, epilepsia, lepra, varíola, tornam-se "grande mal", "belo mal", "bênção". A própria palavra "morte" é substituída por inúmeros eufemismos, e, longe de serem sempre feias, as divindades da morte transformam-se em belas e sedutoras jovens: filhas de Mara, sedutoras e dançarinas, bela Calipso, da lenda de Ulisses, fadas das lendas nórdicas, belo Ravâna do *Râmâyana*[289]. Ora, essa eufemização do tempo moral, este esboço de antífrase, não seria um dos elementos sobredeterminantes da banalização da queda, uma motivação da sua sexualização? Há aí um movimento inverso daquele que Rougemont estudou a propósito da lenda de Tristão[290]. O *amabam amare*, a doutrina do puro amor, baseia-se de fato num *amor fati* e mesmo num "amor da morte", mas, por uma contaminação recíproca, esboça-se a eufemização da morte que nos leva para um outro regime da representação imaginária diferente do que vimos até aqui: a eufemização do Destino, pelo erotismo, é já tentativa, pelo menos verbal, de dominar os perigos do tempo e da morte, está já a caminho de uma inversão radical dos valores da imagem. Como sugere profundamente a tradição cristã, se foi pelo sexo feminino que o mal se introduziu no mundo, é que a mulher tem poder sobre o mal e pode esmagar a serpente. Retomaremos, daqui a algumas páginas, o aprofundamento dessa inversão de valores. De momento, contentemo-nos em sublinhar que os sistemas de imagens que reservam um grande lugar para o esquema da queda estão sempre a caminho da eufemização: quer seja nos valentinianos, em Orígenes, nos neoplatônicos ou nos pseudo-clementinos, o mal, pela queda e suas variantes morais, torna-se sempre, por algum lado, um auxiliar do Bem, fazendo infletir o dualismo estrito, o *Regime Diurno*, para uma teoria dos contrários de tipo hegeliano, em que a morte desempenha um papel positivo[291]. Resta-nos, antes de concluir esta primeira parte consagrada às *Faces do Tempo*, examinar esta eufemização esboçada do abismo e da queda que, numa notável continuidade freudiana, a carne sexual e a carne digestiva constituem.

Desde Freud[292] sabemos explicitamente que a gulodice se encontra ligada à sexualidade, o oral sendo o emblema regressivo do sexual. Percebemos na história de Eva mordendo a maçã imagens que reenviam para os símbolos do animal devorador, mas igualmente a interpretamos considerando a ligação freudiana entre o ventre sexual e o ventre digestivo. O ascetismo é não só casto como também sóbrio e vegetariano. A manducação da carne animal está sempre ligada à idéia de pecado ou, pelo menos, de interdito. O interdito do *Levítico* relativo ao consumo do sangue: "Porque a alma da carne está no sangue."[293] É a ruptura deste interdito que provocaria a segunda catástrofe bíblica, o dilúvio[294]. No *Bundehesh*[295], sexualidade e manducação da carne estão ligadas num curioso mito. Ariman, o Mal, é o cozinheiro do rei Zoak e seduz o primeiro casal humano fazendo com que coma carne. Donde nasceu o costume da caça e paralelamente o uso de roupa, porque o primeiro homem e a primeira mulher cobrem a sua nudez com a pele dos animais mortos. O vegetarianismo está aliado à castidade: é o massacre do animal que dá a conhecer ao homem que está nu. A queda é, assim, simbolizada pela carne, a carne que se come, ou a carne sexual, unificadas uma e outra pelo grande tabu do sangue. Assim, o temporal e o carnal tornam-se sinônimos. Há um deslize do especulativo para o moral. A queda transforma-se em apelo do abismo mortal, a vertigem em tentação. Como nota Bachelard[296], a palavra abismo não é nome de objeto, é um "adjetivo psíquico" – acrescentamos que é mesmo um verbo moral. E o abismo corre o risco de sofrer variações empedocleanas e, como em Baader, mudar-se em tentação, "um apelo do abismo"[297]. Em Baader a queda não só é destino como se exterioriza e se torna carnal. O ventre é o microcosmo eufemizado do abismo. Bachelard cita noutro lugar[298] uma passagem do *W. Shakespeare* de V. Hugo no qual o ventre em geral é considerado como "o odre dos vícios". A psicanálise[299] do poeta vem confirmar o papel negativo que em Hugo desempenha a cavidade, ventre ou esgoto. É o famoso esgoto do romance *Os miseráveis*, ventre da cidade em que se cristalizam as imagens da repugnância[300] e do assombro: "Pólipo tenebroso tortuoso... donde se desprendem pestes... goela de dragão soprando o inferno sobre os homens."[301] O Pátio dos Milagres, em *Notre-Dame de Paris*, é o esgoto da capital, como nos *Travailleurs* o pátio infecto e fervilhante da Jacressarde. Em toda a obra de Hugo o *bas-fonds* moral traz o simbolismo do esgoto, da imundície e as imagens digestivas e carnais. O labirinto, seguindo o isomorfismo teriomórfico das imagens negativas, tende a animar-se, tornando-se Dragão ou "escolopendra com quinze pés de comprimento". O intestino, esse esgoto vivo, liga-se à imagem do Dragão mítico e devorador num capítulo de *Os miseráveis* que se intitula "L'intestin de Léviathan", lugar de pecado, odre dos vícios, "aparelho digestivo de Babilônia".

L'homme qui rit retoma o isomorfismo anal do abismo, o esgoto é aí descrito como uma "tripa tortuosa" e o romancista, muito consciente dos temas imaginários que o dominam, nota: "todas as entranhas são tortuosas". Enfim, se passarmos do romance à poesia[302], veremos o rio infernal, símbolo ao quadrado da água negra e nefasta, assimilado "ao esgoto Estige onde chove a eterna imundície".

O olfato acoplado à cenestesia vem reforçar o caráter nefasto das imagens do intestino-abismo. "A palavra miasma", escreve Bachelard[303], "é uma onomatopéia muda da repugnância." Os inconvenientes carnais estão já na carne como o preço imanente da culpa. Vêm então à imaginação todos os atributos desagradavelmente odorantes: "sufocante", "fétido", "pestilencial". Há nesse isomorfismo da repugnância todos os matizes da vergonha e da abominação que a literatura exegética atribui a Belzebu, que a *Vulgata* transformou em Belzebub, mas que originariamente, segundo Langton[304], viria do hebreu *zebel* e significaria "o Príncipe da imundície". O verme no seu duplo aspecto, digestivo e sexual, é, assim, um microcosmo do abismo, símbolo de uma queda em miniatura; é também indicativo de uma dupla repugnância e de uma dupla moral: a da abstinência e a da castidade.

Numa perspectiva freudiana parece que se podem discernir duas fases no estádio da fixação oral: a primeira corresponde à sucção e ao engolimento labial, a segunda à idade dentária em que se trinca. Insistiremos aqui no fato de que a valorização negativa do ventre digestivo e da manducação está ligada ao estádio mais evoluído do trincar. Já sugerimos a propósito do arquétipo do ogro que o traumatismo do crescimento dentário, traumatismo inelutável, doloroso e mais brutal que o desmame, reforçava a negatividade do trincar. Por outro lado, como a valorização negativa da carne aparece na mitologia como um fenômeno tardio, submetido por esboço da racionalização moral, é normal que seja o trincar que se ligue à fobia do ventre digestivo. Bachelard confirma este ponto de vista quando, retomando Jung, declara que o "engolimento não é uma verdadeira infelicidade"[305] e não tem só um aspecto negativo. Reteremos apenas, por isso, dessas constelações pejorativas o engolimento nefasto, o trincar mais ou menos sádico, no qual a boca dentada do monstro animal vem reforçar o temor do abismo, reservando para mais tarde as imagens positivamente valorizadas[306]. Não só o ventre nefasto está armado com uma boca ameaçadora, como também é ele o próprio labirinto estreito, garganta difícil, e é por essas variações angustiadas que se diferencia das doçuras da sucção e do simples engolir. Tal é o inferno dos amantes concebido por W. Blake, "turbilhão" formado por um intestino cheio de meandros[307]. Bachelard cita, por fim, um texto de Michel Leiris[308] que resume na sua intuição poética o isomorfismo entre a animalização, a queda, o horror labiríntico, a água negra e o sangue. Quando de um pesadelo tendo por esquema a descida, o poeta parece espezinhar "animais feridos, com um sangue muito vermelho e cujas tripas formavam a trama de um macio tapete... no interior das minhas veias circula ancestralmente o rio vermelho que animava a massa de todos esses animais acossados". Esse ventre sangrento e interiorizado é também ventre digestivo, porque essa carne é "carne de talho" e implica a imagem intestinal que nos dá o seu conteúdo: "um longo rio de lombos de vaca e de legumes mal cozidos corria...". Encontramos aqui o simbolismo carnal completo, axializado pelo tubo digestivo, reenviando para significações anais que não escapam ao poeta: "É o tubo digestivo que faz comunicar a tua boca, de que tu te orgulhas, e o teu ânus de que tens vergonha, abrindo através do teu corpo uma sinuosa e viscosa vala." A rigor e de forma completamente secundária, podemos ler nessas imagens o simbolismo da intimidade e da casa, como fez Bachelard[309], mas parece-nos que antes de tudo é a tinta escura dos grandes arquétipos do medo que se sobrepõe ao lado "macio" da aventura interior, apesar da eufemização carnal e do intimismo corporal. Se o tubo digestivo é, com efeito, o eixo do desenvolvimento do princípio do prazer, é igualmente em nós a redução microcósmica do Tártaro tenebroso e dos meandros infernais, é o abismo eufemizado e concretizado. A boca dentada, o ânus, o sexo feminino, sobrecarregados de significações nefastas pelos traumatismos que diversificam durante a ontogênese o sadismo[310] nas suas três variedades, são, de fato, as portas desse labirinto infernal em miniatura constituído pela interioridade tenebrosa e sangrenta do corpo.

Em resumo e em conclusão dos capítulos precedentes, podemos dizer que um isomorfismo contínuo liga toda uma série de imagens díspares à primeira vista, mas cuja constelação permite induzir um regime multiforme da angústia diante do tempo. Vimos sucessivamente o tempo revestir-se da face teriomórfica e da agressividade do ogro, aparecer ao mesmo tempo como o animado inquietante e o devorador terrificante, símbolos da animalidade que reenviam quer para o aspecto irrevogavelmente fugaz, quer para a negatividade insaciável do destino e da morte. A angústia diante do devir apareceu-nos, em seguida, projetando imagens nictomórficas, cortejo de símbolos sob o signo das trevas, onde o velho cego se conjuga com a água negra e, finalmente, a sombra se mira no sangue, princípio de vida cuja epifania é mortal, coincidindo na mulher, no fluxo menstrual, com a morte mensal do astro lunar. A esse nível verificamos que a feminização do simbolismo nefasto constituía o esboço de uma eufemização que ia atingir o seu ápice quando o terceiro esquema terrificante, o da queda, se reduzia ao microcosmo da queda em miniatura, da queda interior e cenestésica, na sua dupla forma sexual e digestiva. *Transfert* graças ao qual a atitude angustiada do homem diante da morte e do tempo se duplicará sempre de uma inquietação moral diante da carne sexual e mesmo digestiva. A carne, esse animal que vive em nós, conduz sempre à meditação do tempo.

E, quando a morte e o tempo forem recusados ou combatidos em nome de um desejo polêmico de eternidade, a carne sob todas as suas formas, especialmente a carne menstrual que a feminilidade é, será temida e reprovada como aliada secreta da temporalidade e da morte. Todavia, como a miniaturização da angústia pela carne nos deixava supor, veremos mais tarde que a feminização eufemizante está já a caminho de uma redenção das imagens noturnas[311]. Mas o Regime estritamente diurno da imaginação desconfia das seduções femininas e afasta-se dessa face temporal que um sorriso feminino ilumina. É uma atitude heróica que a imaginação diurna adota e, muito longe de se deixar conduzir à antífrase e à inversão dos valores, aumenta hiperbolicamente o aspecto tenebroso, ogresco e maléfico da face de Cronos, a fim de endurecer ainda mais as suas antíteses simbólicas, de polir com precisão e eficácia as armas que utiliza contra a ameaça noturna. São essas armas do combate contra o destino, e constitutivas vitoriosas do *Regime Diurno* da consciência, que vamos agora estudar.

Segunda Parte
O cetro e o gládio

> *Não descaias, ó Pârtha, da virilidade do lutador e do herói!*
> *É indigno de ti. Desfaz-te dessa covardia! De pé, ó Parantapa!...*
>
> Bhagavad-Gita, I, 3

Aos esquemas, arquétipos, símbolos valorizados negativamente e às faces imaginárias do tempo poder-se-ia opor, ponto por ponto, o simbolismo simétrico da fuga diante do tempo ou da vitória sobre o destino e a morte. Porque as figurações do tempo e da morte não passavam de excitações para o exorcismo, convite imaginário a empreender uma terapêutica pela imagem. É aqui que transparece um princípio constitutivo da imaginação e de que esta obra será tão-somente a elucidação: figurar um mal, representar um perigo, simbolizar uma angústia é já, através do assenhoreamento pelo *cogito*, dominá-los. Qualquer epifania de um perigo à representação minimiza-o, e mais ainda quando se trata de uma epifania simbólica. Imaginar o tempo sob uma face tenebrosa é já submetê-lo a uma possibilidade de exorcismo pelas imagens da luz. A imaginação atrai o tempo ao terreno onde poderá vencê-lo com toda a facilidade. E, enquanto projeta a hipérbole assustadora dos monstros da morte, afia em segredo as armas que abaterão o Dragão. *A hipérbole negativa não passa de pretexto para a antítese.* É o que a imaginação de um V. Hugo ou de um Descartes denotam[1]. Três grandes temas, com as interferências a que o estudo dos esforços imaginários nos habituou, parecem-nos não só constituir os homólogos antitéticos das faces do tempo, como também estabelecer uma estrutura profunda da consciência, esboço de uma atitude metafísica e moral. O esquema ascensional, o arquétipo da luz uraniana e o esquema diairético parecem, de fato, ser o fiel contraponto da queda, das trevas e do compromisso animal ou carnal. Esses temas correspondem aos grandes gestos constitutivos dos reflexos posturais: verticalização e esforço de levantar o busto, visão e, por fim, tato manipulatório permitido pela libertação postural da mão humana. Esses gestos são reações reflexas primordiais, naturais, de que os símbolos negativos que estudamos de início, por razões didáticas, não são mais que contrapartidas afetivas, complementos catalisadores. Esses temas são, de resto, mais distintamente delimitáveis que os precedentes. Precisamente porque são antitéticos da confusão temporal é que se organizam os três em torno de um esforço de separação, de segregação. Esse esforço pré-racional está já na via dos processos habituais da razão e as dominantes visuais – dominantes da sensorialidade mais intelectual – ligam-se cada vez mais estreitamente às dominantes motoras. A partir do segundo mês a reação visual adquire na criança o caráter de uma dominante, e é um dos primeiros reflexos associados à dominante postural[2]. O sonho acordado[3], por seu lado, mostra-nos que o esquema da elevação e o arquétipo visual da luz são complementares, o que confirma a intuição de Bachelard quando declara: "É a mesma operação do espírito humano que nos leva para a luz e para a altura."[4] A convergência isomórfica dos símbolos que vamos estudar parece, assim, bem estabelecida por pensadores de horizontes muito diferentes e delimita uma estrutura de imaginação e de representação em geral, visão de um "mundo da visualidade-definição-racionalização"[5] dominado pelo mecanismo mental da separação, de que a degenerescência é a *Spaltung* bleuleriana.

Se apenas escolhemos como título geral, para cobrir os três temas que esta segunda parte contém, dois símbolos, *o cetro e o gládio*, reciprocamente indicativos dos esquemas ascensionais e diairéticos, foi porque quisemos sublinhar, de passagem, a concordância da nossa própria classificação simbólica com a classificação quaternária dos jogos de cartas, especialmente do jogo do Tarô[6]. É, com efeito, notável que esse jogo de cartas utilize como signo quatro símbolos que se situam entre os mais importantes arquétipos de que vamos falar no nosso estudo: *o cetro-pau, o* *gládio, a taça e a roda-denário* constituem os pontos cardeais do espaço arquetipológico*. Teríamos podido, por razões de simetria com os três capítulos das *Faces do tempo*, acrescentar o "archote-luminária" aos dois símbolos do tarô que escolhemos. Mas os temas da verticalização soberana, da luz e da "espada da justiça" levantada são de tal modo isomórficos que nos pareceu indiferente sacrificar um no título, mesmo tendo que abdicar de uma rigorosa simetria. A luz apareceu-nos, com efeito, na sua forma simbólica do dourado e do flamejante, como simples atributo natural do cetro e do gládio. Veremos, em breve, que todos esses símbolos constelam em torno da noção de Poderio[7] e que a verticalidade do cetro e a agressividade eficiente do gládio são os símbolos culturais desta dupla operação pela qual a psique mais primitiva anexa o poderio, a virilidade do Destino, separa dele a feminilidade traidora, reeditando por sua própria conta a castração de Cronos, castra por sua vez o Destino, apropria-se magicamente da força e abandona, vencidos e ridículos, os despojos temporais e mortais. Não é esse o sentido profundo do mito de Zeus, que, por sua vez, vai buscar o troféu da potência ao corpo de Cronos como este o tinha roubado a Urano, restabelecendo por essa purificação do poderio a realeza uraniana[8]?

1. Os símbolos ascensionais

O esquema da elevação e os símbolos verticalizantes são por excelência "metáforas axiomáticas", são as que, mais que quaisquer outras, "obrigam", diz Bachelard, o psiquismo inteiro. "A valorização, qualquer que seja, não é verticalização?"[9] Para confirmar a importância axiomática do vetor vertical, o filósofo dos elementos[10] entretém-se a fazer convergir o pensamento do romântico Schelling e do "prudente" Wallon. O primeiro magnificando a verticalidade ascendente como a única direção que tem uma significação "ativa, espiritual", o segundo formulando a hi-

---

* O denário (*denier*) corresponde aos "ouros" das nossas cartas de jogar, mas é o sentido de divisão cíclica (denária) do tempo que aqui importa. (N. do T.)

pótese, que desenvolvemos aqui, de que "talvez a noção de verticalidade como eixo estável das coisas esteja em relação com a postura ereta do homem, cuja aprendizagem lhe custa tanto". Foi sobre esse eixo fundamental da representação humana, sobre essa bipartição primeira do horizonte imaginário que Desoille estabeleceu toda uma terapêutica da elevação psíquica, se não moral, muito próxima do que tinha pressentido o poeta romântico Jean-Paul no seu ensaio *Coup d'oeil sur le monde des rêves*[11]. Essa terapêutica é capaz de nos fazer perceber as ligações diretas entre as atitudes morais e metafísicas e as sugestões naturais da imaginação. Desoille recusa-se, com razão, a separar o símbolo ascensional do ideal moral e da completude metafísica. É um catarismo e um dom-quixotismo provocado e terapêutico a que somos convidados e que prova de modo eficiente que os conceitos de verdades e valores "elevados" e as condutas práticas que acompanham a sua aparição na consciência são motivadas pelas imagens dinâmicas da ascensão[12]. Koffka[13], utilizando métodos completamente diferentes daqueles dos reflexólogos ou psicanalistas, destaca a primazia do esquema verticalizante ou, o que vem a dar no mesmo, do "nível" horizontal, nível dominante nas percepções visuais dado que é imediatamente restabelecido quando uma situação acidental vem perturbá-lo: a impressão de percepção "inclinada", que se sente ao olhar através da janela de um trem numa ferrovia de montanha muito inclinada, é imediatamente dissipada se se puser a cabeça fora da janela. Existe, assim, no homem uma constante ortogonal que ordena a percepção puramente visual. É o que implica a reação "dominante" do recém-nascido, que responde à passagem brusca da vertical à horizontal, ou vice-versa, pela inibição de todos os movimentos espontâneos. Este problema da dominante vertical foi metodicamente estudado por J. Gibson e O. H. Maurer[14]. Esses autores ligam esse "reflexo da gravitação" não só às excitações que partem dos canais semicirculares, como também às variações bilaterais da pressão tátil sobre a planta dos pés, nádegas, cotovelos e, provavelmente também, às pressões "internas e viscerais". É sobre este fundo quinésico cenestésico que vem agir a segunda classe de fatores, como que por condicionamento, os fatores visuais. A hierarquia dessas duas motivações, sendo a verticalização a dominante à qual se subordina a visão, é verificada pelo fato de que "linhas retinais inclinadas podem produzir linhas fenomenalmente percebidas como direitas quando a cabeça está inclinada"[15]. Enfim, a psicologia[16] genética vem confirmar essa tônica axiomática e dominante da verticalidade, ao pôr em relevo na criança "grupos" que são uma espécie de *a priori* necessários para a interpretação dos movimentos – que estruturam o espaço postural.

É portanto natural que esses esquemas axiomáticos da verticalização sensibilizem e valorizem positivamente todas as representações da verticalidade, da ascensão à elevação. É o que explica a grande freqüência mitológica e ritual das práticas ascensionais[17]: o *durohana*, a subida difícil, da Índia védica; o *climax*, escada iniciática do culto de Mitra; a escadaria cerimonial dos trácios; a escada que permite "ver os deuses" de que nos fala o *Livro dos mortos* do antigo Egito; a escada de bétula do xamã siberiano. Todos esses símbolos rituais são meios para atingir o céu. O xamã, escreve Eliade[18], ao subir os degraus do poste, "estende as mãos como um pássaro abre as asas" – o que denota o vasto isomorfismo entre a ascensão e a asa que aqui vamos estudar em breve – e, chegando ao cimo, exclama: "Cheguei ao céu, sou imortal", marcando assim a preocupação fundamental dessa simbolização verticalizante, acima de tudo escada levantada contra o tempo e a morte. Essa tradição da imortalidade ascensional comum ao xamanismo indonésio, tatar, ameríndio e egípcio encontra-se na imagem para nós mais familiar da escada de Jacó[19]. Devemos notar que este último está adormecido sobre um *betel*, um lugar alto, quando imagina o famoso sonho. É a mesma escada pela qual Maomé vê subir a alma dos justos e que também encontramos no *Paraíso* de Dante, "o mais verticalizante dos poetas"[20], e na ascensão mística de S. João da Cruz, *La subida del monte Carmelo*. Este tema é, de resto, muito banal na mística cristã: é o *anabathmon* de sete degraus de que fala Guillaume de Saint-Thierry[21]; seguindo Hildegarde de Bingen e Honorius Augustodunensis, Adam de Saint-Victor chama à cruz de Cristo "escada dos pecadores", ou "divina escada", e S. Bernardo lê através das linhas do *Cântico dos cânticos* uma técnica da elevação[22]. Tradição reforçada entre os cristãos pela literatura paulina e neoplatônica, porque todos os dualismos opuseram a verticalidade espiritual à vulgaridade carnal ou à queda[23]. Enfim, também a poesia herda esse "complexo de Jacó". Baudouin[24] nota que esse tema em Hugo está em ligação direta com o *superego* e se agrupa numa notável constelação com o simbolismo da água, do imperador e do que o psicanalista chama o "complexo espetacular". *Les burgraves* mostram uma característica escada de Jacó que se deve aproximar do escalonamento de *Ce que dit la bouche d'ombre*, símbolos do valor moral que é encimado por Deus[25]. Entenda-se, na obra deste maniqueu que o grande poeta romântico é, a ascensão repousa no contraponto negativo da queda. Goela, abismo, sol negro, túmulo, esgoto e labirinto são os desencadeadores psicológicos e morais que põem em evidência o heroísmo da ascensão. A característica de todas essas escadas é serem celestes e mesmo, algumas vezes, celestes em sentido próprio, ou seja, astronômicas, os sete ou nove escalões correspondendo aos planetas, o último, luminoso e dourado, consagrado ao sol. Como bem viu Eliade[26], "a escada e a escada de mão figuram plasticamente a ruptura de nível que torna possível a passagem de um modo de ser a outro". A ascensão é, assim, a "viagem em si", a "viagem imaginária mais real de todas"[27] com que sonha a nostalgia inata da verticalidade pura, do desejo de evasão para o lugar hiper ou supraceleste, e não é por acaso que Desoille pôs na base da sua terapêutica dos estados depressivos a meditação imaginária dos símbolos ascensionais.

Vamos reencontrar o mesmo esquema no simbolismo da *montanha* sagrada, ou pelo menos da elevação sagrada ou do bétilo. "A menor colina, para quem vai buscar os seus sonhos à natureza, é inspirada"[28], e é isso, provavelmente, que leva os homens a construir essas colinas artificiais que são a Kaaba, os *zigurates* ou o templo de Barabudur. Tal como as pirâmides, os *tumuli* funerários da civilização nórdica, túmulos de sacerdotes-reis de resto, são votados ao culto do céu, ao culto de Odin[29]. Decerto se pode no estudo das cratofanias líticas introduzir matizes e distinguir meticulosamente, por exemplo, os altares elevados: outeiro, montículo, *caïrn*, obelisco, que portam um fogo aceso ou um farol, das pedras lisas esfregadas com sangue, sendo os primeiros votados às divindades uranianas e os segundos às divindades terrestres[30]. Podemos, na simbólica cristã, distinguir a pedra não talhada, andrógina, a pedra quadrada, feminóide, ou, pelo contrário, o cone, pedra "levantada" masculina. Esta última encontra-se na "flecha" e no campanário da igreja, obelisco cristão, verdadeiramente solar e com um galo por cima, o pássaro da aurora. Bétilo, pedra levantada, flecha do campanário significam, segundo G. de Saint-Thierry, "vigilância e expectativa da união divina"[31]. Mas a introdução desses matizes apenas sublinha mais uma vez o primado do gesto dinâmico sobre o material que o encarna. Qualquer pedra só é uraniana e fálica se estiver alçada[32]. Isso é evidente na verticalização sistemática das montanhas na pintura chinesa. Na cultura chinesa, a pintura, que tem um sentido filosófico profundo e serve de suporte material à meditação cosmológica, define-se como *chan-chouei*[33], quer dizer, "montanha e água", dois símbolos que remetem respectivamente para os dois princípios sexuais constitutivos do universo: o Yang e o Yin. A montanha no painel vertical e estreito do pintor chinês ou no Kakemono japonês é o *sursum* Yang, ao qual se associam a idéia do soalheiro e a de corrente aérea (*fong*). Este isomorfismo solar, masculino, celeste, que gravita em torno dos bétilos e dos cimos, é o que Dontenville[34] descobre na tradição céltica, em que as montanhas e as rochas são consagradas ao Apolo celta, ao deus Belen. Os lugares altos "Ballan", "Balan", "Ballon" e que se contraem em "Balaon" foram primitivamente "Baladunum", quer dizer, Colina de Belen. Toda a toponímia francesa reforça essa tese: todos os montes Beillard, Billard, Bayard, todos os Bellegarde da França. Mas o nome do deus solar vai se associar ainda mais estreitamente ao próprio nome da pedra e do monte. O nome do gigante divino e solar do folclore francês, "Gargan ou Gargântua", não deriva, com efeito, da imagem raiz *garg*, que significaria goela, mas de uma raiz mais primitiva, pré-indo-européia, segundo Dauzat, *kar* ou *kal*[35], *gar* ou *gal*, que significa pedra, e que Dontenville descobre até no da Górgona petrificante ou no do substituto cristão de Gargântua, S. Gorgon. Em bretão o rochedo ainda se chama *Karrek* e a raiz reaparece tanto na geografia física da Inglaterra com os montes Cormelin e Cormorin, como no Karmali Dagh da Bitínia, no famoso Djebel Carmel, no monte Kalkani micênico e, por fim, nos nossos múltiplos lugares ditos elevados: Cormeille, Charmeil, Corbel, Corbeil, Corbaille, Caramel acima de Menthon e Charamel do planalto de Thorens, todos lugares altos de culto solar assinalados por pedras ou rochas que o folclore diz serem "cascalho", excrementos ou pegadas do bom gigante Gargântua[36]. Mas o que sobretudo interessa ao nosso propósito é a dupla popularidade que Dontenville detecta no isomorfismo que a toponímia dos lugares celtas elevados revela. O cristianismo rebatizou, de fato, os lugares altos votando-os a S. Miguel Arcanjo e a inflexão *cor* da raiz céltica é ambivalente e remete, quer para a bétilo, quer para o corvo. S. Miguel, vencedor do demônio aquático dos perigos do mar, grande matador de dragões, é o sucessor alado do gigante Gargântua[37]. Encontramo-lo quer na célebre península francesa, quer na região de Tarante, ou sobre diferentes cumes da Savóia, ou ainda sobre o famoso monte Gargano des Pouilles, também chamado monte San Angelo. Através de um "Kalkas" grego, o arcanjo cristão seria o Apolo pré-grego e pré-céltico[38]. Do mesmo modo a raiz *cr*, e a sua inflexão *cor*, que significa pedra, remete simultaneamente para o Bel solar e para o pássaro solar, o corvo[39]. As Corbel, Corbeil, Corbelin "têm todas as hipóteses de ser, como a Roque Balan, pedras solares, e acontece a esse respeito que algumas Corbeil, Corbel tomem a forma Corbeau sem que, por isso, signifiquem um pássaro"[40]. Acrescentaremos que, pelo contrário, dado o que se sabe do culto solar do corvo entre os celtas e os germanos, as duas polarizações podem sobrepor-se semanticamente, sendo o corvo sobredeterminado pela ligação ao vôo solar e pela onomatopéia do nome que o liga às pedras do culto solar. Bom exemplo de isomorfismo em que age o fonetismo e remete-nos para o tão importante símbolo do pássaro.

 O instrumento ascensional por excelência é, de fato, a *asa*, de que a escada de mão do xamã ou a escadaria do zigurate não é mais que um sucedâneo grosseiro. Esta extrapolação natural da verticalização postural é a razão profunda que motiva a facilidade com que as fantasias voadoras, tecnicamente absurdas, são aceitas e privilegiadas pelo desejo de angelismo. O desejo da verticalidade e da sua realização até o ponto mais alto implica a crença na sua realização ao mesmo tempo que a extrema facilidade das justificações e das racionalizações. A imaginação continua o impulso postural do corpo. Bachelard[41], depois dos xamãs místicos, viu muito profundamente que a asa é já um meio simbólico de purificação racional. Donde resulta paradoxalmente que o pássaro não é quase nunca visto como um animal mas como simples acessório da asa. "Não se voa porque se tem asas, julga-se ter asas porque se voa."[42] É por isso que a localização anatômica das asas nunca é mitologicamente adequada à ornitologia: a asa imaginada traz-se no calcanhar para os místicos tibetanos como para o nosso Mercúrio ocidental ou para a imaginação de um Keats, de um Shelley, de um Balzac ou de um Rilke[43]. O pássaro é desanimalizado em proveito da função. Uma vez mais não é para o substantivo que o símbolo nos remete mas para o verbo. A asa é o atributo do voar, não do pássaro ou do inseto. Os psicólogos que utilizam o Rorschach[44] ensinam-nos que as interpretações de pássaros e borboletas formam um grupo bem distinto dos outros símbolos teriomórficos, salvo talvez o caso dos pássaros noturnos e do morcego, simples produtos das trevas. As imagens ornitológicas remetem todas para o desejo dinâmico de elevação, de sublimação. Bachelard soube mostrar com propriedade, depois de Michelet, Eichendorff e Jules Renard, que o pássaro desencarnado típico era a calhandra, pássaro difícil de ver, que voa muito alto e muito depressa, pássaro uraniano por excelência que, diz J. Renard, "vive no céu"[45]. A calhandra é "pura imagem espiritual que vai buscar a vida à imaginação aérea como centro das metáforas do ar e da ascensão"[46]. Vemos assim desenhar-se, sob a imagem tão pouco animal desse puro pássaro, o isomorfismo com a própria pureza e com a flecha que logo examinaremos. Bachelard esboça uma "pteropsicologia" onde convergem a asa, a elevação, a flecha, a pureza e a luz[47].

Outras aves, embora em menor grau, são desanimalizadas: a águia, o corvo, o galo, o abutre, a pomba[48]. Desencarnação que explica a facilidade com a qual esses voláteis se tornam emblemas e alegorias e são utilizados em heráldica. A águia, por exemplo, ligada à arte augural de origem indo-européia, está reservada, em Roma, para os nobres e patrícios, donde será herdada pelos nobres medievais e imperadores, e não se deve ligar aos pássaros de caráter puramente sexual, como o picanço, dos cultos etnônicos da plebe mediterrânica[49]. A águia romana, tal como o corvo germano-celta, é essencialmente o mensageiro da vontade do alto. É nesse sentido que a intuição poética o interpreta. Em Hugo existe um forte "complexo da águia" que um "complexo da fronte", que encontraremos em breve, vem reforçar. "A águia do capacete", escreve Baudouin, "conserva a incorruptível virtude do pai ideal."[50] Em *La fin de Satan*, assiste-se a um processo de angelização da ave: é por uma pluma, a única que permanece branca, que Lúcifer será resgatado. Esta pluma metamorfoseia-se em anjo vitorioso "do velho monstro fatalidade". A causa final da asa, como da pena, na perspectiva de uma "pteropsicologia", é o angelismo. Quanto à pomba, pássaro de Vênus, se aparece muitas vezes implicada num contexto sexual, e mesmo ctônico[51], não deixa por isso de ser o pássaro do Espírito Santo, "a palavra da mãe celeste, a Sofia"[52]. Se desempenha um papel sexual na mitologia cristã, esse papel é nitidamente sublimado. O falicismo, de que o pássaro é algumas vezes conotado, não é mais que um falicismo da potência, da verticalização, da sublimação, e se o vôo se acompanha de volúpia ela é, como nota Bachelard[53], uma volúpia purificada: "Ao voar, a volúpia é bela... contra todas as lições da psicanálise clássica o vôo onírico é uma volúpia do puro." Por essa razão a pomba, e o pássaro em geral, é puro símbolo do Eros sublimado, como o manifesta a célebre passagem do *Fedro* ou a miniatura do *Hortus deliciarum* onde se vê a pomba do Espírito Santo, sobredeterminada pelo angelismo do levantar vôo, sobrecarregada de asas na cabeça e nas patas[54]. Por esses motivos atribuímos tantas qualidades morais ao pássaro, quer seja de celeste azul ou de fogo, e negligenciamos a animalidade em proveito da capacidade de voar. O que a mitologia conserva é a asa do falcão ou do escaravelho, que liga à imagem da potência: querubim, anjo ou arcanjo S. Miguel. Porque a asa é, de fato, segundo Toussenel[55], "a marca ideal de perfeição em quase todos os seres". E essa constatação aplica-se igualmente à asa artificial do avião ou do papagaio de papel. Para a consciência coletiva o aviador, Mermoz ou Guynemer, é um "arcanjo" dotado de poderes tão sobrenaturais como o xamã siberiano. Haveria um interessante estudo a fazer sobre a mitologia aeronáutica que se desenvolve nas sociedades industrializadas: vôo a vela, modelos reduzidos, pára-quedismo parecem realmente exprimir a realização (*défoulement*) de um velho sonho de potência e pureza. O tecnólogo[56] verifica que a importância das práticas do vôo imaginário vai de par, em todas as culturas do Pacífico, com as realizações técnicas, ou mesmo mágicas ou puramente estéticas, que consistem em fazer voar ou flutuar papagaios de papel e estandartes. A fantasia da asa, de levantar vôo, é experiência imaginária da matéria aérea, do ar – ou do éter! –, substância celeste por excelência.

As imagens alquímicas, tão ricas em representações ornitológicas, permitem-nos situar a asa e o vôo na sua vontade de transcendência. Numa gravura de *Alchemia recognita*[57], podemos ver múltiplas aves: no centro, um cisne, uma fênix, um pelicano, embaixo um corvo. Decerto, neste complexo contexto do microcosmo, alquímico, outras intenções simbólicas intervêm: cores, lendas culturais do cisne, do pelicano, etc. Mas não é menos verdade que o pássaro em geral é o coroamento da Obra, enquanto a serpente é a base e os outros animais o centro. O pássaro na sua forma mítica e etérea, a Fênix, é a realização transcendente da Grande-Obra. A imagem química é a lição de moral: volátil, nota Bachelard, está muito próximo do puro e do essencial. Uma vez mais, é o sentido figurado que fundamenta, e mesmo historicamente precede, o sentido próprio, este último não passando de um sentido morto. Segundo Bachelard[58], seria essa aspiração psíquica à pureza, ao volátil, ao "sutil" que reconheceria a figura aérea do pássaro. O nosso moderno vocabulário químico apenas desmistificou – matando-o! – o símbolo. Este isorfismo das asas e da pureza é flagrante no poeta de *Donner à voir*[59] que, ao contar-nos a experiência juvenil da pureza, escreve: "Não foi mais que um bater de asas no céu da minha eternidade." Se no hinduísmo a multiplicação dos braços e olhos é sinal de potência, a tradição judaico-cristã mostra-nos que a multiplicação das asas é símbolo de pureza. As asas são os galões das milícias celestes, como mostram os serafins com as asas sêxtuplas da visão de Isaías[60]. A pureza celeste é, assim, a característica moral do levantar vôo, como a mancha moral era a característica da queda, e compreende-se perfeitamente a reversibilidade terapêutica deste princípio em Desoille, para quem toda a representação psíquica da imagem do levantar vôo é indutora ao mesmo tempo de uma virtude moral e de uma elevação espiritual. De tal modo que podemos dizer, enfim, que o arquétipo profundo das fantasias do vôo não é o pássaro animal mas o anjo, e que toda a elevação é isomórfica de uma purificação porque é essencialmente angélica.

Veremos mais adiante por que coerentes razões qualquer anjo é um pouco militar[61]; contentemo-nos, de momento, em examinar por que motivos qualquer anjo é freqüentemente sagitário. Muitas vezes a imagem tecnológica da *flecha* vem substituir o símbolo natural da asa. Porque a altura suscita mais que uma ascensão, suscita sobretudo um impulso, e parece que da escada à flecha, passando pela asa, há uma amplificação do impulso. Mas este impulso é reversível, e à flecha responde o *raio de luz (rayon)*, o raio é flecha invertida dado que na descida sabe manter "velocidade e retidão"[62]. A etimologia indo-européia evidencia a identidade de inspiração entre o alemão antigo *Strala*, flecha, o russo *Strela* e o alemão moderno *Strahlen*, que significa raio[63]. Mas, sobretudo pela sua assimilação do raio, a flecha acrescenta os símbolos da pureza aos da luz, a retidão e a instantaneidade vão sempre de par com a iluminação. De momento, negligenciando essas harmonizações, fiquemo-nos pela dominante e verifiquemos nos escritos upanixádicos a correlação da balística e da transcendência. A *Kena* abre com a imagem do mental "lançado" para o alvo transcendente e a *Mundaka* é ainda mais explícita[64]. "Toma o arco do Upanixade, essa arma poderosa, põe nele uma flecha afiada pela adoração, tende-o com um mental mergulhado no sentimento da unidade e penetra no Eterno como se atirasses para um alvo... a sílaba OM é o arco, a alma é a flecha e o Eterno é o alvo..." Aqui, também, como na escada xamanista, o tiro ao alvo torna-se um meio simbólico de transcendência. O herói atirador emérito vem substituir o homem pássaro. Guilherme Tell toma o lugar de Ícaro ou de Guynemer[65]. Estabelece-se então, no seio de um pensamento inclinado à mística, toda uma dialética, ou melhor, uma troca entre a flecha mediadora e o raio que é graça. Mas é sobretudo na celeridade e na intuição fulgurante que o *Upanixade* insiste[66]. Não é a flecha, *sagitta*, da mesma raiz que o verbo *sagire*, que significa "perceber rapidamente", e ainda aí, etimologicamente falando, o sentido próprio não é a concretização de um sentido figurado? A flecha – cuja manipulação implica a pontaria – seria símbolo do saber rápido, e o seu duplicado é então o raio instantâneo que o relâmpago é. Quanto ao signo zodiacal do "Sagitário", os ocultistas atribuem-lhe sempre o sentido de uma superação, de uma sublimação da natureza animal expressa pela flecha tal como pela dupla natureza do centauro sagitário, "emergência do humano a partir do animal", e os cabalistas assimilam a constelação do Sagitário à letra hebraica *vau*, a qual, segundo Fabre d'Olivet[67], diz respeito "à luz, ao fulgor, à limpidez". Enfim, no extremo limite dessa simbólica do armamento do arqueiro, no ponto de inflexão dos símbolos da transcendência para os dos compromissos, dos mistos e da imanência, podemos notar o simbolismo do arco-íris, signo de aliança para os judeus, ponte para a transcendência, símbolo que se detecta em Homero, nas tradições populares escandinavas, no folclore hindu e chinês[68].

Através dessas manifestações tecnológicas ou ornitológicas do simbolismo ascensional, verificamos uma vez mais que é o esquema do movimento que organiza os símbolos e mesmo os signos. É o dinamismo das imagens, o "sentido" figurado que importa, portanto, antes de tudo para a decifração não só dos símbolos, como também de certos signos sobrecarregados de semantismo e do sentido próprio dos conceitos.

A finalidade do arqueiro, tal como a intenção do vôo, é sempre a ascensão. É o que explica que o valor primordial e benéfico por excelência seja concebido pela maior parte das mitologias como o "Altíssimo". "O alto", escreve Eliade[69], "é uma categoria inacessível ao homem, como tal pertence por direito aos seres sobre-humanos." Isso explica o processo religioso de *gigantização* da divindade. Esse gigantismo atinge não só o nosso deus nacional Gargan, como também os nossos "grandes" homens políticos cujas imagens são gigantificadas como era a de Cristo na iconografia bizantina ou a de Atena Criselefantina. No nosso folclore a sobrevivência dos gigantes é tenaz, quer nos assentos, caldeirões, escudelas gargantuínas que animam a toponímia francesa, quer no fato de o herói das *Grandes chroniques* sobreviver nos Gaïants e Reuzes dos departamentos nórdicos ou se cristianizar no Auvergne e no Pays de Gex sob o vocábulo de S. Sansão, quer enfim que se torne o gigante S. Cristóvão protetor das estrelas terrestres ameaçadas pelas águas, depois de o ter sido do trajeto solar[70]. Essa gigantização etnológica não deixa de fazer lembrar o processo psicológico de amplificação das imagens que acompanha a desrealização esquizofrênica. Muitas vezes, a esquizofrenia assemelha-se, nas suas alucinações, a uma imaginação da transcendência caricaturada. Os doentes têm a sensação de que um objeto do campo perceptivo aumenta desmedidamente. Têm consciência de que "alguma coisa aumenta", seja um objeto, uma personagem ou um local[71]. Há neles um exagero hiperbólico das imagens, uma obsessão do aumento de volume que provoca crises de angústia. Veremos que essa gigantização mórbida constela rigorosamente com as imagens da luz e com a nitidez anormal das formas. O esquizofrênico está angustiado porque se sente alienado por essa potência gigantesca que transmuta todas as suas percepções.

Elevação e potência são, de fato, sinônimos. É o que podemos verificar com Eliade[72], nos dialetos ameríndios: *oki* em iroquês significa ao mesmo tempo poderoso e elevado; quanto ao *wakan* sioux, nome da força suprema, deve ser aproximado do *wakan* dacota que significa "em cima". Entre os maori, os negros akposo, os australianos do Sudoeste, os kulin, os andaman e os fueguinos a Potência suprema é referida por um nome que quer dizer o Altíssimo, o Elevado. Os historiadores das religiões[73] insistem no notável caráter monoteísta do culto do céu ou do Altíssimo. Só o céu é divino, e é ao solitário Urano que o politeísmo olímpico sucede. Os grandes deuses da Antiguidade indo-européia, Dyaus, Zeus, Tyr, Júpiter, Varuna, Urano, Ahura-Mazda, são os senhores todo-poderosos do céu luminoso. Também Javé, tal como o Anu semítico, seria um deus do céu[74]. Apenas um acidente gramatical provocou a feminização do céu para os egípcios e os indochineses. Para os chineses *T'ien*, o céu, está claramente ligado a toda a constelação masculina da onipotência e, embora Granet se recuse a ver aí uma transcendência[75], o céu tem, no entanto, uma constituição muito específica, uma vez que a noção de verticalidade, de alto, está para os chineses ligada à de pureza, de separação. Enfim, entre os mongóis e os uralo-altaicos é uma só palavra que quer dizer céu e Deus, tal como no *Upanixade* o brâmane é chamado céu[76]. Piganiol[77] analisou bem a psicologia dos deuses celestes dos latinos ao escrever: "Os Urianos, deuses da vontade clara, são objeto de uma *thérapeia*, são-lhes concedidas honras na esperança de um benefício." É o elemento olímpico[78], setentrional, que entra em constelação com o culto da luz, do céu, do fogo purificador que é venerado nos lugares altos de que analisamos as significações ascensionais: monte Meru da Índia; monte Sumur dos uralo-altaicos; montes Tabor, Gerizim e Gólgota dos judeus e cristãos.

A freqüentação dos lugares altos, o processo de gigantização ou divinização que toda a altitude e toda a ascensão inspiram dão conta do que Bachelard chama judiciosamente uma atitude de "contemplação monárquica"[79] ligada ao arquétipo luminoso-visual, por um lado, e, por outro, ao arquétipo psicossociológico da dominação soberana. "A contemplação do alto dos cimos dá a sensação de uma súbita dominação do universo."[80] A sensação de soberania acompanha naturalmente os atos e posturas ascensionais. É o que, em parte, faz compreender por que o Deus celeste é assimilado a um soberano histórico ou lendário. Entre os koryak, povo fino-úgrico, o céu é chamado o "Senhor do alto", o "vigilante"; entre os beltire, "Khan muito misericordioso"; entre os ainu, "chefe divino"[81]. Vemos como a atitude imaginativa da elevação, originariamente psicofisiológica, não só faz tender para a purificação moral, para o isolamento angélico ou monoteísta, como também se liga à função sociológica dos processos de elevação. Mas este cetro é igualmente falo[82]. Porque parece, de fato, que é necessário acrescentar à elevação monárquica a noção edipiana de Deus Pai, de Deus grande-macho. Sabemos, decerto, que é temerário universalizar o complexo de Édipo, mas biologicamente falando, mesmo entre os trobriandeses[83], o macho procriador desempenha sempre um papel familiar. Esse papel de protetor do grupo familiar vem sublimar-se e racionalizar-se mais ou menos fortemente no arquétipo do monarca paternal e dominador. E as concepções da psicanálise clássica[84], longe de serem originariamente causais, apenas se vêm inscrever pelo caminho como sobredeterminação social e sexual da finalidade dos grandes gestos reflexológicos primitivos.

Dessa assimilação do céu ao monarca derivariam todas as filiações heróicas dos "filhos do céu" e do sol. Eliade[85] mostra claramente nas culturas fino-úgricas a estreita ligação entre o Khan celeste, o Khan terrestre e os atributos paternos. O Khan terrestre é, com efeito, como o serão os imperadores da China, "filho do céu". Esta ligação entre céu e paternidade manifesta-se universalmente quer entre os fino-úgricos, os chineses, as populações do lago Vitória, os índios do Massachusetts, quer na tradição semítica, quer na egípcia[86]. Esse simbolismo, ao dramatizar-se, metamorfosear-se-á no do Esposo celeste, companheiro fecundador da deusa mãe, e pouco a pouco os atributos da paternidade, da soberania e da virilidade confundir-se-ão. É o que acontece, no Ocidente, com o cetro que encima a sua autoritária verticalidade com uma "mão de justiça" ou uma "flor-de-lis", atributos nitidamente fálicos[87]. Parece haver um deslizar da paternidade jurídica e social para a paternidade fisiológica e uma confusão entre elevação e ereção. Baudouin[88] mostrou como Hugo, sem chegar à explícita sexualização dos símbolos, reúne num notável isomorfismo edipiano o "complexo da fronte", símbolo da elevação ambiciosa, as imagens ascensionais e montanhosas e, por fim, as representações sociais do pai. Toda a ambivalência edipiana aparece no poeta no simbolismo do Imperador. As invectivas do princípio da obra poética escondem uma veneração que vai se desenvolvendo. Essa ambivalência explicava-se pelo contraste dos dois Napoleões, e na verticalização monárquica do verdadeiro imperador vem inserir-se a imagem da ave, da águia, "símbolo coletivo, primitivo, do pai, da virilidade e da potência"[89]. Imagem que também se diversifica na da águia rapace, da águia de majestade, ou da águia livre dos Alpes. Vê-se, assim, por todos estes exemplos, qual é a coerência desta constelação monárquica e paternal, sobretudo quando é reforçada pelo Édipo nas civilizações de estrutura patriarcal; mas é Dumézil[90] quem, nas suas célebres conclusões sobre a tripartição do poder social entre os indo-europeus, nos parece melhor evidenciar a virilização monárquica do poderio.

O poderio aparece, antes de tudo, como real. É o simbolismo do Rômulo latino simultaneamente protegido de Júpiter e de Marte, portador do *lituus*, vara augural e cetro, Rômulo antítese lendária das riquezas feminóides e sabinas. *Di et virtus* são o que separa dos *opes*. Os sabinos desprezam, de resto, a *inopia* latina. A clivagem funcional deve, portanto, nitidamente estabelecer-se entre Júpiter e Marte, por um lado, associados na pessoa do rei Rômulo, e, por outro, a terceira função simbolizada, pela contribuição sabina, em Quirino. Rômulo invoca Júpiter Estator, o Júpiter em quem poder mágico e poder guerreiro estão diferenciados, contra o ouro dos sabinos adoradores de divindades agrárias e lunares. Encontramos a mesma clivagem simbólica seja entre os Vanes e os Ases dos germanos, seja no seio da tríade gaulesa dos Carnutos. Esus, Taranis e Teutatis separam-se em dois grupos nitidamente diferenciados: os dois primeiros são divindades reais e combatentes (Esus deve ser aproximado do latim *erus*, "senhor", do sânscrito *asura*, "deus mago", e do iraniano *ahura*, "deus supremo"[91], opostos a Turtates, o deus da massa, do todo social, o deus noturno e feminóide). Este esquema separador redobra-se, de algum modo, no próprio seio da divindade maior da teologia funcional, porque o próprio Grande Deus apresenta-se sob dois aspectos matizados que se tornam depressa antitéticos. O Grande Deus é Mitra, o soberano benevolente, sacerdotal, senhor do raciocínio claro e regular, mas é também Varuna, o guerreiro terrível, o violento, o herói inspirado. É Numa, o jurista, o senador, o rei branco escoltado pelo seu *flamen dialis* sectário de Fides, mas é ao mesmo tempo Rômulo, o violento acompanhado dos *celeres*, precipitando-se para o rapto das sabinas e invocando Júpiter Estator, o mago dos combates. Dumézil[92], apesar do seu cuidado rigoroso em respeitar a tripartição funcional, não pode deixar de reconhecer ao soberano latino ou germânico uma nítida propensão para se transformar em guerreiro: a própria mensagem de Rômulo é a *virtus*, o valor guerreiro, e nunca há grande distância psíquica entre o cetro e o gládio. Há uma profunda ambivalência psicossocial do executivo. Júpiter e os seus raios, símbolos do seu poder, é *Stator* que protege os combatentes, mas ao mesmo tempo *Latiaris*, *Arcanus*, *Anxurus*, padre e adivinho em majestade[93]. O próprio Marte, o guerreiro por excelência, não será invocado sob o vocabulário de *Thincsus*, "senhor das assembléias", soberano jurista? Porque o gládio guerreiro é também gládio de justiça. O poder judicial não passa de uma agressividade executiva codificada e dominada. E embora Odin, o grande rei divino dos germanos, combata com outras armas que não o gládio, devemos, apesar da sutil argumentação dumeziliana[94], reconhecer uma conclusão guerreira entre Odin e as armas, as espadas e as lanças. Decididamente, todo o poderio soberano é triplo: sacerdotal e mágico por um lado, jurídico por outro e, por fim, militar.

Através de estruturas sociais tão distantes como as da Índia antiga, do Império Romano, da Germânia ou da Escandinávia, Dumézil[95] mostrou bem a bipartição do soberano em *flamen-brahman* por um lado, em *rex-râj* por outro. O *flamen* possui as mesmas insígnias que o *rex*, as duas castas, *râj* e *brahman*, são inseparáveis, e o filólogo justifica com um sábio estudo lingüístico esta dualidade funcional da soberania. Ela encontra-se também no desdobramento germânico de Odin, o mago, e de Tyr, o jurista. É igualmente o desdobramento de Varuna, enquanto padre, e Mitra, o jurista. Odin, Varuna, Urano são reis padres, reis magos, reis xamãs. E por detrás deste vocábulo reencontramos as técnicas ascensionais a que Eliade[96] consagrou um importante livro. Odin, além do mais, parece ser o protótipo do monarca terrestre, é chamado "Deus do chefe", é uma divindade aristocrata reservada a certas camadas sociologicamente rarefeitas e comparáveis aos brâmanes da Índia. O monarca é então ao mesmo tempo mago inspirado, com prerrogativas ascensionais, soberano jurista e ordenador monárquico do grupo, e acrescentaremos que não se podem separar destas duas funções os atributos executivos e guerreiros. As duplas Rômulo-Numa, Varuna-Mitra, o trio Odin-Ullin-Tyr escondem na realidade a indissolúvel triplicidade funcional da monarquia e do poder soberano, sendo o executivo dificilmente dissociável do judiciário na consciência comum. Veremos mais tarde como o gládio, embora adquirindo prerrogativas simbólicas novas, permanece sempre ligado ao cetro, de que não é mais que uma ativação polêmica.

Podemos interrogar-nos sobre se não é apenas jogar com as palavras estudar e seguir o arquétipo do soberano monarca, do chefe político, o da *cabeça* (*chef*) na sua acepção anatômica e occipital. Todavia, para o psicólogo os jogos de palavras nunca são completamente gratuitos. Se os esquemas verticalizantes vão dar, no plano do macrocosmo social, aos arquétipos monárquicos do mesmo modo que, no macrocosmo natural, vão dar à valorização do céu e dos cumes, vamos verificar que no microcosmo do corpo humano ou animal a verticalização induz várias fixações simbólicas de que a cabeça não é a menor. Os místicos da ascensão celeste assimilam naturalmente a cabeça à esfera celeste, de que os olhos são as luminárias[97], e, para a tradição védica e budista, a coluna vertebral é identificada ao monte Meru, o eixo do mundo[98]. Há, como nota Bachelard, passagem da verticalidade à vertebralidade[99]. A etnografia, por fim, sublinhou a importância, no tempo e no espaço, do culto dos crânios. O crânio humano e animal, especialmente o dos cervídeos, desempenha um papel primordial para o sinantropo de Chou-Kou-Tien como para o europeu de Weimar, de Steinheim ou de Castilho[100]. Os vestígios cranianos parecem ter sido cuidadosamente preparados e conservados por putrefação prévia, alargamento do buraco occipital, coloração e orientação rituais, em suma, de uma maneira muito próxima da que é hoje em dia praticada pelas populações das Celebes. Wernert[101] nota que, para o primitivo, a cabeça é centro e princípio de vida, de força física e psíquica, e também receptáculo do espírito. O culto dos crânios seria então a primeira manifestação religiosa do psiquismo humano. Não só esta preeminência axiológica atribuída à cabeça se encontra hoje em dia entre os "caçadores de cabeça" oceanienses e filipinos, nos cultos cranianos do Daomé, do Alasca e do Bornéu, como também o "civilizado" regressa facilmente à prática do escalpo e da caça às cabeças, como fizeram os franceses e ingleses na América do Norte no século XVIII e os alemães guardas do *Lager* de Buchenwald no século XX[102]. A bem dizer, os etnólogos distinguem dois rituais diferentes segundo se trate de parentes ou inimigos, mas a veneração do símbolo cabeça é a mesma nos dois casos, quer seja para os andaman, os papu, os índios da Bolívia, que conservam piedosamente os ossos cranianos dos seus próximos num cesto, ou para os jivaro, os dayak de Bornéu, os mundurucu do Brasil, que praticam a conservação das cabeças cortadas ao inimigo[103]. Decerto o objeto craniano, venerado no conjunto como o "chefe" do corpo, pode carregar-se de acepções secundárias e parasitas, tal como acontece, por exemplo, com a tão freqüente taça craniana, mas só reteremos aqui o sentido simbólico geral de que todos os elementos cranianos participam: maxilar inferior, caixa occipital, arcadas supraciliares, massacres de animais com chifres. Sentido geral que os bambara deixaram claro na sua cosmologia: a cabeça é ao mesmo tempo o signo, o resumo abstrato da pessoa, e o rebento pelo qual o indivíduo cresce em idade e em sabedoria[104]. É esse sentido geral que um grande poeta civilizado confirma, para quem a imagem da fronte, símbolo da elevação orgulhosa, da individuação para além do rebanho dos irmãos e em face da própria pessoa divina, é tão freqüente que se pode falar a seu respeito de um verdadeiro "complexo da fronte"[105].

Uma vez a imaginação posta na via da "microcosmicização", não pára a meio do caminho e, anatomicamente, por um processo de "gulliverização" vicariante que estudaremos mais tarde[106], vai procurar substitutos anatômicos da caixa craniana. A simbólica mostra-nos que a potência microcósmica é indiferentemente representada pela cabeça levantada ou pelo pênis em ereção, algumas vezes também pela mão, como fizemos notar a propósito da mão da justiça. Não só, com efeito, no troféu de caça, *a cauda* – de que o doutor Pichou sublinha o sentido argótico muito viril[107] – pode substituir, em certos casos, a cabeça, como também Maria Bonaparte faz a importante verificação de que os troféus guerreiros de cabeças excluem os troféus genitais. Por conseqüência, há *transfert* normal e reciprocidade simbólica do membro viril em ereção e da cabeça. A castração guerreira praticada pelos muçulmanos do Magreb ou pelos cristãos da Abissínia equivale, portanto, à caça às cabeças e aos escalpos das culturas ameríndias e oceânicas. Na anatomia animal, é o *chifre*, imputrescível e cuja forma oblonga é diretamente sugestiva, que vai simbolizar excelentemente a potência viril, tanto mais que são os machos que têm chifres. M. Bonaparte nota que em hebreu *queren* significa ao mesmo tempo chifre e potência, força, tal como em sânscrito *srnga* e em latim *cornu*[108]. O chifre sugere a potência não só pela sua forma, como também pela sua função natural é imagem da arma poderosa. É precisamente aqui que a onipotência vem se unir à agressividade: Agni possui cornos imperecíveis, armas aceradas, afiadas pelo próprio Brahma[109], e todo chifre acaba por significar potência agressiva, do bem ou do mal: Yama tal como o seu adversário o *bodhisattva* Manjusri têm cornos, como Baal ou Ramaan, Moisés, alguns rios gregos e o Baco latino, as divindades dos dacota e dos hopi, o chefe índio iroquês ou o rei Alexandre, os xamãs siberianos ou os padres de Marte Sálio[110]. Nesta conjunção dos chifres animais e do chefe político ou religioso descobrimos um processo de anexação da potência por apropriação mágica dos objetos simbólicos. O chifre, o massacre do bovídeo ou do cervídeo é troféu, quer dizer, exaltação e apropriação da força. O soldado romano valoroso acrescenta um *corniculum* ao capacete e, por esta contaminação simbólica, compreendemos a função do amuleto ou do talismã: "A figuração de certos animais, munidos de armas naturais, ou das partes características isoladas destas, serve muitas vezes de meio de defesa contra a influência dos demônios...", e M. Bonaparte acumula descrições de amuletos em forma de chifre tanto africanos como europeus, asiáticos, americanos e australianos, a que poderíamos acrescentar os pingentes gravados das Eyzias* e de Raymonden[111]. Estes amuletos captam a potência benfazeja separando-a do animal, do mesmo modo que a posse do troféu do inimigo, do seu escalpo, do seu falo, da sua mão ou da sua cabeça confere ao guerreiro um acréscimo de potência.

Podemos judiciosamente aproximar desta procura do troféu e do culto dos crânios ou dos talismãs anatômicos o próprio ato da agressividade cinegética especialmente na *chasse à courre* francesa e no *pirschen* da Europa Central, sendo este último praticado especialmente na época do cio[112]. Já Pascal tinha feito considerações profundas sobre o sentido metafísico da caça; devemos acrescentar que nem sequer é a perseguição que vale mais que a lebre atrás de que se vai, mas o sentido do feito, da proeza. Poder-se-ia aproximar do ritual da caça francesa o da *corrida* das culturas hispânicas, na qual o isomorfismo do herói de luz que luta contra o animal das trevas e a cessão da orelha ao matador vitorioso é ainda mais explicitamente marcado[113]. No

---

* Grutas do Périgord. (N. do T.)

entanto, parece-nos que M. Bonaparte[114] não tem razão em reduzir o triunfo cinegético ao esquema freudiano do assassínio do pai. Esta interpretação é, com efeito, uma hipóstase injustificada do Édipo. Verificamos, sobretudo, nestas práticas cinegéticas ou guerreiras um processo de abstração violenta pelo roubo, rapto, arrancamento ou mutilação da potência e dos seus símbolos subtraídos à feminilidade terrível. Com efeito, como já mostramos, não é o tabu que se deve fazer depender do totem, mas sim o inverso: é o tabu que manifesta uma angústia primitiva. O troféu totêmico ou emblemático não é mais que o resultado da captação, sempre perigosa, da potência do tabu, é a sua desfeminização, a sua desanimalização, como se poderá ver nas práticas batismais que a isso se ligam[115]. O batismo, muitas vezes por circuncisão, é o repor na ordem de um mundo e de funções perturbadas por uma queda que era captação de potência. Zeus retoma a virilidade ao usurpador feminóide, o ogro Cronos. Na veneração do totem, e especialmente do totem craniano e do talismã, quer dizer, no esforço de captação de uma cratofania, há uma intenção de "descronização" fundamental. E, mais que uma perspectiva freudiana, é um ponto de vista junguiano que adotamos: é a feminilidade terrível, a libido destruidora de que estudamos as epifanias que é aqui exorcizada pela reconquista dos símbolos da virilidade[116]. O pensamento toma um estilo heróico e viril desde o ato guerreiro ou o feito cinegético. Pode-se, portanto, dizer que totem e talismã são constituídos pela descriminação prática do símbolo abstrato, privilegiado e separado do seu contexto temporal. É nesse ponto preciso que a função simbólica do psiquismo humano vem clivar os poderes da desgraça e apropriar-se da potência por um ato já diairético, ao mesmo tempo que exorciza e reduz à impotência a necessidade natural simbolizada pela hostilidade e pela animalidade. Este simbolismo do talismã ou do totem, essencialmente vicariante, quer dizer, procedendo por escolha de uma parte que vale pelo todo, é um meio de ação sobre a necessidade temporal ainda mais adequado que os processos antifrásicos de que esboçamos o modo de atuação[117]. Há na utilização do talismã ou do totem uma masculinização da potência, uma captação das forças naturais que pode ser detectada através de um trajeto que vai do estádio da ostentação e da agressividade viril até a utilização da palavra mágica e do verbo racional. A palavra mágica e depois a linguagem profana são o ponto de chegada de um longo processo de magia vicariante, de que a prática ritual do troféu de cabeças ou do talismã de chifres é a manifestação primitiva. A conquista e o arrancamento do troféu é a primeira manifestação cultural da abstração. Poderíamos situar como meio-termo, nesse trajeto que vai do objeto natural e talismânico ao signo ideal, a prática do gesto talismã, de que o chifre ou a mão, precisamente, nos fornecem numerosos exemplos: *mano cornuta*[118] dos italianos ou *mano fica* que conjuram a má sina ou que servem para lançar um sortilégio; amuleto islâmico em forma de mão aberta, ou ainda o gesto da bênção e do exorcismo judaico-cristão, as inumeráveis posturas corporais ou simplesmente manuais da ascese tântrica do "ioga", tal como do teatro chinês ou japonês[119]. É pelo processo vicariante que o símbolo se transforma em signo, de início, em palavra, depois, e perde a semanticidade em proveito da semiologia.

Em conclusão, os símbolos ascensionais aparecem-nos marcados pela preocupação da reconquista de uma potência perdida, de um tônus degradado pela queda. Essa reconquista pode manifestar-se de três maneiras muito próximas, ligadas por numerosos símbolos ambíguos e intermediários: pode ser ascensão ou ereção rumo a um espaço metafísico, para além do tempo, de que a verticalidade da escada, dos bétilos e das montanhas sagradas é o símbolo mais corrente. Poder-se-ia dizer que neste estádio há conquista de uma segurança metafísica e olímpica. Pode manifestar-se, por outro lado, em imagens mais fulgurantes, sustentadas pelo símbolo da asa e da flecha, e a imaginação tinge-se, então, de um matiz ascético que faz do esquema do vôo rápido o protótipo de uma sublimação da carne e o elemento fundamental de uma meditação da pureza. O anjo é o eufemismo extremo, quase a antífrase da sexualidade. Enfim, o poderio reconquistado vem orientar essas imagens mais viris: realeza celeste ou terrestre do rei jurista, padre ou guerreiro, ou ainda cabeças e chifres fálicos, símbolos cujo papel mágico esclarece os processos formadores dos signos e das palavras. Mas essa imaginação do zênite chama imperiosamente, como bem mostrou Eliade[120], as imagens complementares da iluminação sob todas as formas.

2. Os símbolos espetaculares

Tal como o esquema da ascensão se opõe ponto por ponto, nos seus desenvolvimentos simbólicos, ao da queda, também aos símbolos tenebrosos se opõem os da luz e especialmente o símbolo solar. Um notável isomorfismo une universalmente a ascensão à luz, o que faz Bachelard escrever[121] que "é a mesma operação do espírito humano que nos leva para a luz e para o alto". Este isomorfismo aparece aos olhos do psicólogo quer em pessoas normais que descrevem automaticamente horizontes luminosos na prática da elevação imaginária, horizontes "deslumbrantes", de "azul-celeste e dourado"[122], quer em psicóticos nos quais os processos de gigantização imaginária se acompanham sempre de "luz implacável... brilhante... que cega... impiedosa"[123]. "Uma vez", conta a esquizofrênica tratada por Séchehaye[124], "estava no internato e vi, subitamente, a sala tornar-se imensa e como que iluminada por uma luz terrível, elétrica, e que não fazia verdadeiras sombras..." Neste caso patológico estamos perante uma obsessão angustiada da luz, do brilhante e do liso, mas sempre ligados à sinalização dos objetos, seres e elementos. "A iluminação", confia-nos a doente, "era a percepção da irrealidade." O hospital psiquiátrico, lugar das revelações desse irreal, torna-se "a casa das pessoas iluminadas"[125], e mais: "chamava-lhe o País da Iluminação por causa da luz brilhante, deslumbrante e fria, astral, e do estado de tensão extrema em que todas as coisas se encontravam, eu mesma incluída"[126].

A maior parte das religiões reconhecem igualmente esse isomorfismo do celeste e do luminoso: Sto. Agostinho ou S. Bernardo, o místico anônimo autor da *Queste du Graal*[127], sublinham o isomorfismo com a mesma clareza que os pacientes analisados pelo psicólogo: "Na parte mais alta da cidade santa ergue-se um templo prodigioso... nenhuma pessoa viva habita nessas altas torres tão brilhantes que parecem feitas com os raios de ouro do sol." Em mesopotâmico, a palavra *dingir*, que significa claro e brilhante, é igualmente o nome da divindade celeste, tal como em sânscrito a raiz *div*, que significa brilhar e dia, dá *Dyaus, dios* e *deivos* ou *divus* latino[128]. Os *Upanixades*, tão ricos em imagens da flecha e da ascensão rápida, estão realmente cheios de símbolos luminosos, Deus é aí chamado o "*Brilhante*", "Brilho e Luz de todas as luzes, e o que brilha não passa da sombra do seu brilho..."[129]. Enfim, para os bambara, que no entanto são de raça negra, o Deus benfeitor e supremo, Faro, é considerado como "pertencendo à raça branca"[130] e o seu corpo é um composto de albino e de cobre, metal brilhante. A sua cor emblemática é o branco, e brancos são os bonés de purificação dos circuncidados. Por outro lado, o mito de Faro explicita perfeitamente o isomorfismo dos símbolos que estamos estudando: Faro, refazendo a criação poluída pela nefasta Musso-Koroni, dirige-se primeiro para leste, "o lugar da brancura", e comparando esta brancura luminosa àquela que a idade confere aos cabelos chama-lhe, apenas por isso, "velho", depois percorrendo o ciclo solar vai para oeste, "país das pessoas do sol caído"[131]. Nesta cosmogonia inspirada pela luz, Faro consagra-se a hierarquizar o céu em sete céus sobrepostos, muito próximos dos que são imaginados pelos xamãs ou pela tradição dantesca, o mais baixo sendo o mais impuro, ainda manchado das pegadas de Musso-Koroni, enquanto o sétimo céu é o lugar real de Faro, onde reside a água batismal e purificadora e onde o sol se refugia. Certamente Faro é, por necessidade geográfica, um "deus de água"[132], mas a sua valorização positiva determina uma constelação simbólica onde convergem o luminoso, o solar, o puro, o branco, o real e o vertical, atributos e qualidades que, no fim de contas, são os de uma divindade uraniana.

O que é notável é que em todos os casos já citados a luz celeste seja *incolor* ou *pouco colorida*. Freqüentemente, na prática do sonho acordado o horizonte torna-se vaporoso e brilhante. A cor desaparece à medida que a pessoa se eleva em sonho e faz-lhe dizer: "Sinto, então, uma grande impressão de pureza."[133] Esta pureza é a do céu azul e do astro brilhante, e Bachelard[134] mostra que esse céu azul, privado do cambiante das cores, é "fenomenalidade sem fenômeno", espécie de nirvana visual que os poetas assimilam quer ao éter, ao ar "puríssimo", quer, no caso de Goethe, ao *Urphänomen*, quer, no caso de Claudel, ao vestido da "puríssima"[135]. A psicologia contemporânea confirma, de resto, esse caráter privilegiado do azul-celeste, do azul-pálido. No Rorschach o azul é a cor que provoca menos choques emocionais[136], contrariamente ao preto e, mesmo, ao encarnado e ao amarelo. Como mostraram Goldstein e Rosenthal[137], as cores frias, entre as quais o azul, agem no sentido de um "afastamento da excitação"; o azul reúne, portanto, as condições ótimas para o repouso e, sobretudo, o recolhimento.

A esta tonalidade azul da luz uraniana é necessário acrescentar o matiz *dourado*[138]. Todavia, é preciso atenção a esse símbolo de dourado que se arrisca a fazer bifurcar a imaginação para os sonhos alquímicos da intimidade substancial. Aqui se trata apenas do ouro visual, de algum modo, do ouro fenomenal, esse "ouro cor", de que Diel[139] nos declara ser representativo da espiritualização e que tem um pronunciado caráter solar. Há, com efeito, duas significações opostas de ouro para a imaginação, conforme é reflexo ou substância produzida pela Grande Obra[140], mas essas significações misturam-se e dão muitas vezes símbolos muito ambíguos. Tentemos considerar apenas o ouro enquanto reflexo, e veremos que constela com a luz e a altura e que sobredetermina o símbolo solar. É nesse sentido que devem ser interpretadas as numerosas imagens da luz dourada que pululam na *Chanson de Roland* e inspiraram a G. Cohen o título do seu livro: *La grande clarté du Moyen-Âge*. Além do notável isomorfismo do sol, dos cabelos e barbas brancas que não deixam de fazer pensar nos atributos de Faro, trata-se sempre de cambiantes de sol, de moças com cabelos de ouro, de cavaleiros resplandecentes, de vestes e de barbas "brancas como flores entre os espinhos"[141]. O dourado é, assim, sinônimo de brancura. Esta sinonímia é ainda mais nítida no *Apocalipse*, onde a imaginação do apóstolo visionário liga numa notável constelação os cabelos brancos como neve ou lã, os olhos flamejantes e os pés brilhantes do Filho do Homem, a sua face "resplandecente como o sol" e a coroa dourada, o gládio e os diademas[142]. Os deuses uranianos dos buriatas e dos altai, do *Upanixade* e do culto mitríaco possuem atributos dourados[143]. Não toma Zeus a aparência de uma chuva dourada para engendrar o herói sauróctono, Perseu? A conquista das maçãs douradas das Hespérides é um feito solar, realizado por um herói solar, e a deusa do "capacete de ouro", a viril Atena, é filha da fronte de Zeus[144]. Enfim, na simbólica alquímica, passa-se constantemente da meditação da substância ouro ao seu reflexo, possuindo o ouro graças ao seu brilho "as virtudes dilatadas do sol no seu corpo" e tornando-se o sol, por isso, muito naturalmente, o signo alquímico do ouro[145]. O ouro, graças ao dourado, é "gota de luz"[146].

O sol, especialmente *o sol ascendente* ou nascente, será, portanto, pelas múltiplas sobredeterminações da elevação e da luz, do raio e do dourado, a hipóstase por excelência das potências uranianas. Apolo seria o deus "hiperbóreo" típico, deus dos invasores indo-europeus, uma vez que a heliolatria triunfava na época halstatiana ao mesmo tempo que o culto do fogo e do céu[147]. Sob o nome de Apolo (*Appellôn*) Dontenville[148] detecta a idéia, se não mesmo o fonetismo, do Bel céltico. Bel, Belen ou Belinus significaria "brilhante, resplandecente", dando o bretão *balan* que denomina a giesta de flores de ouro. Seria na verdade a velha palavra Belen que, sem equívoco, designaria o sol, enquanto a raiz *sol* seria ambígua, divindade feminina (cf. o alemão: *die Sonne*), *dea sulis* anglo-saxônica. Teria havido assimilação por intermédio da raiz *sl* entre a lua (*selene*) e o brilho solar (*selas*)[149]. Essa hesitação e essa assimilação mostram nitidamente o fenômeno de contaminação possível das imagens que destacaremos nos capítulos consagrados à medida do tempo. Seja como for, parece na verdade que o sol significa antes de tudo luz, e luz suprema. Na tradição medieval, Cristo é constantemente comparado ao sol, é chamado *sol salutis*, *sol invictus*, ou então, numa nítida alusão a José, *sol occasum nesciens* e, segundo S. Eusébio de Alexandria, os cristãos até o século V adoravam o sol nascente[150]. O sol ascendente é, de resto, muitas vezes comparado a um pássaro. No Egito, o deus Atum chama-se "a grande Fênix que vive em Heliópolis" e vangloria-se de ter "ele próprio cingido a cabeça com a coroa de plumas". Rá, o grande deus solar, tem cabeça de gavião, enquanto para os hindus o sol é uma águia, e algumas vezes um cisne[151]. O masdeísmo assimila o sol a um galo que anuncia o nascer do dia e os nossos campanários cristãos têm ainda este pássaro que simboliza a vigilância da alma à espera da vinda do Espírito, o nascimento da Grande Aurora[152]. É, portanto, aqui a potência benfazeja do sol nascente, do sol vitorioso da noite que é magnificada, porque não se deve esquecer que o astro, em si mesmo, pode ter um aspecto maléfico e devorador[153] e ser, nesse caso, um "sol negro". É a ascensão luminosa que valoriza positivamente o sol. O *Oriente* é um termo carregado de significações benfazejas na linguagem do joalheiro que qualifica assim o brilho da pérola, tal como na terminologia cristã ou maçônica. Egípcios, persas e cristãos viram-se para o Oriente para rezar, porque, diz Sto. Agostinho, "o espírito move-se e vira-se para o que é mais excelente". É no Oriente que se situa o Paraíso terrestre e é lá que o salmista coloca a Ascensão de Cristo e S. Mateus o regresso de Cristo[154]. Como escreve M. Davy, comentando o orientação *ad orientem* do templo cristão, o Oriente designa a aurora e possui o sentido de origem, de acordar, "na ordem mística Oriente significa iluminação"[155].

A tradição dos antigos mexicanos vai ao encontro dessa tradição mediterrânica. O Levante é o lugar do nascimento do sol e de Vênus, o lugar da ressurreição, da juventude. É aí, do "lado da luz" (*Tlapcopa*), que o deus Nanauatzin e o grande deus Quetzalcoatl, ressuscitados, depois de seu sacrifício, reapareceram um como sol, o outro sob o aspecto do planeta Vênus. É aí também que se situa o paraíso terrestre (*Tlalocan*). Podemos, a partir desse exemplo do Oriente mexicano, mostrar claramente a diferença entre o arquétipo e um simples simbolismo devido a um incidente local: a cor arquetipal do Oriente é, no México como por toda a parte, o rosa ou o amarelo da aurora, mas, por uma razão geográfica, a situação do golfo e as montanhas pluviosas a leste do México, o leste é também chamado "o país verde", e assim, como diz Soustelle[156], "a imagem solar e a imagem aquática vegetal... vieram coincidir, recobrindo essa região do golfo que é ao mesmo tempo o país do sol vermelho levante e da água verde e azul..." Quanto ao sol no zênite, vai buscar o nome do grande deus guerreiro dos astecas Uitzilopochtli, que aniquilou a deusa das trevas Coyolxauhqui e as estrelas. Ele próprio foi engendrado da deusa terra e da alma de um guerreiro sacrificado transmutado em colibri[157]. Assim aparecem ligados num impressionante isomorfismo o Sol, o leste e o zênite, as cores da aurora, o pássaro e o herói guerreiro que se levantou contra as potências noturnas.

Ao simbolismo do sol liga-se, por fim, o da *coroa* solar, da coroa de raios, atributo de Mitra-Hélios, que aparece nas moedas romanas desde que César adota o título *comes solis invicti*, e culmina na iconografia do nosso "Rei-Sol"[159]. Certamente a imagem da coroa e da auréola se anastomosará com a constelação simbólica do círculo e da Mandala[160] em numerosíssimas tradições. Mas, na origem, a coroa, como a auréola cristã ou budista, parece de fato ser solar. O mesmo acontece com a tonsura dos clérigos e a coroa das virgens, a primeira existindo já entre os padres egípcios do sol, que têm também uma significação solar[161]. Bachelard desvela bem o verdadeiro sentido dinâmico da auréola, que não passa da "conquista do espírito que pouco a pouco toma consciência da sua claridade... a auréola realiza uma das formas do sucesso contra a resistência à subida"[162]. Em conclusão, o isomorfismo da luz e da elevação estaria condensado no simbolismo da auréola e da coroa, e estas últimas na simbólica religiosa ou na simbólica política seriam as cifras manifestas da transcendência.

Durante as experiências de sonho acordado aparecem freqüentemente imagens de auréola. As personagens imaginadas, quando da sua ascensão imaginária, têm uma face que se transforma, se transfigura em "halo de luz intensa", e, ao mesmo tempo, a impressão constantemente experimentada pelo paciente é a do *olhar*. Olhar que, segundo Desoille[163], é justamente representativo dessa transcendência psicológica a que Freud chama superego, ou seja, olhar inquiridor da consciência moral. Esta deslocação da luz do halo luminoso para o olhar surge-nos perfeitamente natural: é normal que o olho, órgão da visão, seja associado ao objeto dela, ou seja, à luz. Não nos parece útil separar, como faz Desoille, a imagem do olho do simbolismo do olhar. Segundo este autor[164], o olhar seria o símbolo do julgamento moral, da censura do superego, enquanto o olho não passaria de um símbolo enfraquecido, significativo de uma vulgar vigilância. Mas parece-nos que um olhar se imagina sempre mais ou menos sob a forma de olho, mesmo que fechado. Seja como for, olho e olhar estão sempre ligados à transcendência, como constatam a mitologia universal e a psicanálise. Um filósofo como Alquié percebeu bem essa essência de transcendência que subentende a visão: "Tudo é visão, e quem não compreenderia que a visão só é possível à distância? A própria essência do olhar humano introduz no conhecimento visual alguma separação..."[165] E Baudouin, analisando aquilo a que chama o "complexo espetacular", mostra que este último reúne "ver" e "saber" no seio de uma intensa valorização do *superego* que não deixa de lembrar a "contemplação monárquica" cara a Bachelard[166]. O *superego* é, antes de tudo, o olho do Pai e, mais tarde, o olho do rei, o olho de Deus, em virtude da ligação profunda que a psicanálise estabelece entre o Pai, a autoridade política e o imperativo moral. É assim que a imaginação hugoliana, apesar de polarizações maternas e panteístas poderosas, volta sem cessar a uma concepção teológica paternal do Deus "testemunha", contemplador e juiz, simbolizado pelo olho famoso que persegue o criminoso Caim. Reciprocamente, o embusteiro, o mau, o perjuro deve ser cego ou cegado, como testemunham os versos célebres de *L'aigle du casque* ou dos *Châtiments*[167]. Mas sabemos que não há necessidade de fazer apelo ao arsenal edipiano para associar o olho e a visão ao esquema da elevação e aos ideais de transcendência: lembremos que é de modo completamente fisiológico que os reflexos de gravitação e o sentido da verticalidade associam os fatores quinésicos e cenestésicos aos fatores visuais[168]. Uma vez que a orientação é estabelecida em relação à gravitação, os signos visuais, por vicariância condicional, podem ao mesmo tempo servir para determinar a posição no espaço e o equilíbrio normal. Neste ponto, como em tantos outros, as motivações edipianas vêm constelar com os engramas psicofisiológicos.

A mitologia confirma igualmente o isomorfismo do olho, da visão e da transcendência divina. Varuna, deus uraniano, é chamado *sashasrâka*, o que significa "com mil olhos", e, tal como o deus hugoliano, é ao mesmo tempo aquele que "vê tudo" e o que é "cego"[169]. Também Odin, o clarividente – que é igualmente zarolho, e logo vamos explicar esta singularidade –, é o deus "espião"[170]. O Javé dos *Salmos* é aquele a quem nada pode ser escondido: "Se eu subo aos céus, tu estás lá, se me deito no *schéol*, lá estás..."[171] Para os fueguinos, bushimanes, samoiedo e muitos outros povos o sol é considerado o olho de Deus. O sol Surya é o olho de Mitra e Varuna; para os persas é o olho de Ahura-Mazda; para os gregos e para os hélios é o olho de Zeus, noutros lugares é o olho de Rá, o olho de Alá[172]. Krappe[173] nota muito judiciosamente que se passa facilmente do "olho que vê os crimes" ao que os vinga. Tal como se passava da altitude do Altíssimo à função social do soberano, passa-se da imagem do clarividente à função do juiz e talvez à do mago. O Prometeu de Ésquilo invoca o disco solar "que vê tudo", e Krappe chama a atenção para numerosos casos nos quais o olho solar é ao mesmo tempo o justiceiro. Na Babilônia, Shamash é o grande juiz, enquanto para os koriak e os japoneses o céu é tanto o grande "vigilante" como a testemunha dos crimes mais secretos[174]. Portanto, o isomorfismo do sol uraniano e da visão suscita sempre intenções intelectuais, senão morais: a visão indutora de clarividência e sobretudo de retidão moral. Em óptica o raio luminoso é direto e direito em toda a acepção destes termos. A nitidez, a instantaneidade, a retidão da luz são como a soberana retidão moral. A intuição poética encontra este isomorfismo quando, invocando "Meio-Dia, o justo", escreve com nitidez.

"... admirável justiça
Da luz de armas sem piedade..."[175]

Este isomorfismo parece-nos dar conta, em parte, da singularidade de numerosas lendas indo-européias nas quais a Onipotência é *zarolha*. Já insistimos nas valências pejorativas da cegueira[176]. Mas aqui, no processo de eufemização desta enfermidade, o que chama a atenção é que a personagem zarolha nunca está só e permanece intacta quanto às outras qualidades físicas. Odin, o zarolho, é ladeado por Tyr, o maneta, e Horácio Cocles, o ciclope, o mago que lança do seu único olho terríveis olhares, é inseparável de Múcio Sévola, com a mão sacrificada. Dumézil[177] pretende que Odin aceitou perder um de seus olhos carnais, materiais, para adquirir o verdadeiro saber, a grande magia, a visão do invisível. Deu o olho ao feiticeiro Mimir, que todos os dias lhe permite beber da fonte da habilidade. O sacrifício do olho, que encontramos nas lendas de Dhritarâshtra e

Yudhishtika ou de Savitri e Bhaga, é o meio de *reforçar a visão* e de adquirir a vidência mágica. Verificamos que a extrema valorização intelectual e moral do órgão visual traz como conseqüência a sua oblação, porque o órgão carnal sublima-se, e uma segunda vista, arquetípica no sentido platônico do termo, vem substituir a visão comum. O sacrifício oblativo do olho, que encontramos no *Evangelho*[178], é sobredeterminação da visão pela vidência. Voltaremos, detalhadamente[179], a este processo de inversão dos valores pelo sacrifício e que é muito semelhante ao processo lingüístico de eufemização a que se chama litotes. No seio deste processo de sublimação que sacrifica o suporte material da metáfora para guardar dela apenas o puro sentido, percebemos uma espécie de platonismo anterior a Platão, e é nesta perspectiva idealista que a palavra e a linguagem, herdeiras do vocabulário simbólico da visão, vão substituí-la de algum modo enquanto vidência, *intuitus* suprema eficácia. É a mesma tendência idealista que dota a contemplação iluminada e o discurso de um poder efetivo: em Platão, a visão mítica é o contraponto da dialética verbal, demonstrar é sinônimo de mostrar[180].

Nos cinco primeiros versículos do *Evangelho* platônico de S. João[181], a *palavra* é explicitamente associada à luz "que brilha nas trevas", mas o isomorfismo da palavra e da luz é bem mais primitivo e universal que o platonismo joanino. Constantemente, os textos upanixádicos associam a luz, algumas vezes o fogo, e a palavra, e nas lendas egípcias, como para os antigos judeus, a palavra preside à criação do universo. As primeiras palavras de Atum ou as de Javé são um *fiat lux*[182]. Jung mostra que a etimologia indo-européia de "aquilo que luz" é a mesma que a do termo que significa "falar", e esta semelhança também se encontraria em egípcio. Jung, aproximando o radical *sven* do sânscrito *svan*, que significa murmurar, chega mesmo a concluir que o canto do cisne (*Schwan*), ave solar, não é mais que a manifestação mítica do isomorfismo etimológico da luz e da palavra[183]. É que a palavra, como a luz, é hipóstase simbólica da Onipotência. No *Kaleva*, é o bardo eterno Wäinämöinen que possui as runas e por isso detém a potência, do mesmo modo que Odin, o Varuna zarolho dos germanos, age pela magia das runas[184]. O próprio nome de Varuna seria da mesma origem que o vocábulo runa (*wr*-u-*nâ*), tanto mais que em finlandês *runo* significa "canto épico", em letônio *runat* quer dizer "falar" e em irlandês *rûn* significa "segredo"[185]. As runas são ao mesmo tempo signos e fórmulas que o Grande Deus indo-europeu teria obtido na seqüência de uma iniciação xamanista, quer dizer, comportando práticas ascensionais e sacrificiais[186]. Odin é cognominado por vezes "o deus do bem dizer", e o desdobramento do *rex*, caro às teses dumezilianas, deixa aparecer a especialização de uma metade da potência real em faculdade de bem dizer, de chamar corretamente as coisas. O *flamen* latino e o seu homólogo sânscrito, o *brahman*, duplicado do *rex*, significa "fórmula sagrada"[187]. Este isomorfismo da onipotência celeste e da utilização do verbo é manifesto em culturas tão afastadas como a hindu e a dos bambara. Na tradição upanixádica, Brahma manifesta-se primeiro como nome sagrado, e essa palavra eterna seria *sphota*, causa real do universo. Segundo M. Choisy[188], Sphota, o logos hindu, viria de *sphout*, que significa partir, rebentar, parente próximo do adjetivo *sphonta*, que quer dizer aberto, florido, posto em evidência, e o sentido de *sphota* seria então "rebentar bruscamente como um grito". Sphota seria então o Brahman em pessoa sob a forma do Nada-Brahman, do Brahman-palavra. E segundo M. Choisy[189] o logos indiano pode reduzir-se ao som primordial Çabda, que é o próprio Brahman. Çabda liga-se, na sua própria produção, ao ar vital *prâna*, e o domínio de *prâna* que o ioga ensina é, ao mesmo tempo, domínio da Çabda. Reencontramos aqui o isomorfismo das imagens aéreas e pneumáticas e dos atritos da potência, tal como foi estudado por Jung e Bachelard[190]. Donde a técnica tão importante da recitação dos *mantra*, palavras dinâmicas, fórmulas mágicas que pelo domínio da respiração e do verbo domam o universo. Esta recitação conduz igualmente a fenômenos de vidência, e a imaginação reencontra assim o isomorfismo ar-palavra-visão[191]. Este isomorfismo está ainda mais marcado no tantrismo, para o qual a meditação pode se apoiar indiferentemente na contemplação de ícones divinos ou na recitação dos mantra. Estes mantra podem, no limite, ser puras fórmulas mágicas, reduzidas à proporção de um talismã, como na prática lamaica dos estandartes e moinhos de oração[192]. Mais uma vez verificamos uma dicotomia de intenção intelectualista: porque mantra e *dhãrani* têm um segundo sentido oculto só desvelado sob certas condições. Eliade[193] compara, de resto, este duplo sentido à linguagem "secreta" dos xamãs, e mesmo ao processo metafísico de toda a poesia, da parábola evangélica como do "equívoco" semântico caro a Verlaine. Cada divindade possui um *bîga-mantra*, um suporte verbal que é o seu próprio ser e de que nos podemos apropriar recitando o mantra. Como sublinha Eliade[194], um mantra é um símbolo no sentido arcaico do termo: é ao mesmo tempo a realidade simbolizada e o signo simbolizante. É, de algum modo, um condensado semântico e ontológico. Donde a onipotência do nome, do vocábulo, indo até a utilização do trocadilho que encontramos em numerosas culturas, e especialmente no antigo Egito[195]. Por outro lado, esse símbolo pode ser indiferentemente visual ou fonético: "Entre o *mantra-yâna* e a iconografia há uma perfeita correspondência."[196] Reencontramos aqui o isomorfismo da visão e das palavras. Pode-se partir quer do suporte iconográfico, quer do "veículo" audiofônico que o *mantra* constitui para assimilar a si o suco ontológico contido no semantismo.

Sem nos determos no parentesco do mantra indiano e tibetano com o *dhikr* muçulmano, reencontramos uma valorização homóloga do isomorfismo entre o visual e o som falado ou cantado nas culturas africanas dos dogon e dos bambara[197]. Para os bambara, por exemplo, as divisas têm um poder efetivo quando são pronunciadas pelo chefe. É o ar que "ao sair da boca... se transforma em bom *nyama* (força)" que penetra no corpo do deus "pelas pupilas e pelas orelhas". A divisa e a sua pronúncia transformam o *tere* (força ligada ao corpo) em *nyama*. Com más palavras os feiticeiros podem provocar a morte, enquanto as boas fórmulas, corretamente pronunciadas, curam doenças. Igualmente, como muito bem diz G. Dieterlen[198], "a instituição da divisa tem o efeito de confirmar os seres no seu estado corporal e social". A perenidade do símbolo confirma a perenidade das coisas. A palavra dada, antes de tomar uma acepção moral de fidelidade, possui a acepção lógica mais geral da identidade. E ao humilde nível da emblemática dos bambara verifica-se nitidamente que o verbo é constitutivo de um certo ser segundo uma ordem de retidão de que a luz permanece o arquétipo. É demasiado simples dizer que as palavras passam e os escritos ficam, dado que uns e outros são os protótipos isomórficos da constância e da identidade. Com efeito, há completa reciprocidade entre a palavra e um signo visual. Uma espécie de pré-alfabeto aritmético existe entre os bambara, uma vez que o primeiro número, "o número do Senhor e da palavra", é assimilado ao chefe, à cabeça, à consciência, ao grande Deus Faro[199]; tanto é verdade que a semiologia dificilmente se divorcia da semântica, donde procede.

Vê-se assim que a palavra, homóloga da potência, é isomórfica, em numerosas culturas, da luz e da soberania do alto. Este isomorfismo traduz-se materialmente pelas duas manifestações possíveis do verbo: a escritura, ou pelo menos o emblema pictográfico, por um lado, o fonetismo por outro. A intelectualização dos símbolos e a lenta transformação do semântico em semiológico seguem assim a via da filogênese evolucionista que privilegia na espécie humana os dois atlas sensoriais: visual e audiofônico[200]. Todavia, ao lado deste isomorfismo intelectualizante do verbo devemos assinalar uma anastomose possível da linguagem e da sexualidade. Muitas vezes, com efeito, o verbo é assimilado ao simbolismo do filho ou, por intermédio do simbolismo sexual do fogo, ao próprio deus do fogo, Gibil assírio ou simplesmente deusa masculinizada como Atena. É o que legitima a aproximação que Lévi-Strauss[201] pode estabelecer entre a linguagem e a regulamentação da sexualidade conjugal na prática universal da exogamia. Embora este antropólogo só queira considerar o aspecto formal e sintático destes dois meios de comunicação social, parece-nos, no entanto, uma vez mais, que o fundo e o semantismo podem fazer compreender a sintaxe. Se na Nova Caledônia a "má palavra" é também o adultério, se numerosas populações classificam os abusos de linguagem com os crimes relativos à infração sexual, se "linguagem e exogamia apresentam duas soluções para uma mesma situação fundamental", não podemos também discernir uma motivação semântica deste isomorfismo, dado que a psicopatologia e a história das religiões nos mostram numerosos casos em que a palavra é pura e simplesmente assimilada à potência sexual e o verbo ao "sêmen"[202]? Esta contaminação de troca lingüística pelo comércio sexual aparece-nos, todavia, como secundária e derivada dos ideais de potência, incluindo a potência sexual, que a constelação espetacular que acabamos de estudar comporta.

Em conclusão deste capítulo podemos dizer que verificamos uma grande homogeneidade nesta constelação espetacular, ela própria ligada ao verticalismo ascensional. O mesmo isomorfismo semântico agrupa os símbolos da luz e os órgãos da luz, quer dizer, os atlas sensoriais que a filogênese orientou para o conhecimento à distância do mundo. Mas se os perceptos visuais e audiofônicos são duplicados vicariantes e mágicos do mundo, verificamos que eles próprios são logo ultrapassados pelo potencial de abstração que veiculam. A palavra pictográfica ou fonética é sublimação abstrata do percepto. É esse processo de desdobramento que já tínhamos visto operar-se a propósito dos símbolos da soberania tal como a concebe Dumézil[203], e que mais uma vez acabamos de constatar a propósito do fenômeno lingüístico no seu conjunto e da magia vicariante dos mantra e das runas, é esse processo que é preciso examinar agora. Mesmo no domínio do imaginário a clareza é acompanhada pelos processos da distinção[204]. O gládio vem reforçar o cetro, e *os esquemas diairéticos vêm consolidar os esquemas da verticalidade*. Toda a transcendência acompanha-se de métodos de distinção e purificação. É o que já nos deixara entrever a ascese catártica da ascensão alada e a propensão do pássaro em transmutar-se em anjo, e é o que vai ser confirmado pelo estudo dos processos de separação, dos *distingo* classificadores e hierarquizantes, cujo esquema está na raiz dos rituais de purificação e dos rudimentos de classificação gramatical e lógica.

3. Os símbolos diairéticos

Esquemas e arquétipos de transcendência exigem um procedimento dialético: a intenção profunda que os guia é intenção polêmica que os põe em confronto com os seus contrários. A ascensão é imaginada *contra* a queda e a luz *contra* as trevas. Bachelard analisou bem este "complexo Atlas"[205], complexo polêmico, esquema do esforço verticalizante do *sursum*, que é acompanhado por um sentimento de contemplação monárquico e que diminui o mundo para melhor exaltar o gigantesco e a ambição das fantasias ascensionais. O dinamismo de tais imagens prova facilmente um belicoso dogmatismo da representação. A luz tem tendência para se tornar raio ou gládio e a ascensão para espezinhar um adversário vencido. Já se começa a desenhar em filigrana, sob os símbolos ascensionais ou espetaculares, a figura heróica do lutador erguido contra as trevas ou contra o abismo. Esta polêmica dicotomia manifesta-se freqüentemente nas experiências do sonho acordado em que o paciente inquieto declara: "Estou na luz, mas tenho o coração completamente negro."[206] Do mesmo modo, as grandes divindades uranianas estão sempre ameaçadas e por isso sempre alerta. Nada é mais precário que um cimo. Essas divindades são, portanto, polêmicas e Piganiol[207] quer ver nesta divina animosidade a origem histórica, para a bacia do Mediterrâneo, do mito da vitória do cavaleiro alado contra o monstro fêmea e ctônico, a vitória de Zeus sobre Cronos. O herói solar é sempre um guerreiro violento e opõe-se, por isso, ao herói lunar, que, como veremos, é um resignado[208]. Para o herói solar são sobretudo os efeitos que contam, mais que a submissão à ordem de um destino. A revolta de Prometeu é arquétipo mítico da liberdade do espírito. De boa vontade o herói solar desobedece, rompe os juramentos, não pode limitar a sua audácia, tal como Hércules ou o Sansão semita. Poder-se-ia dizer que a transcendência exige este descontentamento primitivo, este movimento de mau humor que a audácia do gesto ou a temeridade da empresa traduzem. *A transcendência está sempre, portanto, armada*, e já encontramos esta arma transcendente por excelência que é a flecha, e já tínhamos reconhecido que o cetro de justiça traz a fulgurância dos raios e o executivo do gládio ou do machado.

São as armas cortantes que vamos encontrar em primeiro lugar ligadas aos arquétipos do *Regime Diurno* da fantasia. No notável caso analisado por Desoille[209], na seqüência de imagens indutoras ascensionais e das imagens luminosas induzidas, aparece na consciência do sonhador experimental o arquétipo do "gládio de ouro" ornado de uma auréola luminosa e sobre o qual está gravada a palavra "justiça". O paciente mergulha então na contemplação mística dessa lâmina. O psicólogo sublinha justamente que a acepção fálica da arma, cara à psicanálise, é apenas secundária, enquanto a noção de justiça, o esquema da reparação cortante entre o bem e o mal, possui o primado e colore sentimentalmente toda a consciência do sonhador. Todavia, parece-nos que o simbolismo diairético, longe de excluir a alusão sexual, a reforça. Porque a sexualidade masculina não é "doze vezes impura". É pelo contrário símbolo do sentimento de potência e não é sentida pelas crianças humanas como doença ou vergonhosa ausência. É nesse sentido que se encontram, numa espécie de tecnologia sexual, as armas cortantes ou pontiagudas e os instrumentos aratórios. Uns e outros são a antítese diairética do sulco ou da ferida feminizada. Como mostra um vaso do Museu de Florença[210], assim como a própria etimologia, o arado dos gregos antigos é, tal como o pau de cavar dos australianos, um instrumento fálico. Nas línguas austro-asiáticas uma mesma palavra significa falo e enxada, e Przyluski[211] sugeriu que seria mesmo esse vocábulo que estaria na origem do sânscrito *lângûla*, que significa cabo, enxada ou cauda, e de *linga*, que simboliza o falo. Eliade chega mesmo a citar, ao lado de textos assírios, a expressão rabelaisiana "membro a que chamam agricultor da natureza", e o calão e o falar dos nossos campos vêm confirmar essa assimilação recíproca dos instrumentos aratórios e da sexualidade masculina. Mais interessante ainda é esse ritual australiano que marca bem o isomorfismo do falo, da flecha e da relha do arado. Armados com flechas que agitam à maneira de falo, os australianos dançam à volta de uma fossa, símbolo de órgão feminino, e no fim plantam paus na terra[212]. Não será a este isomorfismo da arma e do instrumento aratório e fecundante que são devidas as interferências culturais, freqüentes, entre a "força combatente e a fecundidade" que Dumézil[213] sublinha a propósito de Marte-Quirino? A este propósito, Dumézil dá o sábio conselho de se distinguir bem o modo da ação marcial, incontestavelmente guerreira, e os numerosíssimos pontos de aplicação desta ação. Por outras palavras, trata-se de explicar pelo esquema, mais do que pelo comprometimento concreto do esquema, neste ou naquele contexto histórico-simbólico. O chamado Marte agrário não passaria primitivamente de um guarda campestre, uma vez que as colheitas são um ponto de aplicação da modalidade combatente. Não deixa no entanto de ser verdade que, no caso de Marte como de Indra, o armamento em si, pelo seu simbolismo sexual, pode prestar-se a equívoco e fazer assimilar a espada ao arado ou à charrua[214]. Há um "complexo de Cincinnatus" inerente à espada. Para nós é o mesmo isomorfismo, ligando a verticalidade à transcendência e à virilidade, que agora se manifesta no simbolismo das armas levantadas e erguidas, mas que desta vez se tinge de um sentido polêmico e agressivo muito marcado pelo próprio símbolo em si.

A arma de que o herói se encontra munido é, assim, ao mesmo tempo símbolo de potência e de pureza. O combate se cerca mitologicamente de um caráter espiritual, ou mesmo intelectual, porque "as armas simbolizam a força de espiritualização e de sublimação"[215]. O protótipo de todos os heróis, todos mais ou menos solares, parece, de fato, ser Apolo trespassando com as suas flechas a serpente Píton. Minerva também é uma deusa armada. É esta espiritualidade do combate que a psicanálise destaca numa notável constelação hugoliana[216] onde vêm confluir em torno da atividade intelectual a espada, o pai, a potência e o imperador. Hugo, compensando as suas deficiências físicas por essa duplicação da espada que é a inteligência, confessa explicitamente: "Teria experimentado a necessidade de me tornar poderoso pela espada como o meu pai Napoleão se não tivesse descoberto esse admirável *ersatz* de se tornar poderoso pelo espírito como Chateaubriand." Não nos espantaremos, portanto, de ver a espada, na mitologia, revestir-se sempre de um sentido apolíneo. A arma de Perseu é o próprio disco solar, que mata o rei Acrísio, liberta Andrômeda das suas cadeias, decapita a Medusa, e, deste último feito, desdobrando-se a sua própria arma, de algum modo, nasce Crisaor, "o homem da espada de ouro", símbolo de espiritualização. Teseu, grande especialista em vencer monstros, mata com uma espada mágica Esquiro, Procustes e Peripetes. E embora Hércules utilize muitas vezes a maça, usa o arco para abater os tenebrosos pássaros do lago Estínfalo e libertar assim o sol, e é também com flechas que combate Nesso, enquanto para vencer a hidra se utiliza do gládio e do archote purificador. Na tradição germânica e indo-européia, os heróis que matam monstros são inumeráveis. O principal parece ser o Indra védico e Thor seu primo direto, vencedor do gigante Hrungnir. Como o Vritrahan védico, ele mata o "gigante terrestre", monstro tricéfalo que tenta comer o festim dos deuses[217]. Veremos que esta triplicidade de Hrungnir e de Tricirah, sobre que Dumézil insiste[218] e que se encontra também no Azhi Dahaka iraniano, no Gérion grego ou no Mech irlandês, com o coração formado por três serpentes, é justamente o grande símbolo do tempo lunar que estudaremos no nosso segundo livro[219]. Esses deuses combatentes, que se ligam ao nosso mais familiar Marte latino e às suas lanças – *hastae Martis* –, são também deuses fulgurantes que utilizam indiferentemente armas humanas ou raios cósmicos. Inumeráveis duplos folclóricos de Thor enchem as lendas germânicas, matadores de monstros, ursos, dragões, como Barco ou Bjarki e o seu protegido Höttr, que não deixam de lembrar Marutah e os belicosos companheiros, e Indra[220]. A cristandade herda este arquétipo do herói combatente. Os dois protótipos cristãos do bom combatente são um arcanjo e um príncipe mítico: S. Miguel e S. Jorge, em nome dos quais serão armados os cavaleiros da Idade Média. O primeiro, verdadeiro Apolo cristão, mata o dragão e reina em Gargano, perto do monte Tombe[221]; o segundo, qual Perseu, liberta uma jovem que um dragão vai devorar e trespassa-o com a sua lança. Estes protótipos vêem-se substituídos por numerosos sucedâneos regionais, todos requisitados contra o dragão e mobilizados contra as trevas: é S. Armantário em Draguignan, S. Agricol em Avignon, S. Bertrand em Comminges, S. Marcial em Bordéus, S. Donato em Sisteron, em Paris S. Marcel e em Poitiers S. Hilário. O folclorista mostra que cada diocese, se não cada paróquia, tão grande é o prestígio e o vigor psíquico do arquétipo, reivindica um santo patrono sauróctono, e insiste acerca de S. Hilário de Poitiers que assimila a Hércules e que se torna o especialista francês da vitória contra o dragão[222]. O tema do herói combatente encontra-se, enfim, nos contos populares sob a forma eufemizada do "Príncipe encantado" que afasta e frustra os malefícios, liberta, descobre e acorda. Príncipe encantado que aparece também na lenda nórdica de Sigur e Brunehilde, num conto tártaro, ou na nossa *Bela adormecida*. Todas ilustram este tema "velho como os argonautas"[223].

Não só o prestígio do deus combatente contaminou a hagiografia católica, como também parece ter inspirado todas as instituições de cavalaria, todas as "sociedades de homens" ou guerreiros. Quer seja o *Komo* ou o *Kwore* bambara, de que o chefe é um ferreiro e cujos emblemas não devem ser vistos pelas mulheres, quer sejam os *berserkir* germânicos ou os *luceres* latinos, ou enfim as ordens cristãs de cavalaria, todos parecem modelar-se pela ação mitológica do herói combatente primordial[224]. Num dos capítulos do seu livro sobre *Les dieux des germains*, Dumézil falou longamente sobre as constituições dessas "sociedades de homens", de que as armas são uma sublimação e uma segregação vicariante do poder teriomórfico das garras e das presas, quer para os "homens ursos" ou "homens lobos" da cultura nórdica, quer para os "homens panteras" da África Central[225]. Todos os membros dessas sociedades são, antes de tudo, guerreiros, possuem amplos direitos sexuais, praticam severos maus-tratos iniciáticos que constituem talvez um equivalente litúrgico dos feitos do herói primordial. No Ocidente, os *berserkir* humanizam-se e transformam-se em *Vikings*, que tenderão, por sua vez, para uma espécie de cavalaria em que a sexualidade, sob a pressão catártica desta constelação de arquétipos militares, se tornará muito regulamentada. Não só as grandes ordens medievais de cavalaria, e em particular a famosa Ordem dos Templários com o seu ascetismo simultaneamente militar e homossexual[226], nos parecem ser a seqüela das primitivas "sociedades de homens", como também os círculos de estudantes da Alemanha bismarkiana, com o seu ritual belicoso, e os maus-tratos praticados hoje em dia em qualquer grupo masculino fechado nos aparecem como herdeiros dos longínquos costumes dos *berserkir*. Por fim, podemos levar ainda mais longe esta filiação do herói solar e afirmar com Gusdorf que "o próprio romance policial, que constitui um dos aspectos mais singulares do folclore contemporâneo, prolonga sob a aparência do duelo entre o detetive e o criminoso a inspiração dos romances de capa e espada que foi mais longinquamente a dos romances de cavalaria[227]. Dom Quixote não sai de moda, dado que faz parte do psiquismo eterno, e Sherlock Holmes torna-se assim o sucessor direto de S. Jorge, do mesmo modo que Maigret recolhe a herança de S. Hilário.

Precisamos agora examinar o problema da natureza das armas do herói, natureza que à primeira vista não aparece expressamente como cortante. Diel[228] estabelece uma muito clara distinção simbólica entre as armas cortantes e as armas contundentes, as primeiras sendo fastas, servindo para vencer efetivamente o monstro, as segundas impuras e implicando o risco de fazer soçobrar o feito libertador: Jasão, utilizando os encantamentos da feiticeira Medéia, não cumprirá a sua missão de herói ao recusar decapitar o monstro. Segundo Diel[229], os encantamentos mágicos e a maça seriam símbolos de animalidade, e a vitória de Teseu sobre o Minotauro, morto com uma maça de couro, "não passa de um feito perverso", uma traição à missão heróica. Teseu acaba, por isso, miseravelmente pregado ao rochedo infernal. Todavia, essa sutil distinção não nos convence de maneira nenhuma e parece-nos ser um simples arranjo da simbólica para as necessidades de uma causa moral, distinção inspirada por um postulado evolucionista que pretende que as armas contundentes sejam anteriores às armas cortantes. Quando muito poderemos notar uma incidência cultural que iria no sentido desta distinção: nas culturas da idade do ferro persiste a crença na origem celeste desse metal[230]. Esta crença seria devida à origem efetivamente meteórica dos primeiros minérios tratados e poderia ter valorizado sobretudo as técnicas da maça de madeira ou do *coup de poing* de pedra. Mas, tecnologicamente falando, as duas espécies de armas agrupam-se facilmente na categoria dos *instrumentos percucientes*, quer se trate da percussão assente da faca ou do gládio ou da percussão lançada do machado ou da maça[231]. Melhor ainda, são os primeiros instrumentos de percussão que servem para talhar as primeiras lâminas em sílex. E é porque as armas, quer sejam cortantes, percucientes ou punctiformes, são classificadas pelo tecnólogo[232] sob a mesma rubrica da percussão que não hesitaremos em incluir sob o mesmo esquema psíquico a divisão brutal, a separação de um objeto da sua ganga informe ou a penetração por perfuração. Será talvez, de resto, uma vez mais, o esquema psíquico que inspira as técnicas de percussão e as suas variantes? É evidente que para a criança muito pequena de gestos agitados e estereotipados a pancada está ligada à primeira atuação objetiva. Neste gesto muito primitivo de percussão estão estreitamente unidas quer uma intuição da força e a satisfação que daí resulta, quer a primeira segregação de um objeto em si mais ou menos hostil. Não há portanto nenhuma distinção moral a estabelecer entre o uso da maça, do estoque ou da lâmina. É apenas muito mais tarde, sob as pressões culturais e as contingências da história, que as modalidades da arma se diversificam e se valorizam de maneiras diferentes, e que o gládio se torna "a arma dos povos conquistadores" e permanece "a arma dos chefes", arma sobredeterminada pelo caráter diairético que a sua lâmina cortante implica, porque "a espada dos povos setentrionais destina-se a golpear não com a ponta mas com a lâmina..."[233] A espada é, assim, o arquétipo para o qual parece orientar-se a significação profunda de todas as armas, e por este exemplo se vê como se ligam inextricavelmente num sobredeterminismo as motivações psicológicas e as intimações tecnológicas.

Quando estudamos a natureza das armas do herói é necessário abrir o dossiê admiravelmente constituído por Dumézil e Eliade relativo à dialética das armas divinas e ao problema mitológico do "ligar"[234]. Dumézil, acumulando um grande número de observações documentais, tenta mostrar que as funções do ligador-mágico são irredutíveis às do guerreiro-cortador de nós. Varuna, o atador, é a antítese de Indra, o manobrador do gládio. Mas parece-nos que Eliade reabsorve judiciosamente esta dialética ao considerar que atamento e desatamento se subordinam à atividade dominante de um soberano atador. Porque primitivamente o símbolo dos atadores é, como já indicamos, o apanágio das divindades fúnebres e nefastas[235]. Ora, parece que na pessoa de Varuna tenha havido colusão psicológica entre o medo do malefício do atamento e a esperança num remédio soberano contra o atamento mortal. Paradoxalmente, Varuna torna-se o atador supremo, quer dizer, aquele que tem plenos poderes para atar os próprios demônios atadores. Mas se Varuna parece contaminado pela função de atador, que anexa, permanece fundamentalmente no seu papel de separador uraniano, de justiceiro[236]. O próprio Eliade aceita esta ambivalência, quando a propósito da etimologia da palavra "ioga", derivada de *Yug*, que significa "atar em conjunto", acrescenta paradoxalmente, anulando por antífrase simbólica a motivação etimológica: "Se com efeito etimologicamente *Yug* quer dizer atar, é no entanto evidente que o atamento a que essa ação deve conduzir pressupõe como condição prévia a ruptura das ligações que unem o espírito ao mundo."[237] Esta reflexão do historiador das religiões sublinha, uma vez mais para nós, a importância dos processos eufemizantes, e especialmente da antífrase, nas coisas da imaginação. Veremos a antífrase constituir-se desde os primeiros passos diairéticos da dialética, e a ambivalência que daí resulta – neste caso para a noção de "ioga" – marca a secreta tendência do pensamento humano que é, antes de mais, a de negar o existencial e o temporal. Unificar, "pôr a canga", supõe primeiro uma separação, uma purificação do domínio profano. Mas esta ambivalência do atar é ainda o começo de um deslizar dos mitos e das imagens da transcendência e da intransigência uraniana para os mitos e os símbolos monistas nos quais a temporalidade vem integrar-se, subjugada pelo eufemismo e a antífrase, e que estudaremos mais à frente[238]. O próprio Indra, o guerreiro por excelência, não tem repugnância em se servir do atar, mas é mais uma vez para atar os atadores, e Bergaigne[239] reconhece este redobramento ao escrever que Indra "vira contra o demônio as suas próprias manhas", triunfa dos Mâyin por meio dos Mâyâ. Eliade mostra numerosos casos em que Indra é atador, mas atador por "contaminação", por "imperialismo mítico que leva uma forma religiosa vitoriosa a assimilar toda a espécie de outros atributos divinos..."[240]. O próprio Dumézil acaba por concordar que a incompatibilidade entre o atador e o que manobra o gládio não é tão absoluta como afirmava, que há passagens do deus mágico e atador para o manobrador de armas contundentes e cortantes, que há transformação do *Rex* em *Dux*[241]. Mais ainda, a assembléia legislativa primitiva é antes de tudo guerreira, presidida por Marte Tincsus. É a sociedade militar que funda a sociedade civil, como aparece nitidamente em Roma e entre os germanos[242]. Do mesmo modo, na lenda de Tyr, o maneta, a mão cortada é associada dialeticamente ao atar: é por ter atado a crueldade do lobo Fenrir que Tyr deixa como caução o seu braço na goela do lobo[243].

O mesmo compromisso se observa na mitologia francesa e cristã. O herói cristão para vencer o monstro nem sempre utiliza os meios expeditos do gládio: Santa Marta "enlaça" a Tarasca com o cinto, e também S. Sansão de Dôle ata o cinto ao pescoço da serpente enquanto S. Véran prende com uma cadeia de ferro a cobra da fonte de Vancluse e, segundo Dontenville[244], o Apolo sauróctono do Museu do Vaticano "domestica" o réptil e não o mata. O mitólogo indica-nos neste processo do atar uma importante bifurcação – a que chama não-cristã – da atitude heróica em face do mal fundamental, a saber: uma eufemização do mal. O monstro aparece como o "emendável" e abre-se assim de novo a via à antífrase, reviravolta dos valores imagináveis, de que a serpente com cabeça de carneiro dos druidas (que não deixa de evocar para nós a serpente com plumas ameríndia) seria o próprio símbolo: "A cabeça de carneiro é protetora... deve procurar dirigir a serpente, dirigi-la inteligentemente, ou seja, num sentido favorável ao homem."[245] Parece-nos que a mesma inflexão acontece na literatura apocalíptica para a qual a destruição definitiva dos demônios é cuidadosamente distinguida da sua captura. Esta última, feita com a ajuda de fios ou cadeias, não passa afinal de um castigo temporário e, como diz Langton, "o acorrentamento de Satã durante um período que varia segundo os textos era um aspecto habitual das concepções demonológicas que floresciam entre os judeus da época"[246]. Encontramos a mesma distinção nas concepções do zoroastrismo. No fim deste período de cativeiro, Satã é "desacorrentado" para servir de auxiliar à justiça divina, para servir de exemplo geral da destruição definitiva do mal[247]. É igualmente nesse sentido de um compromisso por subordinação que Jung vê nas montadas animais do herói o símbolo dos instintos dominados: Agni sobre o seu carneiro, Wotan sobre Sleipnir, Dioniso sobre o burro, Mitra sobre o cavalo, Freyr sobre o javali, Cristo sobre o jumento, tal como Javé sobre o serafim monstruoso são símbolos de um compromisso "com". Mas todos esses compromissos, esses esforços de antífrases, esses heróis que desvirtuam o heroísmo indo buscar as armas do adversário, se por um lado mostram uma tendência secreta da imaginação humana e do pensamento, se por outro lado anunciam já o *Regime Noturno* das fantasias, não deixam por isso de estar à beira do heroísmo diairético. O puro herói, o herói exemplar, continua a ser o matador de dragões. Apesar desse compromisso do gládio com o fio, este último, mesmo que enfraquecido em metáfora jurídica, permanece essencialmente o instrumento das divindades da morte e do tempo, das fiandeiras, dos demônios como Yama e Nirrti. Todo o apelo ao soberano celeste faz-se contra o que prende, todo o batismo ou iluminação consiste para o homem em "desligar" o que prende e rasgar os véus de irrealidade[248], e, como escreve Eliade[249], a situação temporal e a miséria do homem "exprimem-se por palavras-chaves que contêm a idéia de atar, de acorrentamento, de ligação". O complexo do prender não passa, assim, de uma espécie "de arquétipo da própria situação do homem no mundo". Podemos, portanto, afirmar que nesta perspectiva do *Regime Diurno*, dualista e polêmico, a soberania assume os atributos do desprender, e só por contaminação de outras intenções é que o herói vai buscar as astúcias do tempo e as redes do Mal. É nesse contexto heróico que nos aparece a mitologia de Atena, a deusa armada, a deusa dos olhos flamejantes, tão pouco feminina e ferozmente virgem, saída do machado de Hefesto e da fronte de Zeus, senhora das armas, senhora do espírito, mas igualmente senhora da tecelagem[250]. A rivalidade entre Atena e Aracne não resolve o problema posto por Dumézil? É por imperialismo conquistador que a deusa da sabedoria se quer medir com a fiandeira mítica, a Parca. Mas é a lança, como a espada para Parsifal, que permanece a sua arma preferida. Nobreza da espada ou da lança sublinhada por toda a tradição medieval que fazia do gládio e da cerimônia de armar cavaleiro o símbolo de uma transmissão de potência e, simultaneamente, de retidão moral.

Se no domínio das armas ofensivas se pode ainda com bastante facilidade delimitar o que é próprio da atitude heróica propriamente dita e o que é usurpado pelo imperialismo do imaginário, esta distinção é mais delicada quando se trata das *armas protetoras* do herói[251]. Decerto a espada, arma dos chefes, dos conquistadores vitoriosos, é sempre acompanhada da *lorica*, da couraça de placas de ouro ou do escudo de Atena[252]. Mas a ambivalência das coberturas protetoras, muralhas, couraças, muros, etc., presta-se à confusão de fontes arquetípicas: elas são, bem entendido, "separação" da exterioridade, mas também provocam, como veremos mais tarde[253] a propósito da casa, as fantasias da intimidade que pertencem a uma família arquetípica completamente diferente. É preciso fazer um sério esforço para separar os símbolos do repouso, da insularidade tranqüila, dos símbolos do "universo contra"[254] que constroem a muralha ou as fortificações. Bachelard nunca consegue distinguir completamente a quietude interior e protegida da cidade do aspecto polêmico e defensivo das fortificações. De resto, recusa-se a fazer essas análises em nome do "apelo dos contrários que dinamizam os grandes arquétipos", verificando que o arquétipo da casa é fortemente terrestre, registra os apelos celestes do regime diurno da imagem: "A casa bem enraizada gosta de ter um ramo sensível ao vento, um sótão com ruídos de folhagem."[255] Acrescentamos que a casa que abriga é sempre um abrigo que defende e protege e que se passa continuamente da sua passividade à sua atividade defensiva. No entanto, Bachelard[256], como René Guénon, apela, para diferenciar essas duas intenções simbólicas divergentes, a uma diferença de forma na estrutura do recinto: a forma circular, o "redondo pleno", é mais ou menos assimilado a um ventre, enquanto a construção em quadrado faz alusão a um refúgio defensivo mais definitivo. René Guénon[257] chama-nos a atenção para o fato de que a "cidade", a Jerusalém celeste, tem uma planta quadrada, enquanto o jardim do Éden era circular: "Tem-se, então, uma cidade de simbolismo mineral, enquanto no princípio se tinha um jardim de simbolismo vegetal." Apesar dessas sutilezas, é muito difícil, num contexto imaginário da muralha ou da cidade, distinguir as intenções de defesa e as de intimidade. Apenas reteremos neste isomorfismo das armas o caráter defensivo das fortificações, dos fossos e dos muros, porque há nesses aparatos uma vontade diairética que não se pode negligenciar mas que só um contexto militar vem precisar pelo gládio ou pelas ameias. *A couraça, a cerca fortificada* marcam uma intenção de separação, de promoção do descontínuo, e é só a este título que podemos conservar essas imagens do fechamento sem as sobrepor aos simbolismos da intimidade.

Ao lado dos meios bélicos de separação, tais como a espada, a couraça ou a muralha, existem processos mágicos que se incorporam num ritual. Já tínhamos notado que todos os símbolos que gravitam em torno da ascensão ou da luz são sempre acompanhados de uma intenção de purificação. A transcendência, como a claridade, parece exigir sempre um esforço de distinção. Aliás, todas as práticas ascensionais a que aludimos, as do xamã como as do psicoterapeuta, ao mesmo tempo que são técnicas de transcendência são também práticas de purificação. Nesses esquemas, que têm como característica opor valores utópicos, considerados como positivos, à negatividade da existência, podemos dizer com Bachelard que todos os valores poderiam ser simbolizados "pela pureza"[258]. O fato de privilegiar, ou seja, de avaliar, já é purificador. É a unicidade clara e distinta dos objetos privilegiados que é garantia da sua pureza, porque "aos olhos do inconsciente a impureza é sempre múltipla, em grande profusão"[259]. A pureza confina com a nitidez de uma separação bem estabelecida. Todo esforço axiológico é primeiro uma catarse.

É assim, naturalmente, em *ritos de corte*, de separação, nos quais o gládio minimizado em faca desempenha ainda um papel discreto, que encontraremos as primeiras técnicas de purificação. Tais nos aparecem, antes de mais, práticas como a da depilação, da ablação dos cabelos, das mutilações dentárias. Estas últimas, por exemplo, praticadas pelos bagobo, são feitas explicitamente "para não ter os dentes como os dos animais"[260]. Explicitamente, todas essas práticas de ablação – que não são forçosamente ablações sacrificiais – significam uma vontade de se distinguir da animalidade. É esse igualmente o sentido da tonsura dos padres e dos monges cristãos, dos santos iogues, dos monges budistas ou jainistas, estes últimos praticando a depilação que não passa de uma tonsura levada ao limite extremo[261]. A tonsura e os seus derivados são signos de renúncia à carne, "esta prática significa o desafio, o desdém da fascinação, do elã procriador da Mâyâ com o seu ciclo vital". E Zimmer acrescenta essas considerações significativas a propósito de um Lohan chinês: "É o retrato imaginário de um homem que cortou todas as ligações com o mundo, tendo ultrapassado a escravidão da vida sem fim... de um homem que brandiu a espada cortante do conhecimento discriminatório e se libertou de todas as cadeias que ligam a humanidade aos impulsos e às necessidades do mundo vegetal e animal..."[262] A intuição do historiador das religiões reencontra assim o isomorfismo do gládio purificador e da antítese das prisões (*liens*) de que este último purifica. É num contexto simbólico semelhante que nos parecem dever ser interpretados os ritos de excisão e circuncisão. Entre os bambara[263], por exemplo, toda a operação tem por finalidade fazer passar a criança do domínio impuro de Musso-Koroni ao benfazejo poder de Faro. Decerto o rito, nesta cultura fluvial agrária, se sobrecarrega de significações secundárias, mas insistamos de momento em três elementos bem significativos do conjunto isomórfico dos arquétipos que estamos estudando. É, para começar, o sentido purificador da lâmina, separadora do *wanzo*, em seguida o papel protetor do boné enquanto "tapa-cabeça", e por fim a vicariância do ouvido receptáculo da onipotência do verbo. A faca é chamada "cabeça-mãe da circuncisão", e o fato de tirá-la da bainha simboliza o purificado abandonando o seu prepúcio. Embora a opressão esteja ligada a um simbolismo sexual do fogo, não se deixa por isso de purificar por lavagem a faca e o pênis antes do ato operatório, e isso é feito com uma água na qual foi temperado o ferro de um machado[264]. O ferro da faca é para "atacar", "purificar" o *wanzo*, e é graças à faca, na lâmina da qual está gravada a imagem do pássaro Tatugu-Koroni, que o sangue carregado de *wanzo* impuro retorna a Musso-Koroni, a terra. A proximidade do lugar da cerimônia é interdita como estando contaminada: corre-se o risco de aí contrair o *wanzo*. A purificação perfaz-se com seis dias de retiro, uma lavagem no rio e um salto triplo por cima de um braseiro, a fim de se estar bem seguro de se desembaraçar das mais pequenas parcelas de impurezas[265]. Vê-se, assim, no próprio ato da circuncisão, convergirem num notável simbolismo purificador a lâmina, o fogo e a água. Mas a cabeça do paciente é igualmente objeto de cuidados particulares: a excisada é revestida com um turbante branco, "cor de Faro"[266], os circuncidados cobrem-se com o boné da circuncisão, tecido com lã branca e que protege o circuncidado durante o seu retiro ritual, ficando assim o circuncidado colocado "na luz protetora e purificadora de Faro"[267], porque a cabeça é a parte "capital" do indivíduo e deve receber cuidados especiais. Por fim, a este complexo simbólico está ligado o ouvido, receptáculo do verbo, de que os ornamentos são confeccionados para "perturbar os portadores de más palavras" e que, sobre o cadáver dos circuncidados, são cortados em lugar do prepúcio "à maneira de circuncisão"[268]. A cerimônia da circuncisão é, assim, por inteiro, uma cerimônia de diairese catártica, um repor da ordem, pelo gládio, no mundo comprometido e confuso, uma vez que cada sexo, pela circuncisão ou pela excisão, é purificado dos elementos suspeitos do sexo oposto adverso simbolizados pelo prepúcio e pelo clitóris. Ao contrário dos psicanalistas clássicos[269], vemos na circuncisão um ato muito mais urgente que o famoso resgate da castração ou que a tese romanesca de *Totem e tabu*[270], para a qual o ritual de circuncisão é a reminiscência enfraquecida da castração dos jovens machos pelos velhos. A circuncisão, como o prova o estudo antropológico, é já uma filosofia ritual da purificação pela distinção dos contrários sexualmente semelhantes: tem por missão separar o masculino do feminino, corta literalmente os sexos como corta a pureza masculina do *wanzo* feminóide e corrompido. A circuncisão é, portanto, um batismo por arrancamento violento do mau sangue, dos elementos de corrupção e confusão.

O segundo arquétipo onde se vêm condensar as intenções purificadoras é a *limpidez da água lustral*. Bachelard[271] assinala a repugnância espontânea pela água suja e o "valor inconsciente atribuído à água pura". Não é enquanto substância – contrariamente à interpretação elementar de Bachelard – mas enquanto limpidez antitética que certas águas desempenham um papel purificador. Porque o elemento água é em si mesmo ambivalente, ambivalência que Bachelard reconhece de boa-fé ao denunciar o "maniqueísmo" da água[272]. Essa água lustral tem imediatamente um valor moral: não atua por lavagem quantitativa mas torna-se a própria substância da pureza, algumas gotas de água chegam para purificar um mundo inteiro: para Bachelard[273] é a aspersão que é a primitiva operação purificadora, a grande e arquetípica imagem psicológica de que a lavagem não passa da grosseira e exotérica duplicação. Assiste-se mesmo à passagem de uma substância a uma força "irradiante", porque a água não só contém a pureza como "irradia a pureza"[274]. Não é a pureza, na sua quintessência, raio, relâmpago e deslumbramento espontâneo? O segundo aspecto, que equivale sensorialmente à limpeza da água lustral e lhe reforça a pureza, é *o frescor*. Este frescor funciona em oposição com a tepidez cotidiana. A queimadura do fogo também é purificadora, pois o que se exige da purificação é que, pelos seus excessos, rompa com a tepidez carnal do mesmo modo que com a penumbra da confusão mental. Mostramos noutro local[275] que essa água lustral por excelência que é a neve purifica pela brancura e pelo frio. Bachelard também nota que, antes de tudo, a água de juventude "acorda" o organismo[276]. A água lustral é a água que faz viver para além do pecado a carne e a condição mortal. A história das religiões vem uma vez mais completar a análise psicológica: a "água viva", a "água celeste" encontra-se tanto nos *Upanixades* como na *Bíblia* e nas tradições célticas e romanas[277].

O outro elemento mais comumente utilizado nos ritos de purificação é o *fogo*, batismo por excelência segundo uma certa tradição que aparece também no cristianismo[278]. A palavra *puro*, raiz de todas as purificações, significa ela própria fogo em sânscrito. No entanto, não devemos nos esquecer de mencionar quanto o símbolo do fogo é polivalente, como o mostra, talvez, a tecnologia[279]: a produção do fogo está ligada a gestos humanos e a utensílios muito diferentes. Há duas maneiras essenciais, manifestamente antitéticas, de obter fogo: por percussão e por fricção. Ora, só o primeiro método nos interessa, porque o fogo purificador é psicologicamente parente da flecha ígnea, do golpe celeste e flamejante que o relâmpago é. Os múltiplos isqueiros de baterias, ou mesmo o curioso isqueiro de pistão dos indonésios[280], são reduções utilitárias da brutal fulgurância do raio. Enquanto o processo por fricção se liga a uma outra constelação psíquica que Bachelard estudou bem na sua *Psicanálise do fogo*, e a que voltaremos a seu tempo[281]. O fogo de que, neste momento, nos ocupamos exclusivamente é o que a incineração indo-européia utiliza, fogo celeste ligado às constelações uranianas e solares que acabamos de estudar, prolongamento ígneo da luz. Segundo Piganiol[282], a incineração corresponderia à crença na transcendência de uma essência, na imortalidade da alma: "Do mundo dos incinerantes os mortos são exilados", e essas preocupações relativas à transcendência opor-se-iam à da inumação, à conservação terrestre de todo ou de parte do corpo.

Piganiol, erguendo, talvez um pouco imprudentemente, Vulcano, "deus uraniano" (de *volca*, fogo, do sânscrito *ulka*, incêndio), contra Saturno ctônico, assimila o fogo purificador ao sol, fogo de elevação, de sublimação de tudo o que se encontrava exposto aos seus ardores[283]. A incineração, os sacrifícios por cremação e as preocupações espiritualistas que desprezam a geografia ctônica teriam substituído os sacrifícios sangrentos das religiões agrárias. Em Roma, seria mesmo o herói solar Hércules quem teria miticamente realizado esta reforma[284]. Existe assim, de fato, um "fogo espiritual" distinto do fogo sexual, e o próprio Bachelard[285] reconhece a ambivalência do fogo, que, ao lado de alusões eróticas, comporta e transmite uma intuição de purificação e luz. O fogo pode ser purificador ou ao contrário sexualmente valorizado, e a história das religiões confirma as verificações do psicanalista dos elementos: Agni tanto é um simples desdobramento de Vâyû, o purificador, como – como mostrou Burnouf[286] – é o resíduo de um ritual de fecundidade agrária. Do mesmo modo, no culto de Vesta, um ritual de purificação muito acentuado, sobreposto a um antigo fundo agrário, faz que a deusa se confunda, paradoxalmente, em numerosos aspectos com as divindades da fecundidade, como Anahita Saravasti e Armati[287]. O fogo é chama purificadora, mas também centro genital do lar patriarcal. Não é preciso ir procurar, como faz Bachelard na esteira de Frazer[288], o sentido purificador do fogo à cozedura culinária, mas "é seguindo a dialética do fogo e da luz" que se forma a verdadeira virtude sublimante do fogo, e Bachelard[289] cita a admirável expressão de Novalis desta intuição da essência catártica do fogo: "A luz é o gênio do fenômeno ígneo." Não é, aliás, o fogo no mito de Prometeu um simples sucedâneo simbólico da luz-espírito? Um mitólogo pôde escrever[290] que o fogo "é muito apto para representar o intelecto... porque permite à simbolização figurar por um lado a espiritualização (pela luz) e por outro lado a sublimação (pelo calor)".

Algumas considerações antropológicas vêm confirmar o simbolismo intelectual do fogo. O emprego do fogo marca, com efeito, "a etapa mais importante da intelectualização" do cosmos e "afasta cada vez mais o homem da condição animal". É por essa razão espiritualista que o fogo é quase sempre "presente de

Deus" e se vê sempre dotado de um poder "apotropaico"[291]. É sob o aspecto ígneo que a divindade se revela nas manifestações uranianas aos apóstolos do Pentecostes, a S. Boaventura ou a Dante. O fogo seria esse "deus vivo e pensante"[292] que, nas religiões arianas da Ásia, teve o nome de Agni, de Athar e, para os cristãos, de Cristo. No ritual cristão o fogo desempenha ainda um papel importante: fogo pascal, fogo conservado durante todo o ano. As próprias letras do título da cruz significariam *Igne Natura Renovatur Integra*[293]. Porém, tanto no cristianismo como fora dele o símbolo do fogo carrega-se de significações ambivalentes. Veremos que o elemento fogo, interpretado por um ou outro regime da imagem, está intimamente ligado aos mitos da ressurreição, quer pela sua origem xílica entre os povos que utilizam os isqueiros de fricção, quer pelo papel que desempenha na cocção das numerosas alquimias[294]. Conservando, de momento, das representações do fogo somente o seu simbolismo purificador, não esqueçamos, no entanto, que uma imagem soldada natural ou tecnologicamente a uma constelação bem delimitada pode, sub-repticiamente, emigrar graças a uma qualidade secundária. No caso que aqui nos interessa, vemos o fogo de origem percuciente anexado pela sua qualidade luminosa a um isomorfismo uraniano, assim como a água nos apareceu dependente, quanto ao semantismo, dos seus acidentes: limpidez, agitação, profundidade, etc., mais que de suas características substanciais. Uma vez mais verificamos que não é por uma física dos elementos que a imaginação se organiza, mas por uma fisiologia a que se poderia chamar verbal, e pelos "excedentes" adjetivais e passivos desses verbos que exprimem esquemas e gestos. Contrariamente ao que afirmam[295] os gramáticos, o adjetivo aparece, na sua gênese psicológica, como epicatate, quer dizer, mentalmente pregado na substância, no substantivo, pela razão muito simples de o adjetivo ser mais geral que o substantivo, quer dizer, aparenta-se aos grandes esquemas verbais que constituem a subjetividade do imaginário. O isomorfismo da pureza ígnea ilustra essa classificação epicatatética das qualidades imaginárias.

Este isomorfismo reforça-se ainda pelo fato de que para numerosas populações o fogo é isomórfico do pássaro. Não só a pomba do Pentecostes, mas também o corvo ígneo dos antigos celtas, dos indianos e dos australianos atuais, o falcão e a garriça são pássaros essencialmente do fogo[296]. Muitas vezes é a coloração de um bico, de uma crista, de algumas penas que decide da escolha do pássaro de fogo, e é provavelmente por essas razões que na Europa o picanço negro de papo encarnado e o pintarroxo são associados às lendas do fogo. Quando são peixes em vez de pássaros que trazem o fogo, só desempenham essa função por usurpação ou rapto, tal como a solha do *Kalevala*. Por outro lado, enfim, para completar o quadro desse isomorfismo do fogo e dos elementos diairéticos e espetaculares com os quais constela, o fogo é muitas vezes assimilado à palavra, como no *Upanixade*, onde o isomorfismo liga notavelmente o cume, o fogo e a palavra: "Qual é a divindade do Zênite? – Agni! – E sobre o que repousa Agni? – Sobre a Palavra!"[297] Também na *Bíblia* o fogo é ligado à palavra de Deus e à palavra do profeta cujos lábios são "purificados" com uma brasa[298]. Encontramos, assim, constantemente, sob o complexo simbólico do fogo, um tema diairético muito marcado e que permite associar parcialmente o elemento ígneo, pela luz que comporta, ao *Regime Diurno* da imagem.

O ar resume todas as qualificações catárticas dos atributos elementares que acabamos de estudar: translucidez, luz, receptividade ao calor e ao frio. É uma das razões pelas quais Bachelard, num dos seus mais frutuosos estudos, pôde fazer do elemento aéreo a própria substância do esquema ascensional[299]. Já notamos como na tradição indiana o ar está estreitamente associado à palavra. Voltemos a essa famosa teoria do *prâna*. Vâyû (de *va*, que significa mover-se, respirar) é o Deus primordial pelo qual se inaugura toda a mitologia. Dumézil[300] mostrou que Vâyû (algumas vezes substituído pelo seu homólogo guerreiro Indra) era, nas listas teológicas sacrificiais da Índia, um Deus inicial. É o "batedor", o "impulsor". É também o purificador: é a ele que cabe, depois da vitória do seu companheiro Indra sobre Urta, "limpar com o seu sopro uma matéria infecta"[301]. Para os iranianos existe também um deus do vento que igualmente se pode incluir no panteão guerreiro: o vento é a principal das dez encarnações de Verethragna. O Jano latino desempenharia no Ocidente o mesmo papel de iniciador, e o seu caráter duplo – como o de Vâyû – faz dele um modelo de dicotomia: porta aberta ou fechada, espécie de divindade das "correntes de ar"³⁰². Vâyû é assimilável ao movimento do *prâna*, sopro de vida, é o mediador sutil, "é pelo ar como por um fio que este mundo e o outro e todos os seres estão ligados"³⁰³. Mas não nos enganemos uma vez mais sobre a ambivalência daquilo que prende: porque esta mediação angélica é mais signo de transcendência que de compromisso, como mostra claramente o panteão egípcio. Com efeito, se o deus Chu representa o sopro vital, esse princípio que permite aos homens viver e aos mortos renascer, se ele pode dizer enquanto deus primordial: "faço subsistir (as criaturas) e as mantenho em vida pela ação da minha boca, eu, a vida que se encontra nas suas narinas, eu levo a minha respiração às suas gargantas...", não deixa por isso de ser verdade que Chu é o grande "separador" da terra e do céu, a essência da luz³⁰⁴. Decerto a doutrina do *prâna* ressente-se dessa ambivalência daquilo que liga, e Eliade, numa obra capital sobre a ioga³⁰⁵, ao pôr a tônica na *kumbhaka*, a restrição respiratória, considera que a ioga é, antes de tudo, uma técnica de involução que se aproxima sobretudo das práticas vitalistas do Tao e de um *Regime Noturno* da imagem, axializado em torno de meditações sobre a economia vital, o repouso e a vida longa. Mas, ao lado dessa significação "de retenção" e "enstática"³⁰⁶ do *prânâyâma*, a acepção popular e tântrica dá às práticas respiratórias o sentido principal de purificação. O *prânâyâma* destrói os pecados e purifica os *nadi*. O ar mantém este poder lustral em operações de limpeza (*dhâuti*) da bacia completadas com injeções de água. O método de respiração total que é o *prânâyâma* é, ao mesmo tempo, disciplina de purificação total: "A respiração retida recolhe todos os detritos e age como uma purga... purificação geral de todo o sistema, tem-se a impressão de ter um corpo novo."³⁰⁷ É, portanto, como técnica lustral que o ar é imaginado na Hata-ioga.

Esta concepção liga-se a uma crença universal que coloca no ar respirado a parte privilegiada e purificada da pessoa, a alma. É inútil insistir no *anémos* grego ou na *psychê*, cuja etimologia é completamente aérea, tal como na doutrina hebraica da *nephesh*, símbolo da alma universal, princípio misterioso que o *Levítico* assimila ao sopro. Segundo Fabre d'Olivet, Moisés servir-se-ia desse termo para designar a alma, ligando explicitamente esta última ao sopro e à palavra[308]. Encontramos nos bambara uma concepção semelhante: a alma *ni* reside no sopro; a respiração é chamada *ni na klé*, literalmente "a alma que sobe e desce", termos que descrevem o próprio movimento da vida[309]. Encontramos mesmo nesta população africana uma doutrina da localização do ar da respiração no plexo solar, "olho do peito", muito próxima da fisiologia mágica dos *çakra* da Índia, almas ligadas a práticas respiratórias e à recitação dos *mantra*[310]. É de notar que essas doutrinas de fisiologia pneumática, nas quais o sopro está ligado a um plexo, têm tendência para esquematizar verticalmente os *çakra*: três em sete destes últimos situam-se na cabeça, em particular o sétimo, que já não tem nada de corporal. Esse isomorfismo do sopro e da verticalidade encontra-se também na doutrina do *ni* dos bambara: o *in* do homem localiza-se em grande parte na cabeça e o das plantas nos rebentos terminais[311].

Vemos, assim, como essas técnicas simbólicas de purificação pelo gládio, pelo fogo, pela água ou pelo ar subsumem obrigatoriamente uma metafísica do puro. Há uma espiritualização que vem duplicar os processos purificadores e os esquemas ascensionais. A essência da purificação e da ascensão é finalmente o *âkâsha*, o éter, substrato simbólico de todas as essências, *cûnya* dos *Vedas* e do tantrismo, *hü-kung* do taoísmo. Os meios de purificação e as qualidades catárticas dos elementos que acabamos de examinar são, com efeito, apenas suportes de uma espécie de quintessência de pureza que se manifesta neles por alguns dos seus aspectos: corte da lâmina, limpidez da água, luz do fogo, imaterialidade, ligeireza e quase ubiqüidade do ar. Uma fantasia diairética desses materiais vai ao encontro dos grandes esquemas ascensionais e desemboca num espiritualismo que abstrai e separa o espírito de todas as qualificações acidentais. Uma vez mais verificamos que a qualidade adjetiva importa mais à imaginação diurna que o elemento substancial, e que o próprio adjetivo se reabsorve sempre no gesto homocêntrico, no ato que o verbo traduz e que o suporta.

Num divertido artigo consagrado à importância que tomou na vida moderna a publicidade mitológica dos "saponáceos e detergentes", Roland Barthes[312] evidenciou claramente que havia, no seio de um complexo da purificação, osmoses entre os elementos, com acentuações qualitativas segundo se deseja valorizar um líquido purificador, "espécie de fogo líquido", de fenomenologia mordicante e militar e que "mata a sujeira", ou, pelo contrário, saponáceos e detergentes que simplesmente "fazem desaparecer" a sujeira. "Na imaginária *Omo* a sujeira é um inimigozinho enfezado e negro que foge o mais depressa que pode." Assim, no esquema diairético, a lixívia, os saponáceos e os detergentes confrontam as suas virtudes. Mas o que é necessário perceber é que "Omo" ou "Persil" não passam dos últimos representantes publicitários do arquétipo policial e justiceiro do arcanjo puro e vitorioso sobre os negros demônios. Gládio, espada de fogo, archote, água e ar lustrais, detergentes e tira-manchas constituem assim o grande arsenal dos símbolos diairéticos de que a imaginação dispõe para cortar, salvar, separar e distinguir das trevas o valor luminoso. Apenas a terra nunca é imediatamente pura e só se torna depois de uma lenta operação alquímica ou metalúrgica que a instaura na dignidade do metal ou do sal.

4. Regime Diurno e estruturas esquizomórficas do imaginário

Chegado ao termo destes seis capítulos do nosso primeiro livro, não podemos deixar de constatar o isomorfismo que liga os diversos símbolos num *Regime* específico da imagem, caracterizado por constelações simbólicas, todas polarizadas em torno dos dois grandes esquemas, diairético e ascensional, e do arquétipo da luz. É com efeito o gesto diairético que parece subentender todo esse regime de representação, e parece mesmo que se, reflexologicamente, nos elevamos primeiro é para termos a faculdade de melhor separar, de melhor discernir e de ter as mãos livres para as manipulações diairéticas e analíticas. No domínio da simbólica como no da política, se a idéia do cetro precede como intenção a do gládio, é pelo gládio que, muitas vezes, esta intenção se atualiza. E pode-se dizer que a atualização do *Regime Diurno* da imagem se faz pelo gládio e pelas atitudes imaginárias diairéticas. O *Regime Diurno* é, portanto, essencialmente polêmico. A figura que o exprime é a antítese, e nós vimos que a sua geometria uraniana só tinha sentido como oposição às faces do tempo: a asa e o pássaro opõem-se à teriomorfia temporal, provocando os sonhos da rapidez, da ubiqüidade e do levantar vôo contra a fuga desgastante do tempo, a verticalidade definitiva e masculina contradizendo e dominando a negra e temporal feminilidade; a elevação é a antítese da queda, enquanto a luz solar era a antítese da água triste e da tenebrosa cegueira dos laços do devir. É, portanto, contra as faces do tempo confrontadas com o imaginário num hiperbólico pesadelo que o *Regime Diurno* restabelece, pela espada e pelas purificações, o reino dos pensamentos transcendentes. Seguimos, na sua materialidade antropológica, o jogo dessas antíteses, e poderíamos de momento dar como subtítulo ao *Regime Diurno* da imagem o de *Regime da Antítese*. Mas convém procurar, com precisão ainda maior, a que estruturas de representação imaginária, em geral, corresponde o isomorfismo dos esquemas, dos símbolos e dos arquétipos estudados nos capítulos precedentes.

Parece de fato que esse isomorfismo ultrapassa de longe o campo do imaginário e se estende sub-repticiamente a setores da representação que, no Ocidente, se pretendem puros e não contaminados pela louca da casa. Ao *Regime Diurno* da imagem corresponde um regime de expressão e de raciocínio filosóficos a que se poderia chamar racionalismo espiritualista. No plano das ciências, a epistemologia descobre que desde Descartes esse racionalismo analítico serviu nos métodos físico-químicos e que se introduziu mesmo, como vamos mostrar com um exemplo, nas pesquisas científicas da biologia. Toda a inspiração de um sistema filosófico como o Sâmkhya parece ser orientada, como a etimologia do nome o indica[313], pelo esforço de "discriminação", de "dissociação" entre o espírito *purusa* e a matéria *prakriti*. Se se optar por uma outra etimologia com Garbe e Oldenberg[314], para quem este termo significa "cálculo", "recenseamento por enumeração dos elementos constitutivos", o esquema indutor da noção não deixa por isso de ser o de uma separação, de uma distinção. E é a essa obsessão da distinção, como o fará um pouco mais tarde o dualismo platônico, que se liga o grande problema espiritualista, a saber, "o que subsiste do homem depois da morte, o que constitui a verdadeira essência de si*, o elemento imortal do ser humano"[315]. Como acrescenta Eliade, comentando o *Neti, Neti*, "o caminho da liberdade conduz necessariamente a uma dessolidarização com o cosmos e a vida profana"[316]. Em toda a filosofia indiana encontra-se o *leitmotiv* soteriológico estreitamente ligado aos métodos lógicos de discriminação: a *ânuiksakî*, ciência da controvérsia, é homóloga da *atmavidyâ*[317], ciência da alma. Vedanta, Sâmkhya e Ioga podem ser resumidos como dialéticas decididas a separar o Espírito, o Em-Si-Mesmo**, daquilo que Eliade chama "a experiência psicomental"[318]. Experiência que não é mais que o conteúdo psíquico das encarnações, comprometimentos e situações temporais.

Não é muito difícil ver como este *Regime* filosófico da separação, da dicotomia, da transcendência aparece na história do pensamento ocidental: pode-se seguir-lhe o rastro através das práticas purificadoras do pitagorismo acusmático. O eleatismo parmenidiano, "ponto de partida de toda dialética grega"[319], parece condensar, a meio caminho entre o conceito e as imagens, o isomorfismo constitutivo do *Regime Diurno* da representação: estatismo da transcendência oposto ao devir temporal, distinção da idéia acabada e precisa, maniqueísmo inato do dia e da noite, da luz e da sombra, mitos e alegorias relativos à ascensão solar[320]. Uma parte essencial da meditação filosófica do Ocidente está pronta desde a difusão do poema parmenidiano. E como não ver que este regime da representação vai arrastar consigo todo o platonismo? Não está nas intenções deste livro estudar diretamente as incidências da imaginação sobre o pensamento filosófico, mas como não notar de passagem que este regime da representação estrutura duas das maiores filosofias do Ocidente, a de Platão e a de Descartes[321]? Simone Pétrement consagrou um livro inteiro a circunscrever o regime dualístico do pensamento, o regime das antíteses, em Platão, nos gnósticos e nos maniqueístas[322.] Basta respigar alguns títulos de capítulos desse excelente livro para nos darmos conta de como o perfil filosófico do nosso pensamento ocidental está modelado por es-

---

* "... *le véritable soi*". (N. do T.)
** "*le soi*". (N. do T.)

sas duas correntes, uma oriental, outra helênica, uma carregando-se pelo caminho com a contribuição semítica[323], a outra sendo o prolongamento direto do parmenidismo. Os títulos dos capítulos da obra de S. Pétrement podem ainda servir de títulos às diferentes orientações dos conteúdos da representação, porque esse contexto em que se afrontam "necessidade" ou "contrário do bem" e divindade do "outro lugar", "a alma e o corpo", "os dois reinos", essa dialética cujo arquétipo central é o da "barreira" que separa trevas da luz[324], tudo isso nos é ainda familiar. Parece que a nossa compreensão de Platão e de Gnose vem de sermos platônicos e gnósticos antes de Platão e antes dos escritos mendeanos. A história e os seus documentos vêm deitar-se no leito eterno das estruturas mentais[325]. E que dizer dos temas da filosofia cartesiana? Todo o dualismo cartesiano, toda a inspiração do método de clareza e de distinção é, de fato, na nossa imaginação ocidental, "a coisa do mundo mais bem partilhada". O triunfo do racionalismo é sempre prefigurado por uma imaginação diairética, e como profundamente o diz Gusdorf[326]: "O racionalismo triunfante leva a uma filosofia do duplo: o espírito é o duplo do ser, como o mundo inteligível é o duplo mais autêntico do mundo real..."

Por fim, se nos voltarmos para a epistemologia, veremos que o próprio esforço científico se submete a um ou outro regime da representação e que os conceitos mais puros e as noções mais austeras não podem libertar-se completamente do sentido figurado original. Bachelard escreveu um livro inteiro[327] para mostrar como a ciência tinha dificuldade em separar-se das suas origens de imagens e fantasias. Tomemos um exemplo preciso do filósofo da biologia, G. Canguilhem, que num excelente artigo mostra que algumas querelas científicas não são muitas vezes mais que o resultado de diferenças dos regimes da imagem[328]. O antagonismo tradicional entre citologistas mais ou menos mecanicistas e histologistas adeptos do contínuo só se deve, parece, à valorização positiva ou negativa dada à imagem de uma membrana celular. A representação da célula viva, ambígua como a da cidade, da muralha, etc., é uma daquelas com que a imaginação se pode exercer, seja sob o aspecto diairético de uma fantasia do descontínuo, seja sob o aspecto nuclear, centrípeto, do infinitamente pequeno, e partir então para fantasias da intimidade. Consideremos apenas o primeiro regime da imagem celular, o regime diairético. Hooke, diz-nos Canguilhem, tendo praticado um corte fino num pedaço de cortiça, observa-lhe a estrutura compartimentada. E o epistemólogo insiste na "sobredeterminação afetiva"[329] de uma tal imagem e procura nesta compartimentação, que faz derivar da contemplação do bolo de mel, coordenadas sociológicas: valor da cooperação construtiva, da associação. Mas nós julgamos que é preciso, antes de tudo, insistir no valor da compartimentação em si mesma, no esquematismo diairético que precede toda a fantasia do compartimentado. Porque este valor marca bem a escolha que toda a representação faz de um regime exclusivo, de uma opção definitiva para além das pulsões imaginárias entre que "oscilou": a imagem "de uma substância plástica fundamental, ou uma composição de partes de átomos..."[330] estanques e individualizados. Por outras palavras, vemos triunfar aqui um regime das representações biológicas "celulares" opondo-se a um regime protoplástico e citoblastêmico. Canguilhem[331] mostra mesmo que através das manifestações "fibrilares é ainda uma estrutura celular que obceca a representação de um Buffon, um atomismo biológico" decalcado sobre a mecânica newtoniana, parente próxima do atomismo psicológico de Hume. Assim, a imagem da compartimentação, o esquema diairético que a estrutura e constitui com ela o *Regime Diurno*, é verdadeiramente axiomática de todo um setor de representações que reúne pensamentos tão variados como os do biólogo, do físico mecanicista, do psicólogo ou do filósofo. Acabamos de ver rapidamente que uma certa perenidade deste regime, desde a filosofia Sâmkhya até a epistemologia da célula, punha ao abrigo das motivações culturalistas. Resta agora saber se a psicologia pode nos ensinar alguma coisa sobre a sintomática deste regime da representação humana.

Reservamos para mais tarde[332] o estudo das relações entre a arquetipologia e a tipologia psicológica, tal como nos contentamos em verificar no parágrafo precedente algumas relações entre certas fases históricas do pensamento humano e o *Regime Diurno* da representação. Tal como sublinhamos, de passagem, um parentesco incontestável entre os arquétipos estudados nos capítulos precedentes e as representações do platonismo e do gnosticismo, também devemos notar, e já para isso chamamos a atenção[333], o parentesco incontestável do *Regime Diurno* da imagem e das representações dos esquizofrênicos.

Decerto, precisamos desde já perceber bem que diferença faremos entre estruturas esquizomorfas características do *Regime Diurno* da representação e tipologias esquizofrênicas ou esquizóides. Antes de mais é necessário sublinhar os erros de diagnósticos e as indecisões que encontramos nos psiquiatras na definição da esquizofrenia. O erro mais célebre parece-nos ser o de Jaspers a propósito do diagnóstico de esquizofrenia que estabelece para Van Gogh, diagnóstico anulado, com toda a razão, pela dra. Minkowski, por Leroy e Doiteau e por Riese[334]. Podemos igualmente perguntarmo-nos se a esquizofrenia descrita e tratada pela dra. Séchehaye não é radicalmente oposta à que foi estudada por Minkowski[335]: uma é angústia diante da visão esquizomorfa do universo, outra é, pelo contrário, euforia, deleitação mórbida diante da *Spaltung*. Uma quer curar-se, a outra parece perfeitamente à vontade nas alucinações da doença. Mas não consideraremos essa variação de atitude tipológica do doente diante das formas arquetípicas da doença. Decerto, se a recusa dessas formas, se a vontade de combater "o país da iluminação"[336], se os gritos e as articulações concebidos como gestos de defesa manifestam já o desejo da cura, não deixa por isso de ser verdade que, mesmo nesse caso limite em que o doente parece abominar as formas e as imagens veiculadas pela doença, esta última representa um conjunto de formas e estruturas que constituem uma síndrome coerente da esquizofrenia, síndrome em que encontramos sob um aspecto caricatural os elementos simbólicos e esquemáticos do *Regime Diurno* da imaginação. Não se trata de forma nenhuma de descrevermos o tipo de personalidade esquizóide ou esquizofrênica, mas simplesmente, no seio do isomorfismo das constelações de imagens do *Regime Diurno*, de pôr em evidência estruturas esquizomorfas da representação. Veremos, mais tarde, que a personalidade pode converter-se de um regime a outro, e, neste caso, como mostrou Séchehaye, há cura[337]. Mas as estruturas arquetípicas e as suas ligações isomórficas permanecem imutáveis, intangíveis numa espécie de objetividade numeral dos regimes de representação. A bem dizer, mesmo o retrato que Minkowski[338] nos traça do "racional" é mais uma síndrome de regime da representação que um tipo caracterológico.

Podemos, com efeito, reconhecer nesta descrição os traços estruturais mais típicos do *Regime Diurno* da imagem. "O racional", escreve Minkowski, "compraz-se no abstrato, no imóvel, no sólido e no rígido; o movente e o intuitivo escapam-lhe; pensa mais do que sente e apreende de maneira imediata; é frio, tal como o mundo abstrato; discerne e separa, e por isso os objetos, com os seus contornos nítidos, ocupam na sua visão do mundo um lugar privilegiado. Assim chega à precisão da forma..."[339] É claramente a "síndrome do gládio" que aqui nos é descrita, apresentando em perspectiva, subtendendo o processo diairético, todo o labor paciente dos métodos que através de longas cadeias de razões pretendem dar conta da transcendência. Esse racionalismo extremo e, no limite, "mórbido"[340] deixa bem claras as estruturas esquizomorfas do *Regime Diurno* da representação.

A primeira estrutura esquizomórfica que o exagero patológico mostra é uma acentuação desse "recuo"[341] em relação ao dado que provoca a atitude reflexiva normal. Esse recuo torna-se então "perda do contato com a realidade", "déficit pragmático", "perda da função do real", "autismo"[342]. Bleuler[343] define o autismo como a separação da realidade, dado que o pensamento e as suas intimações passam a ter apenas uma significação subjetiva. Por exemplo, uma doente situa os pontos cardeais segundo as suas preferências pessoais: o norte localiza-se diante dela. Do mesmo modo, um doente que urina confunde esse ato com a chuva e imagina toda uma fantasia na qual "rega o mundo"[344]. Esse recuo, essa distância posta entre o doente e o mundo, cria bem a atitude de representação a que chamamos "visão monárquica", e o psiquiatra, por sua vez, pode falar a propósito da atitude do seu doente de "torre de marfim", uma vez que este se afasta completamente do mundo "para olhar de cima, como aristocrata, os outros a debater-se..."[345] O Rorschach traduz este autismo numa síndrome descrita por Monnier[346]: em particular, chama-nos a atenção o pequeno número de respostas banais, o crescimento inverso das boas ou más respostas originais, a ausência ou a raridade dos grandes detalhes normais, a ausência ou a raridade das respostas forma-cor. Segundo Bohm[347], a perda da função do "eu-aqui-agora" manifestar-se-ia por referências pessoais e associações espontâneas. Assim, a estrutura esquizomorfa primordial seria justamente esse poder de autonomia e de abstração do meio ambiente que começa desde a humilde autocinese animal, mas que no bípede humano se reforça pela postura vertical libertadora das mãos e pelos instrumentos que as prolongam.

A segunda estrutura, que encontramos precisamente ligada a essa faculdade de abstrair que é a marca do homem que reflete à margem do mundo, é a famosa *Spaltung*. Esta última, como nota Minkowski[348], não é *Zerspaltung*, ou seja, desagregação, mas sim o prolongamento representativo e lógico da atitude geral autista. Na *Spaltung* será menos na atitude caracterológica de "separar-se" que no comportamento representativo de "separar" que poremos a tônica. O Rorschach evidencia com clareza a *Spaltung*. É assim que a tábua III, onde é natural ver balconistas, homens pacatos, etc., é interpretada de maneira fragmentária: o sujeito vê apenas a cabeça, o pescoço, os braços[349]. Aparecem continuamente nas descrições esquizomorfas termos como "cortado, partido, separado, dividido em dois, fragmentado, com falhas, despedaçado, roído, dissolvido..."[350], que evidenciam, à obsessão, o "complexo do gládio". A doente estudada por Séchehaye utiliza numerosas expressões características da *Spaltung*[351]. Os objetos, os sons e os seres "dividem-se", estão "separados". Daí o aspecto artificial que assumem os objetos naturais privados da sua finalidade mundana: "As árvores e as sebes eram de cartão, postas aqui e ali como acessórios de teatro." As personagens não passam de "estátuas", "marionetes", "manequins movidos mecanicamente", "robôs", "maquetes". A visão esquizomorfa do universo conduz não só à fantasia do animal máquina, como também à fantasia do cosmos mecanizado. Há uma fúria de análise que se apropria da representação do esquizofrênico: as faces são "cortadas como cartão"[352], cada parte do rosto é percebida como estando separada, independente das outras. O doente repete incansavelmente "tudo está separado... solto, elétrico, mineral"[353]. Por fim, a *Spaltung* materializa-se ela própria aos olhos da imaginação e torna-se o "muro de bronze", "o muro de gelo"[354] que separa o doente de "tudo e de todos" e as suas representações umas das outras. A terceira estrutura esquizomorfa, derivada dessa preocupação obsessiva de distinção, é o que o psiquiatra chama o "geometrismo mórbido"[355]. O geometrismo exprime-se por um primado da simetria, do plano, da lógica mais formal na representação e no comportamento. Desde os dezesseis anos um doente se entrega obcecadamente a jogos de construção, é perseguido por uma mania de simetria na roupa e na maneira de caminhar na calçada. Para o doente, o espaço euclidiano torna-se um valor supremo que, por exemplo, o faz negar qualquer valor à moeda, uma vez que esta última ocupa pouco espaço, enquanto a estação ferroviária de Lyon "aumentada" tem uma importância primordial[356]. O valor dado ao espaço e à localização geométrica explica por sua vez a freqüente gigantização dos objetos na visão esquizomórfica. Séchehaye[357] dá como explicação dessa geometrização e dessa gigantização o fato de o doente não situar os objetos nas suas relações interindividuais, e, por isso, cada objeto isolado pela *Spaltung* é percebido como um todo dividido, maior que o natural. O doente teria, se assim se pode dizer, uma visão natural dos seres e das crianças comparável à visão do artista bizantino que isola sobre o fundo de ouro dos esmaltes as figuras gigantes da Virgem ou do Pantocrator. Vemos, assim, como o isomorfismo da transcendência, da gigantização e da separação se encontra no plano da psicologia patológica. A segunda conseqüência que a geometrização mórbida provoca, e que nos revela o sentido profundo das estruturas esquizomórficas, é o apagamento da noção do tempo e das expressões lingüísticas que o significam em proveito de um presente espacializado. Um doente declara[358]: "Aconteceu-me, na minha doença, suprimir a impressão do tempo. O tempo não conta para mim." Donde deriva o emprego indiscriminado dos tempos verbais, a utilização de uma linguagem telegráfica ou "pretoguês" (*petit nègre*), na qual todos os verbos estão no infinitivo, e, por fim, certas preposições de significação cronológica, como "logo que, quando", são substituídas por termos de matiz topográfico como "onde". Donde igualmente a preferência, notada por Minkowski, pelas referências ao mundo dos sólidos, ao imutável, ao racional e à repetição de termos como "eixo", "idéia", ou comparações osteológicas na visão dos esquizofrênicos[359]. A visão osteológica não passa, de resto, de uma aplicação a um caso particular, o vivente humano ou animal, da visão topológica, do geometrismo mórbido. O doente de Minkowski[360] analisa muito pertinentemente esta relação: "O que me inquieta muito é que eu tenho tendência para ver nas coisas somente o esqueleto. Acontece-me ver pessoas assim. É como a geografia, onde os rios são linhas e pontos... esquematizo tudo... vejo as pessoas como pontos, círculos..."

Por fim, a esta sede de representações geométricas, especialmente de simetria, devemos acrescentar a quarta estrutura esquizomorfa, que não é mais que o pensamento por antítese. Vimos que todo o *Regime Diurno* da representação, pelo seu fundamento diairético e polêmico, repousava sobre o jogo das figuras e imagens antitéticas. Pode-se mesmo dizer que todo o sentido do *Regime Diurno* do imaginário é pensamento "contra" as trevas, é pensamento contra o semantismo das trevas, da animalidade e da queda, ou seja, contra Cronos, o tempo mortal. Ora, o esquizofrênico assume, exagerando-a, essa atitude conflitual entre ele mesmo e o mundo. Naturalmente predisposto para a lógica, "leva em todas as circunstâncias a antítese eu-mundo às últimas conseqüências" e, por isso, "vive... uma atmosfera de conflito constante com o ambiente"[361]. Essa fundamental atitude conflitual invade todo o plano da representação e as imagens apresentam-se aos pares numa espécie de simetria invertida a que Minkowski chama a "atitude antitética"[362]. A antítese não é mais que um dualismo exacerbado, no qual o indivíduo rege a vida unicamente segundo idéias e torna-se "doutrinário *à outrance*". Todas as representações e todos os atos são "encarados do ponto de vista da antítese racional do sim ou do não, do bem ou do mal, do útil e do prejudicial..."[363]. Minkowski[364] traça um quadro completo dessas antíteses esquizomorfas, nas quais o pensamento se opõe ao sentimento, a análise à penetração intuitiva, as provas à impressão, a base ao cimo, o cérebro ao instinto, o plano à vida, o objeto ao acontecimento e, enfim, o espaço ao tempo, uma vez que essas antíteses conceituais não são mais que o prolongamento das antíteses imaginativas que, no princípio desta obra, assinalamos em alguns grandes poetas[365]. E, por fim, todas se resumem na antítese constitutiva das duas primeiras partes deste primeiro livro: é a antítese do tempo, das suas múltiplas faces, e do *Regime Diurno* da representação, carregado das suas figurações verticalizantes e do seu semantismo diairético, ilustrado pelos grandes arquétipos do *Cetro* e do *Gládio*.

Para concluir esse quadro das estruturas esquizomorfas exasperadas pela doença, é necessário deixar o doente resumir ele próprio o isomorfismo rígido do regime geral das suas representações. Vamos ver, neste monólogo de um esquizofrênico relatado por Minkowski[366], convergir uma *Weltanschauung* geométrica que se poderia classificar como cartesiana, com alguns aspectos parmenidianos aqui ou ali, e fantasias antibergsonianas da solidez como ideal e, por fim, o sólido traz a imaginação do rochedo e da montanha. "Não quero, por preço nenhum, perturbar o meu plano", diz o doente, "perturbo mais facilmente a vida que o plano. É o gosto da simetria, da regularidade que me atrai ao plano. A vida não apresenta nem regularidade nem simetria, e é por isso que eu fabrico a realidade." Para reforçar esse intelectualismo triunfante, o doente precisa: "... o meu estado de espírito consiste em só dar crédito à teoria. Só creio na existência de uma coisa depois de a ter demonstrado..." E retomando à sua conta o velho sonho cartesiano da *Mathesis universalis*: "Tudo irá dar à matemática, mesmo a medicina e as impressões sexuais..." Em seguida, a vontade de geometrizar simplifica-se numa visão parmenidiana na qual o doente se pergunta se o grau mais elevado de beleza não consistiria em ter o corpo em forma de esfera. Essa fantasia reforça-se então com uma visão cubista do mundo: "Procuro a imobilidade... tendo para o repouso e para a imobilização. Gosto por isso dos objetos imutáveis, as arcas e os ferrolhos, as coisas que estão sempre no mesmo local e que nunca mudam." Essa visão cezaniana do universo aprofunda-se em meditação da substância do ser: "A pedra é imóvel, a terra, em contrapartida, move-se, não me inspira confiança nenhuma..." Enfim, a meditação petrificante traz, muito naturalmente, a imagem da montanha, a dialética do cume e do abismo e redescobre as técnicas purificadoras, muito próximas das práticas sabáticas e que permitem separar os dois termos antitéticos: "O passado é o precipício, o futuro é a montanha. Foi assim que me veio à idéia deixar um dia-tampão entre o passado e o futuro. Durante esse dia procuro não fazer absolutamente nada. Fiquei, assim, uma vez vinte e quatro horas sem urinar..."

Fizemos questão de citar essa longa página a fim de sublinhar a sua paradoxal coerência. Parece que o doente, mais do que ninguém, se abandona inteiramente ao dinamismo das imagens. Todas as suas representações estão submetidas a um regime único. Todavia, repitamo-lo mais uma vez, esse regime não se confunde com a modificação caracterial trazida pela doença, porque esse regime não tem em si mesmo nada de patológico, subentendido como está pelos grandes gestos naturais que gravitam em torno dos reflexos posturais dominantes e dos seus condicionamentos normais. As estruturas esquizomorfas não são, assim, a esquizofrenia, elas permanecem e subsistem em representações ditas normais. Veremos, por isso, que não se confundem nem com a tipologia de um caráter psíquico particular nem com uma pressão cultural qualquer. De momento, depois de ter mostrado que o *Regime Diurno*, o regime da antítese, se caracterizava nitidamente por estruturas esquizomorfas que podíamos estudar desmesuradamente aumentadas pela lupa da doença, resta-nos mostrar como a imaginação pode inverter os valores atribuídos aos termos da antítese. Como o espírito pode se curar da exclusividade esquizomorfa que é a esquizofrenia[367], como pode passar de um regime a outro e converter a sua visão filosófica do mundo é o que vamos agora estudar na constituição dos grandes temas do *Regime Noturno* do imaginário. Para concluir esta primeira parte, podemos dizer que verificamos o nosso postulado de partida em como o sentido próprio, e que se julga conceitual, segue sempre o sentido figurado. É por atitudes da imaginação que se chega às estruturas mais gerais da representação, e é a imagem do gládio, as suas coordenadas espetaculares e ascensionais que anunciam as estruturas esquizomorfas, a saber, a desconfiança em relação ao dado, às seduções do tempo, a vontade de distinção e de análise, o geometrismo e a procura da simetria e por fim o pensamento por antíteses. Poder-se-ia definir o *Regime Diurno* da representação como o trajeto representativo que vai da primeira e confusa glosa imaginativa implicada nos reflexos posturais até a argumentação de uma lógica da antítese e ao "fugir daqui" platônico[368].

LIVRO SEGUNDO
O Regime Noturno da imagem

O estudo precedente fez-nos compreender a dificuldade fundamental que apresenta a procura exclusiva da transcendência e a polêmica dualista que daí resulta. "Ser platônico acaba por cansar", escreve Alain[1], ou, se não cansa, acaba por alienar. É que a representação que se confina exclusivamente no *Regime Diurno* das imagens desemboca ou numa vacuidade absoluta, uma total catarofilia de tipo nirvânico, ou numa tensão polêmica e numa constante vigilância de si fatigante para a atenção. A representação não pode, sob pena de alienação, permanecer constantemente com as armas prontas em estado de vigilância. O próprio Platão sabe que é necessário descer-se de novo à caverna, tomar em consideração o ato da nossa condição mortal e fazer, tanto quanto pudermos, bom uso do tempo. Do mesmo modo, o psicoterapeuta[2] recomenda, na prática ascensional do sonho acordado, não "largar" o sonhador no cimo da sua ascensão mas fazê-lo voltar progressivamente ao seu nível de partida, trazê-lo suavemente à sua altitude mental habitual. Enfim, a esquizofrênica[3] tratada por Séchehaye está no caminho da cura quando ganha horror ao exclusivo mundo da iluminação e se religa a um ritual e a um simbolismo noturno.

Diante das faces do tempo, desenha-se, assim, uma outra atitude imaginativa, consistindo em captar as forças vitais do devir, em exorcizar os ídolos mortíferos de Cronos, em transmutá-los em talismãs benéficos e, por fim, em incorporar na inelutável mobilidade do tempo as seguras figuras de constantes, de ciclos que no próprio seio do devir parecem cumprir um desígnio eterno. O antídoto do tempo já não será procurado no sobre-humano da transcendência e da pureza das essências, mas na segura e quente intimidade da substância ou nas constantes rítmicas que escondem fenômenos e acidentes. Ao regime heróico da antítese vai suceder o regime pleno do eufemismo. Não só a noite sucede ao dia, como também, e sobretudo, às trevas nefastas. Já tínhamos verificado[4], ao estudarmos as tenebrosas faces do tempo, a tendência progressiva para a eufemização dos terrores brutais e mortais em simples temores eróticos e carnais. Tínhamos notado como se dava um deslizar progressivo do mal metafísico para o pecado moral pelo jogo sugestivo das próprias imagens. E a psicanálise evidenciou de forma genial que Cronos e Tanatos se conjugam com Eros[5].

É sobre essa ambivalência essencial de Eros que gostaríamos de insistir por nossa vez, não para nos interrogarmos sobre essa duplicidade da pulsão primitiva, mas para terminar e fechar sobre ele mesmo o estudo da valorização negativa das imagens noturnas. A ambivalência Eros-Cronos-Tanatos, da pulsão e do destino mortal, marca o próprio limite a partir do qual os grandes temas da simbólica que acabamos de estudar só podem inverter o seu valor. Se Eros tinge de desejo o próprio destino, então há meios para exorcizar, sem ser pela antítese polêmica e implacável, a face ameaçadora do tempo. Ao lado do processo metafísico que, pelos símbolos antitéticos, pela fuga ou pelo gládio, combate os monstros hiperbólicos engendrados pela angústia temporal, ao lado de uma atitude diairética, de uma ascese transcendente, a duplicidade, ao permitir a eufemização da própria morte, abre ao imaginário e às condutas que ele motiva uma via completamente diferente. É essa inversão dos valores simbólicos, graças à ambigüidade do Eros, que Denis de Rougemont[6] pôs bem em evidência na evolução histórica da "revolução" cátara do século XII. Sobre um ascetismo dualista exacerbado no qual o entusiasmo, o Eros divino, vai dar ao amor do amor, a um desejo vazio de objeto que, por ódio da carne, se encontra face a face com a morte, vem pouco a pouco enxertar-se uma doutrina do amor que vai eufemizar o contexto carnal e progressivamente inverter os valores ascéticos promulgados pelos "Perfeitos". Do "fugir daqui" platônico ao Eros platônico e finalmente à cortesia e ao culto da Dama, o trajeto psíquico é contínuo[7]. A própria ortodoxia católica não poderá permanecer à margem dessa "revolução psíquica" inaugurada pela heresia e acabará por promover o culto da Virgem-Mãe, o culto da mulher exorcizada e sublimada. É um movimento idêntico que S. Pétrement[8] destacou nas "tentativas de ultrapassar o dualismo gnóstico", especialmente dos pseudoclementinos que substituem o catarismo dualista da gnose por uma teoria dos contrários concebidos como unidos na sizígia, na qual o princípio feminino é necessário à realização do Pleroma: o Salvador vem "formar", e assim salvar, a Sofia feminina, figura das nossas almas incompletas. Vê-se, em todos esses exemplos, tanto psicológicos como históricos, como o imperialismo do imaginário, ao acrescentar uns símbolos a outros, ao acrescentar, como mostramos, à temporalidade lunar a feminilidade menstrual, esboça uma eufemização que em si mesma é indicativa de uma ambivalência a partir da qual as atitudes diante do tempo e da morte podem se inverter.

Retomemos, com mais detalhes, esse processo imaginário de inversão dos valores. Como escreve M. Bonaparte[9], "um dos traços mais constantes de Eros é arrastar consigo o seu irmão Tanatos". Já estudamos como, pela representação imaginária, esse arrastamento se realizava por interposição da impureza feminina constituída pelo sangue menstrual. Mas a recíproca da fórmula da psicanálise é também verdadeira, de tal modo que é numa ambivalência fundamental que os símbolos repousam. É o que explica a ambivalência de certas divindades feminóides: de Kali, ao mesmo tempo Parvati e Durga, da *Vênus libitina*, "Vênus romana", escrevem Bréal e Bailly[10], "cujo nome vem de *libitum*, desejo, mas por razões que se ignoram os objetos relativos aos funerais eram vendidos no seu templo... mudou em seguida de papel e tornou-se deusa dos funerais".

Ora, essas razões são as que a arquetipologia revela: a beleza acompanha a deusa ctônica e em torno da morte e da queda do destino temporal formou-se pouco a pouco uma constelação feminina e em seguida sexual e erótica. A libido seria, portanto, sempre ambivalente, e ambivalente de muitas maneiras, não só porque é um vetor psicológico com pólos repulsivo e atrativo, como também por uma duplicidade profunda destes próprios dois pólos. É essa ambigüidade que já Platão[11] assinalava na famosa passagem do *Banquete* onde Eros é definido como filho da Riqueza e da Pobreza. Mas há ainda uma outra ambigüidade que fundamenta as duas precedentes: é que o amor pode, continuando a amar, carregar-se de ódio ou de desejo de morte, enquanto, reciprocamente, a morte poderá ser amada numa espécie de *amor fati* que imagina nela o fim das tribulações temporais. Era a primeira dessas atitudes que Platão sublinhava pela boca de Alcibíades, que desejava o aniquilamento do objeto amado; foi essa atitude que a psicanálise estudou metodicamente[12], enquanto Freud consagrava à segunda atitude dois estudos célebres[13] no termo dos quais diferenciava uma libido puramente hedônica de um "instinto de morte", separação não radical dado que no sadismo seria a libido que se apoderaria dos instintos de morte e os projetaria no objeto do desejo, dando assim uma coloração macabra ao próprio prazer. O instinto de morte residiria no desejo que cada ser vivo tem de regressar ao inorgânico, ao indiferenciado.

Contrariamente a Freud, não chegaremos à distinção dos dois princípios da libido. Com Maria Bonaparte[14] conservaremos a unidade ambígua da libido através das suas manifestações eróticas, sádicas, masoquistas e mortícolas. A libido pode então ser assimilada a um impulso fundamental onde se confundem desejo de eternidade e processo temporal tal como esse "querer" tão impropriamente designado por Schopenhauer[15]. Necessidade por vezes suportada e amada, outras detestada e combatida. Se, com Jung[16], examinarmos a etimologia da palavra libido, veremos que o latim enfraquece e racionaliza o sentido etimológico sânscrito que significava "experimentar um violento desejo". A libido tem, portanto, o sentido de desejar em geral, e de sofrer todas as conseqüências desse desejo. Jung[17] assimila esse desejo fundamental ao Eros platônico, ao Dioniso tebano, a Fanes, a Príapo e a Kama enquanto "energia em geral". Mas é a ambigüidade dessa libido que lhe permite diversificar-se e inverter as valorizações da conduta consoante se separe ou se junte a Tanatos. A libido aparece assim como o intermediário entre a pulsão cega e vegetativa que submete o ser ao devir e o desejo de eternidade que quer suspender o destino mortal, reservatório de energia de que o desejo de eternidade se serve, ou contra o qual, pelo contrário, se revolta. Os dois *Regimes* da imagem são, assim, os dois aspectos dos símbolos da libido. Por vezes, com efeito, o desejo de eternidade liga-se à agressividade, à negatividade, transferida e objetivada, do instinto de morte para combater o Eros noturno e feminóide, e até agora classificamos esses símbolos antitéticos, purificadores e militantes. Pode-se, nesse caso, ver com Jung[18] uma coincidência de uma parte da libido com a proibição do incesto, a luta contra a revolução incestuosa e os seus símbolos femininos ou teriomórficos. A energia libidinal põe-se então sob a autoridade de um monarca divino e paterno e da pulsão só tolera a sua agressividade masculina e a sua combatividade que tempera com purificações ascéticas e batismais. Outras vezes, pelo contrário, a libido ligar-se-á às coisas agradáveis do tempo, invertendo como que do interior o regime afetivo das imagens da morte, da carne e da noite, e é então que o aspecto feminino e materno da libido é valorizado, que os esquemas imaginários vão infletir para a regressão e a libido sob esse regime transfigurar-se-á num símbolo materno[19]. Outras vezes, por fim, o desejo de eternidade parece querer ultrapassar a totalidade da ambigüidade libidinosa e organizar o devir ambivalente da energia vital numa liturgia dramática que totaliza o amor, o devir e a morte. É então que a imaginação organiza e mede o tempo, mobilia o tempo em mitos e as lendas históricas, e vem, pela periodicidade, consolar da fuga do tempo[20].

Verificamos assim que por essas duas últimas modalidades, que, por intermédio de Eros, emprestam um certo sorriso às faces de Cronos, se define um novo regime da imagem que agrupa duas grandes famílias de símbolos que participam uma e outra de uma maneira direta das imagens temporais que acomodam. O *Regime Noturno* da imagem estará constantemente sob o signo da conversão e do eufemismo. O primeiro grupo de símbolos que vamos estudar é constituído por uma pura e simples inversão do valor afetivo atribuído às faces do tempo. O processo de eufemização esboçado já ao nível de uma representação do destino e da morte, que, no entanto, não tinha ilusões, vai-se acentuando para chegar a uma verdadeira prática da *antífrase* por inversão radical do sentido afetivo das imagens. O segundo grupo vai ser axializado em torno da procura e da descoberta de um fator de constância no próprio seio da fluidez temporal e esforça-se por *sintetizar* as aspirações da transcendência ao além e as intuições imanentes do devir. Num e noutro grupo há valorização do *Regime Noturno* das imagens, mas num dos casos a valorização é fundamental e inverte o conteúdo afetivo das imagens: é então que, no seio da própria noite, o espírito procura a luz e a queda se eufemiza em descida e o abismo minimiza-se em taça, enquanto, no outro caso, a noite não passa de propedêutica necessária do dia, promessa indubitável da aurora.

É pela inversão radical do *Regime Diurno* das representações que vamos começar o nosso estudo, reservando para uma segunda parte a análise dos mitos e símbolos constitutivos de uma dialética do retorno.

Primeira Parte
A descida e a taça

> *O espírito das profundidades é imperecível: chamam-lhe a Fêmea misteriosa...*
>
> Tao-Te-King, VI
>
> *A cinza das rosas terrestres é a terra natal das rosas celestes... e a nossa estrela da tarde é a estrela da manhã para os antípodas...*
>
> Novalis, *Shrifften*, III, p. 189

1. Os símbolos da inversão[1]

Nos capítulos seguintes vamos reencontrar todas as faces do tempo, mas como que exorcizadas dos terrores que veicularam, transmutadas pelo abandono do regime da antítese. Não nos iludamos, no entanto, a respeito da linguagem: muito freqüentemente continuará a utilizar o vocabulário das técnicas de purificação, mas fazendo-o recobrir um contexto imaginário completamente diferente. Por exemplo, o tempo "puro" ligava-se, para a imaginação metafísica da transcendência, aos símbolos da ruptura, da separação. Pelo contrário, a imaginação ontológica da imanência lerá, por detrás desse atributo, os substantivos simbólicos da ingenuidade, da imemorialidade, da imediatez originária. A pureza, segundo Bergson ou Rousseau, não tem o mesmo conteúdo semântico que em Platão ou Descartes. Além disso, a eufemização dos ícones temporais faz-se sempre com prudência, por etapas, de tal modo que as imagens conservam, apesar de uma forte intenção de antífrase, um traço da sua origem terrificante ou, pelo contrário, anastomosam-se curiosamente às antíteses imaginadas pela ascese diairética. Por exemplo, a finalidade a que se propõem as constelações que vamos estudar já não será a ascensão até o cimo mas a penetração de um centro, e às técnicas ascensionais vão suceder técnicas de escavação, mas esse caminho para o centro será ao mesmo tempo, ou alternadamente, segundo os casos, a via mais fácil, a mais acessível e como que conservando uma nota do entusiasmo ascensional, mas também o caminho difícil, meândrico e labiríntico, o *dûrohana* que as imagens angustiantes do precipício, da garganta e do abismo deixam pressentir. Também as grandes deusas que, nessas constelações, vão substituir o Grande Soberano masculino e único da imaginação religiosa da transcendência serão simultaneamente benéficas, protetoras do lar[2], dadoras de maternidade, mas, quando necessário, conservam uma seqüela da feminilidade temível, e são ao mesmo tempo deusas terríveis, belicosas e sanguinárias. Outras vezes, ainda, embrenhando-se numa exploração das profundidades, a fantasia do *Regime Noturno* conservará da técnica polêmica a preocupação da couraça, a precaução da defesa e da ostentação.

O processo de eufemização, que tínhamos visto em germe na ambivalência da feminilidade nefasta e em esboço no domínio e apropriação dos laços pelos Grandes Deuses uranianos[3], vai assim intensificar-se até a antífrase, mas sem excluir totalmente as sobrevivências do outro regime da representação e usando, na maior parte das vezes, o processo do compromisso. Todavia, apesar desses compromissos e matizes, devemos sublinhar desde já o notável isomorfismo dos símbolos que estudaremos. Isomorfismo que Dumézil[4] destaca, por exemplo, nos *Vedas* e nos textos masdeístas e que liga a idéia de riquezas, a noção de plural a figuras femininas da fecundidade, da profundidade aquática ou telúrica. É o que acontece com os Açvinos ligados a Pûshan, deus da vida, "dador de riquezas", "massa divina", que se concentram na figura feminina de Sarasvati, deusa das águas mães, dadora de vida e de posteridade, portadora do alimento, do leite, do grão e do mel, abrigo à prova de tudo, inviolável refúgio.

Como escreve Bachelard, é por um movimento "involutivo" que começa toda a exploração dos segredos do devir, e Desoille, na sua segunda obra, estuda os sonhos de descida que são sonhos de retorno e aclimatação ou consentimento da condição temporal[5]. Trata-se de "desaprender o medo"[6]. É uma das razões pelas quais a imaginação da descida necessitará de mais precauções que a da ascensão. Exigirá couraças, escafandros, ou então o acompanhamento por um mentor, todo um arsenal de máquinas e maquinações mais complexas que a asa, o tão simples apanágio do levantar vôo[7]. Porque a descida arrisca-se, a todo o momento, a confundir-se e a transformar-se em queda. Precisa continuamente se reforçar, como que para se tranqüilizar, com os símbolos da intimidade. Existe mesmo nas precauções tomadas na descida, como veremos a propósito do complexo de Jonas, uma sobredeterminação das proteções: protegemo-nos para penetrar no coração da intimidade protetora. Bachelard, com a sua sagacidade habitual, ao analisar uma página da *Aurora* de Michel Leiris, mostrou claramente que qualquer valorização da descida estava ligada à intimidade digestiva, ao gesto da deglutição. Se a ascensão é apelo à exterioridade, a um para além do carnal, o eixo da descida é um eixo íntimo, frágil e macio. O regresso imaginário é sempre um "ingresso" mais ou menos cenestésico e visceral. Quando o filho pródigo arrependido repassa o limiar paterno é para se banquetear.

É fácil conceber que nestas profundidades obscuras e escondidas seja pequeno o limite entre o ato temerário da descida sem guia e a queda nos abismos animais. Mas o que distingue afetivamente a descida da fulgurância da queda, como de resto do levantar vôo, é a sua *lentidão*. A duração é reintegrada, domesticada pelo simbolismo da descida graças a uma espécie de assimilação, por dentro, do devir. A redenção do devir faz-se, como na obra de Bergson, pelo interior, pela duração concreta. De tal modo que toda descida é lenta, "leva o seu tempo", ao ponto de confinar, por vezes, com a laboriosa penetração. A esta lentidão visceral junta-se, bem entendido, uma qualidade térmica. Mas trata-se aqui de um calor suave, de um calor lento apetece-nos dizer, distante de todo o fulgor demasiado ardente. E se o elemento pastoso é de fato o elemento da lentidão[8], se a descida só admite a pasta, a água espessa e adormecida, ela só retém do elemento ígneo a sua substância íntima: o calor. Na sua obra consagrada ao fogo, o mesmo autor nota bem, tal como Novalis, a diferença entre o calor que queima e que brilha e o calor das profundidades e dos regaços: "A luz ri e joga na superfície das coisas, mas só o calor penetra... O interior sonhado é quente, nunca inflamado... Pelo calor tudo é profundo, o calor é o signo de uma profundidade, o sentido de uma profundidade..."[9] É que, com efeito, nesta imagem da "quente intimidade" conjugam-se a penetração branda e o acariciante repouso do ventre digestivo e do ventre sexual. A imaginação da descida verifica a intuição freudiana que faz do tubo digestivo o eixo descendente da libido antes da sua fixação sexual. Pode-se mesmo dizer que os arquétipos da descida vão seguir com muita fidelidade o trajeto genético da libido tal como é descrito pela análise freudiana, e será sempre fácil para um psicanalista ver na aparição desta imagética digestiva, bucal ou anal um sintoma de regressão ao estádio narcísico[10]. O "complexo de Novalis", que assimila a uma copulação a descida do mineiro na terra, liga-se ao "complexo Jonas". Um e outro têm como símbolo o ventre, quer seja digestivo ou sexual, e pela meditação deles inaugura-se toda uma fenomenologia eufemizante das cavidades[11]. O ventre é a primeira cavidade valorizada positivamente tanto pela higiene como pela dietética. A confusão posta em relevo por Freud entre o sexual e o digestivo é, de resto, tão profunda que a descida ao ventre incubador se faz indiferentemente – nos contos folclóricos – pela boca ou pela vagina[12]. Este ventre polivalente pode, decerto, englobar valores negativos, como já notamos[13], e vir simbolizar o abismo da queda, o microcosmo do pecado. Mas quem diz microcosmo diz já minimização. Os atributos "suave", "morno" vêm tornar esse pecado tão agradável, constituem um meio-termo tão precioso para a eufemização da queda, que esta última é travada, amortecida em descida e, por fim, converte os valores negativos de angústia e medo em deleitação da intimidade lentamente penetrada.

Poder-se-ia dizer que a tomada em consideração do corpo é o grande sintoma da mudança de regime do imaginário. Como bem notou Séchehaye[14], o interesse e o afeto pelo corpo marcam, para o esquizofrênico, uma etapa positiva na via da cura. É quando os sentimentos de culpabilidade carnal são afastados que o doente começa a melhorar e declara: "Começava, então, a tomar em consideração e a amar o meu corpo." É notar, de resto, que neste processo a imaginação do corpo seja ao mesmo tempo sexual, ginecológica e digestiva: o simbolismo do leite, das maçãs e dos alimentos terrestres alternam com fantasmas de involução no corpo materno. Nas páginas seguintes consideraremos, desta vez, somente a imagem do ventre valorizado positivamente, símbolo hedônico da descida feliz, ao mesmo tempo libidinosamente sexual e digestiva. Pode-se, de resto, notar de passagem que o digestivo é muitas vezes eufemização ao quadrado: o ato sexual é simbolizado por sua vez pelo beijo bucal. Mas detenhamo-nos na simples imaginação da descida visceral, o "complexo de Jonas" tão difundido e que se manifesta tanto na lenda do Cavalo de Tróia como no comportamento de todos os gigantes engolidores da mitologia céltica, na fantasia de um Hugo ao alojar o seu Gavroche na estátua do Elefante, ou nas fabulações espontâneas de crianças da escola primária[15].

É a uma transmutação direta dos valores da imaginação que a descida nos convida, e Harding[16] cita os gnósticos para quem "subir ou descer vem a dar no mesmo", associando a esta concepção da inversão a doutrina mística de Blake, para quem a descida é também um caminho para o absoluto. Paradoxalmente, desce-se para subir no tempo e reencontrar as quietudes pré-natais. Detenhamo-nos, então, nesse tão importante processo de inversão e interroguemo-nos sobre qual é o mecanismo psicológico pelo qual se constitui o eufemismo que tende para a própria antífrase, dado que o abismo transmutado em cavidade se torna uma finalidade e a queda tornada descida transforma-se em prazer. Poder-se-ia definir uma tal inversão eufemizante como um processo de dupla negação. Processo de que tínhamos encontrado os pródromos a propósito da dialética do atamento e da personagem do atador atado. Processo revelado por numerosas lendas e contos populares onde aparece o ladrão roubado, o enganador enganado, etc., e que os centões, com redobramento, como por exemplo: "Aquele que pensava apanhar foi apanhado...", "Para malandro malandro e meio", etc., assinalam. O processo reside essencialmente em que pelo negativo se reconstitui o positivo, por uma negação ou por um ato negativo se destrói o efeito de uma primeira negatividade. Pode-se dizer que a fonte da inversão dialética reside neste processo da dupla negação, vivida no plano das imagens, antes de ser codificado pelo formalismo gramatical. Este processo constitui uma transmutação dos valores: eu ato o atador, mato a morte, utilizo as próprias armas do adversário. E por isso mesmo simpatizo com a totalidade ou uma parte do comportamento do adversário. Este processo é, portanto, bem indicativo de toda uma mentalidade, ou seja, de todo um arsenal de processos lógicos e símbolos que se opõe radicalmente à atitude diairética, ao farisaísmo e ao catarismo intelectual e moral do intransigente *Regime Diurno* da imagem. Pode-se dizer que a dupla negação é a marca de uma total inversão de atitude representativa.

Um notável exemplo desta inversão por sobredeterminação do negativo nos é dado no estudo que M. Bonaparte[17] consagra ao S. Cristóvão cinocéfalo do museu bizantino de Atenas. Neste ícone, que data do fim do século XVII, S. Cristóvão é representado com uma cabeça de cão, de acordo com certas lições de tradição oriental. Como assinala[18] a psicanalista, dois mitos convergem na figura do cristóforo: o mito do barqueiro e o do gigante pagão com cabeça de cão. Ora, S. Cristóvão é invocado contra a morte súbita e os acidentes fatais. O atributo cinocéfalo seria justamente uma sobrevivência e uma transposição do atributo principal do Anúbis egípcio, donde a alusão na lenda a uma origem e a um nome pagão de Cristóvão: *Reprobatus*[19], "o condenado". Numerosos traços vêm confirmar esta filiação: a lenda descreve Reprobatus sob os traços de um gigante cruel, comedor de homens, com dentes de cão... Do mesmo modo, o papel de barqueiro é um papel ctônico-funerário: o deus Anúbis, como o seu equivalente grego Caronte, passa os mortos para o outro lado do rio infernal. M. Bonaparte[20] conta muito bem como este ogro cinocéfalo se "converteu", num contexto lendário e religioso explícito. É Cristo "levado" pela morte que transforma e inverte o sentido da própria morte. Cristo acompanha os mortais na viagem, submete-se à mesma passagem perigosa, e a imagem do cinocéfalo domado, tornado cristóforo, inverte o seu próprio sentido e torna-se protetora, talismã contra a violência da morte. Esta inversão é simbolicamente sublinhada pelo bordão que o gigante usa e que, na lenda, floresce miraculosamente depois da conversão do condenado. Portanto, no mito de S. Cristóvão, e especialmente nesta curiosa e explícita figuração do mito do museu de Atenas, é a própria morte que é invocada contra a morte, numa notável dupla negação religiosa. Não se trata apenas, como pretende Maria Bonaparte[21], de uma invocação eufêmica ao barqueiro dos mortos, do "ainda não" que implora ao barqueiro fúnebre, mas muito mais de uma total vitória da antífrase: a morte de Cristo ressuscitado venceu, submeteu as qualidades fúnebres do gigante. É bem um símbolo de inversão semântica que a "conversão" do gigante cinocéfalo figura. Através deste é a "boa morte" que é pedida, porque acima de tudo, na Idade Média, S. Cristóvão é invocado contra a "má morte", ou seja, a morte súbita que priva a vítima do viático dos sacramentos. Existe, portanto, pela intercessão do cristóforo, uma "boa morte" que é apenas passagem, transição securizante. S. Cristóvão, como o Jonas bíblico, significa que a morte, o próprio processo da morte pode ser invertido quanto ao seu valor e à sua significação. Poderíamos mostrar na gesta cristã e na hagiografia lendária numerosos exemplos de tal conversão: limitemo-nos a recordar, por exemplo, a famosa anedota do "caminho de Damasco", que transforma o perseguidor Saulo em protetor dos perseguidos. Toda conversão é sempre, antes de mais, uma transfiguração. E todo o isomorfismo dos símbolos que estamos a estudar nestes capítulos centra-se neste redobramento eufêmico, é constituído essencialmente pela dupla negação. Parece que, antes de chegar às dialéticas sintéticas, a representação imagina processos de antífrase, e o processo da dupla negação aparece ao nível da imagem como primeira tentativa de domesticação das manifestações temporais e mortais ao serviço da vocação extratemporal da representação. Pode-se dizer que a antífrase constitui uma verdadeira conversão que transfigura o sentido e a vocação das coisas e dos seres conservando no entanto seu inelutável destino.

Seria, por fim, interessante confrontar este processo de dupla negação eufemizante com o processo freudiano da *Verneinung*, termo que J. Hyppolite traduz por *dénégation* (denegação)[22]. Processo que consiste no fato de que a negação da linguagem traduz uma afirmação do sentimento íntimo: "Apresentar o que se é no modo de não o ser." Como nota Hyppolite[23], esta função de denegação é muito próxima da *Aufhebung* que fundamenta a dialética hegeliana: "A denegação é uma *Aufhebung* do recalcamento, mas não é, por isso, uma aceitação do recalcado." Acrescentaremos que a dupla negação manifesta um progresso na aceitação do recalcado. A denegação não passa de um tímido esboço da negação dupla. A denegação é o meio-termo psicológico entre a total negação do regime antitético e a dupla negação do regime da antífrase. Hyppolite[24] observou muito bem que a "negação da negação" era o aperfeiçoamento "intelectual", representativo, da denegação. Todavia, abster-nos-emos de emitir um juízo de valor ou de antecedência entre a *Aufhebung* e a dupla negação, notando simplesmente de passagem que a denegação cara ao psicanalista constitui de fato um esboço incompleto da antífrase. A antífrase já não se contenta com uma censura que apenas filtre a expressão e recalque o afeto, exige agora um acordo pleno entre o significante e o significado.

É essa inversão que inspira toda a imaginação da descida e especialmente o "complexo de Jonas". O Jonas é eufemização do *engolimento* e, em seguida, antífrase do conteúdo simbólico do engolimento. Transfigura o despedaçamento da voracidade dentária num suave e inofensivo *sucking*, como Cristo ressuscitado transforma o irrevogável e cruel barqueiro em benéfico protetor de uma viagem de recreio. Bachelard[25], no rastro da psicanálise freudiana, distingue com razão o estádio original do engolimento do estádio secundário do trincar, este último correspondendo a uma atitude agressiva da segunda infância: "A Baleia de Jonas e o Ogro do Pequeno Polegar poderiam servir de imagens a estes dois estádios... a vítima engolida pela primeira imagem quase não é assustadora se a compararmos à segunda..."[26] Há, portanto, coeficientes axiológicos diferentes nas imagens cujo conteúdo estático pode superficialmente passar por semelhante. O engolimento não deteriora, muitas vezes mesmo valoriza ou sacraliza. "O engolido não sofre uma verdadeira desgraça, não é necessariamente vítima de um acontecimento infeliz. Mantém um valor."[27] O engolimento conserva o herói que foi engolido, como a "passagem" do cristóforo salvaguarda os passageiros. Podemos notar esta transmutação dos valores de engolimento nos dois temas folclóricos, um negativo e assustado, o outro pacífico, do Ogro e de Gargântua[28]. O Ogro dos *Contes de ma mère l'Oye* tal como o gigante das *Grandes chroniques* têm traços em comum, à maneira do S. Cristóvão que conserva a cabeça cinocéfala de Reprobatus. O Ogro à porta de quem bate o Pequeno Polegar "tem um carneiro inteiro no espeto para jantar", e Gargântua é um comilão insaciável. Todas as lendas gargantuescas contadas por Dontenville insistem nas capacidades de engolimento do gigante: ingurgita rios, carroças, barcos com a tripulação. Mas a semelhança fica por aí, porque todas as lendas insistem igualmente na bonomia do bom gigante[29]. Gargântua é um simpático bebedor de "cheias" e de tempestades e, coisa notável para o que nos interessa, é também ele, como o S. Cristóvão cristão, "padroeiro" de numerosos vaus de que a toponímia dá conta[30].

Mas há ainda mais: esta inversão estruturada pelo redobramento da negação é ela própria geradora de um processo de redobramento indefinido das imagens. O redobramento da dupla negação parece extrapolado pela representação e estendido a todo o conteúdo imaginário. É assim que se chega aos tão freqüentes fantasmas do engolidor engolido. Mesmo que seja, de início, uma simples inversão dos papéis em que é o homem que, desta vez, engole o animal, como o revela a lendária fauna estomacal onde se agitam sapos, lagartos, peixes, serpentes e rãs, fauna que Bachelard[31] enumera em Colin de Plancy e em Cardan e Raspail. Num grau mais avançado, é o engolidor que é explicitamente engolido. André Bay[32] detecta a formação espontânea deste mito na criança: o leão engole o pastor, cai ao mar, é apanhado na rede, uma baleia, por fim, traga o barco e o carregamento. Bachelard, num dos melhores capítulos do seu livro[33], entretém-se a procurar esse "complexo do superjonas", de "Jonas ao cubo" em *Les mémoires* de A. Dumas, em Barbarin, Louis Pergot e V. Hugo. A iconografia deste tema também é muito rica: contentar-nos-emos em evocar a ilustração por Breughel e por Bosch do provérbio flamengo: "Os peixes grandes comem os pequenos." Veremos dentro em pouco que este esquema do engolimento ao cubo é fundamental no *Kalevala* e que o seu arquétipo é o peixe. De momento, precisamos ainda insistir no sentido profundo dessa faculdade indefinida de redobramento das imagens.

Dontenville[34], depois de ter sublinhado no nome de Gargântua a repetição onomatopaica de *gar*, mostra-nos que o gigante engolidor é por sua vez engolido. Assimilado ao sol, afunda-se no horizonte, quer por detrás das montanhas, quer no mar no Ocidente, onde os antigos situavam as ilhas Fortunadas. Tem o seu túmulo, os seus túmulos, eles absorvem-no, engolem-no, ingurgitam-no. O castelo de Avalon, consagrado ao deus Gargântua, é um lugar onde, para usar o francês antigo, *li soleil avaloit*, quer dizer, "ia descendo (*allait à val*)". E Dontenville[35] tem esta reflexão capital: o duplo sentido ativo-passivo do verbo faz com que o objeto simbólico tenha dois aspectos, um monte Gargan que é engolidor, o deus Gargan que é engolido e que, por sua vez, se torna um engolidor. Do mesmo modo, na simbólica cristã, Cristo é ao mesmo tempo o grande Pescador e o peixe. É no duplo sentido ativo-passivo do verbo que é preciso procurar marcas do mecanismo semântico que ordena quer a dupla negação, quer a inversão do valor. Deste sincretismo do ativo e do passivo pode-se induzir mais uma vez que o sentido do verbo importa mais para a representação que a atribuição da ação a este ou àquele sujeito. A diferenciação gramatical dos dois modos ativo e passivo constitui uma espécie de integração gramatical da denegação: sofrer uma ação é, certamente, diferente de fazê-la, mas é ainda, de algum modo, participar nela. Para o imaginário fascinado pelo gesto indicado pelo verbo, o sujeito e o complemento direto podem interverter os papéis: é assim que o engolidor se torna engolido. No seio dessa consciência que inverte por redobramento, todas as imagens que por si mesmas se prestam ao redobramento vão ser privilegiadas. Bachelard[36] mostra em Poe inversões constantes a propósito das metáforas aquáticas: a água duplica, desdobra, redobra o mundo e os seres. O reflexo é naturalmente fator de redobramento, o fundo do lago torna-se o céu, os peixes são os pássaros. Há nesta perspectiva uma revalorização do espelho e do duplo. Também em Keyserling, Bachelard[37] mostra imagens do "labirinto redobrado": a terra devorada caminha no interior do verme "ao mesmo tempo que o verme caminha na terra".

Por isso, não devemos nos espantar de ver o redobramento e a inversão utilizados constantemente pela literatura de imaginação, desde os confidentes e as confidentes da tragédia clássica até o golpe teatral do romance policial, no qual se invertem os papéis do assassino sádico e do tranqüilo e insuspeito homem honesto.

Um bom exemplo de redobramento nos é fornecido pelo romance faulkneriano[38], no qual a redundância dos nomes próprios de personagens de uma mesma família cria uma estranha confusão e uma impressão de perenidade e fatal recomeço. Mas é sobretudo na literatura romântica que inversão e redobramento ocupam um lugar de destaque[39]. Steffens[40] faz alusão a este discurso asfixiado que duplica "o claro discurso a que chamamos vigília", enquanto Carus[41] insiste no tema caro aos gnósticos segundo o qual há inversão do ponto de vista humano para o ponto de vista divino, e que aos olhos de Deus os valores são invertidos. Novalis[42] insiste muitas vezes nesta idéia de que "toda a descida dentro de si é ao mesmo tempo assunção para a realidade exterior", e Tieck[43] pensa que o sono duplica o mundo da aparência por um universo invertido e mais belo. Se passarmos para o romantismo francês, veremos que o redobramento e inversão são um tema constante em Hugo. Quer de uma maneira explícita como nesta reflexão[44] em que o isomorfismo das imagens da descida e da profundidade é admiravelmente sentido pelo poeta: "... coisa singular, é dentro de si mesmo que se deve olhar o exterior. O profundo espelho sombrio está no fundo do homem. Aí é o claro-escuro terrível... é mais que a imagem, é o simulacro, e no simulacro há qualquer coisa de espectro... Ao debruçarmo-nos para esse poço... descobrimos a uma distância de abismo, num círculo estreito, o mundo imenso". Fazem eco a esta admirável constelação, em que a ambigüidade se mistura com a profundidade, com o abismo revalorizado, com o círculo e com a inversão, os dois versos do poema "Dieu"[45]:

"Eu voava na bruma e no vento que chora
Para o abismo do alto, obscuro como um túmulo."

Por vezes, o poeta apela de maneira implícita para o redobramento, como em *Os miseráveis* e em *L'homme qui rit*. Baudouin[46] assinalou este redobramento das situações em Gavroche – o Jonas órfão de *Os miseráveis* refugiado no ventre de pedra do Elefante da Bastilha – que recolhe e serve de mãe às três crianças perdidas, do mesmo modo que o órfão Gwynplaine adota Dea encontrada na neve. Enfim, na sua última conseqüência, o surrealismo, o romantismo intensifica ainda a procura do redobramento e da inversão: para nos convencermos, basta reler as páginas do *Segundo manifesto*[47] no qual o autor do *Poisson soluble* tenta determinar esse famoso ponto de transformação que é a fonte do espírito: "... ponto do espírito donde a vida e a morte, o real e o imaginário, o passado e o futuro, o comunicável e o incomunicável, o alto e o baixo deixam de ser percebidos contraditoriamente..." Assim, há toda uma literatura que se esforça por inverter os valores diurnos instaurados pelo regime diairético da representação e, por esse fato, reabilita o duplo e os símbolos do redobramento.

Esse redobramento, que toda descida sugere, parece de fato estar na origem de todas as fantasias de encaixamento. P. M. Schuhl consagra um estudo perspicaz[48] a este "tema do encaixamento", no qual a dialética do conteúdo e do continente nos parece ser a dialética de base. Percebemos aqui, ao vivo, o processo de inversão que passa por uma "relativização" dos termos e que chega mesmo a inverter o bom senso e a lógica ao fazer "entrar o grande no pequeno". Schuhl[49] coleciona os modelos artificiais e instrumentais deste encaixamento: ovos de Páscoa e mesas encaixadas (*gigone*), jogos de espelhos como os que são descritos em *Le cabinet de cristal* de W. Blake. Mas, sobretudo, Schuhl mostra-nos, a partir do exemplo de Pascal e de Malpighi, que a descoberta do microscópio, bem longe de destruir esta mitologia do encaixamento microcósmico até o infinito, vai reativá-lo freneticamente e servirá de catalisador a esse desencadeamento das fantasias de "miniaturização", e isto até o célebre postulado de Laplace, passando por pensamentos pouco favoráveis à "louca da casa", como os de Malebranche, Condillac ou Kant[50]. O que nos mostra mais uma vez a prioridade ontológica da imaginação e das suas estruturas sobre o suposto *a priori* de um bom senso racional ou utilitário. Donde a eflorescência dessas teorias pseudocientíficas do encaixamento dos germes da pré-formação, do animalculismo, e será necessário, diante desse transbordar "vertiginoso"[51] da imaginação, esperar por 1759 para que Wolf faça admitir a teoria da epigenesia. Este esquema do redobramento por encaixes sucessivos leva-nos diretamente aos processos de "gulliverização"[52], onde se vai assistir ao derrubamento dos valores solares simbolizados pela virilidade e pelo gigantismo. Na iconografia, este redobramento gulliverizante parece-nos ser um dos traços característicos das artes gráficas e plásticas da Ásia e da América. Num artigo capital, Lévi-Strauss[53], depois de Léonhard Adam e Franz Boas, nota que nos motivos chineses de *t'ao t'ieh* e em certa pintura kwakiutl não só o desdobramento simétrico é importante, como também certos detalhes, contaminados pelo conjunto, se transformam "ilogicamente" e redobram o conjunto, gulliverizando-o. "Assim uma pata torna-se um bico, um motivo de olho é utilizado para marcar uma articulação, ou vice-versa." Sobretudo num bronze chinês reproduzido neste artigo, Lévi-Strauss mostra que as orelhas da máscara *t'ao t'ieh* formam uma segunda máscara gulliverizada: "Cada olho da segunda máscara pode ser interpretado como pertencendo a um pequeno dragão figurado por cada orelha da máscara principal." Assim, o *t'ao t'ieh* dá-nos um exemplo muito claro de gulliverização e de encaixe por redobramento de um tema.

O liliputiano e os "Pequenos Polegares" das nossas lendas são justamente a vulgarização folclórica de um tema eterno que a doutrina paracelsiana do homúnculo tinha largamente difundido nos meios cultos, homúnculo "encaixado" no licor espermático e depois encaixado no ovo filosófico dos Alquimistas[54]. Esta gulliverização parte sempre de uma fantasia do engolimento. Bachelard[55] cita o exemplo de um doente que fabula e constrói toda uma fantasia sobre o interior do ventre de um gigante, ventre cuja cavidade tem mais de dez metros de altura. O anão e a gulliverização são, portanto, constitutivos de um complexo de inversão do gigante. Por outro lado, esta fantasia do engolimento liga-se às fantasias da interioridade protetora, como aparece em Dalí[56]. O isomorfismo da fruta, da concha, do ovo e do Pequeno Polegar manifesta-se na imaginação da criança que, debaixo de uma mesa coberta com panos, brinca "de caverna" ou ainda de "Tio Patufete", herói lendário da Catalunha, que era "tão pequeno que um dia, estando perdido no campo, foi engolido por um boi que o queria proteger". Dalí insiste no jogo infantil no qual se põe numa posição fetal "enroscando-se", posição que em adulto adota para conseguir um bom sono[57]. Esta "miniaturização" é detectada por Jung na "Cena das Mães" do *Fausto* de Goethe[58], enquanto Bachelard a descreve não só em Swift mas também em H. Michaux e Max Jacob. São estas "fantasias que nos mostram todos os tesouros da intimidade das coisas"[59] e que são indutivas das numerosas lendas de Poucet e Poucette, de Patufete, da Fada das Migalhas e de Alice no País das Maravilhas. S. Comhaire-Sylvain[60] propõe-nos um notável isomorfismo do engolimento e do Gulliver na série dos contos índio-afro-americanos que recolhe. A personagem caritativa e benfazeja que certos contos assimilam a Deus, a S. João ou à Virgem é na maior parte dos casos o irmão ou a irmã mais nova. No conto haitiano *Domangage*, o irmãozinho Dianacoué abriu a barriga do cavalo encantado e, "como era muito pequeno, instalou-se lá com um pão e uma cabaça". O irmão mais novo é muitas vezes miniaturizado em extremo: é adoentado, "sarnento" e esforça-se por ser útil apesar dos maus-tratos (ilhas Maurício)[61]. Em outras lições do conto, a criança miniaturizada é substituída por um pequeno animal: barata, piolho, mosca, ralo (Fjort ou Hausa), papagaio (Ashanti), rato (ilhas Maurício), cãozinho (Haiti); ou então, ainda, o benfazejo polegarzinho reduz-se a um objeto minúsculo, anel ou alfinete (Samogo, Rep. Dominicana). De qualquer modo, o processo de gulliverização está ligado à beneficência e algumas vezes ao encaixe do Jonas.

Essas figurinhas da imaginação que realizam a inversão requerida e que permitem penetrar e entender o reverso das coisas são muitas vezes, como Jung[62] observou, fortemente sexualizadas. O psicanalista aproxima a lenda do Pequeno Polegar da dos Dáctilos, fazendo notar o parentesco etimológico existente entre pais, a criança, especialmente a criança divina personificando o falo de Dioniso, e *peos, poste* (sânscrito *pâsa*, latim *penis*, médio-alemão *visel*). Jung, por outro lado, relata sonhos onde os dedos desempenham um papel nitidamente fálico[63]. Mas é preciso notar que se trata de falos "gulliverizados" e por sua vez miniaturizados. É o que mostra o papel do anão Bés na mitologia egípcia, que sob esta forma panteica é um Hórus itifálico em miniatura[64]. Esta gulliverização é, portanto, uma minimização inversora da potência viril. Há uma "potência do pequeno"⁶⁵ que faz com que o próprio Vishnu seja algumas vezes chamado "o anão", enquanto as *Upanixades* dão o atributo de "alto como um polegar" a Purusha, "presença de Deus em nós"⁶⁶. A potência tem então tendência a tornar-se misteriosa e algumas vezes maligna. Esta gulliverização é uma espécie de infantilização dos órgãos masculinos e denotaria um ponto de vista psicanaliticamente feminino exprimindo o medo do membro viril e da efração do coito. De tal modo que este fantasma minimizador se projeta algumas vezes no símbolo do pássaro privado de asas, materializado, reduzido ao seu puro aspecto teriomórfico de pequeno animal e que já não está, então, muito longe dos numerosos e malignos ratos que povoam todos os folclores. Tal é, de fato, o sentido fálico-materno que Baudouin⁶⁷ dá à sua análise dos "rouba-ninhos" em V. Hugo: cenas de violadores de ninhos que coincidiriam, segundo a analista, com as primeiras fantasias sexuais do jovem Hugo. Deve-se ligar esta imagem do pássaro áptero, ainda ovo e sempre ninho, a um complexo sexualizado da incubação. O mesmo esquema de gulliverização encontra-se ainda no poeta nas relações desproporcionadas entre a corda masculina e o poço feminino⁶⁸.

É interessante chamar também a atenção, neste estudo dos esquemas da inversão gulliverizante, para o fato de que os diferentes polegarzinhos ou dáctilos são freqüentemente associados ao símbolo freudiano do *chapéu*, daquilo que cobre a cabeça. Dioscuros e Cabirros trazem o barrete pontiagudo – o *pileus* – que se transmite como um emblema secreto em certos mistérios religiosos e se transforma no barrete de Átis, de Mitra, e depois dos gnomos, dos duendes e dos sete anões da lenda⁶⁹. Certos animalculistas pretendem mesmo ter visto num espermatozóide um *homunculus* tendo na cabeça "uma espécie de capuz"⁷⁰. Esse chapéu dos polegarzinhos parece ao mesmo tempo evidenciar um esquema muito freudiano de penetração e constituir um processo de minimização da cabeça, ou seja, como vimos⁷¹, da virilidade. Porque as formas liliputianas, Bés egípcio ou *lutins, fadets, farfadets, gobelins, follets* e *banneguets** da mitologia fran-

---

* Designações diversas de duendes ou seres fantásticos com eles aparentados. (N. do T.)

cesa e germânica, são seres "que interessam sobretudo ao coração das mulheres partilhadas entre o temor e a esperança"[72]. O folclore insiste no papel caseiro, doméstico, de todo este "pequeno mundo": os anões lendários fazem a comida, cultivam a horta, atiçam o fogo, etc. Essas "figurinhas reduzidas, cheias de gentileza e de graça", como escreve Schuhl[73], apesar das valorizações negativas que o cristianismo tenta lhes dar, permanecem na consciência popular como pequenas divindades maliciosas, decerto, mas benfazejas. Dontenville[74] esforça-se por descobrir os vínculos etimológicos deste pequeno mundo. Aproxima *Korrigan* de *Gargan* por meio do bretão *Karrek*, que significa "pedra". O Korrigan é um Gargântua invertido, tal como o duende (*lutin*) seria um "Netun", um Netuno miniaturizado, isomorfo foneticamente com *luiton**, *nuiton**, e com as qualidades noturnas deste vocábulo. Os *fadets*, os *farfadets* são fadas, miniaturas feminizadas do mundo solar, tal como Oberon, "o reizinho feérico", belo como o sol, que traz uma trompa de marfim que cura, alimenta e desaltera, o que nos remete para os arquétipos alimentares e para os recipientes de que vamos estudar o simbolismo no fim do capítulo seguinte[75]. Quanto ao famoso Gobelin, que se acasala com as cobras nos riachos, é o Kobold germânico, irmão dos Coboli sarmatas e dos Cobaloi gregos, anõezinhos alegres do séquito do deus feminóide Dioniso[76]. A gulliverização integra-se, assim, nos arquétipos da inversão, subtendida que é pelo esquema sexual ou digestivo do engolimento, sobredeterminada pelos simbolismos do redobramento e do encaixe. É inversão da potência viril, confirma o tema psicanalítico da regressão do sexual ao bucal e ao digestivo. Mas o grande arquétipo que acompanha esses esquemas do redobramento e os símbolos da gulliverização é o *arquétipo do continente e do conteúdo*.

O peixe é símbolo do continente redobrado, do continente contido. É o animal "encaixado" (*gigogne*) por excelência. Não tem sido suficientemente notado como o peixe é um animal que é pensado em todas as escalas, desde o minúsculo vairão até o

---

* Formas medievais de *lutin*, provavelmente alterações de *netum*, Netuno. (N. do T.)

enorme "peixe" baleia. Geometricamente falando, a classe dos peixes é a que melhor se presta às infinitas manipulações de encaixamento das similitudes. O peixe é a confirmação natural do esquema do engolidor engolido. Bachelard[77] detém-se diante da meditação maravilhada da criança que pela primeira vez assiste ao engolimento do peixe pequeno pelo grande. Esta admiração é parente próxima da curiosidade que faz procurar no estômago do peixe os objetos mais heteróclitos. As histórias de tubarões ou de trutas que trazem no estômago objetos insólitos são tão vivazes que as revistas científicas ou piscícolas nunca escapam completamente a este maravilhoso deglutidor. E quando a geografia contradiz esta confirmação ictiológica é o *réptil* ou o *batráquio* que o vem substituir[78]: o engolimento da cobra, ou melhor, o da *boa*, é um dos grandes momentos da fantasia infantil, e a criança reencontra como que um velho conhecimento ao ver, no seu livro de história natural, a goela do réptil distendida por um ovo ou por uma rã.

A mitologia e as lendas são ricas neste simbolismo deglutidor: a truta salmonada é engolida pelo salmão que, por sua vez, é engolido pela solha, "a grande glutona"; previamente o salmão tinha deglutido uma bola azul que continha ela mesma uma bola vermelha, e esta última continha "a bela centelha", essa centelha escapa, depois é apanhada por um ferreiro que a fecha num cofre talhado numa cepa. Por sua vez, num verdadeiro delírio claustrofílico, esse cofre é posto num caldeirão de cobre que, por fim, é fechado na casca de uma bétula. Nesta notável seqüência de engolimentos, nota-se o estreito isomorfismo dos continentes de todas as espécies, tanto inertes como animais. O peixe é aqui o símbolo geral dos outros continentes, e não é ele, igualmente, o engolido primordial pela água que o rodeia[79] e de que estudaremos o simbolismo abissal daqui a alguns parágrafos? Todavia a sobredeterminação do engolimento pode desligar – como no *Kalevala* – para uma ritmização cíclica do engolimento e remeter-nos para os arquétipos cíclicos propriamente ditos. Poderíamos encontrar um vestígio desse deslizar na etimologia indo-européia que Jung[80] sublinha: o sânscrito *val, valati*, significa ao mesmo tempo cobrir, envolver, encerrar e também enrolar-se: *valli* é a planta que se enrola, donde o *volutus* latino, que sugere seja a imagem da serpente enrolada, seja a que significa membrana, ovo, vulva. Decerto os símbolos são hábeis, como tivemos muitas vezes ocasião de notar, mas parece-nos que no caso do engolimento a sobredeterminação, além de um jogo de repetição podendo facilmente dar elementos rítmicos, contribui, sobretudo, para reforçar as qualidades eufêmicas do engolimento e, em particular, essa propriedade de conservar indefinidamente o engolido miraculosamente intacto. É por aí que o engolimento se distingue do morder negativo. O simbolismo do peixe parece pôr a tônica no caráter involutivo e intimista do engolimento, enquanto a serpente presta-se sobretudo ao simbolismo do ciclo. O peixe é quase sempre significativo de uma reabilitação dos instintos primordiais. É essa reabilitação que indica as figuras onde uma metade de peixe vem completar a metade de um outro animal ou de um ser humano. A deusa lua, em numerosas mitologias, tem muitas vezes uma cauda de peixe[81]. Na lenda sagrada de Ísis, o complexo pescador-peixe desempenha um papel importante: é a criança que, assistindo à união de Ísis e do cadáver de Osíris, cai desmaiada e morre ela própria na barca sagrada; é ainda, na mesma lenda, o peixe oxirrinco que engole o décimo quarto pedaço, o falo, do corpo de Osíris[82]. De novo, ventre sexual e ventre digestivo estão aqui em simbiose. Um hino medieval, lembrando a denominação gnóstica de Cristo *ichtus*[83], diz deste que é "o pequeno peixe que a Virgem tomou na fonte", ligando assim o tema do peixe ao da feminilidade materna[84]. Mas o tema invertido pescador-peixe é igualmente importante na tradição ortodoxa, onde os jogos de palavras o mostram já desde o *Evangelho*[85]. Uma miniatura do *Hortus deliciarum*[86] representa Cristo pescando um monstro marinho com a ajuda de uma linha onde a cruz serve de isca. A mitologia babilônica insiste ainda mais no caráter primordial do símbolo ictiológico[87]. Ea ou Oanes, terceira pessoa da trindade babilônica, é o próprio tipo do deus-peixe, é ele que socorre Ishtar, a grande deusa, ela mesma sereia com a cauda de peixe habitando as águas originais e, sob essa forma ictiomórfica, chamada Derketo. Ea-Oanes é o oceano primordial, o *abyssus* donde saíram todas as coisas. No Egito, o seu equivalente é o deus Nun, "senhor dos peixes"[88], o elemento aquático primordial. Do mesmo modo, assistimos à transformação de Vishnu num pequeno peixe, Matsya, que salva do dilúvio Vaivasvata, o Noé védico. Varuna também é algumas vezes representado cavalgando um peixe. Por fim, Jung[89] insiste na figura de Melusina, cuja iconografia ictiomórfica se encontra na Índia do mesmo modo que entre os índios da América do Norte. Para o psicanalista, esta Melusina seria o símbolo ambivalente do subconsciente, o que é confirmado por uma análise onírica feita por Harding[90], que considera o revestimento escamoso das personagens de certos sonhos como signo de uma invasão da pessoa pelas forças noturnas do inconsciente. De momento, deixemos de lado os prolongamentos melusinianos, femininos e aquáticos do simbolismo ictiomórfico e retenhamos apenas a sua extraordinária capacidade de encaixe. Sem esquecer que esse poder de redobramento, pela confusão do sentido passivo e ativo que implica, é, tal como a dupla negação, capacidade de inversão do sentido diurno das imagens. É essa inversão que vamos ver em funcionamento, metamorfoseando os grandes arquétipos do medo e transformando-os, como que do interior, por integração prudente dos valores benéficos.

Antes disso, gostaríamos de reunir todas as imagens que vêm constelar em torno do simbolismo do peixe graças ao estudo minucioso que fez Griaule do papel de um peixe senegalês, o siluro *Clarias senegalensis*, nos mitos de fecundidade e de procriação, por um lado, e, por outro, graças ao isomorfismo ictiológico que Soustelle evidencia na mitologia do México antigo[91]. O africanista nota que o peixe, e em geral o peixe pequeno, é assimilado ao grão por excelência, o da *Digitaria*. Entre os dogon é o siluro que é considerado como um feto: "A matriz da mulher é como um segundo charco no qual é posto o peixe", e durante os últimos meses de gravidez a criança "nada" no corpo da mãe[92]. Donde um ritual de nutrição do feto pelos peixes consumidos pela mãe. A fecundação é igualmente obra do siluro que se "põe em bola" no útero da mãe, a "pesca do siluro" sendo comparada ao ato sexual em que o marido usa o sexo como anzol. O siluro será, portanto, associado a qualquer ritual de fecundidade, do nascimento ou do renascimento funerário: o morto é vestido com roupas (boné, mordaça) que simbolizam o peixe original[93]. Igualmente, como no mito indígena acima citado[94], um curioso isomorfismo liga o siluro e a cabeleira através de um contexto melusiniano: as mulheres dogons utilizavam outrora as "clavículas" do siluro para desembaraçar os cabelos e espetavam-nos neles, sendo a mulher inteira assimilada a um peixe, de que os ouvidos seriam as orelhas ornamentadas, os olhos as pérolas vermelhas que ornam as narinas e os barbilhões são simbolizados pelo *lebret** fixado no lábio inferior[95]. Entre os antigos mexicanos, Soustelle destaca, por sua vez, um notável isomorfismo polarizado em torno do símbolo do peixe. O peixe relaciona-se com o Oeste, simultaneamente país dos mortos, "porta do mistério" e "Chalchimichuacan","o lugar dos peixes de pedra preciosa", ou seja, o país da fecundidade sob todas as suas formas, "lado das mulheres" por excelência, das deusas mães e das divindades do milho. Em Michuacan, o país dos peixes, encontra-se Tamoanchan, o jardim irrigado onde mora Xochiquetzal, a deusa das flores e do amor.

Assistimos, antes de tudo, a uma reviravolta nos valores tenebrosos atribuídos à noite pelo *Regime Diurno*. Para os gregos, escandinavos, australianos, tupis, araucanianos da América do Sul, a noite é eufemizada pelo atributo "divina"[96]. A Nyx helênica, tal como a Nôtt escandinava, torna-se a "Tranqüila", a *Stille Nacht*, a "Santa", o lugar do grande repouso. Para os egípcios, o céu noturno, assimilado ao céu de baixo, a *Dat* ou *Douat*, manifesta explicitamente o processo de inversão: uma vez que este mundo noturno é a exata imagem invertida, como que num espelho, do nosso mundo: "As pessoas caminham aí com a cabeça em baixo e os pés em cima."[97] Este processo é ainda mais nítido nos tunguse e nos koriak, para os quais a noite é o dia do país dos mortos, uma vez que tudo está invertido neste reino noturno. "O mundo dos mortos", escreve Lewitzki[98], "é, de algum modo, a contrapartida do mundo dos vivos", o que é suprimido na terra reaparece no mundo dos mortos, "... mas o valor das coisas está lá invertido: o que estava velho, estragado, podre, morto na terra, torna-se aí novo, sólido, rico, vivo...". A cadeia isomórfica que vai da revalorização da noite à da morte e do seu império é, assim, contínua. A esperança dos homens espera da

---

* Objeto inserido no lábio para distendê-lo. (N. do T.)

eufemização do noturno uma espécie de retribuição temporal dos erros e méritos. Esta eufemização, esta mudança de regime da imaginação é sensível na evolução da escatologia egípcia, enquanto nas doutrinas heliopolitanas o reino dos mortos é uma morada infernal e temida, pouco a pouco vemos esse reino tornar-se a simples duplicação invertida da morada terrestre, Egito ideal onde reinava primordialmente Osíris[99].

Em S. João da Cruz, na tão célebre metáfora da "noite obscura", segue-se com nitidez a oscilação do valor negativo ao valor positivo do simbolismo noturno. Como explicou E. Underill[100], a "noite obscura tem dois sentidos contraditórios e fundamentais para o poeta do Cântico Espiritual". Por vezes não é mais que signo das trevas do coração e do desespero da alma abandonada, tema que Sta. Tereza reforça, dizendo que a alma está então submetida aos ferros e que os olhos dela estão cobertos por uma catarata espessa. É este aspecto que S. João canta no poema: "Conheço bem a fonte"... onde diz que é "apesar da noite" que a alma desaltera na fonte eucarística[101]. Outras vezes, e é esse o sentido principal do célebre poema "Por uma noite obscura", a noite torna-se, pelo contrário, o lugar privilegiado da incompreensível comunhão, ela é jubilação dionisíaca, deixando pressentir Novalis e os *Hinos à noite*. É, de resto, interessante notar, de passagem, como S. João da Cruz, tal como Sta. Tereza, são zeladores, em pleno século XVI, de uma mística da natureza que não tem nada a invejar à do *Vicaire savoyard* ou de *René*. Por outro lado, os poemas de S. João são um belo exemplo do isomorfismo das imagens do *Regime Noturno*; a noite é ligada à descida pela escada secreta, ao disfarce, à união amorosa, à cabeleira, às flores, à fonte, etc.[102]

Foram, com efeito, os pré-românticos que exprimiram incansavelmente essa revalorização dos valores noturnos. Goethe, Hölderlin, Jean-Paul referem o bem-estar que a "Santa penumbra"[103] traz. Tieck reencontra a instituição da grande inversão noturna ao fazer dizer às fadas de *A taça de ouro*[104]: "O nosso reino anima-se e floresce quando a noite se estende sobre os mortais, o vosso dia é a nossa noite." Mesmo para Hugo, tão sensível aos valores diairéticos, há uma vez[105] em que a danação não é noturna, pelo contrário, é a insônia que pune Satã e o condena a "ver sempre fugir, como ilha inabordável, o sono e o sonho, obscuros paraísos azuis". É em Novalis que o eufemismo das imagens noturnas é descrito com mais profundidade. A noite opõe-se, primeiro, ao dia, que minimiza porque não passa do prólogo dela, depois a noite é valorizada, "inefável e misteriosa", porque é a fonte íntima da reminiscência. Porque Novalis[106] percebeu bem, como os mais modernos psicanalistas, que a noite é símbolo do inconsciente e permite às recordações perdidas "subir ao coração", semelhantes às névoas da noite. A noite introduz, igualmente, uma doce necrofilia que traz consigo uma valorização positiva do luto e do túmulo. A noite é a bem-amada morta "Sofia": "Com um alegre frêmito, vejo debruçar-se para mim uma face grave... como a luz me parece pobre. Mais celestes que as estrelas que cintilam, parecem-nos os olhos que a noite abre em nós..." E esta sentida confissão quanto ao papel exorcizante da noite em relação ao tempo: "O tempo da luz é medido, mas o reino da noite não conhece nem o tempo nem o espaço..." Béguin[107] nota que, no terceiro *Hino*, a noite torna-se para Novalis o que ela é para Eckhart ou S. João: o próprio reino da substância, da intimidade do Ser. Como Novalis o canta no último *Hino*, a noite é o lugar onde constelam o sono, o retorno ao lar materno, a descida à feminilidade divinizada: "Desçamos para a doce noiva, para o bem-amado Jesus, coragem! O crepúsculo desce para quem ama e chora. Um sonho quebra as nossas amarras e leva-nos para o seio do nosso pai." Vemos, assim, tanto nas culturas onde se desenvolve o culto dos mortos e cadáveres, como nos místicos e poetas, ser reabilitada a noite e toda a constelação nictomórfica. Enquanto os esquemas ascensionais tinham por atmosfera a luz, os esquemas da descida íntima coloram-se da espessura noturna.

Enquanto as *cores*, no regime diurno da imagem, se reduzem a algumas raras brancuras azuladas e douradas[108], preferindo aos cambiantes da paleta a nítida dialética do claro-escuro, sob o regime noturno toda a riqueza do prisma e das pedras preciosas vai se desenvolver. Na cura da realização simbólica e da terapêutica pelas imagens antitéticas que a doutora Séchehaye[109] faz seguir à jovem esquizofrênica, é por um "mergulhar no verde" e por uma injeção de morfina que a médica consegue fazer que a paciente se afaste do terrível "País da Iluminação". O "verde" desempenha isomorficamente um papel terapêutico porque é assimilado à calma, ao repouso, à profundidade materna. Terapêutica reforçada pelo fato de a analista ter o cuidado de obscurecer as janelas do quarto onde a paciente repousa[110].

Dos clássicos aos românticos, a parte fantástica enriquece-se consideravelmente. Em Jean-Paul, cantor da noite e do sonho, Béguin[111] assinala a extraordinária diversidade das colorações: jóias, pérolas, pores-do-sol esplêndidos, arco-íris negros ou coloridos ou irisado de toucados multicolores abundam no autor de *Rêve d'un rêve*. O poeta vê-se rodeado "de uma pradaria de um verde-escuro, de florestas de um vermelho-ardente e de diáfanas montanhas todas percorridas por filões de ouro, por detrás dos montes de cristal flamejava uma aurora em que se suspendiam as pérolas dos arco-íris". Para Tieck[112], "todas as coisas se fundem no ouro e na mais suave púrpura" e compraz-se num palácio feérico "feito de ouro, pedras preciosas, arco-íris moventes...". E acrescenta: "as cores são mágicas... que coisa maravilhosa mergulhar na contemplação de uma cor considerada como simples cor...". As fantasias da descida noturna implicam naturalmente a imagística colorida das tintas (*teintures*). A coloração, como Bachelard[113] nota a propósito da alquimia, é uma qualidade íntima, substancial. A "Pedra" é dotada de uma infinita capacidade de coloração e toda a alquimia se duplica por uma paleta simbólica que passa do negro ao branco, do branco ao citrino, do citrino ao vermelho-triunfante[114]. A Pedra Filosofal, símbolo da intimidade das substâncias, possui todas as cores, "compreenda-se: todas as capacidades"[115]. A operação alquímica é mais que uma simples transmutação objetiva, é subjetivamente o maravilhar-se que se manifesta em todo o seu aparato. O mercúrio é revestido de uma "bela túnica vermelha"; as cores são "fundos de substância", que se têm em conta mesmo na manipulação química mais utilitária: para originar o vermelho da explosão a própria pólvora de canhão deve se submeter à paleta alquímica. Foi por ter saído do branco salitre, do enxofre amarelo e do negro carbono que o vermelho do fogo se tornou possível[116]. Bachelard mostra que a famosa oposição entre Goethe e Newton no campo da óptica deriva precisamente do diferente jogo dos regimes da imagem nos dois pensadores. Goethe, tal como Schopenhauer, fiel à tradição química, considera a cor como uma tinta inscrita na substância, constitutiva do "centro da matéria"[117]. O sonho diante da paleta ou diante do tinteiro é um sonho de substância, e Bachelard[118] menciona fantasias nas quais as substâncias comuns: vinho, pão, leite, se transformam diretamente em cores. Percebe-se assim que a análise espectral das cores e o seu prolongamento estético, "a mistura óptica", cara aos impressionistas, tenha constituído para certas imaginações românticas o escândalo dos escândalos. Não só o newtonismo e os seus derivados estéticos atentavam contra a eminente dignidade da luz como também atacavam a cor local como absoluto simbólico da substância.

A própria água, cuja intenção primeira parece ser lavar, inverte-se sob a influência das constelações noturnas da imaginação: torna-se veículo por excelência da tinta. Tal é a água *profunda* que Bachelard, na esteira de M. Bonaparte, estuda através das metáforas de E. Poe[119]. Ao mesmo tempo que perde limpidez, a água "espessa-se", oferece à vista "todas as variedades da púrpura, como cintilações e reflexos de seda de furta-cores". É constituída por veias de cores diferentes, como um mármore; materializa-se a tal ponto que pode ser dissecada com a ponta de uma faca[120]. E as cores que prefere são o verde e o violeta, "cores de abismo", a própria essência da noite e das trevas, caras a Poe e a Lermontov ou a Gogol, equivalentes simbólicos do negrume[121] adotados pela liturgia. Essa água espessa, colorida e próxima do sangue está ligada no poeta americano à recordação da mãe desaparecida. Esta água geográfica, que só é pensável em vastas extensões oceânicas, esta água quase orgânica à força de ser espessa, a meio caminho entre o horror e o amor que inspira, é o próprio tipo da substância de uma imaginação noturna. Mas também aí o eufemismo deixa transparecer a feminilidade.

É deveras surpreendente verificarmos a esse propósito que M. Bonaparte na sua auto-análise não tenha induzido o arquétipo da mãe a partir da visão tão tenaz e tão capital "do grande pássaro cor do arco-íris" que obceca a sua infância órfã[122]. Esse pássaro, tão pouco volátil, de cores irisadas e maravilhosas, apenas é assimilado à mãe pelo desvio da anamnese individual, por intermédio de uma opala oferecida, realmente, por uma amiga à mãe da analista. Mas não parece haver necessidade de fazer apelo a uma incidência biográfica, uma vez que a multicoloração está ligada diretamente nas constelações noturnas ao engrama da feminilidade moderna, à valorização positiva da mulher, da natureza, do centro, da fecundidade[123]. Talvez se deva ver nesta lacuna, numa analista tão perspicaz como M. Bonaparte, a superioridade das concepções junguianas sobre as de Freud. Estas últimas limitam-se demasiado à imagem individual, aos acidentes da biografia, enquanto a arquetipologia toma em consideração estruturas imaginárias que, para além da ontogênese, interessam e "ressoam" na espécie inteira. Para a arquetipologia, o "prazer"[124] que a visão do animal colorido traz à menina — "a mais radiosa recordação da minha infância", insiste ela —, reforçada, no seu caso particular, como no de E. Poe, pelo isomorfismo do sangue e pelo episódio hemoptístico, é um símbolo direto do culto e da veneração pela mãe defunta. A cor, como a noite, reenvia-nos, assim, sempre para uma espécie de feminilidade substancial. Mais uma vez, tradição romântica ou alquímica e análise psicológica convergem para evidenciar uma estrutura arquetípica, e encontram-se com a imemorial tradição religiosa.

Este cambiante da substância profunda encontra-se, com efeito, nas lendas hindus, egípcias ou astecas. É o véu de Ísis, o véu de Mâyâ, que simboliza a inesgotável materialidade da natureza que as diversas escolas filosóficas valorizam positiva ou negativamente, é o vestido de Chalchiuhtlicue, deusa da água, companheira do grande deus Tlaloc[125]. Jung compara Mâyâ à nossa Melusina ocidental[126]; Mâyâ-Melusina que, valorizada por uma imaginação diurna, seria a "Cakti enganadora e sedutora", mas que para o *Regime Noturno* das fantasias é o símbolo da inesgotável multiplicidade de que a variedade das matrizes coloridas é reflexo[127]. A imagem do suntuoso vestido da deusa mãe é, de resto, muito antiga. Przyluski[128] assinala-a no *Avesta* e em certos selos babilônicos. É, neste último caso, o *Kaunakès*, manto que simboliza a potência fecunda da deusa, símbolo da vegetação e da natureza. O *Kaunakès* era feito com um tecido caro, quente, "cuja lã caía em longas mechas frisadas e pertencia ao mesmo grupo de tecidos dos tapetes", fabricado em oficinas "onde se associavam as mais belas cores às lãs mais finas do Oriente"[129]. Do mesmo modo, a Fortuna, duplicação etrusca da

Grande Deusa, é revestida em um manto colorido que os reis romanos plagiam como garantia de prosperidade. Em último lugar, o *Kaunakès* é parente do *Zaimph*, o miraculoso manto de Tanit, protótipo de todos os miraculosos véus da Virgem Mãe[130]. Em todos estes casos, o arquétipo da cor aparece estreitamente associado à tecnologia da tecelagem, de que encontraremos igualmente a eufemização a propósito da roda que valoriza positivamente a fiandeira. Notemos, de momento, que a cor aparece na sua diversidade e riqueza como imagem das riquezas substanciais, e nos seus matizes infinitos como promessa de inesgotáveis recursos.

O eufemismo que as cores noturnas constituem em relação às trevas parece que a melodia o constitui em relação ao ruído. Do mesmo modo que a cor é uma espécie de noite dissolvida e a tinta uma substância em solução, pode-se dizer que a melodia, que a suavidade musical tão cara aos românticos é a duplicação eufemizante da duração existencial. A música melodiosa desempenha o mesmo papel enstático que a noite. Para o romântico, muito antes das experiências com mescal de Rimbaud, as cores e os sons correspondem-se. E o mínimo que podemos fazer é citar, depois de Béguin, a tradução desta passagem das *Phantasien uber die Kunst* de Tieck[131]. "A música opera o milagre de tocar em nós o núcleo mais secreto, o ponto de enraizamento de todas as recordações e de fazer dele por um instante o centro do mundo feérico, comparável a sementes enfeitiçadas, os sons ganham raízes em nós com uma rapidez mágica... num abrir e fechar de olhos sentimos o murmúrio de um bosque semeado de flores maravilhosas..." Por sua vez, Novalis precisa ainda a ligação isomórfica entre a música e o retorno substancial: "... na folhagem das árvores, a nossa infância e um passado ainda mais recuado põem-se a dançar numa alegre roda... As cores misturam as suas cintilações". Enfim, o poeta atinge uma enstase que não deixa de ter algum parentesco com a intuição mística ou bergsoniana: "... sentimo-nos derreter de prazer até as profundidades do ser, transformamo-nos, dissolvemo-nos em algo para o qual não temos nem nome nem idéia..."[132]. Enquanto o pensamento solar nomeia, a melodia noturna contenta-se com penetrar e dissolver. É o que Tieck não cessa de repetir: "O amor pensa com ternas sonoridades, porque as idéias são demasiado longínquas." Estas fantasias sobre a "fusão" melódica que se reencontram em Jean-Paul ou em Brentano[133] não deixam de ter alguma afinidade com a tradicional concepção chinesa[134] da música. Esta última é considerada como união dos contrários, em particular do céu e da terra, e sem entrarmos, por ora, em considerações arrítmicas e rítmicas[135], podemos dizer que para os antigos chineses como para os poetas românticos a sonoridade musical é vivenciada como fusão, comunhão do macro e do microcosmo.

O simbolismo da melodia é, portanto, como o das cores, o tema de uma regressão às aspirações mais primitivas da psique, mas também o meio de exorcizar e reabilitar por uma espécie de eufemização constante a própria substância do tempo.

Essas fusões melódicas, essas confusões coloridas e essas enstases noturnas não devem, no entanto, fazer-nos perder de vista o grande esquema do engolimento, da deglutição que as inspira, grande esquema que aproxima constantemente os símbolos coliformes, melódicos e noturnos de um arquétipo da feminilidade, de uma radical antífrase da mulher fatal e funesta. Vamos ver como o esquema do engolimento, da regressão noturna, projeta, de algum modo, a grande imagem materna pelo meio-termo da substância, da *matéria* primordial, quer marinha, quer telúrica.

O primordial e supremo engolidor é, sem dúvida, o mar, como o encaixe ictiomórfico no-lo deixava pressentir. É o *abyssus* feminizado e materno que para numerosas culturas é o arquétipo da descida e do retorno às fontes originais da felicidade. Aos cultos das grandes divindades ictiomórficas que incidentalmente assinalamos[136], acrescentemos o culto chileno e peruano da baleia "Mama-cocha", quer dizer, "Mama-mar", a mais poderosa das divindades que encontramos sob a forma de "Mama-quilla", deusa das mulheres casadas, para os antigos incas, grande deusa lua, irmã e esposa do sol que mais tardiamente será assimilada à "Pacha-mama", a terra mãe[137]. Para os bambara, Faro, o grande deus do Níger, tem freqüentemente forma feminina e o seu corpo tem duas barbatanas nas orelhas e termina numa cauda de peixe[138]. Na tradição avéstica hindu dá-se a presente assimilação da Grande Mãe a um rio: o Ganges celeste, reservatório de todas as águas terrestres. Na tradição avéstica Ardvî significa tanto "o Rio" como "a Senhora". Na Pérsia, Ardvîsûra ou Anâhita é a "Nascente da água da vida", enquanto os *Vedas* chamam às águas *mâtritamah*, "as mais maternais". Esta assimilação reaparece no Ocidente, dado que o nome do rio Don derivaria da deusa Tanais. Don e Danubius são, segundo Przyluski[139], deformações cíticas e célticas dum nome muito antigo da deusa-mãe análogo a Tanais. Przyluski liga a esta constelação etimológica a lenda das Danaides, lenda ao mesmo tempo aquática e agrária que no seio da eufemização lembra o aspecto negativo e temível da feminilidade aquática: as Danaides massacram os maridos e lembram, em alguns aspectos, as feiticeiras das águas que a imaginação diurna combate. Finalmente, será necessário lembrar que em numerosas mitologias o nascimento é como que instaurado pelo elemento aquático: é perto de um rio que nasce Mitra, é num rio que renasce Moisés, é no Jordão que renasce Cristo, nascido pela primeira vez da *pêgê, sempiterne fons amoris*. Não escreve o profeta, acerca dos judeus, que "provêm da nascente de Judá"[140]?

Przyluski[141] reduz os nomes semíticos da Grande Deusa, Astarte síria, Athar árabe, Ishtar babilônica, Tanit cartaginesa a uma forma "Tanais" estreitamente ligada a "Nanai", que seria um antigo nome da água e do rio deformado mais tarde em "Nana" para se assemelhar a um hipocorístico. Haveria, assim, uma profunda atração do hipocorístico *nana-mama* sobre o nome próprio da deusa. Leïa[142] dá uma solução ligeiramente diferente a esta assimilação lingüística da mãe e da água: o glifo representativo da água, linha ondulada ou quebrada, seria universal e a pronúncia "m" estaria universalmente ligada a este glifo, donde a freqüência da onomatopéia "naa", "mama" ligada ao nome da Grande Deusa aquática: Mâyâ ou Mâhal é a mãe mítica de Buda, e a deusa egípcia Marica "a água-mãe", "o ventre da natureza", eternamente virgem e eternamente fecunda, não deixa de evocar a Míriam judaico-cristã[143]. Aprofundando ainda mais a análise etimológica, Przyluski[144] mostra que os dois tipos de nome da Grande Deusa, Ártemis-Ardvî por um lado e Tanai-Danai por outro, transformam-se numa realidade comum pré-ariana e pré-semítica, deusa que personifica simultaneamente a terra fecunda e as águas fertilizantes. "Terra-mãe e Vênus marinha", Tétis "mãe dos vinte e cinco rios e das quarenta oceânidas", ligando-se etimologicamente à raiz "thê", que significa chupar, mamar. Jung[145] ficou igualmente surpreendido por esta pressão semântica do grande arquétipo sobre a semiologia da linguagem: sublinha o parentesco latino entre *mater* e *materia*, tal como a etimologia da *hýlê* grega, que primitivamente significa "madeira", mas que mais profundamente remete para a raiz indo-germânica *sû*, que se reencontraria em *hýô*, "molhar, fazer chover" (*hyetós*, chuva). Em iraniano, *suth* significaria ao mesmo tempo "sumo, fruto e nascimento", *sutus*, em latim, quer dizer gravidez. Em babilónico, o termo *pû* significa ao mesmo tempo nascente de rio e vagina, enquanto *nagbu*, nascente, se aparenta ao hebreu *negeba*, fêmea[146]. Finalmente, se fizermos apelo à etimologia dos nomes ocidentais[147] das deusas-mães, encontramos em "Mélusine" como na "Mermaid" inglesa ou na "Merewin" dos *Nibelungen* que a feminilidade e a lingüística da água se confundem na denominação da "Marfaye" primordial. Vemos, assim, que seja qual for a filiação e o sistema etimológico que se escolha, encontramos sempre os vocábulos da água aparentados aos nomes da mãe ou das suas funções e ao vocábulo da Grande Deusa.

Na tradição ocidental moderna, que a doutrina alquímica ilustra, é a mãe Lusina habitante das águas que é o nome próprio do *aquaster* dos alquimistas[148]. Este último é o princípio da *"matéria cruda, confusa, grossa, crassa, densa"*. Princípio da alma vital que, de todas as concepções de Paracelso, seria a "que se liga mais à noção de inconsciente"[149]. A imagem da Mãe Lusina seria, assim, uma projeção do inconsciente abismal, indiferenciado e original, colorido, na doutrina junguiana, pela feminilidade própria à *anima* masculina. Este *aquaster* melusiniano seria justamente, na Grande Obra, o mercúrio dos alquimistas, muitas vezes representado sob os traços do velho Hermes, "união do arquétipo da *anima* e do sábio antigo". Segundo Basílio Valentino[150], este mercúrio é "o ovo da natureza", a mãe de "todos os seres engendrados pela bruma tenebrosa". O mercúrio teria a dupla significação de prata viva, quer dizer, de metal, e de alma cósmica. "A obra alquímica consistia principalmente em separar a *prima materia*, ou seja, o caos, num princípio ativo, alma, e num princípio passivo, o corpo, e depois em reuni-los de novo sob a figura de personagens pela *conjunctio* das Núpcias Químicas... desta aliança nascia o *Filius sapientiae* ou *philosophorum*, ou seja, o mercúrio transmutado..."[151] Na verdade, parece-nos que Jung confunde sob o mesmo vocábulo de Hermes o velho símbolo do inconsciente cego[152], a *anima* feminóide, e o Hermes realizado, Trismegisto, filho de sabedoria de que voltaremos a falar adiante[153]. Aqui, apenas reteremos do interessante estudo do arquetipólogo o aspecto feminóide do mercúrio protoplasta, verdadeira água metálica e primordial. Além disso, a obra alquímica tem como missão essencial revalorizar o que está desvalorizado, fazer passar, por uma verdadeira mudança de caminho, o mercúrio do seu aspecto *aquaster* para o seu aspecto *yliaster*. A sublimação alquímica, realizando totalmente uma completa filosofia do ciclo, acede assim a uma simbólica ascensional que, ultrapassando as premissas involutivas nas quais nos estamos a deter nestes capítulos, faz da alquimia uma simbólica completa, funcionando nos dois regimes de imagem[154].

Voltemos, então, ao *aquaster* melusiniano. Enquanto fada das águas, está estreitamente aparentada com a Morgana "nascida do mar", contrapartida ocidental de Afrodite, "por sua vez em relação estreita com a Astarte pré-asiática"[155]. Como os Césares se reclamarão da Mãe venusiana, numerosas famílias francesas pretendem descender da mãe Lusina, como os Sassenage, os Luzignan, os condes de Toulouse e os Plantagenetas[156]. Esta personagem primordial, que o cristianismo medieval, apoiando-se no *Regime Diurno* e nos ideais da transcendência, tentará valorizar negativamente, reaparece em numerosas lendas minimizada, desvalorizada ou simplesmente ridicularizada, com "patas de ganso", *Mère l'Oye* ou *Reine Pédauque*, ex-*matronae* transformadas em *martines**. Mas a Igreja não conseguirá nunca desacreditar completamente as "boas senhoras" das fontes, as fadas. Lourdes e as inumeráveis nascentes consagradas à Virgem Mãe mostram essa resistência fantástica às pressões do dogma e da história. Os vocábulos que a ortodoxia atribui a Maria são, de resto, muito semelhantes aos outrora atribuídos à Grande Deusa

---

* "Tradução" regionalizante de *matronae*. (N. do T.)

lunar e marinha[157]. A liturgia chama-lhe "lua espiritual", "estrela do mar", "rainha do oceano", e Barrow[158] conta a estupefação dos jesuítas que evangelizavam a China quando se aperceberam de que estes vocábulos eram os mesmos que os chineses aplicavam à Shing-Moo, a *Stella maris* chinesa. Outros[159] sublinham o espantoso paralelismo que existe entre a espantosa real Mâyâ, a mãe de Buda, e a Virgem Mãe do catolicismo. Finalmente, no nosso próprio folclore, a "serpente" Melusina e as víboras *guivres, wivres, voivres*, suas parentes próximas, não desempenham obrigatoriamente um papel nefasto. Dontenville[160], retomando os textos de Jean d'Arras e de Couldrette, mostrou a valorização positiva da Mãe Lusina, mulher de Raimondain, casada muito catolicamente. Se a história deste casal acaba bastante mal, Melusina não deixa por isso de ser uma garantia de prosperidade e de fecundidade. A toponímia conservou-nos, de resto, numerosos Lusigny, Lésigné, Lézignan, Lésigney, seqüelas de um fervor melusiniano outrora muito difundido. Esta reabilitação do eterno feminino traz, muito naturalmente, uma reabilitação dos atributos feminizados secundários: as Melusinas têm longas cabeleiras, o Faro bambara usa cabelos lisos e negros "como crina de cavalo"[161], e o culto de Vênus não só está ligado durante o reino de Anco Márcio ao da cortesã Larentalia e ao Flâmine de Quirinus, como também lhe é atribuída a proteção da cabeleira das damas[162].

Se, todavia, estudarmos em toda a sua amplitude o culto da Grande Mãe e a sua referência filosófica à *materia prima*, apercebemo-nos de que oscila entre um simbolismo aquático e um simbolismo telúrico. Se a Virgem é *Stella maris*, não deixa também de ser chamada num velho hino[163] do século XVII "terra non arabilis quae fructum parturit". Piganiol[164] nota que, se o culto de Vênus está ligado em Roma à *gens Cornelia* fiel ao rito da inumação, esta valência telúrica está em continuidade com a valência aquática, dado que as deusas da terra são na Itália protetoras dos marinheiros: "Fortuna segura num leme e Vênus, como Afrodite, protege os portos."[165] Piganiol dá uma explicação histórica e tecnológica desta curiosa ambivalência. Os mediterrâneos, empurrados para o mar pelos indo-europeus, ter-se-iam tornado, de agricultores que eram primitivamente, piratas e marinheiros. Ou então pode supor-se que nas costas italianas os pelasgos difundiram cultos ctônicos que se fundiram com os cultos indígenas das deusas marinhas. É além disso notável que este culto das deusas agrícolas e marítimas se encontre nas costas da Espanha e mesmo no litoral atlântico da Gália[166]. Para um outro historiador das religiões[167] existiria uma diferença sutil entre a maternidade das águas e a da terra. As águas encontrar-se-iam "no princípio e no fim dos acontecimentos cósmicos", enquanto a terra estaria "na origem e no fim de qualquer vida". As águas seriam, assim, as mães do mundo, enquanto a terra seria a mãe dos seres vivos e dos homens. Para nós, sem nos determos nas explicações histórico-tecnológicas ou na sutil distinção de Eliade, contentar-nos-emos em sublinhar o isomorfismo completo dos símbolos e da iconografia da Mãe suprema, em que se confundem virtudes aquáticas e qualidades terrestres. Com efeito, só mais tardiamente na consciência imaginante é que a "matéria" primitiva, cujo simbolismo está todo axializado em torno da profundeza ctônica ou abissal do regaço, se transforma na Grande Deusa cíclica do drama agrícola, que Deméter substitui Géia[168].

Primitivamente, a terra, tal como a água, é a primordial matéria do mistério, a que é penetrada, que é escavada e que se diferencia simplesmente por uma resistência maior à penetração[169]. Eliade cita numerosas práticas telúricas que não são diretamente agrícolas, nas quais a terra é considerada simplesmente como meio ambiente geral[170]. Algumas delas são mesmo francamente antiagrícolas: dravidianos e altaicos consideram que é um grande pecado arrancar as ervas e poder assim "ferir a mãe". Essa crença na divina maternidade da terra é certamente uma das mais antigas; de qualquer modo, uma vez consolidada pelos mitos agrários, é uma das mais estáveis[171]. A prática do dar à luz sobre a terra difundida na China, no Cáucaso, entre os maori, na África, na Índia, no Brasil, no Paraguai, tal como entre os antigos gregos e romanos, permite afirmar a universalidade da crença na maternidade da terra[172]. O casal divino céu-terra é de resto um *leitmotiv* da mitologia universal. Eliade enumera durante uma página inteira as lendas relativas ao casal divino encontradas dos Urais às Montanhas Rochosas[173]. Em todos esses mitos, a terra desempenha um papel passivo, embora primordial. Ela é o ventre "materno donde saíram os homens", como dizem os armênios[174]. Do mesmo modo, as crenças alquímicas e mineralógicas universais afirmam que a terra é a mãe das pedras preciosas, regaço onde o cristal amadurece em diamante. Eliade[175] mostra que esta crença é partilhada pelos xamãs cherokee e pelos indígenas do Transval, tal como por Plínio, Cardan, Bacon ou Rosnel.

A alquimia seria, aliás, apenas uma aceleração técnica, no Atanor, dessa lenta gestação. Numerosos povos localizam a gestação das crianças nas grutas, fendas de rochas e nascentes. A terra, tal como a onda, é tomada no sentido de continente geral. O sentimento patriótico (dever-se-ia dizer matriótico) seria apenas a intuição subjetiva deste isomorfismo matriarcal e telúrico. A pátria é quase sempre representada sob traços feminizados: Atena, Roma, Germânia, Mariana ou Albion. Numerosas palavras que designam a terra têm etimologias que se explicam pela intuição espacial do continente: "lugar", "largo", "província", ou por impressões sensoriais primárias: "firme", "o que resta", "negro", que confirmam as ligações isomórficas que estamos estudando[176]. Essa passividade primordial incita às fantasias "do repouso" que Bachelard tão bem soube detectar na imaginação telúrica dos escritores. Henri de Régnier[177], ao escrever que a mulher "é a flor aberta à entrada das vidas subterrâneas e perigosas... fissuras para o além por onde se precipitam as almas", reencontra a intuição primordial da *Bíblia*, do *Corão* ou das leis de Manu e do *Veda* para quem o sulco fértil e a vulva feminina se sobrepõem[178]. Também Baudouin descobre em Hugo e em Verhaeren esta unidade da constelação que liga a mãe, a terra e a noite. O culto da natureza em Hugo e nos românticos seria justamente uma projeção de um complexo de retorno à mãe.

Com efeito, essa mãe primordial, essa grande maternidade envolvente a que se refere a meditação alquímica[179] e os esboços de racionalização lendários do folclore popular e das mitologias são confirmados como arquétipos pela poesia. Já o romantismo francês[180] revelava uma nítida propensão para o mito da mulher redentora de que Eloa constitui o tipo. É o papel que desempenha a Antígona de Ballanche, a Raquel de Edgar Quinet, é o mito que retoma fulgurantemente *La chute d'un ange*[181], é a vasta epopéia "religiosa e humanitária" que o abade Constant (aliás Eliphas Lévi) dedica à mãe de Deus, enquanto as páginas de Lacordaire consagradas a Maria Madalena equivalem-se à *Aurélia*. Mas ninguém melhor que o romantismo alemão teve a intuição da feminilidade benfazeja. Todos os escritores de além-Reno do princípio do século XIX classificam-se, como dizia Jean-Paul acerca de Moritz e de Novalis, entre os "gênios femininos"[182]. Todos nascem sob o signo faustiano de Margarida. O isomorfismo de quase todos os símbolos que estudamos nestes capítulos encontra-se nos principais escritos de Moritz – especialmente no romance *Anton Reiser* –, de Brentano, de Novalis, no seu célebre *Heinrich Von Ofterdingen*, e no *Rünenberg* de Tieck[183]. Para Moritz, a imagem da mãe está ligada ao acontecimento da morte da irmã e ambas as coisas constituem o tema do refúgio que o sonho e o inconsciente manifestam: "Pequena ilha afortunada num mar tempestuoso, feliz o que pode adormecer em segurança no seu seio..."[184] Em Brentano, o arquétipo da Virgem Mãe está curiosamente ligado ao lago e às trevas tal como ao túmulo da heroína Violeta. Numa carta a Sofia[185], o isomorfismo é ainda reforçado pelo tema da bem-amada desaparecida e pela recordação pessoal da própria mãe do poeta. Brentano revela que o culto da Virgem está magicamente ligado ao seu próprio nome, Clemente, e à recordação da mãe.

Mas é em Novalis e em Tieck que o isomorfismo noturno apresenta mais intensidade e coerência. Desde o princípio de *Heinrich Von Ofterdingen*[186] o poeta sonha que penetra num estreito desfiladeiro que desemboca numa pradaria na encosta de uma montanha onde se entreabre uma gruta "donde sai um repuxo luminoso como ouro em fusão". As paredes da gruta estão revestidas "por esse líquido luminoso". O poeta molha a mão no lago e chega-a aos lábios. É subitamente tomado por um irresistível desejo de se banhar, despe-se e entra na água. Tem então a impressão de ser envolvido por uma "bruma avermelhada pelo poente", cada onda "do adorável elemento apertava-se contra ele como uma garganta apaixonada". As ondas parecem constituídas pelo corpo "de jovens encantadoras dissolvidas nelas". Embriagado de delícias, o poeta nada voluptuosamente entre as estreitas paredes da caverna e adormece na beatitude. É então que tem um sonho em que uma misteriosa flor azul se metamorfoseia em mulher, sonho que se conclui por uma visão da mãe. Mais adiante[187], a "mãe-flor azul" tornar-se-á Matilde, a noiva, reencontrada uma vez mais em sonho, no fundo do rio "sob a abóbada da corrente azul". Ao analisarmos esta passagem é impossível que não nos impressionemos pelo isotopismo da *água*, da *noite*, do *oco*, das *cores*, do *morno* e da *feminilidade*[188]. Todas essas imagens gravitam numa espécie de dinâmica bastante incestuosa em torno do esquema da penetração viva, uma vez que o arquétipo da onda maternal é inseparável dos esquemas do engolimento sexual ou digestivo.

Em Tieck, há um texto muito próximo deste início do romance novalisiano no *Rünenberg*[189]. Aí, também, o isomorfismo é muito acentuado e resume esta constelação que inverte, eufemizando-os, os valores femininos. Os símbolos da *fruta*, da *fenda*, do *rochedo*, das *cores*, da *cabeleira*, da *música* estão ligados ao da *mulher que se despe*. Mas somos obrigados a citar toda a passagem, tanto cada palavra importa à constituição do isomorfismo que estudamos: "... ela tirou da cabeça um tecido dourado, e uma longa cabeleira negra desenrolou a riqueza dos seus caracóis até mais abaixo dos quadris, depois tirou o corpo do vestido... nua, por fim, pôs-se a caminhar na sala, a pesada e móvel cabeleira formava em torno dela um escuro mar ondeante... ao fim de um instante, tirou de um baú precioso e dourado uma placa que cintilava com jóias incrustadas, rubis, diamantes e outras pedras... luminosidades cambiantes azuis e verdes... no seio do rapaz tinha-se aberto um abismo de formas e de harmonias, de nostalgia e de volúpia, melodias melancólicas e alegres passavam-lhe na alma, perturbada até as profundezas...". Não se pode desejar um mais completo isomorfismo, e Tieck faz-nos sentir a ambigüidade dos valores que contêm os símbolos feminóides que, apesar desta hesitação moral herdada do *Regime Diurno*, todas as imagens da terra e da água contribuem para constituir uma ambiência de volúpia e de felicidade que constitui uma reabilitação da feminilidade.

Eterno feminino e sentimento da natureza caminham lado a lado em literatura. Não é difícil demonstrá-lo na obra de E. Poe, onde "a água superlativa"[190], verdadeiro *aquaster* poético, nos remete para a obsessão da mãe moribunda. Decerto, a imaginação de Poe, como já dissemos[191], é profundamente mórbida, chocada pela morte da mãe; no entanto, através da lúgubre e morosa deleitação aquática, adivinha-se o grande tema reconfortante da água materna. De tal modo que a analista[192] da obra do poeta americano pôde insistir, com toda a razão, na virtude eufemizante da fantasia aquática: "O mar é... esta criatura-abrigo, esta criatura-ama... o elemento embalador." E isto explica as imagens novalisianas ou as "barcas" lamartinianas. O poeta do *Lac* escreve nas suas *Confidences*: "A água transporta-nos, a água embala-nos, a água adormece-nos, a água devolve-nos a uma mãe..."[193] De tal modo é verdade, que a imaginação aquática consegue sempre exorcizar os seus terrores e transformar toda a amargura heraclitiana em embaladora e em repouso.

Mas é nos surrealistas, esses românticos exacerbados, que o mundo da água é também, "sob muitos pontos de vista, objeto de uma esperança fundamental"[194]. Muito sutilmente, Alquié nota que esta água poética "não está de maneira nenhuma ligada à purificação", está ligada sobretudo à fluidez do desejo, opõe ao mundo de uma matéria sólida, cujos objetos se podem construir como máquinas, um mundo parente da nossa infância onde não reinam as constrangedoras leis da razão[195]. O filósofo do surrealismo enumera as múltiplas metáforas aquáticas que povoam a obra de André Breton: fontes, barcas, rios, navios, chuvas, lágrimas, espelho da água, cascatas, toda a imagística das águas é reabilitada pelo poeta, submetida ao arquétipo supremo, ao símbolo da *mulher*[196]. Porque a mulher "toma na mesa dos valores surrealistas o lugar de Deus" e os textos "onde se exprime essa adoração encantada são inumeráveis"[197], e cita um longo episódio do *Paysan de Paris* onde Aragon redescobre o fervor novalisiano, a mulher sendo antes de mais a luz noturna, e onde se encontra igualmente a própria expressão de Novalis a propósito do banho de feminilidade: "Mulher sem limites, onde estou completamente imerso..." A imensidade feminina é acompanhada do normal isomórfico fenômeno de gulliverização tão caro a Baudelaire: "Montanhas, nunca deixareis de ser apenas a longura desta mulher... eis que não sou mais que uma gota de chuva na pele dela, o orvalho..." Por fim, a poesia surrealista, aprofundando o arquétipo até o fundo, reencontra o grande esquema do engolimento: as fluidezas do *moder'style* de um Gaudí ou a fascinação de Dalí pelo "mole", em oposição ao "duro", definem esta "beleza comestível", fundamento da estética daliniana[198].

Se passarmos, para terminar, ao plano da franca psicopatologia, vemos que a constelação materna colorida e aquática, orientada pelo esquema da descida, desempenha o mesmo papel lenitivo que na poesia. O esquizofrênico obcecado pela iluminação entra no caminho da cura na altura em que se dá uma realização simbólica do retorno ao ventre materno, e a poesia da psicose encontra, então, a do romantismo novalisiano e do surrealismo numa visão onde se misturam inextricavelmente o ventre materno, a feminilidade, a água e as cores: "... senti-me escorregar para uma paz maravilhosa. Tudo era verde no meu quarto. Via-me num charco, o que equivalia para mim a estar no corpo de mamãe... estava no Paraíso, no seio materno". Esta "verdificação" estando, de resto, ligada ao grande arquétipo do alimento primordial que estudaremos mais adiante[199].

Em todas as épocas, portanto, e em todas as culturas os homens imaginaram uma Grande Mãe, uma mulher materna para a qual regressam os desejos da humanidade. A Grande Mãe é seguramente a entidade religiosa e psicológica mais universal, e Przyluski pôde escrever: "Aditi é a origem e a soma de todos os deuses que são nela." Astarte, Ísis, Dea Syria, Mâyâ, Marica, Magna Mater, Anaitis, Afrodite, Cibele, Réia, Géia, Deméter, Míriam, Chalchiuhtlicue ou Shing-Moo são os seus nomes inumeráveis que nos remetem para atributos telúricos ou para epítetos aquáticos, mas que são sempre, em todos os casos, símbolos de um terror ou de uma nostalgia. Podemos, assim, constatar, para concluir, o perfeito isomorfismo, na inversão dos valores diurnos, de todos os símbolos engendrados pelo esquema da descida. O trincar eufemiza-se em engolimento, a queda refreia-se em descida mais ou menos voluptuosa, o gigante solar vê-se mesquinhamente reduzido ao papel de Polegar, o pássaro e o levantar vôo são substituídos pelo peixe e pelo encaixe. A ameaça das trevas inverte-se numa noite benfazeja, enquanto as cores e tintas se substituem à pura luz e o ruído, domesticado por Orfeu[200], o herói noturno, se transforma em melodia e vem substituir pelo indizível a distinção da palavra falada e escrita. Por fim, as substâncias imateriais e batismais, o éter luminoso, são substituídos nesta constelação pelas matérias escaváveis. O impulso ativo implicava os cumes, a descida magnifica o peso e reclama o enterramento ou o mergulho na água e na terra fêmea. A mulher-aquática ou terrestre-noturna, com enfeites multicoloridos, reabilita a carne e o seu cortejo de cabeleiras, véus e espelhos. Mas a inversão dos valores diurnos, que eram valores da ostentação, da separação, do desmembramento analítico, traz como corolário simbólico a valorização das imagens da segurança fechada, da intimidade. Já o encaixe ictiológico e o acocoramento materno nos faziam pressentir esta simbólica da intimidade que vamos agora estudar.

2. Os símbolos da intimidade

O complexo do regresso à mãe vem inverter e sobredeterminar a valorização da própria morte e do sepulcro. Poder-se-ia consagrar uma vasta obra aos ritos de *enterramento* e às fantasias do repouso e da intimidade que os estruturam. Mesmo as populações que utilizam, também, a incineração praticam o enterramento ritual das crianças. "Terra clauditur infans", escreve Juvenal[201], e as leis de Manu interditam que as crianças sejam incineradas. Numerosas sociedades assimilam o reino dos mortos àquele donde vêm as crianças, como o Chicomoztoc, "lugar das sete grutas" do México antigo[202]. "A vida não é mais que a separação das entranhas da terra, a morte reduz-se a um retorno à casa... o desejo tão freqüente de ser enterrado no solo pátrio não passa de uma forma profana do autoctonismo místico, da necessidade de voltar à sua própria casa", escreve Eliade[203], marcando assim profundamente, no seio do simbolismo da intimidade, o isomorfismo do retorno, da morte e da morada. Os *Vedas*, como numerosas inscrições sepulcrais latinas, confirmam a eufemização do "tu és pó"[204]. Corolário desses rituais de enterramento dos mortos e confirmando a concepção antifrásica da morte é o enterramento terapêutico dos doentes. Em numerosas culturas, na Escandinávia, por exemplo, o doente ou o moribundo é revigorado pelo enterramento ou pela simples passagem na fenda de uma rocha[205]. Por fim, muitos povos enterram os mortos na postura fetal, marcando assim nitidamente a vontade de ver na morte uma inversão do terror naturalmente experimentado e um símbolo de repouso primordial. Esta imagem de um "retrocesso" da vida e da assimilação da morte a uma segunda infância encontra-se não apenas na expressão popular "voltar à infância"; pudemos verificar que é concepção freqüente nas crianças de 4 a 7 anos, que reinventam o mito do *Político*[206] e julgam que a partir de uma idade avançada os velhos se tornam progressivamente crianças[207].

É essa inversão do sentido natural da morte que permite o isomorfismo *sepulcro-berço*, isomorfismo que tem como meio-termo o berço ctônico. A terra torna-se berço mágico e benfazejo porque é o lugar do último repouso. O historiador das religiões[208] não tem dificuldade em destacar nos povos mais primitivos, australianos, altaicos, do mesmo modo que nos incas civilizados, a prática corrente de deitar o lactente na terra. Prática do berço telúrico a que se ligam os rituais de abandono ou de exposição dos recém-nascidos sobre o elemento primordial, água ou terra. Parece que em todos os folclores esse abandono sobredetermina ainda o nascimento miraculoso do herói ou do santo concebido por uma virgem mítica. O abandono é uma espécie de redobramento da maternidade e como que a sua consagração à Grande Mãe elementar. Zeus, Poseidon, Dioniso, Átis partilharam a sorte de Perseu, Io, Atlante, Anfião, Édipo, como a de Rômulo e Remo, de Waïnämoïnen ou de Massi, o Moisés maori[209]. Quanto ao Moisés judeu, o berço, arca, cofre e barca ao mesmo tempo vem colocá-lo muito naturalmente neste encaixe fantástico onde o redobramento só é menos importante que a obsessão do repouso que confere a imortalidade. Para o analista do repouso e das suas fantasias[210], o ventre materno e o sepulcro ou sarcófago são verificados pelas mesmas imagens: as da hibernação dos germes e do sono da *crisálida*. Trata-se naturalmente de um "Jonas da Morte", e o encaixe dos túmulos corresponde ao encaixe dos germes. Edgar Poe, ao reforçar com três caixões a proteção da múmia já enfaixada, não faz mais do que recuperar a intuição do despojo mortal: mortalha, faixas, máscaras mortuárias, vasos egípcios para as vísceras, encaixe de sarcófagos antropóides, de câmara e de apartamentos fúnebres. E que dizer dos chineses, que tapam os sete orifícios do cadáver[211]? A múmia, tal como a crisálida, é ao mesmo tempo túmulo e berço das promessas de sobrevivência. A nossa palavra "cemitério" também no-lo significa pela etimologia, uma vez que *koimêtêrion* quer dizer câmara nupcial[212]. Parece ser no próprio túmulo que se desenrola a inversão eufemizante: o ritual mortuário é antífrase da morte. Todas as imagens "insetóides", nota Bachelard, têm uma só intenção que as estrutura: sugerir a segurança de um ser fechado, "de um ser fofamente escondido e enfaixado", de um ser "remetido à profundeza do seu mistério"[213]. Há uma claustrofilia profunda na raiz de toda a vontade de conservar o cadáver.

O sepulcro, lugar da inumação, está ligado à constelação ctônico-lunar do *Regime Noturno* da imaginação, enquanto os rituais uranianos e solares recomendam a incineração[214]. Há nas práticas da inumação, e mesmo nas da dupla inumação, uma intenção de conservar ao máximo o despojo carnal, um certo respeito pela carne ou pela relíquia óssea que o catarismo uraniano e o espiritualismo solar não conhecem, contentando-se, como vimos, com o troféu craniano. A diferença dos ritos funerários implica, como mostrou Piganiol[215], uma profunda diferença cultural. Os cananeus, por exemplo, praticavam um rito de inumação ctônico e foram perseguidos pelos israelitas nômades, iconoclastas de feroz monoteísmo uraniano. Do mesmo modo, a estatuária egípcia ou a estatuária indiana e mexicana têm a ver com o complexo do nascimento e com os ritos da reinvolução fetal, enquanto a estatuária grega, segundo Rank[216], persegue um projeto de emancipação e levantamento postural das formas significativo de um esforço cultural de separação da mãe, da materialidade, da aspiração ao repouso. O rito da inumação, praticado nas civilizações agrícolas e especialmente na bacia mediterrânica, está ligado à crença numa sobrevivência larvada, duplamente encerrada na imobilidade do cadáver e na tranqüilidade do sepulcro, e por isso o cadáver é tratado, rodeado de alimentos e oferendas, e muitas vezes inumado na própria casa dos vivos[217]. O isomorfismo destes símbolos do regresso e da intimidade funerária é concretizado pelas divindades *Lares*, divindades familiares, encarnação dos *Manes*, que habitam a casa dos vivos e exigem a sua parte cotidiana de alimentos e cuidados.

Esta eufemização do sepulcro e a assimilação dos valores mortuários ao repouso e à intimidade encontra-se também no folclore e na poesia. No folclore, a intimidade das câmaras secretas contém as belas adormecidas dos nossos contos[218]. O modelo exemplar dessas *dormidoras escondidas* é a nossa *Bela adormecida*. Na versão escandinava dos *Niebelungen*, é Brunehilde, a jovem Valquíria, que dorme revestida de uma couraça no fundo de um solitário castelo. Símbolos claustromórficos onde é fácil reconhecer uma eufemização do sepulcro. Quanto ao sono, não passa de promessa de despertar que, no milagre da intimidade nupcial, Sigur ou o Príncipe Encantado virão realizar. O mesmo mito encontra-se nos irmãos Grimm, no *Cofre voador* de Andersen, tal como no conto oriental *História do cavalo encantado*. O psicanalista, vendo na imagem destas dormidoras o símbolo da recordação que dormita no fundo do inconsciente, reencontra nelas um simbolismo caro a Carus[219]. Mas essas lendas da bela adormecida não serão, de forma mais simples, o resultado do progresso popular do eufemismo, sobrevivências de mitos ctônicos que, pouco a pouco, foram perdendo as alusões funerárias? Para os poetas, pelo contrário, a morte é explicitamente valorizada ao mesmo título, como vimos[220], que o crepúsculo e a noite. Donde a deleitação mórbida que se encontra muitas vezes na poesia, na ligeira necrofilia baudelairiana ou no culto lamartiniano do outono, no gosto romântico pelo "além-túmulo" e, por fim, na atração que exerce a morte ou o suicídio sobre Goethe, Novalis ou Nodier[221]. Em Moritz, que Béguin cita, vê-se nitidamente a morte inverter-se, tornar-se o agradável acordar do mau sonho que a vida aqui embaixo seria: "De tal modo as coisas aqui embaixo permanecem confusas que é impossível que este seja o verdadeiro estado de vigília..." O claustro, o túmulo, "a tranqüilidade da morte" obcecam a narrativa de *Anton Reiser* ou de *Hartknopf*[222]. Para G. H. von Schubert[223], a morte é igualmente uma alba e a paz do sepulcro um "bem-aventurado aniquilamento", estando a alma na morte e no sono "como no seio materno". Para Novalis, é a morte dramática da sua noiva que lhe revela o esquema da inversão: "A cinza das rosas terrestres é a terra natal das rosas celestes, e a nossa estrela da tarde a estrela da manhã para os antípodas."[224] Por fim, Brentano resume o grande isomorfismo da morte e da intimidade materna ao escrever: "Mãe, guarda o teu filho no calor, o mundo é demasiado claro e demasiado frio, põe-no docemente debaixo do teu braço, muito perto do limiar do teu coração..."[225] Nos românticos franceses, poder-se-ia igualmente notar freqüentes isomorfismos do túmulo, da bem-amada e das delícias da intimidade. Por exemplo, para a Antígona de Ballanche, o túmulo é a morada nupcial: "A morte é, assim, a suprema iniciação à vida imortal", escreve Cellier. "É por isso que a morte de Antígona é doce como uma cerimônia nupcial."[226] Na obra de Hugo, pululam as imagens de sepulcros, de claustração e de emparedamento associadas ao tema da intimidade: em *La conscience* o jazigo é refúgio, em *Os miseráveis* é um convento de mulheres enclausuradas que serve de lugar de asilo. Todavia, em Hugo, o motivo do jazigo é valorizado de maneira hesitante, porque é ao mesmo tempo temido e desejado[227]. A este complexo ambíguo da claustração, Baudouin[228] liga no grande poeta o tema da *insularidade*. A insularidade seria uma espécie de "Jonas" geográfico: para alguns psicanalistas é este engrama da ilha que chegaria para separar psicologicamente a Irlanda católica do "continente" inglês e protestante. Porque a ilha é a "imagem mítica da mulher, da virgem, da mãe"[229]. Hugo estaria ontogeneticamente marcado pela estadia nas ilhas: Córsega da sua infância, ilha de Elba, e por fim ilha do exílio onde o poeta, curiosamente, parece morar voluntariamente. Esta vocação do exílio insular não seria mais que um "complexo de retiro" sinônimo de regresso à mãe[230]. Donde o grande valor atribuído pelo poeta dos *Châtiments* a Santa Helena, a ilha do exílio e da morte.

Este gosto da morte, esta fascinação romântica pelo suicídio, pelas ruínas, pelo jazigo e pela intimidade do sepulcro relaciona-se com as valorizações positivas da morte e remata a inversão do *Regime Diurno* numa verdadeira e múltipla antífrase do destino mortal. Poder-se-ia, extrapolando as conclusões do excelente estudo de M. Bonaparte, *Deuil, nécrophilie et sadisme*[231], pensar que há continuidade entre a necrofilia manifesta de um Bertrand e de um Ardisson, a necrofilia inibida ou sublimada de um E. Poe, tal como M. Bonaparte a estudou magistralmente[232], e as reabilitações mais ou menos explícitas da morte, da noite e do tempo expressas em toda a poesia romântica. Entre nós, apesar de alguns estremecimentos de horror sagrado, herança do *Regime Diurno*, a morte eufemiza-se até a antífrase através das imagens inumeráveis da intimidade.

É a um estudo sistemático dos *continentes* que estes dois pólos psíquicos nos convidam, estes dois marcos fatais da representação que são o sepulcro e o ventre materno. Jung[233] batizou o trajeto etimológico que, nas línguas indo-européias, vai do oco (*creux*) à taça (*coupe*). O *kusthos* grego significa cavidade, colo, enquanto *keuthos* quer dizer seio da terra; já o armênio *kust* e o védico *kostha* se traduzem por "baixo-ventre". A esta raiz juntam-se *kutos*, abóbada, arco, *kutis*, cofre, e, finalmente, *kuathos*, taça, cálice. Jung, por fim, interpreta de maneira audaciosa *kurios*, senhor, que se deveria entender como tesouro arrancado ao outro. A concavidade, como a psicanálise fundamental admite, é, antes de mais, o órgão feminino[234]. Toda cavidade é sexualmente determinada e mesmo a concavidade da orelha não escapa a esta regra da representação[235]. O psicanalista tem portanto perfeitamente razão em mostrar que há um trajeto contínuo do colo à taça. Um dos primeiros marcos desse trajeto semântico é constituído pelo conjunto *caverna-casa,* hábitat e continente, abrigo e sótão, estreitamente ligado ao sepulcro materno, quer o sepulcro se reduza a uma caverna, como para os antigos judeus ou em Cro-Magnon, quer se construa como uma morada, uma necrópole, como no Egito e no México. Decerto, a consciência deve antes de tudo fazer um esforço para exorcizar e inverter as trevas, o ruído e os malefícios que parecem ser os atributos primordiais da caverna. E toda a imagem da caverna se carrega de uma certa ambivalência. Em toda a "gruta maravilhosa" subsiste um pouco da "caverna medonha"[236]. É necessária a vontade romântica da inversão para chegar a considerar a gruta como que um refúgio, como o símbolo do paraíso inicial[237]. Esta vontade de inversão do sentido usual da gruta seria devida a influências simultaneamente onto e filogenéticas: o traumatismo do nascimento levaria espontaneamente o primitivo a fugir do mundo do risco temível e hostil para se refugiar no substituto cavernoso do ventre materno[238]. De tal modo que um artista intuitivo[239] pode sentir naturalmente uma correlação entre a caverna "obscura e úmida" e o mundo "intra-uterino". Entre a gruta e a casa existiria a mesma diferença de grau que entre a mãe marinha e a mãe telúrica: a gruta seria mais cósmica e mais completamente simbólica que a casa. A gruta é considerada pelo folclore como matriz universal e aparenta-se aos grandes símbolos da maturação e da intimidade tais como o ovo, a crisálida e o túmulo[240]. A igreja cristã, a exemplo dos cultos iniciáticos de Átis e de Mitra, soube assimilar admiravelmente a potência simbólica da gruta, da cripta e da abóbada. O templo cristão é ao mesmo tempo sepulcro-catacumba ou simplesmente relicário tumular, tabernáculo, onde repousam as santas espécies, e também matriz, colo onde se reconcebe Deus. Numerosas igrejas, como numerosos templos dos cultos misteriosos da antiguidade pagã, estão construídas perto ou sobre cavernas ou fendas: São Clemente, em Roma, ou Lourdes retomam a tradição de Delfos, Hierópolis e Cós[241]. A caverna é, portanto, a cavidade geográfica perfeita, a cavidade arquétipo, "mundo fechado onde trabalha a própria matéria dos crepúsculos"[242], ou seja, lugar mágico onde as trevas podem revalorizar-se em noite.

Há apenas um pequeno cambiante entre a gruta e a *morada íntima*, não sendo esta última na maior parte dos casos senão uma caverna transposta. É, com efeito, pela cave, a concavidade fundamental, que fisicamente se implanta toda a morada, mesmo a que materialmente não tem alicerces[243]. Claudel evidenciou o isomorfismo que liga o ventre materno, o túmulo, a cavidade em geral e a morada fechada com o telhado, reencontrando assim a intuição poética de Dumas e de Poe[244]. A etnografia vem uma vez mais confirmar a psicologia: a cabana chinesa, tal como a gruta pré-histórica, onde a esposa reina em comunicação direta com o solo familiar, é uma matriz, "a própria lareira passa por fêmea onde se acende o fogo, esse macho"[245]. Esta feminização da casa, como a da pátria, é traduzida pelo gênero gramatical feminino das línguas indo-européias, *domus* e *patria* latinas, *ê oikia* grega. Os neutros *das Haus* e *das Vaterland* não passam de enfraquecimentos acidentais, depressa compensados por *die Hütte* e *die Heimat*. A psicanálise[246], mais do que ninguém, foi sensível a este semantismo feminóide da morada e ao antropomorfismo que daí resulta: quartos, cabanas, palácios, templos e capelas são feminizados. Na França, o caráter feminino da capela é muito claro, muitas vezes é "Nossa Senhora", quase sempre é consagrada, pelo menos parcialmente, à Virgem Mãe. A casa constitui, portanto, entre o microcosmo do corpo humano e o cosmo, um microcosmo secundário, um meio-termo cuja configuração iconográfica é, por isso mesmo, muito importante no diagnóstico psicológico e psicossocial[247]. Pode-se dizer: "Diz-me que casa imaginas e dir-te-ei quem és." E as confidências sobre o hábitat são mais fáceis de fazer do que sobre o corpo ou sobre um elemento objetivamente pessoal. Os poetas, os psicanalistas, a tradição católica ou a sabedoria dos dogon fazem coro para reconhecer no simbolismo da casa um duplicado microcósmico do corpo material e do corpo mental[248]. Os quartos da casa equivalem a órgãos, nota Baudouin[249], e espontaneamente a criança reconhece nas janelas os olhos da casa e pressente as entranhas na adega e nos corredores. Rilke[250] tem a impressão de avançar pelas escadas "como nas veias" e já notamos[251] as valorizações negativas do inferno intestinal e anatômico. O labirinto é freqüentemente tema de pesadelo, mas a casa é labirinto tranqüilizador, amado apesar do que pode no seu mistério subsistir de ligeiro temor. É este antropomorfismo microcósmico que a adega ventral significa, tal como o cervical sótão. A própria organização dos compartimentos do apartamento ou da choupana: canto onde se dorme, lugar onde se prepara a refeição, sala de jantar, quarto de dormir, dormitório, sala de estar, celeiro, casa da fruta, granja, sótão, todos estes elementos orgânicos trazem equivalentes anatômicos mais do que fantasias arquiteturais. A casa inteira é mais do que um lugar para se viver, é um vivente. A casa redobra, sobredetermina a personalidade daquele que a habita. Balzac sabe-o bem ao começar os seus romances pela descrição minuciosa da casa Grandet, da do *Chat qui pelote* ou da pensão Vauquer. A atmosfera psicológica só em segundo lugar é determinada pelos odores do jardim, os horizontes da paisagem. São os cheiros da casa que constituem a cenestesia da intimidade: vapores de cozinha, perfumes de alcova, bafios de corredores, perfumes de benjoim ou de *patchouli* dos armários maternos.

A intimidade deste microcosmo vai redobrar-se e sobredeterminar-se como se quiser. Duplicado do corpo, ela vai tornar-se isomórfica do nicho, da concha, do tosão e finalmente do colo materno[252]. Mas, sobretudo, vai operar-se nela o redobramento do "Jonas": temos necessidade de uma casa pequena na grande "para reencontrarmos as seguranças primeiras da vida sem problemas"[253]; é esse o papel do cantinho, do retiro obscuro, do Santo dos Santos, ou da câmara secreta e última. O oratório também desempenha esse papel: chineses e hindus aconselham, para praticar a involução, que nos coloquemos num local retirado ao fundo da casa, "obscuro e fechado como o seio de uma mãe". As fechaduras e as chaves reforçam ainda a intimidade e o segredo dessas moradas superlativas. Tal é de fato o sentido do "Palácio de Cristal" dos nossos contos, de que a limpidez aquática deixa adivinhar a profundeza, constituindo ao mesmo tempo um intransponível e mineral obstáculo, e defendendo ciosamente o cofre mágico ou o tesouro, núcleo dessa intimidade profunda.

A casa é, portanto, sempre a imagem da intimidade repousante, quer seja templo, palácio ou cabana. E a palavra "morada" duplica-se, como nos *Upanixades* ou em Sta. Tereza[254], do sentido de parada, repouso, "centro" definitivo na iluminação interior. Tal é o papel mais ou menos explícito desempenhado pela choupana dos "bons selvagens" do pré-romantismo, pela cabana das canções da *Belle Époque* ou pelo castelo caro a Kafka. Decerto, essa interioridade é objetivamente duplicada pela exterioridade da parede e do recinto, porque a casa é acessoriamente um "universo contra", motivo pelo qual pode suscitar fantasias diurnas[255]. Um psicólogo notou muito bem o duplo uso que pode ser feito da "construção habitável": "A casa é uma construção... mas é também uma habitação, um lar. Há duas orientações simbólicas possíveis, para uns a casa deve ser construída antes de se tornar aleatoriamente um lar, para outros – e são estes últimos que nos interessam nestes capítulos – a casa representa primitivamente um lar... esses não decompõem em fatores racionais e em fatores sentimentais... a cabana está muito mais próxima deles que o arranha-céu..."[256] E é de fato para essa última espécie de imaginação que a casa assume o seu sentido mais profundo: a amêndoa importa aqui mais que a casca. Do mesmo modo, a significação da casa como "construção de si"[257], invocando a imagem da "pedra angular", e a parábola evangélica das duas casas não passam, na nossa opinião, de incidências secundárias do fundamental simbolismo da intimidade.

Vemos aí, uma vez mais, o inconveniente que existe em classificar os símbolos em torno de objetos-chave em vez de em torno de trajetos psicológicos, ou seja, de esquemas e gestos. O mundo da objetividade é polivalente para a projeção imaginária, só o trajeto psicológico é simplificador. Baudouin não consegue descrever um simbolismo nítido da morada porque em duas páginas passa sub-repticiamente dos arquétipos da interioridade aos da "ascensão moral" simbolizada pelos andares. Ora, a ascensão sob todas as suas formas, escadas, escadarias, elevadores, campanários ou *zigurates*, pertence, como já vimos, a uma constelação arquetípica completamente diferente da morada. O campanário está sempre separado psicologicamente da igreja, sendo esta última imaginada como uma nave. As escadas da casa descem sempre e subir ao sótão ou aos quartos de cima é ainda descer ao coração do mistério, de um mistério certamente diferente do da adega, mas igualmente matizado de isolamento, regressão e intimidade: "É no sótão que tem lugar o amuo absoluto, o amuo sem testemunhas..."[258] O sótão, apesar da sua altitude, é museu dos antepassados e lugar de regresso tão enigmático como a adega. Portanto, "da adega ao sótão"[259] são sempre os esquemas da descida, da escavação, da involução e os arquétipos da intimidade que dominam as imagens da casa. A casa, para a fantasia, nunca é muralha, fachada ou pináculo, muito menos arranha-céu, é sim morada, e só para a estética arquitetural é que se perverte em alinhamento de paredes a torre de Babel.

A importância microcósmica concedida à morada indica já a primazia dada na constelação da intimidade às imagens do espaço feliz, do *centro paradisíaco*. Não insistiremos nas famosas teses rankianas segundo as quais o tema do espaço paradisíaco seria pré-formado pelo esquematismo do *farniente* intrauterino. Notemos que a história das religiões[260] insiste na doce coalescência do homem e do seu meio ambiente; mais ainda, a *genitrix* é isomórfica do lugar santo; "Paisagem natural e estatueta feminina são dois aspectos equivalentes da abundância e da fecundidade."[261] E, de resto, o hábitat, a morada relacionam-se positivamente numa dialética sintética com o meio ambiente geográfico. O chalé implica a montanha e o terraço do *bordj* reclama o sol tropical. A deusa exige um lugar sagrado. E os móveis desse lugar santo primitivo, além de uma nascente ou uma extensão de água, são a árvore sagrada, o poste de madeira ou o seu equivalente, o bétilo, o *churinga* australiano cuja verticalidade vem dar fecundidade, pelo seu aspecto masculino, às virtudes propriamente paradisíacas. O lugar santo, microcosmo sagrado e completo, tal como o Graal, que estudaremos no fim deste capítulo, completa-se pela espada; compreende também, com efeito, símbolos fálicos e masculinos: montanha, árvore e pedra levantada, só os dois últimos se prestam à individuação, e Przyluski tenta mostrar como a estátua sagrada deriva da estela de pedra ou do poste de madeira[262]. Só consideraremos aqui a infra-estrutura edênica e rankiana do lugar santo, que acima de tudo é refúgio, receptáculo geográfico. É um centro que pode muito bem situar-se no cimo de uma montanha, mas que na sua essência comporta sempre um antro, uma abóbada, uma caverna. O *templum*[263], antes de ser simbolicamente marcado no céu augural, é o retângulo, o recinto mágico que a charrua traça e abre no solo. Embora a noção de centro integre rapidamente elementos masculinos, é importante sublinhar as suas infra-estruturas obstétricas e ginecológicas: o centro é umbigo, *omphalos*, do mundo. E mesmo as montanhas sagradas têm direito, como Gerizim e o tão justamente chamado Tabor, ao atributo de "*umbigo da terra*". O paraíso dos semitas, como mais tarde a Jerusalém ou o Gólgota, eram também umbigos místicos do mundo[264]. É por essas razões uterinas que o que acima de tudo sacraliza um lugar é o seu fechamento: ilhas de simbolismo amniótico ou então floresta cujo horizonte se fecha por si mesmo. A floresta é centro de intimidade como o pode ser a casa, a gruta ou a catedral. A paisagem silvestre fechada é constitutiva do lugar sagrado. Todo lugar sagrado começa pelo "bosque sagrado"[265]. O lugar sagrado é uma cosmicização maior que o microcosmo da morada, do arquétipo da intimidade feminóide.

O mandala tântrico, jogo de figuras fechadas circulares e quadradas, no interior das quais dominam imagens de divindades, parece constituir um resumo do lugar sagrado, à beira da semiologia. É símbolo ao quadrado, espaço sagrado de bolso, se assim nos podemos exprimir, e que acrescenta ao aspecto labiríntico as facilidades da ubiqüidade. O termo mandala significa círculo. As traduções tibetanas exprimem a sua intenção profunda ao chamar-lhe "centro". Esta figura está ligada a toda uma simbólica floral labiríntica e ao simbolismo da casa. Serve de "receptáculo" aos deuses, é "palácio" dos deuses[266]. É assimilado ao Paraíso no centro do qual "se encontra" o Deus supremo, e no qual o tempo é abolido por uma inversão ritual: transforma-se a terra mortal e corruptível em "terra de diamante" incorruptível, atualizando-se assim a noção de "paraíso terrestre"[267]. Jung e o seu comentador Jolan Jacobi[268] insistiram particularmente na importância universal do simbolismo do mandala. Encontram figurações semelhantes à imagem tântrica tanto na tradição ocidental, em Jacob Boehme, por exemplo, como nos primitivos da época neolítica ou nos índios pueblo, tanto nas produções gráficas de certos doentes como no onirismo do psiquismo normal. Os dois psicanalistas reconhecem nessas múltiplas interpretações do mandala o simbolismo do centro, símbolo que uma freqüente figuração floral ainda reforça. Todavia, pensamos que esses psicólogos extrapolam ligeiramente o símbolo do círculo fechado, da intimidade, interpretando-o igualmente como símbolo da totalidade. Decerto que a figura circular é tanto a da roda como a do recinto fechado, e a distância não é grande do sentimento de intimidade, de segurança, ao conceito de totalidade que Jung quer ver integrar-se no mandala, embora a intimidade seja mais satisfação de suficiência que movimento imperialista de totalização. Parece-nos, no entanto, que a interpretação primeira do mandala deve ser mais restrita e significar apenas a procura da intimidade num labirinto iniciático. As concepções aritmológicas e zodiacais de quadripartição do universo e as especulações totalizantes sobre a quadratura do círculo escapam primitivamente à figura mística do mandala. O círculo mandálico é acima de tudo centro, fechamento místico como os olhos fechados do Buda, isomórfico do repouso suficiente na profundidade. Não é por acaso que a psicologia "das profundezas", predita pela poética romântica[269] e corolário da ontologia bergsoniana da intimidade, e especialmente a psicologia de Jung, utiliza constantemente a metáfora do círculo. Em trinta e quatro figuras ou tábuas explicativas da psicologia de Jung[270], vinte e uma são consagradas a figuras circulares onde palpita o centro misterioso da intimidade: o nosso "em si" (*soi*), o nosso "centro propriamente dito"[271]. O que dá razão a Bachelard[272], que escreveu que a psicologia não seria possível se lhe fosse tão-só proibido o emprego da palavra "profundo", que ela usa por todo o lado, e que, "no fim de contas, não corresponde a mais que uma pobre imagem". Acrescentaremos que é imagem pobre porque dada imediatamente pela mais primitiva intuição cenestésica: a "profundeza" do nosso corpo ou do nosso espírito é-nos imediatamente íntima.

Houve quem[273] refinasse neste simbolismo de centro, perguntando-se que diferença semântica existia entre as figuras fechadas circulares e as angulares. Bachelard estabelece um matiz muito sutil entre o refúgio quadrado que seria construído e o refúgio circular que seria imagem do refúgio natural, o ventre feminino. E embora muitas vezes, como no mandala, o quadrado esteja inextricavelmente ligado ao círculo, parece no entanto que a diferença notada por pensadores tão diferentes como Guénon, Jung, Arthus ou Bachelard deve ser tomada em consideração[274]. As figuras quadradas ou retangulares fazem recair o acento simbólico nos temas da defesa da integridade interior. O recinto quadrado é o da cidade, é a fortaleza, a cidadela. O espaço circular é sobretudo o do jardim, do fruto, do ovo ou do ventre, e desloca o acento simbólico para as volúpias secretas da intimidade. Não há mais nada além do círculo ou da esfera que, para a fantasia geométrica, apresente um centro perfeito. Arthus[275] parece ter plenamente razão ao notar que "de cada ponto da circunferência o olhar está virado para dentro. A ignorância do mundo exterior permite a indolência, o otimismo...". O espaço curvo, fechado e regular seria assim por excelência signo de "doçura, de paz, de segurança", e o psicólogo insiste no caráter "em bola" do "pensamento digestivo" da criança[276]. Decerto é necessário evitar confundir esta esfericidade com a perfeição parmenidiana. A esfericidade, aqui, é sobretudo a potência emblemática do redondo, o poder de centrar o objeto, de viver "uma rotundidade plena"[277], e é essa rotundidade que interessa à fenomenologia de Bachelard através de visões tão diversas como as de Jaspers, Van Gogh, José Bousquet, La Fontaine, Michelet ou Rilke.

Por fim, há um aspecto que liga fortemente o centro e o seu simbolismo à grande constelação do *Regime Noturno*: *a repetição*. O espaço sagrado possui esse notável poder de ser multiplicado indefinidamente. A história das religiões insiste com razão nesta facilidade de multiplicação dos "centros" e na ubiqüidade absoluta do sagrado: "A noção de espaço sagrado implica a idéia de repetição primordial, que consagrou esse espaço transfigurando-o." O homem afirma assim o seu poder de eterno recomeço, o espaço sagrado torna-se protótipo do tempo sagrado. A dramatização do tempo e os processos cíclicos da imaginação temporal só vêm, parece, depois desse primordial exercício de redobramento espacial. É esta ubiqüidade do centro que legitima a proliferação dos mandala e dos templos e igrejas votados às mesmas divindades, possuindo os mesmos vocábulos e por vezes as mesmas relíquias. Do mesmo modo, o tapete de oração do nômade muçulmano, "desdobrado na terra e orientado para leste para os ritos cotidianos, constitui um lugar portátil e reduzido à expressão mais simples"[278]. É precisamente nesse fenômeno de ubiqüidade do centro que se percebe bem o caráter psicológico dessas organizações arquetipais para as quais a intenção psíquica, a obsessão do gesto originário, conta sempre mais que a atuação objetiva e que as objeções positivistas.

Precisamos abordar, agora, na dupla perspectiva da intimidade e do redobramento, a descrição de um dos mais ricos símbolos da imaginação, símbolo que, pela sua riqueza, confina com o arquétipo. A gruta, como dissemos, já era casa e originava profundas fantasias, mas mais luxuriante na imaginação é a *morada sobre a água*, a barca, a nau ou a arca. Leroi-Gourhan[279] assinala a primitividade e a universalidade da piroga escavada num tronco de árvore. De resto, em certas tradições, caverna e arca são intermutáveis: na tradição iraniana a arca é substituída pelo *Vara*, espécie de gruta subterrânea "que deve subtrair os espécimes da boa criação aos rigores do grande Inverno... simultaneamente berço dos vivos e paraíso dos justos..."[280]. Decerto, a barca é um símbolo extremamente polivalente: não sendo apenas monóxila, mas também feita de peles ou de canas, esses materiais reenviam para os respectivos matizes simbólicos[281]; a fusiformidade pode igualmente sugerir a roca das fiandeiras ou os "chifres" da lua. Portanto, a sobredeterminação psicológica funciona perfeitamente, a barca de forma sugestivamente lunar será também primeiro meio de transporte: Ísis e Osíris viajam numa barca fúnebre, enquanto Ishtar, Sin, o Noé bíblico ou o polinésio, o macaco solar do Râmâyana, o Prometeu hindu Matariçva ("aquele que cresceu no corpo da mãe"), todos constroem uma arca para transportar a alma dos mortos ou para conservar a vida e as criaturas ameaçadas pelo cataclismo. O simbolismo da viagem mortuária leva mesmo Bachelard[282] a perguntar-se se a morte não foi arquetipicamente o primeiro navegador, se o "complexo de Caronte" não está na raiz de toda aventura marítima, e se a morte, como diz um verso célebre, não é o "velho capitão" arquetípico que apaixona toda a navegação dos vivos. O que o folclore universal, tanto céltico como chinês[283], confirmaria, e o "holandês voador" seria a sobrevivência tenaz dos valores mortuários do barco. Decerto por esta incidência fúnebre, toda a barca é um pouco "navio fantasma", atraída pelos inelutáveis valores terrificantes da morte.

A alegria de navegar é sempre ameaçada pelo medo de "soçobrar", mas são os valores da intimidade que triunfam e "salvam" Moisés das vicissitudes da viagem. É o que nos permite negligenciar de momento o caráter dramático da embarcação, a peripécia da viagem que confunde barca lunar e carro solar, para apenas fixarmos o arquétipo tranqüilizador do invólucro protetor, do navio fechado, do habitáculo. Mais do que fazer derivar a palavra arca de *argha*, "crescente", arco de círculo, preferimos fazer cair o acento etimológico sobre *arca*, "cofre", da mesma família lingüística e psíquica que *arceo*, "eu contenho", e *arcanum*, "segredo"[284]. Porque a constelação isomórfica que vimos estudando neste capítulo é a do continente, e esse aspecto dominante importa mais que a fixidez ou a mobilidade do utensílio. A tecnologia apenas se serve da diferença entre continentes fixos (cisternas, lagos, cubas, etc.) e continentes móveis (cestos, barcos de todas as espécies, etc.) como de simples artifício taxionômico. Na noção de continente, nota o tecnólogo[285], vêm fundir-se três atividades: transporte, transbordamento e coleção. É sobre esta última atividade, simples modalidade da intimidade que consiste em reagrupar encerrando, que neste momento pomos a tônica. Barthes[286], analisando Júlio Verne, notou excelentemente essa intimidade náutica fundamental: "O barco pode, na verdade, ser símbolo de partida, mas é mais profundamente cifra do fechamento. O gosto pelo navio é sempre alegria em fechar-se perfeitamente... Gostar de navios é acima de tudo gostar de uma casa superlativa, porque fechada sem remissão... o navio é um fato de hábitat antes de ser meio de transporte." E o mitólogo descobre sempre nos navios do romancista, mesmo nas mais difíceis empresas, a existência tranqüilizadora de um "lugar à lareira", que faz, por exemplo, do *Nautilus* "a caverna adorável", verdadeira antítese do barco bêbado[287]. Se é verdade que o navio se transforma em casa, a barca torna-se, mais humildemente, berço. São essas as alegrias que nos revela a "barquinha" lamartiniana, que Bachelard[288] aproxima judiciosamente da beatitude submersa novalisiana. Barca ociosa que, segundo o poeta, daria "uma das mais misteriosas volúpias da natureza", lugar fechado, ilha em miniatura onde o tempo "suspende o curso". Tema caro ao romantismo, de Balzac a Michelet, retomando este último a jubilação lamartiniana e escrevendo: "Já não há lugar, já não há tempo... um oceano de sonho sobre o mole oceano das águas."[289] A barca, mesmo que seja mortuária, participa assim, na sua essência, no grande tema do embalar materno. A barca romântica liga-se à íntima segurança da carga. Poderíamos igualmente mostrar que esta segurança acolhedora da arca participa da fecundidade do *Abyssus* que a leva: é uma imagem da Natureza Mãe regenerada e que despeja a vaga dos seres vivos sobre a terra reconduzida à virgindade pelo dilúvio.

Na consciência contemporânea informada pelo progresso técnico, a barca é muitas vezes substituída pelo *automóvel*, ou mesmo pelo avião. Maria Bonaparte[290] insistiu com razão no caráter hedônico e sensual do passeio de automóvel. O automóvel é um equivalente, enquanto refúgio e abrigo, da barca romântica. Quem é que escapou à fantasia da *roulotte*, do veículo fechado? *Roulotte* do *Grand Meaulnes* magistralmente ligada à estranheza da propriedade perdida... Haveria muito a dizer sobre o apego muito freudiano do homem do século XX ao auto-refúgio, ao automóvel amorosamente embelezado e mantido. É que o automóvel também é microcosmo, tal como a morada anima-se, animaliza-se, antropomorfiza-se[291]. Sobretudo, feminiza-se como a morada. Os veículos "pesados" dos caminhoneiros têm, como os barcos de pesca, nomes de mulheres. O "santo patrono" dos motoristas não é, de resto, o cristóforo, o passador, o homem-nave que garante a segurança do fardo que transporta e salva das águas madrastas?

Pode-se dizer que S. Cristóvão é símbolo ao quadrado do simbolismo da intimidade na viagem. É o ícone de um símbolo, à beira da semiologia. E como acontece freqüentemente na transcrição iconográfica de um símbolo assistimos aqui a uma gulliverização. Com efeito, o antepassado mítico de S. Cristóvão é o nosso Gargântua[292]. E o continente, o receptáculo, nas figurações populares de Gargântua, é o seu *saco*. Esse simbólico continente gulliverizado é, de resto, integrado pelo cristianismo, tal como o tema do saco da abundância do Papai Noel, na personagem de S. Nicolau. O outro cristão transportador de saco é S. Cristóvão, que surge um pouco por todo o lado no século XI, nas regiões celtas seguindo os passos da toponímia gargantuesca[293]. Uns e outros são bons gigantes, e Cristóvão, o primeiro dos catorze santos auxiliares, garante a segurança da viagem. Em todos estes casos, o saco do passador gigante é exatamente a nave reduzida a dimensões mais mesquinhas pela iconografia e pela lenda popular. Reconhecemos nesta minimização o processo de gulliverização que, da nave ao saco, nos leva à contemplação sonhadora dos pequenos continentes, dos quais a casca, a concha, a semente, o botão floral ou o cálice vegetal[294] são os protótipos naturais, enquanto o cofre e sobretudo a taça são os seus correspondentes técnicos. De resto, a passagem do macrocosmo ao microcosmo é muito ambígua: os navios de grandes dimensões talham-se nas cascas de noz, as conchas ou os ovos gigantes servem de navio como em certos quadros de Bosch[295].

As imagens da casca de noz, tão freqüentes nos nossos contos e nas fantasias liliputianas, correspondem mais ou menos às do germe fechado, do *ovo*. "A imaginação", escreve Bachelard[296], "não só nos convida a reentrar na nossa concha, como também a esgueirarmo-nos em qualquer concha para viver aí o verdadeiro isolamento, a vida enroscada, a vida dobrada sobre si mesma, todos os valores do repouso." Daqui resulta uma primeira interpretação simbólica da *concha*, muito diferente da que reencontraremos a propósito do simbolismo cíclico: aqui é a concha esconderijo, refúgio, que se sobrepõe às meditações sobre o seu aspecto helicoidal ou sobre o ritmo periódico do aparecimento e desaparecimento do gastrópode. A intimidade do recinto da concha é reforçada ainda pela forma diretamente sexual de numerosos orifícios de conchas. Freud chega à mesma conclusão que a poesia ambígua de Voltaire ao ver na concha um sexo feminino[297]. A tão tenaz iconografia do nascimento de Vênus faz sempre da concha um útero marinho.

O ovo filosófico da alquimia ocidental e extremo-oriental[298] encontra-se naturalmente ligado a este contexto da intimidade uterina. A alquimia é um *regressus ad uterum*. O orifício do ovo deve ser "hermeticamente" fechado, simbolizando este último o ovo cósmico da tradição universal[299]. Deste ovo deve sair o germe filosofal, donde os seus nomes variados que refletem o isomorfismo da intimidade: "casa do frango", "sepulcro", "câmara nupcial". O ovo alquímico era mantido a uma temperatura suave para a gestação do *homunculus* que se devia formar, afirma Paracelso[300], a uma temperatura "constantemente igual à do ventre do cavalo". Basílio Valentino[301] põe na boca de Hermes: "Eu sou o ovo da natureza, conhecido apenas pelos sábios, que, piedosos e modestos, engendram de mim o microcosmo." Por fim, podemos, com Jung[302], citar o notável isomorfismo que, na *VII Iniciação* das *Núpcias químicas* de Christian Rosenkreuz, liga ao simbolismo do ovo o "jazigo subterrâneo" no qual o iniciado descobre "um túmulo triangular que contém um caldeirão de cobre e repousa no fundo do sepulcro Vênus adormecida". Este ovo redobrado (*gigogne*), e que contém o universo, microcentro de uma geometria sagrada, seria segundo alguns polinésios "o antepassado de todos os deuses... que estavam na sua concha, no meio das trevas, desde a eternidade"[303]. Este ovo – pela sua qualidade de germe protegido – está ligado em quase toda a parte aos rituais temporais da renovação: donde os ovos de argila encontrados nos túmulos pré-históricos russos e suecos, donde o ritual osiriano da modelagem de um ovo de terra, de farinha e de plantas aromáticas e a veneração ritual do escaravelho, bosteiro fabricador de pequenas bolas que servem de ninho às larvas[304]. Finalmente, nas festas cristãs da ressurreição, conservamos esse simbolismo através do ovo da Páscoa. O próprio ovo alquímico, microcosmo do ovo mítico do mundo, não é mais que um processo mágico de domínio e aceleração da gestão dos metais[305]. Mas, inspirando este simbolismo tão rico, vemos aparecer constantemente o tema da intimidade liliputiana: microcosmo ou *homunculus*, encaixe dos germes que o "químico" ou o botânico do século XVIII se compraz em sonhar, suavemente chocados pelo calor, bem ao abrigo por detrás das paredes da casca, da concha ou da pele.

Se a concha e todas as suas modalidades são uma gulliverização natural do continente e do conteúdo, o vaso é o diminutivo artificial do navio. Na sua interessante *plaquette* consagrada ao Santo Graal, o lingüista Vercoutre mostra que a lenda do Graal repousaria num dos erros de tradução[306]. Ter-se-ia traduzido o nome céltico do célebre templo dos Gauleses "Vasso Galate" pelo latim *vas*. Do mesmo modo, o Graal é dito "sepulcro do Salvador" porque uma acepção latina de *vas* é também "sepulcro"; por fim, se em certas lições aparece uma misteriosa nau construída por Salomão é porque um trovador tomou *vas* no sentido de *navis*, que algumas vezes tem. Mais ainda, a espada tantas vezes ligada ao Graal vem também de uma acepção paronímica de *vas* com o sentido de *arma*, acepção sobredeterminada pela presença histórica do gládio de César no famoso Vasso Galate do Puy-de-Dôme. Ora, é notável, seja qual for o valor das hipóteses paronímicas e homográficas de Vercoutre, constatar a solidez arquetípica e o isomorfismo dos homônimos invocados. O feixe de contra-sensos só se originou ao ser sobredeterminado por um vetor psicológico real: o templo, o vaso, o sepulcro e a nave são psicologicamente sinônimos. Finalmente, a colusão desses símbolos endomórficos com o simbolismo ciclomórfico, que estudaremos em próximos capítulos consagrados ao Filho divino, encontra-se ilustrada no caso do Graal não só pela presença do sangue de Cristo como também pela presença histórica de uma estátua do deus Lug, equivalente céltico do Mercúrio romano, que Nero mandou erigir no Vasso Galate[307]. Mas, de momento, retenhamos simplesmente acerca do vaso que ele acumula a intimidade do navio e a sacralidade do templo.

Todas as religiões empregam utensílios culinários para os ritos sacrificiais, geralmente nas cerimônias de refeições sagradas ou de comunhão. Taça do culto de Cibele, caldeirões hindus e chineses, caldeirão de prata dos celtas, "caldeirão da regeneração" do Museu de Copenhague, antepassado provável do Graal[308], antepassado certo do cálice cristão, "vasilha triunfal" a que é assimilado o mandala nas cerimônias tântricas, caldeirões que, no *Edda*, contêm os alimentos para os guerreiros bem-aventurados, todos tornam inesgotável a lista dos vasos sagrados[309]. Feiticeiras e alquimistas usam igualmente caldeirões, e é também um caldeirão que Rosenkreuz vê aparecer na visão que já citamos[310]; é num vaso de gargalo estreito, na cabaça mágica, que o mágico chinês vem todas as noites acocorar-se e involuir[311]. Um simbolismo completo será assim apanágio de um utensílio tão universalmente utilizado e tão universalmente valorizado. É o que o estudo do Graal mostra: ao mesmo tempo prato com os alimentos de uma refeição ritual, vaso de regenerescência que restitui a vida ao Rei Pescador, enfim *Yoni*, cálice feminóide onde se enterra o gládio masculino e donde escorre o sangue[312]. Porque se o gládio, ou a lança do legionário que trespassou o flanco de Cristo, é freqüentemente associado ao Graal não é, de maneira nenhuma, por razões lingüísticas e históricas, mas sim, como viu Guénon[313], por "complementaridade" psicológica, tal como são complementares o campanário e a cripta, o poste ou o bétilo e a nascente ou o lago sagrado. O gládio junto à taça é um resumo, um microcosmo da totalidade do cosmo simbólico. Por fim, é necessário insistir na tenacidade, completamente arquetipal, da lenda do Graal, tenacidade que se manifesta pelas numerosas lições do texto e a ubiqüidade do objeto sagrado: umas vezes transportado diretamente por José de Arimatéia e Nicodemos para a Inglaterra, outras encontrado por Set no Paraíso Terrestre, reencontrado pelo conde de Toulouse nas cruzadas, caído nas mãos dos genoveses quando da tomada de Cesaréia, misturado com a tragédia albigense e misteriosamente reaparecido em 1921 quando das escavações de Balbeck[314]. A persistência de uma tal lenda, a ubiqüidade de um tal objeto mostra-nos a profunda valorização deste símbolo da taça, simultaneamente vaso, *grasale*, e tradição, livro santo, *gradale*, ou seja, símbolo da mãe primordial, alimentadora e protetora[315].

Com efeito, a propósito, de novo, deste navio em miniatura, podemos ver em ação as sobredeterminações digestivas e alimentares, caras ao *Regime Noturno* da imagem, dado que o continente prototípico é o ventre digestivo, antes de ser sexual, experimentado quando da deglutição, polarizado pela dominante reflexa. Esta valorização digestiva do vaso leva a confundir qualquer recipiente com o *estômago*. A antiguidade chamava a este último "rei das vísceras", e a alquimia adota a forma estomacal para construir os seus alambiques, enquanto, nos nossos dias ainda, o senso comum, negligenciando a fisiologia intestinal, faz do estômago o fator de toda digestão[316]. É o continente artificial gastromórfico que nos parece constituir o elo intermediário que falta à fenomenologia de Bachelard[317], que passa diretamente das imagens fisiológicas do ventre e do seio para a água e o mercúrio alquímico. A retorta química, o atanor, são marcas indispensáveis para a fantasia do vaso estomacal ou uterino. O vaso situa-se a meio caminho entre as imagens do ventre digestivo ou sexual e as do líquido nutritivo, do elixir de vida e de juventude. Pouco importa que o recipiente seja de cavidade profunda, caldeirão, tacho ou tigela, ou de cavidade pequena, cuveta, gamela, taça ou colher[318]. Porque pelo jogo confuso do sentido passivo e do sentido ativo o interesse arquetípico desliza pouco a pouco do continente para o conteúdo.

A noção de continente é, portanto, solidária da de *conteúdo*. Este último é geralmente um fluido, o que junta os simbolismos aquáticos, os da intimidade, ao esquema do trajeto alimentar, do engolimento. Pudemos constatar ao longo destes últimos capítulos que o gesto da descida digestiva e o esquema do engolimento, conduzindo às fantasias da profundidade e aos arquétipos da intimidade, subtendiam todo o simbolismo noturno. É que o gesto alimentar e o mito da comunhão alimentar são os protótipos naturais do processo de dupla negação que estudamos a propósito do engolimento: a manducação é negação agressiva do alimento vegetal ou animal, em vista não de uma destruição mas de uma transubstanciação[319]. A alquimia compreendeu-o muito bem, tal como as religiões que utilizam a comunhão alimentar e os seus símbolos. Toda a alimentação é transubstanciação. É por essa razão que Bachelard[320] pode muito profundamente afirmar que "o real é antes de tudo um alimento". Entendamos com isso que o ato alimentar confirma a realidade das substâncias. Porque a "interiorização ajuda a postular uma interioridade". A afirmação da substância, da sua indestrutível intimidade subsistindo para além dos acidentes, só pode ser feita por esta tomada de consciência da assimilação digestiva. O "suco", o "sal", encontra-se no trajeto metafísico da essência, e os processos de gulliverização não passam de representações por imagens do íntimo, do princípio ativo que subsiste na intimidade das coisas. O atomismo – essa gulliverização com pretensões objetivas – reaparece sempre, mais cedo ou mais tarde, no panorama substancialista, ou melhor, uma teoria dos "fluidos", das "ondas" escondidas e constitutivas da própria eficácia das substâncias. As necessidades alimentares integram-se naturalmente neste esboço de ontologia, e Bachelard[321] pode afirmar divertidamente: "A gulodice é uma aplicação do princípio de identidade." Melhor: o princípio de identidade, de perpetuação das virtudes substanciais, recebe o seu primeiro impulso da meditação da assimilação alimentar, assimilação sobredeterminada pelo caráter secreto, íntimo de uma operação que se efetua integralmente nas trevas viscerais. Porque é a interioridade "superlativa" que constitui a noção de substância. "Para o espírito pré-científico, a substância tem um interior, melhor, é um interior"[322], e o alquimista, como o poeta, só tem um desejo: o de penetrar amorosamente as intimidades. Esta é uma conseqüência do esquema psíquico da inversão: a intimidade é inversora. Todo invólucro, todo continente, nota Bachelard, aparece com efeito como menos preciso, menos substancial que a matéria envolvida. A qualidade profunda, o termo substancial não é o que contém mas o que é contido. Bem vistas as coisas, não é a casca que conta mas a amêndoa. Não é o frasco que importa mas sim a embriaguez. É esse voltar do avesso do continente que quer a alquimia de Boerhave quer a de Jacob Polemann revelam, tal como o artigo de Zimmermann na *Grande Encyclopédie* consagrado à "pedra"[323].

O alimento primordial, o arquétipo alimentar é, de fato, o *leite*: "toda bebida feliz é um leite materno". O leite é o "primeiro substantivo bucal". E Bachelard[324] cita o folclore para quem "as águas que são as nossas mães... nos distribuem o seu leite", enquanto que Michelet[325] racionaliza doutamente esta imagem do oceano de leite e fala do plâncton nutritivo como de um "leite que dessedenta o peixe", não hesitando em passar do leite ao seio. O que faz com que Bachelard diga que a matéria comanda a forma; acrescentaremos mais uma vez que é o gesto que exige a matéria. Tétis é filha da mamada (*tétée*)[326]. Essa quietude leitosa, cara ao poeta da morte materna e feliz[327], é recuperada pela psicologia patológica como terapêutica da esquizofrenia. A descrição da esquizofrênica estudada por Séchehaye apresenta um notável isomorfismo da mãe alimentadora e do alimento: as maças, o leite e a mãe terapeuta estão estreitamente ligados num mito antiesquizofrênico. A mãe é comparada à grande animalidade alimentadora: "Mamãe era para mim como uma vaca maravilhosa... A minha vaca era um ser divino, diante de quem eu me sentia levada a executar gestos de adoração."[328] A doente ressuscita, sem o saber, a religião mística da vaca Hator. Esta experiência da alimentação materna coincide com um primeiro estádio da cura: pela primeira vez, a doente vê os objetos sob um aspecto de realidade maravilhosa, despojados da terrível iluminação e do distanciamento abstrato sintomático da doença: "Uma felicidade sem nome inundava-me o coração... eu tinha prazer."[329] E quando esta euforia alimentar é desastradamente interrompida pela analista, a paciente é submersa por uma catastrófica crise esquizofrênica. A doente recupera, portanto, à beira da cura, a linguagem erótica dos místicos, para quem a imagem do leite é o próprio símbolo da união substancial. S. Francisco de Sales[330] escreve cruamente: "Nosso Senhor, mostrando o amabilíssimo seio do seu amor à alma devota, recolhe-a, e, por assim dizer, concentra todas a potências dela no seio da sua doçura mais que materna. Estreita a alma, aperta-a, comprime-a e encosta aos seus lábios de suavidade as suas deliciosas mamas, beijando-a com o beijo sagrado da sua boca e fazendo-lhe saborear os seus mamilos melhores que o vinho..." As mesmas imagens aparecem em S. Teresa[331], que compara a alma a uma "criança mamando" regalada pela mãe com o "leite destilado na sua boca"; ou que fala ainda dessas almas que, "aplicadas às divinas mamas, já não sabem senão desfrutar". Essas imagens lactiformes encontram-se nos cultos primitivos da Grande Deusa[332], especialmente nas estatuetas paleolíticas de que os seios hipertrofiados sugerem a abundância alimentar. A *genitrix* faz, de resto, muitas vezes o gesto de mostrar, oferecer e apertar os seios, e freqüentemente a Grande Mãe é polimasta, tal como a Diana de Éfeso.

Muito freqüentemente, essa acentuação do caráter lactífero e alimentar da Deusa faz que o arquétipo da Mãe se anastomose com o da árvore ou da planta lactífera, como o *Ficus religiosa* ou o *Ficus ruminalis*. Em Roma, esta última estava localizada no próprio lugar onde a loba mítica aleitou os gêmeos[333]. É talvez por intermédio dessa imagem composta de leite e vegetação, figueira "nutritiva" por excelência, já que além dos frutos sugere pelo seu suco o líquido alimentador primordial, ou por outras plantas nutritivas, como a tamareira, a vinha, o trigo ou o milho, que se pode explicar a freqüente colusão dos símbolos alimentares e dos recipientes culinários com os arquétipos dramáticos da vegetação e do ciclo vegetal, que estudaremos na segunda parte deste segundo livro. Seria necessário para isso esboçar o estudo de todos os elementos alimentares das diferentes culturas[334], e poderíamos, segundo parece, induzir daí, com Dumézil[335], que os deuses da "terceira função", agrária e alimentar, são em Roma parentes dos "Penates", deuses do "guarda-comidas" (*penus*), deuses do bem-estar econômico, apresentando-se esses Penates – como as mamas da deusa! – sempre no plural. Porque a abundância está ligada à noção de plural, como a segurança temporal o está à de redobramento, quer dizer, à liberdade de recomeço que transcenda o tempo.

Apenas notaremos de passagem o papel do mel tantas vezes associado ao leite na poesia e na mística[336]. O mel e o leite são os presentes de que a *Bona Dea* gosta. A deusa mãe do *Atharva Veda* é cognominada *madhukaça*, "deusa do chicote de mel"[337].

Esta associação mel e leite não deve de modo algum surpreender, uma vez que nas civilizações de coletores o mel é o equivalente natural do alimento mais natural que é o leite materno. E, se o leite é a própria essência da intimidade materna, o mel do oco da árvore, no seio da abelha ou da flor, é também, como o diz o *Upanixade*, o símbolo do coração das coisas[338]. Leite e mel são doçura, delícias da intimidade reencontrada.

Alimento e bebida natural, mesmo que primitivos, depressa se decantam, psiquicamente falando, em bebida ou alimento puro, apenas com qualidades psicológicas, arquetípicas e míticas. Tal é o papel da beberagem sagrada, *soma* ou *haoma*, beberagem que, de resto, é produzida quer "batendo" o oceano sagrado (*"barattage" de l'océan sacré*) quer por derivação do mel na seqüência de uma fermentação[339]. O símbolo da bebida sagrada está carregado de significações múltiplas, uma vez que está ligado aos esquemas cíclicos da renovação, ao simbolismo da árvore, do mesmo modo que aos esquemas do engolimento e da intimidade. Os *Vedas*[340] representam a bebida sagrada quer como planta, quer como nascente, regato brotando no jardim primordial, o Paraíso, enquanto um baixo-relevo egípcio nos mostra a deusa Hator em cima de uma árvore e saciando com a bebida de eternidade a alma do morto. Em numerosos mitos, o *soma* é extraído do fruto da árvore lunar. Efetivamente, numerosas beberagens mais ou menos rituais são extraídas de uma planta: o *soma* dos hindus de hoje, tirado do *Sacostema viminale*, o *occtli* mexicano e peruano, o *peyotl* na América do Norte, e, por fim, o vinho. Nesta simbiose simbólica da bebida, da taça e da árvore vemos um interessante exemplo de captação de uma significação em proveito de um simbolismo diferente: por intermédio da beberagem sagrada, o arquétipo da taça vai ligar-se às mitologias arborícolas. A beberagem integra-se assim na mitologia dramática e cíclica do vegetal. Bachelard – filósofo da Champagne – assinala esse papel microcósmico e zodiacal do vinho, que "na profundidade das caves recomeça a marcha do sol nas casas do céu". O simbolismo alimentar é nitidamente contaminado pelas imagens cósmicas e cíclicas de origem agrária; o vinho "floresce" tal como a vinha, é um ser vivo de que o vinhateiro é responsável e guarda. Todavia, o que aqui sobretudo nos interessa é que a beberagem sagrada é secreta, oculta, ao mesmo tempo que é água de juventude. E o vinho liga-se a essa constelação na tradição semítica de Gilgamesh e de Noé. A Deusa Mãe era cognominada "a mãe cepa de vinha"; essa deusa Sidhuri, "a mulher com vinho", identifica-se à Calipso da *Odisséia*, deusa que habita uma ilha no centro, no umbigo do mar[341]. O vinho é símbolo da vida escondida, da juventude triunfante e secreta. É por isso, e pela cor vermelha, uma reabilitação tecnológica do sangue[342]. O sangue recriado pelo lagar é signo de uma imensa vitória sobre a fuga anímica do tempo. O *whisky* gaélico, o *maie-i-shebah* persa, o *geshtin* sumério, todos estes símbolos são chamados "água de vida", "bebida de juventude", "árvore de vida"[343]. O arquétipo da bebida sagrada e do vinho liga-se, nos místicos, ao isomorfismo das valorizações sexuais e maternas do leite. Leite natural e vinho artificial confundem-se na juvenil fruição dos místicos[344].

Donde o papel sacramental do consumo dos "vinhos" não só para os semitas, cristãos e sobretudo mendeanos, como também para os indígenas da América do Sul e para os germanos. Dumézil[345] insistiu no importante papel que desempenha para estes últimos o banquete ritual e o beber e embebedar-se coletivamente. Este papel das bebidas fermentadas é muito comparável ao do *soma* indo-iraniano e das bebidas rituais alcoólicas da África e da América[346]. A virtude destas beberagens é ao mesmo tempo criar uma ligação mística entre os participantes e transformar a condição triste do homem. A beberagem embriagante tem por missão abolir a condição cotidiana da existência e permitir a reintegração orgiástica e mística. E, como constata muito justamente Dumézil[347], a festa tem muitas vezes lugar no inverno, "tempo da vida retraída", denotando com isso uma preocupação de involução, de enstase, muito próxima dos rituais taoístas de acumulação vital. Finalmente, nestes costumes germânicos de beber em conjunto, reencontramos um novo elemento isomórfico: o cervejeiro soberano é Aegir, o deus da água, o grande dissolvente marítimo. Hymir, que guarda o caldeirão divino, não passa de um gênio do mar[348].

A fantasia alimentar, reforçada pelas imagens trazidas da tecnologia das bebidas fermentadas e alcoolizadas, conduz-nos aonde vai dar a digestão, tal como a destilação, por excelência, ao *ouro* que o alquimista recolhe no fundo do crisol[349]. Certamente já estudamos uma propriedade do ouro enquanto cor, aparência dourada. Mas é preciso agora interessarmo-nos pelo próprio sentido íntimo desta substância. O semantismo dos reflexos nem sempre é o mesmo que o semantismo das substâncias. Nem tudo o que brilha é ouro. A substância do precioso metal é simbólica de todas as intimidades, seja nos contos em que o tesouro se encontra fechado num cofre escondido no quarto mais secreto, seja no pensamento alquímico com cujas secretas intuições a psicanálise coincide, de maneira trivial. Para o "químico" tal como para o analista, o valor do ouro não está de forma alguma no seu brilho dourado mas no peso substancial que a natural ou artificial digestão, à qual ele é assimilado, lhe confere. A retorta digere e o ouro é um precioso excremento. A *Encyclopédie*[350] define ainda a palavra "bucelação"* como "uma operação pela qual se divide em bocados, como por doses *bouchées*, diferentes substâncias para as trabalhar", e a palavra "cibação"** esconde a estranha prática química que consiste em alimentar com pão e leite a retorta onde se prepara o metal. Se para a "química" o metal é alimento, reciprocamente o alimento e o excremento serão tesouros para a psicologia analítica: o ouro torna-se para ela símbolo de avidez do ganho, de avidez possessiva, porque é, no fundo, equivalente técnico do excremento natural.

O ouro de que estamos tratando nestas linhas não é, portanto, o reflexo dourado, o *plaqué-or* da consciência diurna, mas sim o *"sal"* fundamental que polariza toda a operação alquímica. É, segundo Nicolas de Locques[351], "o íntimo do íntimo". O "sal", com efeito, não é mais que um termo genérico de que o ouro é o caso mais particular e mais precioso. O ouro com que o alquimista sonha é uma substância oculta, secreta, não o vulgar metal, *aurum vulgi*, mas o ouro filosofal, a pedra maravilhosa, *lapis invisibilitatis, alèxipharmakon*, "tinta vermelha", "elixir de vida", "corpo de diamante", "flor de ouro", *corpus subtile*, etc[352]. Todos os vocábulos dizem incansavelmente que o ouro é justamente o

---
* De Buecela: boca pequena. (N. do T.)
** De cibatio: alimentação. (N. do T.)

princípio substancial das coisas, a sua essência encarnada. A substância é sempre causa primeira, e o sal como o ouro são as substâncias primeiras, "gordura do mundo", "espessura das coisas", como escreve ainda um alquimista do século XVII[353]. O ouro, como o sal, participa nestas fantasias de operações mães de todo o substancialismo e que as noções de "concentrado", "comprimido", "extrato", "suco", etc., demarcam... Um místico moderno, confundindo o ouro trazido pelos magos com o sal, faz deles símbolos da concentração, da condensação[354]. Nestas operações sonhadas, das quais o sal e o ouro são os substantivos, unem-se intimamente os processos de gulliverização, de penetração cada vez mais fina, de acumulação, que caracterizam os simbolismos da intimidade profunda. Toda química é liliputiana, toda química é microcosmo e, nos nossos dias ainda, a imaginação maravilha-se ao ver quantas gigantescas realizações técnicas são devidas, originariamente, à minuciosa e mesquinha manipulação de um sábio, à meditação secreta, perseverante, de um químico. Haveria, a este propósito, muito a dizer sobre a significação primeira, etimológica, do *átomo*. O átomo é, de fato, imaginado antes de mais como inexpugnável e indivisível intimidade, muito antes de ser o elemento que o atomismo faz intervir no seu *puzzle*. A alquimia é ainda mais francamente substancialista que a química moderna impregnada de física matemática. A gulliverização funciona aí plenamente porque é no ínfimo que reside a potência da pedra, e é sempre uma ínfima quantidade que é capaz de provocar transmutações cem mil vezes mais importantes[355]. O sal, o ouro, é para o "químico" a prova da perenidade da substância através das peripécias dos acidentes. O sal e o ouro são resultado de uma concentração, são centros. É ainda o mandala que serve de símbolo ao quadrado para toda operação alquímica[356].

Sendo o sal, de resto, simultaneamente do domínio culinário, alimentar e químico, pode passar, numa química de primeira instância, ao lado da água, do vinho e do sangue, por pai dos objetos sensíveis. Por outro lado, o sal – como o ouro[357] – é inalterável e serve para a humilde conserva culinária. Encontramos, portanto, sempre por detrás do simbolismo do sal, e do seu equivalente nobre, o ouro, o esquema de uma digestão e o arquétipo do acocoramento substancialista. E, já que o *Regime Noturno* da imagem valoriza positivamente a digestão no seu início, não há razão nenhuma para que o excremento final da digestão permaneça pejorativo. Bachelard[358], ao interessar-se pelo "Mito da digestão", nota com a psicanálise a importância concedida pelo pensamento pré-científico ao *excremento*. O excremento é universalmente considerado como panacéia medicamentosa. Bachelard cita uma dezena de exemplos preciosos nos quais o excremento desempenha um papel terapêutico ou cosmético denotando uma valorização importante, enquanto Jung vai buscar o exemplo célebre da veneração das matérias fecais do rei pelos súditos do Grande Mongol[359]. Por fim, na epopéia gargantuína, o excremento é valorizado enquanto vestígio da passagem do deus gigante. Numerosos *tumuli*, colinas, blocos erráticos, do mesmo modo que rios, pântanos ou lagos, são chamados excrementos de Gargântua[360]. Neste último exemplo reencontramos o isomorfismo do continente e do conteúdo, porque é, muitas vezes, do seu saco que o gigante faz cair rochedos, menires e meteoros diversos, deixando assim mais de trezentas marcas toponímicas tanto na França como na Suíça.

É portanto com naturalidade que o ouro, substância íntima resultando da digestão química, será assimilado à substância preciosa primordial, ao excremento. E a substância, abstração a partir do ouro excrementício, herdará a avareza que, psicanaliticamente, marca o excremento e o ouro. Todo o pensamento substancialista é avaro ou, como escreve Bachelard[361], "todos os realistas são avaros e todos os avaros realistas", e é com razão que as valorizações positivas da substância e do excremento se podem chamar "complexo de Harpagon". Esta valorização avarenta do tesouro excremencial encontra-se em certas neuroses religiosas que Jung[362] relaciona com o tema, tão freqüente na fantasia infantil, do nascimento anal. Para a criança, a defecação é o próprio modelo da produção e o excremento é valorizado enquanto primeiro produto criado pelo homem. Por outro lado, sabemos que para a criança a sexualidade não é diferenciada e se situa de maneira difusa nos órgãos "posteriores" do corpo, confundindo-se muitas vezes com a escatologia. Donde o papel desempenhado pela lama ou o limo em numerosos mitos da criação. O nascimento por trás lembra o motivo do lançamento de pedras na lenda de Deucalião, do mesmo modo que os Dáctilos nasciam da poeira que a ninfa Anquíale lançava por trás de si[363]. Na fantasia neurótica e no sonho, Jung[364] nota também a utilização do excremento como "marco" de um tesouro. E na imaginação livre de nossos contos todo o conteúdo excrementício parece explicitamente banido, mas pode, no entanto, ver-se ainda que as jóias que ornamentam as princesas encantadas são símbolos diretos da sexualidade feminina[365]. Hugo[366], que valoriza negativamente o excremento, associa-o, no entanto, ao ouro em *Os miseráveis*, declarando: "Se o nosso ouro é esterco, o nosso esterco é ouro." Mas essas associações são muito fugidias no poeta e resvalam depressa para motivos sádicos que depreciam o tema do ouro. É que essa associação do ouro e do excremento é inadmissível para um pensamento diurno. Temos aqui, mais uma vez, um bom exemplo de inversão de valores. As defecações são para o pensamento diurno o cúmulo do pejorativo e da abominação catamórfica, enquanto para o *Regime Noturno* o excremento se confunde com o estalão metálico dos valores econômicos e igualmente com certos valores celestes embora noturnos, como nessas curiosas expressões germânicas e índias que Jung mostra a propósito das estrelas cadentes[367].

É significativo que Dumézil[368] estude o simbolismo do ouro para os germanos a propósito dos "Mitos da vitalidade" e dos deuses da fecundidade. Nota que o ouro é uma substância ambivalente, motivo de riquezas e causa de desgraças. O tesouro é propriedade dos Vanes, está ligado ao enterramento e ao enterro, a fim de assegurar conforto e riquezas no além. Muitas vezes este ouro escondido é fechado num cofre ou num caldeirão, como o da *Saga du scalde Egill*[369] escondido num pântano. Esses acessórios habituais do tesouro lendário reforçam a polarização do ouro no seio dos símbolos da intimidade. Dumézil[370], aliás, assinala o parentesco lingüístico entre *Gull-veig*, "a força do ouro", e *Kvasis*, "bebida fermentada, significando a raiz *veig* vigor dionisíaco. E, sobretudo, o sociólogo das civilizações indo-européias[371] mostra claramente a oposição radical que existe entre o herói guerreiro e o homem rico, tal como a freqüente valorização negativa do *census iners*, do ouro fatal ao herói e à purificação heróica. Tal como o "Ouro do Reno" ou o colar de Harmonia donde provêm as desgraças de Tebas. O próprio César tinha notado nos guerreiros germanos esta forte repulsa para com o ouro[372]. Entre estes últimos, a idade do ouro é governada pelo deus Frôdhi ou Frotha, variedade de Freyr, a divindade feminóide da fecundidade, da terra. Haveria, assim, ciclos míticos de civilização alternativamente polarizados pela conquista guerreira, pelo gládio ou, pelo contrário, pela quietude e pela riqueza.

Uma parte essencial das teses de Dumézil[373] é consagrada ao estudo da fusão harmoniosa dessas aspirações psicossociais contraditórias. Em Roma, essa fusão é simbolizada pela assimilação histórica dos sabinos e romanos. O que opõe os protegidos de Júpiter e de Marte aos sabinos é que não têm *opes*, riquezas, enquanto que os sabinos desprezam a *inopia* dos vagabundos romanos. É pelo ouro que o chefe sabino Tito Tácio seduz e corrompe a vestal Tarpéia[374]. E Rômulo, marcando essa antinomia entre o gládio romano e a riqueza sabina, dirige a invocação a Júpiter Estator contra a corrupção pelo ouro e pelas riquezas. Depois da reconciliação lendária entre os dois povos inimigos, os sabinos fundarão em Roma os cultos agrários, e entre estes o culto de Quirino sobre o qual Dumézil se debruçou particularmente[375]. Os sabinos da lenda trazem assim para a cidade guerreira valores novos, em particular a valorização da mulher e do ouro. Desta fusão mítica resultará o equilíbrio dessa famosa civilização romana, ao mesmo tempo guerreira e jurídica, mas igualmente agrícola e doméstica. Roma tornar-se-á assim para o Ocidente o arquétipo político por excelência. Dever-se-ia, a este propósito, fazer um estudo, que seria muito interessante, sobre a tenacidade e a persistência da iconografia simbólica romana. Gládios e chifres da abundância propagam-se até os nossos dias em todas as moedas e medalhas dos países da Europa. Esta vitalidade dos emblemas de Marte e Quirino deve fazer-nos compreender que a história lendária da famosa cidade não é mais, no fundo, que a projeção mítica das estruturas antropológicas. Este movimento de desconfiança inicial dos guerreiros em relação aos ricos sabinos repercute através de toda uma tradição indo-européia para a qual o mal é assimilado à "mulher e ao ouro"[376]. É a oposição tradicional das divindades monoteístas e dos valores exclusivos das divindades e dos valores "plurais". Lares e Penates estão sempre no plural. Na Índia, a terceira classe dos deuses tem o nome de "Vasu", designação vizinha de um termo que significa "riquezas"[377]. A oposição entre os dois regimes da imaginação reencontra-se na lenda germânica do combate dos Ases contra os Vanes. A lenda de Tarpéia é muito próxima da de Gullveig, a feiticeira maléfica "embriaguez do ouro"[378]. E toda a sociedade equilibrada, mesmo que originariamente tenha sido de guerreiros, deve preservar nela uma parte noturna. É por isso que os germanos rendem um culto a Njörd, assimilado à terra-mãe e à deusa da paz. No dia da sua festa, os guerreiros não tocam nas armas nem mesmo nos objetos de ferro. O dia do deus Njörd é dia da paz e do repouso, *pax et quies*[379]. Do mesmo modo, em Roma o culto que esteve em concorrência com o fogo purificador foi o de Fortuna, a Grande Deusa ctônica dos sabinos, a *cupra mater*, de quem Ceres, Heries, Flora, Hera ou Juno apenas diferem no nome[380]. Teria sido o corruptor de Tarpéia, o sabino Tito Tácio, quem teria propagado o culto da deusa da abundância.

Em Roma, portanto, tal como para os germanos, as duas mentalidades, apesar do cruzamento das instituições e dos cultos, subsistem com uma suficiente distinção que prova a solidez dos *Regimes Diurno e Noturno* enquanto estruturas do imaginário. Os estudos histórico-sociológicos a que acabamos de aludir cobrem assim inteiramente a antítese psicológica que mostramos nos capítulos precedentes entre os dois grandes regimes simbólicos, gravitando o primeiro em torno dos *esquemas ascensionais e diairéticos* e promovendo imagens purificadoras e heróicas, identificando-se o outro, pelo contrário, com os *gestos da descida e do acocoramento*, concentrando-se nas imagens de mistérios e de intimidade, na procura obstinada do tesouro, do repouso, de todos os alimentos terrestres. Estes dois regimes da psique são absolutamente antinômicos e, mesmo nos complexos históricos e institucionais das civilizações romana, germânica ou hindu, as duas correntes distinguem-se perfeitamente e forçam a lenda a reconhecer e a oficializar esta distinção.

Nos primeiros capítulos desta obra, tínhamos estudado o modo como a consciência heróica, o *Regime Diurno* da representação, rejeita com horror e aversão "a mulher e o ouro", acentuando as antinomias, dado que a característica da atitude diairética é cortar clara e nitidamente, distinguir e atualizar assim as estruturas esquizomórficas que fazem do *Regime Diurno* do imaginário um verdadeiro regime da antítese. Poderíamos, por preocupação de simetria, acabar este capítulo com uma descrição dos símbolos e dos valores que o *Regime Noturno*, os esquemas da intimidade e da profundidade excluem. Isso seria desenvolver o ponto de vista sabino sobre os conquistadores romanos. Seria então necessário descrever um inferno agorafóbico de algum modo comparável ao que aterrorizava a doente tratada pela doutora Séchehaye[381]. As qualidades negativas desse universo hostil ao repouso e à profundidade seriam o superficial, a secura, a nitidez, a pobreza, a vertigem, a iluminação e a fome. Não seria difícil colecionar expressões filosóficas, religiosas e poéticas da repulsa diante da claridade, da distinção, do idealismo etéreo, da elevação, etc.[382] Todavia, em nome da atitude que promulga os valores da intimidade, em nome da preocupação das ligações e das fusões infinitas que a atitude repetidora da consciência comporta em nome da sutileza dos processos de negação dupla que integra o momento negativo, o *Regime Noturno* da psique é muito menos polêmico que a preocupação diurna e solar da distinção. A quietude e a fruição das riquezas não é de maneira nenhuma agressiva e sonha com o bem-estar antes de sonhar com as conquistas. A preocupação do compromisso é a marca do *Regime Noturno*. Veremos que esta preocupação leva a uma cosmologia sintética e dramática na qual se reúnem as imagens do dia e as figuras da noite. De momento, já verificamos que os símbolos noturnos não chegam constitucionalmente a libertar-se das expressões diurnas: a valorização da noite faz-se muitas vezes em termos de iluminação. O eufemismo e a antífrase só atuam sobre um termo da antítese e não se lhes segue a recíproca desvalorização do outro termo. O eufemismo só foge da antítese para recair na antilogia. A poética noturna tolera as "obscuras claridades". Ela transborda de riquezas, sendo portanto indulgente. São os romanos que combatem os sabinos. Só a *inopia* é realmente imperialista, totalitária e sectária.

3. As estruturas místicas do imaginário

Poderíamos ter, por preocupação de simetria com o título que demos ao capítulo consagrado às estruturas do *Regime Diurno*, intitulado este capítulo, que mostra e resume as estruturas noturnas que estudamos através dos símbolos da inversão e da intimidade, "estruturas gliscromórficas" ou então "ixomórficas" da imaginação. Vamos, com efeito, constatar que muitas vezes as estruturas do *Regime Noturno* confinam com os sintomas e com as síndromes dos tipos caracteriais ixotímicos e ixóides, e mesmo com os sintomas epileptóides[383]. Todavia, quisemos marcar desde já que as estruturas do imaginário não recobrem uma tipologia, mesmo que patológica. Por isso preferimos o termo mais vago e menos científico de "místico" em lugar dos elaborados pela fisiopatologia. Daremos ao adjetivo místico[384] o seu sentido mais corrente, no qual se conjugam uma vontade de união e um certo gosto da intimidade secreta.

A primeira estrutura que a imaginação dos símbolos da inversão e da intimidade evidencia é a que os psicólogos denominam *redobramento* e perseverança. Já vimos como o processo de eufemização, utilizando a dupla negação, era na sua essência um processo de redobramento. A intimidade não é no fundo mais que uma conclusão normal das fantasias encaixadoras do Jonas. Há na profundidade da fantasia noturna uma espécie de fidelidade fundamental, uma recusa de sair das imagens familiares e aconchegantes. É esta estrutura que Strömgren[385] mostrara já no tipo caracterial ixotímico ao ver na perseverança um dos seus traços típicos fundamentais. Para Rorschach, a perseveração das partes apreendidas é um sintoma central da ixotimia. Uma parte do cartão do teste é retomada três ou quatro vezes e interpretada apesar da mudança de posição do cartão. Freqüentemente, o ixotímico é do tipo repetidor. "Observa-se, muitas vezes, também uma relação característica entre a preservação das partes apreendidas e a simetria nestas palavras: *do mesmo modo, por outro lado...*"[386] Esta simetria já não é a simetria na antítese, mas sim a simetria na semelhança. A preservação da negação na dupla negação é justamente esta simetria na semelhança: passa-se imperceptivelmente do "do mesmo modo que...

tal como" ao "não... não". Nas ixoidias mais caracterizadas[387] encontra-se uma estereotipia muito desenvolvida de certos elementos do teste: quer, por exemplo, estereotipias de respostas anatômicas, quer a estereotipia das respostas forma-cor, quer ainda, nos casos francamente epileptóides, a perseveração dos grandes detalhes.

Na epilepsia propriamente dita, um dos três sintomas evidenciados pelo Rorschach é mais uma vez o "processo de preservação" que Guirdham[388] estudou sob o nome de *perceptional perseveration*. Este fenômeno consiste em que o sujeito, em quem a inteligência está intacta, escolhe, nos cartões do teste, partes que têm a mesma forma mas que ele interpreta diferentemente: por exemplo, um sujeito perceberá de maneira estereotipada todas as penínsulas com a mesma forma, enquanto outro apenas será sensível a todas as saliências arredondadas. Há neste fenômeno perseveração perceptiva e infidelidade expressiva. Pode-se igualmente encontrar nos epilépticos certos casos de perseverança simultaneamente na percepção e na interpretação. É o que Bovet chamou a "viscosidade do tema"[389]. Esta viscosidade do tema traduz-se não por uma exata repetição estereotipada de uma interpretação dada, mas por variações temáticas que evidenciam o isomorfismo das interpretações. Por exemplo, uma primeira interpretação de um detalhe do cartão será "cabeça de cão" e seguir-se-ão outras interpretações em outros cartões que se aterão mais ou menos à mesma categoria do conteúdo semântico: "cabeça de cavalo", "cabeça de serpente", etc. Se, em seguida, o sujeito decide abordar outro tema, floral, geográfico, etc., esse tema reconhecer-se-á e manter-se-á durante algum tempo. Mas como não ver que esta "viscosidade do tema" e esta *perceptional perseveration* são justamente as estruturas do encaixamento dos continentes isomórficos e a obsessão da intimidade própria do *Regime Noturno* da imagem? Os capítulos nos quais passamos tão facilmente do mar ao peixe engolidor, do engolidor ao engolido, da terra berço ctônico à caverna, depois à casa e aos recipientes de toda a espécie eram apenas uma ilustração dessa estrutura geral da representação que se manifesta na percepção dos cartões de Rorschach ou nas fabulações do imaginário. Aparece-nos, em todos os casos, uma fidelidade tenaz à sua quietude primitiva, ginecológica e digestiva, que a representação parece manter.

É igualmente esta perseveração que nos pode fazer compreender a confusão constantemente destacada, no decurso destes últimos capítulos, entre o continente e o conteúdo, entre o sentido passivo e o sentido ativo dos verbos e dos seres. Subjacente, com efeito, à atribuição distinta a este ou àquele sujeito de uma ação qualquer, persiste mais profundamente a imagem gratuita da própria ação pura. A perenidade substancial da própria ação faz negligenciar as qualificações substantivas ou adjetivas. Esta estrutura da perseverança dá forma a todo esse jogo no qual continentes e conteúdos se confundem numa espécie de integração ao infinito do sentido verbal do encaixamento. Materialmente, esta emocionante ligação à pátria materna, à morada e à capital traduz-se pela freqüência das imagens da terra, da profundidade e da casa. Não é por acaso que a doutora Minkowska destacou[390] em Van Gogh – pintor epiléptico – esta iconografia da fidelidade: interiores da Holanda onde os camponeses comem batatas, jardim do presbitério paterno, quarto de Arles, ninhos de pássaros, cabanas de Nuenen, paisagens da Provença onde a terra invade tudo e elimina pouco a pouco o céu fazem eco à grande fidelidade de Vincent ao seu irmão Théo[391]. A mesma estrutura encontra-se assim no plano da ligação das imagens por redobramento, dupla negação e repetição, e no plano da construção dos perceptos por perseveração.

A segunda estrutura, que é corolário da primeira, é a *viscosidade*, a *adesividade* do estilo de representação noturna. Foi, aliás, esta característica que chamou em primeiro lugar a atenção dos psicólogos quando designaram certos tipos psicológicos com nomes tirados das raízes que significam viscosidade, suco glutinoso, cola[392]. Essa viscosidade manifesta-se em múltiplos domínios: social, afetivo, perceptivo, representativo. Já vimos como a viscosidade do tema era importante, dado que ela dita um pensamento que deixa de ser feito de distinção e passa a sê-lo de variações confusas sobre um único tema. O isotímico dá sempre mostras de "muito poucas dissociações"[393]. Esta viscosidade isotímica manifestar-se-ia igualmente no plano social. Kretschmer pôde falar, a esse propósito, de uma "síndrome hipersocial"³⁹⁴ do isotímico, e no teste de Rorschach a grande quantidade das respostas "forma-cor" seria indício de viscosidade afetiva³⁹⁵. Em Van Gogh encontramos igualmente essa preocupação constante de fazer amizades, de construir uma comunidade quase religiosa na "casa dos amigos", de construir uma "cooperativa de pintores"³⁹⁶. Mas é sobretudo na estrutura da expressão que a viscosidade aparece. Minkowski³⁹⁷ mostrou claramente que no "epiléptico" tudo "liga, se confunde, se aglutina" e encontra assim um prolongamento natural para o cósmico, para o religioso. A "epilepsia" seria assim a estrutura oposta à *Spaltung* esquizofrênica. "Van Gogh pintou múltiplas pontes que têm sempre a mesma característica, a saber que a tônica cai na *ponte*."³⁹⁸ Por outro lado, sabe-se que toda a obra literária do pintor está obcecada por fortes preocupações religiosas.³⁹⁹ Na expressão escrita, o *Regime Noturno* do elo, da viscosidade manifesta-se pela freqüência dos verbos e especialmente dos verbos cuja significação é explicitamente inspirada por esta estrutura gliscromórfica: prender, atar, soldar, ligar, aproximar, pendurar, abraçar, etc., enquanto na expressão esquizomórfica os substantivos e adjetivos dominam em relação aos verbos. A expressão esquizomórfica pode ser vaga, porque tende para a abstração de tipo alegórico, enquanto a gliscromorfia leva à confusão e tende para a sobreabundância do verbo, para a precisão do detalhe⁴⁰⁰. Aqui, de novo, lemos uma prova da indiferença da voz verbal em relação ao esquema motor da ação expressa. Por outro lado, a expressão gliscromorfa utilizará com predileção as preposições "sobre", "entre", "com" e todas as expressões que procuram estabelecer ligações com objetos ou figuras logicamente separadas. Minkowski nota⁴⁰¹ que esta fobia da separação se manifesta no Rorschach pela deformação confusa dos cartões onde as cores e as formas estão objetivamente mais nitidamente circunscritas. É assim que no cartão VIII o epiléptico vê um "animal que trepa de um ponto cinzento para um ponto vermelho", ligando assim os três elementos nitidamente separados; no cartão IX, onde três elementos coloridos se justapõem sem qualquer ligação aparente de forma ou cor, o paciente responderá: "é uma cabeça de carneiro... é fogo, é fogo que crepita por cima de uma cabeça de carneiro". E como conclui Minkowski, notamos nessas respostas "a expressão dessa tendência para ligar abusivamente as partes do cartão umas às outras unicamente pelo fato de se tocarem e para as unir assim num conjunto, em detrimento da precisão da forma dessas partes que se nos deveria impor isoladamente"[402]. Esta recusa de isolar, de separar, não se encontra no próprio estilo da pintura de Van Gogh? Freqüentemente[403] a obra do pintor dos girassóis foi classificada de "cósmica". O que, de fato, à primeira vista, permite diferenciar a técnica analítica de um Seurat do turbilhão pictural de Van Gogh é antes de mais nada a ligação da matéria pictural: toda a tela é varrida, parece, pelo mesmo movimento do pincel, é submersa por uma onda contínua de furiosa e terna pintura. O mundo plástico e pictural de Van Gogh, se o opusermos à concepção analítica de um esquizóide como Seurat e, melhor ainda, se o opusermos ao mundo deslocado, preciso, formal e duro da pintura concreta do paranóico Dalí ou das abstrações geométricas de Mondrian, aparece de fato como o reino do viscoso[404]. De resto, é sobretudo a partir de Van Gogh e dos *fauves*, seus discípulos, que a pintura a óleo será utilizada como pasta viscosa e já não como veículo translúcido[405]. Mas o que é preciso, sobretudo, sublinhar é que esta estrutura aglutinante é acima de tudo o próprio estilo do eufemismo, levado ao extremo, da *antífrase*. Enquanto as estruturas esquizomórficas se definiam de saída como estruturas da antítese e mesmo da hipérbole antitética, a vocação de ligar, de atenuar as diferenças, de subutilizar o negativo pela própria negação é constitutiva deste eufemismo levado ao extremo a que se chama antífrase. Na linguagem mística tudo se eufemiza: a queda torna-se descida, a manducação engolimento, as trevas adoçam-se em noite, a matéria em mãe e os túmulos em moradas bem-aventuradas e em berços. É assim que para os grandes místicos a linguagem da carne recobre a semântica da salvação, é o mesmo verbo que exprime o pecado e a redenção.

    A terceira estrutura mística parece-nos residir no *realismo sensorial* das representações ou ainda na vivacidade das imagens. É essa característica que muitas vezes mergulhou os caracterologistas e os tipologistas em consideráveis dificuldades. Com efeito, segundo a terminologia junguiana[406], tudo leva a considerar à primeira vista as duas primeiras estruturas como tendo traços introversivos marcados. Em particular a viscosidade e a religiosidade que lhe está ligada pode levar a pensar que a mística é, de fato, introversão. Mas então esta terceira estrutura que parece aparentar a imaginação mística ao *thoug-minded* de James ou à *Einfühlung* do estético Worringer[407] contradiz as definições junguianas da introversão[408]. Não queremos, por ora, insistir nas dificuldades e nas querelas da tipologia, mas podemos ver que em arquetipologia as estruturas místicas constelam sem dificuldade com as características da *Einfühlung*, com o aspecto de vivacidade concreta, tanto sensorial como imaginária, da fantasia mística. O Rorschach confirma esta estrutura mostrando em todas as consciências gliscromorfas um tipo de ressonância íntimo "extratensivo e ambiequal"[409], quer dizer, oferecendo um protocolo com uma relação de respostas quinésicas e de respostas cor muito elevada. Em contrapartida, o mesmo protocolo apresenta uma ausência de respostas "forma-geral" que denota uma falta de síntese abstrata. Nos ixóides, o Rorschach[410] denota uma grande e lábil variedade de respostas cor. É este contraste tipológico que levou Minkowski[411] a opor o tipo "epileptóide-sensorial" ao tipo "esquizóide-racional". Não iremos tão longe na afirmação tipológica e diremos simplesmente que as conclusões de Minkowski se impõem no estudo das estruturas místicas. "O sensorial vive... no concreto, mesmo no hiperconcreto, não consegue de maneira nenhuma desligar-se dele. Sente muito mais do que pensa e deixa-se guiar na vida por essa faculdade de sentir muito perto os seres e as coisas."[412] Esta maneira "de sentir muito perto" é precisamente a "aptidão intuitiva" de que Bohm[413] faz uma das características do talento artístico. Essa intuição não acaricia as coisas do exterior, não as descreve, mas, reabilitando a animação, penetra nas coisas, anima-as. Donde a abundância de respostas quinésicas no Rorschach: "movimento que não se reduz a uma simples deslocação dos objetos no espaço, mas que, no seu dinamismo elementar, prima, se assim se pode dizer, o objeto, e impõe-se assim muitas vezes em detrimento da precisão da forma"[414]. Donde a preeminência, em todos os protocolos dessa estrutura, das respostas quinésicas e das respostas cor sobre a resposta formal geométrica. Donde a riqueza e, por assim dizer, a co-naturalidade desta estrutura com a própria essência da imaginação que, acima de tudo, é representação do esquema dinâmico do gesto. Numerosos autores[415] notam esta facilidade das fantasias gliscromorfas em promover uma representação "em imagens", não em formas sintáticas ou "em esquemas abstratos". Imagens que não são decalques do objeto mas dinamismos "vividos... na sua imediatez primitiva. São mais produção que reprodução"[416].

Quem não vê como este quadro psicológico se aplica ao "epiléptico" Van Gogh? Não é toda a sua obra, a partir da época de Paris, uma furiosa "resposta cor" donde só poderá sair a exasperação cromática dos *fauves*? E a escrita pictural, toda em vírgulas e em turbilhões, do pintor dos girassóis não cria no espectador esse sentimento de intenso movimento que anima todo o universo e mesmo a mais estática natureza-morta? Basta percorrer a correspondência do pintor para nos darmos conta de como é tenaz a sua visão colorida: quase em cada página somos fascinados por uma descrição que exalta as cores de uma paisagem ou de uma cena entrevista, e chama-nos também a atenção essa "ressonância íntima" que a sensorialidade revela no pintor do *Café à noite*. As cores e a sua percepção não só são elementos que "localizam". Van Gogh, em cartas célebres, esboça toda uma semântica da cor[417]. É de fato, paradoxalmente, ao próprio mistério dos seres e das coisas que chega o sensualismo exacerbado da cor em Van Gogh. A pintura de Van Gogh é o próprio exemplo de uma pintura que, pela gulodice pictural cara aos impressionistas, atinge uma profundidade mística comparável à de Greco ou Rembrandt. O reflexo impressionista, sem voltar à objetiva "cor local", converte-se em substância. A obra de Van Gogh não está, deste ponto de vista, nada afastada do processo de transmutação da Grande Obra alquímica: vulgares girassóis tornam-se na tela do pintor de Arles a própria substância do grito prometéico, do mesmo modo que nesse outro holandês, Vermeer, a cor transfigura, mas no pintor maldito essa transfiguração pela cor faz-se na "explosiva"[418] exaltação que caracteriza o pólo negativo da epilepsia.

Por fim, a quarta estrutura, estreitamente ligada às três precedentes, parece-nos consistir nessa propensão para a "miniaturização", para a *gulliverização* da representação do *Regime Noturno*. Os psicólogos[419] insistiram todos na "minúcia", na "meticulosidade" dos caracteres ixotímicos. Os atrasos intelectuais deste tipo agarram-se ao detalhe, perdem de vista o conjunto, mostram uma pedanteria muito característica que insiste no detalhe, mostra-o e comenta-o com mesquinhez. Nas respostas ao teste de Rorschach[420], o escrúpulo e a rotina do ixotímico manifestam-se de muitas maneiras: antes de mais, pelo número de respostas superior à média corrente. O ixotímico parece que receia sempre deixar escapar um detalhe. A minúcia descritiva da ixoidia manifestar-se-á igualmente na freqüência das respostas anatômicas, e neste caso a minúcia da descrição anatômica alia-se à estereotipia da perseveração[421]. Por fim, e sobretudo, o que chama a atenção no protocolo gliscróide é o número considerável de respostas "globais" ou "grande detalhe" induzidas a partir de um detalhe menor, de um elemento minúsculo da figura. Guirdham[422] nota mesmo que a perseveração do conteúdo global de uma resposta é confabulada a partir de um ínfimo detalhe de uma resposta dada, e geralmente a partir de um detalhe anatômico. Esta muito característica estrutura representativa e perceptiva merece que nos detenhamos nela. Ela significa que o paciente integra num elemento perceptível ou representativo restrito todo um semantismo mais vasto. Ela completa a cosmização inerente à viscosidade da representação por uma verdadeira "microcosmização". É o detalhe que se torna representativo do conjunto. Já encontramos freqüentemente este fenômeno de vicariância liliputiana, mas é no *Regime Noturno* da imagem, pelo jogo dos encaixes sucessivos, que o valor é sempre assimilado ao último conteúdo, ao mais pequeno, ao mais concentrado dos elementos. Como no *Kalevala*[423], é a pequena centelha que dá todo o sentido aos diversos continentes, e, no limite, a esse continente geral que é o Universo. Do mesmo modo, é o sal ou o ouro que são a substância ativa, microcósmica, pela qual os metais e os elementos do vasto mundo existem. Não surpreende que numa tal estrutura as formas sejam "más"[424], quer dizer, deformadas em relação ao seu uso diurno e "correto", dado que a este nível místico já não é a forma que importa, mas sim a matéria, a substância. Já vimos que, no fim de contas, o recipiente, o continente, importava pouco desde que se tenha a embriaguez do conteúdo.

É que há na estrutura mística, como mostramos a partir de exemplos concretos de imaginação, uma reviravolta completa dos valores: o que é inferior toma o lugar do superior, os primeiros tornam-se os últimos, o poderio do polegar vem escarnecer a força do gigante e do ogro. Poder-se-ia mostrar esta preocupação constante de revolução microcósmica, de revolução pelos "humildes" na obra do epiléptico Dostoiévski. E mesmo o fato de atribuir toda a importância ao meio material ou social, ao hábitat humano, em Balzac e em Zola, é ainda, apesar das aparências que parecem privilegiar o continente, derrubar os hábitos diurnos de pensar do classicismo romanesco e fazer primar o inferior, o materialismo do ambiente, sobre o que era considerado até aí como superior, a saber, os sentimentos humanos. Mas é ainda a obra de Van Gogh que nos vai oferecer o exemplo mais completo de "microcosmização". Porque, paradoxalmente, esta obra cósmica, esta obra que fabrica todo um universo no magma espesso da sua pasta, traz uma predileção pelos "pequenos assuntos". É o que os pintores[125] amadores das *Bodas de Caná* e das vastas composições lhe censurarão sempre. As suas naturezas-mortas: garrafas e tigelas de um rude realismo, *Bíblia* solitária em cima de uma mesa, par de tamancos ou sapatos, couves e cebolas, cadeira, poltronas despojam-se de toda a encenação decorativa cara ao barroquismo cezaniano. São assuntos que contam mais com a intensidade expressiva que com a vastidão decorativa. E as famosas flores, girassóis, rosas, íris, completadas pelo *Olho de pavão* e *As rosas com o escaravelho* da coleção V. W. Van Gogh, obrigam irresistivelmente à comparação com o gênero pictural *Kwachô*[126] – flores e pássaros – da pintura japonesa e da estética taoísta. O *Kwachô*, tal como o jardim em miniatura do templo xintoísta, é um microcosmo cheio de profundas significações sentimentais. Não é por acaso que o expressionismo de Vincent Van Gogh esteve constantemente obcecado pelo simbolismo pictural do Extremo-Oriente. E a redução microcósmica encontra-se igualmente na paisagem do pintor de Arles: não só pelo semantismo expressivo com que carrega – à maneira dos mestres taoístas e Zen – qualquer figuração da natureza, como também pela mesma vontade de redução de uma paisagem a alguns elementos expressivos como fazia Tchang-Fang-Yéou ou Hia-Kuei[127]. A arte da lítotes está muito próxima das intenções antifrásicas. Um campo de trigo, um único cipreste, um maciço do jardim de Daubigny, uma carroça, um rochedo, alguns troncos de árvores enlaçados com hera chegam a

Van Gogh para sugerir uma cosmologia, como chegava ao pintor Zen um bambu ou um pinheiro ao vento, alguns bambus num areal. A alusão aguda a um assunto restrito, a incisiva lítotes são em Van Gogh como em Sesshû o signo de uma imaginação microcósmica. Mas talvez seja necessário integrar nessa estrutura liliputiana toda a arte da paisagem. O *chan-chouei*[428] – águas e montanhas – taoísta ou tchan é no fundo somente um mandala figurativo, um microcosmo que concentra para a meditação a própria substância do universo, da solidez da rocha e da leveza da onda. No Ocidente, mesmo a paisagem se emancipou pouco a pouco do ícone hagiográfico e antropomórfico, mas conserva do ícone o sentido alusivo, a intenção de concentrar uma fantasia ou uma potência num pequeno espaço facilmente dominável. E um partidário da grande paisagem composta, como A. Lothe, vê-se forçado a reconhecer essa vontade de "redução do cosmo num fraco espaço a duas dimensões"[429]. Por fim, a vocação de Ruisdael, de Corot, de Claude Monet ou de Cézanne não está demasiado longe da do *ikébana* que, num ramo de algumas flores ou num jardinzinho minúsculo, concentra e resume a totalidade do Universo. A paisagem pintada é sempre microcosmo: constitucionalmente não pode pretender uma similitude de dimensões e, mais ainda, uma gigantização do modelo. Poder-se-ia mesmo dizer que as estruturas privilegiadas por uma cultura reconhecem-se na materialidade da sua iconografia: as culturas de preponderância "diurna" fazem prevalecer a figura humana e têm tendência para gigantizar os heróis e as suas proezas, enquanto as culturas que se constituem em torno de um misticismo e do sentimento do acordo cósmico têm tendência para privilegiar a iconografia naturalista, é pelo menos o que a poesia mística de S. João da Cruz ou a aquarela extremo-oriental confirmam. O gosto pela miniatura aplica-se ao oratório tal como ao *Kakémono*. É o que explica, de um modo mais geral, que o sentimento da natureza e a sua expressão pictural, musical ou literária seja sempre misticidade: a natureza "imensa" só se apreende e se exprime gulliverizada, reduzida – ou induzida! – a um elemento alusivo que a resume e assim a concentra, a transforma numa substância íntima.

Em resumo, podemos escrever que quatro estruturas místicas do imaginário em *Regime Noturno* são facilmente visíveis: a primeira é essa fidelidade na *perseveração* e o redobramento que os símbolos do encaixe e a sua sintaxe de redobramento e de dupla negação ilustram. A segunda é essa *viscosidade* eufemizante que em tudo e por toda a parte adere às coisas e à sua imagem reconhecendo um "lado bom" das coisas, e que se caracteriza por utilização da antífrase, recusa de dividir, de separar e de submeter o pensamento ao implacável regime da antítese. A terceira estrutura, que não passa de um caso particular da segunda, é uma ligação ao *aspecto concreto*, colorido e íntimo das coisas, ao movimento vital, à *Erlebnis*[130] dos seres. Esta estrutura revela-se no trajeto imaginário que desce à intimidade dos objetos e dos seres. Por fim, a quarta estrutura, que é a da concentração, do *resumo liliputiano*, manifesta explicitamente a grande reviravolta dos valores e das imagens a que a descrição do *Regime Noturno* das fantasias nos habituou.

Mas os simbolismos que estudamos até aqui, nestes últimos capítulos, e as suas estruturas psicológicas convidam-nos a aprofundar ainda o estudo do *Regime Noturno*. Porque essas imagens noturnas de encaixe, de intimidade, essas sintaxes de inversão e de repetição, essas dialéticas do voltar para trás (*rebroussement*) incitam a imaginação a fabular uma narrativa que integre as diversas fases do retorno. A imaginação noturna é, assim, naturalmente levada da quietude da descida e da intimidade, que a taça simbolizava, à dramatização cíclica na qual se organiza um mito do retorno, mito sempre ameaçado pelas tentações de um pensamento diurno do retorno triunfal e definitivo. O redobramento do continente pelo conteúdo, da taça pela beberagem leva irresistivelmente a atenção imaginária a concentrar-se na sintaxe dramática do fenômeno do mesmo modo que no seu conteúdo intimista e místico. É assim que se passa insensivelmente do simbolismo místico da taça ao simbolismo cíclico do denário.

Segunda Parte
Do denário ao pau

> As nossas festas... são o movimento da agulha que serve para ligar as partes do telhado de palha, de modo a que haja apenas um telhado, uma só palavra...
> M. Leenhardt, *Notes d'ethnologie néo-calédonienne*, p. 178

1. Os símbolos cíclicos

Acabamos de verificar que a atitude mais radical do *Regime Noturno* do imaginário consistia em mergulhar numa intimidade substancial e em instalar-se pela negação do negativo numa quietude cósmica de valores invertidos, com os terrores exorcizados pelo eufemismo. Mas essa atitude psíquica já estava prenhe de uma sintaxe da repetição no tempo. Gulliverização, encaixe, redobramento não passavam de prefiguração no espaço da ambição fundamental de dominar o devir pela repetição dos instantes temporais, vencer diretamente Cronos já não com figuras e num simbolismo estático, mas operando sobre a própria substância do tempo, domesticando o devir. Os arquétipos e esquemas que se polarizam em torno dessa ambição fundamental são tão poderosos que chegam, nas mitologias do progresso, nos messianismos e nas filosofias da história, a ser tomados como realidade objetiva, como moeda válida do absoluto e já não como resíduo concretizado de simples estruturas singulares, de simples trajetos da imaginação.

Enquanto o primeiro movimento da imaginação noturna consistia na conquista de uma espécie de terceira dimensão do espaço psíquico, dessa interioridade do cosmo e dos seres à qual se desce e onde se mergulha por uma série de processos como o engolimento e as fantasias digestivas ou ginecológicas, a gulliverização ou o encaixe, de que o símbolo arquetípico é o continente em geral, a taça, sobredeterminada ela própria pelas fantasias do conteúdo e das substâncias alimentares ou químicas que contém, abordamos agora uma constelação de símbolos que gravitam todos em torno do domínio do próprio tempo. Esses símbolos agrupam-se em duas categorias, segundo se privilegia o poder de repetição infinita de ritmos temporais e o domínio cíclico do devir ou, pelo contrário, se desloca o interesse para o papel genético e progressista do devir, para essa maturação que apela aos símbolos biológicos, por que o tempo faz passar os seres através das peripécias dramáticas da evolução. Escolhemos, para simbolizar estes dois matizes do imaginário que procura dominar o tempo, duas figuras do jogo do Tarô que resumem reciprocamente o movimento cíclico do destino e o ímpeto ascendente do progresso temporal: *o denário e o pau*. O denário que nos introduz nas imagens do ciclo e das divisões circulares do tempo, aritmologia denária, duodenária, ternária ou quaternária do ciclo. O pau, que é uma redução simbólica da árvore com rebentos, da árvore de Jessé, promessa dramática do cetro. De um lado teremos os arquétipos e os símbolos do retorno, polarizados pelo esquema rítmico do ciclo, do outro arranjaremos os arquétipos e símbolos messiânicos, os mitos históricos em que se manifesta a confiança no resultado final das peripécias dramáticas do tempo, polarizados pelo esquema progressista que, como veremos, não passa de um ciclo truncado, ou melhor, uma fase cíclica última que encaixa todos os outros ciclos como "figuras" e esboços do último processo[1]. As duas categorias destes símbolos que se enlaçam ao tempo para o vencer vão ter como caráter comum o serem mais ou menos "histórias", "narrativas", cuja principal realidade é subjetiva e a que se costuma chamar "mitos"[2]. Todos os símbolos da medida e do domínio do tempo vão ter tendência para se desenrolar seguindo o fio do tempo, para ser míticos, e esses mitos serão quase sempre mitos *sintéticos* que tentam reconciliar a antinomia que o tempo implica: o terror diante do tempo que foge, a angústia diante da ausência e a esperança na realização do tempo, a confiança numa vitória sobre ele. Estes mitos, com a sua fase trágica e a sua fase triunfante, serão assim sempre *dramáticos*, quer dizer, porão alternativamente em jogo as valorizações negativas e positivas das imagens. Os esquemas cíclicos e progressistas implicam assim quase sempre o conteúdo de um mito dramático³.

O redobramento simbólico e a perseveração estrutural implicavam já uma possibilidade de reversibilidade. A dupla negação é já esboço de reversibilidade. Do redobramento espacial, dos esquemas da inversão e dos símbolos encaixados (no mandala, por exemplo) à repetição temporal vai apenas um passo. Os cânones mitológicos de todas as civilizações repousam na possibilidade de repetir o tempo. "Assim fizeram os deuses, assim fazem os homens", esta máxima do *Taîttirîya Brâhmana*⁴ poderia servir de epígrafe a qualquer intenção ritual ou litúrgica de repetição: passa-se do redobramento da ação pura, onde a voz ativa e a passiva estão confundidas, a uma repetição no tempo indicada pela mudança gramatical do tempo verbal. O presente repete o imperfeito como os homens redobram os deuses. E enquanto que a mística tendia para a antífrase a repetição cíclica inaugura a hipotipose. Como escreve Eliade numa importante obra consagrada ao *Mito do eterno retorno*⁵: "O homem não faz mais do que repetir o ato da criação. O seu calendário religioso comemora no espaço de um ano todas as fases cosmogônicas que tiveram lugar *ab origine*." Num capítulo intitulado "A regeneração do tempo"⁶, o historiador das religiões debruça-se sobre o problema da repetição "anual" dos ritos e da instituição, de tal modo universal que se torna arquetípica, do ano.

O ano marca o ponto preciso onde a imaginação domina a contingente fluidez do tempo por uma figura espacial. A palavra *annus* é parente próxima da palavra *annulus*; pelo ano, o tempo toma uma figura espacial circular. Gusdorf tira claramente as conclusões ontológicas deste domínio geométrico do tempo. "O calendário tem uma estrutura periódica, quer dizer, circular." E insiste na forma "circular" do ser, que teria servido de arquétipo ontológico à astrobiologia: "O tempo cíclico e fechado afirma no múltiplo o número e a intenção do uno." No limite, este tempo cíclico parece desempenhar o papel de um "gigantesco princípio de identidade aplicado à redução do diverso da existência humana"⁷. Deixa de haver, a partir daí, distinção entre o tempo e o espaço pela simples razão de o tempo ser espacializado pelo ciclo, o *annulus*[8]. Este último desempenha um pouco o papel que Bergson atribuía ao relógio: é uma projeção espacial do tempo, uma dominação determinista e tranqüilizadora das caprichosas fatalidades do devir. O que é interessante para o nosso propósito, neste ritual do calendário, não é o seu conteúdo, ou seja, o comprimento maior ou menor das horas, dos meses, das semanas, mas a faculdade de determinação e de recomeço dos períodos temporais. "Uma regeneração periódica do tempo", escreve Eliade[9], "pressupõe, sob uma forma mais ou menos explícita, uma criação nova... uma repetição do ato cosmogênico", ou seja, a abolição do destino enquanto fatalidade cega. O novo ano é um recomeço do tempo, uma criação repetida. Uma das provas dessa intenção de recomeço manifesta-se nas cerimônias orgiásticas que simbolizam o caos primitivo e que são universalmente respeitadas pelas culturas que têm o calendário em vigor: entre os babilônios, judeus, romanos, mexicanos, festas licenciosas e carnavalescas marcam o dia sem hierarquia e sem nome em que se tolera o caos, com o seu desregramento e os seus excessos. Para os babilônios[10], o primeiro ato da cerimônia da renovação figura a dominação do caos, de Tiamat, durante o qual todos os valores e regras são abolidos e fundidos no *apsu* primordial. "Os últimos dias do ano podem, portanto, ser identificados com o caos de antes da criação, tanto pelos excessos sexuais como pela invasão das palavras que anulam o tempo."[11] A extinção ritual dos lumes simboliza mesmo diretamente a instauração de um *Regime Noturno* transitório. Portanto, na simbólica da repetição do tempo que o ano e a sua liturgia instituem, manifesta-se uma intenção de integração dos contrários, esboça-se uma síntese na qual a antítese noturna contribui para a harmonia dramática do todo. É esse caráter sintético que sensibiliza de algum modo as ambivalências, que torna o estudo desses mitos simbólicos da repetição mais delicado que o estudo dos símbolos diairéticos ou que os da intimidade, nos quais a intenção monovalente era relativamente fácil de descobrir. Toda síntese como toda dialética é constitucionalmente ambígua.

Nenhum calendário mostra melhor esse processo de redução do tempo a um espaço qualitativo que o dos antigos mexicanos. Pode-se dizer que para eles é o processo do *annulus* que se generaliza a todo o desenvolvimento temporal. Não só o ano solar se decalca sobre um percurso espacial solar, como também para além ou aquém todo o tempo é medido e compreendido a partir dos quatro pontos cardeais[12]. Aquém do ano, cada ponto cardeal é atribuído a um dia em quatro na semana, ou seja, 65 dias no ano religioso, e uma semana em quatro é, por sua vez, governada por um ponto cardeal, ou seja, cinco semanas entre as vinte do ano. Para além do ano, um ano solar em quatro, ou seja, treze anos solares durante o período de 52 anos que dura o "século" asteca. Chega-se a uma quadripartição "circular" do tempo, decalcada sobre a quadripartição dos pontos cardeais: os 52 anos do "século" dividem-se em quatro séries de treze anos, e cada ano está dividido em semanas de treze dias... "Assim se desenrola de um modo contínuo, a todos os níveis, o jogo dos influxos das direções espaciais."[13] Essa combinatória de influências espaciais tende, evidentemente, a dramatizar o desenrolar do tempo: "A lei do mundo é a alternância de qualidades distintas, nitidamente delimitadas, que dominam, se esvaem e reaparecem eternamente."[14] Este tempo "histórico", se assim lhe podemos chamar, está por sua vez integrado num tempo fabuloso alinhado pela vida sucessiva de "Quatro sóis"[15], que por sua vez dependem das quatro divindades cardeais que regem o espaço.

É evidentemente o fenômeno natural com as fases mais marcadas e o ciclo suficientemente longo e regular que vai, em primeiro lugar, tornar-se o símbolo concreto da repetição temporal, do caráter cíclico do ano. A *lua* aparece, com efeito, como a primeira medida do tempo. A etimologia da lua é, nas línguas indo-europeias e semitas, uma série de variações sobre as raízes linguísticas significativas da medida[16]. A nossa "lua", vindo do antigo latim *losna* e destacando apenas o caráter luminoso do astro luminar, não passa de uma exceção e de um enfraquecimento semântico. Não só a etimologia como também os sistemas métricos arcaicos provam que a lua é o arquétipo da mensuração. Eliade[17] toma como prova as numerosas sobrevivências do sistema octaval na Índia, tal como a predominância do número 4 nas literaturas védicas e bramânicas. O ritual tântrico funda-se igualmente em múltiplos das quatro fases da lua. O homem pré-histórico teve de contar o tempo unicamente por lunações, como o fizeram os celtas, os chineses, os primitivos hodiernos e os árabes, que só conhecem o ano lunar[18]. O nosso calendário gregoriano, com a sua divisão duodecimal, a sua festa móvel da Páscoa, apela ainda para referências lunares. Enquanto os números solares gravitam em torno do antigo sete planetário, os números lunares estão ordenados quer por três, se se confundir numa única fase qualitativa o minguante e o crescente ou ainda se não se tiver em conta a "lua negra", quer por quatro, se se considerar o número exato de fases do ciclo lunar, quer pelo seu produto, ou seja, doze.

Sem entrar em considerações numerológicas aprofundadas, podemos notar que no plano da aritmologia reencontramos a grande divisão num *Regime Diurno* e num *Regime Noturno* da imagem. É que a semiologia do algarismo não escapa completamente ao semantismo. A aritmologia é uma prova desta resistência semântica à pureza semiológica da aritmética.

Piganiol[19] sugere que houve dois sistemas de numeração no mundo mediterrâneo: um decimal de origem indo-européia, outro duodecimal, mais primitivo; da combinação dos dois teria nascido o sistema sexagesimal. Ora, é o ano solar que é de dez meses e é Numa, o Sabino, quem passa por ter preconizado o calendário lunar duodecimal. Mas também em Roma houve bem depressa um compromisso entre os dois sistemas, como entre os semitas e os incas, donde a existência freqüente em numerosos calendários – no nosso, por exemplo – de dois dias de ano novo, de duas festas da renovação, o Natal solar e a Páscoa lunar.

É de notar que todos os mitólogos e historiadores das religiões chegam a considerações aritmológicas. Przyluski insiste na importância do número três e do número vinte e sete (três vezes três vezes três) no *Mahâbhârata* e na teoria dos *makshatra*, enquanto Boyancé faz cair a tônica no valor trinitário das nove Musas, e Dontenville propõe uma interessantíssima interpretação isomórfica de três e quatro no simbolismo do *triskele* e da suástica[20]. Decerto, Dontenville dá a esta aritmologia um sentido solar, mas este último pode facilmente reduzir-se a uma intenção simplesmente temporal. O quatro seria somente a noite acrescentada às três horas de vela: "Uma vez dissipada a noite, ele reina durante as três horas do dia: aurora, meio-dia, crepúsculo;

começo, meio e fim de todas as coisas, como formulará Aristóteles. As horas de Hesíodo e de Homero são três..."[21] Sejam quais forem as relações da tríade e da tétrade, a noite e a lua desempenham sempre um papel na sua formação, papel que julgaremos capital. A lua sugere sempre um processo de repetição, e é por ela e pelos cultos lunares que um tão grande relevo é dado à aritmologia na história das religiões e dos mitos.

Poderíamos dizer que a lua é a mãe do plural. Reencontramos aqui a noção de divindade plural que já tínhamos assinalado a propósito dos símbolos da abundância[22]. A última classe dos deuses, os Vasu, é, com efeito, segundo Dumézil[23], teologicamente plural, quer façamos apelo aos deuses Açvinos, quer à *Viçve Devâh*, "todos os deuses". Isto, talvez, por isomorfismo do radical *viç* e dos *vaiçya*, a terceira casta dos homens, a dos produtores. Certamente a explicação desse plural de abundância em referência à função dos "produtores", mais numerosos que os guerreiros ou padres, é muito lógica. Todavia, permitimo-nos fazer notar que o plural começa em dois. Ora, todos os protagonistas e os símbolos do drama agrolunar são plurais: peripécias lunares e ritos agrícolas enumeram-se. Pode-se dizer que no caso dessas divindades plurais indo-européias há sobredeterminação do plural pela função social, pelo elemento natural que a lua é e pela tecnologia agrícola. É ainda por uma motivação lingüística que Dumézil[24] explica o aspecto plural de Quirino, ligando este vocábulo à *curia*, palavra que se aparentaria à noção ambígua de *Quirites*, equivalente latino, sociológico e teológico do plural indiano *Viçve Devâh*. Mas o que sobretudo importa aos nossos olhos é que este Quirino plural seja um deus agrário assimilado ao deus úmbrio Vofônio, deus do crescimento comparável ao Liber latino, deus da massa, da plebe, mas também da frutificação. Esta divindade sob o vocábulo de *Mars tranquillus* seria antítese do Marte guerreiro.

O que leva a considerar que essas divindades plurais não patrocinam simplesmente uma abundância indefinida de bens ou de homens é que Quirino, Penates, Lares, Teutatis gaulês (deus da multidão *teuta*?), Totochtin mexicanos têm tendência a se condensar numa *díade* ou numa *tríade* muito bem definida[25], como Njörd, Freyr e Freyja germânicos, como os gêmeos Açvinos (ou Nâsatya) aos quais se junta Pûshan, deus dos "Çûdra", dos não arianos, protetor dos animais e das plantas, como Ometochtli, "dois coelhos", o mais importante dos Totochtin, ou como os dioscuros que ladeiam o ícone da grande deusa[26]. Przyluski estudou cuidadosamente este "problema das tríades"[27], tríades universais que se encontram "desde o mar Mediterrâneo até à Índia e além dela... desde o período egeu... e ainda na arte da Idade Média". O autor insiste no caráter teriomórfico destas tríades, sendo a deusa muitas vezes representada como "domadora" ou dona de animais, podendo estes últimos conservar o aspecto terrificante que observamos nos capítulos iniciais[28]. A tríade apresenta-se, assim, como uma soma dramática de diferentes fases como o esboço de um mito teofânico da totalidade. Decerto, não seguiremos Przyluski na sua interpretação evolucionista e tecnológica que quer ver na evolução triádica a sucessão de civilizações da caça, da domesticação e da criação de animais: a este nível, como o próprio autor reconhece, as interpretações são flutuantes. Todavia, é notável que nessas representações a figura humana da deusa possa ser substituída por um simples pau, como no caduceu ou na porta dos leões em Micenas[29]. Podemos desde já notar que caduceu é o emblema de Hermes, ele mesmo protótipo do Filho, do hermafrodita. Os elementos da tríade caduçaica são universais. Não somente podem ser encontrados nas civilizações mediterrâneas, como também na tradição búdica onde os dragões-serpentes Nanda e Upananda ladeiam a coluna de ouro do lago Anavapata[30]. Na tradição extremo-oriental dos três soberanos lendários Fu-Hi, Niu-Kua e Tcheng-Nong, Przyluski[31] descobre os símbolos da deusa dragão-fêmea Niu-Kua rodeada por um dragão macho e por uma divindade com cabeça de boi. A iconografia de um baixo-relevo Han sublinha ainda este parentesco com o caduceu mediterrânico.

A maior parte dos autores interessados pelas teofanias lunares ficou admirada pela polivalência das representações da lua: astro ao mesmo tempo propício e nefasto, de que a combinação triádica de Ártemis, Selene e Hécate é o arquétipo. A trindade é sempre de essência lunar[32]. As divindades lua, por exemplo Sin, transformam-se na maior parte dos casos em trindades Ann, Enlil, Ea, trindades que são epifânicas de mitologias dramáticas.

Mesmo no monoteísmo estrito, mas que mostra fortes seqüelas lunares, encontramos vestígios da figuração trinitária: Alá, interpretado pela religião popular, tem três filhas, Al Hat, Al Uzza e Manat, sendo esta última símbolo do tempo e do destino. Do mesmo modo, na religião popular católica há três "Santas Marias", das quais uma é a "negra" escoltada por Sara, a Cigana[33]. O próprio Cristo acaba por se subdividir, por assim dizer, em três crucificados, os ladrões acompanham a sua paixão e são como o alfa e o ômega de que o Cristo forma o elo. Trindade cristã, Triformis popular, Moiras helênicas, parecem conservar no seu contexto aritmológico vivazes sobrevivências lunares. Em Nossa Senhora de Vitré, a Trindade é ainda representada por uma cabeça de três faces muito próxima das representações da Triformis. E o folclore confirma estas sobrevivências: no dia da Trindade, os habitantes de Remiremont dirigiam-se outrora à cruz Théot "para aí ver o nascer de três sóis"[34]. Em correlação com a sua hipótese da quadripartição temporal, Dontenville[35] arquiteta uma explicação muito judiciosa das trindades e das tetranidades manifestas no folclore celta: a noite é Orcus, o ogro, o sol claro é Apolo-Belen, quanto à terceira pessoa é Gargântua Filho, "face ocidental do Pai", Gargant – Gargântua assimilado ao sol poente. O último termo, por fim, seria justamente a dupla gigante Morgan – Fada Morgana, esta última estreitamente aparentada com a serpente melusiniana. Morgana, Morge, Murgue, Morrigan testemunham toponimicamente a importância desta última fase divina. À raiz lingüística desta ligar-se-ia o *Morgen* alemão e o *mergere* latino. Ligação tentadora se tivermos em conta a iconografia de Melusina "emergindo" das ondas como da animalidade. O próprio deus Mercúrio teria um parentesco muito mais certo com esta raiz *merg* do que com o *merx* mercantil, já que é apelidado de *Mercurius matutinus*[36]. Dontenville assinala, por fim, que os três últimos elementos da Tétrade céltica se reencontram geograficamente nos Alpes Marítimos: o maciço cujo ponto culminante é o monte Bal comporta a oeste um monte Gorgionlong, enquanto a leste, no Levante, o maciço toma o nome de Morgan[37]. Na nossa opinião, apesar da acepção solar que Dontenville dá à Tríade, esta significação é apenas secundária: sendo as fases do dia terrestre pouco marcadas, só podem ser induzidas das fases bem nítidas do longo dia lunar. As personagens do drama astral não passam de microcosmos míticos do drama epifânico da lua.

Tétrades e Tríades lunares podem ainda condensar-se em simples díades que põem mais ou menos em evidência a estrutura antagonista, dialética, de que o drama lunar constitui a síntese. No limite, como mostrou Przyluski[38], é uma única divindade que assume os diferentes momentos do drama. A iconografia sublinha sempre esta ambivalência das divindades assimiláveis à lua: divindades meio animais, meio humanas, de que a sereia é o tipo e de que um "Jonas invertido" esboça o esquema dramático. Deuses bicolores do México, do Japão, do Egito ou ainda "Virgens negras", que no culto católico ladeiam muitas vezes, num culto críptico, as "Virgens de Luz", ou ainda Virgem Maria, cujo nome se repercute no meio de Maria, a Cigana, ou de Maria Madalena pecadora, todas estas teofanias são inspiradas pela bipolaridade do seu simbolismo, por um esforço para reintegrar num contexto coerente a disjunção das antíteses. Eliade[39] estudou claramente esta *coincidentia oppositorum* que se encontra em diversos níveis míticos, entre outros os mitos a que se poderia chamar, diz-nos o historiador das religiões, "mitos da polaridade", quer dizer, da biunidade que se manifesta quer pela consangüinidade dos heróis com o seu antagonista: Indra e Mamuci, Ormuz e Ariman, Rafael e Lúcifer, Abel e Caim, etc., quer pela teotania do casal divino na qual vemos a divindade acasalada com a sua parceira, como o famoso casal Shiva-Kali – casal divino inextricavelmente enlaçado como no panteão tântrico –, quer por associação numa mesma divindade dos caracteres contraditórios, tal como a biunidade de Varuna ligador e desligador, ou ainda a personalidade equívoca da deusa hindu, ao mesmo tempo "Shrî", esplendor, e "Alakshmî", para os maus, ou ainda Kâlî, "a doce", "a benevolente", mas também Durgâ, a destruidora que traz um colar de crânios humanos[40]. Pode-se notar esta "condensação" das polaridades adversas segundo várias modalidades em quase todas as tradições religiosas. A Ishtar babilônica é tanto invocada como "a verde", a benfazeja, quanto temida como a sanguinária, a destruidora[41]. Até o próprio Javé é ao mesmo tempo chamado misericordioso e bom, mas também ciumento, colérico e terrível. As grandes festas em honra de Hécate, de Diana e depois da Virgem Santa no mês de agosto são feitas para implorar à senhora da chuva fecundadora, ao mesmo tempo que para apaziguar a senhora das tempestades[42]. No zervanismo é Zrvân Akarana que desempenha este papel de conciliador dos contrários, como no budismo é Amitâbha ou Amitâyus, "idade ilimitada", um e outro duplicados da Grande Deusa, identificados com o curso do tempo[43]. Tal seria igualmente uma acepção possível do culto de Mitra "mediador" entre Ormuz e Ariman, participando das suas duas naturezas, desempenhando o papel da deusa entre os dois Cabirros[44]. Segundo Przyluski[45] teria sido na passagem de uma civilização ginecocrática a uma civilização patriarcal que a díade feminina do tipo Deméter-Core ou o casal misto Astarte-Adônis se transformaria em díade masculina Vishnu-Brahma. Tal seria a origem de Jano, masculino de Jana – ou Diana. O "Bifronte" indica o duplo caráter do tempo, a dupla face do dever ao mesmo tempo virado para o passado e para o futuro. Uma vez mais é o objeto "porta" que iria buscar o seu nome à imagem de Jano. A porta é ambigüidade fundamental, síntese "das chegadas e partidas", como testemunha Bachelard depois de René Char e Alberto Magno[46].

Uma variante deste duplo uso mítico da divindade é figurado na iconografia pelo mito do *andrógino*. "O androginato divino", escreve Eliade[47], "não é mais que uma fórmula arcaica da biunidade divina"; enquanto Przyluski[48] pretende ver nesta combinação dos dois sexos numa só pessoa a evolução última das díades bissexuadas anteriores aos cultos supremos do deus masculino. Veremos daqui a algumas páginas que esta epifania masculina não é, como julga o historiador evolucionista, a do Pai transcendente, mas sim a do Filho feminóide. A maior parte das divindades da lua ou da vegetação possuem uma dupla sexualidade. Ártemis, Átis, Dioniso, as divindades indianas ou australianas, escandinavas ou chinesas[49], têm uma sexualidade muito variável. Donde essas curiosas deusas barbudas, com a Cibele frígia, a Dido-Astarte cartaginesa, a Fortuna e a *Venus barbata* romana. Donde reciprocamente a feminização insólita do herói ou de divindades primitivamente viris: Hércules e os seus equivalentes semíticos Gilgamesh e Sansão[50]. Sin, o deus lunar babilônico, é invocado ao mesmo tempo como matriz materna e Pai misericordioso⁵¹. Para os bambara, é o gênio Faro que é, na sua androginia, princípio de acordo e união harmoniosa, aquele que assegura a reconciliação dos sexos, de Pemba fálico e de Musso-Koroni vaginal. Apesar da anterioridade teológica do papel de Pemba, diz-se que Faro é ontologicamente mais importante, que é a alma. Nestas perspectivas noturnas, o primordial é o androginato. O Adão rabínico é andrógino. Eva é apenas uma das suas partes, uma "metade", uma fase⁵².

Numerosos rituais refletem este androginato teológico. A estas práticas opõe-se a intenção dos ritos de circuncisão e de excisão: estes últimos permitem, pelo contrário, distinguir nitidamente os sexos e afirmar, separando-as, as sexualidades masculinas e femininas⁵³. No pólo oposto, situa-se o ritual iniciático dos padres da divindade lunar, Atargatis, Astarte, Diana ou Cibele, e que consistem numa integral castração e numa feminização avançada, quer no traje quer no comportamento do padre-eunuco. A lenda pretende que Átis castrou a si próprio diante da Grande Deusa, e o atributo de eunuco aplica-se quer à própria Grande Deusa, quer a um deus ou a um herói aparentado com a epopéia de Gilgamesh⁵⁴. Talvez se deva ver nessas práticas a origem mítica das amazonas, correspondendo a ablação de um seio à emasculação ritual. A iconografia hindu sugere uma tal mutilação. Nas estátuas de Indra ou de *Shiva ardhanari* – meio-mulher – o corpo do deus é tornado assimétrico pela sexualidade, tendo o busto apenas um único seio proeminente⁵⁵. Esta fantasia do androginato é explicitamente retomada pela tradição alquímica tanto ocidental como extremo-oriental⁵⁶. A iconografia alquímica parece tirar uma lição filosófica da figura bissexuada: os elementos contrários pela cor ou pelo sexo são "encadeados", "ligados por uma cadeia", um ao outro, ou então cada face sexuada do hermafrodita é ligada por uma cadeia ao seu "princípio astral", sol para o macho, lua para a mulher. É que o andrógino, microcosmo de um ciclo em que as fases se equilibram sem que nenhuma seja desvalorizada em relação à outra, é, no fundo, justamente um "símbolo de união"⁵⁷. Ele é a díade por excelência, que põe uma tônica igual nas duas fases, nos dois tempos do ciclo. É essa a razão profunda que liga todos esses deuses plurais, essas tétrades, tríades ou díades divinas, ao astro que ostensivamente marca para os homens a unidade no tempo, a divisão igual em quartos ou em semanas, mas também a esperança de uma certa perenidade através dos episódios dramáticos do brilho quase solar e das trevas da morte.

É no romantismo literário que se torna mais aparente e mais facilmente acessível para nós esse esforço sincrético para reintegrar no Bem o Mal e as trevas sob a forma mítica de Satã, o anjo rebelde. O romantismo herda toda a dramatização da literatura bíblica, da iconografia medieval e do *Paraíso perdido* de Milton[58]. Satã faz a sua entrada triunfal com o Mefistófeles de Goethe e o principal herói byroniano do *Mistério de Caim*[59]. Não é a rebelião que na maior parte dos casos é exaltada: o romantismo empreende um vasto processo de reabilitação. Quer seja a abracadabrante *Ville des expiations* de Ballanche, o "Ahasverus" – o judeu errante – ou "Prometeu" maldito, "Merlin, o feiticeiro", o filho de Satã na obra de Quinet, ou ainda "Idameael", o Anticristo em Soumet, "Psique" – esse "judeu errante fêmea" como lhe chama Cellier[60] – em Laprade, todas essas obras e esses heróis tenebrosos constituem a epopéia romântica da síntese e da reabilitação mítica do mal. Mas foi evidentemente Hugo quem, em *La fin de Satan*, mais magistralmente exprimiu o sentido do drama sintético, da queda cuja redenção final virá de uma pena perdida pelo anjo das trevas, donde nascerá o "Anjo Liberdade". Lilith Ísis, o aspecto tenebroso do mundo, derrete-se então "como um pedaço de gelo ao fogo"[61].

Vai apenas um passo desta cosmogonia otimista e dramática às filosofias, mais ou menos declaradas, da história. A integração do negativo não tem somente uma dimensão metafísica, mas pretende também chegar à explicação histórica. Assiste-se, através dos movimentos políticos do século, a uma reabilitação e a uma explicação do escândalo revolucionário. "A revolução francesa, reino de Satã, deixa de ser a era da desolação para se tornar a hora santa. Na falta de Saint-Just, que não está ainda transformado em Anjo Negro, Hugo virar-se-á para Camille Desmoulins."[62] Joseph de Maistre, adversário ferrenho da Revolução e do Imperador, acabará por magnificar o papel sagrado desse "imenso zero", paralelamente às justificações que dará do carrasco e da guerra, inaugurando com isso uma via, depois muito batida, para o çivaismo moral e para o satanismo político. O romantismo, obcecado pelo problema do mal, nunca aceitou o dualismo maniqueu. O seu otimismo profundo é um convite a que seja decretado que o mal há de acabar: "Todos, Vigny e Soumet, Enfantin e Proudhon, Esquiros e Eliphas Lévi e, depois deles, mas com que brilho, o poeta de *La fin de Satan*, repetiram a mesma antífona: *Satã morreu, renasce, ó Lúcifer celeste!*"

Com efeito, neste verso célebre condensa-se toda a vontade sincrética de unificação dos contrários através do drama mítico da morte e do renascimento. Mas o que sobretudo não se deve perder de vista nesta conciliação histórica ou lendária do compromisso é o papel benéfico da *felix culpa*, e, com isso, do tentador de Eva, Satã[63]. A poesia, a história, assim como a mitologia ou a religião, não escapam ao grande esquema cíclico da conciliação dos contrários. A repetição temporal, o exorcismo do tempo, tornou-se possível pela mediação dos contrários, e é o mesmo esquema mítico que subentende o otimismo romântico e o ritual lunar das divindades andróginas.

O simbolismo lunar aparece, assim, nas suas múltiplas epifanias, como estreitamente ligado à obsessão do tempo e da morte. Mas a lua não é só o primeiro morto, como também o primeiro morto que ressuscita. A lua é, assim, simultaneamente medida do tempo e promessa explícita do *eterno retorno*. A história das religiões[64] sublinha o papel imenso que a lua desempenha na elaboração dos mitos cíclicos. Mitos do dilúvio, da renovação, liturgias do nascimento, mitos da decrepitude da humanidade inspiram-se sempre nas fases lunares. Eliade pôde escrever com toda a razão: "Se procurássemos resumir numa fórmula única a multiplicidade das hierofanias lunares, poderíamos dizer que revelam a vida que se repete ritmicamente: está viva e inesgotável na sua própria regeneração."[65] Esta epifania do ciclo é tão poderosa que se pode ver o seu rastro em todas as grandes culturas históricas e etnográficas: grande ano sideral dos caldeus, em seguida dos gregos e dos romanos, cosmogonia heraclitiana, *ékpyrôsis* estóica, sincretismo gnóstico, tal como as mitologias maia, asteca, céltica, maori ou esquimó[66], beneficiam-se do esquema das revoluções, alternativamente mutilantes e renascentes, do astro noturno. A filosofia que se destaca de todos os temas lunares é uma visão rítmica do mundo, ritmo realizado pela sucessão dos contrários, pela alternância das modalidades antitéticas: vida e morte, forma e latência, ser e não ser, ferida e consolação. A lição dialética do simbolismo lunar já não é polêmica e diairética como a que se inspira no simbolismo uraniano e solar, mas, pelo contrário, sintética, uma vez que a lua é ao mesmo tempo morte e renovação, obscuridade e clareza, promessa através e pelas trevas e já não procura ascética da purificação, da separação. Todavia, a lua também não é simples modelo de confusão mística, mas escansão dramática do tempo. O hermafrodita lunar conserva ele próprio os traços distintos da sua dupla sexualidade. Decerto a fantasia lunar e os mitos que dela decorrem conservam um otimismo profundo[67]: a catástrofe, a morte ou a mutilação lunar nunca são definitivas. A regressão não passa de um mau momento passageiro que é anulado pelo recomeço do próprio tempo. É preciso muito pouco para passar do ciclo ao progresso. No entanto, o otimismo lunar nunca escamoteia o terror e a morte por dupla negação e antífrase. Como nota Harding[68], a imortalidade prometida não é aqui "vida sem fim numa cidade de ouro", não é um estado de perfeição contínua petrificado numa definição imutável, mas sim uma vida continuamente em movimento, "em que é tão essencial declinar e morrer como ser no tempo"[69]. Por outras palavras, estamos em presença de um estilo ontológico oposto ao estilo eleático tal como à beatitude mística e onde permanência já só reside na constância da própria mudança e na repetição das fases. Parece que as culturas orientais e extremo-orientais foram mais sensíveis à ontologia do devir que as da bacia mediterrânica: é disso testemunha o *I-ching*, "livro das mutações", dos chineses, ou a teoria cármica dos hindus tal como é simbolizada pela dança de Shiva. É esta ambigüidade consentida que causará mais dificuldades na apreensão dos símbolos lunares. Ao mesmo tempo luminária e animal, a lua é a síntese das hierofanias opostas e parece utilizar a totalidade do material simbólico. Chegará a anexar todo o Bestiário, das pombas de Vênus aos cães de Hécate. Mas é esta vontade de assumir as alternativas que faz com que o símbolo lunar deslize tão facilmente para o mito dramático: "tal como o homem, a lua passa por uma história patética"[70]. Em toda a era mediterrâneo-mesopotâmica a relação dos sofrimentos do homem e da divindade far-se-á por imagem lunar interposta. O antiqüíssimo mito do sofrimento, da morte e da ressurreição de Tamuz encontra ecos no mundo paleoriental[71]. Mas no exemplo do próprio Tamuz – cujo sobrenome é *Urikittu*, o "verde" – vemos que o drama lunar está em estreita correlação com os cultos agrários. A planta e o seu ciclo é uma redução microcósmica e isomórfica das flutuações do astro noturno.

A intuição do ritmo cíclico tem, na verdade, um outro suporte simbólico além do suporte astronômico lunar: é o ciclo natural da frutificação e da *vegetação* sazonal. Decerto, o ciclo parece-nos ser regulado pelo ano solar, mas esta solarização só existe para uma reflexão suficientemente racionalizada pela astronomia. Numa representação ingenuamente imaginária, o ciclo das estações e a rítmica agrícola estão primeiramente ligados à lua. Só o ritmo lunar tem a lentidão "tranqüilizadora"[72] propícia à instalação de uma filosofia agrícola. Por outro lado, nos países tropicais e equatoriais o sol é sobretudo nefasto à germinação e à vegetação. Todavia, apesar desse imperativo climático, a crença no poder fertilizante da lua não se limita apenas aos países quentes[73], o que implica que a tônica do isomorfismo é posta mais no esquema rítmico que no utilitarismo agrícola. Com efeito, o ciclo vegetal, que se fecha da semente à semente ou da flor à flor, pode ser, tal como o ciclo lunar, segmentado em rigorosas fases temporais. Há mesmo sempre no enterramento da semente um tempo morto, uma latência que corresponde semanticamente ao tempo morto das lunações, à "lua negra". O isomorfismo das duas séries cíclicas é tão forte que não só o ciclo do astro é reproduzido pelo vegetal, como também pelo produto vegetal, como Bachelard sublinha a propósito do vinho[74]. O simbolismo vegetal contamina toda a meditação sobre a duração e o envelhecimento, como o testemunham os poetas de todos os tempos e de todos os países, de Horácio a Lamartine ou a Laforgue, cantores do retorno "em que a natureza expira", e da renovação primaveril, como o testemunha também todo o animismo pré-científico que muitas vezes não passa de um "vegetalismo", como Bachelard bem mostrou[75]. Otimismo soteriológico ou melancolia diante da decrepitude e da morte são atitudes que vão enraizar-se na "mística agrária pré-histórica"[76]. "Sementes e frutos são uma única e mesma coisa na vida... os frutos caem, os germes levedam: é a imagem da vida viva que rege o universo", escreve um poeta romântico[77]. Devemos notar, a esse propósito, como, nos países temperados, a subdivisão quaternária do ano em estações astronômicas e agrícolas toma, na representação, um aspecto realista: nada é mais fácil de personificar que as estações, e qualquer personificação das estações, quer seja musical, literária ou iconográfica, está sempre cheia de uma significação dramática, há sempre uma estação do despojamento e da morte que vem carregar o ciclo com um *adagio* de cores sombrias.

A história das religiões mostra-nos, com numerosos exemplos, esta colusão do ciclo lunar e do ciclo vegetal. É isso que explica a freqüentíssima confusão sob o vocábulo de "Grande Mãe", de terra e de lua, representando as duas direta ou indiretamente o governo dos germes e do seu crescimento. É também por essa razão que a lua é classificada como divindade ctônica, ao lado de Deméter e de Cibele[78]. "Divindade lunar é sempre ao mesmo tempo divindade da vegetação, da terra, do nascimento e dos mortos."[79] É por isso que a deusa lua brasileira, como Osíris, Sin, Dioniso, Anaitis e Ishtar, é chamada "mãe das ervas"[80]. Hoje em dia, ainda, os camponeses europeus semeiam pela lua nova, podam e recolhem na minguante "para não se porem a contratempo do ritmo cósmico rompendo um organismo vivo quando as forças estão a crescer"[81]. Donde a sobredeterminação feminina e quase menstrual da agricultura. Ciclos menstruais, fecundidade lunar, maternidade terrestre vêm criar uma constelação agrícola ciclicamente sobredeterminada. Em Bornéu, entre os fineses, os jivaro ou os alemães a agricultura é consagrada pelas mulheres, enquanto para os hindus e numerosas tribos africanas a esterilidade feminina contamina o campo e esteriliza a semente. E as imagens do crescimento e do engravidamento misturam inexplicavelmente simbolismo vegetal e calendário lunar[82]. Esta sobredeterminação explica, parece-nos, as tão universalmente admitidas "virtudes dos simples". Toda a farmacopéia e a medicina primitiva são herbóreas, e sob as intenções terapêuticas escondem-se sempre mais simples intenções regeneradoras: na Índia, a erva

Kapitthaka é uma panacéia porque cura da impotência sexual e volta a dar a Varuna a virilidade perdida. Outras ervas têm o poder direto de engendrar, tal como a nossa mandrágora[83]. Os hebreus e romanos não chamavam aos filhos "naturais", "filhos das ervas" ou "filhos das flores"[84]? Ártemis e Apolo nascem quando a mãe toca numa palmeira sagrada, e a rainha Mahâ-Mâyâ engendra Buda ao abraçar uma árvore. Para numerosos povos, do mesmo modo, o antepassado totêmico é vegetal[85]. O símbolo vegetal é, por fim, freqüentes vezes explicitamente escolhido como modelo de metamorfose. No folclore ou na mitologia nasce muitas vezes do morto sacrificado uma erva ou uma árvore: tal esse bambu que, num conto santali[86], sai de uma jovem sacrificada e com o qual se confecciona um instrumento de música que contém e perpetua a voz da vítima, e esta última, levada pela energia ressurrecional da planta, reencarna um dia para casar com o músico. É esse igualmente o tema dos nossos contos europeus *A noiva substituída* e *O alfinete encantado*[87].

Argumento muito próximo da metamorfose múltipla é o motivo mitológico do túmulo vegetal: o corpo de Osíris é encerrado num cofre de madeira, que por sua vez é metido num tronco de esteva que servirá para fazer a trave mestra do palácio real. Mas nasce sempre uma planta da morte, do herói, e anuncia a sua ressurreição: do corpo de Osíris nasce o trigo, de Átis as violetas e de Adônis as rosas[88]. Esse ramo, essa vergôntea são, para a imaginação, indutores da esperança ressurrecional. Bachelard[89] entreteve-se a mostrar nos poetas modernos essa fantasia do prolongamento vegetal e profético da vida. Cita Maurice de Guérin, em quem a intuição da imortalidade pelo vegetal está fortemente marcada: "Outrora os deuses fizeram crescer à volta de certos sábios uma natureza vegetal que absorvia no seu abraço... o seu corpo envelhecido e substituía a sua vida, gasta pela idade avançada, pela vida forte e muda que reina sob a casca dos carvalhos..." Desta anastomose agrolunar nasce essa imensa corrente de pensamentos e símbolos a que se chamou "astrobiologia" e à qual René Berthelot consagrou um livro inteiro[90], demonstrando a universalidade do esquema cíclico e do arquétipo "astrobiológico". Não insistiremos, por isso, aqui, na universalidade arquetípica e esquemática do ciclo agrolunar que estrutura muito profundamente culturas tão díspares como a chinesa, a índia, a etrusca, a mexicana, e mesmo, como Berthelot mostrou em três capítulos eruditos, a cultura judaico-cristã[91]. O que é necessário sublinhar aqui é, por um lado, como o "complexo astrobiológico" traduz fielmente a noção primitiva de *kamo*, "o vivo", aquele que "escapa absolutamente à morte", como mostrou Leenhardt[92], e, por outro lado, estrutura unitariamente toda a rede social[93].

Pode-se dizer que a astrobiologia, quer no plano individual e social, quer no plano da explicação universal, se apresenta como um vasto sistema explicativo unitário. Este último implica uma constelação isomórfica entre a aritmologia fornecida pelas técnicas nascentes da astronomia, a meditação acerca do movimento periódico dos astros e, por fim, o fluxo e o refluxo vital, especialmente o ritmo sazonal. É destes quatro fatores que aparentemente se sobredetermina e se forma o "complexo astrobiológico". E Gusdorf[94] tem razão em ver neste sistema simbólico o embrião da idéia de lei e o esboço da tomada de consciência de uma razão legalizante do Universo. *Rita* hindu, *tao* chinês, *moira* grega são figuras que preparam a noção pré-científica de *cosmo* e a moderna concepção científica do Universo. Os famosos princípios da termodinâmica não passam de transposição racionalizada desta grande intuição mítica na qual a conservação da energia vital ou da plena aparência astral compensa a degradação passageira que as latências sazonais, a lua negra e a morte figuram. Mas, no nível simplesmente mítico, esta compensação unitária vai traduzir-se por uma síntese dramática que todas as grandes culturas refletem: o drama agrolunar.

O argumento deste drama é essencialmente constituído pela morte e ressurreição de uma personagem mítica, na maior parte dos casos divina, ao mesmo tempo filho e amante da deusa lua. O *drama agrolunar* serve de suporte arquetípico a uma dialética que já não é de separação, que também não é inversão dos valores, mas que, por ordenação numa narrativa ou numa perspectiva imaginária, faz servir situações nefastas e valores negativos para o progresso dos valores positivos. Acabamos de mostrar[95] como essa complementaridade dos contrários transparecia no caráter faseado do devir lunar, sendo a deusa lua sempre polivalente. Mas pode-se constatar que o tema da "desolação da deusa"[96], a propósito da catástrofe que ela própria provoca, migra por transferência para a desolação a propósito da morte do filho que ela não provocou. Porque a coincidência dos contrários num único objeto é insuportável, mesmo para uma mentalidade primitiva, e o drama litúrgico com transposição da contrariedade para várias personagens parece ser uma primeira tentativa de racionalização. A ambivalência torna-se tempo real para já não ser pensada "ao mesmo tempo e na mesma relação", e assim se engendra o drama cuja personagem central é o Filho[97].

O símbolo do *Filho* seria uma tradução tardia do androginato primitivo das divindades lunares. O Filho conserva a valência masculina ao lado da feminilidade da mãe celeste. Sob a pressão dos cultos solares, a feminilidade da lua ter-se-ia acentuado e perdido o androginato primitivo de que apenas uma parte é conservada na filiação[98]. Mas as duas metades, por assim dizer, do andrógino não perdem pela separação a sua relação cíclica: a mãe dá origem ao filho e este último torna-se amante da mãe numa espécie de *ouroboros* heredo-sexual. O Filho manifesta assim um caráter ambíguo, participa na bissexualidade e desempenhará sempre o papel de *mediador*. Que desça do céu à terra ou da terra aos infernos para mostrar o caminho da salvação, participa de duas naturezas: masculina e feminina, divina e humana. Tal aparece Cristo, como Osíris e Tamuz, tal também o "Redentor da Natureza" dos pré-românticos e do romantismo. Entre o homem espírito e a decadência do homem natureza situa-se o mediador, "o Homem de Desejo", segundo Saint-Martin[99]. Piganiol[100], num estudo muito denso, consegue precisamente relacionar a figura do "casamento divino", da reconciliação dos contrários e o papel do mediador divino, Hércules. Esse casamento seria a tradução simbólica da amálgama histórica das tribos patriarcais e matriarcais. O produto desses casamentos seria constituído simbolicamente pelas formas teológicas híbridas, como Héracles "comprometido entre Nossa Senhora debaixo da terra e Deus que está no Céu"[101]. O Hércules romano, segundo o historiador das religiões, seria o próprio tipo de mediador e o protótipo romano do Filho, muito fortemente marcado, na nossa opinião, pelos mitos solares. Hércules tem, com efeito, uma dupla pertença: o seu culto é ctônico, culto onde se sacrificam porcos e touros, pão e vinho, mas participa das teologias uranianas no sentido em que o juramento por Hércules se faz com a cabeça descoberta, que o herói é um pastor, assimilado à encarnação de Júpiter, conquistador do Ocidente e para o qual se queimam as oferendas. Assim, Hércules seria "mediador entre Urano e Géia"[102]. O exemplo mais nítido e eloqüente do papel do Filho nos é fornecido pelo drama de Tamuz, equivalente mesopotâmico do Adônis fenício e do Osíris egípcio, filho da Grande Deusa Ishtar. Na idade viril torna-se amante da mãe, depois, condenado à morte, desce aos infernos quando do verão tórrido da Mesopotâmia. Então os homens e a natureza põem-se de luto e Ishtar desce ao país do "não retorno" para procurar o filho querido[103]. Os papéis do argumento podem ser invertidos, como no contexto cristão ou gnóstico no qual é o Filho, o Salvador, que procede à assunção da mãe ou, como para os gnósticos, vai procurar a Mãe, Helena, Sofia ou Barbelo, decaída nas trevas exteriores. Tal é o esquema dramático que inspira a maior parte das liturgias agrárias e que muitas vezes não passa de uma projeção antropomórfica de elementos rituais. É assim que os ritos secretos do culto osiríaco consistem de início na ereção de um tronco de árvore sem ramos, o *zed*, símbolo da morte e da ressurreição vegetal, depois o segundo momento é constituído pela colheita à foice de um molho de espigas maduras, em terceiro lugar intervém a cerimônia do enterramento das sementes, por fim a ressurreição é simbolizada pela germinação das sementes em vasos chamados "jardins de Osíris"[104].

Mas foi Lévi-Strauss[105] quem, por um método realmente científico, conseguiu mostrar, no seio da investigação etnológica, o isomorfismo do mediador, do messias, do andrógino ou do casal e da tríade. Partindo de uma reflexão sobre a freqüência insólita do papel de *trickster* tido no folclore americano pelo coiote ou pelo corvo, o antropólogo percebeu que esses dois animais são valorizados porque pertencem à classe dos que se alimentam das carnes mortas, intermediária entre os herbívoros, símbolos da agricultura, e os predadores, símbolos da rapina guerreira. Depois constatou que a raiz *pose* em Tewa significa ao mesmo tempo coiote, nevoeiro, escalpo, etc., ou seja, elementos intermediários, mediadores: "O coiote... é intermediário entre herbívoros e carnívoros *como* o nevoeiro entre o Céu e a Terra; *como* o escalpo entre a guerra e a agricultura (o escalpo é uma 'colheita' guerreira); *como* a alforra entre plantas selvagens e plantas cultivadas (ela desenvolve-se nas últimas à maneira das primeiras); *como* a roupa entre 'natureza' e 'cultura'..."[106] Em seguida, depois de ter comparado ao *trickster* a personagem indo-européia da Gata Borralheira e o *Ash-boy* americano enquanto "mediador", Lévi-Strauss é levado a extrair de um mito zuñi uma série ordenável de funções mediatizantes[107]. Messias, dioscuros, *trickster*, andrógino, par de co-irmãos, casal casado, avó e neto, tétrade e tríade asseguram a mediação entre o Céu e a Terra, entre o inverno e o verão, entre a morte e o nascimento, e constituem uma notável constelação isomórfica. O mesmo isomorfismo pode ser descoberto no mito zuñi[108] de emergência: são os filhos do Sol, os gêmeos divinos Kowituma e Watusi que têm por missão ir procurar os homens encerrados na quarta matriz. Os gêmeos utilizam numerosos meios de mediação entre os quais a árvore-escada mágica, ensinam aos zuñi a arte de fazer fogo com o isqueiro rotativo e a arte de cozer os alimentos, e conduzem-nos finalmente ao Centro do Mundo, espécie de terra prometida dos índios zuñi. O sincronismo das diferentes lições do mito zuñi mostra que indiretamente o papel soteriológico dos gêmeos filhos do Sol pode ser desempenhado pelo deus da guerra Ahayuta desdobrado em Uyuyewi e Masailema, ou ainda por Kokokshi, o andrógino filho do casal incestuoso[109].

À paixão e à ressurreição do Filho liga-se o *drama alquímico* com a figura central de Hermes Trismegisto. Segundo a história das religiões, Hermes seria o deus dos pelasgos, substituto de uma Grande Deusa da geração e da fecundidade, e acrescentar-se-ia à tríade dos Cabirros[110]. A tétrade cabírico-hermética parece assim formada pela antiga tríade à qual se acrescenta a Deusa Mãe sob a forma do seu substituto masculino: o Filho. Em numerosos espelhos etruscos, Przyluski[111] aponta uma significativa iconografia: às personagens cabíricas "fases temporais" acrescenta-se uma intenção dramática: "O tema da morte e da ressurreição é acrescentado para indicar a instabilidade do presente que morre e renasce perpetuamente." É, portanto, esta trindade que "em bloco forma uma quarta pessoa"[112]. O historiador das religiões nota um fenômeno desse tipo nas tétrades zervanistas e na teologia pehlvi. É assim uma única personagem divina que assume as fases sucessivas que a tríade simbolizava. Tal nos parece ser, de fato, o caráter de Hermes Trismegisto[113]. Para os hermetistas, este último é essencialmente o Filho e o Cristo. "Trismegisto", figura central da alquimia, indica uma tripla natureza e uma tripla ação no tempo. É o próprio princípio do devir, quer dizer, segundo o hermetismo, da sublimação do ser. Numa gravura do século XVII reproduzida no livro de Jung[114] vê-se Hermes a fazer girar a roda zodiacal. A etimologia da palavra egípcia que significa Hermes, Thot ou Toout, teria por origem no primeiro caso uma raiz que significa misturar, adoçar pela mistura; no segundo, reunir num só, totalizar[115]. Para certos hermetistas[116], Hermes dever-se-ia aproximar de *erma*, a série, o encadeamento, ou então de *ormê*, "impetus", movimento, ele mesmo derivado da raiz sânscrita *ser*, que dá *sirati*, *sisarti*: correr, verter.

O Trismegisto é, assim, de fato, a trindade simbólica da totalidade, da soma das fases do devir. É filho de Zeus e de Maia, a Astaroth, a grande mãe dos cabalistas. A alquimia representa este filho, *Filius philosophorum*, no ovo, na conjunção do sol e da lua. É o produto do casamento químico, tornando-se o filho no seu próprio pai e, muitas vezes, o rei engolindo o seu próprio filho[117]. Este Hermes é o hermafrodita descrito por Rosenkreuz: "Sou hermafrodita e tenho duas naturezas... Sou pai antes de ser filho, engendrei a minha mãe e o meu pai, e a minha mãe trouxe-me na sua matriz."[118] Jung[119] insiste sem cessar nesse caráter misto do Hermes alquímico. A alquimia não tende a realizar o isolamento mas sim a *conjunctio*, o rito nupcial ao qual sucede a morte e a ressurreição. Desta *conjunctio* nasce o Mercúrio transmutado, chamado hermafrodita por seu caráter completo. Estas núpcias são as Núpcias do cordeiro, "forma cristã do Hiéros Gamos das religiões orientais". Neste homúnculo alquímico, os arquétipos de gulliverização e desdobramento vêm convergir com os da totalidade cósmica. O filho é assimilado ao Cristo, ao produto do casamento mediador de que se encontram, aliás, pistas nas lendas relativas ao nascimento de Buda:

Mâyâ é engravidada pelo elefante branco, o Espírito, e dá à luz, a 25 de dezembro, Siddhârtha, o futuro Buda[120]. Veremos adiante que relações podem ser estabelecidas entre Cristo e Agni, o fogo[121]. A alquimia assimila igualmente o Filho Hermes ao Lug dos celtas, e S. Justino confunde, além disso, Lug, Logos, o Mercúrio céltico e o Cristo Joânico[122]. Mais tarde Mercúrio transfere-se para duas manifestações cristãs bem significativas da sua natureza sintética: sublima-se, em parte, em S. Miguel, mensageiro do céu e psicopompo, e, em parte, degrada-se em diabo. Segundo Vercoutre, com efeito, o diabo medieval teria conservado a morfologia do Lug-Mercúrio romano-céltico[123]. As duas fases entrariam na representação da luta do arcanjo e do diabo[124].

A finalidade suprema da alquimia seria "engendrar a luz", como diz Paracelso[125], ou melhor, como viu profundamente Eliade[126], acelerar a história e dominar o tempo. A alquimia, de que o Filho Hermes seria a personagem culminante, seria uma verdadeira cultura artificial dos metais. Tanto na China como na Índia, em Annam como na Insulíndia ou no Ocidente cristão, o alquimista afirma que "o que a natureza só pode aperfeiçoar num grande espaço de tempo nós podemos terminá-lo em pouco tempo pela nossa arte"[127]. O alquimista é, assim, o "salvador fraterno da natureza"; ajuda a natureza a realizar a sua finalidade, e "apressar o crescimento dos metais pela obra alquímica equivale absolvê-los da lei do tempo"[128]. Eliade vê nitidamente que estes mitos cíclicos e operatórios, de que a Grande Obra é a ilustração ritual, são os protótipos do mito progressista e revolucionário para o qual a idade de ouro é maturação do fim dos tempos, que as técnicas e as revoluções aceleram[129]. Voltaremos a encontrar esta importante consideração a propósito do simbolismo da árvore. Notemos desde já o caráter messiânico que se liga quase sempre ao mito do Filho tal como se encontra no mistério "químico", e sublinhemos de passagem quanto a *Weltanschauung* tecnicista e as civilizações técnicas devem ao mito cíclico e ao velho fundo astrobiológico[130].

Na imagem do Filho essas intenções de vencer a temporalidade são sobredeterminadas pelos desejos parentais de perpetuação da linguagem. Numa perspectiva progressista, todo elemento segundo é filho do precedente. O Filho é repetição dos pais no tempo, muito mais que simples redobramento estático. Certamente, como mostrou Rank[131], há nas mitologias um redobramento parental: o do pai real pelo pai mítico, um de origem humilde, o outro divino e nobre, um "falso" pai, unicamente alimentador, o outro verdadeiro pai. Mas, como nota Baudouin[132], este episódio do redobramento é um "romance de família" integrado numa narrativa de episódios. Diferentemente do que supõe a psicanálise[133], que faz muito contraditoriamente deste tema quer um sinal de "retorno ao seio materno", quer, pelo contrário, uma "libertação da fixação materna", parece-nos que este "nascimento reforçado" inicia um processo de ressurreição. A repetição do nascimento pela dupla paternidade ou pela exposição, tal como a de Moisés, de Rômulo ou de Cristo, inicia uma vocação ressurrecional: o filho "duas vezes" nascido não deixará de renascer da morte. Este tema do redobramento e da repetição encontra-se também na literatura: é um dos processos da comédia clássica ou do romanesco o tema do "reconhecimento" do herói, espécie de renascimento familiar do filho pródigo ou do filho perdido. Em *Hernani* e *L'homme qui rit*, a repetição que encarna o filho é muitas vezes acompanhada pelo redobramento materno, e Faulkner, com um tato muito seguro, toma cuidado em redobrar os nomes próprios das personagens associadas de modo a criar essa atmosfera de acabrunhante destino tão particular aos seus romances[134].

Por fim, este esquema da filiação dramática e este arquétipo do Filho é tão vivaz que o encontramos constantemente no romantismo, nessa propensão épica e microcósmica, cara a Ballanche, a Lamartine ou a Quinet, que consiste em fazer assumir na descrição de um destino individual todas as figurações da humanidade e o drama astrobiológico inteiro. Lamartine, por exemplo, condensa em *Jocelyn* todas as suas ambições épicas e dramáticas. "*Jocelyn*", escreve Cellier[135], "é a epopéia da redenção pelo sacrifício"; *Jocelyn*, obra completamente impregnada pelo sentimento da natureza e pelos seus ritmos, e sobredeterminada pela presença de Laurence "andrógina" – rapaz no início da narração e mulher apaixonada no fim – e pelas suas núpcias místicas que terminam o drama. Do mesmo modo Cedar, em *La chute d'un ange*[136], é um anjo decaído por vocação, por vocação de encarnação, se assim se pode dizer, que assume o mito agrário do herói lapidado e despedaçado, e se desdobra pela personagem crística de Adonai, o possuidor do livro da eternidade, o tribuno dos oprimidos que esmagará o hediondo Asrafiel. Assim, o tema do filho, quer seja simples alusão literária ou, pelo contrário, divindade plenamente reconhecida, Hermes, Tamuz, Hércules ou Cristo, aparece sempre como um precipitado dramático e antropomórfico da ambivalência, uma tradução temporal da síntese dos contrários, sobredeterminada pelo processo da gênese vegetal ou "química".

São isomórficas deste mito dramático e cíclico do Filho todas as *cerimônias iniciáticas*, que são liturgias, repetições do drama temporal e sagrado, do Tempo dominado pelo ritmo da repetição. A iniciação é mais que um batismo: é um comprometimento (*engagement*). Piganiol[137] só entrevê uma parte da verdade quando assimila os ritos purificadores aos cultos ctônicos: a iniciação é mais que uma purificação batismal, é transmutação de um destino. Ao estudarmos os batismos, apenas consideramos uma fase de iniciação, a fase diairética e, de algum modo, negativa[138]. Mas a iniciação comporta todo um ritual de sucessivas revelações, faz-se lentamente por etapas e parece seguir de muito perto, como no ritual mitriático, o esquema agrolunar: sacrifício, morte, túmulo, ressurreição. A iniciação compreende quase sempre uma prova mutiladora ou sacrificial que simboliza, em segundo grau, uma paixão divina. No Egito[139] a iniciação era, no seu fundo, uma atualização dramática da lenda de Osíris, da sua paixão, dos seus sofrimentos e da alegria de Ísis. Os mistérios de Ísis eram constituídos, para começar, por um batismo purificador, depois o mito encarnava Set, o Mal, disfarçado de burro, que era insultado e maltratado, vinha em seguida uma prova de jejum e tentação, depois, fase capital, o mista era revestido com a pele de um animal sacrificado, emblema de Osíris, donde saía enfim pela magia de Ísis, ressuscitado e imortal, em cima de um pedestal, coroado de flores, levando uma tocha acesa e sendo "saudado como um Deus"[140]. É impossível que não se repare no isomorfismo entre esta cerimônia e o destino divino de Osíris, de Sin ou do Men frígio: quando o crescente lunar aparece, o deus inaugura a sua carreira, luta contra o demônio das trevas que devorou a antiga lua, seu pai, reina com grandeza quando da lua cheia, é devorado e vencido pelo animal demoníaco, desce três dias aos infernos e, por fim, ressuscita triunfante[141].

As sevícias que o iniciado sofre são muitas vezes mutilações sexuais: castração total ou parcial de que a circuncisão seria, segundo Eliade[112], um substituto. Essas práticas derivariam de um rito que comemorava o androginato primitivo e que subsistiria ainda na mudança de traje do iniciado, que trocava a roupa habitual por um vestido. Outras vezes, a mutilação, simbólica ou real, é ainda mais completa: em certas cerimônias xamanistas, o impetrante é despedaçado; entre os índios pomo é o urso Grizzli que despedaça o iniciado[113]. O assassínio ritual do rei-padre, de que Rômulo é o protótipo na bacia mediterrânica, pertenceria à mesma constelação[144]. Há nestes rituais e lendas iniciáticas uma intenção marcada em sublinhar uma vitória momentânea dos demônios, do mal e da morte. Numerosas tradições refletem essa imagem da morte iniciática por despedaçamento: é Osíris despedaçado por Set em catorze pedaços que corresponderiam aos catorze dias da lua minguante[145], com valorização "agrária" da porção fálica perdida. É Baco, Orfeu, Rômulo, Mani, Cristo, os dois ladrões com os membros partidos, Marsias, Átis ou Jesus ben Pendira, todos heróis mutilados no decurso de uma paixão[116]. Pode-se dizer que há um verdadeiro complexo agrolunar da mutilação: os seres míticos lunares muitas vezes só têm um pé ou uma mão, e nos nossos dias ainda é na lua minguante que os nossos camponeses podam as árvores. É preciso sublinhar igualmente a estreita conexão destes rituais mutilantes com os rituais do fogo. Veremos mais adiante, com efeito, que o fogo é também isomórfico do ritmo. Em numerosas lendas e histórias relativas aos "senhores do fogo", as personagens são enfermas, só têm uma perna ou são cegas de um olho e "lembram provavelmente mutilações iniciáticas"[147], proezas de ferreiros feiticeiros. O Senhor do fogo, sendo ao mesmo tempo sujeito de paixão e de ação contrárias, é muitas vezes dotado do poder de curar, cicatrizar, reconstituir pelo fogo e pelo forno. Numerosas lendas cristãs conservaram esse duplo aspecto do símbolo da mutilação, tal como a de S. Nicolau, de S. Elói e de S. Pedro[148]. Podemos igualmente ligar a estes rituais e lendas da mutilação a tão freqüente prática da flagelação, prática mais ou menos constante nos cultos da Grande Deusa[149]. Na Frígia, o dia 24 de março era a festa *Sanguis*, durante a qual os padres se flagelavam até sangrar com ramos de tamariz, e praticavam-se os mesmos ritos em honra da Ártemis arcadiana, *Artémis phakélitis*, "a deusa das vergastas", e já assinalamos[150] que a Aditi dos *Vedas* é cognominada "do chicote de mel".

É igualmente isomórfico do definhamento agrolunar o ritual dos *sacrifícios*. Os sacrifícios humanos são universalmente praticados nas liturgias agrárias. Dentre os mais conhecidos estão os relativos ao culto do milho entre os astecas[151]. A cerimônia sacrificial aparece neste último caso como uma síntese muito completa entre a mitologia lunar, o ritual agrário e a iniciação. As jovens destinadas ao sacrifício eram repartidas em três classes, correspondentes às três fases do crescimento do milho. Quando a colheita está madura, a jovem que representa o milho em erva é decapitada, no fim da colheita é a virgem que representa Toci, a "deusa do milho apanhado", que é morta e esfolada. O padre cobre-se com a pele dela enquanto outro oficiante se reveste com uma máscara feita com um fragmento de pele e é tratado como uma mulher que deu à luz. "O sentido deste rito", diz Eliade[152], "é que Toci, uma vez morta, renascia no seu filho, o milho seco." Noutras populações americanas o corpo da vítima era despedaçado e cada pedaço enterrado nos campos para fins de fertilização. A mesma prática encontra-se na África e entre os khond, sendo a morte efetuada, entre estes últimos, por trituração dos ossos, mutilações sucessivas e cozedura em fogo lento. No mundo romano, o sacrifício liga-se igualmente à constelação agrolunar[153]. Os primeiros romanos oferecem sacrifícios a Saturno, o deus do tempo nefasto, os povos da bacia mediterrânica, cretenses, arcadianos, sardos, lígures e sabinos, praticavam o sacrifício humano por estrangulamento ou afogamento, ou ainda, como os antigos germanos, por engolimento na areia movediça ou inumação de uma vítima viva. Esses sacrifícios, como mostrou Piganiol[154], estão ligados ao ritual da pedra sacrificial chata e não devem ser confundidos com as práticas batismais e purificadoras: o sacrifício marca uma intenção profunda não de se afastar da condição temporal por uma reparação ritual, mas de se integrar no tempo, mesmo que destruidor, mesmo que sendo Kali-Durga, e de participar no ciclo total das criações e das destruições cósmicas[155].

Em numerosos casos, o sacrifício em si eufemiza-se, e é apenas um simulacro que é maltratado e morto. Na Alemanha, é um gigante de cartão, o Rei de Maio, que é queimado; na Boêmia, uma personagem real representa o Rei de Maio e é decapitado de uma cabeça postiça que traz sobre os ombros. Em toda a Europa[156] tais práticas são correntes no Carnaval: a efígie do Carnaval é queimada, afogada ou enforcada e decapitada. Esta morte do Carnaval, da Quaresma ou do Inverno constitui mesmo uma dupla negação sacrificial: trata-se, na maior parte dos casos, da "morte da morte", do poder fertilizador da morte, da potência de vida da morte[157]. Por conseqüência, haveria nestas práticas de substituto sacrificial uma espécie de traição do sentido trágico do sacrifício integrado no ciclo dramático. A filologia[158] faz a este propósito uma observação capital sobre a polissemia invertida dos termos sacrificiais latinos, trabalhados do interior, parece, pela antífrase. *Mactare* significa "enriquecer, amplificar", e em vez de dizer *mactare deos bove* por abreviação diz-se *mactare bovem*, do mesmo modo *adolere* quer dizer "aumentar, enriquecer", e em vez de *adolere aram ture* tem-se *adolere tus*, "queimar, sacrificar incenso". Nesta abreviação, que é ao mesmo tempo lítotes e antífrase, percebem-se ao vivo as intenções que trabalham em segredo o rito do sacrifício eufemizado: é o instante dialético em que o sacrifício se torna benefício, em que na morte e na sua expressão lingüística se infiltra a esperança de sobrevivência. Donde a tendência de todo este sistema sacrificial em tornar-se uma simples penalização do mal e da morte, por dupla negação jurídica: na Idade Média, na altura do Carnaval, queimavam-se as feiticeiras, encarnação das trevas invernais e do mal. Do mesmo modo, neste contexto de enfraquecimento do trágico sacrificial, a diairética e a polêmica voltam ao de cima: justas lutas fictícias contra o mal aparecem mais ou menos deformadas em numerosos carnavais. Batalhas que conservam um sabor agrário, porque as armas e projéteis são frutos da terra: legumes, nozes, feijões ou flores. Na Suécia[159], dois grupos de cavaleiros simbolizam o Verão e o Inverno. É a luta entre Tiamat e Marduk que seria exemplar de todas estas lutas, a luta da vegetação contra a seca canicular: Osíris contra Set no Egito, Alécis contra Mot entre os fenícios. Tal como as filosofias da história, as mitologias da temporalidade e os rituais sacrificiais não estão ao abrigo da polêmica. É verdade que o tempo aparece simultaneamente como essencial paixão e ação essencial e que o otimismo humano cedo batizou como ações as suas paixões. Mas em todos esses casos a paixão dramática do deus toma um matiz épico que deriva, segundo nos parece, da modificação eufemizante trazida ao sentido do sacrifício.

Ora, o sentido fundamental do sacrifício, e do sacrifício iniciático, é, contrariamente à purificação, o de ser um comércio, uma garantia, uma troca de elementos contrários concluída com a divindade[160]. Maria Bonaparte, num capítulo[161] consagrado ao mito tão difundido na Europa entre 1939-1945 do "cadáver no automóvel", esclareceu muito bem o caráter, se se pode dizer, comercial do ato sacrificial. Todo sacrifício é uma troca, está sob o signo de Mercúrio, e a psicanalista não hesita em utilizar uma terminologia bancária para descrever o sacrifício: "Pagamento de uma velha conta em dívida para com a divindade no sacrifício de expiação, fatura a quitar em troca de um favor já recebido no sacrifício de ação de graças, enfim, pagamento feito previamente no sacrifício pedido ou propiciatório."[162] Esse comércio põe em ato uma substituição pelo jogo das equivalências, uma redobra, que se faz repetição vicariante pela qual o sacrificador ou o sacrificado[163] se torna senhor, ao tornar-se quite, do tempo passado ou por vir. Esta repetição temporal, sinal de que o tempo está sob penhora, é escoltada de resto por um cortejo de elementos redobrados, como é notório nas substituições das próprias vítimas na lenda de Ifigênia ou de Abraão. Se o sacrifício se inaugura sempre por uma operação sacralizante, iniciática ou batismal, é para tornar mais fácil a troca, a substituição. O caráter ambíguo do sacrificador ou da vítima, freqüentemente hermafrodita[164], facilita a operação sacrificial e cria uma situação de meios-termos. E a morte vem, por vocação mítica, colocar-se nessa ambigüidade sacrificial e funciona na dupla negação pela morte da morte. A psicanálise relata uma trintena de recentes narrativas míticas nas quais o tema é sempre o de uma morte anunciadora da morte desejada de um tirano ou de uma personagem importante (Hitler, Mussolini, Chamberlain, Daladier, etc.), o que profetiza o fim da morte coletiva pela guerra. Por outras palavras, a morte aceita, sacrificial, prepara e anuncia a morte do tirano, morte que será a morte da morte. A psicanalista aproxima estas fabulações sacrificiais, em que pelo sacrifício o destino moral é vencido, da oferenda de Pio XII ou de Teresa Neumann ao proporem a sua morte para parar a guerra ou ao predizerem a morte de Hitler ligada à deles[165].

É, assim, no poder sacramental de dominar o tempo por uma troca vicariante e propiciatória que reside a essência do sacrifício. A substituição sacrificial permite, pela repetição, a troca do passado pelo futuro, a domesticação de Cronos. É de notar, a esse propósito, que os mitos que acabamos de citar liguem sempre sacrifício e predição. O papel daquele que sacrifica é desempenhado no sonho por um ser mítico que a consciência popular considera como mago e profeta: cartomante, cigano, vagabundo misterioso, Melquisedeque, etc.[166] Pelo sacrifício o homem adquire "direitos" sobre o destino e possui com isso "uma força que obrigará o destino e, em conseqüência, modificará a ordem do universo segundo a vontade humana"[167]. Os rituais sacrificiais ligam-se assim ao grande sonho alquímico do domínio. A dupla negação integra-se num ritual e numa narrativa, e o negativo torna-se pela sua própria função suporte concreto do positivo. Como o tinha notado tão profundamente Maistre[168], a filosofia do sacrifício é a filosofia do domínio do tempo e do esclarecimento da história.

Por fim, a epifania negativa do ciclo lunar e vegetal é igualmente assimilada com freqüência pelas teologias ao retorno ao informe, ao caos, à histólise diluvial. As práticas da iniciação e do sacrifício ligam-se assim naturalmente às *práticas orgiásticas*. Estas últimas são, com efeito, uma comemoração ritual do dilúvio, do retorno ao caos donde deve sair o ser regenerado[169]. Na orgia há perda das formas: normas sociais, personalidades e personagens: "experimenta-se, de novo, o estado primordial, pré-formal, caótico"[170]. Esta abolição das normas minaria, segundo Eliade[171], "a aquisição da condição das sementes que se decompõem na terra, abandonando a sua forma para dar origem a uma nova planta". É a imitação de uma *mahâpralaya*, de uma grande dissolução. Práticas orgiásticas e místicas agrolunares são fortemente soteriológicas. E, finalmente, qualquer festa, como por exemplo o nosso Carnaval ocidental ou o tradicional *réveillon* de Natal ou do Ano Novo, assume por isso um caráter facilmente orgiástico[172]. A festividade e a sua licenciosidade são assim de fato um momento alto engramático psicossocial: *kula* trobriandês, *potlatch* colombiano, *pilu* neocaledônico[173], *shalaxo* zuñi, *sigui* dogon, carnavais europeus atualizam socialmente uma fase capital da mitologia do ciclo e são projeções lúdicas de todo um drama arquetípico. A festa é ao mesmo tempo momento negativo em que as normas são abolidas, mas também alegre promessa vindoura da ordem ressuscitada[174].

Acabamos de ver como no esquema rítmico do ciclo se integrava o arquétipo do Filho e os rituais do recomeço temporal, da renovação e do domínio do tempo pela iniciação, pelo sacrifício e pela festa orgiástica. Resta-nos agora considerar a equivalência simbólica deste esquema e deste arquétipo, tanto no plano natural, o do Bestiário, como no plano artificial, o das técnicas do ciclo. Por isso, poderíamos intitular os dois parágrafos seguintes o *Bestiário da lua* e *Tecnologia do ciclo*.

Os símbolos botânicos que suscita o arquétipo da paixão do Filho vão acarretar um simbolismo teriomórfico com tanto mais facilidade quanto o ciclo comporta, como vimos, uma fase noturna e nefasta, como que predestinada à teriomorfia. Na iconografia, a relação da deusa lua com os *animais* é tripla: ela é hóstia despedaçada pelas feras, ou pelo contrário é a domadora, a encantadora ou a caçadora escoltada por cães, como Hécate, Diana, Ártemis. A árvore lunar, o caduceu, é flanqueada por animais que a guardam ou atacam, não se percebe bem, de tal modo uma grande ambivalência é tolerada pela mitologia cíclica[175]. Enfim, a luta pode assumir ela própria, por substituição do sentido passivo pelo ativo, o aspecto animal: Ártemis torna-se urso ou veado, Hécate cão tricéfalo, Ísis a vaca Hator, Osíris o boi Ápis e Cibele a leoa. Reciprocamente, todos os animais e todas as plantas são suscetíveis de simbolizar o drama ou simplesmente o devir agrolunar. O esquema cíclico eufemiza a animalidade, a animação e o movimento, porque os integra num conjunto mítico onde desempenham um papel positivo, dado que, numa tal perspectiva, a negatividade, mesmo que seja animal, é necessária ao aparecimento da plena positividade. O animal lunar por excelência será assim o animal polimórfico por excelência: o Dragão. O mito agrolunar reabilita e eufemiza o próprio Dragão[176]. Ele é o arquétipo fundamental que resume o Bestiário da lua: alado e valorizado positivamente como potência uraniana pelo seu vôo, aquático e noturno pelas escamas, é a esfinge, a serpente com penas, a serpente cornuda ou o *"coquatrix"*[*177]. O "monstro" é, com efeito, símbolo da totalização, de recenseamento completo das possibilidades naturais, e deste ponto de vista todo o animal lunar, mesmo o mais humilde, é conjunto monstruoso. Pode-se dizer que todo o maravilhoso teratológico é maravilhoso totalizante e que essa totalidade simboliza sempre a potência fasta e nefasta do devir. Von Schubert[178] notava já que o sonho da imaginação e o devir natural partilham a qualidade comum de reunir o díspar. Já não é o aspecto terrificante da teratologia que aqui é focado, mas sim o caráter maravilhoso do conjunto monstruoso[179]. Na animalidade, a imaginação do devir cíclico vai procurar um triplo simbolismo: o do renascimento periódico, o da imortalidade ou da inesgotável fecundidade, garantia do renascimento, e enfim, por vezes, o da doçura resignada ao sacrifício. Nada vem confirmar melhor que a disparidade das epifanias animais do ciclo agrolunar essa lei do fantástico segundo a qual não é de maneira nenhuma um objeto nem mesmo uma matéria que o símbolo organiza e carrega de semantismo, mas é, sim, um esquema dinâmico que vem procurar uma manifestação iconográfica nos objetos aparentemente mais díspares. No Bestiário da lua encontraremos lado a lado os animais mais heteróclitos: Dragão monstruoso ou modesto caracol, urso ou aranha, cigarra, lagostim de rio ou cordeiro e serpente.

O caracol é um símbolo lunar privilegiado: não só é *concha*, ou seja, apresenta o aspecto aquático da feminilidade e, talvez, possui o aspecto feminino da sexualidade[180], como também concha espiralada, quase esférica. Além disso, este animal mostra e esconde alternadamente os seus "cornos" de tal modo que se torna capaz, por esse polissimbolismo, de integrar uma verda-

---

* Cf. * da p. 97. (N. do T.)

deira teofania lunar. O deus mexicano da lua, Tecçiztecatl, é representado fechado numa concha de caracol[181]. Deve-se notar também a importância da espiral na iconografia de culturas que, precisamente, são culturas em que a paisagem mental se axializa em torno de mitos do equilíbrio dos contrários e da síntese. A espiral é *leitmotiv* constante nas pinturas faciais dos caduveo, na louça de Yang-Chao e nos bronzes arcaicos chineses, na decoração polinésia ou na do antigo México, como mostram as gregas* e as espirais quadradas de Mitla, Chichen Itza e Teotihuacan[182]. Este simbolismo da concha espiralada é reforçado por especulações matemáticas que fazem dela o signo do equilíbrio no desequilíbrio, da ordem, do ser no meio da mudança. A espiral, e especialmente a espiral logarítmica, possui essa notável propriedade de crescer de uma maneira terminal sem modificar a forma da figura total e ser assim permanência na sua forma "apesar do crescimento assimétrico"[183]. As especulações aritmológicas sobre o número de ouro, cifra da figura logarítmica espiralada, vêm naturalmente completar a medição matemática do semantismo da espiral[184]. É por todas essas razões semânticas e o seu prolongamento semiológico e matemático que a forma helicoidal da concha do caracol terrestre ou marinho constitui um glifo universal da temporalidade, da permanência do ser através das flutuações da mudança.

Noutros animais vem cristalizar-se o semantismo lunar e sempre pelos mesmos motivos polissimbólicos. O *urso*, por exemplo, é assimilado à lua pelas populações siberianas e do Alasca porque desaparece no inverno e reaparece na primavera; desempenha, além disso – como entre os celtas e na lenda de Adônis, filho de Afrodite –, o papel iniciático de animal devorador[185]. É de notar igualmente que no animal lunar, como no ritual sacrificial, a confusão do passivo e do ativo acontece constantemente: o animal lunar pode ser o monstro sacrificador tal como a vítima sacrificada. Para os negros da África e da América, tal como para certos índios, a lua é *lebre*, animal herói e mártir, cuja ambiência simbólica se deve aproximar do *cordeiro* cristão, animal doce e inofensivo, emblema do messias lunar, do Filho, por

---

* Espécie de ornato arquitetônico. (N. do T.)

oposição ao conquistador guerreiro e solar. As sombras que se notam no disco lunar são chamadas na África, na Ásia e na América do Norte as "pegadas da lebre"[186].

Os *insetos* e os *crustáceos*, os *batráquios* e os *répteis*, com as suas metamorfoses bem definidas ou as longas latências invernais, vão igualmente ser símbolos lunares privilegiados. Já estudamos o simbolismo negativo da aranha, fiandeira exemplar e devoradora, que nela polariza todos os mistérios temíveis da mulher, do animal e dos laços[187]. Na China, é a cigarra e a sua crisálida que se tornam o símbolo das fases da lua, como mostram as cigarras de jade que são colocadas na boca dos mortos[188]. A crisálida não só é símbolo de intimidade e de repouso, como também promessa de metamorfose, de ressurreição: ela é bem esse "fruto animal"[189] onde se esconde um germe, de tal modo que a múmia que a imita é paradoxalmente ao mesmo tempo sedentária e imobilizada pelas faixas, mas ao mesmo tempo passageira da grande viagem[190]. Em numerosos zodíacos a lua é simbolizada pelo lagostim do rio ou pelo caranguejo[191], sendo estes últimos crustáceos substituídos no zodíaco de Denderah pelo escaravelho que, tal como o lagostim do rio, caminha retrogradando quando enrola a sua bola, imagem viva da reversibilidade, do retorno possível da esfera astral, símbolo vivo de Anúbis enterrando Osíris[192]. Além disso, a lenda egípcia pretendia que o escaravelho se reproduz por si próprio, e é interessante notar que o deus Tum é indistintamente representado pelo escaravelho ou pela serpente[193]. Enfim, o escaravelho – como numerosas epifanias ctônico-lunares – solariza-se, dado que é um animal que voa. Podemos pôr nesta mesma categoria da metamorfose os vertebrados que se renovam ou visivelmente se transformam, como os lagartos e sobretudo as rãs, não só porque estas últimas se "enchem", como o notam as fábulas de todos os países, e têm assim algum parentesco com o "enchimento" da lua cheia, mas sobretudo porque as metamorfoses do batráquio são nitidamente definidas e apresentam fases distintas, do girino ápode ao adulto completo com a respiração pulmonar. A rã, como a lebre, habita e freqüenta a lua e desempenha o papel de engolidora diluvial associada à chuva e à fecundidade[194]. Essas fantasias traduzidas pela metamorfose dos vertebrados inferiores levam-nos naturalmente ao exame da teofania lunar e cíclica mais célebre: o simbolismo da serpente.

A *serpente* é um dos símbolos mais importantes da imaginação humana. Nos climas em que este réptil não existe é difícil para o inconsciente encontrar-lhe um substituto tão válido, tão cheio de variadas direções simbólicas. A mitologia universal põe em relevo a tenacidade e a polivalência do simbolismo ofídico. No Ocidente existem hoje seqüelas do culto do animal lunar: na muralha de Luco é, nos nossos dias, uma "Madone delle Grazie" que brinca com a serpente, e em Bolsene o dia de Santa Cristina é a festa das serpentes[195]. Parece que a serpente, "sujeito animal do verbo enlaçar", como diz finamente Bachelard[196], é um verdadeiro nó-de-víboras arquetipológico e desliza para demasiadas significações diferentes, mesmo contraditórias. Todavia, pensamos que esta pletórica mitologia se ordena em três rubricas que se classificam muito bem na constelação agrolunar. A serpente é o triplo símbolo da transformação temporal, da fecundidade e, por fim, da perenidade ancestral.

O simbolismo da transformação temporal é ele próprio sobredeterminado no réptil. Este último é ao mesmo tempo animal de muda, que muda de pele permanecendo ele mesmo, e liga-se por isso aos diferentes símbolos teriomórficos do Bestiário lunar, mas é igualmente para a consciência mítica o grande símbolo do ciclo temporal, o *ouroboros*. A serpente é, para a maior parte das culturas[197], a duplicação animal da lua, porque desaparece e reaparece ao mesmo ritmo que o astro e teria tantos anéis quantos dias tem a lunação. Por outro lado, a serpente é um animal que desaparece com facilidade nas fendas do solo, que desce aos infernos, e pela muda regenera-se a si mesmo. Bachelard[198] liga esta faculdade de regenerescência do "animal metamorfose", esta faculdade tão notável de "arranjar uma pele nova", ao esquema do *ouroboros*, da serpente enrolada comendo-se indefinidamente a si própria: "A que morde a cauda não é um simples anel de carne, é dialética material da vida e da morte, a morte que sai da vida e a vida que sai da morte, não como os contrários da lógica platônica mas como uma inversão sem fim da matéria de morte ou da matéria de vida." Com isso o psicólogo moderno vai ao encontro do pensamento chinês tradicional, para o qual o dragão e a serpente são os símbolos do fluxo e do refluxo da vida[199]. Donde as virtudes médicas e farmacêuticas atribuídas ao veneno da serpente, ao mesmo tempo veneno mortal e elixir de vida e juventude. A serpente é, então, guardiã, ladra ou detentora da planta da vida, como nas lendas semíticas, e o simbolismo ofídico vai assim ligar-se ao simbolismo vegetal da farmacopéia. Enquanto lugar de reunião cíclica dos contrários, o *ouroboros* é talvez o protótipo da roda zodiacal primitiva, o animal-mãe do zodíaco. O itinerário do sol era primitivamente representado por uma serpente que trazia sobre as escamas do dorso os signos zodiacais, como mostra o *Codex vaticanus*[200]. Bachelard[201] segue o rastro dessa serpente cósmica e cosmodramática no poeta Lawrence. Para o poeta como para os astecas a serpente anexa de maneira imperialista outros atributos animais, os da ave, da fênix, e é então que a imaginação poética "toma normalmente a tonalidade de um folclore". A serpente com penas, Gukumatz quiché, Quetzalcoatl asteca ou Kukulkay maia, é um animal astral que periodicamente desaparece ao largo de Coatzacoalcos[202]. Ser híbrido, ao mesmo tempo fasto e nefasto, as ondulações do seu corpo simbolizam as águas cósmicas enquanto as asas são imagem do ar e dos ventos. É de notar que estas religiões ameríndias são polarizadas por importantíssimas liturgias agrárias, e usam um calendário minucioso e complexo, e R. Girard[203] parece-nos ter razão em dar ao grande arquétipo da serpente-ave, esse dragão neutralizado do folclore religioso índio, o sentido temporal de uma totalização das forças cósmicas. Esse mesmo imperialismo cósmico do símbolo ofídico encontra-se nos semitas, para os quais a serpente anexa o touro na imagem da serpente com chifres, enquanto para os chineses o Dragão é totalização teriomórfica[204]. Em Melusina, a nossa mulher-serpente ocidental, também o motivo das asas vem completar o malefismo ofídico agravado pela propaganda cristã medieval, e a "serpente" desdobra-se em "sereia" (*seraine**), contendo ao mesmo tempo "sereno" e "sereia"[205]. A serpente cósmica anexará sempre de passagem o simbolismo lunar: seja porque a sua pele fornece escamas para o vestido de Ishtar, seja porque guarda Cibele, se

---

* Forma medieval. (N. do T.)

fixa na touca dos levitas, dos padres do monte Sinai (a montanha de Sin), seja porque acompanha o crescente de lua que a Virgem Mãe pisa[206]. Enfim, a iconografia e a lenda do Buda-Mucalinda[207], do Buda protegido pelo capucho da cobra capelo prodigiosa, parece-nos simbolizar com uma particular acuidade o imperialismo da serpente, que reconcilia os contrários e, nos sete nós do seu corpo gigantesco e negro, encerra e contém latente a meditação do Bem-aventurado, e nos quais o iluminado repousa em quietude, como já Vishnu repousa sobre a serpente gigante Ananta[208]. Na sua primeira acepção simbólica, o *ouroboros* ofídico aparece assim como o grande símbolo da totalização dos contrários, do ritmo perpétuo das fases alternadamente negativas e positivas do devir cósmico.

A segunda direção simbólica que pode tomar a imagem da serpente não passa de um desenvolvimento das potências de perenidade e regeneração contidas no esquema do retorno. A serpente é, com efeito, símbolo de fecundidade. Fecundidade totalizante e híbrida uma vez que é ao mesmo tempo animal feminino, dado que lunar, e também masculino, porque a sua forma oblonga e o seu caminhar sugerem a virilidade do pênis: a psicanálise freudiana vem aqui completar mais uma vez a história das religiões. Já assinalamos[209] a interpretação ginecológica do símbolo ofídico. E da ginecologia passa-se muito naturalmente ao tema da fertilidade. Para a tradição hindu, os Nagâs e os Nagîs são gênios serpentiformes guardiães de energia vital contida nas águas, e a sua androginia manifesta-se no fato de serem, como Jano, "guardiães das portas" (*dvârapâla*)[210]. No Togo, tal como na Guatemala, é a serpente que vai procurar as crianças para as fazer nascer nas moradas dos homens, tal como nas culturas sino-asiáticas o Dragão representa as águas fertilizantes de que "a harmoniosa ondulação alimenta a vida e torna possível a civilização"[211]. O dragão Yin reúne as águas, dirige as chuvas, é o princípio da umidade fecunda: por essa razão se confunde com o imperador, distribuidor temporal da fertilidade. Conta-se que um rei da dinastia Hin, a fim de assegurar a prosperidade do reino, comeu dragões; enquanto em Annam ou na Indonésia o rei tem um título de "rei Dragão" ou de "esperma de Nagâ"[212]. Inumeráveis mitos representam serpentes ou dragões controlando as nuvens, habitando nos lagos e alimentando o mundo das águas fecundantes, "de tal modo a ligação serpente-chuva-feminilidade-fecundidade é freqüente"[213]. É assim que o deus mexicano da chuva, Tlaloc, tem como emblema duas serpentes enroladas, e a queda de chuva é simbolizada pelo sangue de uma serpente atravessada por uma flecha ou por um vaso ofidiforme a deitar água[214]. É necessário insistir no aspecto feminóide que em todos estes casos toma a serpente "animal Yin", evocando o atributo Yin a idéia de tempo frio, encoberto, de céu chuvoso, de tudo o que é fêmea e interior[215]. Mas esta sexualidade da serpente da fecundidade pode muito bem inverter-se, e voltamos a encontrar nesta plasticidade sexual a marca do androginato lunar. Decerto, como nota Eliade na seqüência da psicanálise[216], o simbolismo da serpente falo é muito simplista, todavia parece que a sua forma objetiva vem se conjugar com a significação mais profunda do tema da fecundidade; a serpente, de princípio Yin que era, torna-se a grande portadora de esperma. É esse complexo de secularidade e fecundidade que explica o papel do primeiro marido que a serpente desempenha em numerosas culturas. É uma serpente com escamas que, durante uma tempestade, perto de um lago, cobriu e fecundou a mãe de Kao-Tsu[217]. Nas culturas paleorientais e mediterrânicas, a serpente toma muitas vezes o lugar do falo: Príapo é assim algumas vezes ofidiforme. Uma união mística com a serpente ocupava o centro do rito dos mistérios de Elêusis e da Grande Mãe. Clemente de Alexandria faz-se de eco cristão de tais rituais arquetipais ao escrever: "Deus é um dragão que penetra no seio daquele que quer iniciar."[218] Do mesmo modo, a *Kundalinî* dorme "como uma serpente enrolada" no *mûlâdhâra çakra* – *çakra*, "raiz" genital e anal – fechando com a sua boca o meato do falo. A *Kundalinî* tântrica pode facilmente ser assimilada ao vigor sexual, ao "psiquismo espinhal", ou seja, à libido freudiana[219]. E por fim a imaginação dos poetas vem acordar o engrama milenar da serpente primeira amante, e Jung[220] cita poemas de Byron e de Mörike nos quais o coito com o ofídio é nitidamente explicitado. Esse "complexo de Cleópatra" é um "complexo de Jonas" sexualizado e no qual a tônica afetiva desliza do repouso ginecológico no seio materno para a pura fruição sexual da penetração.

Ouroboros, princípio hermafrodita de fecundidade, a serpente será, por fim, valorizada como guardiã da perenidade ancestral e sobretudo como temível guardiã do mistério último do tempo: a morte. Não nos deteremos nas numerosas lendas nas quais a serpente faz figura de antepassado: os Lares familiares encarnam-se voluntariamente sob a forma ofídica[221]. Vivendo debaixo da terra, a serpente não só recepta o espírito dos mortos, como também possui os segredos da morte e do tempo: senhora do futuro do mesmo modo que detentora do passado, é o animal mágico. Quem comer da serpente adquire o poder da clarividência, e para os chineses, hebreus e árabes a serpente está na origem de todo o poder mágico. A serpente, "complemento vivo do labirinto"[222], é o animal ctônico e funerário por excelência. Animal do mistério subterrâneo, do mistério de além-túmulo, assume uma missão e torna-se o símbolo do instante difícil de uma revelação ou de um mistério: o mistério da morte vencida pela promessa do recomeço. É o que confere à serpente, mesmo nos mitos antitéticos mais antiofídicos, um papel iniciático e, no fim de contas, benéfico, incontestável. É porque a Esfinge, o Dragão, a Serpente são vencidos que o herói se vê confirmado: é porque Indra subjuga Vritra, porque Athar – filho de Mazda – mata o Dragão Azhi Dahaka, porque Apolo asfixia Píton, porque Jasão, Héracles, S. Miguel e S. Jorge vencem o monstro, e porque Krishna domina Nysamba, "filha do rei das serpentes", que todos estes heróis chegam à imortalidade[223]. A serpente tem, assim, um lugar simbolicamente positivo no mito do herói vencedor da morte. Ela é não apenas obstáculo, enigma, mas sim o obstáculo que o destino deve ultrapassar, o enigma que o destino deve resolver. Tal é de fato o papel dialético que a etimologia do seu nome impõe ao Satã bíblico. A serpente é ao mesmo tempo obstáculo, guardiã, receptadora "de todas as vias da imortalidade"[224], e por isso – como mostra o *Livro de Jó* – integra-se como indispensável momento do drama escatológico e da vitória sobre a morte.

Assim, o simbolismo ofídico contém o triplo segredo da morte, da fecundidade e do ciclo. Epifania por excelência do tempo e do devir agrolunar ela é, no Bestiário da lua, o animal que mais se aproxima do simbolismo cíclico do vegetal. Em numerosas tradições, a serpente está, aliás, acoplada à árvore. Talvez se deva ver nesta união caduçaica a dialética de duas temporalidades, uma, a animal, emblema de um eterno recomeço e de uma promessa bastante rude de perenidade na tribulação; a outra – a vegetal, verticalizada na árvore-pau –, emblema de um definitivo triunfo da flor e do fruto, de um retorno, para além das provas temporais e dos dramas do destino, à vertical transcendência. Mas antes de empreendermos o inventário desta nova modalidade da vitória sobre o tempo resta-nos ainda estudar os complementos diretos que a tecnologia fornece ao simbolismo do ciclo.

Os instrumentos e os produtos da *tecedura* e da *fiação* são universalmente simbólicos de devir. Há, de resto, constante contaminação entre o tema da fiandeira e o da tecelã, este último repercutindo por outro lado nos símbolos do traje, do véu. Tanto na mitologia japonesa ou mexicana como no *Upanixade*[225] ou no folclore escandinavo, reencontramos essa personagem ambígua, ao mesmo tempo ligadora e senhora dos laços[226]. Przyluski[227] faz derivar o nome da Moira Átropos do radical *atro* próximo aparente de Athar, nome asiânico da Grande Deusa. O fuso ou a roca, com os quais estas fiandeiras fiam o destino, torna-se atributo das Grandes Deusas, especialmente das suas teofanias lunares. Seriam essas deusas selênicas que teriam inventado a profissão de tecelão e são famosas na arte de tecer: tal a Neith egípcia ou Prosérpina. Penélope é uma tecelã cíclica que todas as noites desfaz o trabalho do dia a fim de adiar eternamente o pagamento[228]. As Moiras que fiam o destino são divindades lunares, uma delas chama-se explicitamente Cloto, "a fiandeira". Porfírio escreve que elas são "forças da lua" e um texto órfico considera-as como "partes da lua"[229]. As nossas fadas "fiandeiras" e "lavadeiras" andam muitas vezes a três ou, pelo menos, a duas – uma, a fada "boa", a outra, nefasta, "corcunda" –, revelando nessa duplicidade o seu caráter lunar[230]. E sobretudo Krappe[231] põe em evidência a etimologia de um termo que significa destino (antigo alto-alemão *wurt*, norueguês antigo *urdhr*, anglo-saxão *Wyrd*) que deriva do indo-europeu *vert*, que significa rodar, donde o antigo alto-alemão *wirt*, *wirtl*, "fuso", "roca", e o holandês *worwelen*, rodar. Não devemos esquecer que o movimento circular contínuo do fuso é engendrado pelo movimento alternativo e rítmico produzido por um arco ou pelo pedal da roda. A fiandeira que utiliza este instrumento, "uma das mais belas máquinas"[232], é senhora do movimento circular e dos ritmos, tal como a deusa lunar é a senhora da lua e das fases. O que importa aqui, mais que o resultado, é o que é fio, tecido e destino, é o fuso que, pelo movimento circular que sugere, vai tornar-se talismã contra o destino. E já foi sublinhada, com toda a razão, a importância temporal que toma na linguagem a terminologia trazida da arte da tecelagem. As palavras que significam "inaugurar", "começar", *ordiri, exordium, primordia*, são termos relativos à arte da tecelagem: *ordiri* significa primitivamente dispor os fios da cadeia para esboçar um tecido[233]. Quem não vê que este falso sentido próprio tem o peso imaginário de um imenso reservatório de figuras?

Existe igualmente uma sobredeterminação benéfica do *tecido*. Decerto o tecido, tal como o fio, é antes de mais um ligador (*lien*), mas é também ligação tranqüilizante, é símbolo de continuidade, sobredeterminado no inconsciente coletivo pela técnica "circular" ou rítmica da sua produção. O tecido é o que se opõe à descontinuidade, ao rasgo e à ruptura. É a trama e o que subentende. Pode-se mesmo encarar uma revalorização completa do ligador como o que "junta" duas partes separadas, o que "repara" um hiato[234]. Na Parca há conflito entre as intenções do fio e as da tesoura. Pode-se valorizar quer a continuidade do fio, quer o corte da tesoura. Canguilhem[235] sentiu bem os eixos desta dialética através de preocupações tão afastadas, na aparência, da mitologia como as da biologia moderna. O tecido, tal como o *tissulaire*, "é a imagem de uma continuidade onde toda a interrupção é arbitrária, onde o produto procede de uma atividade sempre aberta sobre a continuação...". E o epistemólogo insiste ainda no isomorfismo numa nota preciosíssima: "O tecido é feito de fio, quer dizer, originariamente de fibras vegetais. Que a palavra fio suporte imagens usuais de continuidade ressalta de expressões como fio de água, fio do discurso..."[236] O isomorfismo do vegetal e do tecido, incluídos no esquema da continuidade, é, assim, flagrante e opõe-se ao separatismo da célula. Contrariamente à frágil célula, o tecido é feito para ser apalpado, amarrotado, e o epistemólogo não pode resistir à atração de uma imagem aquática que vem sobredeterminar ainda a continuidade do materialismo *tissulaire* sugerindo ao mesmo tempo o ritmo bipolar da dobragem e da desdobragem: "Um tecido é desdobrado, estendido, desenrolado em ondas sobrepostas sobre o balcão do comerciante."[237] O balcão do comerciante é secretamente sonhado como uma costa onde o fluxo e o refluxo das marés *tissulaires* vêm bater. Vê-se por este exemplo epistemológico como, num pensamento contemporâneo e científico, as imagens primordiais estão ativas e vêm decidir a escolha de toda a *Weltanschauung*, diairética quando é a imagem da célula que induz a meditação, sintética e contínua, pelo contrário, quando a tônica se refere ao tecido. Finalmente, certos autores[238], levando ao extremo a significação do tecido, ligam-no profundamente ao simbolismo totalizante por excelência, ao simbolismo da cruz. Cadeia e trama, *King* e *Wei* chineses, *shruti* e *smiriti* hindus, cruzam solidariamente as suas intenções contrárias, e Yin e Yang são comparados, por isso, pelo taoísmo ao "vaivém da lançadeira sobre o tear cósmico"[239]. A tecnologia dos têxteis, pela roda, o fuso e os seus produtos, fios e tecidos, é assim, no seu conjunto, indutora de pensamentos unitários, de fantasias do contínuo e da necessária fusão dos contrários cósmicos.

Acabamos de ver o que o simbolismo da fiandeira devia ao movimento rítmico e ao esquema da circularidade. O *círculo*, onde quer que apareça, será sempre símbolo da totalidade temporal e do recomeço. É esse o sentido do *Çakra*[240] hindu, "a rosa de mil raios", que serve nos países budistas para a adivinhação e que iria tornar-se, como roda de fiar, emblema da Índia nova de Gandhi. O sistro de Ísis ou de Diana teria tido o mesmo papel simbólico e representaria o disco lunar, "o celeste tesouro da roda", que aparece ao rei no dia da lua cheia[241]. A roda, como logo veremos, conjugar-se-á com o simbolismo do carro e da viagem sideral. De momento, retenhamos apenas o seu sentido primordial de emblema do devir cíclico, resumo mágico que permite o domínio do tempo, ou seja, a predição do futuro. A posse do ritmo secreto do devir não é já por si garantia da posse do acontecimento a vir?

É interessante notar, a propósito da *roda*, as diversificações culturais e tecnológicas de um arquétipo universal. O círculo, glifo do ciclo, que constitui um signo universal, diversifica-se segundo as civilizações em roda de carros astrais, em cossouros ou em rodas de fiar para os povos que conhecem o uso utilitário da roda, enquanto entre certos ameríndios que ignoram esta técnica não só o disco não está ausente da iconografia, como também se vê quase tecnologicamente substituído pela esfera no jogo da péla ritual dos maia-quichés. A bola de caucho, ligada pelo jogo aos jogadores que simbolizam os "sóis solsticiais", faz com que todo o jogo da péla seja figuração de um "deus monocéfalo com vários corpos", proibindo-se os jogadores a si próprios de se servirem da cabeça porque a bola é a cabeça comum do deus, o princípio unificador de todas as fases temporais da partida da péla, "o contato contínuo de dois ou de vários corpos com uma bola e que exprime o princípio monoteísta da divindade formada pelas suas hipóstases..."[242]. O jogo sagrado dos maia representa assim a totalidade temporal e as suas fases astronômicas. Vemos com este exemplo qual é o poder do arquétipo do ciclo e do seu emblema circular ou esférico, que preexiste absolutamente à utilização técnica e utilitária da roda, do rodar e do carro. Uma vez mais se encontra confirmada a tese do primado das grandes imagens arquetípicas sobre a sua concretização técnica ou a sua projeção natural.

Esta esfera, no seu uso simbólico, é de aproximar da *roda zodiacal*, símbolo universalmente admitido e que encontramos praticamente idêntica na Babilônia, no Egito, na Pérsia, na Índia, nas Américas ou na Escandinávia[243]. Etimologicamente, zodíaco significa "roda da vida". Só tardiamente – como qualquer calendário, de resto, e como o jogo da péla maia – é que o zodíaco teria adquirido uma significação solar. Primitivamente, o zodíaco é lunar: os antigos árabes chamam-lhe "cinto de Ishtar" e os babilônios "casas da lua"[244]. A roda, de resto, só muito tardiamente tomou uma acepção solar: quando por razões técnicas se muniu de raios, tal como aparece ainda no ritual dos "fogos célticos" em Épinal ou em Agen[245]. Mas primitivamente a roda zodiacal, tal como a do calendário, é uma roda lunar, de madeira compacta, reforçada por um triângulo ou um quadriculado de tábuas, o que lhe dá subdivisões internas aritmologicamente significativas. Acontece o mesmo com a suástica, que na maior parte das vezes evoluiu para uma simbologia solar, mas que primitivamente traz no centro o crescente lunar. Goblet d'Alviella constata que os exemplares de suástica que reuniu representam a lua e as suas fases[246]. Os hindus fazem uma diferença entre a cruz gamada à direita, que é solar, e a cruz gamada à esquerda, princípio feminino, emblema de Kali, a companheira lunar do deus. Mas o que aqui importa igualmente é a universalidade da suástica, que se encontra na África, entre os maias, na Ásia Menor, na Índia, na China, no Japão ou sobre as rodinhas gaulesas[247]. Descobre-se, de resto, o mesmo simbolismo, mas com uma subdivisão ternária, no *triskele*, figura com três braços ou pernas ou ainda formada por três peixes, emanando de um círculo. Símbolo ternário freqüente na Sicília, nos países celtas, emblema oficial da ilha de Man, onde outrora era adorada Ana, a deusa lua[248]. Talvez possamos mesmo aproximar destes símbolos lunares da mudança cíclica o círculo do *tai-gi-tu* dos chineses, no qual os dois princípios, o Yang e o Yin, se engendram reciprocamente. Seja como for, vê-se que as representações iconográficas do calendário lunar e as suas subdivisões antitéticas e cíclicas segundo fórmulas aritmológicas ternárias, quaternárias ou duodenárias estão ligadas ao simbolismo técnico da roda.

Neste simbolismo circular da combinação dos contrários parece-nos judicioso integrar não só a partição do espaço e a repartição simétrica dos pontos cardeais tal como aparecem entre os chineses ou entre os quichés[249], para os quais o quadrilátero cósmico, o signo *Kin*, ou o duplo círculo cósmico simbolizam a totalidade do universo, como também nos parece que se encontram ligados a esta constelação da união recíproca dos contrários certos temas fundamentais das culturas indígenas da América do Sul. Lévi-Strauss[250] aproxima judiciosamente a planta sociogeográfica da aldeia bororo, os desenhos corporais dos caduveo e a simetria das figuras dos nossos jogos de cartas. A aldeia bororo apresenta-se como um vasto círculo axializado em torno de uma cabana central e subdividido em dois grupos de população: os "fracos" e os "fortes", grupos no seio dos quais parece desenhar-se uma bipartição secundária onde se distribuem clãs, eles próprios hierarquizados interiormente em superior, médio e inferior. Esta morfologia espacial e social é aproximada pelo etnógrafo[251] das enigmáticas pinturas corporais dos índios moya e especialmente dos caduveo hodiernos, pinturas caracterizadas com efeito por uma assimetria axial compensada quer por uma simetria pontual quer por uma espécie de equilíbrio estético entre os diferentes elementos repartidos em relação a uma reta. Essa decoração não deixa de evocar os ornamentos pré-colombianos das cerâmicas de Hopewell ou da Baixa Amazônia, tal como os elementos decorativos de volutas da Nova Guiné, das Marquesas, na Nova Zelândia e certos detalhes iconográficos da Ásia do Sudeste[252]. Este dualismo, assimétrico e ao mesmo tempo harmonizado, chama como complemento os motivos espiralados que se definem, como vimos, com equilíbrio dinâmico, mas que não deixam também de evocar os nossos jogos de cartas: cada figura da carta obedece, com efeito[253], a duas necessidades: servir para o diálogo e desempenhar um papel enquanto objeto de uma coleção. Donde a escolha de um eixo oblíquo que mitigue a simetria das figuras duplas. Esta comparação entre representações tão díspares à primeira vista, e puramente estilística, reforça-se com uma significação ao mesmo tempo sociológica e cosmológica quando reparamos no papel social da bipartição da aldeia bororo e a hierarquia ternária do clã: estes mecanismos sociofilosóficos repousam simultaneamente na reciprocidade dos contrários e na hierarquia das essências sociais e cósmicas. A arte cosmética dos caduveo não passaria de uma transcrição estética e semiológica das instituições e da filosofia que a sociedade bororo põe em ação numa dupla síntese, binária e ternária ao mesmo tempo[254]. É igualmente interessante sublinhar que a sociologia da aldeia bororo[255] implica tudo o que verificamos até aqui da ligação dos contrários, uma vez que uma metade da aldeia é apanágio dos deuses e dos heróis criadores e a outra tem o privilégio de simbolizar as potências ordenadoras. Numa metade da aldeia reside o *bari*, o feiticeiro, intermediário entre as potências malfazejas e os vivos, enquanto o *aroettowaraare* que reside na outra metade preside às relações com as potências benéficas. Um prevê e chama a morte, o outro trata e afasta a morte, um encarna-se no jaguar sanguinário, o outro na arara, no peixe ou no tapir, todos animais vítimas[256]. Mais ainda, o "círculo" sociológico e cosmológico dos bororo contém mais significação sobre a importância primordial, da qual voltaremos a falar em breve: a troca sexual. A bipartição da aldeia é, com efeito, regulamentação de exogamia, de troca sexual, cada metade devendo obrigatoriamente casar-se – e para os machos ir residir – na outra metade da aldeia[257]. Assim o ciclo dos contrários, da vida e da morte, dos sexos frente a frente, encontra-se fechado na cosmologia social dos bororo, e o círculo e as suas partições espaciais é o emblema diretamente legível deste equilíbrio, desta simetria pontual que faz girar em torno de um centro uma assimetria axial, não deixando isso de evocar formalmente o instável equilíbrio da suástica[258].

É absolutamente natural que aproximemos dessas técnicas do ciclo, desse pôr sob a "canga" dos contrários, o *carro* puxado pelos cavalos. Bem entendido, a ligação é fácil de estabelecer entre a roda e o carro que leva ou a viagem que ela suscita. Os deuses e os heróis "filhos", Hermes, Héracles, e mesmo o nosso Gargântua com a sua "rude carroça"[259] são grandes viajantes. O carro constitui de resto uma imagem muito complexa, dado que pode constelar com os símbolos da intimidade, a *roulotte* e a nau. Mas aproxima-se, no entanto, nitidamente das técnicas do ciclo quando faz cair a tônica mística mais sobre o itinerário, a viagem, do que sobre o conforto íntimo do veículo. Por fim, o simbolismo da atrelagem, do pôr sob a canga, vem sobredeterminar muitas vezes o símbolo cíclico da fusão dos contrários. Na *Gita*, o "condutor do carro" e Arjuna, o passageiro, representam as duas naturezas, espiritual e animal, do homem. "As duas personagens montadas no carro de Arjuna formam, na realidade, apenas uma só."[260] Na epopéia védica, como mais tarde em Platão, o carro é o "veículo" de uma alma à prova, transporta esta alma durante uma encarnação[261]. Os condutores de carro são os mensageiros, os embaixadores simbólicos do mundo do além, "uma volta de carro simboliza quer a duração de uma existência humana, quer a duração de uma existência planetária, quer a duração de um universo"[262]. Esses carros flamejantes atiram igualmente para o simbolismo do fogo, que estudaremos daqui a algumas páginas, são o emblema da matéria irradiada pelo espírito. Por isso, essa parte de luz faz sempre perder alguma coisa da valorização tenebrosa do animal que puxa o veículo ou que simplesmente veicula o cavaleiro. É o que acontece quando, por exemplo, o cavalo Bayart se solariza, se transforma em cavalo-fada de saltos prodigiosos, e sai vitorioso das ciladas do martírio. O cavalo torna-se, então, o cavalo de batalha dos valorosos cavaleiros, desses filhos de Aymon que, precisamente, são quatro... Sob a pressão da mitologia cíclica a teriomorfia maléfica inverte-se como acontecia com o papel das trevas e da morte. Donde, no fim de contas, a ambivalência do corcel que Platão não esquecerá. Todo o símbolo ligado ao ciclo possui ao mesmo tempo a sua parte de trevas e a sua parte de luz[263].

Assim, quer a técnica da tecelagem, quer a técnica da viagem assumem uma e outra, desde a sua origem, a rica mitologia do círculo. Pode-se mesmo acrescentar que a roda e todas as suas variantes, movimento na imobilidade, equilíbrio na instabilidade, antes de ser tecnicamente explorada e de se profanar em simples instrumento utilitário, é acima de tudo engrenagem arquetípica essencial na imaginação humana. Por todo o lado onde o seu emblema transparece: suástica *triskele*, *çakra*, jogo da péla, caráter circular da aldeia, espirais cosméticas, etc., ela revela-se como o arquétipo fundamental da vitória cíclica e ordenada, da lei triunfante sobre a aparência aberrante e movimentada do devir.

2. Do esquema rítmico ao mito do progresso

Eliade parece-nos estar no bom caminho quando relaciona os mitos da vegetação e as lendas relativas à *cruz*. Decerto, esta ligação é feita ainda de uma maneira demasiado racional por intermédio das plantas, que ressuscitam os mortos, tanto na tradição índia, como na iraniana ou chinesa[264]. Se são, com efeito, essas virtudes que o folclore cristão atribui à madeira da cruz, como faz, por exemplo, a lenda de Santa Helena, essa acepção é apenas, na nossa opinião, secundária. A cruz cristã, enquanto madeira erguida, árvore artificial, apenas drena as acepções simbólicas próprias a todo simbolismo vegetal. Com efeito, a cruz é muitas vezes identificada a uma árvore, tanto pela iconografia como pela lenda, tornando-se com isso escada de ascensão, porque a árvore, como veremos, é contaminada pelos arquétipos ascensionais. Na lenda da cruz enxerta-se igualmente o simbolismo da bebida de eternidade, do fruto da árvore ou da rosa que floresce na madeira morta. Poder-se-ia também sublinhar que a cruz cristã é uma inversão dos valores tal como encontramos freqüentemente no *Regime Noturno* da imagem: emblema romano infamante, torna-se símbolo sagrado, *spes unica*[265]. Mas, sobretudo, através de todas essas tônicas sobredeterminantes, é preciso constatar que a cruz é símbolo da totalização espacial, como Guénon[266] mostrou em todo um livro sobre o qual não insistiremos. O símbolo da cruz é uma união dos contrários, signo de totalização que é preciso aproximar dos *gunas* da tradição hindu, do *Koua* (união do Yang e do Yin) da tradição chinesa e da *têtraktys* pitagórica[267]. Esse simbolismo é particularmente sensível na tradição mística dos antigos mexicanos. A cruz é símbolo da totalidade do mundo, da "ligadura" central dos anos: "Quando os antigos escribas procuravam representar o mundo, agrupavam em forma de cruz grega ou de cruz de Malta os quatro espaços à volta do centro."[268] Melhor ainda, a mitologia mexicana dá-nos toda a paleta simbólica que vem agrupar-se sob o signo da cruz: é Xiuhtecutli, o deus fogo que se encontra no "lar" do Universo. Lugar da síntese, esse centro apresenta uma face ambígua: um aspecto nefasto e um aspecto favorável. Por fim, no *Codex Borgia*[269] o centro é figurado por uma árvore multicolorida, cuja ambigüidade vertical não levanta nenhuma dúvida; por cima está um *quetzal*, pássaro do Leste, e brota do corpo de uma deusa terrestre, símbolo do Oeste. Além disso, esta árvore cósmica é ladeada pelo Grande Deus Quetzalcoatl, o deus que se sacrificou numa fogueira para dar vida ao Sol e a Vênus, e por Macuilxochitl, deus da aurora, da primavera, mas também dos jogos, da música, da dança e do amor.

Vamos examinar as raízes tecnológicas e, no fim de contas, sexuais deste arquétipo quase semiológico da união dos contrários e ver assim como a ligação do fogo, da sexualidade e da cruz de madeira forma uma constelação perfeitamente coerente de que o signo é o emblema sobredeterminado. Descobriremos então o esquema do movimento rítmico e o gesto sexual que subtende e ordena subjetivamente qualquer fantasia e qualquer meditação sobre o ciclo. Teremos mostrado, seguindo este método regressivo e culturalista que parte do meio astrobiológico, passa em seguida ao ambiente tecnológico e desemboca por fim no esquematismo psicofisiológico, que o estudo do trajeto antropológico se satisfaz indiferentemente com o caminho psicologista que utilizamos nas partes precedentes da nossa pesquisa ou com o caminho culturalista que seguimos nestes capítulos consagrados aos símbolos e arquétipos cíclicos.

Já encontramos acidentalmente o hieróglifo da cruz sob a forma da suástica ligado ao devir lunar e astral, equivalente esquartelado da roda. Mas foi Burnouf[270] quem parece ter descoberto a componente e a determinação tecnológica da suástica e da cruz em geral. O sábio orientalista aproxima primeiro *kristos*, ungido, do Agni indiano e do Athra persa. E é preciso notar a este respeito que a etimologia de *kristos*, ungido, está próxima da de Krishna, que quer dizer "essência, perfume, óleo", derivando um e outro de *krio*, "unto, esfrego...". Burnouf liga esta prática da unção com óleos essenciais à técnica de que se servem os hindus e numerosos primitivos para produzir o fogo. O isqueiro da Índia védica, *aranî*, era, segundo Burnouf, de grandes dimensões. A peça em forma de cruz era fixada ao solo por quatro cavilhas, a peça superior era movida por uma correia puxada por dois homens[271]. "Quando o fogo aparece no ponto de fricção, dizem *swasti* – está bem! (*su asti*) – e a figura do *aranî* recebe o nome de *swastika*."[272] Os textos védicos fazem alusão às duas mães – *aranî* – que fazem nascer este "filho do carpinteiro", o fogo que se comunica às ervas untadas com óleos essenciais e manteiga, donde o nome do fogo *agni*, o "ungido". Se citamos a tese de Burnouf é que ela tem o mérito de ligar de maneira empírica, ao nível da filologia e da tecnologia, a madeira da árvore, a cruz e o fogo, num contexto cujo esquema geral é a fricção rítmica. Vamos ver que esta associação, a princípio estranha, é progressivamente sobredeterminada pela semântica da madeira e do fogo, só tomando estes dois elementos a sua significação suprema se os integramos no grande esquema da fricção rítmica.

O poder fertilizante da lua é freqüentemente confundido com o fogo "escondido" *na madeira*, "donde pode ser extraído por fricção"²⁷³. A árvore é muitas vezes imaginada como o "pai do fogo": "Loureiros e buxos que crepitam, sarmento que se torce nas chamas, resinas, matérias de fogo e de luz cujo aroma já por si arde num verão escaldante."²⁷⁴ Vesta, a deusa latina do fogo e do lar, é igualmente deusa agrária²⁷⁵. Decerto, os nossos processos modernos de aquecimento e de cozedura fizeram-nos perder de vista esta ligação primitiva da árvore e do fogo. Mas a constelação árvore-fogo permanece tenaz no folclore e na consciência poética. Eliade²⁷⁶, depois de ter descrito a prática que consiste em queimar ritualmente "a árvore de maio", escreve: "A consumição da madeira pelo fogo é provavelmente um rito da regeneração da vegetação e da renovação do ano, porque na Índia e na Antiguidade clássica queimava-se uma árvore no princípio do ano." Muito antes de ter sido quimicamente provado que as cinzas de madeira continham potassa, atribuiu-se espontaneamente um poder fertilizante à prática dos archotes (*failles*)* das "fogueiras de S. João". Estes rituais sazonais do fogo são eufemizações de ritos sacrificais²⁷⁷. Pira onde morre a Quaresma, lenha do Natal, queima da Epifania e do ramo Badnjak nos países danubianos – ramo untado com incenso e azeite –, *calendeau***, "lenha de Cristo" e ritual do *aranî* implicam uma reminiscência sacrifical, sendo o fogo o elemento sacrifical por excelência, aquele que confere ao sacrificado a destruição total, alba das totais regenerações. Estes costumes vêm inscrever-se na grande constelação dramática da morte seguida da ressurreição. Quer seja em Sais, quando das festas de Ísis-Neith, na Irlanda ou nas igrejas cristãs, a cerimónia do "fogo novo" e da extinção do fogo antigo desempenha o papel de um rito de passagem, de um rito que permite a emergência da fase ascendente do ciclo²⁷⁸.

Mas, sobretudo, o arquétipo do fogo e a sua ligação com o simbolismo da fecundidade da madeira aparece-nos sobredeterminado no *aranî* e nos isqueiros em forma de cruz pelo esquema da fricção, de que precisamos agora de elucidar as motivações. A etnologia²⁷⁹ confirma a teoria de Burnouf quando nos

---

* *Faille*: vocábulo medieval. (N. do T.)
** *Calendeau*: roda de madeira envolvida em palha a que é deitado fogo nos rituais do solstício do Verão. (N. do T.)

mostra que a maior parte dos isqueiros primitivos age por fricção de duas peças de madeira, freqüentemente em forma de cruz. Este esquema da fricção primitiva, constitutivo da substância do fogo, como nota Jung[280] a propósito da etimologia de Prometeu e do Pramatha hindu, ultrapassa de muito o elemento ígneo: a vasilha (*baratte*) (*manthara*) criadora do mundo na tradição hindu seria uma trânsfuga do isqueiro primitivo. Do mesmo modo, o moinho primitivo vê-se contaminado pelo fogo graças ao esquema da fricção rítmica: Vesta não só é a deusa do *focus*, como também do *pistrinum*, o moinho para cereais e para azeite da casa romana. E os burros das mós públicas repousam durante as *Vestalia*[281]. Do mesmo modo, a fricção ignífuga pode ser aproximada da polidura que se opõe à brutalidade da talha direta da pedra ou da madeira. Essa polidura é sobretudo utilizada para a confecção dos adornos e deixa-nos entrever num desenvolvimento estético das fantasias relativas à fricção. É de notar que esse polidor-furador, de corda ou pião, utilizado para furar pérolas pelos japoneses e por numerosos povos do Pacífico, é muito semelhante ao isqueiro de arco[282].

Um mito do Alto Volta relativo[283] à origem do fogo é bem significativo do isomorfismo sexual e noturno ligado ao nascimento do fogo: o detentor do fogo é, de início, um "polegarzinho", o duende Nekili que, "muito antes do homem, soube fazer brotar a chama da madeira fazendo girar rapidamente o acendedor". Este Nekili tem por função "provocar a fecundidade". Por outro lado, na procura do fogo pelo Prometeu L'éla a sexualidade aparece várias vezes: a mulher do ladrão de fogo foge com o duende, e Prometeu atinge este último com uma flecha inflamada que ateia fogo ao escroto hipertrofiado do polegarzinho; mais adiante, é com o "pilão do pequeno almofariz" que o herói persegue Nekili. Por fim, como no mito hindu relativo ao *aranî*, o fogo é ligado ao segredo dos óleos essenciais. Desta vez é a mulher do herói que rouba ao duende a receita da preparação da gordura vegetal de *Karitê*[284]. Tecnologia e mitologia encontram-se neste ponto: a fricção rítmica, quer seja oblíqua ou sobretudo circular, é o processo primitivo para fazer fogo. Leroi-Gourhan[285], apesar das louváveis reticências em fazer um julgamento de anterioridade histórica, admite que o isqueiro por vaivém rítmico é, se não o processo mais primitivo, pelo menos o processo "do mais primitivo dos povos vivos", os melanésios. Os isqueiros rotativos que implicam o uso do arco, o princípio da broca ou da manivela parecem ser mais tardios e derivados: "Os utensílios animados de um vaivém aperfeiçoaram-se adquirindo o movimento circular contínuo."[286] A tecnologia do fuzil permite-nos ligar o movimento circular ao vaivém primitivo. Ora, esse esquema do vaivém tão importante para o futuro técnico da humanidade, dado que é o pai do fogo, não tem um protótipo no microcosmo do corpo humano, no gesto sexual? O fogo, como o *aranî* ou o seu emblema, a cruz, não é a direta ilustração desse gesto orgânico que é o ato sexual dos mamíferos?

Já Jung[287] tinha sublinhado o notável isomorfismo semântico e mesmo lingüístico entre a madeira, os rituais e o *ato sexual*. *Uen* em germânico significaria madeira, e *ueneti* "ele trabalha", quer dizer, ele cava o solo por meio de um pau pontiagudo, como fazem ainda os australianos no jogo simbólico do coito. Esse termo seria em seguida aplicado ao próprio campo: em gótico *vinga*, em irlandês *vin*. Esta raiz teria, por fim, dado "Vênus", a deusa das delícias do amor, *venos*. Do mesmo modo, no ritual dos ferreiros e dos alquimistas é o fogo da madeira que é diretamente ligado ao ato sexual. O fogo sacrifical do altar védico constitui uma hierogamia: o regaço é o altar, os pêlos a relva, a pele o lagar do *soma*, "o fogo está no meio da vulva"[288]. O fogo, produto do ato sexual, faz da sexualidade um tabu rigoroso para o ferreiro. As cerimônias metalúrgicas africanas apresentam elementos do simbolismo nupcial e o inventor mítico da metalurgia chinesa, Yu, o Grande, procede, pelo fogo Yang e pela água Yin, que constituem a operação da têmpera, a um verdadeiro casamento dos elementos[289]. O aspecto geral de nupcialidade da alquimia explica-se, em última análise, por ser uma arte do fogo. Por outro lado, nos simples isqueiros de fogo primitivos, como nos elementos sexuados das "núpcias químicas" mais evoluídas, há sexualização bem marcada das duas peças de madeira que servem para provocar a fricção ignífera[290]. Sexualização que tem a ver com a forma "macho" ou "fêmea" das peças em presença, e de que a moderna linguagem do eletricista guardou vestígios. Mas sobretudo essa sexualização é nitidamente sublinhada pelas numerosas lendas que situam o lugar natural do fogo na cauda de um animal.

Para finalizar, mencionemos que Bachelard consagra dois terços da sua *Psicanálise do fogo* a destacar as ligações psicológicas e poéticas do fogo elementar e da sexualidade. Nota que a maior parte dos que dissertam sobre a origem do fogo por fricção nunca observaram diretamente tal fenômeno, e que a constelação é constituída por solicitações bem mais íntimas que a observação objetiva: "O amor é a primeira hipótese científica para a reprodução objetiva do fogo."[291] O analista tenta então uma "ritmanálise" da fricção: desde que se começa a esfregar, experimenta-se um calor doce e objetivo, "ao mesmo tempo que a quente impressão de um exercício agradável"[292]. Este esquema da fricção é posto em relevo por Bachelard em Bernadin de Saint-Pierre, no abade Nollet, em Von Schubert e sobretudo em Novalis, e finalmente chama "complexo de Novalis" a esta pulsão "para o fogo provocada pela fricção e pela necessidade de um calor partilhado"[293].

Vê-se então, através do inquérito tecnológico, psicanalítico e poético, que gigantesco complexo mítico este gesto sexual ritmado pode engendrar, sobredeterminando o ritmo ginecológico das menstruações e o ritmo sazonal ou lunar da fecundidade. Por isso, uma tão universal e profunda obsessão do ritmo não tarda a sublimar-se, decorrendo os ritmos uns dos outros e reforçando-se uns aos outros a partir da rítmica sexual vão dar à sua sublimação musical. Como o diz pudicamente Bachelard[294], foi talvez neste "terno trabalho" – de fazer fogo – "que o homem aprendeu a cantar". A etnologia confirma essa intuição: para o primitivo são as técnicas rítmicas do fogo, do polimento, do derrube, do barqueiro ou do ferreiro que se acompanham de *danças* e *cantos*[295]. Em numerosas línguas semitas, em sânscrito, em escandinavo e em turcotatar, a dignidade de "senhor do fogo" é explicitamente unida à de "senhor das canções". Odin e os seus padres são "ferreiros de canções"[296]. No Ocidente, haveria uma sobrevivência de uma tal ligação nos ciganos, ao mesmo tempo ferreiros e músicos[297]. Esta afinidade da música, especialmente rítmica, da dança e da poesia escondida, e das artes do fogo, que se encontra em níveis culturais muito diversos, é ainda mais explícita na constelação música-sexualidade. Já tínhamos notado o parentesco que existe entre a música, especialmente a melodia, e as constelações do *Regime Noturno*[298]. Podemos completar o isomorfismo noturno que assinalávamos a propósito do peixe para os dogon[299] por um curiosíssimo isomorfismo que Griaule mostra entre os tambores ou a harpa dos dogon e o peixe *Tétrodon*[300]. Por um lado o instrumento de música, e especialmente o tambor, está ligado à fecundidade e à criação, por outro está ligado ao peixe *Tétrodon*. É, com efeito, algumas semanas antes das sementeiras que as crianças tocam o tambor *Kunyu*, feito de um fruto de baobá, ovo do primeiro mundo cuja existência é figurada pela coroa de espinhos do arbusto *Mono* que fixa a pele do tambor. Este arbusto, cujo nome significa "agrupar, reunir", é metatético do Nommo, o gênio da água concretizado pelo lamantim, vigário do demiurgo. É com uma pasta negra extraída do fruto deste arbusto que é revestido o interior do tambor para simbolizar o caos e as trevas primordiais. A gama dos tambores dogon, de que o *Kunyu* é o protótipo, resume as fases principais da criação. É assim que as baquetas do tambor *Koro* batem ora o bordo que está diante do tocador, e que simboliza a terra, as suas culturas, as coisas "de baixo", ora o outro bordo, que simboliza o milho a crescer e todas as "coisas do alto". O tambor *Boy gann*, em forma de ampulheta, representa o corpo de Nommo meio-humano, meio-peixe, enquanto as duas peles do tambor *Boy dounnoulé* simbolizam o céu e a terra, e o tambor *Barba* (de *bara*, acrescentar) é ornado com figuras de mulheres grávidas que "acrescentam" homens ao país. O tambor é síntese criadora, união dos contrários. Mas, sendo símbolo de Nommo, é também ictiomórfico. O tambor, tal como a harpa, assemelha-se ao peixe *Tétrodon*, como mostra Griaule. Mesmo quando a pele do tambor não é expressamente uma pele de *Tétrodon*, mas uma pele de rato como entre os dogon, o peixe conserva miticamente a sua categoria musical e cósmica: ele é o tamborileiro demiúrgico ou então a harpa-alaúde. Tocar *Kunyu* ou qualquer outro tambor é substituir-se ao criador ictiomórfico Nommo, e de algum modo orquestrar a nova criação.

Podemos precisar agora como as implicações sexuais estruturam toda a música, subentendem o diálogo musical tanto no domínio dos ritmos, que os nossos tratados de composição classificam ainda de "feminino" e "masculino", como no domínio da altura do som, sendo o agudo atribuído às vozes de mulheres e o grave às vozes de homens, e como nos diferentes timbres da orquestra. Pode-se dizer que deste ponto de vista toda a música não passa de uma vasta metaerótica[301]. Ela é da forma mais completa "cruzamento" ordenado de timbres, vozes, ritmos, tonalidades, sobre a trama contínua do tempo. A música constitui, também ela, um dominar do tempo, como viu um dos mais perspicazes musicólogos, que escreveu: "Admitindo que a música organiza efetivamente o tempo, qual é então o caráter específico desta operação?... o compositor produz no tempo uma coisa que na sua unidade, enquanto portadora de um sentido, é intemporal..."[302]. Mas então vemos que essa intemporalidade introduzida no próprio tempo pela medida musical tem a sua humilde origem na intemporalidade de que o amor sobrecarrega a rítmica sexual. O drama do Filho, o ciclo dramático das estações e das lunações, não passa, no fim de tudo, de projeção mundana do "drama" sexual de que a música, para além das técnicas ferreiras e das artes do fogo, é o símbolo mais sublimado[303]. Shiva, divindade cíclica, divindade hermafrodita ou acoplada, é também o dançarino supremo. Shiva-Natarâja, o "senhor da dança", brande com uma mão o pequeno tambor que ritma a manifestação do universo, com a outra a chama do sacrifício. Dança cercado por uma auréola de chamas (*prabhâ-mandala*). E podemos já completar a bela expressão de Zimmer[304], quando escreve que "a roda do tempo é uma coreografia", acrescentando que toda a coreografia rítmica é uma erótica. Erótica não só no sentido de que numerosas danças são diretamente uma preparação ou um substituto do ato de amor[305], como também porque a dança ritual desempenha sempre um papel preponderante nas cerimônias solenes e cíclicas que têm por finalidade assegurar a fecundidade e sobretudo a perenidade do grupo social no tempo. Danças do *Sigui* dos dogon, *Shalako* dos zuñi ou *Pilu* dos neocaledônios[306] têm por dupla missão instaurar pela repetição cíclica da festa e pelo ritmo da dança a frutuosa continuidade da sociedade. Ritual mágico de fecundidade mas também símbolo erótico da unidade pelo ritmo, tal aparece a dança especialmente nesta reflexão de um canaca, onde se notará a alusão ao isomorfismo do fio e da tecedura: "As nossas festas... são o movimento da agulha que serve para ligar as partes do telhado de palha para fazer uma peça única, uma única palavra..."[307]

Esta gigantesca constelação mítica que liga *o fogo, a cruz, a fricção* e *o girar, a sexualidade* e *a música* parece-nos resumir-se numa nota de Granet relativa a um objeto ritual encontrado nas escavações de Lo-Lang. Esse objeto é constituído por uma *plaquette* circular de madeira dura colocada numa prancheta quadrada de madeira macia. Não podemos deixar de citar esta longa nota[308] na qual a finura do sinólogo apreende na sua totalidade os matizes simbólicos do isomorfismo que acabamos de estudar: "Devo limitar-me aqui a assinalar... a existência de todo um lote de dados míticos atestando a ligação do *tema do fogo*[309] e dos temas do *girar*, da *roda* e do *eixo*, junto aos temas do *balanço*, do mastro de cocanha, do gnomo. Encontrar-se-á[310] a indicação da relação de alguns destes temas com a noção de Tao e com as práticas *hierogâmicas*... em relação... com um arranjo de números evocando a *suástica*... o tema dos archotes reacendidos parece ligado a todo um conjunto de práticas e metáforas em relação com a idéia de *hierogamia*." E Granet[311] completa esta constelação posta em relevo na nota citada acrescentando-lhe as suas componentes musicais: o utensílio divinatório de que se falou está sempre ligado ao tubo acústico que dá a nota inicial da gama chinesa. A gama pentatônica chinesa, por outro lado, liga-se ao simbolismo crucífero e cosmético, uma vez que as suas cinco notas formam "um cruzamento, com que se fazem os símbolos do centro e das quatro estações-oriente", de tal modo que com razão "os antigos sábios consideravam como questões interligadas os problemas relativos à teoria musical e disposição do calendário...".[312] Vemos assim, finalmente, que todas as fantasias cíclicas relativas à cosmologia, às estações, à produção xílica do fogo, ao sistema musical e rítmico não passam de epifanias de rítmica sexual.

Somos levados a fazer duas observações a propósito da tecnologia rítmica que acabamos de estudar. Vemos, de início, que a maior parte dos instrumentos técnicos do primitivo: fuso, roda de fiar, roda de carro, torno do oleiro, vasilha de bater a nata (*baratte*), polidora e, por fim, *aranî* ou isqueiro de fricção[313], saíram do esquema imaginário de um ritmo cíclico e temporal. É por uma ritmologia que começa toda a técnica, e especialmente a das duas invenções mais importantes para a humanidade: o fogo e a roda. Donde a segunda observação: é que esses modelos técnicos do ritmo circular, estruturados pelo engrama do gesto sexual, vão libertar-se pouco a pouco do esquema do eterno recomeço para se ligarem a uma significação messiânica: a da produção do Filho, de que o fogo é um protótipo. Filiação vegetal ou animal sobredeterminam a "produção" técnica e fazem-na tender para uma nova modalidade do domínio do tempo. A noção primitiva de "produto" vegetal, animal, obstétrico ou pirotécnico suscita os símbolos de um "progresso" no tempo. Se separamos este parágrafo consagrado às imagens da cruz e do fogo do parágrafo limitado à tecnologia do movimento cíclico, é que com a reprodução do fogo introduz-se uma nova dimensão simbólica do domínio do tempo. O tempo já não é vencido pela simples segurança do retorno e da repetição mas sim porque sai da combinação dos contrários um "produto" definitivo, um "progresso" que justifica o próprio devir porque a própria irreversibilidade é dominada e tornam-se promessa os meios da sua própria produção, vamos ver agora que a imaginação da árvore, sobredeterminada pelos esquemas verticalizantes, rompe por seu lado progressivamente a mitologia cíclica na qual se fechava a imaginação sazonal do vegetal. Pode-se dizer que pela fenomenologia do fogo e pelas da árvore apreendemos a passagem de arquétipos puramente circulares para arquétipos sintéticos que vão instaurar os mitos tão eficazes do progresso e os messianismos históricos e revolucionários.

A princípio, *a árvore* parece vir colocar-se ao lado dos outros símbolos vegetais. Pela floração, pela frutificação, pela mais ou menos abundante caducidade das suas folhas parece incitar a sonhar uma vez mais um devir dramático. Mas o otimismo cíclico parece reforçado no arquétipo da árvore, porque a verticalidade da árvore orienta, de uma maneira irreversível, o devir e humaniza-o de algum modo ao aproximá-lo da estação vertical significativa da espécie humana. Insensivelmente, a imagem da árvore faz-nos passar da fantasia cíclica à fantasia progressista.

Há todo um messianismo subjacente ao simbolismo da folhagem e toda árvore que brota ou floresce é uma árvore de Jessé. Este verticalismo é tão aparente que Bachelard não hesita em classificar a árvore entre as imagens ascensionais e em consagrar um importante capítulo à *árvore aérea*[314]. Gostaríamos, no entanto, de mostrar aqui que esta intenção arquetípica da árvore não passa de complemento do simbolismo cíclico, que ela se contenta simplesmente em orientar, que ela simplifica conservando tãosomente a fase ascendente do ritmo cíclico.

A árvore é antes de tudo isomórfica do símbolo agrolunar. Por isso adquire as mesmas associações simbólicas que assinalamos a propósito dos símbolos ofídicos. A árvore encontra-se associada às águas fertilizantes, é árvore de vida. A planta aquática, o rizoma de *lotus* coberto de flores, torna-se arborescente sobre as colunas de Luxor ou nas representações lotiformes e gigantes da arte gupta. Nas lendas semitas a árvore de vida está situada no mar ou perto de uma fonte[315]. Przyluski pensa que houve evolução, sob as influências tecnológicas, dos cultos da árvore para os do grão, passando pelos da flor[316]. Esta evolução ter-se-ia realizado quando da passagem das culturas de caça grossa às culturas sedentárias e agrícolas. Teria conduzido à transformação do culto da árvore num culto das bebidas fermentadas e do frumento. A dramatização seria assim mais explícita ao nível dos cultos agrícolas, ao nível das civilizações do trigo e do milho, por exemplo. Mas na nossa opinião trata-se de bifurcação de duas acepções do símbolo vegetal mais do que uma verdadeira evolução. A noção de evolução progressiva que Przyluski utiliza para explicar a passagem do simbolismo da árvore ao do ciclo parece-nos ela mesma tributária e subordinada ao arquétipo da árvore. O culto do ciclo lunar e do seu corolário vegetal parece tão antigo como o da árvore. Vimos, de resto, que o simbolismo xílico não só é tributário das tecnologias primitivas da construção, que transformam a árvore em trave ou em coluna, como também é o meio técnico que, metamorfoseando a madeira em isqueiro, a árvore em cruz, transmuta o simbolismo xílico em ritual criador do fogo. A continuidade da evolução do arquétipo da árvore não se faz no sentido racional que o historiador das religiões lhe quer dar *a posteriori*, sob pretexto de que numerosas civilizações parecem ter sido nômades antes de se terem fixado em costumes sedentários e agrários, mas no sentido absolutamente contingente que foi motivado pela descoberta do fogo e dos meios de fazê-lo. É possível que, como vegetal, a árvore tenha preparado o culto da vegetação, mas é certo que, enquanto madeira que servia para produzir e manter o fogo, a árvore foi imediatamente anexada pelo grande esquema da fricção rítmica.

Seja como for, nos dois casos, como coluna ou como chama, a árvore tem tendência a sublimar-se, a verticalizar a sua mensagem simbólica. Os mais arcaicos lugares sagrados, centros totêmicos australianos, templos primitivos semitas e gregos, hindus ou pré-hindus de Mohenjo-Daro, são constituídos por uma árvore ou um poste de madeira associado a um bétilo[317]. Tratar-se-ia de uma "imago mundi", de um rébus símbolo da totalização cósmica, na qual a pedra representa a estabilidade, enquanto a árvore significa o devir. Muito freqüentemente a este conjunto é acrescentado, como comentário, o glifo das fases lunares[318]. Algumas vezes há contração de dois símbolos num só: seria essa a significação dos marcos latinos, representando Terminus "enraizado" e ao qual se oferecem sacrifícios sangrentos[319]. Para os semitas, a Grande Deusa é assimilada ao *Ashéra*, a estaca sagrada que nalguns casos é substituída por uma coluna de pedra[320]. Algumas vezes, é só o bétilo que é associado a um hieróglifo lunar, outras é a coluna de pedra que se transforma em árvore acompanhada do hieróglifo lunar, especialmente na iconografia caldaica e assíria[321]. A árvore pode ainda ser ladeada quer por dois animais, quer por duas colunas[322]. Przyluski estudou muito minuciosamente esta ligação freqüente entre a árvore, a flor e a coluna de pedra tanto no século IX antes da nossa era na arte síriofenícia, como na Babilônia, no Egito, na Grécia, no Irã ou na Índia[323]. Encontra-se mais ou menos por todo o lado nos monumentos destas culturas antigas a coluna associada quer à tamareira ou ao lótus sagrado, quer aos dois ao mesmo tempo. A partir de tais exemplos vê-se nitidamente como o arquétipo da árvore está continuamente possuído pelas acepções ascensionais dos bétilos e das pedras fálicas que estudamos mais acima[324]. A árvore-coluna vem estruturar a totalização cósmica ordinária dos símbolos vegetais por um vetor verticalizante. O pilar de Sanath coleciona na sua verticalidade as figuras animais, e os diversos capitéis lotiformes das colunas hipostilas sintetizam as diversas fases do abrir da flor: botão, corola aberta, pétalas fanadas. É assim a uma totalização cósmica que nos convida a árvore-coluna, mas pondo a tônica na verticalidade progressiva da cosmogonia[325].

É sempre sob o duplo aspecto de resumo cósmico e de cosmo verticalizado que se apresenta a imagem da árvore. É assim que a árvore será o próprio tipo do hermafrodita, ao mesmo tempo Osíris morto e a deusa Ísis, o *Ashéra* é simultaneamente Deus pai e Deusa mãe[326]. Facilmente representará o produto do casamento, a síntese dos dois sexos: o Filho. O Gargântua popular, enquanto filho, está ligado ao simbolismo da árvore, os *Kyrioles*, ramos selvagens que as procissões agitam no Pentecostes, são chamados nos nossos campos "Gargântua", protótipos de todos os "ramos" da cristandade. A iconografia representa Gargântua, ou o seu duplo cristão S. Cristóvão, como Hércules, com um tronco de árvore na mão, carvalho sem ramos no cabo Fréhel ou faia arrancada à terra no Velay[327]. O simbolismo da árvore reúne ao crescer todos os símbolos da totalização cósmica. Quer seja a árvore da tradição indiana, a árvore lunar dos maia ou dos yakute, a árvore Kiskana babilônica, a Yaggdrasil da tradição nórdica, a árvore lunar e a árvore solar da tradição alquímica, a árvore é sempre símbolo da totalidade do cosmo na sua gênese e no seu devir[328]. A Kiskana babilônica fala plenamente dos simbolismos cósmicos que a guarnecem: losangos, caprídeos, astros, pássaros e serpentes. Em Mohenjo-Daro e sobre os Nâgakkal dravídicos, bovídeos, serpentes e pássaros apertam-se em volta ou sobre a árvore central[329]. Para os bambara a árvore Balenza é uma encarnação do demiurgo primitivo Pemba. Como na iconografia paleoriental que liga a árvore à coluna, a Balenza é associada ao *Pembele*, cepo-prancha que representa – através de concepções numerológicas ternárias e quaternárias – Pemba, o Criador, o Andrógino primordial que se "distinguiu da sua parte feminina a fim de que os seus dois princípios se possam unir como macho e fêmea"[330]. O objeto no seu conjunto, escreve Dieterlen, é a imagem do universo, é chamado *Ngala*, "deus", porque é um total de todas as potências – *nyma* –, familiares, hereditárias, agrícolas. Yaggdrasil, a árvore das lendas nórdicas, apresenta-se com os mesmos atributos de cosmicidade, é "a árvore cósmica por excelência"[331], de que as raízes vão até o fundo da terra, a ramagem cobre a fonte da juventude, a parte inferior do tronco é regada pelas Nornas, e na qual se abriga toda a criação, a víbora embaixo, a águia no cimo. É a rivalidade entre a serpente e a ave que vem dramatizar e verticalizar esta grande imagem cósmica. É necessário, com efeito, sublinhar a constante justaposição do simbolismo da árvore e do arquétipo da ave, tanto em certos textos upanixádicos como na parábola evangélica do "grão de mostarda", tanto na tradição chinesa como na árvore Peridex da iconografia medieval[332]. Toda ramagem é convite ao vôo.

Pela sua verticalidade, a árvore cósmica humaniza-se e torna-se símbolo do microcosmo vertical que é o homem, como o mostra Bachelard apoiando-se na análise de um poema de Rilke[333]. A *Baghavad-Gita* assimila igualmente a árvore do destino do homem, sendo a árvore cósmica, de resto, neste último caso integrada numa técnica do desapego da vida cósmica, simbolizada pelo conselho de cortar a árvore pela raiz. Numa outra passagem[334], a árvore é verdadeiramente totalidade psicofisiológica da individualidade humana: o tronco é a inteligência, as cavidades interiores os nervos sensitivos, os ramos as impressões, os frutos e as flores as boas e más ações. Esta humanização da árvore poderia igualmente ser estudada na iconografia: porque se a árvore se torna coluna, a coluna por seu turno torna-se estátua, e toda figura humana esculpida na pedra ou na madeira é uma metamorfose "ao contrário". Tínhamos verificado[335] que o papel metamorfoseante do vegetal é, em muitos casos, o de prolongar ou sugerir o prolongamento da vida humana. O verticalismo facilita muito esse "circuito"[336] entre o nível vegetal e o nível humano, porque o seu vetor vem reforçar ainda as imagens da ressurreição e do triunfo. E, se Descartes compara a totalidade do saber humano a uma árvore, Bachelard pretende que a "imaginação é uma árvore"[337]. Nada é, assim, mais fraterno e lisonjeiro para o destino espiritual ou temporal do homem que comparar-se a uma árvore secular, contra a qual o tempo não teve poder, com a qual o devir é cúmplice da majestade das ramagens e da beleza das florações.

Por isso, não é de estranhar verificar-se que a imagem da árvore é sempre indutora de um certo messianismo daquilo a que poderíamos chamar o "complexo de Jessé". Todo o progressismo é arborescente. O mito das três árvores, tal como aparece em certos evangelhos e apocalipses apócrifos, não é mais que um duplicado do mito das três idades[338]. Set, tendo ido ao Paraíso implorar o resgate do pai, tem uma tripla visão: da primeira vez, vê uma árvore ressequida por cima de um rio; da segunda, uma serpente enrola-se em volta de um tronco; da terceira a árvore cresce e eleva-se até o céu levando um recém-nascido nos seus ramos. O anjo dá a Set três sementes do fruto da árvore fatal que os seus pais saborearam, e dessas três sementes germinam as três árvores que, mais tarde, servirão para confeccionar a cruz do suplício. É desse mito que, de maneira longínqua, repercutem todas as *Paisagens com três árvores*, da bela água-forte de Rembrandt à bela aquarela de Victor Hugo. O que é preciso considerar é que a árvore está miticamente associada a três fases que se encadeiam progressivamente e simbolizam, mais do que um ciclo, a história messiânica do povo judeu. É por essas razões imaginárias que toda a evolução progressiva se figura sob os traços da árvore ramosa, quer sejam as árvores genealógicas caras aos historiadores, quer seja a majestosa árvore da evolução das espécies cara aos biólogos evolucionistas[339]. Todavia não se deve acreditar que a árvore se livre tão facilmente dos seus vínculos cíclicos. Qualquer progressismo é sempre tentado pela comparação histórica, quer dizer, por uma ciclicidade comparativa. Decerto que se para os antigos judeus o *ôlam habba*, "o século a vir", deve irremediavelmente substituir o reino das trevas, o *ôlam hazzeh*, o século presente de que Satã é o príncipe, e se já Daniel e Esdras[340] introduzem na meditação do devir uma nota polêmica que permite passar do ciclo, caro a todas as astrobiologias da Antiguidade, à verticalidade histórica da árvore, todavia nesse monoteísmo hebraico, tão fácil indutor de concepções transcendentes e de imagens diairéticas, reaparece, por detrás do messianismo verticalizante da história, a tenaz crença no ciclo do milênio[341]. Nas partes mais recentes do *Livro de Henoc* e nos *Salmos* de Salomão "declara-se que o reino messiânico terá apenas uma duração limitada"[342]. Para Esdras essa duração seria de mais ou menos meio século, para Henoc de mil anos. Trata-se assim de fato neste milênio "de uma transformação da velha espera judaica de um reino eterno messiânico estabelecido na terra"[343]. Acrescentaremos que essa transformação nos aparece como uma tentativa mais ou menos consciente de desvio para as concepções cíclicas dos *éons* benéficos e maléficos. A imagem altaneira da árvore não pode nunca libertar-se completamente do seu contexto sazonal e cíclico e as mitologias e as religiões procuram desesperadamente a árvore que não contenha nada de caduco e escape aos rigores passageiros das fases invernais.

Por fim, a iconografia imaginária da árvore apresenta uma figuração muito curiosa que, também ela, é lembrança do simbolismo cíclico no seio das aspirações verticalizantes. É a imagem da *árvore invertida*, correspondendo em parte à inversão que tínhamos assinalado a propósito da bissexualidade da serpente[344], e que nos parece muito característica da ambivalência do simbolismo cíclico. A árvore cósmica dos *Upanixades*, por exemplo, mergulha as suas raízes no céu e estende os seus ramos sobre a terra[345]. Esta árvore dialetizada representaria a manifestação de Brahman no cosmo, quer dizer, a criação imaginada como procissão descendente[346]. Esta imagem da árvore invertida pode ser encontrada na tradição sabeísta, no esoterismo sefirótico, no Islã, em Dante, em certos rituais lapões, australianos e islandeses[347]. Esta árvore invertida insólita, que choca o nosso sentido da verticalidade ascendente, é bem signo da coexistência, no arquétipo da árvore, do esquema da reciprocidade cíclica. É parente próxima do mito messiânico das três árvores, no qual a última árvore inverte o sentido da primeira: *Ipse lignum tunc notavit. Damna ligni ut solveret*[348], e refaz em sentido inverso a procissão criadora, uma vez que a redenção messiânica é a duplicação invertida, ascendente, de uma descida, de uma queda cosmogônica.

Assim, o arquétipo da árvore e a sua substância, a madeira, que serve para confeccionar o poste-coluna, mas também a cruz de onde sai o fogo, parece-nos ser exemplar de uma ambivalência na qual se acentuam os valores messiânicos e ressurrecionais, enquanto a imagem da serpente parecia sobretudo privilegiar o sentido labiríntico e funerário do ciclo. A árvore não sacrifica e não implica nenhuma ameaça, é ela que é sacrificada, madeira queimada do sacrifício, sempre benfazeja mesmo quando serve para o suplício. E se a árvore, como o círculo ofídico ou zodiacal, se mantém medida do tempo, ela é medida orientada pela verticalidade, individualizada ao ponto de privilegiar apenas a fase ascendente do ciclo. É esta implicação nova que sujeita o destino da árvore ao do homem. Tal como o homem é animal vertical, não é a árvore o vertical por excelência? Os mais velhos carvalhos têm nomes próprios, como os homens. Assim, o arquétipo temporal da árvore, embora conservando os atributos da ciclicidade vegetal e da ritmologia lunar e técnica, do mesmo modo que as infra-estruturas sexuais desta última, é dominado pelo simbolismo do progresso no tempo graças às imagens teleológicas da flor, do cimo, e desse Filho por excelência que é o fogo. Toda árvore e toda madeira, enquanto servem para confeccionar uma roda ou uma cruz, servem, em última análise, para produzir o fogo irreversível. É por esses motivos que na imaginação qualquer árvore é irrevogavelmente genealógica, indicativa de um sentido único do tempo e da história que se tornará cada vez mais difícil inverter. É assim que o pau com rebentos do jogo do Tarô confina com o cetro na simbólica universal e se confunde facilmente com os arquétipos ascensionais e com os da soberania. E se o símbolo da árvore reconduz o ciclo à transcendência, podemos constatar que, por nosso lado, fechamos sobre si próprio o inventário das valorizações arquetípicas positivas que, saídas da insurreição polêmica contra as faces do tempo, de uma revolta "essencial" e abstrata, conduz a uma transcendência encarnada no tempo, que, partida de uma suserania estática sobre o tempo graças ao gládio e ao simbolismo geométrico do "fugir daqui", leva-nos a uma colaboração dinâmica com o devir que faz deste último o aliado de toda maturação e de todo crescimento, o tutor vertical e vegetal de todo progresso.

3. Estruturas sintéticas do imaginário e estilos da história

É muito difícil analisar as estruturas desta segunda categoria do *Regime Noturno* da imagem. Com efeito, estas últimas são *sintéticas* em todos os sentidos do termo, e antes de mais nada porque integram, numa seqüência contínua, todas as outras intenções do imaginário. Mais ainda que no estudo das estruturas místicas, fomos obrigados a abandonar no nosso título a terminologia da psicologia patológica e, em particular, apesar da atração incontestável destes dois vocábulos, os termos "ciclóide" e "syntone"[349]. Porque, enquanto a doença e a sua etiologia parecem insistir nas fases contrastadas do comportamento maníaco-depressivo, o estilo das imagens que acabamos de estudar está sobretudo axializado na coerência dos contrários, na *coincidentia oppositorum*. Todavia, temos a obrigação de assinalar que os psicólogos encontraram as mesmas dificuldades do diagnóstico quando tentaram traçar o quadro coerente das síndromes da cicloidia ou da psicose maníaco-depressiva. No teste de Rorschach, Bohm[350] nota que é quase impossível obter um protocolo global das síndromes ciclóides: os contrários que o estudo ciclóide põe em jogo anulam-se reciprocamente e tornam ínfimos os desvios da norma. Por isso, o diagnosticista recomenda que se façam duas listas, uma para os estados depressivos, outra para os sintomas hipomaníacos. Ora, é essa dicotomia que gostaríamos de evitar ao analisar as estruturas de síntese, dicotomia que corre precisamente o risco de matar a síntese. Todavia, o diagnosticista[351] consegue detectar um estado *sui generis* da psicose maníaco-depressiva no seu aspecto global, diagnóstico negativo e por exclusão, é certo, mas que no entanto permite estabelecer que nunca se observa o choque negro ou o choque cor nos estados ciclóides graves. Ora, é notável verificar igualmente que as estruturas sintéticas eliminam qualquer choque, qualquer rebelião diante da imagem, mesmo nefasta e terrificante, mas que, pelo contrário, harmonizam num todo coerente as contradições mais flagrantes.

Tal nos parece ser a primeira estrutura sintética: *uma estrutura de harmonização dos contrários*. Decerto, já tínhamos constatado (e é talvez esse um dos traços gerais de toda a imaginação do *Regime Noturno*) o profundo acordo com a ambiência, indo até à viscosidade, das estruturas místicas[352]. A imaginação sintética, com as suas fases contrastadas, estará mais ainda, se isso é possível, sob o regime do acordo vivo. Já não se tratará da procura de um certo repouso na própria adaptabilidade, mas de uma energia móvel na qual adaptação e assimilação estão em harmonioso concerto³⁵³. Essa vontade de harmonização foi muito bem notada por Minkowski³⁵⁴ na sintonia, ao escrever que no "syntone" a intuição da medida e dos limites "arredonda por todo o lado os ângulos" e que "a vida do syntone pode ser comparada a ondas". Por isso, como já tínhamos notado³⁵⁵, uma das primeiras manifestações da imaginação sintética, e que dá o tom à estrutura harmônica, é a imaginação musical, uma vez que a música é essa metaerótica cuja função essencial é ao mesmo tempo conciliar os contrários e dominar a fuga existencial do tempo. Sartre apreendeu por fim este último caráter ao escrever que "a *Sétima sinfonia* não está de modo nenhum no tempo"³⁵⁶. Mas é sobre a conciliação dos contrários musicais e sobre o seu simbolismo sexual que gostaríamos de insistir aqui, restringindo-nos ao exemplo da música ocidental. A propósito dela devemos notar duas coisas. A primeira é a constituição paralela, no Ocidente, da música "clássica", e, sobretudo, romântica e da filosofia da história³⁵⁷. Beethoven é contemporâneo de Hegel. Mas não insistamos por ora neste ponto, e passemos à segunda nota: o termo da harmonia, tal como o entendemos na noção de estrutura harmônica, não deve ser tomado no sentido estrito em que o compreende a arte musical desde o século XVIII ocidental. Harmonia, aqui, significa simplesmente organização conveniente das diferenças e dos contrários. É certo que a disciplina musical denominada harmonia é um dos aspectos da estrutura harmonizante do imaginário, mas um aspecto muito localizado no tempo e no espaço, muito mais familiar ao especialista da acústica que ao músico. Universal, pelo contrário, é o que chamaremos harmonia rítmica, quer dizer, simultaneamente o acordo medido dos tempos fortes e fracos, das longas e breves, e ao mesmo tempo, de modo mais amplo, a organização geral dos contrastes de um sistema sonoro³⁵⁸. Toda a música ocidental está explicitamente colocada sob o esquema da harmonia: poder-se-ia estudar o casamento das vozes no cânone, na invenção, na fuga ou na série, as núpcias dos temas na forma sonata, onde se aliam tema feminino e tema masculino, a obsessão da unidade sob a diversidade que o refrão, o rondó, a variação, a passacale e a chacona revelam. Não insistiremos na evidência harmônica da música, mas talvez seja necessário dar algumas explicações sobre o que entendemos por estrutura "musical" do imaginário.

Sabe-se, com efeito, que numerosos psicólogos[359], na esteira de Freud, negam o caráter de imagem ao processo musical. Mas para nós a música não é mais que o ponto de chegada racionalizado de uma imagem carregada de afetividade, e especialmente, como já dissemos, do gosto sexual. É a importância psicofisiológica desse gesto que explica ao mesmo tempo o pudor iconográfico da expressão musical e a sua riqueza afetiva. Como bem mostrou André Michel[360], é nos interstícios da palavra, da imagem literária, que vem infiltrar-se, para a completar, a musicalidade. Metaimagem, a música não é por isso menos sugestiva de aspectos e embriões de imagens que lhe dão sempre uma quase espacialidade. A música dita pura – pura de qualquer representação – é um ideal nunca atingido para a música tal como existe[361], um pouco à maneira como a física e a geometria tendem para a álgebra como para um ideal, sem nunca atingirem exaustivamente esse fim, senão o físico deteria a fórmula criadora do mundo. Mas a música – ou o conceito musical de harmonia – não deixa por isso de ser erótica abstrata, como a geometria era, como vimos, polêmica abstrata[362]. É, por outro lado, verdade que o pensamento musical, pela sua própria pertença ao aspecto do regime da imaginação que visa um domínio do tempo, abandonará mais facilmente os *impedimenta* espaciais a fim de residir "num espaço nulo, que se chama o Tempo"[363]. Mas se a música é o limite da estrutura harmônica do imaginário, essa estrutura manifesta-se de muitas outras e mais concretas maneiras, e antes de tudo pela tendência em totalizar, organizando-o, o conteúdo do saber.

O *espírito de sistema* pode aparecer, com efeito, como um corolário conceitual da composição musical. No sistema – mesmo no que não faz explicitamente alusão ao desenrolar temporal – reaparece sempre a noção genética de processo, de proceder. No decurso da nossa exposição, insistimos suficientemente nesta universal harmonização totalizadora que os sistemas astrobiológicos constituem, pré-história de todos os sistemas monistas que a história da filosofia nos revela. R. Berthelot[364] viu que essa concepção astrobiológica do mundo era "intermediária" entre o vitalismo primitivo e o racionalismo pré-científico e científico. É ela em particular que vai obrigar as teologias à necessidade temporal, ou mesmo histórica, como acontece com o cristianismo. O princípio da harmonização funcionará plenamente em tais sistemas, não só no plano dos contrários sazonais ou biológicos, como também na passagem constante e recíproca do macrocosmo humano ao microcosmo[365], permitindo, por exemplo, a constituição das ciências astrológicas: o círculo zodiacal e as posições planetárias tornam-se a lei suprema dos determinismos individuais, de tal modo que foi possível escrever que "a astrobiologia oscila entre uma biologia dos astros e uma astronomia dos organismos vivos; parte da primeira e tende para a segunda..."[366]. Assim, astrobiologia, astronomia, teorias médicas e microcósmicas são uma aplicação dessa estrutura harmonizadora que preside à organização de qualquer sistema e utiliza plenamente a analogia e as correspondências perceptivas ou simbólicas.

A segunda estrutura parece-nos residir no caráter *dialético* ou *contrastante* da mentalidade sintética. Se a música é, antes de mais, harmonia, não deixa por isso de ser contraste dramático[367], valorização igual e recíproca das antíteses no tempo. A síntese não é uma unificação como a mística, não visa a confusão dos termos mas a coerência, salvaguardando as distinções. Toda música é, em certo sentido, beethoveniana, quer dizer, contrastada. É a monotonia que ameaça a má música e a arte do músico consiste tanto na variação como na repetição afirmada do tema ou do refrão. Os temas nunca permanecem estáticos, desenvolvem-se afrontando-se. A forma sonata não passa de um drama condensado, e se o contraste se esbate nesta forma pela coerência rítmica e freqüentemente tonal dos temas, o drama reaparece na justaposição dos movimentos vivos e lentos da própria sonata, herdeira nesse aspecto da suíte clássica. Porque se a música ou a sonata são primordialmente casamento harmonioso, não deixam por isso de ser diálogo, cobrem a duração de um tecido dialético, de um processo dramático. Por isso, a música nunca se liberta do drama: drama religioso da missa ou da cantata, drama profano da ópera. E foi esse contraste beethoveniano que, exclusivamente compreendido, fez acusar o autor da *Nona sinfonia* de incoerência. É essa potência dramática que, depois de ter obcecado Gluck e Mozart antes de se manifestar plenamente em Wagner, domina a bela abertura em forma de sonata do *Coriolano*[368]. Aparecem já os *leitmotivs* que encarnam auditivamente as personagens afrontadas: energia indomável, destino feroz de Coriolano, fragor de dissonâncias, *staccato* imperioso no modo menor contrastando com o suave *legato* em modo maior, súplica e ternura de Virgília e de Volumnia, ternura que pouco a pouco no decurso do desenvolvimento triunfará e apagará a ferocidade do primeiro tema. Toda a obra de Beethoven poderia ser comentada em termos de drama. Mas o que é necessário verificar igualmente aqui é que a dramática musical ultrapassa o microcosmo dos sentimentos humanos e integra no contraste das sonoridades o drama cósmico inteiro: a *Sinfonia pastoral* dispõe o contraste da calma e da felicidade agreste e das ameaças da trovoada, e todo poema sinfônico e a música de balé moderna, da *Sinfonia fantástica* ao *Festim da aranha*, seguirá esse esboço dramático.

Finalmente, podemos dizer que essa forma contrastante que acabamos de notar na música mais ou menos pura do Ocidente constitui a ossatura do drama teatral propriamente dito: tragédia clássica, comédia, drama shakespeariano ou romântico, e talvez mesmo toda a arte do romance e do cinema[369]. Porque este contraste que não é de forma nenhuma dicotomia, mas que se pretende unidade temporal e, pelas imagens que se encadeiam, que quer dominar o tempo, é justamente a peripécia teatral ou romanesca. Qualquer drama, no sentido amplo em que o entendemos, é sempre pelo menos de duas personagens: uma representando o desejo de vida e eternidade, a outra o destino que entrava a procura do primeiro. Quando se acrescentam outras personagens, a terceira, por exemplo, é apenas para motivar – pelo desejo amoroso – a querela das duas outras[370]. E como Nietzsche tinha pressentido que o drama wagneriano ia buscar os seus modelos à tragédia grega podemos verificar que a literatura dramática se inspira sempre do afrontamento eterno da esperança humana e do tempo mortal, e retraça mais ou menos as linhas da primitiva liturgia e da imemorial mitologia. Curiácio destroçado no seu destino e no seu amor pelo feroz Horácio, Rodrigo provocado por Gormas e só merecendo o amor de Chimena depois de longos trabalhos expiatórios, Romeu e Julieta separados pelo ódio dos Capuleto e dos Montéquio, Orfeu desafiando os infernos para trazer Eurídice, Alceste enfrentando os ridículos marquesinhos, Fausto face a face com Mefisto, D. Quixote, Fabrício, Julien Sorel afrontando moinhos de vento, malfeitores e prisões por uma Dulcinéia qualquer, todos desempenham sempre, segundo o costume literário dos seus países e da sua época, o drama litúrgico do Filho perseguido, sacrificado, morto e que é salvo, talvez, pelo amor da mãe-amante. Assim a imagem do drama cobre e mascara com as suas peripécias figuradas e com as suas esperanças o drama real da morte e do tempo. E a liturgia dramática parece, de fato, ser a motivação da música primitiva dançada e da tragédia antiga. Poder-se-ia aplicar às três, se quiséssemos explicar esse exorcismo do próprio tempo por processos temporais, a velha teoria catártica de Aristóteles. O drama temporal representado − transformado em imagens musicais, teatrais ou romanescas − é privado de seus poderes maléficos, porque pela consciência e pela representação o homem vive realmente o domínio do tempo.

Mas quem não vê que essa segunda estrutura dramática vai dar origem a uma aplicação exaustiva a todos os fenômenos humanos, e talvez mesmo a todos os cosmos, da *coerência no contraste*? Estaremos então em presença da *estrutura histórica (historienne)* do imaginário. Já assinalamos[371] quanto as filosofias da história se situam no prolongamento de toda fantasia iclóide e rítmica. Historiadores do progresso como Hegel ou Marx, historiadores do declínio como Spengler procedem todos da mesma maneira, que consiste simultaneamente em repetir fases temporais que constituem um ciclo, e por outro lado em contrastar dialeticamente as fases do ciclo assim constituído. Para Hegel como para Marx a história apresenta fases de teses e de antíteses bem delimitadas, para Spengler − indo buscar inconscientemente o seu vocabulário classificador à astrobiologia − a história oferece à meditação "estações"[372] de vida e morte, primaveras e invernos bem caracterizados. Para todos, esses contrastes têm o poder de se repetir, de se cristalizar em verdadeiras constantes históricas. O modo do pensamento histórico é o do sempre possível presente da narração, da hipotipose do passado. Não deriva a "compreensão" em história do fato de que eu posso sempre moldar a minha reflexão presente e a trama da minha meditação pela lógica das décadas passadas? A analogia ou a homologia muda simplesmente de nome e chama-se aqui método comparativo. É pelo presente da narração que se reconhece a estrutura histórica. Todavia, a repetição cíclica das antíteses pelo artifício da hipotipose não chega para caracterizar a estrutura. O imaginário quer ainda mais que um presente da narração, a compreensão exige que os contraditórios sejam pensados, ao mesmo tempo e sob a mesma relação, numa síntese. Foi sobre esse fator que Dumézil[373] insistiu nitidamente. O protótipo representativo do estudo histórico parte sempre de um esforço sintético para manter ao mesmo tempo na consciência termos antitéticos. Essa estrutura sintética da história ou da lenda aparece na famosa narrativa da fundação de Roma e da criação das instituições romanas a partir da guerra sabina: Roma é, com efeito, fundada como síntese de dois povos inimigos, e chega à existência histórica pela reconciliação dos dois reis adversários, Rômulo e Tito Tácio, síntese que se repete e se prolonga na geminação jurídica das instituições forjadas por Rômulo e das oferecidas por Numa[374]. Esta síntese histórica (*historienne*) manifesta-se ainda pela dupla antitética Túlio Hostílio, guerreiro, e Anco Márcio, fundador do culto de Vênus, restaurador da paz e da prosperidade. E, finalmente, a sociologia funcional e tripartida, modelo de toda a política indo-européia, não passa de um resíduo da meditação histórica, espontaneamente sintética, que esquece certas verdades em proveito de um mito do tempo histórico concebido como o "grande reconciliador"[375]. O mesmo processo totalizante encontra-se na história lendária das divindades hindus, nas quais Indra equilibra Varuna, ou ainda na *Volupsâ*, que nos mostra a gênese da história na reconciliação final dos Vanes e dos Ases[376].

Mas essa síntese histórica pode efetuar-se de muitas maneiras diferentes. Por outras palavras, verifica-se que há *"estilos" de história* que as pressões culturais vêm enxertar na seiva universal das estruturas sintéticas. Dumézil[377] mostrou de modo convincente o que diferenciava o estilo romano da história do estilo hindu: os romanos são empiristas, políticos, nacionalistas, para quem a síntese tomará sempre um certo aspecto pragmático, enquanto os hindus são meditativos, dogmáticos, terão tendência para transformar a história em fábula. De um lado a estrutura histórica é orientada por um progresso, pelo presente senão pelo futuro, do outro por um passado fora do tempo à força de ser passado. A história oscila entre um estilo do eterno e imutável retorno do tipo hindu e um estilo de dinamização messiânica do tipo da epopéia romana. Segundo Dumézil, no seio da corrente indo-européia estes dois povos representariam "o desvio máximo" do estilo das representações históricas. Poder-se-ia mostrar uma tal hesitação na imaginação histórica moderna: as mesmas correntes contraditórias encontram-se no seio da "epopéia" romântica, e contrabalançam Chateaubriand por Quinet, Fabre d'Olivet por Michelet, e Maistre pelo precursor Condorcet[378]. Poder-se-ia mesmo encontrar este oscilar entre uma concepção totalizante e cíclica da história e a crença num "fim revolucionário" da história entre os mais modernos discípulos do hegelianismo marxista[379]. Seja como for, por detrás da estrutura totalizante da imaginação histórica perfila-se uma outra estrutura, progressista e messiânica, que precisamos definir agora. O símbolo da roda é dificilmente separável, na imaginação, da madeira e dos seus dois confinantes progressistas: a árvore e o fogo.

Enquanto a terceira estrutura sintética da imaginação se assinalava pela utilização do presente na narração, pode-se dizer que a quarta estrutura se manifesta pela *hipotipose futura*: o futuro é presentificado, é dominado pela imaginação. E ninguém melhor que o historiador Michelet definiu este estilo de história, ao mesmo tempo hipotipose e aceleração de um campo dominado, ao declarar, a propósito da Revolução Francesa: "Nesse dia tudo era possível... o futuro foi presente... quer dizer, houve mais tempo, um relâmpago de eternidade."[380] Uma promessa aparece na fantasia histórica, e se já a história para os romanos era exemplo e preparação do futuro, acontece o mesmo com os celtas, para quem a história lendária é uma sucessão de idades, de povoamentos sucessivos. A história ainda não é completamente messiânica, mas é já épica[381]. Esta intuição progressiva do escalonamento das idades parece ter igualmente constituído a base da filosofia dos maia-quichés. Na cultura maia aparece nitidamente a personagem do Herói cultural, do Filho que, no decurso de peripécias e de encarnações cíclicas, consegue finalmente triunfar das armadilhas e instaurar o sol da "Quarta idade", no fim culminante da civilização maia[382]. Sem dúvida, o messianismo judeu e o seu prolongamento cristão vêm ilustrar ainda mais nitidamente este estilo da história; pode-se mesmo dizer[383] que para a mentalidade judaico-cristã o *estilo messiânico* eclipsa quase inteiramente o estilo exaustivo das formas indo-européias da história: a tripartição funcional, resíduo sociológico do esforço sintético, esfuma-se em proveito da igualdade diante dos desígnios da Providência: "O pastor Davi mata o campeão filisteu na frente de batalha e em breve será o ungido do Senhor..."[384] É talvez um certo parentesco entre este messianismo judeu e o estilo épico indo-europeu dos romanos e celtas que explica a rápida difusão do cristianismo no Império Romano e entre as populações celtas. Por fim, poder-se-ia dizer que a continuidade entre as lendas progressistas judaico-romanas por um lado e as modernas mitologias da revolução foi assegurada com rara constância pela meditação dos alquimistas. A alquimia está para a estrutura progressista como a astrobiologia está para a estrutura de harmonização dos contrários. Como escreve Eliade, com lucidez: "No desejo de se substituírem ao tempo, os alquimistas antecipam o essencial da ideologia do mundo moderno"[385], porque o *opus alchymicum* parece ser acima de tudo um processo de aceleração do tempo e de domínio completo dessa aceleração. "A alquimia legou muito mais ao mundo moderno que uma química rudimentar: transmitiu-lhe a fé na transmutação da Natureza e a ambição de dominar o Tempo."[386] Sem nos determos mais longamente na alquimia, de que examinamos já os mecanismos imaginários essenciais, verificamos, para concluir, que há um estreito parentesco progressista entre a exaltação épica, a ambição messiânica e o sonho demiúrgico dos alquimistas.

Em resumo, podemos dizer que esta segunda fase do *Regime Noturno* do imaginário, que agrupa as imagens em torno dos arquétipos do "denário" e do "pau", revela-nos, apesar da complexidade inerente à própria tentativa sintética, quatro estruturas bem demarcadas: a primeira, *estrutura de harmonização*, de que o gesto erótico é a dominante psicofisiológica, organiza as imagens quer em grande universo musical, quer em Universo simplesmente, apoiando-se na grande rítmica da astrobiologia, raiz de todos os sistemas cosmológicos. A segunda, *estrutura dialética*, tende a conservar a todo custo os contrários no seio da harmonia cósmica. Por isso, graças a ela, o sistema toma a forma de um drama, de que a paixão e as paixões amorosas do Filho mítico são o modelo. A terceira constitui a *estrutura histórica*, quer dizer, uma estrutura que já não tenta – como a música ou a cosmologia – esquecer o tempo, mas que, pelo contrário, utiliza conscientemente a hipotipose que aniquila a fatalidade da cronologia. Esta estrutura histórica está no centro da noção de síntese, porque a síntese só se pensa em relação a um devir. Por fim, a história, podendo assumir diferentes estilos, o estilo revolucionário que põe um ponto final ideal à história, inaugura a *estrutura progressista* e instala na consciência o "complexo de Jessé". História épica dos celtas e romanos, progressismo heróico dos maias e messianismo judeu não passam de variantes do mesmo estilo, de que a alquimia nos revela o segredo íntimo: a vontade de acelerar a história e o tempo a fim de os perfazer e dominar.

4. Mitos e semantismo

Antes de encerrar este segundo livro consagrado ao *Regime Noturno* do imaginário, torna-se necessário voltarmos a falar de um aspecto de metodologia, a saber, o das relações do semantismo arquetípico e simbólico e da narrativa mística. Com efeito, verificamos que o *Regime Noturno* do imaginário fazia tender o simbolismo a organizar-se numa narrativa dramática ou histórica. Por outras palavras, no *Regime Noturno*, e especialmente nas suas estruturas sintéticas, as imagens arquetípicas ou simbólicas já não bastam a si próprias em seu simbolismo intrínseco, mas, por um dinamismo extrínseco, ligam-se umas às outras sob a forma de narrativa. É essa narrativa – obcecada pelos estilos da história e pelas estruturas dramáticas – que chamamos "mito". Repetimos[387]: é no seu sentido mais geral que entendemos o termo "mito", fazendo entrar nesse vocábulo tudo o que está balizado por um lado pelo estatismo dos símbolos e por outro pelas verificações arqueológicas[388]. Assim, o termo "mito" engloba para nós quer o mito propriamente dito, ou seja, a narrativa que legitima esta ou aquela fé religiosa ou mágica, a lenda e as suas intimações explicativas, o conto popular ou a narrativa romanesca[389]. Por outro lado, não precisamos nos inquietar imediatamente com o lugar do mito em relação ao ritual[390]. Gostaríamos de precisar a relação entre a narrativa mística e os elementos semânticos que veicula, a relação entre a arquetipologia e a mitologia. Por tudo que foi dito mostramos que a forma de um rito ou de uma narrativa mística, ou seja, de um alinhamento diacrônico de acontecimentos simbólicos no tempo, não era nada independente do fundo semântico dos símbolos. Por isso, vamos ser obrigados, de início, a completar o sutilíssimo método estabelecido por Lévi-Strauss quanto à investigação mitológica, o que nos levará a precisar a noção de estrutura. Só depois dessa classificação metodológica poderemos mostrar com dois exemplos concretos a justificação de uma mitologia inspirada pelo semantismo arquetípico.

Antes de mais, repitamo-lo, rejeitamos a tentação freqüente que tem Lévi-Strauss[391] de assimilar o mito a uma linguagem e suas componentes simbólicas aos fonemas. Tentação decerto legítima para um etnólogo que consagrou uma parte da sua vida a estudar as *relações* de parentesco, e que nos valeu o admirável livro sobre *As estruturas elementares do parentesco*. Mas tentação perigosa quando se aborda um universo como o do mito, universo não apenas feito de relações diacrônicas ou sincrônicas, mas de significações abrangentes, universo carregado de um semantismo imediato e que só a mediatização do discurso falseia. O que importa no mito não é exclusivamente o encadeamento da narrativa, mas também o sentido simbólico dos termos. Porque o mito, sendo discurso, reintegra[392] uma certa "linearidade do significante", esse significante subsiste enquanto símbolo, não enquanto signo lingüístico "arbitrário"[393]. Por isso, algumas páginas adiante, Lévi-Strauss diz muito bem que "se poderia definir o mito como o modo do discurso em que o valor da fórmula *traduttore, traditore* tende praticamente a zero"[394]. Acrescentaremos: porque um arquétipo não se traduz, logo não pode ser traído por nenhuma linguagem. E se o mito é linguagem, por todo o lado diacrônico da narração, não é por isso que deixa de "descolar do fundamento lingüístico sobre o qual começou por rodar".

Então, que necessidade em apelar para os "fonemas" e "morfemas", ou seja, para todo o aparelho lingüístico, para dar conta dos "mitemas" que se situam a um "nível mais elevado"[395]? Esse nível mais elevado não é exatamente "o da frase", como afirma Lévi-Strauss. Para nós é o nível simbólico – ou melhor, arquetípico – fundado sobre o isomorfismo dos símbolos no seio de constelações estruturais. As "grandes unidades" que constituem os "mitemas" não podem ser reduzidas, como Lévi-Strauss concorda, a puras "relações" sintáticas[396]. E quando o etnólogo escreve, enfim: "Achamos, com efeito, que as verdadeiras unidades constitutivas do mito não são as relações isoladas, mas sim *pacotes de relações*...", parece-nos estar muito próximo da nossa concepção do isomorfismo semântico, com a diferença de que há para nós "pacotes" não de relações mas de significações[397]. É o que Soustelle[398] constata com acerto quando, a propósito da expressão do mito em linguagem natural, declara esse discurso mítico, cuja linguagem é formada de associações de palavras, constituído por "blocos ou, se se preferir, por *exames de imagens*, carregados de uma significação mais afetiva que intelectual". Conviria mesmo mais, neste caso, falar de *isotopismo* do que de *isomorfismo*. O mito não se reduz nem a uma linguagem nem tampouco, como Lévi-Strauss tenta fazer usando uma metáfora, a uma harmonia, mesmo que musical[399]. Porque o mito nunca é uma notação que se traduza ou se decodifique, mas é sim presença semântica e, formado de símbolos, contém compreensivamente o seu próprio sentido. Soustelle, para exprimir esta *espessura semântica* do mito, que transborda por todo o lado da linearidade do significante, utiliza a metáfora do eco ou do palácio dos espelhos no qual cada palavra remete em todos os sentidos para significações cumulativas. Decerto não se trata de negar os importantes resultados a que chegou Lévi-Strauss[400] comparando as equações formais induzidas do sincronismo mítico e que lhe permitem integrar fatos sociológicos tão díspares como as relações de subordinação dos galináceos a outros animais, como "*a troca generalizada* nos sistemas de parentesco", como a dualidade de natureza de certas divindades.

Mas, se o mito, em última análise, se *reduz* ou pode reduzir-se a uma pura sintaxe formal, pode com razão voltar-se então contra Lévi-Strauss[401] a crítica contra os que "escamoteiam" o mito em proveito de uma explicação naturalista ou psicológica. Lévi-Strauss como técnico parece-nos, de fato, escamotear o mítico em proveito da lógica e da matemática qualitativa quando declara que descobriremos um dia "que a mesma lógica atua no pensamento mítico e no pensamento científico" e que, no fim de contas, "o Homem pensou sempre igualmente bem"[402]. O que, pelo contrário, nos deve interessar é que o homem, mesmo que tenha tido sempre a cabeça igualmente boa, não a tem sempre cheia da mesma maneira e que, por fim, a maneira como a cabeça está cheia influencia a maneira como a cabeça é... Insistimos: o mito não se traduz, mesmo em lógica. Qualquer esforço de tradução do mito – como qualquer esforço para passar do semântico ao semiológico – é um esforço de empobrecimento. Acabamos de escrever um livro inteiro não para reivindicar um direito de igualdade entre o imaginário e a razão, mas sim um direito de integração ou, pelo menos, de antecedência do imaginário e dos seus modos arquetípicos, simbólicos e míticos, sobre o sentido próprio e as suas sintaxes. Quisemos mostrar que o que há de universal no imaginário não é forma desafetada, é sim o fundo. E aqui é preciso voltar à noção de estrutura que utilizamos e que não se deve confundir com uma simples forma como Lévi-Strauss[403] parece ter tendência a fazer. Não é a forma que explica o fundo e a infra-estrutura, mas muito pelo contrário é o dinamismo qualitativo da estrutura que faz compreender a forma. As estruturas que estabelecemos são puramente pragmáticas, e não respondem de modo nenhum a uma necessidade lógica. Porque a estrutura antropológica só tem com a estrutura fonológica um parentesco de nome[404], por isso valeria mais escrever o termo forma para a fonologia e estrutura para todo o sistema que seja *também* instaurativo. Uma estrutura é, decerto, uma forma, mas que implica significações puramente qualitativas para além das coisas que se podem medir ou mesmo simplesmente resolver numa equação formal, porque, para parafrasear Lévi-Strauss, há, no domínio dos símbolos (não dizemos simplesmente "da sociologia"), muitas coisas que se podem formular matematicamente, "mas não é de modo nenhum certo que sejam as mais importantes"[405]. Não dizemos exatamente como Gurvitch, com o qual Lévi-Strauss acaba por concordar, que não há ligação necessária entre o conceito de estrutura social e o de mensuração matemática, mas dizemos que não há *equivalência* entre o conceito de estrutura do imaginário, logo do mito, e os processos formais da lógica e da matemática, e especialmente com a "quantidade extensiva" métrica ou não métrica[406]. Decerto, como veremos no próximo livro[407], o imaginário evolui bem nos quadros formais da geometria, mas essa geometria, como a sintaxe ou a retórica, apenas lhe serve de quadro e não de estrutura operatória, não de modelo dinâmico e eficaz. Dado que um mito não se traduz, que teria ele a ver, no seu fundo, com uma máquina de traduzir? Porque uma "máquina de traduzir" não será nunca uma máquina de criar mitos. Para que haja símbolo é preciso que exista uma dominante vital. Por isso, o que nos parece caracterizar uma estrutura é precisamente que ela não se pode formalizar totalmente e descolar do trajeto antropológico concreto que a fez crescer. Uma estrutura não é uma forma vazia, ela tem sempre o lastro, para além dos signos e das sintaxes, de um peso semântico inalienável. Está nisso mais próximo do sintoma ou da síndrome, que traz nele a doença, que da função. E se a função tem alguma utilidade nos sistemas puramente formais da lingüística e da economia, e em geral todos os sistemas *de trocas*, essa utilidade esbate-se quando se quer aplicar a matemática, mesmo que "nova", mesmo que chamada metaforicamente "qualitativa", mesmo que para lhes legitimar o emprego se tivesse que apelar muito curiosamente para a aritmologia[408], a um conteúdo vivido qualquer, a um conteúdo *de uso* e de que as religiões formais não constituem mais que a epiderme mais superficial[409]. Há problemas da biologia e das ciências humanas que não podem ser libertados de uma só vez do "obscurantismo" sem, definitivamente, lhes matar a significação. Na nossa civilização tecnocrática e analítica, o valor de troca mascara e mistifica demasiadas vezes o valor de uso. Uma vez mais contentemo-nos em classificar e em compreender os princípios de uma classificação e, a rigor, a mudar terapeuticamente as variáveis estruturais de um regime semântico, mais do que pretender operar sobre os formulários abstratos de classes. A mitologia, como uma boa parte da zoologia, está no estádio da sistemática terapêutica e não no da genética ou das especulações evolucionistas.

Mas é talvez necessário deixar estas querelas de palavras e ver que, na realidade, nas aplicações que faz no seu método mitológico, Lévi-Strauss ultrapassa muito a estreiteza formalista que defende, agrilhoado pela polêmica. Com efeito, no alinhamento "sincrônico" dos temas míticos, e que o etnólogo pretendia apenas formal, ordenados pelos "pacotes" de relações, infiltram-se felizmente índices puramente qualitativos, tópicos e não relacionais: nas duas últimas colunas da análise "sincrônica" do mito de Édipo[410] figuram símbolos e presenças não relacionais que infirmam o formalismo "estrutural". Na terceira coluna, se subsiste ainda uma relação de vítima e assassino, não é menos certo que a qualidade monstruosa do Dragão ou da Esfinge importa o mesmo, senão mais, que a relação. Quanto à quarta coluna, apenas insiste no elemento puramente semântico da mutilação ou da enfermidade: "coxo", "torto", "pé-inchado". Do mesmo modo, se os mitos zuñi de origem e de emergência[411] mostram certas operações lógicas, nada permite concluir que elas estejam "na base do pensamento mítico"[412]. Felizmente, como já notamos[413], a paciente análise que pratica Lévi-Strauss põe em evidência o isomorfismo semântico dos dioscuros, do *trickster*, do hermafrodita, da díade, da tríade e do messias. De tal modo que conservaremos em mitologia os dois fatores de análise: diacrônico, do desenrolar discursivo da narração – e mostramos noutro lugar[414] qual é a sua importância quanto ao sentido do próprio mito –, assim como a análise sincrônica a duas dimensões: no interior do mito, com a ajuda da repetição das seqüências e dos grupos de relações evidenciadas, e a comparativa com outros semelhantes. Acrescentar-lhe-emos, no entanto, a análise dos isotopismos simbólicos e arquetípicos que é a única que pode dar a chave semântica do mito. Melhor ainda, que é a única que pode dar a própria ordenação e o sentido do "mitema" em geral, porque a repetição, redobramento, triplicação ou quadruplicação das seqüências não se reduz à resposta fácil que lhe quer encontrar Lévi-Strauss: "A repetição tem uma função que é a de tornar manifesta a estrutura do mito."⁴¹⁵ Porque é esta forma redundante que é necessário compreender com a ajuda precisamente de uma estrutura ou de um grupo delas, e são as estruturas do *Regime Noturno*, com redobramento dos símbolos e a repetição das seqüências com fins acrônicos, que dão conta da redundância mítica. Esta última é da mesma essência que a repetição rítmica da música, mas desta vez não se trata para nós de uma ilustração metafórica desse poder que o mito tem de "descolar" do discurso introduzindo nele a rítmica de um refrão. O mito tem a mesma estrutura da música. A compreensão qualitativa do *sentido* do mito, tal como foi posta em relevo por Eliade ou Griaule⁴¹⁶, dá conta, em última análise, da *forma* "folheada"⁴¹⁷ do mito.

É por ser eterno recomeço de uma cosmogonia, e com isso remédio contra o tempo e a morte, é por conter em si "um princípio de defesa e de conservação que comunica ao rito" que o mito contém essa estrutura sincrônica. Porque esta última é precisamente, com efeito, aquilo a que chamamos *Regime Noturno* da imagem. Dão disso testemunho os grandes mitos de origem maia-quiché ou do antigo México: o mito é uma repetição rítmica, com ligeiras variantes, de uma criação. Mais do que *contar*, como faz a história, o papel do mito parece ser o de *repetir*, como faz a música. No mito não só o sincronismo está ligado ao simples redobramento, como acontece quando há símbolos de gulliverização, como também à repetição temporal e às estruturas sintéticas. No quadro pobre e diacrônico do discurso, o mito acrescenta a própria dimensão do "Grande Tempo"⁴¹⁸ pela sua capacidade sincrônica de repetição. Gostaríamos de mostrar que essas repetições das seqüências míticas têm um conteúdo semântico, quer dizer, que no seio do sincronismo a qualidade dos símbolos importa *tanto* como a relação repetida entre os protagonistas do drama. É que o sincronismo do mito não é apenas um simples refrão: ele é música mas à qual se acrescenta um sentido verbal, é no fundo encantação, assunção do vulgar sentido verbal pelo ritmo musical e, por ele, capacidade mágica de "mudar" o mundo⁴¹⁹. São os matizes deste semantismo que gostaríamos de mostrar através do belo trabalho que S. Comhaire-Sylvain consagrou a esses mitos em via de desafetação simbólica que são os contos. Já utilizamos[420] esse precioso trabalho folclórico que tem a vantagem de nos apresentar, através de cerca de 250 lições, as variações de temas míticos recenseadas em três continentes.

Comecemos pela sinopse folclórica que constitui o primeiro volume da tese de S. Comhaire-Sylvain. Deixaremos de lado, bem entendido, a interpretação difusionista do autor. Se se pode explicar, como o faz a conclusão dessa tese, a existência do mito haitiano por influências africanas, francesas e mesmo índias, é difícil de justificar pelo contato a existência paralela na África e na Europa ou entre os índios de um mesmo mito. Seria ainda mais difícil dar conta, pelo difusionismo, da sua presença na Nova Caledônia, onde se encontram duas versões, de que uma é muito explícita, desse mito[421]. Apesar desta reserva, tomaremos a compilação de S. Comhaire-Sylvain como base da pesquisa mitológica. Trata-se de um conjunto de contos e mitos, em particular o conto haitiano *Mãe da água*, cujo diacronismo se resume assim[422]: duas pessoas jovens, moças ou rapazes, das quais uma ou comete uma falta venial ou tem um defeito qualquer que a faz fugir ou pôr-se fora da comunidade primitiva. Daqui resulta uma viagem muitas vezes precedida por uma prova mágica. O viajante encontra então uma velha que o submete com sucesso a várias provas: humildade, obediência, trabalhos repugnantes, etc. Uma recompensa é por fim oferecida sob a forma de riquezas saídas da manipulação de objetos mágicos ou do simples pronunciar de certas palavras. O conto continua pela repetição sincrônica mas inversa dos mesmos acontecimentos pelo segundo protagonista inicial, que se sai muito mal das provas e, em lugar de uma recompensa, recebe uma punição.

Para além deste último sincronismo realmente estrutural da redundância invertida de toda a peripécia, encontram-se numerosas repetições no próprio interior do conto. Repetições das provas, antes de mais: no conto haitiano, a velha pede à jovem que lhe "coce as costas", e estas estão cobertas de cacos cortantes. Em seguida, cospe na mão da rapariga, ordena-lhe que bata no gato que vem comer a cozinha fantástica, e por fim impõe interditos relativos ao presente dos ovos mágicos. Estes últimos são também triplicados, o primeiro ovo transforma-se em espelho mágico, o segundo em coches, e do terceiro sai um príncipe encantado. O mesmo sincronismo das provas e sanções redobra-se ainda quando se passa à segunda fase da narração consagrada à outra jovem. No mito dos L'éla, *Os dois rapazes e a velha*, relatado por J. Nicolas[123], há duas séries paralelas de provas para os dois jovens, e essas séries são elas próprias constituídas por provas muito semelhantes: a primeira consiste em escolher entre cabaças novas ou usadas; a segunda, simples redobramento da precedente, a escolher entre frutos oferecidos já mordidos ou não; a terceira em "esvaziar a latrina"; a quarta em extrair laterita; a quinta em trazer este pó... Essas provas tinham elas mesmas sido precedidas de uma longa série de pré-provas, se assim se pode dizer, nas quais objetos, vegetais e animais apelavam de uma maneira estereotipada ao bom coração do jovem viajante. Se o mito L'éla é um verdadeiro repertório do sincronismo e suas redundâncias, o mesmo tema mítico, mesmo reduzido à sua expressão mais simples, tal como nos é relatado por Griaule[124], apresenta ainda, além do desdobramento do mito em duas seqüências consagradas aos dois jovens protagonistas, um redobramento dos pedidos da velha, "pedidos" de fogo e alimentos, e também um redobramento da recompensa: porta aberta para o bom caçador, fechada para o mau pastor, depois dom do tambor dos andoumbulu ao bom caçador. Assim, por detrás de um diacronismo moralizador há em todos estes contos míticos um sincronismo das provas e recompensas, tal como a redundância inicial das "duas pessoas jovens". Mas deve o mitólogo satisfazer-se com este tão pobre resultado formal? Tanto mais que em toda esta série mítica qualquer alusão às estruturas parentais deve ser posta de parte, os dois jovens por vezes são irmãos, outras não são, por vezes são raparigas, outras rapazes. Por vezes o "vai-te daqui" inicial é pronunciado por uma madrasta em cólera, outras, como na versão neocaledônica, pelos outros irmãos[125], outras não é mais que uma sanção de opinião para "aquele-que-foi-vexado"[126]. Por isso, precisamos procurar as verdadeiras estruturas desse conjunto mítico não do lado das sintaxes – que são aqui muito pobres – mas do lado do conteúdo simbólico que, em todos os casos relatados, é muito rico e apresenta notáveis constantes e uma notável coerência isotópica. O isotopismo sublinha-se aqui, uma vez mais, por uma redundância semântica.

Deixaremos de lado o tema da simetria dioscúrica que é, no entanto, apresentado constantemente como o grande eixo do diacronismo deste mito: porque as atribuições recíprocas dos dois jovens são contraditórias, e tanto a palma é dada ao "lavrador" Caim como ao "pastor" Abel[427]. Mas mais significativa é a constante da personagem da velha, da *Mãe da água*, ligada a todo o simbolismo da água favorável, embora temida. O contexto haitiano sublinha bem esta ambivalência da fada das fontes, umas vezes *simwi* canibal e teriomórfica, outras velha negra generosa curvada e enrugada pela idade[428]. É assim com este aspecto derrisório e repugnante ("Virgem Santa disfarçada de velha"[429], "velha meio comida pelo ogro Dimo", ou nas raras lições masculinizadas que se ligam às lendas ocidentais de S. Julião Hospitalário ou de Reprobatus-S. Cristóvão)[430], é sob o aspecto de um "velho coberto de chagas" que se apresenta "Nosso Senhor"[431]. Nas duas lições neocaledônicas[432] é o herói principal que está afligido de males: enfermo ou coberto de micoses e tumores, tendo um aspecto repugnante ou descuidado, como é um pouco o caso da Gata Borralheira ou da Fera do nosso conto europeu *A bela e a fera*. Vemos aqui a tão freqüente confusão, no domínio fantástico, do agente e do paciente: tanto é Jó que deve suportar a prova da sua própria doença, como S. Julião deve trazer e aquecer o Senhor disfarçado de leproso. Mas o benefício moral é o mesmo: a aparência repugnante da casca esconde a amêndoa preciosa, como no velho mito mexicano[433] o anão leproso e coberto de úlceras Nanauatzin transforma-se em triunfante sol Quetzalcoatl depois de se ter mortificado com espinhos e, em seguida, lançado sem hesitação na fogueira. É assim *um esquema de inversão dos valores* pela reviravolta dos símbolos que vai presidir a toda a mitologia de *Mãe da água*. Não falta aí nem sequer o arquétipo da descida aquática e engolidora, nas lições haitianas, nivernesas ou bambara da lenda: seja que a criança contemplando no fundo do poço a ronda das fadas se atira à água e volta a subir até à "cabeça da água"[434], seja que o gênio Sendo (bambara), senhor das águas, leva a menina para o seu reino, seja ainda, como na lição neocaledônica, que o filho mais novo de Ménégo fica sepultado pela montanha que desmorona inteiramente sobre ele[435]. A transformação deste mergulho em simples viagem na floresta parece-nos ser – apesar do caráter simbólico notório da viagem longínqua[436] – um enfraquecimento do semantismo do mito.

Vamos voltar a encontrar o isomorfismo dos símbolos tal como o descrevemos na parte de nosso trabalho intitulada *A descida e a taça*[437]. E antes de mais o processo de inversão vai acentuar-se na qualidade das "provas" ordenadas pela repugnante "Mãe da água". Não é o caráter formal e moral dessas provas, humildade, obediência, compaixão, etc., que reteremos aqui, mas simplesmente o semantismo material: trata-se de lavar ou coçar as costas "que têm pontas agudas e cortantes", de ser lambido ou de receber os escarros da velha ou ainda, como no mito L'éla, de "esvaziar a latrina". Esta *aceitação de uma situação negativa* vai provocar *a reviravolta da situação*: a recompensa. Ora, essa recompensa manifesta-se materialmente por traços típicos do *Regime Noturno*, e S. Comhaire-Sylvain[438] fez assentar toda a sua classificação desses contos em três "*Formas*" – que consideraremos isotópicas – da sanção: a *Forma* 1, à qual pertence a versão haitiana, faz residir a sanção em "objetos de partir"; a *Forma* 2 em "objetos que saem da boca"; a *Forma* 3, que nos parece ser um enfraquecimento semântico, faz residir a recompensa em alguma graça ou poder mágico. Mas de novo, mais que essas "formas", é o isotopismo revelador de um fundo único que nos interessa. Assim, por exemplo, não é propriamente o fato de "partir" que importa às sanções da *Forma* 1, mas muito mais o fato já assinalado[439] de que todos os objetos mágicos são *pequenos* objetos e geralmente *continentes*: ovos, nozes, cabaça, cesto, abóbora. Mais ainda, os traços semânticos isomórficos do simbolismo do continente liliputiano encontram-se em quase toda a série mística da *Forma* 1, e de saída *o encaixe dos continentes*. Na versão neocaledônica, ao "Filho mais novo de Taou"[440] são-lhe confiados pela avó cocos mágicos de onde sairão duas lindas mulheres; esses cocos são eles mesmos contidos pela piroga, e o milagre realiza-se quando a embarcação se encontra "no meio da água"; na lição hausa[441] do mito, a velha ordena: "Abre este grande pote no meu corpo e toma três ovos." Logo de seguida acrescenta, dando explicitamente a chave do mito: "Parti-lo-ás quando deixar de se ouvir o eco de Parte-os!"

Porque essa intimação a *inverter* a ordem dada, seja pelo eco, seja, como na lição haitiana, pelas próprias galinhas, parece ser constitutiva do semantismo profundo do mito. Melhor ainda, o estudo do sincronismo mostra-nos muitas vezes que esta intimação a quebrar o ovo é simétrica do incidente que originou a aventura mística: freqüentemente o jovem protagonista foi punido quer por ter quebrado um continente (Bambara, Jamaica, Bahamas)[442], quer simplesmente por ter perdido um continente (Haiti) ao lavá-lo no riacho. Assim, a dupla negação liga-se aqui, uma vez mais, ao redobramento da situação sincrônica.

Este tema do continente vai funcionar de modo intermutável, como já o verificamos, com as fantasias do *conteúdo* e especialmente *as fantasias alimentares*[443]. Numerosas lições ameríndicas (Zuñi, México) e européias (Catalunha)[444] comportam um insólito motivo inicial: o herói é punido por ter perdido um continente-alimento que estava lavando no riacho. Na versão da República Dominicana, na da Catalunha ou na do Chile, são "tripas" que a criança tinha por missão lavar, e são essas tripas que ele reencontrará magicamente. No México e entre os zuñi, o conto é muito explícito e dá-nos um reforço do simbolismo do continente – conteúdo alimentar ligado ao tema da reciprocidade entre objeto perdido e objeto procurado, e também ao tema da reviravolta da intenção com fins morais: "Uma mocinha lava o estômago de um vitelo morto. Um peixe leva o estômago. Ela grita, um homem pergunta-lhe por quê, ela responde imediatamente; entra nessa casa, diz-lhe o homem, verás um bebê, mata-o e fica com o estômago dele... diante do bebê, ela não tem coragem de matá-lo..." Esta fantasia alimentar ligada ao simbolismo dos continentes encontra-se sob formas diversas nos temas da "cozinha fantástica": arroz da versão haitiana que se multiplica magicamente na marmita, velha que pede para comer a carne como na versão dos dogon[445]. Esse tema alimentar não escapou a Leenhardt[446], que consagra uma nota ao episódio do fim do mito no qual se vê ao mesmo tempo o "Filho mais novo de Taou", fechado no precipício com as suas mulheres e socorrido pelo camarão, acumular víveres e depois matar o irmão mais velho e "oferecê-lo ao camarão para apurar o gosto dos legumes". Este tema alimentar parece-nos isotópico de todas as alusões bucais que o conjunto mítico de *Mãe da água* comporta. Para os teme e os hausa[447] a velha está "coberta de bocas", enquanto para os L'éla a primeira prova pedida pela velha ao herói é que "receba nas mãos o incisivo dela"[448]. Esta oralidade desenvolve-se abundantemente na *Forma* 2 do mito relatada por S. Comhaire-Sylvain: recompensas e punições saem pela boca, como no conto de Perrault *As fadas*, mas, enquanto os objetos da punição são tanto répteis, sapos ou serpentes como excrementos[449], a recompensa manifesta-se por um "vomitar"[450] de riquezas: gado, ouro, pedras preciosas, moedas, roupa e ricos vestidos de que a nossa *Gata borralheira* (que segundo a classificação da mitóloga pertenceria à *Forma* 3) conservou vestígios na metamorfose dos pobres vestidos em roupa principesca. Todas essas riquezas saem pela boca. Em certas lições, como a dos L'éla ou dos canacas, elas são simbolizadas por duas belas mulheres que se casam com o herói, enquanto a punição se exprime por mulheres doentes, com um só olho, uma narina, uma orelha, um braço...[451]

Assim, por detrás do esquema diacrônico e das relações sincrônicas o conjunto mítico de *Mãe da água* é epifania de todo o isomorfismo dos arquétipos, dos esquemas e dos símbolos da *inversão* e da *intimidade*[452]: tema da mãe e da água, esquema do mergulho e da inversão dos valores, símbolos encaixados e gulliverização dos continentes, ligação dos conteúdos alimentares fazem aparecer este conjunto mítico como uma ilustração das *estruturas místicas*[453] do imaginário. Uma boa constante do isomorfismo põe sobretudo bem em evidência o caráter material dessas estruturas e a importância do semantismo ao lado das formas sintáticas do mito.

Em torno do segundo grupo de contos coligidos por Comhaire-Sylvain e a que daremos genericamente o título do conto haitiano que dá o nome à primeira série, *Domangage*, vamos ver funcionar não propriamente o isotopismo das *estruturas místicas*, mas o das *estruturas sintéticas*[454] e dos semantismos relativos ao drama da queda e da redenção por um mediador. A classificação que dá o mitólogo destes grupos de contos é igualmente significativa de toda a tendência profunda do semantismo do *Regime Noturno*, a saber, o eufemismo. O diacronismo de toda esta série pode ser resumido assim: o herói principal, geralmente do tipo "noivo difícil"[455], liga-se geralmente pelo casamento com o monstro disfarçado e parte em viagem com este último, mas é mais ou menos sem o saber vigiado e protegido por um salvador ajudado por um animal mágico, e, apesar dos ataques e perseguições do monstro, o herói principal é trazido de volta ao seu país de origem mais ou menos são e salvo e o monstro é posto em fuga ou vencido[456]. O sincronismo do mito evidencia o tema do *salvador*, que é repetido na versão haitiana e malinké, assim como na dos cossacos de Zaporóvia[457]. De início, é o irmãozinho ajudado pelo cavalo mágico que subtrai a irmã do monstro, iludindo a vigilância do galo maléfico, depois, chegados ao país dos "homens sós", é um antigo "pretendente", barqueiro na maior parte dos casos, que, depois do episódio da vigilância do sino mágico ludibriada, a leva para o outro lado da água, mata o monstro e casa com a jovem assim libertada. Se se comparar o conto *Domangage* a uma outra versão haitiana, *Carneiro*, vê-se que o papel de salvador é atribuído a "Carneiro, vencedor por fim de 'Cobra'". A tônica é assim claramente posta, pelo sincronismo, no carácter soteriológico.

Mas é todo o semantismo dos símbolos deste conjunto mítico que vai ter ligações com o drama, senão da paixão de um salvador, pelo menos do romance de um salvador aliviado de um certo Bem contra um certo Mal monstruoso e teriomórfico. O semantismo é, assim, inicialmente antitético. Já fizemos notar todo o simbolismo ainda *teriomórfico* posto em jogo para descrever o adversário: ogro, lobisomem, vampiro (*ghoul*), feiticeira, mulher com cauda de peixe. Nas versões que se aproximam dos contos haitianos *Cobra, Gentil, Carneiro* ou *Razcouiss Macaq*, o adversário é a serpente, simples cobra ou boa, cobra-capelo, píton, etc.[458] Reconhece-se aí o *monstro devorador* ou simplesmente engolidor. Todavia, S. Comhaire-Sylvain, na sua classificação, evidencia com clareza a tendência eufemizante do simbolismo tal como notáramos a propósito do cavalo Bayart ou do S. Cristóvão cinocéfalo[459]. Com efeito, três *Formas* podem manifestar-se quanto às "intenções" do monstro. Para começar, o esposo sobrenatural tem a intenção de devorar o seu cônjuge e dois casos podem acontecer, segundo seja preciso esperar o ataque direto do monstro ou que o cônjuge descubra o projeto e fuja[460]. A

2.ª *Forma* indica já um enfraquecimento das intenções do cônjuge monstruoso: não exprime os seus maus projetos e foge logo que a sua natureza é descoberta. Por fim, na 3.ª *Forma*, assiste-se realmente a uma antítese semântica conservando embora a forma sintática: o monstro tinha intenções benevolentes, mas foge logo que certos interditos são quebrados. Neste processo eufêmico os tabus e interditos da 3.ª *Forma*, geralmente desenrolando-se em torno do complexo espetacular com interdição de olhar, interdição de pronunciar o nome, interdição de maltratar, etc.[461], são eufemismos do vigilante auxiliar do monstro, tais o falo e o sino mágico que vigiam a esposa no conto haitiano *Domangage*[462]. É muito significativo que em numerosas lições (nove, segundo a nomenclatura de S. Comhaire-Sylvain) o auxiliar malfazejo seja o lenhador que ataca a árvore mágica cujo crescimento salva o infortunado cônjuge[463].

O protagonista do adversário monstruoso é, a bem dizer, muito mais o salvador que o cônjuge. Já assinalamos o papel central do irmãozinho salvador, do salvador gulliverizado nos contos da série *Domangage*[464]. Devemos insistir agora nos aliados do salvador: em numerosos casos, também é um animal que, ou serve de meio de locomoção ao salvador e à sua irmã (em onze casos é um cavalo)[465], ou serve de mensageiro (em treze casos são pássaros), em sete casos o cavalo é um precioso conselheiro, e por fim em numerosíssimas lições africanas é o cão que sofre a antífrase semântica e se torna o auxiliar ou mesmo a encarnação do salvador diante da horda dos lenhadores do diabo[466]. Não deixa de ter interesse notar a ligação do tema do cão eufemizado, e primitivamente animal mordicante, e da agressividade lenhadora. Pode-se notar também a eufemização do esquema dionisíaco do despedaçamento: umas vezes passa-se como no arquétipo agrário clássico, onde é a vítima inocente que é *despedaçada* e depois "recolada" (Trinidad), outras é o próprio cão que é *sacrificado*[467], outras são os cães que comem e despedaçam o ser diabólico[468]. Aí também há transmigração eufêmica dos valores devoradores.

Assim, encontram-se face a face o monstro teriomórfico ladeado dos seus auxiliares e o salvador secundado por animais eufemizados. O argumento do mito vai então ser o lendário argumento da viagem ambivalente, que comporta um *ir*, geralmente uma *descida*, e um *regresso* mais ou menos triunfante sob forma de fuga. A reviravolta é na maior parte dos casos indicada pela revelação do mal, pela revelação da natureza do cônjuge cuja infração do tabu é, como vimos, a sobrevivência nas formas totalmente eufemizadas. A primeira fase da viagem não é, na maior parte dos casos, mais do que uma simples viagem de núpcias ou mesmo, como no conto haitiano *Carneiro*, mais do que um vulgar passeio[469]. Muitas vezes (em 37 casos) o casamento e a partida que dele resulta são motivados por uma falta venial do cônjuge humano, do tipo "noivo difícil", que só aceitará por esposo um ser capaz de trazer alguma riqueza. Nos contos e mitos da série *Carneiro* e *Cobra*, a seqüência do engolimento funesto parece substituir a viagem[470]. A revelação do monstro ocupa um lugar central na peripécia, quer sendo no decurso de uma metamorfose do cônjuge monstruoso que a sua natureza é revelada, quer este último deixe escapar ou ver um elemento teratológico: pé de ferro, pé fendido, apetite de ogro, na maior parte das vezes é uma denúncia (53 casos), ou mesmo uma confissão (nove casos), que constitui a revelação decisiva. Mas, em casos bem típicos, é uma prova, por exemplo, uma alfinetada dada ao cônjuge sobrenatural para ver se o seu sangue é sangue humano[471], ou, melhor ainda, a descoberta fortuita de uma câmara secreta onde estão fechadas as antigas vítimas do monstro. E neste episódio, que se manifesta no nosso ocidental *Barba azul*, a numerologia, tão freqüente no modo cíclico do *Regime Noturno*, desempenha um enorme papel: sete mulheres de Barba Azul, "três irmãs libertadas que fogem" no cavalo mágico das "sete cores"[472], vampiro (*ghoul* que dorme sete dias e vela sete dias, sete chaves, sete quartos, sete raparigas, etc., das versões marroquinas e mouras)[473]. E essas "câmaras secretas" de simbolismo aritmológico, muitas vezes "cheias de ossadas" ou de cadáveres, têm a ver com o país dos "homens sós", o país das "mulheres sós" ou o país dos mortos da versão *Domangage*. Enfim, o esquema do retorno e o da fuga vão dar origem a todo um enxame de símbolos significativos das intenções escatológicas do conjunto místico em questão. São, para começar, os estratagemas para "retardar" a perseguição pelo cônjuge sobrenatural: obstáculos e objetos lançados, comida dada ao galo-cérebro ou então diretamente ao diabo[474], mas são sobretudo os temas do refúgio, refúgio intimista e muitas vezes gulliverizado, que nos remetem para o grupo místico da *Mãe da água*. Tanto os fugitivos se disfarçam para escapar aos perseguidores (oito casos), tanto utilizam continentes como veículos: bambu oco, barril de açúcar, carro mágico, cesto, ventre de um animal caridoso e canoa mágica[475]. Tanto, enfim, o esquema progressista vem se enxertar no mito por intermédio da árvore que cresce desmesuradamente e salva os fugitivos deste baixo mundo (quinze casos), árvore que de simples damasqueiro se transforma em gigantesco baobá[476]. Encontramos, assim, na série mítica *Domangage*, e nas suas variantes, um notável isomorfismo semântico que faz entrar esta série na modalidade cíclica do *Regime Noturno* da imagem. Afrontamento dos dois princípios, um encarnado pelo animal diabólico, o outro pela criança salvadora, tema do casamento juntamente com o esquema da viagem de ida e volta, símbolos aritmológicos, símbolos da árvore, todos os elementos semânticos deste mito vêm classificar-se nas rubricas significativas das *estruturas sintéticas*, quer cíclicas, quer messiânicas.

Assim, as duas séries míticas *Mãe da água* e *Domangage* deixam-se reciprocamente ordenar nas duas subespécies estruturais do *Regime Noturno* da imagem: a *mística* e a *sintética*, esta última apelando muitas vezes, como o nome indica, para elementos diurnos antagonistas. É que o mito é um ser híbrido tendo simultaneamente a ver com o discurso e com o símbolo[477]. Ele é a introdução da linearidade da narrativa do universo não linear e pluridimensional do semantismo. Está assim, de fato, a igual distância de *Epos*, reservatório dos mitos desafetados pelo escrúpulo positivista da investigação arqueológica[478], mas também do *Logos*, onde se encadeiam linearmente signos arbitrários, e, se com Lévi-Strauss pensamos que "o vocabulário importa menos que a estrutura", uma vez que o mito nunca se trai ao traduzir-se, ou seja, no fim de contas não tem necessidade de tradução e minimiza o seu suporte lingüístico, não cremos que "a *forma* mítica prime o *conteúdo* da narrativa"[479]. Porque, como dissemos, a forma não é a estrutura, e num mito uma afinidade qualitativa contribui para agrupar os "enxames" de imagens e símbolos. O valor semântico de um único termo arrasta o sentido de todo o diacronismo e das relações sincrônicas: uma simples tônica afetiva "diurna" e polêmica introduzida na série *Domangage*, um simples chamar de atenção para as estruturas diairéticas, e eis que, diante do monstro nefastamente hiperbólico, a fuga tornar-se-á necessidade moral e vital, e a descoberta do caráter monstruoso do cônjuge será revelação benfazeja. Se a tônica é posta, pelo contrário, nas estruturas nitidamente místicas, na "intimidade" e nas qualidades do parceiro ictiomórfico, eis então que a fuga do monstro é por seu lado nefasta e que a descoberta do caráter monstruoso é concebida com a violação nefasta de um interdito. A forma ficou a mesma, mas a significação mudou completamente porque a tônica estrutural mudou. E se se podem reduzir mitos e complexos a alguns "tipos" simples, esses tipos não são relações funcionais mas sim estruturas semânticas e figurativas. De tal modo é verdade que não se pode separar uma forma qualquer da atividade humana das suas *estruturas intencionais* profundas.

O mito aparece então sempre como um esforço para adaptar o diacronismo do discurso ao sincronismo dos encaixes simbólicos ou das oposições diairéticas. Por isso, todo o mito tem fatalmente como estrutura de base – como infra-estrutura – a estrutura sintética que tenta organizar no tempo do discurso a intemporalidade dos símbolos. É o que faz que ao lado da forte linearidade do *Logos* ou do *Epos* o *Mythos* apareça sempre como o domínio que escapa paradoxalmente à racionalidade do discurso. A absurdidade do mito, como a do sonho, provém justamente da sobredeterminação dos seus motivos explicativos. A razão do mito é não só "folheada" como também espessa. E a força que agrupa os símbolos em "enxames" escapa à formalização. O mito sendo síntese é por isso "imperialista"[480] e concentra nele próprio o maior número possível de significações. Por isso, é inútil querer "explicar" um mito e convertê-lo em pura linguagem semiológica. Quando muito, podem-se classificar as estruturas que compõem o mito, "moldes" concretos "onde vem ganhar forma a fluida multiplicidade dos casos"[481]. O semantismo é assim tão imperativo no mito como no simples símbolo. Falso discurso, o mito é um enxame semântico ordenado pelas estruturas cíclicas. Vemos uma vez mais que o "sentido figurado", ou seja, o semantismo, está grávido do sentido, dos sentidos próprios, e não o inverso. Em nenhum lugar melhor que no mito se vê funcionando o esforço semiológico e sintático do discurso que se vem quebrar nas redundâncias do semantismo, porque a imutabilidade dos arquétipos e dos símbolos resiste ao discurso.

Decerto o mito, pelo seu diacronismo discursivo, é muito menos ambivalente que o simples símbolo: ele parece uma racionalização épica ou lógica. É o que Lévi-Strauss[482] já tinha pressentido ao mostrar que o mito não corresponde traço a traço ao simbolismo concreto do rito, e que há uma defasagem homológica entre o ritual e a mitologia. Mas sobretudo temos um belo exemplo dessa defasagem no estudo etnográfico que Louis Dumont fez do ritual da Tarasca e da lenda de Sta. Marta. Depois de ter analisado o rito[483] da procissão do Pentecostes em Tarascon, na qual se exibe uma efígie do monstro temível e benéfico, Dumont passa ao confronto das diferentes narrativas místicas nas lendas medievais, da Pseudo-Marcela, de Jacques de Voragine, do Pseudo-Rabano e de Gervásio de Tilbury[484]. Chega, por fim, às seguintes conclusões: há uma distenção discursiva na narrativa lendária que não se encontra no emblema ritual da procissão do Pentecostes. A Tarasca ritual "concentra em si o mal e o bem", enquanto a lenda "desdobra" o conteúdo e que diacronicamente "a contradição exprime-se pelo afrontamento de duas personagens, mantendo o animal apenas o aspecto maléfico, e representando a santa o aspecto benéfico"[485]. A lenda introduz pelo seu diacronismo "uma relação causal: a santa vem por causa das destruições e para lhes pôr fim"[486]. Vê-se com este exemplo que o mito comparado com o simbolismo do objeto ritual está à beira de uma racionalização. Não é, no entanto, menos verdade que o mito, assimilando embora o diacronismo causal do *Logos* ou a relação de anterioridade do *Epos*, não passa ainda, pelo seu sincronismo "pré-lógico", de um arranjo de símbolos e que a sua linearidade é apenas superficial.

O diacronismo do mito é o aspecto geral que o integra no gênero narrativa, o sincronismo é um indício que assinala os temas importantes, mas o isotopismo[487] permanece, em última análise, o verdadeiro sintoma do mito ou do conto analisado e permite diagnosticar-lhes a estrutura. Se quisermos precisar ainda este método da mitologia, precisaremos, ao lado das estruturas estáveis e arquetípicas, estudar, como fez Soustelle para a mitologia mexicana, os incidentes geográficos e históricos que podem degradar o arquétipo em símbolo[488]. Assim, é a diversos níveis que é preciso, segundo parece, recuperar o sentido polimórfico do mito. No nível semiológico da narração na via do *Logos* moralizador da fábula ou explicativo da lenda, o sincronismo, por sua vez, dar-nos-á uma indicação sobre as repetições que obsidiam o mito, depois o isotopismo fornecer-nos-á o diagnóstico essencial sobre a orientação dos "enxames" de imagens, por fim[489], como o pretendem Soustelle ou Piganiol, as considerações geográficas e históricas elucidarão os pontos de inflexão do mito e as aberrações em relação à polarização arquetípica. Seja como for, pelo seu duplo caráter discursivo e redundante, todo o mito comporta *estruturas sintéticas*: "Sabe-se que todo o mito é uma procura do tempo perdido."[490] Procura do tempo perdido, e sobretudo esforço compreensivo de reconciliação com um tempo eufemizado e com a morte vencida ou transmutada em aventura paradisíaca, tal aparece de fato o sentido indutor último de todos os grandes mitos. E o sentido do mito em particular não faz mais que remeter-nos para a significação do imaginário em geral, que vamos examinar no último livro desta obra.

LIVRO TERCEIRO
Elementos para uma fantástica transcendental

A especulação filosófica faz parte dos fins das ciências do homem: não poderia em nenhum grau passar por instrumento de investigação.
A. Leroi-Gourhan, *Archéologie du Pacifique Nord*, p. 514

Mas mesmo quando não restasse mais nada... além de máscaras vazias de sentido, pinturas incompreendidas e danças sem objeto, não deixaria de ser certo que, para este povo, por detrás de todas essas formas e de todos esses ritmos, se esconde a sua vontade de durar, vontade que teve no momento em que, segundo os seus ditos, tomou consciência da decomposição da morte.
M. Griaule, *Masques Dogons*, p. 819

1. Universalidade dos arquétipos

Propúnhamo-nos, na introdução deste livro[1], levar a bom termo uma descrição realmente fenomenológica dos conteúdos da imaginação, apelando, sem outra preferência que não fosse uma preferência metodológica dos imperativos biopsíquicos, para a totalidade do trajeto antropológico. Ao recusar separar a consciência imaginante das imagens concretas que semanticamente a constituem, optávamos deliberadamente por uma fenomenologia contra o psicologismo ontológico de tipo reflexivo. Essa vontade descritiva devia levar-nos a uma análise e depois a uma classificação estrutural dos diversos conteúdos possíveis do imaginário. Assim, mostramos como os três reflexos dominantes que tinham servido de fio condutor psicológico para a nossa investigação repartiam três grandes grupos de esquemas, os esquemas diairéticos e verticalizantes por um lado, simbolizados pelos arquétipos do *cetro* e do *gládio* isotópicos de todo um cortejo simbólico, e por outro lado os esquemas da descida e da interiorização simbolizados pela *taça* e as suas componentes simbólicas, e por fim os esquemas rítmicos, com os seus matizes cíclicos ou progressistas, representados pela *roda* denária ou duodenária e o *pau* com rebentos, a árvore. Tínhamos agrupado esta tripartição em dois regimes, um *diurno*, o da antítese, o outro *noturno*, o dos eufemismos propriamente ditos. Em seguida, mostramos como essas classes arquetípicas determinam gêneros estruturais e tínhamos descrito as *estruturas esquizomórficas*, as *estruturas místicas* e por fim as *estruturas sintéticas* do imaginário. Tínhamos partido da hipótese da semanticidade das imagens, e verificamos no decurso deste estudo quanto essa hipótese era frutuosa: os símbolos e os agrupamentos isotópicos que os ligam apareceram-nos como diretamente reveladores de estruturas. Por outras palavras, o imaginário, num certo sentido, apenas reenvia para si próprio e nós podíamos contentar-nos com a classificação precedentemente estabelecida[2]. Todavia, se uma tal convergência de resultados, se uma total verificação do semantismo das imagens é possível, é necessário que nos interroguemos sobre o sentido que se pode induzir de uma tão geral concordância. Não há Chave dos Sonhos, mas os sonhos, no seu conjunto, e por suas estruturas coerentes, manifestam uma realidade de que podemos discernir o sentido global. Por outras palavras, resta-nos estudar o sentido do semantismo imaginário em geral. E se nos recusamos a ver na imagem o signo vulgar de uma realidade psicológica ou extrínseca à consciência, é preciso agora, todavia, que nos interroguemos sobre de qual tentativa *démarche* ontológica o semantismo em geral pode ser signo. É passar da morfologia classificadora das estruturas do imaginário a uma fisiologia da função da imaginação[3]. É esboçar uma filosofia do imaginário a que poderíamos chamar, como sugere Novalis, uma *fantástica transcendental*[4]. E esta expressão seria mais que um simples jogo de palavras se pudéssemos mostrar agora que essa função de imaginação é motivada não pelas coisas mas por uma maneira de carregar universalmente as coisas como um sentido segundo, como um sentido que seria a coisa do mundo mais universalmente partilhada. Por outras palavras, se pudéssemos provar que há uma realidade idêntica e universal do imaginário.

Antes de podermos tirar uma tal conclusão filosófica, precisamos todavia afastar duas objeções que podem ainda ser levantadas contra a transcendentalidade da consciência imaginante: a saber, que os dois regimes que estruturam esta consciência excluem-se um ao outro, e que na realidade a noção de função de imaginação esconde duas realidades psíquicas antagonistas que se opõem por exemplo nos tipos de representação distinguidos pela psicologia caracterológica ou nas fases simbólicas distinguidas pela história da iconografia e das belas letras. Pode-se tentar objetar que essas realidades antagonistas são concretizadas por motivações puramente fenomenais, já não, decerto, motivações *a priori*, tais como as que rejeitamos no início deste estudo, mas motivações que se podem induzir do estudo fenomenológico da imaginação. Por outras palavras, longe de ser *a priori* universal, a função de imaginação seria motivada por este ou aquele tipo psicológico definido, e o conteúdo imaginário por esta ou aquela situação na história e no tempo. São estas duas objeções feitas à arquetipologia transcendental pela tipologia e pela história que precisamos agora examinar.

Os três grandes grupos de estruturas da fantástica que acabamos de descrever poderiam fazer-nos crer que se trata de tipos psicológicos de representação que se excluem uns aos outros, e inclinar-nos a pensar que a arquetipologia não é mais que uma tipologia. Tanto mais que numerosos caracteres dos diferentes tipos psicológicos recobrem os dos diferentes regimes da imagem. O *"tender minded"*, tal como é descrito por James[5], não encarna exemplarmente o *Regime Diurno* da imagem? Como a imaginação esquizomórfica, o *"tender minded"* regula as suas representações por princípios abstratos, é intelectualista, idealista, facilmente dogmático. E sobretudo *Regime Diurno* e *Regime Noturno* não coincidem reciprocamente com os dois tipos psicológicos célebres descritos por Jung[6]? Enfim, não éramos nós que assinalávamos[7] um certo parentesco entre o *Regime Diurno* da imagem e as representações dos esquizofrênicos?

É preciso notar, de início, que as tipologias já citadas não coincidem nunca completamente com os regimes da imagem tal como foram descritos por nós. Para James[8], por exemplo, o racionalista seria acima de tudo "monista" e "sentimental", caracteres incompatíveis com a qualidade diairética e polêmica das estruturas diurnas que o arquétipo do gládio e os esquemas antitéticos polarizam. Quanto à segregação e à classificação das pessoas em tipos irredutíveis uns aos outros, ela nunca foi realmente sustentada. Em primeiro lugar porque a segregação tipológica levaria a um verdadeiro racismo caracterológico segmentando a espécie humana em elementos heterogêneos e interditando qualquer comunicação das consciências. Mesmo Jung, que no entanto "não tem razão em estabelecer uma fronteira muito nítida entre o mundo exterior e o mundo interior"[9], entre o universo da introversão e o da extroversão, reconhece que "cada tipo... contém em si uma tendência bem marcada para compensar o caráter unilateral do seu tipo...". Jung deixa bem claro que a sua própria tipologia não é uma caracterologia e que as funções introversiva e extroversiva estão sempre presentes, "uma atitude típica indica assim apenas uma predominância relativa..."[10]. A bem dizer, o termo "tipo" utilizado por Jung presta-se a confusão e valeria mais substituí-lo por fator[11], que admite a competição e o plural no seio de um mesmo fenômeno. Mesmo nos casos psicológicos mais extremos, quando a doença parece dever privilegiar, caricaturizando-o, este ou aquele traço típico, somos obrigados a verificar que o quadro patográfico não é tão nítido como se supunha. A própria psiquiatria é obrigada a apelar para noções como "psicoses atípicas" ou "psicoses associadas", de tal modo as síndromes são complexas e utilizam de maneira aberrante sintomas classificados em rubricas teoricamente opostas[12]. Com mais razão ainda, nos estados psíquicos ditos normais nunca se tem uma separação nítida dos regimes da imagem. Estruturas esquizomórficas, místicas e simbólicas são, para retomar uma expressão que Krasnuschkine e Minkowska[13] aplicam à esquizoidia, à sintonia e à epileptoidia, "três direções fundamentais segundo as quais se desenrola e se realiza a vida humana". Esses "fatores" são conjuntamente constitutivos das raízes de toda a consciência normal e apenas têm realidade metodológica pela força[14] de coerência que introduzem respectivamente no campo da consciência. Motivando constelações na consciência, não são determinismos absolutos para a totalidade do comportamento: vimos que a consciência pode converter-se de um regime para outro.

Os "caracteres" psíquicos não são eles próprios imutáveis e os psicólogos reconhecem que podem variar no decurso da evolução ontogenética sob a pressão dos traumatismos e das crises inevitáveis. Há motivações externas de "encolhimento" ou, para usar a terminologia de Rorschach, de "coartagem"[15], ou, pelo contrário, de "dilatação" do comportamento e do campo das imagens. Por outras palavras, o regime das imagens não é estreitamente determinado pela orientação tipológica do caráter, mas parece influenciado por fatores ocorrenciais, históricos e sociais, que do exterior apelam para um ou outro encadeamento dos arquétipos, suscitam esta ou aquela constelação. Por outro lado, o comportamento característico da personalidade não coincide forçosamente com o conteúdo das representações. Tínhamos notado[16] que freqüentemente a representação e o seu conteúdo imaginário, onírico ou artístico pode radicalmente desmentir o comportamento geral da personalidade. A imaginação de Lautréamont não corresponde ao comportamento do Isidoro Ducasse[17], e, se se admitir com Jaspers que a psicose de que sofre Van Gogh é esquizofrênica, toda a obra deste pintor desmente os caracteres psicológicos desta[18] psicose e constitui um modelo de imagística mística. A psicanálise evidenciou claramente esses curiosos fenômenos de "compensação" representativa na qual a imagem tem por missão suprir, contrabalançar ou substituir uma atitude pragmática. A riqueza e o regime da imaginação podem muito bem não coincidir com o aspecto geral do comportamento ou do papel psicossocial. Também nesse caso, com uma personagem de "alguns vinténs" pode-se ter uma imaginação de cem mil francos. No domínio tão complexo da antropologia, é preciso desconfiar das sistematizações fáceis da tipologia que alinha a obra de arte, ou o esboço de obra de arte que é a imagem, pelo comportamento pragmático. A música de um misticismo sereno de J. S. Bach foi escrita por um funcionário *bon vivant*, colérico, amante de boa mesa, e as obras mais terrificantes de Goya foram gravadas ou pintadas no próprio momento em que o artista tinha vencido a angústia neurastênica. Enfim, há sempre uma ordem preferencial subjacente a qualquer classificação tipológica: James opõe o "delicado" ao bárbaro[19] e para Jung é a introversão que parece possuir mais valor por ter mais riqueza psíquica. Seria, então, necessário, antes de tomar em consideração a tipologia, examinar a que tipo pertence o tipologista...

Se a psicologia diferencial não chega para assentar a arquetipologia, podemo-nos interrogar, uma vez que os dois grandes regimes arquetípicos parecem gravitar reciprocamente em torno de um modelo ideal de sexualidade, se as constelações simbólicas não correspondem simplesmente a tipos de representação diferenciados segundo o sexo. Não haverá um determinismo das imagens e uma segregação dos esquemas a partir da atitude sexual dos parceiros do casal? O *Regime Diurno* seria assim o modo corrente da representação da consciência masculina, enquanto o *Regime Noturno* seria o da representação feminina. Ora, aqui também vamos voltar a confrontar-nos com o mesmo indeterminismo tipológico já notado a propósito das relações do caráter psíquico e do conteúdo da imaginação. Do mesmo modo que as imagens não coincidem com o papel ou o comportamento psicossocial também não recobrem o consenso sexual. Um macho não tem forçosamente uma visão viril do universo. Segundo Jung, haveria mesmo uma inversão completa na imagem que o indivíduo tem do seu próprio eu em relação à determinação psicológica do sexo[20]. Qualquer indivíduo sendo assim um andrógino psicofisiológico pode manifestar, tanto nos sonhos como nas projeções imaginárias da vigília, uma fantástica sexual sem nada em comum com a sua sexualidade fisiológica. Cada macho é habitado por potencialidades representativas feminizantes, a *anima*, e cada mulher possui pelo contrário um *animus* imaginário[21]. Mas há mais: por detrás desta inversão do "sexo da alma" esconde-se na realidade uma "diversidade inesgotável" de manifestações[22]. Porque a imagem da alma pode ser por sua vez valorizada positiva ou negativamente: "A *anima* pode aparecer quer como doce virgem, quer como deusa, feiticeira, anjo, demônio, mendiga, prostituta, companheira, amazona..."[23] Que dizer disto senão que um determinismo sexual rege praticamente a escolha dos arquétipos e que não se deve ver nas categorias psicossexuais de Jung mais que a definição teórica de uma normal, de uma representação normativa da alma a partir da qual todas as combinações práticas são possíveis. Como não ver, por exemplo, que para o macho humano a imaginação da *anima* sob a figura atemorizadora da feiticeira ou, pelo contrário, sob a face tranqüilizadora de uma virgem pura ou da mãe protetora polariza o desenvolvimento imaginário e místico de dois regimes diametralmente opostos? A feiticeira suscita um comportamento imaginário diairético, enquanto a virgem ou a mãe suscitam constelações místicas e os temas da intimidade e do repouso. O que importa é menos o conceito geral de *anima* do que o conteúdo material e semântico que se dá a essa imagem. No fim de contas, *animus* e *anima* só aparecem como termos taxionômicos cômodos, e o regime da imagem não é finalmente motivado pela imagem sexual da alma: a feminilidade ou a virilidade têm, como vimos, o seu lugar em todos os regimes. Tanto mais que a psicologia faz intervir um terceiro elemento: a *Persona* ou atitude habitual exterior do indivíduo, *Persona* que é motivada pelo comportamento sexual fisiológico, mas que o indivíduo pode perder quando está dominado pela imagem da alma, e então a *Persona* masculina efemina-se, enquanto, pelo contrário, a feminina se viriliza[24]. Voltamos a encontrar ao nível da *Persona* sexual a grande regra semântica da confusão do sentido ativo e do sentido passivo do verbo e da ação: a representação imaginária é poder geral de se pôr no lugar do outro, e de apenas reter o sentido verbal ou factivo com exclusão das modalidades passivas ou ativas.

Por fim, Jung reconhece que o aspecto da imagem da alma – senão o seu sexo – é motivado pelos costumes e pelas pressões sociais mais do que determinado fisiologicamente. Por exemplo, as culturas patriarcais contribuiriam para reforçar a potência do *animus* e recalcariam a *anima*; do mesmo modo, a sociedade ocidental, que tolera uma poligamia de fato da parte do macho, suscita neste último uma *anima* unificada, élfica e sacralizada, enquanto a mulher, cuja *Persona* é obrigada à monogamia, terá um *animus* polimorfo[25]. A imagem da alma dependeria assim mais dos fatores culturais que dos imperativos fisiológicos. Tal como uma tipologia caracterológica não podia dar conta dos regimes do imaginário e das projeções iconográficas, uma tipologia dos sexos não pode explicar a escolha desta ou daquela constelação de imagens. Psicologicamente falando, como no-lo deixaria pressentir a reflexologia, a imaginação humana parece virgem de qualquer predeterminação categorial, e se pode falar, para além das intimações do caráter ou do sexo, de uma universalidade do imaginário que apenas a exceção patológica vem desmentir, na qual a imaginação parece bloqueada nesta ou naquela estrutura exclusiva. É preciso examinar agora se a transcendentalidade psicológica do imaginário e a universal potencialidade das estruturas da imagem não se apagariam das pressões que emanam do meio cultural, ou da história. Se, psicologicamente falando, há uma atipicalidade psicológica do imaginário, o isotopismo e a polarização das imagens em torno de certos arquétipos não seriam devidos aos acontecimentos culturais?

Não se trata de voltar ao que já dissemos[26] das relações mútuas, no seio do trajeto antropológico, do meio técnico e da natureza na gênese das imagens, mas sobretudo de nos interrogarmos sobre o condicionamento que poderiam provocar certos mitos e imagens já elaborados e veiculados pelo consenso social e histórico. Pode-se, com efeito, pensar, com Jung, que uma tipicalidade sócio-histórica venha substituir a atipicalidade psicológica e editar a preponderância deste ou daquele regime da imagem. Todavia, é preciso explicar bem o que entendemos por pressão histórica: trata-se apenas da pressão ocorrencial das ideologias dum instante de uma civilização, e para significar essa pressão preferimos chamá-la "pedagogia" mais do que história, porque este último termo presta-se a confusão, na mentalidade dos dois últimos séculos, precisamente com um mito messiânico e progressista.

É preciso notar, de saída, que pensadores tão diversos como historiadores, filósofos da história, estéticos assinalaram que os regimes do imaginário se localizavam muito precisamente nesta ou naquela fase cultural, e que os arquétipos se difundiam como mancha de azeite numa época dada, na consciência de um grupo social dado. É assim que Ostwald[27] é levado a denominar os dois grandes grupos da sua tipologia dos grandes homens com vocábulos que foi buscar à história cultural: "clássicos e românticos", bipartição correspondendo *grosso modo* ao privilégio alternativo dos dois regimes do imaginário. Também os historiadores do pensamento ficam admirados com a alternância histórica do racionalismo e do empirismo, das mentalidades assertóricas e apodícticas[28], dos dualismos da transcendência radical ou pelo contrário do monismo e da imanência[29]. É esta distinção em eras míticas psicossociais que permite aos estudos de literatura e de história da filosofia classificar historicamente as visões do mundo[30], e fazer das concepções e da imaginação de um autor uma verdadeira moda coextensiva a toda uma época. É assim que Guy Michaud estudou as oscilações das modas idealistas e realistas na história da literatura mostrando que a freqüência dessas "noites" e desses "dias" da história, mostrando que os pontos de inflexão dialéticos se situavam sensivelmente de meia-geração em meia-geração[31]. A iconografia também segue modas bem delimitadas: abstração, realismo das figuras, impressionismo, expressionismo constituem fases históricas e iconográficas que permitem fazer coincidir a classificação das obras de arte com as motivações psicossociais de uma época determinada[32]. Não só os sistemas filosóficos, científicos e iconográficos estariam submetidos a esta pressão pedagógica, mas mesmo os casos extremos de tipificação, a saber, as neuroses e as psicoses. As estruturas patológicas seriam favorecidas pelo "espírito reinante" em tal ou tal época: a histeria e os seus fantasmas seriam apanágio do século XVIII, enquanto o nosso teria por partilha a esquizofrenia[33].

A interpretação dada a este fenômeno de pressão patológica é geralmente a de uma pedagogia negativa. Formas, mitos e imagens instalados recalcariam as aspirações fantásticas estranhas ao seu regime. É assim, por exemplo, que o geometrismo abstrato da iconografia dos primitivos seria a expressão de uma "imensa necessidade de tranqüilidade", por oposição ao lote de crenças, mitos e verdades que impõe a dura luta pela vida. A abstração das imagens e a sua geometrização apareceriam quando o homem está cansado dos terrores perante a natureza e das construções épicas, existenciais ou históricas[34]. Essa abstração iconográfica, esse geometrismo das figuras reapareceria naturalmente cada vez que as necessidades vitais se tornassem demasiado imperativas: a arte não figurativa contemporânea, pressentida pela natureza-morta cezaniana ou cubista, desviar-se-ia, simultaneamente, do expressionismo da figura humana e do realismo que obsidia mais ou menos todas as paisagens. Vasto movimento pictural que no princípio do século vira as costas ao sensorial e à percepção para desembocar na estilização e no intelectualismo[35]. A felicidade eventual que essas gerações artísticas procuram na arte "não consistia", escreve Worringer[36], "em prolongarem-se nas coisas do mundo exterior, a saborearem-se a si próprias nelas, mas em arrancar cada objeto particular externo ao seu arbitrário...., em eternizá-lo aproximando-o de formas abstratas e em descobrir desse modo um ponto de parada na fuga dos fenômenos". Segundo Jung, esse seria igualmente o destino das culturas "orientais", e especialmente do budismo, o de fugirem pela introversão e pela *Spaltung* à invasão assustadora do *karma*. "A abstração seria uma função que luta contra a participação mística primitiva."[37] Se todavia essa assimilação do budismo e do hinduísmo a um pensamento abstrativo pode parecer errada[38], esta reflexão de Jung aplica-se perfeitamente ao legalismo iconoclasta dos judeus e árabes. O Ocidente sempre teve tendência, inspirando-se no modelo cultural desses monoteísmos semíticos, a "perder a sua oportunidade de permanecer mulher", segundo a bela expressão de Lévi-Strauss[39]. Poder-se-ia mesmo dizer que para o Ocidente o *Regime Noturno* das imagens foi mentalidade piloto, da qual a diairética platônica e o dualismo cartesiano são ilustrações[40].

Este recalcamento pedagógico desempenharia papel de frustração diante deste ou daquele regime da imaginação humana, e a consciência coletiva do mesmo modo que a consciência individual reconstituiriam a sua integridade no plano imaginário pela projeção, que consiste por exemplo em plena *Aufklärung* em promover os mitos pré-românticos, depois na geração seguinte haveria uma imitação concreta desses mitos, as imagens secretamente projetadas pela geração precedente tornam-se os modelos da imaginação dos mais novos: Goethe escreve *Werther* em 1774, mas são os jovens de 1820 que se suicidam. A história não passaria de uma vasta "realização simbólica"[41] das aspirações arquetípicas frustradas. As projeções imaginárias e místicas cristalizar-se-iam pouco a pouco em limitações ativas, em modos de vida que se codificam em conceitos socializados, solidificados em sistemas pedagógicos que, por sua vez, frustram os outros regimes da aspiração arquetípica. É o que explicaria as diástoles e sístoles da história do imaginário tal como Guy Michaud as mostra através da história da literatura francesa[42]. Uma "jornada" do devir imaginário seria de mais ou menos duas gerações de 36 anos cada, uma diurna, "idealista", a outra noturna, "realista", notadas pela utilização mais freqüente num e noutro caso recíproco do "tema da noite" e do "tema do meio-dia". É o mecanismo da frustração-imitação, constitutiva do recalcamento, que em última análise explicaria esta regularidade das fases imaginativas na história literária: de meia-geração em meia-geração um tema teria tempo de passar do estádio de descompressão (*défoulement*) de uma frustração ao estádio de pressão pedagógica devidamente imitada pelo grupo social, e de se tornar assim opressivo por seu turno. A dialética das épocas históricas reduz-se assim ao duplo movimento, mais ou menos agravado pelos incidentes ocorrenciais, da passagem teórica de um regime de imagens a outro e da mudança prática, medida pela duração média da vida humana, de uma geração adulta a outra: uma pedagogia põe fora a outra, poder-se-ia dizer, e a duração de uma pedagogia apenas é limitada pela duração temporal da vida do pedagogo.

Mas se por um lado a emergência das constelações simbólicas e dos regimes místicos é promovida pelo mecanismo psicológico do recalcamento e da descompressão (*défoulement*) devidos ao conflito das gerações, um outro mecanismo, quase contrário ao primeiro, é o da sobredeterminação mística numa dada época e do imperialismo do regime arquetípico em todos os domínios. O processo conflitual de recalcamento duplica-se por um processo inverso de coalescência das ciências, das artes, das preocupações utilitárias e técnicas em torno de um tema mítico único característico de uma época. Assim, foi claramente evidenciado que o "fio condutor" do espírito romântico, o arquétipo martinista do ciclo da queda e da redenção se encontra reforçado e como que transposto em planos muito diferentes[43]. Cellier, ao fazer o "inventário" do conteúdo de uma "cabeça romântica" teórica[44], descobre motivações da renovação épica que são outros tantos aspectos transpostos dessa mesma renovação. No plano científico, Cuvier, Geoffroy St.-Hilaire, Carnot, Fresnel ou Ampère têm uma *Weltanschauung* científica unitária que facilita o pôr em circulação uma noção totalitária e confusa como a de Universo. A filologia, a decifração das escritas secretas, favorece o sincretismo místico e vem convergir com o interesse pelo iluminismo, opondo-se assim deliberadamente à filosofia das luzes de obediência dualista, enquanto o sincretismo é um panteísmo de argumento dramático e histórico[45]. Sem esquecer a motivação direta pela história do interesse pela epopéia e pela história: a época romântica vê encarnar-se em algumas gerações a catástrofe revolucionária e a epopéia napoleônica. Maistre, Fabre-d'Olivet, Ballanche, Michelet e Quinet segregam no contato com os fatos uma filosofia da história quase não consciente, de tal modo é escaldante e concreta, de ser uma filosofia[46]. Assim, a imaginação romântica, por múltiplas vias, põe-se inteira no *Regime Noturno*.

Em todas as épocas dois mecanismos antagonistas de motivação impõem-se: um opressivo no sentido sociológico do termo e que contamina todos os setores da atividade mental e que sobredetermina ao máximo as imagens e os símbolos veiculados pela moda, o outro pelo contrário esboçando uma revolta, uma oposição dialética que, no seio do totalitarismo de um regime imaginário dado, suscita símbolos[47]. Não é isso prova suficiente de que, nos seus caminhos, a imaginação humana escapa a um fatalismo tipológico que seria imposto pela história hipostasiada? É com efeito fácil mostrar como qualquer grande "era" arquetípica da história é obcecada ao mesmo tempo por todos os regimes da imagem, e como qualquer classicismo – e reciprocamente – está prenhe de todo o romantismo imaginável.

Além disso, mostramos[48] como a estrutura histórica dependia dos arquétipos cíclicos e progressistas, e não o inverso. É por essa razão que toda a explicação evolucionista ou histórica dos mitos nos parece dever ser rejeitada[49]. Mas é tão difícil destronar o mito histórico e substituí-lo na mitologia geral, que vemos um defensor do pensamento mítico como Gusdorf[50], que, depois de ter censurado a Comte, Brunschvicg e Lévi-Bruhl terem sacrificado à hipóstase do Progresso, retornar a uma concepção progressista da imaginação humana e considerar a tomada de consciência da historicidade como um progresso, "o homem pré-categorial" sendo "também o homem pré-histórico". Gusdorf hipostasia de novo – para o opor ao mito, como na geração precedente se opunha o lógico ao pré-lógico – um mito entre tantos outros e que é o mito histórico. Esta hesitação do pensamento de Gusdorf parece-nos vir da confusão constante dos termos "histórico" e "existencial"[51]. Ora, se o histórico é um fator místico e não positivo, são as ambiências psicossociais que definem o existencial. Expliquemo-nos: a constituição política em império parece de fato, por exemplo – tanto quanto o desenvolvimento da astrobiologia e a sua concordância com a instauração dos grandes impérios o permite afirmar –, ser a motivação sociológica de uma visão do mundo diferente do conteúdo imaginário do clã, da tribo ou da cidade. Mas, antes de mais, será permitido dizer que no pensamento coletivo do império "as estruturas míticas estouraram por todo o lado"[52]? Nem todos os impérios efetuam uma reforma racionalista do modelo da que foi tentada por Amenófis IV, reforma artificial, de resto, tão frágil quanto logo esquecida. Mas, sobretudo, se tal regime de imagens está ligado a um tal regime social, e se há talvez progresso dos "clãs para os impérios"[53], esse progresso não passa de um julgamento de valor sem positividade, pois vemos suceder a tantos impérios o refluxo das areias e das tribos nômades que nos provam estrondosamente que as civilizações, mesmo imperiais, são mortais. Que resta de Roma e de Bizâncio, do Império Inca ou do de Sumer? Decerto Berthelot, como Gusdorf[54], tem razão em sublinhar a ligação entre a instituição política do império e a concepção do Universo imaginado como organismo astrobiológico[55]. Mas como não ver que é a pressão social e não um determinismo histórico que introduz uma "norma de inteligibilidade"[56] na consciência mítica? Longe de ser a base e o limiar do racionalismo individualista, a idade dos impérios – tal como qualquer outra fase sociológica da história – não é uma idade acabada: se o milagre grego e o momento socrático se seguem à vitória de Temístocles sobre o Império Persa, Atenas por seu turno será colonizada pelo Império Romano. Não há, assim, "fim do período dos impérios", e o milagre grego, longe de ser o ponto de partida de uma racionalização e de uma "democratização" do destino, será cronologicamente seguido por um dos mais totalizantes impérios que o mundo conheceu, veículo no Ocidente de todas as mitologias paleorientais postas em surdina pelas sofísticas humanistas da Grécia.

Enfim, razão e inteligência, longe de estarem separadas do mito por um processo de maturação progressiva, não passam de pontos de vista mais abstratos, e muitas vezes mais sofisticados pelo contexto social, da grande corrente de pensamento fantástico que veicula os arquétipos. O erro suplementar das explicações históricas é o de afirmar que a filogênese reproduz a ontogênese. Ora, esta afirmação analógica pertence ela também ao domínio mítico. É uma simples miniaturização do macrocosmo o afirmar: "A passagem da pré-história à astrobiologia teria assim o seu equivalente para cada vida particular na passagem da infância à puberdade."[57] Há num tal pensamento um processo de redução do gênero humano à gênese de uma pessoa e pode-se perguntar uma vez mais se esta reflexão sobre a astrobiologia não é ditada ela própria por um contexto mental astrobiológico.

Assim, é de fato um ponto de vista estrutural e sociológico que é preciso adotar se quisermos julgar as pressões pedagógicas, e não um esquema evolucionista ele próprio tributário da mitologia. Como os sociólogos pressentiram, a mentalidade imaginária é um estado da mentalidade humana inteira: "Há uma mentalidade mística... presente em todo o espírito humano."[58] A etnologia ditava em 1938 as suas exigências ao espírito honesto do sociólogo positivista de 1910 e obrigava-o a abandonar as seqüelas da filosofia comtiana da história em favor de um estudo das estruturas. Por outras palavras, longe de ser um produto da história, é o mito que vivifica com a sua corrente a imaginação histórica (*historienne*) e estrutura as próprias concepções da história[59]. Em todas as épocas e sob todas as incidentes históricas se encontram confrontados os grandes regimes antinômicos da imagem. É apenas o contexto sociológico que colabora – como mostrou Bastide numa obra decisiva[60] – na *modelagem dos arquétipos em símbolos* e constitui a derivação pedagógica. Parafraseando a tese de Bastide, poderíamos dizer na nossa própria terminologia que a universalidade dos arquétipos e dos esquemas não arrasta *ipso facto* a dos símbolos[61]; ainda menos, certamente, a dos complexos. Há, por assim dizer, uma "tensão" sociológica crescente que especifica o simbolismo do arquétipo e do esquema universal na expressão social precisa do conceito por intermédio do signo de uma linguagem bem diferenciada. É o que explica ao mesmo tempo que uma língua – domínio semiológico – não se traduza nunca completamente noutra língua, e que no entanto uma tradução, utilizando o semantismo dos mitemas, seja sempre possível. Este paradoxo na tradução resume a ambigüidade psicossocial do símbolo. Damourette[62] mostrou bem como uma língua como o francês organizava a seu modo a repartição das sexuissemelhanças, primeiro rejeitando o neutro que é assimilado em francês ao masculino. Toda a repartição de tipo sexuissemelhante é dirigida pela concepção ativa do masculino e passiva do feminino. Em francês, tudo o que é diferenciado, dessexualizado, tudo aquilo a que se empresta uma alma ativa, tudo o que está definido numa delimitação precisa, metódica e de algum modo arterial é masculino. Pelo contrário, tudo o que representa uma substância imaterial, abstrata, tudo o que sofre uma atividade exógena, tudo o que evoca uma fecundidade mecânica é feminino. É evidente que um tal matiz lingüístico nunca passa numa tradução. Mas este matiz lingüisticamente bem especificado vem atuar sobre o fundo universal das representações mais elementares da feminilidade e da masculinidade. Por detrás da derivação social da língua persistem, assim, na sua universalidade os arquétipos e símbolos mais gerais sobre os quais vêm atuar incidentes sociológicos. E reencontramos a tese do "trajeto antropológico" que tínhamos metodologicamente posto no início desta obra[63]. O "trajeto antropológico" do sujeito humano para o seu ambiente funda uma generalidade compreensiva que nenhuma explicação, mesmo simbólica, pode transpor totalmente.

Em conclusão, podemos afirmar, antes de mais, que a história não explica o conteúdo mental arquetípico, pertencendo a própria história ao domínio do imaginário. E sobretudo em cada fase histórica a imaginação encontra-se presente inteira, numa dupla e antagonista motivação: pedagogia da imitação, do imperialismo das imagens e dos arquétipos tolerados pela ambiência social, mas também fantasias adversas da revolta devidas ao recalcamento deste ou daquele regime de imagem pelo meio e o momento histórico. A pedagogia da imagem não segue assim um sentido histórico determinado, e, à parte o jogo psicossocial do antagonismo das gerações posto em relevo por Matoré e Michaud, é impossível prever quando o regime privilegiado pela ambiência social será submerso pelo regime recalcado. Em segundo lugar, se há realmente uma pedagogia social dos arquétipos, essa pedagogia aparece *ipso facto* – pela atipicalidade profunda de cada representação – como secundária. Afirmar uma tal atipicalidade e uma tal universalidade do conteúdo imaginário fundamental é pura e simplesmente reconhecer a possibilidade de traduzir uma linguagem ou um modo de expressão humano noutro, por outras palavras é reconhecer o elo abrangente das consciências para além da pedagogia do meio e da incidente do momento. Do mesmo modo que a caracterologia e a psicologia tipológica, a motivação histórica e social também não dá ontologicamente conta da existência plena dos mecanismos axiomáticos do Imaginário.

As derivações históricas e sociais, tal como as derivações características ou sexuais, embora pareçam seguir o recorte estrutural do imaginário em regimes diferenciados, não legitimam, pelo seu determinismo específico, essa liberdade soberana que a imaginação humana manifesta no poder de alternar, no mesmo indivíduo ou na mesma sociedade, os regimes da imagem e as suas estruturas. As fases da imaginação individual ou os modos de expressão da imaginação coletiva, as possibilidades de inversão arquetípica, de "conversão" de um regime a outro põem em evidência a universalidade e a atipicalidade, tanto psíquica como social, dos grandes arquétipos que classificamos no decurso deste estudo. Uma vez posta de parte a hipótese de um determinismo particular que reduzisse o imaginário a não ser mais que um elemento secundário do pensamento humano em geral, e estando demonstrada a transcendentalidade do imaginário em relação às incidentes características e sociais, antes de poder empreender a análise desta função transcendental resta-nos elucidar o alcance psíquico da função fantástica, quer dizer, examinar qual é a compreensão dessa função na economia de todo o psiquismo.

Retomaremos o estudo dessa função no ponto em que Lacroze a tinha deixado na sua tese sobre *A função da imaginação*[64]. Esta tese tinha o mérito de admitir sem discussão a universalidade das imagens, uma vez que admitia a universalidade da função. Todavia, escrita sem referência antropológica, apresenta o defeito da tese sartriana: apenas generaliza o singular, a saber, as modalidades de uma imaginação restrita ao que a definição introspectiva da imaginação pode veicular. Assim não devemos nos espantar em ver igualmente esta função restringida ela própria ao papel bastante mesquinho que lhe atribui geralmente o pensamento filosófico francês[65]. Mas restringir não é obrigatoriamente deformar? Antes de mais a tese de Lacroze limita a imaginação a um único regime[66]: o *Regime Diurno*. O autismo e o comportamento esquizóide seriam o "produto natural" da função imaginativa. Mas como não ver que limitar a imaginação a esse aspecto diairético é optar filosoficamente pela tese clássica do imaginário oposto ao real, e assim subavaliar o "nirvana" das fantasias[67]? Vimos, pelo contrário, que a função fantástica acompanha os empenhos mais concretos, modula a ação estética e social do epileptóide e, por conseqüência, não deve ser remetida para o armazém dos acessórios esquizofrênicos. Em segundo lugar, a concepção da função de imaginação é muito restrita e fatalmente muito vaga: é retomar, sem acrescentar nada, as teses de Freud, Godet e Laforgue, segundo as quais a imaginação é pura compensação e tem um "papel biológico"[68]. A função de imaginação seria assim mais uma vez secundária, simples "posição de virada" para o interior em caso de impossibilidade física ou de "interdição moral", e o símbolo reduzir-se-ia a um simples fenômeno de envergonhada vicariância[69]. Mas como não ver que esta "evasão para longe da dura realidade"[70] se mantém muito vaga se for cortada da impossibilidade fundamental, ou seja, da Morte e da irreversibilidade do tempo, e se não se restituem, como vamos tentar fazer, as dimensões ontológicas à função fantástica? Enfim, a tese de Lacroze é contraditória: porque sendo a imaginação fonte de alegria, tanto esta alegria é afirmada como resultado da libertação (*défoulement*) "prospectiva" de tendências que deixam de ser censuradas e que "funcionam" livremente[71], tanto a alegria é o próprio resultado do recalcamento[72]! Estaria então, muito inexplicavelmente, misturada com angústia, com inquietude[73]. A alegria manifestaria tanto o triunfo sobre a angústia como o produto da angústia. Parece-nos assim necessário completar o estudo de Lacroze e para isso não restringir *a priori* a concepção da imaginação. É esse alargamento do domínio imaginário que o estudo antropológico permitiu.

Podemos de saída afirmar que a função fantástica ultrapassa o mecanismo do recalcamento tal como é concebido pela psicanálise clássica. É falso afirmar que "apenas é simbolizado aquilo que é recalcado, apenas o que está recalcado tem necessidade de ser simbolizado"[74]. Porque é confundir as fatalidades do impedimento, da censura, com o domínio da inefável contingência futura. O símbolo não tem por missão "impedir"[75] uma idéia de chegar à consciência clara, mas resulta muito mais da impossibilidade da consciência semiológica, do signo, em exprimir a parte da felicidade ou de angústia que a consciência total sente diante da inelutável instância da temporalidade. *O semantismo do símbolo é criador.* A tese do recalcamento não pode, com efeito, dar conta da criação artística e do balanço da experiência religiosa. Longe de ser resultado de recalcamento, a imagem é veículo não semiológico de alegria criadora[76]. Esforçamo-nos, no decurso deste trabalho, em mostrar que, muito longe de ser semiologia na qual o sentido, ou a matéria, está dissociado da forma, a imagem simbólica é semântica: ou seja, a sua sintaxe não se separa do seu conteúdo, da sua mensagem, enquanto o recalcamento reduz sempre a imagem a um simples signo do recalcado. Para Lacroze, como para a psicanálise freudiana, como para Sartre ou Barthes[77], a imagem é sempre reduzida a um signo duvidoso e empobrecido.

É em Barthes que se apreende melhor aquilo a que se poderia chamar o erro semiológico: Barthes esforça-se por degradar o mito fazendo dele um "sistema semiológico segundo"[78] em relação à linguagem. Ora, é esta secundaridade que a antropologia contesta: nem a psicologia da criança, nem a psicologia do primitivo, nem a análise do processo formador de imagem no adulto civilizado permitem afirmar que o símbolo seja segundo em relação à linguagem conceitual. Nada, absolutamente nada, permite dizer que o sentido próprio prima cronologicamente, e com mais razão ontologicamente, o sentido figurado. A terminologia de Barthes é ela própria hesitante, dado que, querendo a todo custo desvalorizar o mito em relação à linguagem, não pode evitar escrever que o mito é uma "metalinguagem", um "sistema semiológico aumentado", e confessa finalmente que "o mito é demasiado rico"[79]. Por outro lado, do esquema que o autor[80] traça das relações do plano da língua e do plano do mito, ressalta logicamente que é o mito que engloba a "linguagem-objeto", logo que é a categoria semiológica mais rica, pois que supera a linguagem. Mas não é deste artifício esquemático que se deve partir, dado que está, na origem, falsificado pela decisão arbitrária de reduzir o mito a coisa semiológica, mas sim da análise antropológica que nos mostra de modo peremptório que o mito é sempre primeiro em todos os sentidos do termo e que, longe de ser produto de um recalcamento ou de uma derivação qualquer, é o sentido figurado que prima o sentido próprio. Quer se queira quer não, a mitologia é primeira em relação não só a qualquer metafísica mas também a todo pensamento objetivo e é a metafísica e a ciência que são produzidas pelo recalcamento do lirismo mítico[81]. Longe de ser um substituto desvalorizado da assimilação diante de uma adaptação defeituosa, no decorrer de todo este estudo o simbolismo apareceu-nos como constitutivo de um acordo, ou de um equilíbrio – aquilo a que chamamos um "trajeto", entre os desejos imperativos do sujeito e as intimações da ambiência objetiva. E a indignação de Barthes[82] diante da "baixeza" do mito e do "repugnante" do processo simbólico não chega para demonstrar que a natureza mítica é "falsa" em relação a uma "verdadeira" natureza que estaria do lado do objeto. Como não ver, de resto, que o culto da objetividade tal como a valorização do "recalcamento" estão ligadas ao sentido de uma *Weltanschauung* que consiste em dar o primado à natureza do "em si" objetivo sobre a natureza do "para si" subjetivo[83]? Porque, no fim de tudo, o que tantos pensadores modernos censuram ao símbolo é "que ele é feito para mim"[84]. E essa tomada de posição antimítica parece-nos, em última análise, situar-se singularmente no regime de imaginação para o qual a intimidade do eu é odiosa e ao qual repugna totalmente a concepção de uma realidade que não seja objetiva, quer dizer, que não esteja distante, separada da compreensão que a pensa. Mas podemos agora afirmar, graças à psicologia contemporânea, que não há só "verdades objetivas", produtos do recalcamento e da adaptação cega do ego ao seu meio objetivo. Há também "verdades subjetivas" mais fundamentais para o funcionamento constitutivo do pensamento do que os fenômenos. Por isso, não se deve condenar a função fantástica como "fraudulenta"; como diz excelentemente Gusdorf[85]: "A verdade do mito é afastada pela impressão global de empenho que produz em nós... a verdade do mito reintegranos na totalidade, em virtude de uma função de reconhecimento ontológico." Uma mentira é ainda uma mentira quando pode ser qualificada de "vital"[86]?

Se a função fantástica ultrapassa o recalcamento e a semiologia e se, por isso, não é secundária em relação a um departamento qualquer do conteúdo mental, mas constitui esse "mundo pleno de que nenhuma significação está excluída"[87], então nada impede de a ver participar em toda atividade psíquica, tanto teórica como prática. Do ponto de vista teórico, com efeito, não basta contentar-se, como faz Auguste Comte, em atribuir um papel explicativo ultrapassado à imaginação, ou então, como faz Lacroze, pretender que "diante do progresso da ciência o pensamento mítico não sofre nenhum recuo, muda simplesmente de objeto...". Porque estas duas afirmações minimizam a função fantástica ao excluí-la do esforço (*démarche*) intelectual. Ora, a invenção é imaginação criadora, como sublinham brevemente os nossos modernos manuais de psicologia. Toda a ciência moderna, desde Descartes, repousa numa dupla *analogia*: a saber, que a álgebra é análoga à geometria e que os determinismos naturais são análogos aos processos matemáticos. Não insistiremos mais sobre o imenso papel que a função fantástica desempenha na investigação e na descoberta. Pode-se acrescentar simplesmente que toda investigação objetiva se faz em torno e contra a função fantástica: é a imaginação que dá a isca, é em seguida a imaginação – como mostrou Bachelard numa obra capital – que serve de desencadeador antitético da decifração objetiva. A imaginação serve simultaneamente de estafeta e de bandarilha da ciência. Bachelard, com a sua habitual perspicácia, dá-se perfeitamente conta de que o esforço científico não pode apagar, aniquilar as imagens pensadas, mas procura simplesmente "descobrir"[88] as metáforas indutoras da pesquisa. Porque o domínio da investigação objetiva é por excelência o domínio do recalcamento. Longe de ser produto do recalcamento, é o mito que de algum modo o desencadeia no decurso do processo de "psicanálise objetiva", é o acordo do Eu e do mundo no seio do símbolo que tem necessidade de ser dissociado a fim de que a consciência recolha tanto quanto for possível um mundo "objetivo", quer dizer, purificado de qualquer intenção assimiladora, de qualquer humanismo. Mas não é menos verdade que, contrariamente ao que afirmam Comte e Lacroze, a imagem persiste na idéia objetiva, como se fosse sua a própria juventude. E o purismo do regime científico do pensamento não é mais que o último estreitamento semiológico do *Regime Diurno* da imagem.

Não só a função fantástica participa na elaboração da consciência teórica, como também, contrariamente ao que pensa Lacroze[89], não desempenha na prática o simples papel de refúgio afetivo, ela é bem uma auxiliar da ação. Não talvez, como o julga Groos, por o jogo ser iniciação à ação, mas mais profundamente porque qualquer cultura, com a sua carga de arquétipos estéticos religiosos e sociais, é um quadro no qual a ação se vem verter. Ora, toda cultura inculcada pela educação é um conjunto de estruturas fantásticas. O mito, escreve Gusdorf[90], "é o conservatório dos valores fundamentais". A prática é, de início, ensinada de maneira teorética extrema: sob a forma de apólogos, fábulas, exemplos, lugares seletos nas literaturas, no museu, na arqueologia ou na vida dos homens ilustres. E os jogos não passam de um primeiro ensaio dos mitos, lendas e contos. Se os pequenos europeus ocidentais brincam de caubóis e índios, é porque toda uma literatura de história em quadrinhos vestiu o arquétipo da luta com a roupa histórica e cultural de Búfalo Bill e Olho de Falcão. Por outro lado, depois do estádio educativo, a função fantástica desempenha um papel direto na ação: não há "obras de imaginação" e toda criação humana, mesmo a mais utilitária, não é sempre aureolada de alguma fantasia? Neste "mundo pleno" que é o mundo humano criado pelo homem, o útil e o imaginativo estão inextricavelmente misturados; é por essa razão que cabanas, palácios e templos não são formigueiros nem colméias, e que a imaginação criadora ornamenta o menor utensílio a fim de que o gênio do homem não se aliene nelas.

Assim, a alvorada de toda criação do espírito humano, teórica ou prática, é governada pela função fantástica. Não só essa função fantástica nos aparece como universal na sua extensão através da espécie humana, mais ainda na sua compreensão: ela está na raiz de todos os processos da consciência, revela-se como a marca originária do Espírito. Por isso, nada nos parece mais próximo dessa função fantástica que a velha noção aviceniana de *intelecto agente*, retriz do saber da espécie humana inteira, princípio específico de universalidade e de vocação transcendental[91]. A partir de agora podemos passar à análise filosófica dessa primordial função do Espírito.

2. O espaço, forma "a priori" da fantástica

Todos os autores que se debruçaram sobre as características do imaginário repararam na imediatez insólita da imagem[92]. Nunca o cubo percepcionado será tão espontaneamente cubo como o cubo imaginário. A imaginação voa imediatamente no espaço e a flecha imaginada por Zenão perpetua-se para além da contagem do tempo existencial. Esta imediatez faz perfeição essencial dos objetos imaginários, a sua "pobreza essencial" é uma bem-aventurada ausência de acidente. No domínio da fantástica pura, no sonho, os observadores ficaram sempre surpreendidos pela oposição da fulgurância dos sonhos e do lento processo temporal da percepção[93]. Tal como o ponto euclidiano não tem espessura e de algum modo escapa ao espaço, a imagem manifesta-se como que sem harmonias temporais no caminho do conceito, pelo atalho que ela apresenta, mas mais intemporal que o conceito, porque este mediatiza a espontaneidade imaginária por um esforço seletivo, por um juízo que retarda o pensamento ao evitar a precipitação. A imagem, pelo contrário, engendra loucamente em todos os sentidos, sem se preocupar com as contradições, um luxuriante "enxame" de imagens. Sobre o pensamento que raciocina do mesmo modo que sobre o pensamento que percepciona pesa ainda o caminhar laborioso da existência, enquanto o pensamento que imagina tem consciência de ser satisfeito instantaneamente e arrancado ao encadeamento temporal. Nos estados ditos de "baixa tensão" não é propriamente o sentimento do real que se apaga mas mais a consciência sucessional do eu que já não controla, ou seja, já não encadeia os perceptos[94] num contínuo temporal. Assim, compreende-se mal como é que Bergson assimila esta fulguração onírica ou fantástica à duração concreta, pois que o "desapego" do sonho aparece antes de mais como um "adiamento"[95] do tempo, e nos sonhos e nos delírios o dado imediato é a imagem, não a duração, uma vez que o "sentido do tempo" está "como que dissolvido"[96].

Bergson[97], como se sabe, acusa Kant de ter cortado o número do fenômeno e de ter posto o tempo do mesmo lado fenomenal que o espaço considerando-o também a ele como um meio homogêneo. E Bergson conclui o seu célebre *Essai* mostrando como Kant, negligenciando a duração, se privou da metafísica: "O problema da liberdade nasceu de um mal-entendido... origina-se na ilusão pela qual se confunde sucessão e simultaneidade, duração e extensão, qualidade e quantidade." Bergson, deslocando a cesura ontológica, reintegra o número sob a forma da duração e separa com cuidado o eu e a sua duração concreta, realidade ontológica, da representação pragmática toda orientada para a ação sobre o mundo. No entanto, se se examinar diretamente, e já não através da crítica bergsoniana, a tese kantiana relativa às formas da representação, apercebemo-nos de que *A Estética Transcendental* concede também ela um primado, pelo menos perceptivo, ao tempo de que ela faz "a condição *a priori* de todos os fenômenos em geral"[98]. Decerto o criticismo recusa-se a conceder uma realidade a esse tempo que permanece puramente formal, mas não deixa de ser paradoxalmente verdade que em Kant como em Bergson o tempo possui uma mais-valia psicológica sobre o espaço. "Dado imediato" ou "condição *a priori* da generalidade dos fenômenos" minimizam o espaço em proveito da intuição da temporalidade. E uma crítica do ontologismo da duração em Bergson arrasta também uma crítica do privilégio fenomenológico do tempo em Kant.

Alquié[99] mostrou que a dificuldade essencial desta duração ontológica bergsoniana é que ela é ou "impensável" ou, se for pensada, deixa de ser duração. Porque, por um lado, se se abandonar esta duração ao lirismo ontológico, ela torna-se um inapreensível *puzzle*, sem ligação das sucessões qualitativas, ou, segundo a expressão de Burloud, uma vaga "hidrologia mental"[100]. Se, por outro lado, "se sublinhar sua unidade, vemo-la perder-se numa imobilidade estática"[101] e podemos então perguntar com razão se Bergson, ao chamar duração o ser da consciência, não entendeu sub-repticiamente este verbo "durar" na acepção mais trivial que lhe dá o senso comum na expressão "desde que dure!" (*pourvu que ça dure*), quer dizer, desde que *permaneça*, que *fique*. Mas então onde está o que é próprio da duração que é ser devir e passar? Chega-se ao paradoxo de que a duração bergsoniana, por durar, deixa de ser temporal! É que o tempo e a sua atualização concreta, a morte, é, propriamente dito, impensável, e longe de se confundir com o ser psíquico a temporalidade é apenas o nada. "Viver o tempo", como escreve uma psicanalista, "é morrer."[102] Finalmente, a análise bergsoniana da duração volta-se contra ela mesma, uma vez que Bergson define a duração como um antidestino. O "tempo é essa própria hesitação"[103] que permite bloquear o fatal determinismo. Mas pode então chamar-se "duração" ao que precisamente tem por fim suspender o vôo rapace e cego do destino? Não haverá confusão entre "durar" e "ser", entre existir no tempo e ser para além do tempo, não haverá confusão entre a inteligência ou as artimanhas de Ulisses e as peripécias cegas da *Odisséia*? Mais ainda, o próprio Bergson utiliza como qualificativo verbal da vida o termo "retardar"[104], por oposição ao inexorável devir material. A vida tem por missão "retardar" a queda de energia; por esta dilação da morte, é anunciadora da liberdade.

Então no seio da filosofia bergsoniana o ser muda de campo. Longe de se definir como escoamento, ele é ineluctavelmente o próprio poder de parar. A evolução manifesta-se como criadora quando pára de evoluir[105]. A liberdade é um repouso, luxo supremo que engana o destino. O valor situa-se na explosão do devir. A ordem da vontade, do "vital" que se opõe à inércia e ao automatismo, é justamente o poder de parar, o poder de encarar, em contraponto do destino, outros possíveis, diferentes dos que são automaticamente encadeados pelo determinismo material. Este regresso ao essencial, por sobre um ponto de partida temporal ou existencial, reencontra-se num pensamento como o de Gusdorf[106], que confunde na sua linguagem o escoamento do tempo e a liberdade de reversibilidade que a representação concede. Ao escrever: "O tempo constitui um conjunto de imagens, de situações cuja eficácia *se conserva mesmo para além* [somos nós que sublinhamos] do acontecimento atual que lhe deu origem", como não ver que o verbo, "conservar", como em Bergson o verbo "retardar" ou mesmo "durar", emascula o sombrio poder de Cronos? E Gusdorf confunde, como Bergson, a faculdade de projetar imagens e "figurar" o destino, quer dizer, de "durar" fora do determinismo temporal, com a própria evanescência crônica. Porque ao escrever[107]: "O tempo do homem é a possibilidade de contar o seu passado e de premeditar o seu futuro, como também a de romancear a sua atualidade...", como não ver que há abuso e perversão da temporalidade? Como não ver que "contar", "premeditar", "romancear" são atividades que têm a ver com a função fantástica e que escapam precisamente ao devir fatal?

Assim, a função fantástica pelo seu caráter fundamental de imediatez, de pobreza existencial, aparece-nos como incompatível com a assim chamada intuição da duração, com a mediação do devir. Decerto a tese de Bergson tenta uma refutação sutil dessa incompatibilidade: a saber, que o imaginário é bem do domínio do tempo, uma vez que é do domínio da memória. Esta tese[108], que faria suceder ao "desapego" o conteúdo da memória total, já se esboçava em *Le rire*, mas é a famosa obra *Matière et mémoire* que, de um só golpe, reabsorve a imagem e o espírito na memória e na intuição da duração. A memória seria ato de resistência da duração à matéria puramente espacial e intelectual. A memória e a imagem, do lado da duração e do espírito, opõem-se à inteligência e à matéria, do lado do espaço. Por fim, na célebre exposição da teoria da fabulação, Bergson, já sem se preocupar com a memória à qual reduziu primitivamente a imaginação, faz da "ficção" o "contrapeso" natural da inteligência, o vigário do impulso vital e do instinto eclipsado pela inteligência: "reação da natureza contra o poder dissolvente da inteligência"[109]. Esta tese geral repousa num duplo erro: primeiro no erro que assimila a "memória" a uma intuição da duração, em seguida no erro que corta em duas a representação e a consciência em geral e minimiza a "inteligência" em detrimento da intuição mnésica ou fabuladora.

É, pelo contrário, a memória que se reabsorve na função fantástica e não o inverso. A memória, longe de ser intuição do tempo, escapa-lhe no triunfo de um tempo "reencontrado", logo negado. A experiência proustiana do "tempo reencontrado" parece-nos contradizer radicalmente a tese "existencialista" de Bergson[110]. Julgando reintegrar um tempo perdido, Proust recriou uma eternidade reencontrada. Este "poder de perenidade" de que o escritor tem perfeitamente consciência encontra-se em todos os grandes autores[111]. E o famoso problema da existência de uma "memória afetiva" significa exatamente essa possibilidade de síntese entre uma representação revivescente, lavada da sua afetividade existencial de origem, e a afetividade presente. A recordação mais funesta é desarmadilhada da sua virulência existencial e pode entrar assim num conjunto original, fruto de uma criação. Longe de estar às ordens do tempo, a memória permite um redobramento dos instantes e um desdobramento do presente; ela dá uma espessura inusitada ao monótono e fatal escoamento do devir, e assegura nas flutuações do destino a sobrevivência e a perenidade de uma substância. O que faz com que o pesar esteja sempre imbuído de alguma doçura e desemboque cedo ou tarde no remorso. Porque a memória, permitindo voltar ao passado, autoriza em parte a reparação dos ultrajes do tempo. A memória pertence de fato ao domínio do fantástico, dado que organiza esteticamente a recordação. É nisso que consiste a "aura" estética que nimba a infância; a infância é sempre e universalmente recordação da infância, é o arquétipo do ser eufêmico, ignorante da morte, porque cada um de nós foi criança antes de ser homem... Mesmo a infância objetivamente infeliz ou triste de um Gorki ou de um Stendhal não pode subtrair-se ao encantamento eufemizante da função fantástica. A nostalgia da experiência infantil é consubstancial à nostalgia do ser. Embora a infância seja objetivamente anestética[112], dado que não tem necessidade de recorrer à arte para se opor a um destino mortal de que ela não tem consciência, qualquer recordação de infância, graças ao duplo poder de prestígio da despreocupação primordial, por um lado, e, por outro, da memória, é de imediato obra de arte.

Mas se a memória tem de fato o caráter fundamental do imaginário, que é ser eufemismo, ela é também, por isso mesmo, antidestino e ergue-se contra o tempo. A famosa dupla regra de continuidade e regressão que a psicanálise[113] mostrou não só dá conta dos mecanismos subalternos do recalcamento, como também, como Rank pressentiu, explica integralmente toda a representação, e em especial constitui a memória. Somos todos atrasados afetivos num ponto: o fato de "vir ao mundo" é obrigatoriamente uma obliteração funcional, e, se a pedagogia da primeira infância pode ter uma influência formal sobre os simbolismos da mentalidade de base, não é menos verdade que o incidente do nascimento e o fenômeno da memória é inelutável para o marquesano, o parisiense ou o trobriandês[114]. A reflexologia da memória vem também confirmar a tese psicanalítica e agrupar-se sob a grandiosa teoria da Reminiscência[115]. A memória é poder de organização de um todo a partir de um fragmento vivido, como a pequena Madalena do *Temps perdu*. Esse poder reflexógeno seria o poder geral da vida: a vida não é devir cego, mas sim capacidade de reação, de regresso. A organização que faz com que uma parte se torne "dominante" em relação a um todo é bem a negação da capacidade de equivalência irreversível que é o tempo. A memória – como imagem – é essa magia vicariante pela qual um fragmento existencial pode resumir e simbolizar a totalidade do tempo reencontrado. E o reflexo – esboço bem humilde da memória – procede, através do que os psicanalistas chamariam "lei do deslocamento simples"[116], no qual é um estímulo secundário que desencadeia a reintegração e, com isso, ocupa um lugar preponderante no campo das motivações. Por isso, não estávamos errados ao inspirar-nos metodologicamente na reflexologia para estabelecer um plano classificador dos arquétipos. O ato reflexo é ontologicamente esboço dessa recusa fundamental da morte e que anuncia o espírito[117]. Longe de estar do lado do tempo, a memória, como o imaginário, ergue-se contra as faces do tempo e assegura ao ser, contra a dissolução do devir, a continuidade da consciência e a possibilidade de regressar, de regredir, para além das necessidades do destino. É essa saudade enraizada no mais profundo e no mais longínquo do nosso ser que motiva todas as nossas representações e aproveita todas as férias da temporalidade para fazer crescer em nós, com a ajuda das imagens das pequenas experiências mortas, a própria figura da nossa *esperança essencial*. Então a tese bergsoniana da dupla assimilação da fabulação à memória e deste "pensamento" autêntico à intuição da duração concreta é insustentável. É contra o nada do tempo que se levanta toda representação, e especialmente a representação em toda a sua pureza de antidestino: a função fantástica de que a memória não é mais que um incidente[118]. A vocação do espírito é insubordinação à existência e à morte e a função fantástica manifesta-se como o padrão dessa revolta.

Bergson parece ter-se apercebido desse caráter fundamental da função fantástica ao corrigir a fórmula inadequada: a fabulação é "uma reação da natureza contra o poder dissolvente da inteligência"[119], por este complemento que lhe altera o sentido antiintelectualista: "uma reação defensiva da natureza contra a representação, pela inteligência, da inevitabilidade da morte"[120]. Ora, este adendo altera com razão toda a doutrina bergsoniana do privilégio ontológico do tempo, porque a fabulação sendo também representação não é a representação culpada em si, mas o terrível veredicto que a intuição do tempo drena. E o "dado imediato" da última obra de Bergson já não é o primeiro *Essai*, pois que "a origem primeira já não é o temor, mas uma caução contra o temor"[121]. O dado imediato mais do que uma intuição do escoamento temporal é "... essa reação defensiva da natureza contra um desencorajamento... essa reação suscita, no seio da própria inteligência, imagens e idéias que mantêm à distância a representação deprimente ou que a impedem de se atualizar"[122]. Nesta conclusão, Bergson mostra admiravelmente que a "fabulação" está para além de um vulgar recalcamento: ela é salvaguarda essencial. Mas igualmente no começo ontológico da aventura espiritual não é o devir fatal que se encontra mas a sua negação: a saber, a função fantástica. Há no fundamento da consciência essa "fascinação"[123] que ultrapassa muito a simples aventura moral e impede a alienação do espírito numa acomodação objetiva. É essa fascinação, estética, religiosa, onírica ou patológica, que vimos atuar universal e transcendentemente em cada capítulo desta obra. Certamente, neste caso, é um "ato negativo"[124] que constitui a imagem, mas esse negativo é poder soberano da liberdade do espírito, ele é apenas negação espiritual, recusa total, do nada existencial que o tempo é, e da alienação desesperada no "sentido próprio" objetivo.

O sentido supremo da função fantástica, erguida contra o destino mortal, é assim o *eufemismo*. O que quer dizer que há no homem um poder de melhoria do mundo. Mas essa melhoria também não é a vã especulação "objetiva", uma vez que a realidade que emerge ao seu nível é a criação, a transformação do mundo da morte e das coisas no da assimilação à verdade e à vida. Todos aqueles que se debruçaram de maneira antropológica, quer dizer, simultaneamente com humildade científica e largueza de horizonte poético, sobre o domínio do imaginário estão de acordo em reconhecer à imaginação, em todas as suas manifestações (religiosas e míticas, literárias e estéticas), esse poder realmente metafísico de erguer as suas obras contra a "podridão"[125] da Morte e do Destino. É Malraux[126] quem, num livro, define a arte plástica como um "Antidestino" e, noutro livro, mostra como o imaginário emigra pouco a pouco das profundezas do sagrado para a irradiação do divino, depois metamorfoseia-se cada vez mais até a transposição profana da arte pela arte e, por fim, instala o grande museu imaginário da arte em honra do homem. É sobretudo a etnologia[127] que está de acordo em ver o trajeto que vai do mito sagrado à arte profana, passando pela máscara ritual e mágica, o mesmo movimento do espírito em oposição à dissolução do devir e da morte. Ninguém melhor que Griaule, nas conclusões da sua obra magistral sobre as máscaras dogon, mostrou essa fraternidade que liga o mito à arte, por menos sagrada que seja, e à "ópera cômica"[128]. O mito, para começar, que "forma a armadura dos conhecimentos religiosos" e que se degrada em lendas, contos e fábulas invoca o funcionamento de uma ordem donde está excluída a morte e, logo que a "desordem" da morte aparece, o "mito passa apenas a ser exposição do método seguido... pelos homens para restabelecer a ordem na medida do possível e limitar os efeitos da morte. Contém, assim, em si, um princípio de defesa e de conservação que comunica ao rito"[129].

Com efeito, o ritual, quer seja o da grande festa cíclica *Sigui* dos dogon ou o dos funerais e do fim do luto como o ritual dos antigos mexicanos, tem o único papel de domesticar o tempo e a morte e de assegurar no tempo, aos indivíduos e à sociedade, a perenidade e a esperança[130]. Mas acontece o mesmo com todas as atividades estéticas: da cosmética ao teatro passando pela coreografia, a escultura das máscaras e a pintura. As máscaras "estão na vanguarda da defesa contra a morte"[131], depois laicizam-se e tornam-se suportes da emoção estética pura. É nessa passagem do religioso ao estético que se situa a magia e o seu ritual imitativo e que repete o mundo: primitivamente a grande máscara é imitação (*Bibile*) imputrescível do antepassado[132]. É quando a imaginação mágica perde o seu "caráter operacional"[133] que se transpõe em estética. A máscara e a dança são representações figurativas, enquanto o ritmo e a pintura rupestre estão já a caminho do signo[134]. Enfim, máscaras e danças degradam-se em puras representações "de ópera cômica"[135]. Mas como não ver que este inventário do imaginário, do grande mito sagrado à emoção estética puramente laica, está todo axializado em torno da sua fundamental inspiração de escapar à morte e às vicissitudes do tempo? Por isso podemos fazer nossa esta conclusão que Griaule aplica a uma modesta população do anel do Níger: "Mas mesmo que só restassem nas falésias máscaras vazias de sentido, pinturas incompreendidas e danças sem objeto, não seria menos verdade que neste povo, por detrás de todas essas formas e de todos esses ritmos, se esconde a sua vontade de durar, vontade que lhe chegou no momento em que, segundo os seus ditos, tomou consciência da decomposição da morte. E a marca que a *Awa*[136] terá deixado a essas formas e a esses ritmos revelará ainda que, pela sua origem, a arte dos dogon é uma luta contra a podridão."[137] Luta contra a podridão, exorcismo da morte e da decomposição temporal, é assim que nos parece, no seu conjunto, a função eufêmica da imaginação. Antes de passar em revista as categorias dessa função eufêmica, resta-nos deduzir do que precede a forma *a priori* de toda a eufemização.

Se a duração já não é o dado imediato da substância ontológica, se o tempo já não é a condição *a priori* de todos os fenômenos em geral – uma vez que o símbolo lhe escapa –, apenas resta atribuir ao *espaço* o ser *sensorium* geral da função fantástica. Essa fabulação, essa fonte inesgotável "de idéias e imagens" não é, segundo confessa o próprio Bergson[138], simbolizada pelo espaço "símbolo da tendência fabricadora da inteligência humana"? Decerto "visão do espírito", mas quanto a nós tomamos esta última expressão no sentido literal: só há intuição de imagens no seio do espaço, lugar da nossa imaginação. É por essa razão profunda que a imaginação humana é modelada pelo desenvolvimento da visão, depois pelo da audição e da linguagem, todos meios de apreensão e de assimilação "à distância"[139]. É nessa redução eufêmica do distanciamento que estão contidas as qualidades do espaço.

É necessário ainda que nos entendamos bem sobre o que significa o termo espaço. A física contemporânea e os epistemólogos estão de acordo em reconhecer que Kant não descreve, sob o nome de espaço, o espaço algebrizado da física – que seria um hiperespaço riemaniano anexando o tempo como parâmetro –, mas um *espaço psicológico* que é justamente o espaço euclidiano. Decerto a epistemologia, mais interessada na objetividade que nas estruturas assimiladoras do pensamento, contenta-se um pouco levianamente em restringir o espaço euclidiano a uma aproximação de primeira instância dos hiperespaços. Todavia a epistemologia contemporânea tem perfeitamente consciência do corte que existe entre o espaço euclidiano e o da experiência física: já Leibniz – muito antes de Einstein – objetava a Descartes que nenhuma experiência física pode dar objetivamente a homogeneidade, a similitude e a ausência de antitipia[140]. E Kant era bem obrigado a fazer desse espaço um *a priori* formal da experiência... O hiperespaço da física, quer dizer, o espaço objetivamente "psicanalisado", já não é nem euclidiano nem kantiano. Mas o espaço euclidiano já não sendo funcionalmente "físico", quer dizer, objetivo, torna-se um *a priori* de outra coisa que não a experiência. Não que a percepção elementar lhe escape, mas a percepção é já um tanto do domínio da subjetividade. O espaço torna-se a forma *a priori* do poder eufêmico do pensamento, é o lugar das figurações, uma vez que *é o símbolo operatório do distanciamento dominado*.

Todos aqueles que se debruçaram sobre o problema da imagem aperceberam-se do primado formal daquilo a que se poderia chamar, se reservarmos o nome de espaço para a pequena gênese perceptiva, um superespaço subjetivo. Sartre[141] reconhece que o espaço imaginário tem um "caráter muito mais qualitativo que a extensão da percepção: toda a determinação espacial de um objeto em imagem apresenta-se como a propriedade absoluta...". O espaço torna-se então superlativo e deixa o domínio da indiferente "localização" para empenhar a imagem na "pertença"[142]. Esta distinção de um "espaço perceptivo" e de um "espaço representativo" é igualmente a conclusão do estudo cerrado de Piaget[143]. O espaço representativo aparece com a função simbólica. Este espaço estaria ligado à ação, porque a "representação espacial é uma ação interiorizada". Enfim, a observação de Sartre vai ao encontro das conclusões do exame pantográfico ao declarar[144]: "Poder-se-ia mesmo adiantar que este espaço imaginário é *mais euclidiano* [destaque nosso] que o espaço perceptivo, porque no caso de delírio, sonho ou psicose é o elemento topográfico e perspectivo que é suprimido e substituído por uma homogeneidade ilimitada, sem profundeza e sem leis, sem planos sucessivos segundo a terceira dimensão..." Voltaremos, em breve, a essa constatação capital. Retenhamos, de momento, que esse superespaço euclidiano é, de algum modo, um espaço iconográfico puro, que nenhuma deformação física, logo temporal, atinge e onde os objetos se deslocam livremente sem sofrer o constrangimento perspectivo[145]. Bachelard consagrou um livro inteiro a brilhantes variações sobre este "espaço poético" que "destemporaliza" o tempo e define, como Leibniz vira com propriedade, um *coexistencialismo* no qual as precedências da distância temporal se apagam e onde "o horizonte tem tanta existência como o centro"[146]. E depois de ter criticado a memória bergsoniana, que não passa de uma imaginação tímida à beira do pensamento abstrato, Bachelard resume admiravelmente a descrição da forma da fantástica ao escrever[147]: "Julgamos por vezes que nos conhecemos no tempo, mas apenas se conhece uma seqüência de fixações em espaços da estabilidade do Ser, de um ser que não quer escoar-se, que, mesmo no passado quando vai à procura do tempo perdido, quer deter o vôo do tempo. Nesses mil alvéolos, o espaço mantém tempo comprimido. O espaço serve para isso." O espaço serve para isso porque a função fantástica é isso mesmo, reserva infinita de eternidade contra o tempo. É o que faz um psicanalista escrever: "O espaço é nosso amigo", "nossa atmosfera" espiritual, enquanto o tempo "consome"[148]. Assim, a forma *a priori* do eufemismo é o espaço euclidiano "nosso amigo" que tão facilmente se abstrai da prova perceptiva e temporal. Precisamos agora examinar quais são as propriedades desse espaço fantástico.

Piaget[149] distinguiu uma tripla sobreposição ontogenética na representação do espaço: primeiro haveria representação de "agrupamentos" de coisas que constituiriam as "relações topológicas elementares", depois seguir-se-ia a coordenação desses dados topológicos fragmentários em "relações de conjunto" ou "relações projetivas elementares", "o topológico procedendo por proximidade, sem sistema de referência, enquanto o projetivo se refere aos pontos de vista coordenados". Por fim, viria "o espaço euclidiano propriamente dito" que faz intervir a similitude. Ora, essa tripla sobreposição do espaço parece-nos prefigurada nas três propriedades do espaço fantástico tal como podem ser introduzidas no nosso estudo estrutural: a topologia, as relações projetivas, a similitude não passam de três aspectos perceptivos e genéticos da *ocularidade, profundidade* e *ubiqüidade* da imagem.

É preciso sublinhar antes de mais com Binswanger[150] a "ocularidade" das nossas representações mais importantes. Imagens e arquétipos têm o atlas visual por atlas sensorial de predileção. Tudo se passa como se o objeto nos atingisse através de uma mescalinização natural[151]. Tal como a mescalina transformou o atlas auditivo em atlas visual, há em nós uma aptidão para traduzir qualquer sensação e qualquer rastro perceptivo em temas visuais. "A ocularidade" vem iluminar com a sua luz todas as excitações sensoriais e os conceitos. É o que a terminologia visual das artes musicais manifesta: altura, volume, medida, *crescendo* apenas exprimem, através da imaginação musical, o caráter topológico profundo de qualquer imagem. A simetria, essa virtude de reconhecimento visual, está na base da fuga, da harmonia e da música serial. Stravinsky confessa que tem "um gosto muito vivo por essa espécie de topografia musical"[152]. É também essa a razão pela qual qualquer expressão iconográfica, mesmo a mais "realista", transborda sempre para o lado do imaginário[153]. O fato de ver e de dar a ver está à beira de uma poética. O que dá conta das artes fotográficas: "a objetiva" da máquina fotográfica, sendo um ponto de vista, nunca é objetiva. A contemplação do mundo é já transformação do objeto. A ocularidade é assim, de fato, qualidade elementar da forma *a priori* da fantástica.

O segundo caráter da imagem é a famosa "profundidade". Mas entendamo-nos bem acerca dessa palavra, que deve ser tomada no seu sentido mais amplo e quase moral, pois que mais psíquico que literalmente geométrico. Porque a profundidade perspectiva da geometria e da pintura ocidental não é mais que um caso particular e materializado de uma espontânea hierarquia das figuras. Nada é mais significativo que o exemplo da pintura: apesar da insipidez funcional das duas dimensões do quadro, recria-se espontaneamente uma terceira dimensão, não só graças aos processos ocidentais do *trompe l'oeil*, como também numa simples defasagem de valores ou cores que fazem "girar" uma superfície objetivamente plana, mas sobretudo no desenho e na pintura do primitivo, da criança, ou do Egito antigo, a imaginação reconstitui espontaneamente a sua profundeza enquanto as figuras se sobrepõem verticalmente no plano do quadro. É essa a razão essencial pela qual todas as escolas de pintura – salvo a do Renascimento – desdenham deliberadamente os "artifícios" da perspectiva geométrica, sabendo bem que a terceira dimensão é um fator imaginário acordado a qualquer figura como por acréscimo[154]. É que todo o espaço "pensado" comporta, em si mesmo, domínio da distância, que abstraída do tempo, espontânea e globalmente registrada, torna-se "dimensão" na qual a sucessão do distanciamento se esbate em proveito da simultaneidade das dimensões. Pode parecer pôr-se de parte o tão célebre pseudoproblema que consiste em interrogarmo-nos sobre qual sensação nos provoca a profundidade. Porque a profundidade não é qualitativamente distinta da superfície, pois que o olho se "deixa enganar"*. Mas é distinta, temporalmente para o esforço e algebricamente para o conceito. Globalmente as três dimensões são dadas no seio da imagem. Do mesmo modo que a nenhum psicólogo se põe o problema de saber de onde vem a primeira ou a segunda dimensão, também não nos devemos interrogar sobre a origem da terceira. É o tempo e a espera que transformam essa dimensão em distanciamento privilegiado, mas primitivamente para o imaginário, como para a vida, para o pintinho que quebra a casca e corre para o verme, o espaço revela-se de pronto com as suas três dimensões. O espaço é, constitucionalmente, convite à profundidade, à viagem longínqua. A criança que estende os braços para a lua tem espontaneamente consciência dessa profundidade ao alcance do braço, e

---

* Jogo de palavras com *trompe l'oeil*. (N. do T.)

só se espanta por não atingir imediatamente a lua: é a substância do tempo que a decepciona, não a profundidade do espaço. Porque a imagem tal como a vida não se aprende: manifesta-se. A "relação de conjunto" dos fragmentos topológicos está ligada à própria concepção desses fragmentos como plurais, ao ato sintético de qualquer pensamento manifesto.

Finalmente, o terceiro caráter da imagem é a sua ubiqüidade diante da extensão perceptiva, é a homogeneidade do espaço euclidiano. Sublinhamos freqüentemente[155] essa propriedade que a imagem tem de não ser afetada pela situação física ou geográfica: o lugar do símbolo é pleno. Qualquer árvore ou qualquer casa pode se tornar o centro do mundo. O historiador das religiões[156] ficou admirado pelo poder de repetição do que se chama "o espaço transcendente" ou o "tempo mítico". Mas sublinhemos bem que este último termo é abusivo: repetir é negar o tempo, e trata-se, na verdade, sobretudo de um "não tempo" mítico. Essa faculdade de repetição, de "redobramento", esse sincronismo do mito[157], se é verdade que é estranho a um espaço físico, constitui a qualidade fundamental do espaço euclidiano, no qual a homogeneidade assegura o deslocamento instantâneo das figuras, a ubiqüidade pela similitude. Mais ainda, tal como a homogeneidade não fixa nenhum limite à extensão ou à redução infinita das figuras, também verificamos muitas vezes esse poder de "gulliverização" ou de "gigantização" da imagem. E a faculdade de identificação do meu pensamento – a que me permite denominar e reconhecer o triângulo isósceles, por exemplo – parece de fato derivada desse poder fundamental de conservar as imagens num lugar fora do tempo, onde a instantaneidade das deslocações é permitida, sem que o objeto envelheça ou mude. Bachelard, retomando a tese de Reiser[158], mostrou claramente que a lógica da identidade estava estreitamente ligada à teoria euclidiana do espaço. O princípio de identidade tem uma forma puramente euclidiana fundada nas particularidades de uma tal geometria: o grupo das deslocações e o grupo das semelhanças.

Que nos seja um vez mais permitido inverter os termos do problema: é a homogeneidade do espaço que se origina na vontade ontológica de identidade, no desejo de transcender o tempo e de eufemizar a mudança numa pura deslocação, que não dura nem afeta. E Bachelard mostrou, contra Meyerson, que essa vocação de identidade era muito mais vocação do sujeito pensante que imperativo ditado pelo objeto. Permitir-nos-emos, no entanto, criticar num ponto essencial a tese de Bachelard e Reiser[159], quando estes afirmam que o princípio de exclusão está também ligado à *Weltanschauung* euclidiana. Podemos não só constatar que em geometria euclidiana as semelhanças e as igualdades são ubiqüidades formalizadas, como também que a tautologia donde decorre a identidade permite, pelo contrário, todas as ambigüidades[160]. A experiência de antitipia, que o princípio aristotélico de exclusão confirma, é extrínseca à experiência imaginária. Mas sobretudo essa derivação da exclusão a partir da homogeneidade euclidiana não permitiria compreender dois dos caracteres fundamentais da fantástica, corolários da ubiqüidade: a participação e ambivalência das representações imaginárias. Foi muitas vezes notado, e Lévy-Bruhl[161] consagrou a maior parte do seu talento a sublinhá-lo, como a representação humana funcionava sempre "ao mesmo tempo e na mesma relação" em dois registros, que era de algum modo mítica sem por isso ser mistificante, quer dizer, perder o sentido das necessidades e significações temporais. Para o primitivo, o poste central da habitação é ao mesmo tempo prancha de construção e também santuário dos espíritos ancestrais, e cada poste é *o* santuário. Assim se encontra verificada a ambivalência da representação do poste e a participação numa substância sagrada comum de objetos afastados no tempo ou no lugar geográfico. Ora, essa modalidade da representação é absolutamente estranha a toda a lógica bivalente do discurso aristotélico.

É o tempo, e só o tempo, que transforma o princípio de identidade num "risco a correr", risco irremediável de erro e contradição. Para um pensamento atemporal, tudo é sempre pensado nos quadros da simultaneidade e do antagonismo, *in illo tempore*, "ao mesmo tempo e na mesma relação". É o tempo que aparece como a própria distensão da identidade em não contradição. O espaço é fator de participação e ambivalência. Bleuler[162], o criador do conceito de ambivalência e o seu primeiro observador metódico, nota bem que o estado de consciência pragmática, de interesse temporal, apenas distorcia a ambivalência: "O homem normal gosta da rosa *apesar* dos espinhos... por vezes no esquizofrênico os dois signos afetivos manifestam-se *alternadamente* [destaque nosso] de maneira caleidoscópica..." Mas nos estados de alta imaginação, quando a representação é realmente desinteressada, os dois afetos manifestam-se *simultaneamente*: o doente "gosta da rosa por causa da sua beleza, mas odeia-a *ao mesmo tempo* por causa dos espinhos". Assim, é de fato o tempo e só o tempo que introduz pouco a pouco uma diferenciação exclusiva na representação dita "normal", sendo a representação pura do domínio do simultâneo – logo da ambivalência – e intermediária do domínio do alternativo. Esta análise bleuleriana é capital. Não só porque constata que o espaço é a forma do imaginário e explica a ambivalência, mas sobretudo, como vamos ver em breve, distingue três categorias de eufemização: a do *apesar* ou do *contra*, a da *alternativa* e, por fim, a da *simultaneidade*. Vamos deter-nos agora nesta análise da fantástica.

Antes disso, podemos concluir este capítulo afirmando que é o espaço fantástico e as suas três qualidades – ocularidade, profundidade, ubiqüidade – de que depende a ambivalência que é a forma *a priori* de uma função cuja razão de ser é o eufemismo. A função fantástica é, assim, função de Esperança. Resta-nos resumir agora, à luz do estudo estrutural dos dois primeiros livros, as categorias funcionais desse eufemismo, as próprias modalidades da atividade fantástica do Espírito.

3. O esquematismo transcendental do eufemismo

Se o espaço parece de fato ser a forma *a priori* donde se desenham todos os trajetos imaginários, as categorias da fantástica são então precisamente as estruturas da imaginação que estudamos e que se integram nesse espaço, dando-lhe as suas dimensões afetivas: elevação e dicotomia transcendente, inversão e profundidade íntima e enfim poder infinito de repetição. Finalmente, qualquer processo imaginário, mesmo que se tinja, como o mito, das veleidades do discurso, se reabsorve em última análise numa *topologia fantástica* de que os grandes esquemas e arquétipos constitutivos das estruturas formam os pontos cardeais. Qualquer mitologia, como qualquer estudo da imaginação, vem desembocar cedo ou tarde numa "geografia" lendária, escatológica ou infernal. Se o para além fantástico perde a noção do tempo, por outro lado sobredetermina a de espaço que sobrecarrega de polarizações qualitativas. O estudo que acabamos de fazer seguindo o sentido do trajeto reflexologia-sociologia pode do mesmo modo conceber-se, como tentaram Soustelle e Halbwachs[163], como seguindo o trajeto inverso sociologia-psicologia, sem que por isso contradiga as nossas conclusões. De um modo como do outro, é uma espécie de jogo espacial e qualitativo ao mesmo tempo que é descrito o que nos autorizou a intitular as grandes partes do nosso trabalho indo buscar os termos à simbólica do jogo do Tarô.

Bipartidos, tripartidos, quadripartidos ou quíntuplos, os pontos cardeais do espaço recobrem as grandes classificações simbólicas dos *Regimes* da imagem e as suas estruturas. À subdivisão metodológica que instituíamos no início desta obra[164] sobrepõe-se uma subdivisão geográfica e fantástica que Granet para a China[165] e Soustelle para o antigo México puseram muito bem em evidência. Este último, por exemplo[166], mostra, antes de mais, que o espaço fantástico se divide em dois grandes domínios antagonistas: o Leste, oriente da luz renascente e vitoriosa, oposto ao Oeste, país do mistério, do declínio. Estes domínios, por sua vez, são redobrados pelo Norte, país do frio, da guerra, da morte, e pelo país tropical, "país dos espinhos". Entre esses quatro "jogos" espaciais – a que é necessário acrescentar o Centro – todas as espécies de relações arquetípicas sutis entram em jogo. Mas, de um modo geral, reencontramos na repartição desses "orientes" a divisão estrutural do nosso trabalho: ao Norte, e algumas vezes ao Sul, a morte, com a qual se harmoniza o ritual de ressurreição guerreira pelo sacrifício, constitui as *Faces do Tempo* e a polêmica com o Leste, lugar do sol triunfante; enquanto o Oeste é bem o lugar feminino do mistério, da *Descida* e da *Taça*, do *Regime Noturno* que é eufemização das trevas; o "centro", lugar dos cruzamentos, das sínteses, pode então ser assimilado ao simbolismo do *Denário* e do *Pau*[167]. Direções qualitativas do Espaço e estruturas arquetípicas parecem assim estar unidas e constituir as categorias do imaginário. Por isso, não insistiremos mais nesses "pontos cardeais" que constituem de algum modo a "Analítica" da fantástica transcendental. Essas categorias topológicas e estruturais são talvez o modelo de todas as categorias taxionômicas, e o *distingo afectivo* e espacial que preside às denominações das religiões do espaço serve provavelmente de modelo a todo o processo mental da distinção[168]. Mas podemos observar, à luz da análise estrutural, que o trajeto imaginário colmatava o hiato que os psicólogos tinham cavado entre os pensamentos de "cem mil francos" e as imagens de "quatro vinténs", entre o sentido figurado dos símbolos e o sentido próprio dos signos. Tínhamos visto que cada estrutura principal da imaginação ditava uma sintaxe e, de algum modo, uma lógica: as filosofias dualistas e as lógicas da exclusão[169] modelavam-se com as estruturas esquizomórficas, enquanto com as visões místicas do mundo perfilavam lógicas da dupla negação ou da denegação com as estruturas místicas, do mesmo modo que com as estruturas sintéticas se esboçavam as filosofias da história e as lógicas dialéticas[170].

Precisamos agora voltar a esse trajeto no qual o semântico se desfaz, ou se endurece em semiológico, no qual o pensamento se coalha e se formaliza. Já tínhamos notado[171] o lugar que ocupa a linguagem nesse processo de formalização, tínhamos visto que a sintaxe é, no fundo, inseparável do semantismo das palavras. Mas é agora que podemos compreender a significação de um tal fenômeno: o discurso aparece-nos entre a imagem pura e o sistema de coerência lógico-filosófico que ela promove, como um meio-termo constituindo aquilo a que podemos chamar – uma vez adotada uma terminologia kantiana – um "esquematismo transcendental"[172]. Por outras palavras, é a retórica que assegura a passagem entre o semantismo dos símbolos e o formalismo da lógica ou o sentido próprio dos signos. Mas esse esquematismo, longe de ser, segundo a definição kantiana[173], uma "determinação *a priori* do tempo", é, pelo contrário, uma determinação *a priori* do antidestino, do eufemismo que vai colorir, no seu conjunto, todas as tentativas de formalização do pensamento. A retórica é de fato essa pré-lógica, intermediária entre a imaginação e a razão. E esse papel de intermediário entre o luxo da imaginação e a secura sintática e conceitual manifesta-se pela riqueza da retórica. Os epistemólogos contemporâneos discutem interminavelmente a dependência mútua da lógica e da matemática. E acabaram por alinhar uma a outra pelo princípio aristotélico da exclusão. Por que não se interrogavam sobre as relações dessas duas sintaxes formalizadas com a retórica? Teriam percebido que a retórica compreende a lógica aristotélica como um vulgar departamento e que, longe de serem paralelas, a retórica transborda da estreiteza lógica por uma quantidade de processos bastardos da fantástica. Talvez o interesse cada vez maior pelos homens mais do que um "objeto qualquer" voltará a trazer, como o desejamos, a intenção filosófica para a retórica, para a estilística e para os processos de expressão geral[174]. Por isso, vamos retomar essas três modalidades que nas estruturas assinalavam um estilo retórico. Vamos deter-nos brevemente, depois de no decurso desta obra termos estudado o estilo das figuras do imaginário, em algumas simples figuras de estilo. É-nos, antes disso, fácil resolver no plano da retórica a dificuldade que Bleuler levantava no plano fantástico e mesmo ético. Este último fazia do "*apesar de*" o estilo normal do pensamento e da ambivalência ou da alternativa tipos de estilos patológicos. Ora, essa discriminação deixa de ter sentido quando nos colocamos no plano retórico, e vimos mesmo anteriormente[175] quais eram as incertezas dos psiquiatras quanto à definição do patológico. Por outro lado, vamos mostrar com um exemplo que o estilo do *apesar de* também pode atingir o cúmulo do patológico.

E, para começar, precisamos ter em conta essa qualidade primeira da retórica que é exprimir, quer dizer, transcrever um significado por meio de um processo significante. Ora, essa transcrição não é mais que a degradação do semantismo dos símbolos. Por isso, toda a retórica repousa nesse poder metafórico de transposição (*translatio*) do sentido. Qualquer expressão acrescenta ao sentido próprio a aura, o "halo" do estilo[176], e a retórica encaminha-se para a poesia que é equívoco. É o que aparece nos processos metafóricos que vão da simples comparação a essas instâncias mais sutis que são a metonímia, a sinédoque, a antonomásia e a catacrese: são todas desvios da objetividade, todas consistem em voltar para além do sentido próprio, resíduo da evolução lingüística, à vida primitiva do sentido figurado, *em transmutar sem cessar a letra em espírito*. Mas cuidado: que não se vá dizer que o sentido próprio é "primeiro". Porque – todos os léxicos e dicionários o provam – nunca há sentido próprio, objetividade de um termo, mas sim sentidos segundo o contexto, o autor, a época...[177]. Por outras palavras, a palavra apenas é real porque vivida num contexto expressivo, empenhado num papel metafórico, o semiólogo só tem valor por preferência ao estilístico, antes de mais, e, em seguida, ao semantismo, não o inverso[178]. E esta "translação" elementar de toda retórica não é mais que a propriedade euclidiana de translação, porque a retórica, como a lógica, exprime-se e pensa-se em termos de espaço. Como o espaço é a forma do imaginário, do antidestino, a metáfora é o seu processo de expressão, esse poder que tem o espírito, cada vez que pensa, de renovar a terminologia, de a arrancar ao seu destino etimológico.

Detenhamo-nos de novo na *antítese* e no seu corolário retórico, a *hipérbole* e o seu cortejo de *pleonasmos*. Já tínhamos mostrado como no seio das estruturas esquizomórficas se esboça essa retórica antitética e a lógica diairética da exclusão[179]. Tínhamos visto que a exclusão antitética se instala na representação por engrossamento – hiperbolização – dos símbolos figurativos das *Faces do Tempo*. Esta exclusão saída de um regime polêmico da representação, fundado na *Spaltung*, é a alma da argumentação socrática, platônica, aristotélica e cartesiana[180], e obsidia com o seu maniqueísmo implícito a maior parte do pensamento do Ocidente. É por essa razão de costume e de autoridade que Bleuler considera o estilo dualista do *apesar de* normal em relação aos outros estilos de pensamento. Mas vamos, uma vez mais, mostrar[181] que o processo eufemizante por antítese e hipérbole não é apanágio da sã razão. Não tínhamos já verificado as tendências patológicas do racionalismo[182]? Vamos ver como, ao exprimir-se, o *Regime Diurno* da imaginação encaminha a expressão para uma retórica cujas figuras clássicas de antítese e hipérbole são apenas uma espécie de condensado formal. Neste exemplo[183], que mostra a passagem "esquemática", no sentido kantiano do termo, entre a espontaneidade imaginária e os processos retóricos de expressão, o imaginário parece projetar armadilhas e obstáculos a fim de melhor os resolver. Os moinhos de vento podem tranqüilamente transmutar-se em gigantes temíveis e os carneiros em cavalaria moura, o imaginário está antecipadamente seguro da sua vitória e é o seu próprio dinamismo que segrega os monstros e as dificuldades a ultrapassar. O psicótico acumula metodicamente os obstáculos: "Há os micróbios que procuram ter uma forma e conservá-la... temos essas coisas na cabeça, sinto-as... o elementar é um micróbio de grande tamanho que se alimenta do vosso organismo, que se incha..." E põe-se a reforçar ainda a onipotência do negativo numa espécie de microbicidade hiperbólica: "Há micróbios imensos que envolvem tudo, não só o sistema terra, mas todo o sistema solar e estelar, formando um todo compacto, visível ou não. As nebulosas do céu são um, a Via Láctea é isso..." Mais ainda, o mal microbiano interioriza-se e torna-se um gênio da paranóia: "Eu ouvi-os; falam o calão da rua de Lappe. É a ladroagem. É como se você metesse o nariz no esterco. Repetem o que você tem na cabeça. Repetem todos os nossos pensamentos. O que nós dizemos é o que eles pensam. Roubam-vos os pensamentos..." Mas essa hipérbole do mal não passa de um trampolim imaginário e retórico para a antítese igualmente hiperbólica: "Não tenho medo dos micróbios, mato-os..."[184] Para isso, a imaginação segrega anticorpos infalíveis: "Se se pudesse molhar completamente o homem, os micróbios inchariam com a água e separar-se-iam e seriam levados..." E o paranóico reinventa o batismo e a encantação: "Muita gente emprega ritos antimicrobianos sem o saber. Os padres não sabem o que fazem. Tudo o que fazem é para isso... De quatro palavras: caraíba, canibal, canaca, ralé (*racaille*), fiz *Racaïcal*, que os contém todos. Sublinhei estas palavras com cinco traços e pus por cima as duas estrelas. Os micróbios são atingidos pelos traços, passam nas palavras e nas estrelas, e isso estraga-lhes a goela. Vão encolher a goela com esta história..." Depois essa meditação de metafísica paranóide conclui-se com o triunfo de um cogito megalomaníaco que atribuiu a si próprio a Onipotência: "Teórica e fisicamente é impossível que eu desapareça. Graças à minha luta contra os micróbios endureço-me e obtenho um físico que passa através da corja microbiana. Não há nada a fazer para me matar. Experimentei-o. Estou vacinado contra a morte..." Enfim, a peroração deste delírio que recria o mundo numa eufemização catártica poderia servir de epígrafe a qualquer meditação de filosofia dualista, e não podemos deixar de citar este belo texto delirante: "Eu sou capaz de fazer passar a terra inteira por dentro de mim, com o tempo, porque não há fim para isso. Limpo a matéria fazendo-a passar pelo meu corpo. Esta matéria tem uma forma porque eu lhe dei uma forma. A matéria que passou por mim é limpa... A minha terra domina a antiga, que é sugada pela minha. Será derretida pela minha. Encontrar-nos-emos então sobre uma nova terra... O planeta agora está feito: está sólido, pode-se ir lá." Verificamos assim ao longo deste admirável exemplo o papel profundo da função fantástica, e o clínico apercebe-se desse papel antiexistencial ao escrever[185]: "Vemos o nosso doente abolir a sua história pessoal com o que ela comporta de angústia e culpabilidade traumatizante, repetindo de maneira delirante o ato cosmogônico." O processo antitético da função fantástica é aqui flagrante: a imaginação eufemiza pela hipérbole e a antítese conjugadas, e mesmo quando representa hiperbolicamente as imagens do tempo é ainda para exorcizar o tempo e a morte que ele traz em si.

É o mesmo estilo utilizado nos modos artísticos a que poderíamos chamar catárticos, para os quais representar o destino é já dominá-lo, e por conseqüência a hipérbole é permitida porque quanto mais negro for o destino maior será o herói. Há toda uma escola do *horror fati*. O ídolo do destino, na tragédia clássica como nas paredes da "Maison du Sourd", esgota pela sua força expressiva a angústia da consciência mortal ao permitir não só experimentar um sentimento ou uma curiosidade que a censura social reprova, como ainda exorcizar a angústia que o devir revela, dominando pela obra o próprio devir. Goethe projeta a sua neurastenia, que abstrai da existência, no romance *Werther*, Ducasse faz-se Lautréamont para pôr em seu lugar *Maldoror*, que o obceca, Goya exorciza o mal da doença, da morte e da história em *Os caprichos* e *Os desastres*. A angústia existencial torna-se uma essência estética tecnicamente dominada. E o paranóico, de que acima falávamos, reencontra espontaneamente as possibilidades da catarse aristotélica ao incluir a imagem desenhada entre os exorcismos da desgraça: "Fiz este desenho"[186], diz o doente, "para afastar os testículos e os pênis que tenho na cabeça, porque basta olhá-lo e automaticamente o micróbio que tem a forma dos órgãos sexuais se cola ao desenho por ter a sua forma. O papel o atrai... e está-lhe subjugado... à força de pegar os micróbios e de os atirar para o desenho, de os carregar e de os descarregar, de os fazer mudar de lugar, eles acabam por se gastar e desaparecer. E é precisamente com esse fim que emprego diferentes meios, entre os quais o desenho..." Esta peroração põe em evidência o processo "esquemático" da expressão e manifesta a passagem da projeção imaginária à expressão estilística. A figura expressiva, e especialmente a figura de retórica, é a redução a uma simples sintaxe desta inspiração fantástica profunda, na qual o semantismo se despoja pouco a pouco do conteúdo vivido que o anima para se reduzir progressivamente a um puro processo semiológico e, no limite, formal. Porque um "desenho" está já a caminho do signo e sabemos como se passa da expressão pictográfica para meios de expressão cada vez mais formalizados.

Quanto às estruturas místicas, elas desvelam-nos o *estilo da antífrase* do eufemismo propriamente dito. Não voltaremos a insistir na gênese da antífrase pelo processo de redobramento das imagens e pela sintaxe de dupla negação[187]. Enquanto o estilo da antítese desenhava no espaço fantástico o esquema da viragem inversora, quer dizer, da simetria simples em relação a um eixo, o estilo da antífrase e a sintaxe da dupla negação desenham o esquema da simetria na similitude[188]. Pode-se introduzir, com efeito, toda uma geometria do redobramento das figuras a partir da imaginação do encaixe das imagens[189]. Mas o estilo da antífrase mantém o rastro semântico do processo de dupla negação, é o trunfo estilístico da ambivalência, do duplo sentido. É ao mesmo tempo e na mesma relação que os espinhos da rosa se tornam mensageiros do perfume. Não é necessário insistir nos esboços patológicos de um tal estilo, que Bleuler admite sem rodeios ser o estilo patológico por excelência.

Nas belas-artes já vimos como essas estruturas místicas estavam na base de toda uma importante categoria de meios de expressão[190]. E se a catarse prepara a hipérbole e suscita a antítese, pode-se dizer que o embelezamento ou a decoração em geral anunciam a antífrase. Essa atitude perfeccionista pode-se manifestar, como já dissemos[191], pelos realismos otimistas nos quais o artista "suspende o vôo" dos instantes privilegiados, nos quais a recordação proustiana, o egotismo dos bons momentos stendhalianos, o fervor gidiano ou o amor da minúcia de Flaubert ou Van Gogh se ligam para fazer desses instantâneos do devir a essência concreta da eternidade reencontrada. Mas pode também manifestar-se quando se atinge de hipérbole num eufemismo idealizante que adoça os desgostos e as decepções em algumas "festas galantes", ou então escamoteia a morte nos bastidores da tragédia clássica ou nas alegorias acadêmicas que embelezam o *Fédon*. Desde o nível da lingüística que o estilo da antífrase se esboça nitidamente. Bréal[192] mostra que uma palavra chega a significar o contrário do seu sentido primitivo. Como o adjetivo latino *maturus*, que primitivamente significava matinal, precoce. Dele derivou o verbo *maturare*, apressar, que, aplicado aos frutos da terra, quer dizer "amadurecer". Como só se amadurece com o tempo, o adjetivo, sob a pressão do verbo ativo, passou para o sentido de "sensato", "refletido", e por fim o seu sentido inverteu-se no de "maduro", quer dizer, de suficientemente envelhecido: *maturi centuriorum*, "os mais antigos dos centuriões". O que a fantástica prepara, o que a evolução semântica das palavras anuncia, o esquematismo retórico resume-o e redulo a uma simples figura de estilo à beira da semiologia formal. O discurso utiliza todos os graus da antífrase, desde a *antilogia*, essa antítese condensada, privada da sua dimensão polêmica e que se contenta em apresentar ao mesmo tempo e na mesma relação os dois contrários, até a *catacrese*, espécie de antífrase de que o jogo de inversão está apagado e que se satisfaz com palavras utilizadas em contra-senso, passando, é claro, pela *lítotes*[193]. Esta última é um compromisso muito formalizado, ou seja, esvaziado de todo o semantismo, entre a antífrase e a hipérbole: sendo antífrase na forma, pretende-se hipérbole nos efeitos expressivos. Também entram neste estilo a metade das *metonímias* e das *sinédoques* que usam uma "miniaturização" retórica ao empregar a parte, o efeito, a espécie pelo todo, pela causa ou pelo gênero.

Enfim, já mostramos como as estruturas sintéticas da imaginação delimitam o *estilo da hipotipose*[194]. A repetição das imagens e, por isso, a reversibilidade do tempo aniquila o próprio conceito do tempo[195]. E no espaço fantástico é então o grupo de igualdades que vem reforçar o das similitudes. Tínhamos visto como a expressão rítmica da música ilustrava esteticamente estas estruturas sintéticas, sendo a música uma totalização rítmica dos contrastes[196]. Tínhamos mostrado também que esta estrutura da fantástica esboçava senão uma aritmética, graças ao processo de repetição, fundamento do número, pelo menos uma aritmologia[197]. Mas tínhamos sobretudo constatado que as estruturas sintéticas da imaginação reintegravam Clio no seio do coro das Musas. Porque toda a história vem definir-se como uma hipotipose e mesmo, quando vai dar às filosofias da história, como uma hipotipose do futuro[198]. Por isso, não voltaremos com detalhe a esta figura de retórica que traduz em sintaxe o poder fantástico da memória. Digamos simplesmente que, do mesmo modo que há graus nas variedades de antífrases, há graus nas variedades de hipotiposes, e assim parecem ser a *enálage* e o *hipérbato*. A hipotipose que presentifica fatos passados ou futuros é o modelo de que a enálage não passa de corolário: esta última insiste na mudança do tempo, nesse ínfimo matiz antitético que toda síntese veicula. Quanto ao hipérbato é o processo de reversibilidade quase completamente formalizado, uma vez que altera a ordem cronológica dos termos sem que por isso o sentido se perca. Mas, repitamo-lo uma vez mais, se esses regimes de imaginação, se essas categorias estruturais e esses estilos são contraditórios e arrastam, como mostramos ao longo de todo este trabalho, o isotopismo das constelações imaginárias e dos mitos, não são por isso exclusivos uns dos outros.

Podemos agora verificar que quanto mais se formaliza mais nos afastamentos do semantismo originário dos grandes arquétipos fantásticos e menos se respeita o isotopismo das estruturas e a unicidade de um estilo. Em contrapartida, uma obra de arte utiliza o recurso de todas as estruturas. Na tragédia mais sombria, mais catártica, é impossível excluir as doçuras da antífrase, é impossível dissociar, na delicadeza stendhaliana, a purgação dos ressentimentos políticos e as ternuras sublimantes em relação aos bons momentos passados. Uma grande obra de arte talvez só seja totalmente satisfatória porque nela se mistura a tônica heróica da antítese, a nostalgia terna da antífrase e as diástoles e as sístoles de esperança e desespero. Mas no nível puramente esquemático da retórica as oposições entre os diferentes regimes esbatem-se ainda e a potência isotópica das estruturas desloca-se ao mesmo tempo que se perde o semantismo: a sintaxe da figura de retórica já não é tomada no seu sentido figurado, de tal modo que todos os estilos – à parte uma muito ligeira predominância – são utilizados numa obra pela expressão do discurso.

Assim, na retórica e nas suas figuras vemos pouco a pouco desfazer-se o semantismo do figurado. Domínio intermediário, a retórica é também lugar de todas as ambiguidades. É talvez a razão pela qual o seu estudo foi negligenciado em proveito das epistemologias que pareciam interessar-se pelos processos formais depositários da exclusão, pela lógica e pela matemática. E foi no próprio momento em que o imaginário caía em descrédito no pensamento ocidental que o termo retor se tornava também pejorativo...[199]

Conclusão

O homem... pela sua atividade para o dominar arrisca-se a alienar o mundo de si; deve, a cada instante, *e é essa a função do artista,* pelas obras da sua preguiça, *voltar a reconciliá-lo consigo.*

Francis Ponge, *Le murmure*, "Table ronde", n.º 43

Eis-nos chegados ao termo desta obra. Aberta com uma reflexão sobre a desvalorização cultural do imaginário no pensamento oficial do Ocidente, fecha-se com uma reflexão sobre a desvalorização da retórica. Haverá quem julgue que foi consagrar um livro demasiado grande à "senhora de erros e falsidades". Vimos constantemente que a reabilitação implicava uma tomada em consideração da mitologia, da magia, da alquimia, da astrobiologia, da aritmologia, da analogia, da participação, do pensamento pré-lógico e finalmente da retórica. Não é uma vez mais desviar a reflexão para "nuvens" vãs? Respondamos que dessas nuvens vêm as chuvas fertilizantes do mesmo modo que as trovoadas devastadoras. Esconder o sol parece ser um poder muito considerável. Mas esta resposta está ainda manchada de metáfora. Mais vale dizer que no decurso dessa investigação nos pareceu que esses "erros e falsidades" imaginários eram muito mais correntes, muito mais universais no pensamento dos homens que as "verdades" frágeis e estreitamente localizadas no tempo e no mundo, essas "verdades" de laboratório, obras do recalcamento racionalista e iconoclasta da presente civilização[1]. Poder-se-á assim pelo menos considerar esta arquetipologia geral como um catálogo cômodo das divagações da louca da casa, como um imaginário museu das imagens, quer dizer, dos sonhos e enganos dos homens. Cada um é livre de escolher o seu estilo de verdade. Quanto a nós, recusamo-nos a alienar o que quer que seja da herança da espécie[2]. Foi-nos claro que as jovens verdades estudadas pelas epistemologias se gastam e se combatem. Por que pôr de lado os "erros" quando mostram ser a coisa do mundo mais bem partilhada? E sobretudo quando essa partilha parece fazer-se segundo uma certa ordem reveladora de uma certa verdade? Um humanista verdadeiro não deve ocupar-se de tudo o que agrada universalmente sem conceito e, mais ainda, de tudo o que vale universalmente sem razão? Uma das convicções que resulta da nossa investigação é que precisamos rever, quando se trata de compreensão antropológica, as nossas definições sectárias da verdade. Nesse caso, mais do que em qualquer outro, não devemos tomar o nosso desejo particularista de objetividade civilizada pela realidade do fenômeno humano. Neste domínio, os "enganos vitais" aparecem-nos como mais verdadeiros e válidos que as verdades mortais. E mais que generalizar abusivamente verdades e métodos que só são estritamente válidos no termo de uma rigorosa psicanálise objetiva inaplicável a um sujeito pensante, e que, uma vez extrapolados, são apenas inúteis e incertos, mais vale tentar abordar com métodos adequados esse fato insólito, objetivamente absurdo, que o *eufemismo fantástico* manifesta e que aparece como coisa fundamental do fenômeno humano. Esse fenômeno humano não deve ser alienado por esta ou aquela ciência – mesmo humana – especializada numa estreita verdade, mas deve ser esclarecido pelas convergências de toda a antropologia, uma vez que, cada vez que se manifesta, é experimentado como estando para além do objeto em dignidade e poder. Foi o que, com os nossos fracos meios, tentamos sugerir neste livro que não tem a ambição de ser outra coisa além de uma introdução a estudos mais preciosos.

É, de resto, tempo de nos entendermos sobre a pretensão de alguns que a todo o custo querem "desmistificar" o homem[3]. Podemos, por nosso lado, perguntar-nos sob que regime místico se manifesta à vontade deles essa desmistificação. Um dos sinais do nosso tempo é, de acordo com o regime da abstração semiológica ou objetiva, a confusão hiperbólica e polêmica do mito e da mistificação. A nossa época, destruidora de mitos e de mística, pretende-se votada ao regime da antítese e, por isso, a todas as tentações do exagero hiperbólico. Mas há muitos indícios que mostram que essa moda arquetípica em breve terá passado. A nossa civilização racionalista e o seu culto pela desmistificação objetiva vêem-se submersos de fato pela ressaca da subjetividade maltratada e do irracional. Anarquicamente, os direitos a uma imaginação plena são reivindicados quer pela multiplicação das psicoses, pelo recurso ao alcoolismo e aos estupefacientes, ao *jazz*, aos *hobbies* estranhos, quer pelas doutrinas irracionalistas e pela exaltação das mais elevadas formas de arte[4]. No seio do puritanismo racionalista e dessa cruzada para a "desmitificação" a potência fantástica dá a volta à exclusão objetivista por uma dialética vingadora. A objetividade, a "Ciência", o materialismo, a explicação determinista, o positivismo instalam-se com as mais inegáveis características do mito: o seu imperialismo e o seu fechamento às lições da mudança das coisas[5]. A objetividade tornou-se paradoxalmente culto fantástico e apaixonado que recusa a confrontação com o objeto. Mas sobretudo, como todo sistema que explora um regime isomórfico exclusivo, o objetivismo semiológico contemporâneo, ignorando os estudos de uma antropologia geral, fecha-se *a priori* a um humanismo pleno. O que a segurança desmistificante mascara não passa, na maior parte dos casos, de um colonialismo espiritual, da vontade de anexação, em proveito de uma civilização singular, da esperança e do patrimônio da espécie humana inteira. Por isso, procuramos nesta fenomenologia do imaginário não deixar de fora nenhum recurso antropológico. Eram estruturas que procurávamos e não uma *totalitária* infra-estrutura. E sob a convergência das disciplinas antropológicas, o mito e o imaginário, longe de nos aparecerem como um momento ultrapassado na evolução da espécie, manifestaram-se como elementos constitutivos – e instaurativos, como julgamos ter mostrado – do comportamento específico do *homo sapiens*. Por isso, parece-nos que uma das tarefas mais sérias na procura da verdade e na tentativa de desmistificação é discernir com clareza a mistificação e o mito. E não jogar com a raiz das palavras. Querer "desmitificar" a consciência aparece-nos como a tarefa suprema de mistificação e constitui a antinomia fundamental: porque seria esforço imaginário para reduzir o indivíduo humano a uma coisa simples, inimaginável, perfeitamente determinada, quer dizer, incapaz de imaginação e alienada da esperança. *Ora, a poesia e o mito são inalienáveis*. A mais humilde palavra, a mais estreita compreensão do mais estreito dos signos é mensageiro contra sua vontade de uma expressão que aureola sempre o sentido próprio objetivo. Longe de nos irritar, esse "luxo"[6] poético, essa impossibilidade de "desmitificar" a consciência, apresenta-se como a oportunidade do espírito e constitui esse "belo risco que se deve correr" que Sócrates[7], num instante decisivo, opõe ao nada objetivo da morte, afirmando ao mesmo tempo os direitos do mito e a vocação da subjetividade para o Ser e para a liberdade que o manifesta. De tal modo que não há para o homem honra verdadeira que não seja a dos poetas.

Por isso, nós que acabamos de dar um lugar tão belo à imaginação pedimos modestamente que se saiba dar lugar à cigarra ao lado do frágil triunfo da formiga. Porque a verdadeira liberdade da vocação ontológica das pessoas repousa precisamente nesta espontaneidade espiritual e nesta expressão criadora que constitui o campo do imaginário. Ela é tolerância de todos os regimes do espírito, sabendo bem que o feixe desses regimes não é um excesso para essa honra poética do homem que consiste em opor-se ao nada do tempo e da morte. É-nos assim evidente que uma pedagogia da imaginação se impõe ao lado da da cultura física e da do raciocínio. Sem disso se dar conta, a nossa civilização abusou de um regime exclusivo do imaginário, e a evolução da espécie no sentido do equilíbrio biológico parece bem ditar à nossa cultura uma conversão sob pena de declínio e de abastardamento. Romantismo e surrealismo destilaram na sombra o remédio para a exclusividade psicótica do *Regime Diurno*. Talvez tenham vindo demasiado cedo. Nos nossos dias, graças às descobertas da antropologia, já não é apenas um vago exotismo ou o simples encanto da evasão e do extravagante que vêm balbuciar os conselhos de uma terapêutica humanista.

Do mesmo modo que a nossa civilização tecnocrata e planetária autoriza paradoxalmente o *Museu imaginário*, também permite um inventário geral dos recursos imaginários, uma *arquetipologia geral*. Impõe-se então uma educação estética, totalmente humana, como educação fantástica à escala de todos os fantasmas da humanidade. Não só nos é possível reeducar a imaginação no plano do traumatismo individual como o tenta a "realização simbólica"[8], não só se pode corrigir individualmente o déficit imaginário, causador de angústia, pela psicoterapia que utiliza o "sonho acordado"[9], como também as técnicas ditas "de ação psicológica", as experiências sociodramáticas[10] esboçam uma pedagogia da imaginação que a educação deve ter em conta para o bem e para o mal. Outrora os grandes sistemas religiosos desempenhavam o papel de conservatório dos regimes simbólicos e das correntes míticas. Hoje, para uma elite cultivada, as belas-artes, e para as massas, a imprensa, os folhetins ilustrados e o cinema veiculam o inalienável repertório de toda a fantástica. Por isso, é necessário desejar que uma pedagogia venha esclarecer, senão ajudar, esta irreprimível sede de imagens e sonhos. O nosso mais imperioso dever é trabalhar para uma pedagogia da preguiça, da libertação (*défoulement*) e do lazer. Demasiados homens neste século de "esclarecimento" vêem-se usurpados do seu imprescritível direito ao luxo noturno da fantasia. Poderia bem ser que a moral do "cantaste, para mim tanto faz!" e a idolatria do trabalho da formiga sejam o cúmulo da mistificação.

Tratar-se-ia, antes de mais, de reabilitar o estudo da retórica, meio-termo indispensável ao acesso pleno do imaginário, e depois tentar arrancar os estudos literários e artísticos à monomania historicizante e arqueológica, a fim de recolocar a obra de arte no seu lugar antropológico conveniente no museu das culturas e que é o de hormônio e suporte da esperança humana[11]. Além disso, ao lado da epistemologia invasora e das filosofias da lógica, teria lugar o ensino da arquetipologia; ao lado das especulações sobre o objeto e a objetividade, a expressão e a comunicação das almas. Por fim, largos trabalhos práticos deveriam ser reservados às manifestações da imaginação criadora. Graças à arquetipologia, à mitologia, à estilística, à retórica e às belas-artes sistematicamente ensinadas, poderiam ser restaurados os estudos literários e reequilibrada a consciência do homem de amanhã. Um humanismo planetário não se pode fundar sobre a exclusiva conquista da ciência, mas sim sobre o consentimento e a comunhão arquetípica das almas.

Assim, a antropologia permite uma pedagogia e remete naturalmente para um humanismo cuja vocação ontológica, manifesta pela imaginação e suas obras, parece constituir o núcleo. Tendo partido, com efeito, de uma tomada de consideração metodológica dos dados da reflexologia, este livro desemboca numa tomada de consideração pedagógica dos dados da retórica. É exatamente no coração deste intervalo, às portas da animalidade como no limiar dos esforços objetivos da razão técnica, que, no decurso do nosso estudo, situamos a imaginação, sendo a retórica o termo último desse trajeto antropológico no seio do qual se estende o domínio do imaginário. Entre a assimilação pura do reflexo e a adaptação limite da consciência à objetividade, verificamos que o imaginário constituía a essência do espírito, quer dizer, o esforço do ser para erguer uma esperança viva diante e contra o mundo objetivo da morte. Ao longo desse trajeto, vimos depositarem-se esquemas, arquétipos e símbolos segundo regimes distintos, eles mesmos articulados em estruturas. Essas categorias justificam a isotopia das imagens e a constituição de constelações e de narrativas míticas. Fomos, por fim, levados a compreender a atipicalidade tanto cultural como psicológica desses regimes e categorias da fantástica, mostrando que os recursos das diversas modalidades do imaginário e dos estilos expressivos da imagem são orientados pela preocupação única de fazer "passar" o tempo, por meio da forma espacial, do domínio do destino fatal, porque integralmente objetivo, ao da vitória ontológica. Longe de ser o resíduo de um déficit pragmático, o imaginário apareceu-nos, ao longo deste estudo, como a marca de uma vocação ontológica. Longe de ser epifenômeno passivo, aniquilação ou então vã contemplação de um passado terminado, o imaginário não só se manifestou como atividade que transforma o mundo, como imaginação criadora, mas sobretudo como transformação eufêmica do mundo, como *intellectus sanctus*, como ordenança do ser às ordens do melhor. Tal é o grande desígnio que a função fantástica nos revelou.

E esse desígnio permite avaliar os estados da consciência e hierarquizar as faculdades da alma. Porque se o "eu penso" experimenta bem o ser, há pensamentos que degradam essa consciência de ser porque o alienam em objeto e finalmente na morte. E esses são precisamente os pensamentos iconoclastas tão costumeiros à nossa civilização e que consistem em se submeter ao mundo do objeto sob as tranqüilizadoras modalidades da *res extensa*, enquanto o espírito e o ser que ele revela só teriam como herança o nada de uma duração insignificante e portadora da morte, uma vez que ao ser seria proposto apenas a escolha desesperada de ser para o mundo ou para a morte. Vimos que o estudo objetivo da fantástica, paradoxalmente, inverte a apologética do objeto e as suas conclusões filosóficas falsamente otimistas. Longe de ser uma forma *a priori* "sobretudo" da alteridade material, o espaço descobriu-se como a forma *a priori* da criatividade espiritual e do domínio do espírito sobre o mundo. É a objetividade que baliza e recorta mecanicamente os instantes mediadores da nossa sede, é o tempo que distende a nossa saciedade num laborioso desespero, mas é o espaço imaginário que, pelo contrário, reconstitui livremente e imediatamente em cada instante o horizonte e a esperança do Ser na sua perenidade. E é de fato o imaginário que aparece como recurso supremo da consciência, como coração vivo da alma cujas diástoles e sístoles constituem a autenticidade do cogito. O que subtrai o "eu penso" à insignificância do epifenômeno ou ao desespero do aniquilamento é precisamente este *"para si" eufemizante* revelado pelo estudo do imaginário, e contra o qual nenhuma objetividade alienante e mortal pode por fim prevalecer.

Nesta função fantástica reside esse "suplemento de alma" que a angústia contemporânea procura anarquicamente sobre as ruínas dos determinismos, porque é a função fantástica que acrescenta à objetividade morta o interesse assimilador da utilidade, que acrescenta à utilidade a satisfação do agradável, que acrescenta ao agradável o luxo da emoção estética, que, por fim, numa assimilação suprema, depois de ter semanticamente negado o negativo destino, instala o pensamento no eufemismo total da serenidade ou da revolta filosófica ou religiosa[12]. E, sobretudo, a imaginação é o contraponto axiológico da ação. O que carrega com um peso ontológico o vazio semiológico dos fenômenos, o que vivifica a representação e a torna sedenta de realização é o que sempre fez pensar que a imaginação era a faculdade do possível, a potência de contingência do futuro. Porque foi freqüentemente dito, sob diferentes formas, que vivemos e que trocamos a vida, dando assim um *sentido à morte*, não pelas certezas objetivas, não por coisas, casas e riquezas, mas por opiniões, por esse vínculo imaginário e secreto que liga e religa o mundo e as coisas ao coração da consciência; não só se vive e se morre por idéias, como também a morte dos homens é absolvida por imagens. Por isso o imaginário, longe de ser paixão vã, é ação eufêmica e transforma o mundo segundo o Homem de Desejo:

> *A poesia é um piloto*
> *Orfeu acompanha Jasão*

Por isso não nos pareceu de modo nenhum estéril que o filósofo de novo[13], segundo o antigo oráculo, se debruce com uma atenção fraterna sobre a inspiração fantástica e "se ocupe um pouco do trabalho das Musas". Que seriam os Argonautas sem a lira de Orfeu? Quem daria a cadência aos remadores? Haveria mesmo um Velo de Ouro?

ANEXO I
Das convergências da nossa arquetipologia com o sistema lógico de S. Lupasco

Tínhamos indicado no Anexo I da edição de 1963 a utilização possível da terminologia lupasciana em arquetipologia (*De l'utilisation en archétypologie de la terminologie de S. Lupasco*). Todavia – e em completo acordo, desta vez, com o próprio S. Lupasco – tivemos de fazer algumas retificações relativas às diversas homologações da terminologia lupasciana e de nossa própria terminologia.

Julgamos outrora que os termos *esquizomórfico* (ou *heróico*) e *místico* que utilizamos eram homologáveis ponto por ponto como *heterogeneização* e *homogeneização* utilizados pelo eminente físico. No entanto, notávamos já então: "A bem dizer, tudo se passa como se o campo total do Imaginário estivesse polarizado nos seus dois limites (esquizomórfico e místico) por duas forças homogeneizantes: uma por defeito... outra por excesso... Ou ainda, para retomar a linguagem de Piaget, encontramo-nos em face de duas forças teóricas de homogeneização, uma – a esquizomórfica – assimiladora pura, não apresentando no limite nenhuma aptidão para a adaptação, entrincheirada num autismo agressivo e conquistador; outra – a mística – adaptadora pura, colando-se ao ambiente, participando do que a rodeia com o máximo de viscosidade."

Depois disso, as numerosas observações que os preciosos trabalhos dos nossos colaboradores ou dos investigadores que se inspiraram no nosso livro nos trouxeram, tanto em psicopatologia como em sociologia, não cessam de confirmar esta correção que fazíamos a uma assimilação demasiado simplista da nossa terminologia e da de Lupasco[1]. São *homogeneizantes* as duas estruturas mais excessivas, *esquizomórfica* e *mística*. A segunda, como nos parecia já evidente em 1963, é fundamentalmente homogeneizante por "excesso" de homogeneização (e defeito inicial de *distinção* heterogeneizante) nas estruturações *místicas* (e mais especialmente nas estruturações *sobremísticas* estudadas pelo psicólogo Yves Durand); as primeiras, apesar de uma aparência heterogeneizante devida à distinção, à *diairese* (ou *Spaltung*) esquizomórfica, saturam-se muito rapidamente e produz-se um fenômeno de inversão de sentido: o excesso de heterogeneização *heróico* produzindo subitamente uma parcelização, uma pulverização das formas e do sentido (*Zerspaltung*) que equivale a uma homogeneização *por defeito*, bem visível nos protocolos imaginários dos esquizofrênicos[2]. Essa *saturação* parece-nos agora muito próxima da regra antropológica geral que Bergson já notava sob o nome de "duplo frenesi" e que o sociólogo russo-americano P. Sorokin[3] confirmou sob o nome de *Princípio dos limites*. Poder-se-ia agora dar mais um passo nesta perspectiva de estabelecimento de um *Princípio* geral da antropologia estrutural escrevendo que a *inversão do sentido* (ou, como dizem os sociólogos, a *mudança*) deriva, de fato, de uma saturação, mas de uma saturação que provoca um bloqueamento da atualização, quer dizer, que provoca uma potencialização que liberta as atividades antagonistas até aqui potencializadas. Seria de efetuar interessantes estudos, especialmente em lingüística, psicopatologia e sociologia, na direção indicada por este Princípio de saturação por bloqueamento das atualizações simbólicas.

Entre essas duas homogeneizações por monopolização estereotipada de uma única estruturação psíquica coloca-se então, como dizíamos em 1963, a gama das estruturas realmente heterogeneizantes, polarizadas pelos sistemas *sintéticos* (bipolares ou polimórficos, segundo Yves Durand). Desde logo podemos retomar *in extenso* aquilo que acrescentávamos em 1963. Vê-se que as "Estruturas Sintéticas" são estruturas de equilíbrio que mantêm ao mesmo tempo as potencialidades de assimilação e de adaptação. Só elas, a bem dizer, mereceriam a denominação "heterogeneizantes", no sentido biológico que Lupasco dá a este termo: só elas fazem intervir o fator tempo.

Seria então necessário encarar uma lógica – ou pelo menos uma pré-lógica – já não a duas categorias, homogeneização e heterogeneização, mas a três: *homogeneidade assimiladora*, heterogeneidade ou *equilíbrio antagonista*, enfim *homogeneidade adaptadora*. Esta pré-lógica estaria então muito próxima do tradicional Sistema chinês do Tao, do Yin e do Yang.

É bem notável que seja a uma tal lógica de primeira instância, polarizada por três princípios irredutíveis, que Stéphane Lupasco, Roger Bastide e eu próprio, tal como Yves Durand[1], tenhamos chegado por caminhos muito diferentes, e mais ou menos na mesma época. No seu pequeno livro de 1960, *Les trois matières*, Lupasco faz desembocar a reflexão epistemológica do físico em três sistemas – eles mesmos "sistemas de sistemas", uma vez que um sistema é definido pelo antagonismo de sistemas primários –, sendo os dois mais extremos regidos pela atualização, um do Princípio de Homogeneidade, o outro do Princípio de Heterogeneidade, enquanto o terceiro sistema resulta do antagonismo destes dois princípios contraditórios, equilibrados por uma respectiva potencialização.

Alguns anos antes, por um caminho completamente diferente, Roger Bastide distinguia no pensamento e no comportamento afro-brasileiro três princípios irredutíveis: o *Princípio de Corte*, muito próximo daquilo que chamamos esquizomorfia ou diairética, o *Princípio de Participação* (ou de Ligação mística) e, por fim, o *Princípio de Correspondência* (ou de Analogia).

Estes três princípios, em Bastide, em Lupasco como em nós mesmos, subentendem sempre um sistema de pensamento ou de energia, mas tentamos mostrar neste livro que o semantismo das imagens é sintomático do privilégio de um princípio diretor e do estado de atualização ou de potencialização das polaridades dialéticas postas em causa.

ANEXO II
Classificação isotópica das imagens

REGIMES OU POLARIDADES	DIURNO	NOTURNO	
	ESQUIZOMÓRFICAS (ou heróicas)	SINTÉTICAS (ou dramáticas)	MÍSTICAS (ou antifrásicas)
Estruturas	1ª idealização e "recuo" autístico. 2ª diairetismo (*Spaltung*). 3ª geometrismo, simetria, gigantismo. 4ª antítese polêmica.	1ª coincidência "oppositorum" e sistematização. 2ª dialética dos antagonistas, dramatização. 3ª historização. 4ª progressismo parcial (ciclo) ou total.	1ª redobramento e perseveração. 2ª viscosidade, adesividade antifrásica. 3ª realismo sensorial. 4ª miniaturização (Gulliver).
Princípios de explicação e de justificação ou lógicos	Representação objetivamente heterogeneizante (antítese) e subjetivamente homogeneizante (autismo). Os Princípios de EXCLUSÃO, de CONTRADIÇÃO, de IDENTIDADE funcionam plenamente.	Representação diacrônica que liga as contradições pelo fator tempo. O Princípio de CAUSALIDADE, sob todas as suas formas (espec. FINAL e EFICIENTE), funciona plenamente.	Representação objetivamente homogeneizante (perseveração) e subjetivamente heterogeneizante (esforço antifrásico). Os Princípios de ANALOGIA, de SIMILITUDE funcionam plenamente.
Reflexos dominantes	Dominante POSTURAL com os seus derivados *manuais* e o adjuvante das sensações à distância (vista, audiofonação).	Dominante COPULATIVA com os seus derivados motores *rítmicos* e os seus adjuvantes sensoriais (quinésicos, músico-rítmicos, etc.).	Dominante DIGESTIVA com os seus adjuvantes *cenestésicos, térmicos* e os seus derivados *táteis, olfativos, gustativos*.
Esquemas "verbais"	DISTINGUIR	LIGAR	CONFUNDIR
	Separar ↑ Misturar / Subir ↑ Cair	Amadurecer Progredir / Voltar Recensear	Descer, Possuir, Penetrar
Arquétipos "atributos"	Puro ↑ Manchado / Claro ↑ Escuro / Alto ↑ Baixo	Para a frente, Futuro / Para trás, Passado	Profundo, Calmo, Quente, Íntimo, Escondido
Situação das "categorias" do jogo de Tarô	O GLÁDIO (O Cetro)	O PAU / O DENÁRIO	A TAÇA
Arquétipos "substantivos"	A Luz ↑ As Trevas. O Ar ↑ O Miasma. A Arma Heróica ↑ A Atadura. O Batismo ↑ A Mancha. / O Cume ↑ O Abismo. O Céu ↑ O Inferno. O Chefe ↑ O Inferior. O Herói ↑ O Monstro. O Anjo ↑ O Animal. A Asa ↑ O Réptil.	O Fogo-chama. O Filho. A Árvore. O Germe. / A Roda. A Cruz. A Lua. O Andrógino. O Deus plural.	O Microcosmo. A Criança, o Polegar. O Animal *gigogne*. A Cor. A Noite. A Mãe. O Recipiente. / A Morada. O Centro. A Flor. A Mulher. O Alimento. A Substância.
Dos Símbolos aos Sistemas	O Sol, O Azul celeste, O Olho do Pai, As Runas, O Mantra, As Armas, A Vedação, A Circuncisão, A Tonsura, etc. / A Escada de mão, A Escada, O Bétilo, O Campanário, O Zigurate, A Águia, A Calhandra, A Pomba, Júpiter, etc.	O Calendário, A Aritmologia, a Tríade, a Tétrade, a Astrobiologia		
		A Iniciação, O "Duas-vezes nascido", A Orgia, O Messias, A Pedra Filosofal, A Música, etc. / O Sacrifício, O Dragão, A Espiral, O Caracol, O Urso, O Cordeiro. A Lebre, A Roda de fiar, O Isqueiro, A *Baratte*, etc.	O Ventre, Engolidores e Engolidos, Kobolds, Dáctilos, Osíris, As Tintas, As Pedras Preciosas, Melusina, O Véu, O Manto, A Taça, O Caldeirão, etc. / O Túmulo, O Berço, A Crisálida, A Ilha, A Caverna, O Mandala, A Barca, O Saco, o Ovo, O Leite, O Mel, O Vinho, O Ouro, etc.	

Índice geral das obras citadas

ABRAHAM, K., *Essai d'une histoire de l'évolution de la libido*. Internat. psychan. Verlang, 1924, Wien.
ADAM, L., *Le genre dans les diverses langues*. Paris, 1883.
ADLER, A., *Connaissance de l'homme*. Payot, Paris, 1949.
AEPPLI, E., *Les rêves et leur interprétation*. Payot, Paris, 1954.
ALAIN, *Préliminaires à la mythologie*. Hartmann, Paris, 1943.
_____ *Idées*. Hartmann, Paris, 1951.
ALLEAU, R., *De la nature des symboles*. Flammarion, Paris, 1958.
ALLENDY, R., *L'enfance méconnue*. Ed. Mt-Blanc, Genebra, 1943.
ALQUIÉ, F., *Le désir d'éternité*. P. U. F., Paris, 1943.
_____ *Philosophie du surréalisme*. Flammarion, Paris, 1955.
ANDRÉAE, J. V., *Les noces chymiques de Christian Rosenkreuz*. Chacornac, Paris, 1928.
ARAGON, L., *Le paysan de Paris*. N. R. F., 1926.
_____ *Apologie du luxe*, in "Matisse". Skira, Genebra, 1946.
ARBOIS DE JUBAINVILLE, H. d', *Le cycle mythique irlandais et la mythologie celtique* (tomo II do "Cours de littérature celtique"). Thosin, Paris, 1884.
ARNOULD DE GRÉMILLY, L., *Le coq*. Flammarion, Paris, 1958.
ARTHUS, H., *Le village. Test d'activité créatrice*. Hartmann, Paris, 1949.
AUGER, P., *Deux temps trois mouvements*, in "Diogène", Paris, julho 1957.
AYZAC, F. d', *Iconographie du dragon*, in "Revue de l'art chrétien", 1864.
BACHELARD, G., *La formation de l'esprit scientifique*. Vrin, Paris, 1947.
_____ *La philosophie du non*. P. U. F., Paris, 1940.
_____ *Le rationalisme appliqué*. P. U. F., Paris, 1949.

_____ *L'air et les songes*. Corti, Paris, 1943. (Trad. bras. *O ar e os sonhos*, Martins Fontes, São Paulo, 1990.)
_____ *L'eau et les rêves*. Corti, Paris, 1942. (Trad. bras. *A água e os sonhos*, Martins Fontes, São Paulo, 1989.)
_____ *La terre et les rêveries de la volonté*. Corti, Paris, 1948.
_____ *Psychanalyse du feu*. Gallimard, Paris, 1938. (Trad. bras. *A psicanálise do fogo*, Martins Fontes, São Paulo, 1994.)
_____ *La poétique de l'espace*. P. U. F., Paris, 1957. (Trad. bras. *A poética do espaço*, Martins Fontes, São Paulo, 1989.)
_____ *Lautréamont*. Corti, Paris, 1939.
_____ *La poétique de la rêverie*. P. U. F., 1960. (Trad. bras. *A poética do devaneio*, Martins Fontes, São Paulo, 1988.)
BAR, F., *Les routes de l'autre monde*. P. U. F., Paris, 1946.
BARTHES, R., *Le degré zéro de l'écriture*. Le Seuil, Paris, 1953.
_____ *Mythologies*. Le Seuil, Paris, 1957.
BASTIDE, R., *Sociologie et psychanalyse*. P. U. F., Paris, 1949-1950.
_____ *Le "château intérieur" de l'homme noir*, in "Eventail de l'histoire vivante, Hommage à Lucien Fèbvre". A. Colin, 1953.
_____ *Contribution à l'étude de la participation*, in "Cahiers intern. de sociol., XIV". Paris, 1953.
_____ *Immigration et métamorphose d'un dieu*, in "Cahiers de sociol., XX". Paris, 1956.
_____ *Lévi-Strauss ou l'ethnographe à la recherche du temps perdu*, in "Présence africaine", maio, 1959.
BAUDELAIRE, C., *Les fleurs du mal*. Garnier, Paris, 1954.
BAUDOUIN, C., *La découverte de la personne*. P. U. F., Paris, 1940.
_____ *Psychanalyse de V. Hugo*. Éd. Mt-Blanc, Genebra, 1943.
_____ *L'ame et l'action*. Éd. Mt-Blanc, Genebra, 1944.
_____ *Introduction à l'analyse des rêves*. Éd. Mt-Blanc, Genebra, 1945.
_____ *De l'instinct à l'esprit*. Desclée de Brouwer, Bruges, 1950.
_____ *Le triomphe du héros*. Plon, Paris, 1952.
BAY, A., *Histoires racontées par des enfants*. Stock, Paris, 1951.
BAYARD, J.-P., *Histoire des légendes*. P. U. F., Paris, 1955.
_____ *Le feu*. Flammarion, Paris, 1958.
BÉDIER, J., *Le roman de Tristan et Iseut*. Traduzido e melhorado para o francês por J. Bédier. Piazza, Paris, 1900.
BÉGUIN, A., *Le rêve chez les romantiques allemands et dans la pensée française moderne*. Cahiers du Sud, Marselha, 1937.
BÉNÉDICT, R., *Echantillons de civilisations*. Gallimard, Paris, 1950.
BERGAIGNE, A., *La religion védique d'après les hymnes du Rig-Véda* (3 vol.). Vieweg, Paris, 1883.

BERGER DE XIVREY, J., *Traditions tératologiques*, ou récits de l'antiquité et du Moyen Âge en Occident sur quelques points de la fable, du merveilleux et de l'histoire naturelle. Impr. Royale, 1836.

BERGSON, H., *Essai sur les données immédiates de la conscience*. P. U. F., Paris, 1939.

_____ *Matière et mémoire*. P. U. F., Paris, 1945.

_____ *L'evolution créatrice*. P. U. F., Paris, 1945.

_____ *Les deux sources de la morale et de la religion*. P. U. F., Paris, 1945.

BERNIS, J., *L'imagination*. P. U. F., Paris, 1958.

BERNUS, A., von, *Alchimie und Heilkunst*. H. Karl, Nürnberg, 1948.

BERTHELOT, R., *La pensée de l'Asie et l'astrobiologie*. Payot, Paris, 1949.

BETCHEREV, W., *La psychologie objective*. Alcan, Paris, 1913.

_____ *General principles of human reflexology*. Londres, 1933.

BETCHEREV, W. e BERITOFF, I. S., OUFLAND, J. M., OUKHTOMSKY, A., VINOGRADOV, M., *Novoï é Reflexologuii i Fisiologuii Nervnoï Systemi* (2 vol.). Léningrad – Moscou, 1925-1926.

BHAGAVAD-GITA, LA, trad. C. Rao e J. Herbert. Maisonneuve, Paris, 1943.

BIBLE, La Sainte, tradução L. Segond. Maison de la Bible, Genebra, 1943.

BINET, A., *La pensée sans images*, in "Rev. philos.". Paris, 1903.

_____ *Étude expérimentale de l'intelligence*. A. Costes, Paris, 1922.

BINSWANGER, L., *Grundformen, und Erkentnis menschlichen Dasein*. Leipzig, 1922.

BLANCOU, M.-L., *Règlement taurin*. Traduzido para francês por M.-L. Blancou. Nîmes, 1949.

BLEULER, M., *Handbuch der Psychiatrie*. Deutike, Leipzig, 1911.

_____ *Die Probleme der Schizoïdie und Syntonie*, in "Zeitschrifft für D. ges. Neurolog. und Psychiatrie", 1922.

BLOCH, J., *Les tziganes*. P. U. F., Paris, 1953.

BOCHNER, R. e HALPERN, F., *L'application clinique du test de Rorschach* (2 vol.). P. U. F., Paris, 1948.

BOHM, E., *Traité du psychodiagnostic de Rorschach* (2 vol.). P. U. F., Paris, 1955.

BOISACQ, E., *Dictionnaire étymologique de la langue grecque*. Klincksieck, Paris, 1938.

BONAPARTE, M., *Chronos, Eros, Thanatos*. P. U. F., Paris, 1952.

_____ *Mythes de guerre*. Image Publishing, Londres, 1946.

_____ *Edgar Poë, sa vie, son oeuvre, étude analytique* (3 vol.). Denoël, Paris, 1933.

_____ *Psychanalyse et anthropologie*. P. U. F., Paris, 1952.

_____ *Psychanalyse et biologie*. P. U. F., Paris, 1952.

BONNET, H., *Roman et poésie*. Essai sur l'esthétique des genres. Nizet, Paris, 1951.
BOYANCÉ, P., *Le culte des muses chez les philosophes grecs*. De Boccard, Paris, 1937.
BRADLEY, O., *Principles of Logic*. Londres, 1883.
BRÉAL, M.-J., *Essai de sémantique*. Science des significations. Hachette, Paris, 1904.
BRÉAL, M.-J., e BAILLY, A., *Dictionnaire étymologique de la langue latine*. Hachette, Paris, 1898.
BRÉHIER, E., *Philosophie et mythe*, in "Rev. méta. et morale", Paris, 1914.
_____ *Histoire de la philosophie* (3 vol.). P. U. F., Paris, 1946.
BRELET, G., *Le temps musical*. P. U. F., Paris, 1949.
BRENTANO, F., *Psychologie du point de vue empirique*. Aubier, Paris, 1944.
BRETON, A., *Le poison soluble*. Kra, Paris, 1924.
_____ *Second manifeste du surréalisme*. Éd. du Sagittaire, Paris, 1947.
BRETON, A. e LEGRAND, G., *L'art magique*. Club Français du Livre, Paris, 1957.
BREUIL, H., *Le feu et l'industrie lithique et osseuse à Chou Kou Tien*, in "Bull. Soc. Géol. chin., XI", Paris, 1931.
BRIFFAUT, R., *The Mothers*. A Study of the Origin of Sentiments and Institutions (3 vol.). London, 1927.
BRU, Ch.-P., *Esthétique de l'abstraction*. Essai sur le problème actuel de la peinture. P. U. F., 1955.
BRUNSCHVICG, L., *Héritage de mots, héritage d'idées*. P. U. F., Paris, 1945.
BRUYNE, E. de, *Études d'esthétique médiévale* (3 vol.). De Tempel, Bruges, 1946.
BUHLER, K., *Tatsachen und Probleme zu einer Psychologie der Denkvorgänge*, in "Arch. für Gesel. Psych". Berlim, 1907.
BUHOT, J., *Arts de la Chine*. Éditions du Chêne, Paris, 1951.
BURLOUD, A., *La pensée, d'après les recherches expérimentales de H. J. Watt, Messer et Buhler*. Alcan, Paris, 1927.
_____ *La pensée conceptuelle*. Alcan, Paris, 1928.
_____ *La psychologie des tendances*. Alcan, Paris, 1928.
CAHEN, M., *La Libation*. Étude sur le vocabulaire religieux du vieux scandinave. Paris, 1921.
CANGUILHEM, G., *Connaissance de la vie*. Hachette, Paris, 1952.
CARON, M. e HUTIN, S., *Les alchimistes*. Seuil, Paris, 1959.
CARROUGE, M., *A. Breton et les données fondamentales du surréalisme*. Gallimard, Paris, 1950.
CASTETS, F., Édition de *Renaud de Montauban*, in "Rev. des langues romanes", XLIX, 1906.

CATALOGUE, de L'exposition "*Orient-Occident*, rencontres et influences". Museu Cernuschi, Paris, 1958.
CAZENEUVE, J., *Les dieux dansent à Cibola*. Le Shalako des Indiens Zunis. Gallimard, Paris, 1957.
CELLIER, L., *L'epopée romantique*. P. U. F., Paris, 1954.
CHAMISSO, A. Von., *Peter Schlemihl*. Didier, Paris, 1949.
CHAR, R., *A une sérénité crispée*. Gallimard, Paris, 1951.
CHOISY, M., *La métaphysique des yogas*. Éd. Mt-Blanc, Genebra, 1948.
_____ *Satan* (volume coletivo). Études Carmélitaines. Desclée, Paris, 1948.
CLAUDEL, P., *Connaissance de l'Est*. Mercure de France, Paris, 1907.
COCTEAU, J., *Le sang d'un poète*. Édit. du Rocher, Mônaco, 1953.
COHEN, G., *La grande clarté du Moyen Âge*. Gallimard, Paris, 1945.
COHN, W. e DAVID, M., *La peinture chinoise*. Phaidon, Londres, 1948.
COMHAIRE-SYLVAIN, S., *Les contes haïtiens* (2 vol.). Impr. Meester-Wettern, Bélgica, 1937.
CORBIN, H., *L'imagination créatrice dans le soufisme d'Ibn' Arabî*. Flammarion, Paris, 1959.
COUDERC, P., *Le calendrier*. P. U. F., Paris, 1946.
COXWELL, G. F., *Siberian and Other Folk-Tales*. The C. W. Danill Company, Londres, 1925.
CUÉNOT, *L'évolution biologique*. Les faits, les certitudes. Masson, Paris, 1951.
CUISINIER, J., *La danse sacrée en Indochine et en Indonésie*. P. U. F., Paris, 1951.
DALBIEZ, R., *La méthode psychanalytique et la doctrine freudienne* (2 vol.). Desclée de Brouwer, Paris, 1936.
DALI, S., *De la beauté terrifiante et comestible de l'architecture Modern' Style*. Minotaure, III, IV, Paris, 1933.
_____ *Ma vie secrète*. Club Français du Livre, Paris, 1954.
DAMOURETTE et PICHON, E., *Des mots à la pensée*. Essai de grammaire psychologique de la langue française (7 vol.). Bibl. du Français moderne, Paris, 1911-1936.
DANTE, *La divine comédie*. A. Michel, Paris, 1947.
DARDEL, E., *La signification du mythique*, in "Diogène", n.º 7, 1954.
DAUZAT, A., *La toponymie française*. Payot, Paris, 1946.
DAVY, M. M., *Essai sur la symbolique romane*. Flammarion, Paris, 1955.
DEJERINE, J., *Sémiologie du système nerveux*, op. IX, tomo V do "Traité de Path. générale" de Ch. Bouchard. Masson, Paris, 1901.
DELMAS, A. e BOLL, M., *La personnalité humaine*. Flammarion, Paris, 1922.
DE LUBAC, H., *Amida*, Seuil, Paris, 1955.

DESOILLE, R., *L'exploration de l'activité subconsciente par la méthode du rêve éveillé.* D'Artrey, Paris, 1938.
_____ *Le rêve éveillé en psychothérapie.* P. U. F., Paris, 1945.
DIEL, P., *Le symbolisme dans la mythologie grecque.* Payot, Paris, 1952.
DIETERICH, A., *Mutter Erde, ein Versuchüber Volksreligion.* Leipzig-Berlim, 1925.
DIETERLEN, G., *Essai sur la religion bambara.* P. U. F., Paris, 1951.
DONNER K., *La sibérie* (La vie en Sibérie. Les temps anciens). Gallimard, Paris, 1946.
DONTENVILLE, H., *La mythologie française.* Payot, Paris, 1948.
DRACOULIDÈS, N. N., *L'analyse de l'artiste et de son oeuvre.* Éd. Mt-Blanc, Genebra, 1952.
DUCHESNE-GUILLEMAIN, J., *Ormadz et Ahriman.* L'aventure dualiste dans l'antiquité. P. U. F., Paris, 1953.
DUFRENNE, M., *La personnalité de base.* P. U. F., Paris, 1953.
DUMAS, G., *Nouveau traité de psychologie.* P. U. F., Paris, 1930.
DUMÉZIL, G., *Tarpeia.* Essai de philologie comparative indo-européenne (Les Mythes romains, III). Gallimard, Paris, 1947.
_____ *L'héritage indo-européen à Rome.* Introduction aux séries "Jupiter, Mars, Quirinus" et "Les mythes romains". Gallimard, Paris (7ᵉ édition), 1949.
_____ *Jupiter, Mars, Quirinus* (abrév. J. M. Q.), I. Essai sur la conception indo-européenne de la société et sur les origines de Rome. Gallimard, Paris, 1941.
_____ *Jupiter, Mars, Quirinus*, II. Naissance de Rome. Gallimard, Paris, 1944.
_____ *Jupiter, Mars, Quirinus*, IV. P. U. F., Paris, 1948.
_____ *Mythes et Dieux des Germains.* Essai d'interprétation comparative. P. U. F., Paris, 1953.
_____ *Mitra-Varuna.* Essai sur deux représentations indo-européennes de la Souveraineté. P. U. F., Paris, 1940.
_____ *Servius et la fortune.* Essai sur la fonction sociale de louange et de blâme et sur les éléments indo-européens du *cens* romain (Les mythes romains, II). Gallimard, Paris, 1943.
DUMONT, L., *La tarasque.* Essai de description d'un fait local d'un point de vue ethnographique. Gallimard, Paris, 1951.
DURAND, G., *Psychanalyse de la neige, in* "Mercure de France", Paris, agosto, 1953.
_____ *Lucien Leuwen, ou l'héroïsme à l'envers, in* "Stendhal Club", abril, 1959.
_____ *Le décor mythique de la Chartreuse de Parme.* Contribution à l'ésthétique du romanesque. Corti, 1961.

_____ *Les trois niveaux de formation du symbolisme*, in "Cahiers internationaux de symbolisme". Bruxelas, 1962.

_____ *L'Occident iconoclaste*. Contribution à l'histoire du symbolisme, "Cahiers inter. de symbolisme". Bruxelas, 1963.

DURAND, Y., *Le test archétypal à 9 éléments (A. T. 9)*. Essai d'exploration expérimentale du comportement par les structures de l'Imaginaire. "Cahiers inter. de symbolisme", n.º 4. Bruxelas, 1963.

DURKHEIM, E., *Les formes élémentaires de la vie religieuse*. Le système totémique en Australie. Alcan, Paris, 1912.

DURKHEIM, E. e MAUSS, M., *De quelques formes primitives de classification*, in "Année sociol., VI". Paris, 1901-1902.

ELIADE, M., *La mandragore et les mythes de la naissance miraculeuse*, in "Zalmoxis", t. III, 1940-1941.

_____ *Traité d'histoire des religions*. Payot, Paris, 1949.

_____ *Le chamanisme et les techniques archaïques de l'extase*. Payot, Paris, 1951.

_____ *Le yoga* (Immortalité et liberté). Payot, Paris, 1954.

_____ *Images et symboles*. Essai sur le symbolisme magico-religieux. Gallimard, Paris, 1952.

_____ *Le mythe de l'éternel retour*, archétypes et répétition. Les Essais, Paris, 1949.

_____ *Forgerons et alchimistes*. Flammarion, Paris, 1956.

ELWIN (Verrier), *Maisons des jeunes chez les Muria*. Gallimard, Paris, 1959.

ESCHOLIER, R., *Victor Hugo artiste*. Crès, Paris, 1926.

ESPINAS, A., *Les origines de la technologie*. P. U. F., Paris, 1897.

FABRE D'OLIVET, *La langue hébraïque restituée* (2 vol.). Darbon aîné, Paris, 1931.

FAULKNER, W., *Le bruit et la fureur. Sartoris. L'invaincu* (3 vol.). Gallimard, Paris, 1937-1950.

FÉLICE, P. de, *Poisons sacrés, ivresses divines*. Essai sur quelques formes inférieures de la mystique. A. Michel, Paris, 1936.

FESTUGIÈRE, A.-J., *La révélation d'Hermès Trismégiste* (4 vol.). Études Bibliques, Paris, 1944.

FEWKES, J. W., *Hopi Katcinas*. 21st Annual Report, Bur. of American Ethnol. Smithsonian Instit., Washington, 1903.

FIGUIER, L., *L'alchimie et les alchimistes*. Hachette, Paris, 1856.

FLORISSONE, M., *Esthétique et mystique d'après sainte Thérèse d'Avila et saint Jean de la Croix*. Seuil, Paris, 1956.

FOURNIER, A., *Le grand Meaulnes*. Émile-Paul, Paris, 1930.

FRAZER, J.-G., *Le rameau d'or*. Étude de magie et d'histoire religieuse. Schleicher, Paris, 1903-1911.

_____ *Mythes sur l'origine du feu*. Payot, Paris, 1931.
FREUD, S., *Introduction à la psychanalyse*. Payot, Paris, 1947.
_____ *Psychopathologie de la vie quotidienne*. Payot, Paris, 1948.
_____ *La science des rêves*. Payot, Paris, 1950.
_____ *Trois essais sur la théorie de la sexualité*. Gallimard, Paris, 1923.
_____ *Totem et tabou*. Payot, Paris, 1947.
_____ *Jenseits des Lustprinzips*. Leipzig, 1920.
_____ *Das Ich und das Es*. Leipzig, 1923.
FRIEDMANN, G., *Où va le travail humain?* Gallimard, Paris, 1950.
_____ *Psychanalyse et sociologie*. Diogène, n.º 14, 1956.
FRUTIGER, *Les mythes de Platon*. Alcan, Paris, 1930.
GANAY, S. de, *Les devises des dogons*, in "Trav. et mém. instit. ethnog.", XLI, Paris, 1942.
_____ *Une graphie soudanaise du doigt du créateur*, in "Revue d'hist. des religions", XXXIX, n.º 1, T. C., jan.-março, 1951.
GANZ, M., *La psychologie d'A. Adler et le développement de l'enfant*. Delachaux et Nieslé, Neuchâtel, 1935.
GERMAIN, P. e BUGNARDIN, P., *Musique et psychanalyse*, in "Rev. fr. de psychan.", Paris, 1934.
GHIKA, M., *Le nombre d'or* (2 vol.). Gallimard, Paris, 1931.
GIACOMETTI, *La voiture démystifiée*, in "Art", n.º 339, Paris, 1957.
GIBSON, J. e MAURER, O. H., *Determinants of the Perceived Vertical and Horizontal*, in "Psychol. Review", julho, 1938.
GIRARD, R., *Le Popol-Vuh*. Histoire culturelle des Maya-Quichés. Payot, Paris, 1954.
GOLDSTEIN, K., *La structure de l'organisme*. Gallimard, Paris, 1951.
GOLDSTEIN, K., e ROSENTHAL, O., *Zum Problem der Wirkung der Farben auf den Organismus*. Schwitz arch. für Neurol. u. Psychiat. XXVI, Zurich, 1934.
GONSETH, F., *Les mathématiques et la réalité*. Alcan, Paris, 1936.
GORCE, M. e MORTIER, R., *Histoire générale des religions* (4 vol.). Quillet, Paris, 1948.
GRANET, M., *La civilisation chinoise*. Renaissance du Livre, Paris, 1929.
_____ *La pensée chinoise*. Id., Paris, 1934.
_____ *Danses et légendes de la Chine ancienne* (2 vol.). Alcan, Paris, 1926.
GRAY, R. D., *Goethe the Alchemist*. A Study of Alchemical Symbolism in Goethe's Literary and Scientific Works. University Press, Cambridge, 1952.
GRIAULE, M., *Dieu d'eau*. Entretiens avec Ogotommêli. Éditions du Chêne, Paris, 1948.
_____ *Masques dogons*. Instit. ethnol., Paris, 1932.

_____ *Jeux dogons*. Instit. ethnol., Paris, 1938.
_____ *Rôle du Silure Clarias Senegalensis dans la procréation au Soudan français*, in "Deutsche Akademie der Wissenschaften zu Berlin", n.º 26, 1955.
_____ *Symbolisme d'un temple totémique soudanais*, in "Is. M. E. O.", Roma, 1957.
_____ *Symbolisme des tambours soudanais*, in "Mélanges d'histoire et d'esthétique musicale". Massé, Paris, 1955.
_____ *Nouvelles recherches sur la notion de personne chez les dogons*, in "Journ. de psych. normale et pathologique", out.-dez., 1947.
_____ *Remarques sur le mécanisme du sacrifice dogon*, in "Journ. société des africanistes", X, 1940.
GRIAULE, M., e DIETERLEN, G., *Un système soudanais de Sirius*, in "Journ. soc. des africanistes", XX, 1950.
GRILLOT DE GIVRY, *Le musée des sorciers, mages et alchimistes*. Libr. de France, Paris, 1929.
GRIMAL, P., *Dictionnaire de la mythologie grecque et romaine*. P. U. F., Paris, 1951.
GROOS, K., *Les jeux des animaux*. Alcan, Paris, 1902.
GROTH-KIMBALL, I. e FEUCHTWANGER, F., *L'art ancien du Mexique*. Braun, Paris, 1954.
GROUSSET, R., *Arts de l'Extrême-Orient*. Plon, Paris, 1950.
GRUPPE, O., *Griechische Mythologie*. Beck, Munique, 1906.
GUÉNON, R., *Le règne de la quantité et le signe des temps*. Gallimard, Paris, 1945.
_____ *Le roi du monde*. Édit. Tradition., Paris, 1950.
_____ *Le symbolisme de la croix*. Édit. Vega, Paris, 1950.
GUIART, J., *Contes et légendes de la Grande Terre*. Édit. des Études mélanésiennes, 1957.
GUIRAUD, P., *Langage et versification d'après l'oeuvre de P. Valéry*. Klincksieck, Paris, 1953.
_____ *Index du vocabulaire du symbolisme* (3 vol.). Klincksieck, Paris, 1953.
_____ *La stylistique*. P. U. F., 1954.
_____ *La sémantique*. P. U. F., 1959.
GUITTON, J., *Le temps et l'Eternité chez Plotin et saint Augustin*. Boivin, Paris, 1933.
GÜNTERT, M., *Kalypso*. Halle, 1923.
GUSDORF, G., *Mythe et métaphysique*. Flammarion, Paris, 1953.
HALBWACHS, M., *La topographie légendaire des évangiles en Terre Sainte*. P. U. F., Paris, 1941.
HARDING, E., *Les mystères de la femme*. Payot, Paris, 1953.

HEGEL, G. W. F., *Esthétique*. Trad. Ch. Benard, Paris, 1875.
HERDER, J. G. von, "Vom Erkennen", *in Gesammelte Werke*. Rulten und Loening, Potsdam, 1892.
HEUSE, G., *Eléments de psychologie sociale générale*. Vrin, Paris, 1954.
HILLIER, J., *Les maîtres de l'estampe japonaise*. Phaidon, Londres, 1954.
HITLER, A., *Mein Kampf* (2 vol.). Zentralverlag der N. S. D. A. P., Munique, 1934.
HÖFFDING, H., *Esquisse d'une psychologie fondée sur l'expérience*. Alcan, Paris, 1900.
HUBERT, H. e MAUSS, M., *Mélanges d'histoire des religions*. Alcan, Paris, 1929.
_____ *Essai sur la nature et la fonction du sacrifice*. Année sociologique, II, Alcan, Paris, 1897-1898.
_____ *Esquisse d'une théorie générale de la magie*. Année sociol., VII, Alcan, Paris, 1903.
HUBERT, R., *La croissance mentale*. Étude de psychologie. P. U. F., Paris, 1949.
HUGO, V., *Oeuvres complètes* (42 vol.). Ollendorff, Paris, 1904-1938.
HUGUET, E., *Métaphores et comparaisons dans l'oeuvre de V. Hugo*. Hachette, Paris, 1904.
HUSSERL, E., *Idées directrices pour une phénoménologie*. Gallimard, Paris, 1950.
HUTIN, S., *L'alchimie*. P. U. F., Paris, 1951.
HYPPOLITE, J., *Commentaire parlé sur la Verneinung de Freud, in* "La Psychanalyse", P. U. F., Paris, 1956.
ICARD, S., *La femme pendant la période menstruelle*. Étude de psychologie morbide et de médecine légale. Alcan, Paris, 1890.
JACOBI, J., *Psychologie de C. G. Jung*. Delachaux et Nieslé, Paris, 1946.
JACOBSON, E., *The Electrophysiology of Mental Activities, in* "Americ. Journ. Psych.", n.º 44, 1933.
JAMES, W, *Précis de psychologie*. Rivière, Paris, 1910.
_____ *Le pragmatisme*. Flammarion, Paris, 1911.
JASPERS, K., *Strindberg et Van Gogh*. Édit. de Minuit, Paris, 1953.
JEAN PAUL, Richter, *Sämtliche Werke* (4 vol.). Reimer, Berlim, 1860-1862.
JUNG, C. G., *Métamorphoses et symboles de la libido*. Montaigne, Paris, 1932.
_____ *Paracelsica*. Rascher, Zurique, 1934.
_____ *Ein moderner Mythus. Von Dingen, die am Himmel gesehen werden*. Rascher, Zurique, 1959.
_____ *Les types psychologiques*. Georg, Genebra, 1950.
_____ *Psychologie und Religion*. Yale Univ. Press, New Haven, 1955.

_____ *L'homme à la découverte de son âme.* Éd. Mt-Blanc, Genebra, 1950.

KALEVALA, *le*, tradução para o francês por Léouzon-Leduc. Flammarion, Paris, 1879.

KANT, E., *La critique de la raison pure* (2 vol.). Flammarion, Paris, 1937.

KARDINER, A., *The Individual and his Society.* The Psychodynamies of Primitive Social Organization. Columbia University Press, Nova York, 1939.

KOFFKA (K.). *Principles of Gestalt Psychology.* Harcourt, Nova York, 1935.

KORZYBSKI, A., *Science and Sanity.* An Introduction to Non-Aristotelian Systems and General Semantics. Lakeville, EUA, 1933.

KOSTYLEFF, N., *La réflexologie.* Essai d'une psychologie structurale. Delachaux, Paris, 1947.

KRAPPE, A. H., *La genèse des mythes.* Payot, Paris, 1952.

KRESTSCHMER, *La structure du corps et le caractère.* Payot, Paris, 1930.

LACROZE, N., *La fonction de l'imagination.* Boivin et Cie, Paris, 1938.

LAGACHE, D., *Réponse à G. Friedmann, in* "Bulletin psychologie", Paris, 1956.

LALO, Cf., *L'art loin de la vie.*

LANGTON, E., *La démonologie.* Payot, Paris, 1951.

LANZA DEL VASTO, *Commentaire des évangiles.* Denoël, Paris, 1951.

LAO-TZEU, *Tao-Te-King, in* "Les pères du système taoïste". Léon Wieger, Cathasia, 1950.

LAURENT, J., *Paul et Jean-Paul, in* "Table ronde", Paris, fev., 1950.

LEENHARDT, M., *Notes d'ethnologie néo-calédonienne.* Institut d'ethnologie, Paris, 1930.

_____ *Documents néo-calédoniens.* Institut d'ethnologie, Paris, 1932.

_____ *Gens de la Grande Terre.* Gallimard, Paris, 1937.

_____ *Do Kamo, le mythe et la personne dans le monde mélanésien.* Gallimard, Paris, 1947.

LEIA, *Le symbolisme des contes de fées.* Éd. Mt-Blanc, Genebra, 1943.

LEIRIS, *Aurora.* Mercure de France, Paris, 1957.

_____ *Note sur l'usage de chromolithographies par les vodouïsants d'Haïti, in* "Inst. français d'Afr. noire", n.° 27, Dakar, 1953.

LENORMANT, F., *Les origines de l'histoire d'après la Bible et les traditions des peuples orientaux* (2 vol.). Maisonneuve, Paris, 1880-1884.

LEROI-GOURHAN, A., *Evolution et Technique. I: L'homme et la Matière.* A. Michel, Paris, 1943.

_____ *Evolution et technique. II: Milieu et technique.* A. Michel, Paris, 1945.

_____ *Archéologie du Pacifique Nord.* Matériaux pour l'étude des relations entre les peuples riverains d'Asie et d'Amérique. Institut ethnolog., Paris, 1946.

_____ *La fonction des signes dans les sanctuaires paléolithiques*, in "Bull. de la soc. préhist. franç.". Tomo IV, fasc. 5-6, set., 1958.
_____ *Le symbolisme des grands signes dans l'art pariétal paléolithique*, in "Bull. de la soc. préhist. franç". Tomo IV, fasc. 7-8, out., 1958.
_____ *Répartition et groupement des animaux dans l'art pariétal paléolithique*, in "Bull. de la soc. préhist. franç.". Tomo IV, fasc. 9, nov., 1958.
LÉVI-STRAUSS, C., *Structures élémentaires de la parenté*. P. U. F., Paris, 1949.
_____ *Les mathématiques de l'homme*, in "Bulletin internat. des sciences sociales", VI, n.° 4, Unesco, 1954.
_____ *Tristes tropiques*. Plon, Paris, 1955.
_____ *Anthropologie structurale*. Plon, Paris, 1958.
_____ *La pensée sauvage*. Plon, Paris, 1962.
LÉVY-BRUHL, L., *La mentalité primitive*. Alcan, Paris, 1925.
_____ *Les fonctions mentales dans les sociétés inférieures*. Alcan, Paris, 1910.
_____ *La mythologie primitive*. Le monde mythique des Australiens et des Papous. Alcan, Paris, 1935.
LEWIN, K., *Principles of Topological Psychology*. Nova York, 1936.
LIE-TZEU, *Tchoung-Hu-Tchenn-King*, in "Les pères du système taoïste". Léon Wieger, Cathasia, 1950.
LOT-FALCK, E., *Les rites de chasse chez les peuples sibériens*. Gallimard, Paris, 1953.
LOTHE, A., *Traité du paysage*. Floury, Paris, 1941.
LOWIE, R. H., *Manuel d'anthropologie culturelle*. Payot, Paris, 1936.
LUPASCO, S., *Logique et contradiction*. P. U. F., Paris, 1947.
_____ *Le principe de l'antagonisme et la logique de l'énergie*. Hermann, Paris, 1951.
_____ *L'energie et la matière vivante*. Antagonisme constructeur et logique de l'hétérogène. Julliard, 1962.
MAISTRE, J. de, *Traité des sacrifices*. Librairil cathol. Vitte, Lyon-Paris, 1924.
MALRAUX, A., *Les voix du silence*. Gallimard, Paris, 1951.
_____ *La métamorphose des dieux*. Guilde du Livre, Lausanne, 1957.
_____ *Saturne*. Gallimard, Paris, 1950.
MALTEN, L., *Das Pferd in Totenglauben*, in "Jah. Deuts. Archeol. Instit.", XXIX, 1914.
MASON, D. I., *Synesthesia and Sound Spectra*, in "Word", vol. 8, n.° I, 1952.
MASON-OURSEL, P., *La philosophie de l'Orient*. P. U. F., Paris, 1946.
MATORÉ, G., *La méthode en lexicologie*. Domaine français. Didier, Paris, 1950.

MAX, L. W., *An Experimental Study of the Motor Theory of Conciousness*, in "Journ. Com. Psych.", 1935.
MAXWELL, *Le tarot*. Alcan, Paris, 1923.
MERLEAU-PONTY, M., *Les aventures de la dialectique*. Gallimard, Paris, 1955.
MÉTRAUX, A., *Histoire du monde et de l'homme* (Textes indiens de l'Argentine), in "N. R. F.", Paris, 1936.
_____ *Contribution au folklore andin*, in "Journ. soc. des américanistes", t. XXVI, 1934.
_____ *Le vaudou haïtien*. Gallimard, Paris, 1958.
MICHAUD, G., *Introduction à une science de la littérature*. Pulhan, Istambul, 1950.
MICHEL, A., *Psychanalyse de la musique*. P. U. F., Paris, 1956.
MICHELET, J., *Histoire de la révolution française*. Imprimerie Nationale, Paris, 1889.
MILNER, M., *Poésie et vie mystique chez saint Jean de la Croix*. Seuil, Paris, 1951.
MINDER, R., *Un poète romantique allemand: Ludwig Tieck*. Belles Lettres, Paris, 1936.
MINKOWSKA, F., *De Van Gogh et Seurat aux dessins d'enfants*. Catalogue expos. Musée pédagogique, Paris, 1949.
MINKOWSKA, F. e FUSSWERK, *Le test de la maison*, in "Publ. congrès des aliénistes", Paris, 1947.
MINKOWSKA, F. e KRASNUSCHKINE, *La constitution épileptoïde et ses rapports avec la structure de l'épilepsie essentielle*. Recueil de travaux offert au Prof. Bruchanski, 1946.
MINKOWSKI, E., *La schizophrénie*. Desclée de Brouwer, Paris, 1953.
_____ *Vers une cosmologie*. Aubier, Paris, 1936.
_____ *Autisme et attitude schizophrénique*, in "Journ. psych.", I, Paris, 1927.
_____ *Troubles essentiels de la schizophrénie*, in "Evol. psychiat.", Payot, Paris, 1925.
MINKOWSKI, E. e ROGUES DE FURSAC, *Contribution à l'étude de la pensée et attitude autistes*, in "Encéphale", XVIII, Paris, 1923.
MINKOWSKI, M., *L'état actuel de l'étude des réflexes*. Masson, Paris, 1927.
MOHR, P., *Psychiatrie und Rorschach'schen-Formdeutversuchen*. Orell Füssli, Zurique, 1944.
MONNIER, M., *Le test psychologique de Rorschach*, in "Encéphale", XXIX, 1934.
MONTESSORI, M., *L'enfant*. Desclée de Brouwer, Paris, 1936.
MORENO, J. L., *Fondements de la sociométrie*. P. U. F., Paris, 1954.

MORET, A. e DAVY, G., *Des clans aux empires*. Renaiss. du Livre, Paris, 1922.
MORGAN, Clifford T., *Psychologie physiologique* (2 vol.). P. U. F., Paris, 1949.
MUCHIELLI, R., *Le mythe de la cité idéale*. P. U. F., 1960.
MÜLLER, M., *Nouvelles leçons sur la science du langage*. Durand, Paris, 1867-1868.
NAUDON, P., *Les loges de Saint-Jean*. Dervy, Paris, 1957.
_____ *Les origines religieuses et corporatives de la franc-maçonnerie*. Dervy, Paris, 1953.
NICOLAS, F.-J., *Mythes et êtres mythiques des L'éla de la Hte-Volta*, in "Bull. soc. franç. d'Afr. noire", XIV, n.º 4, out., 1952.
NIEBELUNGEN (La chanson des), tradução para o francês de Colleville e Tonnelat. Aubier, Paris, 1944.
NOVALIS, *Schrifften heraus gegeben von Ludwig Tieck und Fr. Schlegel* (4 vol.). Baudry, 1840.
NYROP, Kr., *Grammaire historique de la langue française* (4 vol.). Picard, Paris, 1913-1930.
ODIER, Ch., *Le problème musical et le point de vue de l'origine*, in "Sem. litt.", Paris, jan.-fev., 1924.
ORGLER, H., *Adler et son oeuvre*. Stock, Paris, 1947.
OUKHTOMSKY, A., *Le principe de la dominante*, in "Novoie Reflex. Fisiol. Nervn. Syst.", I, pp. 40 s., 1925.
PAPUS, *Le tarot des bohémiens*. Carré, Paris, 1885.
PARACELSE, *Schrifften*. Hans Kayser, Leipzig, 1924.
PARIS, G., *Le graal*, in "Encyclop. des sciences relig.", t. V, Sandoz et Fischbacher, Paris, 1878.
PAUPHILET, A., *La queste du Graal*. Thèse Lettres, Paris, 1921-1922.
PAVLOV, J. P., CETCHENOV, I. M., VEDENSKY, N. E., *Fisiologuiia Nervnoi systemi*. Moscou, 1952.
PERNÉTY, A. J., *Dictionnaire Mytho-Hermétique*, dans lequel on trouve les allégories fabuleuses des poètes, les métaphores, les énigmes et les termes barbares des philosophes hermétiques, à Paris, chez Bauche, 1758.
PÉTREMENT, S., *Le dualisme chez Platon, les gnostiques et les manichéens*. P. U. F., Paris, 1949.
PIAGET, J., *La formation du symbole chez l'enfant*. Delachaux et Nieslé, Neuchâtel-Paris, 1945.
_____ *La construction du réel chez l'enfant*. Delachaux et Nieslé, Neuchâtel-Paris, 1945.
_____ *Introduction à l'épistémologie génétique* (3 vol.). P. U. F., Paris, 1950.

PIAGET, J. e INHELDER, B., *La représentation de l'espace chez l'enfant*. P. U. F., Paris, 1948.
PICARD, Ch., *Le cénotaphe de Midea*, in "Revue philolog.", Paris, 1933.
PIGANIOL, A., *Essai sur les origines de Rome*. Boccard, Paris, 1917.
PIRRO, A., *Esthétique de J. S. Bach*. Plon, Paris, 1949.
POE, E., *Histoires extraordinaires*. Calman-Lévy, Paris, 1903.
POULET, G., *Les métamorphoses du cercle*. Plon, Paris, 1961.
PRADINES, M., *Traité de psychologie* (3 vol.). P. U. F., Paris, 1946.
PROUST, M., *Du côté de chez Swann*. Gallimard, Paris, 1919.
_____ *Le temps retrouvé*. Gallimard, Paris, 1927.
PRZYLUSKI, J., *La participation*. P. U. F., Paris, 1940.
_____ *La grande déesse*. Payot, Paris, 1950.
QUINCEY, Th. de, *The Confession of an English Opium Eater*. Scott, Londres, 1886.
RÂMAKRISHNA, *L'enseignement de Râmakrishna*. Tradução de J. Herbert Maisonneuve, Paris, 1942.
RANK, O., *Le traumatisme de la naissance*. Payot, Paris, 1928.
RAUCOULE, A., *Hallucinations mescaliniques*, in "Encéphale", XXXIII, Paris, junho, 1938.
REICHARD, G. A., JAKOBSON, R., WERTH, E., *Language and Synesthesia*, in "Word", vol. V, n.º 2, 1949.
REIK, T., *Der eigene und der fremde Gott*, in "Intern. psychoan. Verlag", Wien, 1923.
REINACH, S., *Cultes, mythes et religions* (5 vol.). Leroux, Paris, 1905-1912.
RENAN, E., *De l'origine du langage*. Calman-Lévy, Paris, 1889.
REVAULT D'ALLONNES, *Le mécanisme de la pensée, les schèmes mentaux*, in "Rev. philos.", Paris, 1920.
_____ *Les schèmes présentés par les sens*, in "Rev. philos.", Paris, 1921.
RIBOT, Th., *Essai sur l'imagination créatrice*. Alcan, Paris, 1900.
_____ *La logique des sentiments*. Alcan, Paris, 1907.
RICOEUR, P., *Finitude et culpabilité*, II, *La symbolique du mal*. Aubier, Paris, 1960.
RORSCHACH, H., *Psychodiagnostic*. P. U. F., Paris, 1947.
ROSENBERG, A., *Der Mythus des XX. Jahrhunderts*. Hoheneichen Verlag, Munique, 1935.
ROUGEMONT, D. de, *L'amour et l'Occident*. Plon, Paris, 1956.
ROUHIER, A., *La plante qui fait les yeux émerveillés: le peyotl*. Doin, Paris, 1927.
ROUSSEAU, R.-L., *Les couleurs*. Contribution à une philosophie naturelle fondée sur l'analogie. Flammarion, Paris, 1950.
SACHS, K., *Geist und Werden der Musikinstrumente*. Dietrich Reimer, Berlim, 1929.

SAINT FRANÇOIS DE SALES, *Traité de l'amour de Dieu*. Œuvres complètes, t. II. Visitation, Annecy, 1894.
SAINT JEAN DE LA CROIX, Les poèmes de. Tradução para o francês de M. Milner. Seuil, Paris, 1951.
SAINTE THÉRÈSE D'AVILA, *Chemin de la perfection*. Beauchesne, Paris, 1925.
SAINTYVES, P., *Les saints successeurs des dieux*. Essai de mythologie chrétienne. Nourry, Paris, 1907.
SARTRE, J.-P., *L'imagination*. P. U. F., Paris, 1950.
____ *L'imaginaire*. Gallimard, Paris, 1940.
____ *Baudelaire*. Gallimard, Paris, 1947.
____ *Situation I*. Gallimard, Paris, 1947.
SAUSSURE, F. de, *Cours de linguistique générale*. Payot, Paris, 1931.
SCHAEFFNER, A., *Origine des instruments de musique*. Introduction ethnologique à l'histoire de la musique instrumentale. Payot, Paris, 1936.
SCHELLING, F. W., *Introduction à la philosophie de la mythologie* (2 vol.). Aubier, Paris, 1945.
SCHLEGEL, F., *Philosophie de la vie*. Cherballier, Paris, 1838.
SCHLOEZER, B. de, *Introduction à J. S. Bach*. Essai d'esthétique musicale. Gallimard, Paris, 1947.
SCHMIDT, A. M., *La mandragore*. Flammarion, Paris, 1958.
SCHOPENHAUER, A., *Le monde comme volonté et comme représentation* (3 vol.). 7.ª edição, Alcan, Paris.
SCHUBERT, G. H. von, *Symbolik der Träume*. Berlim, 1812.
SCHUHL, P. M., *La fabulation platonicienne*. P. U. F., Paris, 1957.
____ *Le merveilleux*. Flammarion, Paris, 1952.
SCHURÉ, E., *Les légendes de France*. Perrin, Paris, 1908.
SEBILLOT, P., *Le folklore de France*. Paris, 1904-1907.
SÉCHEHAYE, M.-A., *Journal d'une schizophrène*. P. U. F., Paris, 1950.
____ *La réalisation symbolique*. H. Huber, Berne, 1947.
SENART, M., *Le zodiaque*. Roth, Lausanne, 1948.
SICILIA DE ARENZANA, F., *Las corridas de toros, su origen, sus progresos, sus vicisitudes*. Madri, 1873.
SOROKIN, P. A., *Social and Cultural Dynamics* (4 vol.), 1937-1941.
SOURIAU, E., *Pensée vivante et perfection formelle*. P. U. F., Paris, 1952.
____ *Les deux cent mille situations dramatiques*. Flammarion, 1950.
SOUSTELLE, J., *La pensée cosmologique des anciens mexicains*. Représentation du temps et de l'espace. Hermann, Paris, 1940.
SPALDING, W., *Manuel d'analyse musicale*. Payot, Paris, 1950.
SPENGLER, O., *Le déclin de l'Occident* (2 vol.). Gallimard, Paris, 1948.
STRAVINSKY, I., *Poétique musicale*. Plon, Paris, 1952.
STRÖMGREN, E., *Om dem ixothyme Psyke*. Hopit. tidente, Kopenhagen, 1936.

SWANN, P. C., *La peinture chinoise*. Tisné, Paris, 1958.
TAINE, H., *De l'intelligence* (2 vol.). Hachette, Paris, 1888.
TALAYESVA, Don C., *Soleil Hopi*. Plon, Paris, 1959.
TALMUD, *Sentences et proverbes du Talmud et du Midrasch*. Impr. Nat., Paris, 1878.
TCHOANG-TZEU, *Nam-Hoa-Tchenn-King*, in "Les pères du système taoïste". Léon Wieger, Cathasia, 1950.
TIECK, S., *Sämtliche Werke* (2 vol.). Paris, 1837.
TONGUE, H., *Bushman Paintings*. Oxford, 1909.
TRILLES, H., *Les pygmées de la forêt équatoriale*. Bloud et Gay, Paris, 1933.
TROUBETZKOY, N., *Principes de phonologie*. Paris, 1949.
UNDERHILL, L., *Mysticism*. Methuen and Cie, Londres, 1912.
UPANISHAD, Brhad-Aranyaka. Tradução para o francês de E. Senart. Coll. E. Senart, Paris, 1934.
UPANISHAD, Chândogya. Tradução para o francês de E. Senart. Coll. E. Senart, Paris, 1930.
UPANISHAD, Isha, Kéna, Mundaka. Tradução para o francês de Herbert. A. Michel, Paris, 1949.
VALENTIN, Basile, *Révélation des mystères des Teintures des sept métaux*. Edit. E. Savoret. "Psyché", Paris, 1954.
VALÉRY, P., *Poésies*. Gallimard, Paris, 1942.
VAN DER LEEUW, G., *L'homme primitif et la religion*. Alcan, Paris, 1940.
_____ *La religion dans son essence et ses manifestations*. Payot, Paris, 1955.
VAN GENEPP, A., *La formation des légendes*. Flammarion, Paris, 1912.
_____ *Manuel du folklore français contemporain* (4 vol.). Picard, Paris, 1937-1949.
VAN GOGH, V., *Lettres à Théo*. Gallimard, Paris, 1953.
VEDA, Rig. Tradução para o francês de Wilson (6 vol.). Londres, 1854.
VERCOUTRE, *Origine et genèse de la légende du Saint-Graal*. E. Lerouy, Paris, 1901.
VERGER, P., *Notes sur le culte des Orisa et Vodun*, à Bahia, la Baie de tous les Saints, au Brésil, et à l'ancienne Côte des Esclaves en Afrique. Mémoire de l'Institut franç. d'Afr. noire (I. F. A. N.), Dakar, 1957.
VERLAINE, P., *Fêtes galantes*. Vanier, Paris, 1911.
VIENNOT, O., *Le culte de l'arbre dans l'Inde ancienne*. P. U. F., Paris, 1954.
VOLMAT, R., *L'art psychopathologique*. P. U. F., Paris, 1956.
WAGHER, F., *Les poèmes mythologiques de l'Edda*. Trad. francesa. Droz, Paris, 1936.
WERNERT, P., *Le culte des crânes à l'époque paléolithique*, in "Hist. gén. des religions", I, pp. 53 s.

WIEGER, L., *Les pères du système taoïste*. Texte et traduction de Lao-Tzeu, Lie-Tzeu, Tchoang-Tzeu. "Belles Lettres", Paris, 1950.
WILLEMS, E., *Le rythme musical*. Étude psychologique. P. U. F., Paris, 1954.
WITTMANN, J. F., *Considérations psychanalytiques sur l'art moderne*, in "Revue franç. de psychanalyse", n.º 2, Paris, 1929.
WORRINGER, K., *Abstraktion und Einfühlung*. Ein Betrag zur Stylpsychologie. Piper, Munique, 1948.
WUNDT, W., *Über ausfrage Experiment*. Psych. stud., Leipzig, 1813.
WYCZOIKOWSKI, A., *Theoretical and Experimental Studies on the Mecanism of Speech*, in "Psychol. Review", n.º 20, 1913.
YASHIRO, Yukio, *Deux mille ans d'art japonais*. Pont-Royal, Paris, 1959.
YGÉ, C. d', *Anthologie de la poésie hermétique*. J.-S. Chemit, Paris, 1954.
____ *Nouvelle assemblée des philosophes chymiques*. Dervy-Livre, Paris, 1954.
ZILOTY, A., *La découverte de Jean Van Eyck et l'évolution du procédé de la peinture à l'huile du Moyen-Âge à nos jours*. Floury, Paris, 1941.
ZIMMER, H. R., *Mythes et symboles dans l'art et la civilisation de l'Inde*. Payot, Paris, 1951.

Índice alfabético dos nomes próprios mitológicos

A

Abadon, 74.
Abel, 57, 290, 364.
Abraão, 310.
Acrísio, 161.
Acteão, 101, 104.
Açvinos, 200, 287-288.
Adão, 91, 114, 292.
Aditi, 235, 308.
Adônis, 291, 298, 301, 314.
Adrasto, 75.
Aegir, 261.
Afrodite, 228, 229, 235; cf. Vênus.
Agni, 142, 167, 174, 175, 176, 304, 330.
Agricol (S.), 162.
Ahasverus, 293.
Ahayuta, 302.
Ahoû, 84.
Ahura-Mazda, 136, 153.
Al Hat, 289.
Al Uzza, 289.
Alá, 153, 289.
Alécis, 309.
Amitâbha, 291.
Amon, 83.
Ana, 325.
Anahita Saravasti, 174; cf. Ardvîsura.
Anaitis, 103, 235, 297.
Ananke, 105.
Ananta, 318.
Ančaču, 475.
Anco Márcio, 352.
Andrômeda, 161.
Anfião, 237.
Anquíele, 265.
Anteu, 113.
Anticléia, 105.
Antíope, 83.
Anu, 136.
Anúbis, 86, 87, 204, 315.
Apolo, 78, 129, 130, 149, 161, 162, 166, 289, 298, 320.
Aquelau, 82.
Aqueronte, 98.
Aracne, 168.
Aranda, 108.
Ardvîsûra-Anâhita, 102, 226.
Ares; cf. Marte.
Ariman, 76, 108, 114, 117, 290, 291.
Arjuna, 94, 327.
Armati, 174.

Ártemis, 101, 103, 226, 288, 291, 298, 308, 312.
Ases, 139, 267, 352.
Astarte, 226, 228, 235, 291, 292.
Atargatis, 292.
Atena, 135 149, 157, 168, 231.
Athar, 175, 226, 320, 321.
Athra, 330.
Átis, 213, 237, 242, 291, 292, 298, 307.
Atlante, 237.
Atlas, 113, 158.
Átropos, 321.
Atum, 149, 154.
Azazel, 84, 114.
Azhi Dahaka, 162, 320.

B

Baco, 143; cf. Dioniso, 307.
Barba Azul, 370.
Barbelo, 301.
Barco, 162.
Bayart, 80, 89, 328, 368.
Beemot, 71, 98.
Bel, Belen, 129, 130, 149, 289.
Belerofonte, 113.
Belzebu, 119.
Benoth Ya'anah, 85.
Bertrand (S.), 162.
Bés, 213.
Bjarki, 162; cf. Barco.
Brahma, Brâmane, 140, 142-143, 155, 291.
Brunehilde, 162, 239.
Buda, 226, 229, 247, 298, 303, 304, (mucalinda) 318.

C

Cabirros, 213, 291, 302.
Caim, 57, 75, 152, 290, 364.

Calipso, 105, 116, 261.
Caribde, 105.
Carneiro, 368, 370.
Centauros, 79.
Centzon Totochtin, 287, 515.
Cérbero, 86, 98, 99.
Ceres, 267.
Chalchimichuacan, 218.
Chalchiuhtlicue, 223, 235.
Chicomoztoc, 236.
Chu, 177.
Cibele, 235, 255, 291, 292, 297, 312, 317.
Cila, 98, 105.
Cincinnatus, 161.
Cipactli, 476, 523.
Circe, 105.
Ciyyim, 84.
Cleópatra, 319.
Cloto, 321.
Cocito, 99.
Core, 291.
Coyolxauhqui, 150.
Crisaor, 161.
Cristina (Sta.), 316.
Cristo, 17, 135, 149, 150, 167, 175, 204, 205, 206, 216, 255, 289, 300 303, 304, 305, 306, 307.
Cristóvão (S.), 136, 204, 205, 207, 252, 341, 364, 368.
Cronos, 75, 79, 82, 85, 86, 88, 90, 121, 125, 144, 159, 188, 194, 197, 281, 311, 401.
Cupido; cf. Eros, 94.

D

Dáctilos, 212, 265.
Danaides, 226, 506.
Dat, Douat, 218.
Deméter, 75, 83, 230, 235, 291, 297.

Deucalião, 265.
Dhritarâshtra, 94, 153.
Diana, 101, 103, 291, 292, 312, 323; cf. Ártemis.
Dianacoué, 212, 474.
Dido, 291.
Dimo, 364.
Dioniso, 85, 102, 167, 196, 212, 214, 237, 291, 297.
Dioscuros, 213
Dom Quixote, 163, 351.
Domangage, 58, 147, 367, 368, 369, 370, 371, 372.
Donato (S.), 162.
Durgâ, 87, 195, 290, 309.
Dyaus, 136.

E

Ea, 216, 288.
Eco, 101.
Éden (jardim do), 114, 169.
Édipo, 72, 94, 104, 137, 138, 144, 237, 360.
Elias (S.), 87.
Elói (S.), 307.
Empusa, 77.
Endimião, 104.
Enlil, 83, 288.
Équidna, 72, 98.
Eridan, 82.
Erínias, 75, 116.
Erion, 75.
Eros, 132, 194, 195, 196, 197.
Esfinge, 72, (borboleta), 77; 87, 98, 105, 313, 320, 360.
Estêvão (S.), 77-78.
Estige, 98, 99, 119.
Esus, 139.
Eumênides, 116.
Eurídice, 351, 533.

Europa, 83.
Eva, 91, 117, 292, 294.

F

Faetonte, 113.
Fanes, 196.
Faro, 93, 101, 147-148, 157, 171, 225, 229, 292.
Fênix, 133, 149.
Fenrir, 86, 166.
Fides, 139.
Flora, 267.
Fortuna, 223, 229, 291.
Freyr, 77, 82, 167, 266, 287.
Freyja, 103, 287.
Fu-Hi, 288.

G

Ganges, 226.
Gargan, Gargântua, 88, 129, 130, 135, 206, 207, 208, 214, 252, 264, 289, 327, 341.
Gata Borralheira, 94, 302, 364, 367.
Géia, 72, 75, 230, 235, 301.
Gérion, 97, 162.
Gibil, 157.
Gildas (S.), 80.
Gilgamesh, 114, 261, 291, 292, 525.
Gobelin, 213.
Górgona, 80, 88, 97, 98.
Graal (Santo), 244, 254, 255.
Guilherme Tell, 134.
Gukumatz, 317.
Gullveig, 267.
Guynemer, 132, 134.

H

Hades, 75, 86.

Halli, 86.
Hamlet, 98.
Harpagon, 264.
Hator, 83, 258, 312.
Hécate, 75, 77, 86, 260, 288, 312.
Hefesto, 168; cf. Vulcano.
Helena, 301.
Helena (Sta.), 328.
Hera, 267.
Héracles, 300, 320, 327; cf. Hércules.
Hércules, 159, 161, 174, 291, 300, 301, 306, 341.
Heries, 267.
Hermes, 102, 228, 253, 288, 302, 303, 304, 306, 327; cf. Mercúrio.
Ho, 88.
Hórus, 212.
Höttr, 162.
Hrungnir, 162.
Hymir, 261.

I

Ícaro, 113, 134.
Ifigênia, 310.
Impu, 86.
Indra, 82, 162, 165, 166, 176, 290, 320, 352.
Io, 237.
Ishtar, 108, 109, 226, 250, 290, 297, 301, 317, 324.
Ísis, 216, 223, 235, 250, 293, 306, 312, 323, 331, 341.
Ixíon, 113.
Iyym, 85.

J

Jacó, 127.
Jano, 176, 291, 318.

Jasão, 164, 320, 434.
Javé, 136, 154, 167, 199.
Jessé (árvore de), 282, 339, 342, 355.
Jesus, cf. Cristo.
Jesus ben Pendira, 307.
João (S.), 154, 212, 219, 220, 331.
Jó, 364.
Jonas, 201, 203, 206, 207, 212, 237, 240, 244, 269, 290, 319.
Jorge (S.), 162, 163, 320.
Julião (S.), 364.
Juno, 267.
Júpiter, 79, 136, 138, 139, 266, 301.

K

Kala, 92, 110.
Kali, 82, 88, 110, 195, 290, 309.
Kama, 196.
Kelpi, 79.
Kenthamenthiou, 86.
Kiciri, 475.
Kiskana (árvore), 341.
Kokokshi, 302.
Kotschei, 103.
Kowituma, 302.
Krishna, 320, 330.
Kukulkay, 317.

L

Lares, 238, 267, 287, 319.
Leto (Filhas de), 104.
Leucipo, 77.
Leviatã, 71, 98.
Liber, 287.
Lilith, 105, 293.
Logos, 155, 304.
Lorelei, 101.
Lúcifer, 132, 290, 294.
Lug, 255, 304.

Lusina (Mãe), 227, 228, 229; cf. Melusina.

M

Mâchecroûte, 97.
Macuilxochitl, 329, 527.
Mãe da água, 364, 365, 367, 371.
Mahrt, 76.
Mama-cocha, 225.
Mama-quilla, 225.
Mamuci, 290.
Managamr, 86.
Manat, 289.
Manes, 239
Mani, 307.
Mara (Filhas de), 76, 116.
Marcel (S.), 162.
Marduk, 309.
Maria, 228, 289; (As Santas), 290.
Marica, 226, 235.
Marsias, 85, 307.
Marta (Sta.), 166, 373, 498, 499.
Marte, 86, 138; (*Tincsus*), 139, 143, 160, 161, 162, 166, 266, 287.
Martinho (S.), 80.
Maruts, Marutah, 83, 86, 162.
Masailema, 302.
Matariçva, 250.
Matsya, 217.
Maugis, 80.
Maury, 93.
Mâyâ, 166, 170, 223, 226, 229, 235, 298, 304.
Mazda, 320; cf. Ahura-Mazda.
Mazeppa, 77.
Medéia, 164.
Mefistófeles, 93, 95, 293.
Melquisedeque, 311.
Melusina, 217, 223, 227, 228, 229, 289, 317.

Men, 102, 306.
Mère l'Oye, 228.
Mercúrio, 131, 255, 289, 303, 304, 310.
Merewin, 227.
Mermoz, 132.
Michuacan, 218.
Mictlantécutli, 113.
Miguel (S.), 130, 132, 162, 304, 320.
Min, 83.
Minerva, 161, 519; cf. Atena.
Mitra, 127, 140, 150, 153, 167, 213, 226, 242, 291.
Moiras, 289, 321.
Moisés, 177, 226, 237, 250, 305.
Morgan, Morgana, 228, 289.
Mormólice, 86.
Mot, 309.
Múcio Cévola, 153.
Musas, 286.
Musso-Koroni, 93, 109, 110, 111, 147, 171, 292.

N

Nagâs, Nagîs, 318.
Naiades, 101.
Nanauatzin, 150, 364, 499.
Nanda, 288.
Nandin (Touro), 82.
Narciso, 101.
Nausica, 105.
Nechtan, 79.
Neith, 321, 331.
Nekili, 332.
Nennir, 79.
Netuno, 79, 214; cf. Poseidon.
Nesso, 161.
Nicolau (S.), 252, 307.
Ninfa, 101.
Ningala, 83.
Nirrti, 103, 107, 168.

Niu-Kua, 288.
Njörd, 267, 287.
Noé, 250, 261.
Nok, 79.
Nommo, 335.
Nornas, 342.
Nôtt, 92, 218.
Numa, 139, 286, 352.
Nun, 216.
Nykur, 79.
Nysamba, 320.
Nyx, 92, 218.

O

Oanes, 216.
Oberon, 214.
Oceano, 82.
Ochim, 84.
Odin, 95, 128, 140, 152, 153, 154, 155, 334.
Ofélia, 99, 100.
Okkerlo, 88.
Ometochtli, 287.
Orco, 88.
Orcus, 88, 289.
Orfeu, 76, 85, 99, 235, 307, 351, 434.
Ormuz, 290, 291.
Osíris, 82, 85, 99, 216, 219, 250, 297, 298, 300, 301, 306, 307, 309, 312, 315, 341.
Ourgon, 88.

P

Pandora, 115, 533.
Papai Noel, 252
Parca, 104, 168, 524.
Parsifal, 168.
Parvati, 195.
Pauhi, 108.
Pédauque (Reine), 228.

Pedro (S), 307.
Pégaso, 79.
Pélope, 113.
Pemba, 111, 292, 341.
Pembele (árvore), 341.
Penates, 259, 267, 287.
Penélope, 321.
Peridex, 342.
Peripetes, 161.
Perséfone, 102.
Perseu, 149, 161, 162, 237.
Píton, 161, 320.
Poseidon, 75, 79, 82, 99, 237.
Pramatha, 332.
Príapo, 196, 319.
Procustes, 161.
Prometeu, 114, 153, 159, 174, 250, 293, 332.
Prosérpina, 321, 518.
Psique, 95, 293, 533.
Purusha, 213.
Pûshan, 200, 287.

Q

Quetzalcoatl, 150, 317, 329, 364, 486, 499.
Quimera, 98.
Quirino, 138, 160, 266, 287.

R

Rá, 149, 153, 525.
Raab, 98.
Ravâna, 116.
Rômulo, 138, 139, 237, 266, 305, 307, 352.
Rudra, 86.

S

Sansão, 159.

ÍNDICE ALFABÉTICO DOS NOMES PRÓPRIOS MITOLÓGICOS

Sansão (S.), 136, 166, 291.
Sarasvati, 200.
Satã, 167, 219, 293, 294, 320, 343.
Saturno, 90, 104, 174, 308.
Saulo, 205.
Savitri, 88, 154.
Se'irim, 83.
Selene, 288.
Selinonte, 80.
Sendo, 364.
Sereia, 105.
Set, 255, 306, 307, 309, 343.
Shamash, 153.
Shing-Moo, 229, 235.
Shiva, 82, 290, 295, 336.
Siegfried, 93.
Sigur, 162, 239.
Sin, 82, 250, 288, 291, 297, 306.
Sköl, 86.
Sofia, 132, 195, 220, 301.
Surya, 77, 82, 153.

T

Tamoachan, 218.
Tamuz, 296, 300, 301, 306.
Tanais, 227.
Tanatos, 90, 194, 195, 196.
Tanit, 224, 226.
Tannim, 85.
Tântalo, 113.
Taranis, 139.
Tarasca, 82, 97, 167, 373, 499.
Tarpéia, 266, 267.
Tártaro, 113, 120.
Tatugu-Koroni (pássaro), 171.
Tcheng-Nong, 288.
Tecçiztecatl, 314.
Terminus, 340.
Teseu, 161, 164.
Tétis, 226, 258.
Teutatis, 139, 287.

Tezcatlipoca, 95.
Thot, Toout, 303.
Thor, 162.
Tiago (S.), 498.
Tiamat, 284, 309.
Tibre, 82.
Tíndaro, 79.
Tito Tácio, 266, 267, 352.
Tlaloc, 223, 319, 511.
Tlalocan, 150.
Tlaltecutli, 476, 523.
Tlauizcalpantécutli, 488.
Tlazolteotl, 497, 524.
Toci, 308.
Totochtin (Centzon), 287, 288.
Tricirah, 162.
Triformis (dea), 289.
Túlio Hostílio, 352.
Tum, 315.
Turtates, 39.
Tyr, 136, 140, 153, 166.

U

Uitzilopochtli, 150, 486, 511, 516.
Uitzlampa, 512.
Ulisses, 105, 116.
Ullin, 140.
Upananda, 288.
Upuahut, 86.
Urano, 75, 125, 136, 140, 301.
Uriano, 137.
Urtra, 108, 176.
Uyuyewi, 302.

V

Vajra, 83.
Vanes, 139, 265, 267, 352.
Varuna, 108, 136, 139, 140, 152, 153, 154, 165, 217, 290, 298, 352.
Vâyû, 174, 176, 177.

Vênus, 132, (*libitina*) 195; 227, 229, 253, (barbata) 291; 295, 329, 333, 352.
Véran (S.), 166.
Verethragna, 83, 176.
Vesta, 174, 331, 332.
Virgem (Santa), 187; cf. Maria, 212.
Vishnu, 87, 88, 213, 217, 291, 318.
Vofônio, 287.
Vritra, 320.
Vulcano, 174.

W

Waïnämoïnen, 154, 237.
Watusi, 302.
Wotan, 167.

X

Xipe Totec, 525.

Xiuhtecutli, 329.
Xochiquetzal, 218, 518.
Xolotl, 476, 499.

Y

Yaggdrasil (árvore), 341.
Yama, 107, 143, 168.
Yang, 129, 323, 325, 329, 333.
Yin, 88, 129, 318, 319, 323, 325, 329, 333.
Ysengrin, 86.
Yudhishtika, 154.

Z

Zaratustra, 83.
Zeus, 83, 113, 125, 136, 144, 149, 153, 159, 168; cf. Júpiter, 303.
Zrvân (Akarana), 291.

Notas

Prefácio da sexta edição

1. Cf. o nosso livro *Science de l'homme et tradition*, Le Nouvel Esprit Anthropologique.
2. Cf. "Morphologie et Imaginaire", coletivo, *Circé* n.º 8 & 9, Lettres Modernes, 1978.
3. Cf. o nosso último livro *Figures mythiques et visages de l'oeuvre. De la mythocritique à la mythanalyse*. Berg International, 1979.

Prefácio da terceira edição

1. Cf. especialmente S. Lupasco, *Qu'est-ce qu'une structure?*, Bourgeois, 1967, e N. Chomsky, *Syntatic Structures*, Mouton, 1964; sobre Lupasco, cf. Anexo I.
2. Cf. A. J. Greimas, *La sémantique structurale*, Larousse, 1966.

Introdução

1. Gusdorf, *Mythe et métaphysique*, p. 174.
2. Brunschvicg, *Héritage de mots, héritage d'idées*, p. 98.
3. Alain, *Vingt leçons sur les beaus arts*, 7.ª lição, cf. *Préliminaires à la mythologie*, pp. 89-90: "E é claro que a nossa mitologia está exatamente copiada sobre estas idéias da infância..." Sobre a posição dos clássicos, cf. Descartes, VIe *Méditation*, princípio; Pascal, *Pensées,* fragm. 82, edição Brunschvicg; Malebranche, *Entretiens sur la métaphysique*,

V, § 12, 13; cf. J. Bernis, *L'imagination*, cap. I: *"Aperçu historique"* sobre o problema da imagem.

4. Sartre, *L'imagination*, pp. 115 s.
5. Cf. H. Taine, *De l'intelligence*; Bain, *Esprit et le corps considérés au point de vue de leur relation*; H. Höffding, *Esquisse d'une psychologie fondée sur l'expérience*.
6. Cf. Sartre, *op. cit.*, pp. 41 s. e 58; cf. Bergson, *Matière et mémoire*, cap. I e II, pp. 180 s.; cf. Lacroze, *La fonction de l'imagination*, pp. 46 s.
7. Cf. Sartre, *op. cit.*, pp. 47, 62, 68, 85 s.
8. Cf. Sartre, *op. cit.*, p. 69.
9. Cf. Sartre, *op. cit.*, p. 146, e *L'imaginaire*, p. 14.
10. Cf. Sartre, *L'imaginaire*, p. 16.
11. Cf. Sartre, *op. cit.*, p. 20. É aqui que a noção de "trabalho", cara a Alain, vem distinguir o "real" perceptivo da preguiça ou da infância das imagens. Cf. Alain, *Préliminaires*, pp. 47-49, 90-91.
12. Cf. Sartre, *op. cit.*, p. 23.
13. Cf. Sartre, *op. cit.*, p. 27.
14. Cf. Sartre, *op. cit.*, pp. 30 s.
15. Cf. Sartre, *op. cit.*, pp. 76 s.
16. *Op. cit.*, pp. 82, 85, 91, 137, 138, 171, 174, 175, 181, 185, 186, 187, 190, 209, 214, 231.
17. *Op. cit.*, p. 87.
18. *Op. cit.*, p. 209.
19. *Op. cit.*, p. 161. Cf. Alain, *op. cit.*, pp. 30, 40, 46, 49.
20. Sartre, *op. cit.*, p. 236.
21. *Op. cit.*, pp. 239 s. Cf. Sartre, *Baudelaire*, e *Situation*, I.
22. Sartre, *L'imagination*, p. 138.
23. Cf. J. Laurent, *Paul et Jean-Paul*, in *Table ronde* (fev. 1950); cf. igualmente a crítica que H. Bonnet faz da estética utilitária e semiológica de J.-P. Sartre em *Roman et poésie*, pp. 238 s.
24. Ou seja, subordina a obra de arte a um comprometimento utilitário que nada tem a ver com ela, repudia as concepções da arte pela arte e mesmo a gênese da arte a partir das suas fontes antropológicas: a religião e a magia.
25. Bachelard, *Poétique de l'espace*, p. 198.
26. *Op. cit.*, p. 8.
27. *Op. cit.*, p. 7.
28. Sartre, *L'imaginaire*, pp. 16, 30, 46.
29. Cf. Bühler, *Tatschen und Probleme zu einer Psychologie des Denkvorgäng*, I, p. 321, in *Arch. f. Ges. Psycho.*, 1907, p. 321, e Burloud, *La pensée d'après les recherches expérimentales de Watt, Messer; Bühler*, p. 65 s., cf. Binet, *Étude expérimentale de l'intelligence*, p. 309; cf. Binet, *La pensée sans images* (*Rev. phil.*, 1903, I, p. 138).

30. Cf. James, *Précis de psychologie*, pp. 206, 210, 214. Cf. Bergson, *Essai*, pp. 6, 8, 68, 127.
31. Cf. Bradley, *Principles of Logic*, I, pp. 10 s.
32. Cf. Wundt, *Über Ausfrage*, p. 81.
33. Cf. Brentano, *Psychologie*, pp. 17, 27, 38. Cf. Husserl, *Idées...*, pp. 53, 64, 75 s.
34. Sartre, *L'imagination*, p. 74.
35. Pradines, *Traité de psychol.*, II, p. 162.
36. Bachelard, *La philosophie du non*, p. 75. (Trad. portuguesa de Editorial Presença, Lisboa.)
37. Cf. F. de Saussure, *Cours de linguistique générale*, p. 100.
38. Sartre, *L'imaginaire*, p. 35.
39. Cit. por Sartre, *op. cit.*, p. 46; cf. *Logische Unters.*, t. II, cap. 1, t. III, cap. 1.
40. Cf. Bachelard, *La poétique de l'espace*, p. 3.
41. Sartre (*op. cit.*, pp. 148-149) vê bem que a imagem é símbolo, mas símbolo desvalorizado, "insuficiente", e que deve ser ultrapassado pelo conceito.
42. Sartre, *op. cit.*, pp. 37-39.
43. Sartre, *op. cit.*, p. 175.
44. Pradines, *Traité*, II, 2, pp. 47, 160 s.
45. Cf. Jung, *Types Psychol.*, pp. 310 s.
46. Cf. Piaget, *La formation du symbole*, pp. 172-179, pp. 227 s.
47. Cf. Gonseth, *Mathématiques et réalité*, p. 10.
48. Bachelard, *L'air et les songes*, pp. 7-9; cf. *La philosophie du non*, pp. 75-76; *La poétique de l'espace*, p. 7.
49. Cf. Binet, *Anné psychol.*, t. XVII, 1911, p. 10.
50. Cf. Bachelard, *La poétique de l'espace*, p. 6.
51. Damourette, *Des mots à la pensée*, I, pp. 69, 73.
52. Cf. Minkowski, *Vers une cosmologie*, p. 82.
53. Cf. Herder, *S.W.*, VIII, p. 189; Novalis, *Schrif.*, III, pp. 15, 143, 147; Von Schubert, *Symbolik*, p. 24.
54. Cf. Alquié, *Philosophie du surréalisme*, p. 173; Breton, *Point du jour*, p. 250.
55. O neologismo é de Piaget, *op. cit.*, p. 158.
56. F. de Saussure, *op. cit.*, p. 103. Também na semântica lingüística a noção de "encruzilhada" estabelecida por Belin-Milleron (*in La réforme de la connaissance*, pp. 10-15, 42, 49 s.) já não implica a sucessão linear do sentido das palavras, mas sim a convergência em rede das significações.
57. *Idem*, p. 103. Substituiremos o termo "cadeia" por "constelação simbólica". Esta terminologia é-nos sugerida tanto pelo termo "pacote"

que Leroi-Gourhan utiliza para caracterizar a acumulação iconográfica de símbolos como pelo termo "enxame" de imagens que Soustelle criou para significar a espessura semântica que percorre a própria narrativa mítica: "Já não nos encontramos em presença de longas cadeias de razões mas de uma imbricação recíproca de tudo em tudo a cada instante." Soustelle, *La pensée cosmologique des anciens mexicains*, p. 9. Cf. Leroi-Gourhan, *La fonction des signes dans les sanctuaires paléolithiques*, op. cit., p. 308. Cf. *infra*, p. 386.

58. Sartre, *L'imagination*, p. 104.

59. Renan, *De l'origine du langage*, cap. VI, pp. 147-149.

60. Saussure, op. cit., p. 103. Estas "complicações 8" são formuladas matematicamente pela teoria da informação; cf. P. Guiraud, *Langage et communication*, in Bull. soc. ling. de Paris, 1954.

61. Cf. *infra*, pp. 463 s.

62. Cf. *Symbolik der Traume* de Von Schubert, pp. 8-10, e Aeppli, *Les rêves et leur interprétation*.

63. Krappe, *Genése des mythes*; cf. índice, pp. 346 s.

64. Mircea Eliade, *Traité d'histoire des religions*; cf. índice, pp. 402 s.

65. Eliade, op. cit., p. 211.

66. Op. cit., pp. 315-333.

67. Krappe, op. cit., pp. 253, 287, 328.

68. Cf. Bachelard, *L'air et les songes*; *Psychanalyse du feu*; *L'eau et les rêves*; *La terre et les rêveries du repos*; *La terre et les rêveries de la volonté*.

69. Bachelard, *L'air et les songes*, p. 19.

70. Bachelard, *La terre et les rêveries de la volonté*, p. 9.

71. Cf. Bachelard, *L'eau et les rêves*, pp. 126, 213.

72. Bachelard, *La terre et les rêveries de la volonté*, p. 10; cf. p. 126.

73. Cf. G. Durand, *Psychanalyse de la neige*, in Mercure de France, I, VIII, 1953, pp. 615 s.

74. Cf. Dumézil, *L'héritage indo-européen à Rome*.

75. Cf. Piganiol, *Essai sur les origines de Rome*.

76. Cf. Dumézil, *Les dieux des germains*, pp. 36-39.

77. Soustelle mostrou, a propósito dos atributos do Oeste para os antigos mexicanos, a interação dos elementos geográficos e sociais e da inspiração puramente mítica. Cf. Soustelle, *La pensée cosmolog. des anc. mexicains*, p. 63.

78. Piganiol, op. cit., p. 140.

79. Cf. Przyluski, *La grande déesse*, pp. 22 s. e p. 204.

80. Op. cit., p. 159.

81. Cf. *infra*, pp. 361, 372 s.

82. Cf. Freud, *La science des rêves*, pp. 113 s., *Trois essais sur la sexualité*, pp. 80 s. Cf. Dalbiez, *La méthode psychanaliytique et la doctrine freudienne*, I, pp. 147; I, p. 179 s.

83. Cf. Piaget, *La formation du symbole*, p. 205.
84. Cf. Adler, *Connaissance de l'homme*, p. 33; cf. H. Orgler, *A. Adler et son oeuvre*, pp. 88, 155 s.
85. Cf. Jung, *Métamorphoses et symboles de la libido*, pp. 25 s., 45.
86. Cf. Piaget, *op. cit.*, pp. 196, 213.
87. Bachelard, *Poétique de l'espace*, p. 7; cf. pp. 12-13.
88. Cf. Lévi-Strauss, *Anthropologie structurale*, pp. 91, 319. Cf. Gusdorf, *op. cit.*, p. 196, 202: "É necessário, para se chegar ao homem, passar pela mediação de uma psicologia e de uma cultura."
89. Neologismo utilizado por Heuse, in *Éléments de psychologie sociale*, pp. 3-5.
90. Cf. *Articles* de Lagache e de Friedmann, in *Bull. de psychologie*, I, X, 10 de nov. 1956, pp. 12, 24; cf. uma idéia muito próxima da nossa em Piaget (*Épistémologie génétique*, I, p. 15) que reclama uma estreita colaboração entre os métodos psicogenéticos e os métodos sociogenéticos.
91. Cf. Piaget (*Épistémologie génétique*, I, p. 36) define a noção de gênese recíproca pelo "equilíbrio móvel" e (p. 37) pela "reversibilidade".
92. Cf. Piaget, *Formation du symbole*, p. 219.
93. Cf. Piaget, *op. cit.*, p. 219.
94. Terminologia tirada de Heuse (*op. cit.*, p. 5) que distingue os imperativos biopsicológicos das intimações sociais.
95. Cf. Lewin, *Principles of Topological Psychology*, p. 5.
96. Cf. Piaget, *Épistémologie*, I, p. 37. Cf. Durand, *Les trois niveaux de formation du symbolisme*.
97. Cf. Bachelard, *op. cit.*, p. 300.
98. Cf. Bastide, *Sociologie et psychanalyse*, pp. 207, 278.
99. Bachelard, *op. cit.*, p. 300.
100. Cf. Kardiner, *The Individual...*, pp. 34, 96, 485.
101. Cf. Bastide, *op. cit.*, p. 278.
102. Bachelard, *Eaux et rêves*, p. 26.
103. Cf. Piaget, *Épistémologie génétique*, I, p. 25.
104. Cf. noções de homologia e de contemporaneidade em Spengler, *Le déclin de l'Occident*, I, p. 119; cf. igualmente Lévi-Strauss, *Anthropologie structurale*, p. 98.
105. Foi, de resto, Bergson o promotor do próprio nome deste método, quando escreveu: "Estas imagens diversas, tiradas de ordens de coisas muito diferentes, poderão, pela convergência da sua ação, dirigir a consciência para o ponto preciso onde há uma certa intuição a agarrar..." (*Pensée et mouvant*, p. 210); cf. igualmente método de pesquisa dos "grupos de afinidades" recomendado por Spengler, *Le déclin de l'Occident*, I, p. 59.
106. Cf. Desoille, *Exploration de l'affectivité*, p. 74.

107. Piganiol, *op. cit.*, p. 140; cf. igualmente Jung, *Psychol. und Religion*, p. 9.

108. Dizemos *quase* estatístico; com efeito, como estabeleceu Lévi-Strauss, a pesquisa antropológica, e especialmente a estruturalista, só secundariamente se interessa pelas matemáticas quantitativas. Os "modelos mecânicos", nos quais se estudam as conexões estruturais num caso particular ou mesmo singular, prevalecem sobre os "modelos estatísticos". Cf. Lévi-Strauss, *Anthropologie*, pp. 315-317. Cf. *infra*, p. 222, o nosso estudo da antífrase a partir do exemplo singular do ícone cinocéfalo de S. Cristóvão.

109. Baudouin, *Psychan. de V. Hugo*, p. 202. Como escrevemos num prefácio, valia mais dizer "isotópicos".

110. Baudouin, *op. cit.*, p. 219.

111. Cf. P. Guiraud, *Langage et versification d'après l'oeuvre de P. Valéry* e *Index du vocabulaire du symbolisme,* três fascículos consagrados a Apollinaire, Mallarmé e Valéry. Cf. Leroi – Gourhan (*Répartition et groupement des animaux dans l'art pariétal paléolithique, in Bull. soc. préhistorique française*, t. LV, fasc. 9, p. 515) que utiliza um estrito método estatístico de convergência para o estudo das figuras e dos símbolos gravados e pintados nas paredes das cavernas. Chega a uma repartição binária dos signos iconográficos axializada por grandes "arquétipos" (cf. *La fonction des signes dans les grands sanctuaires paléolithiques*, in *Bull. soc. préhist. franç.*, t. LV, n.º 5-6, p. 318).

112. Sobre o estado "híbrido", "intermediário" da pesquisa antropológica que apenas manipula fatos em "número médio", a igual distância dos grandes números da estatística e da singularidade do solipsismo introspectivo, cf. Lévi-Strauss, *op. cit.*, p. 350. Cf. P. Sorokin, *Social and Cultural Dynamics*.

113. Cf. G. Dumézil, *L'héritage indo-européen*, pp. 31-32.

114. Cf. Dumézil, *op. cit.*, pp. 36, 41. Contrariamente a Lévi-Strauss (*op. cit.*, p. 317), pensamos que o método comparativo não é exclusivo dos processos "mecânicos" de uma tipologia ou de uma arquetipologia estrutural. Decerto que a descoberta se pode fazer a partir de um único caso estudado a fundo, mas a prova pode tirar-se pela convergência comparativa de que o caso privilegiado constitui o modelo exemplar. É esta combinação dos dois métodos, estrutural e comparativo, que quisemos entender pelo termo "microcomparativo".

115. Bachelard, *Form. esprit scient.,* p. 239.

116. Cf. Piaget, *Épist. gén.*, I, p. 25.

117. G. Friedmann, *Psychanalyse et sociologie,* in *Diogène*, n.º 14.

118. Lévi-Strauss, *Structures élémentaires de la parenté*, pp. 120-122.

119. Cf. Heuse, *op. cit.*, p. 5.

120. Bachelard, *Air et songes*, p. 18.
121. Bachelard, *L'eau et les rêves*, p. 161; *La terre et les rêveries du repos*, p. 60. Cf. a noção de "cenário mítico" utilizada por nós no nosso estudo *Le décor mythique de la Chartreuse de Parme*.
122. Cf. Baudouin, *De l'instinct à l'esprit*, p. 197; cf. pp. 60, 63. Cf. Pradines, *Traité de psychologie*, II, 2 p. 5, e Piaget, *Format. du symb.*, p. 197.
123. Cf. Desoille, *op. cit.*, p. 65.
124. E. Minkowski, *La schizophrénie*, p. 248.
125. Cf. M. Minkowski, *L'état actuel de l'étude des réflexes*; J. Déjerine, *Sémiologie du système nerveux*, cap. IX, "Sémiologie des réflexes", *in Traité de pathologie générale* de Ch. Bouchard, t. V.
126. Cf. A. Oukhtomsky, *in Novoïe v. Reflexologuii* (Betcherev), I, pp. 24 s., 31-65. Cf. Betcherev, *General Principles of Human Reflexology*, e Kostyleff, *La réflexologie*, p. 39; cf. igualmente Tieck (*Sam. Werke*, I, p. 354), que teve a intuição de que havia uma reflexão entre as imagens e as "mímicas instintivas". Cf. também Gusdorf (*op. cit.*, p. 15) para quem as estruturas míticas são "aderentes... às vecções biológicas constitutivas do ser no mundo..." Cf. Betcherev, La Psychologie objective, e em K. Goldstein (*La structure de l'organisme*, pp. 130-138), uma concepção molar do reflexo muito próxima da noção de "dominante".
127. Jung, *Types psychologiques*, p. 310.
128. Kostyleff, *op. cit.*, p. 70.
129. Cf. Piaget, *Form. symb.*, p. 219.
130. Betcherev, *op. cit.*, p. 221.
131. Cf. Morgan, *Psychologie physiologique*, t. II, pp. 431-435.
132. Piaget, *La représentation de l'espace...*, p. 447.
133. Cf. Sartre, *L'imaginaire*, pp. 96, 97, 109. Cf. *infra*, pp. 465 s.
134. Cf. Kostyleff, *op. cit.*, pp. 72, 73, 79.
135. Kostyleff, *op. cit.*, p. 34.
136. J. M. Oufland, *in Novoïe v. Reflexologuii* (Betcherev), pp. 80 s. Cf. Kostyleff, *op. cit.*, pp. 35, 45 s.
137 Betcherev, *General Principles*, pp. 118, 119.
138. Morgan, *op. cit.*, II, pp. 553, 560. Cf. Westermarck, *History of Human Marriage*, I, cap. 2, e Havelock Ellis, *Sexual Periodicity*, I.
139. *Op. cit.*, pp. 562, 563.
140. *Op. cit.*, pp. 566-570.
141. Cf. Groos, *Jeux des animaux*, pp. 305-331. Cf. Griaule, *Jeux dogons*, pp. 123, 149, 212.
142. Cf. Jung, *Libido*, p. 137.
143. Cf. igualmente artigo P. Germain, *Musique et psychanalyse*, *in Rev. franç. de psychanalyse*, 1928.
144. Cf. Delmas e Boll, *La personnalité humaine*, p. 81.

145. Dumas, *Nouv. Traité de psychol.*, II, p. 38.
146. Piaget, *Format. symb.*, p. 177.
147. Cf. Marx, *An Experimental Study of the Motor Theory of Conciousness*, *Jour. com. psych.*, 1935, pp. 409-486. Cf. igualmente a noção de "reflexo semântico" em A. Korzybski, *Science and Sanity*, pp. 19, 54-58.
148. Cf. Wyczoikowski, *Article*, in *Psych.* n.º 20, p. 448.
149. Cf. Jacobson, in *Art. Améric. Journ. Psych.*, n.º 44, p. 677.
150. Piaget fala de "matrizes de assimilação", *Form. symb. chez enfant*, p. 177.
151. Cf. Lévi-Strauss, *op. cit.*, pp. 8, 9, 10.
152. Cf. Leroi-Gourhan, *L'homme et la matière* e *Milieu et technique*.
153. *L' homme et la matière*, p. 18. Cf. Lévi-Strauss, *Anthropologie structurale*, pp. 240, 273.
154. Cf. Espinas, *Les origines de la technologie*, pp. 13-14.
155. Cf. *supra*, pp. 23 s.
156. Cf. Leroi-Gourhan, *op. cit.*, p. 18. Lévi-Strauss fala muito justamente da "instabilidade lógica de um objeto manufaturado", cf. *La pensée sauvage*, p. 188.
157. *L'homme et la matière*, pp. 165 s.
158. *Op. cit.*, p. 310.
159. *Op. cit.*, pp. 340 s.
160. Cf. *infra*, pp. 382 s.
161. Lévi-Strauss insistiu no caráter não substantivo e "epitético" dos grandes axiomas de classificação do pensamento "selvagem" (*La pensée sauvage*, pp. 76-79), mas parece-nos que vai demasiado longe na sua prudência antiarquetipal quando escreve que "o princípio de uma classificação nunca se postula". Para nós, os qualificados são *a priori* classificáveis.
162. Leroi-Gourhan, *op. cit.*, pp. 331-332.
163. *Op. cit.*, pp. 89, 93, 100. Cf. Piaget, *Form. symb.*, p. 222.
164. Piaget, *op. cit.*, p. 223.
165. Dumézil, *Indo-europ.*, pp. 40-47.
166. *Op. cit.*, p. 319.
167. *Op. cit.*, p. 181.
168. Piganiol, *op. cit.*, p. 93. Cf. em Alain, in *Préliminaires*, pp. 96 s., 100 s., 132 s., uma divisão muito semelhante entre as "religiões da natureza" e as "religiões da cidade".
169. Piganiol, *op. cit.*, p. 319.
170. *Op. cit.*, pp. 322-324.
171. Cf. *supra*, p. 26.
172. Cf. Soustelle, *op. cit.*, pp. 67 s.; *cf. infra*, pp. 472 s.

173. Cf. Sartre, *L'imaginaire*, pp. 33, 96, 141; Dumas, *Traité*, t. IV, pp. 266-268; Jung, *Types psych.*, p. 491.

174. Cf. Dumas, *op. cit*, p. 268.

175. Cf. Hegel, *Esthétique* (*1.ª lição*), p. 165. Cf. G. Durand, *L'Occident iconoclaste*, in *Cahiers inter. de symbolisme*, n.º 2.

176. Cf. Kant, *Critique de la raison pure*, I, p. 102; Revault d'Allonnes, *Art. rev. phil.*, set-out. 1920, p. 165; Burloud, *Pensée conceptuelle*, pp. 105 s., e *Psych. des tendances*, p. 200; Sartre, *op. cit.*, p. 137.

177. Piaget, *Form. symbol.*, p. 178.

178. Bachelard, *La terre et les rêveries du repos*, p. 264.

179. Sartre, *op. cit.*, p. 137.

180. Cf. Jung, *Types Psych.*, pp. 387, 454 s. Para nós, pelo contrário, os grandes substantivos são apenas secundários em relação aos esquemas "verbais". Cf. G. Durand, *Les trois niveaux de formation du symbolisme*.

181. Jung, *op. cit.*, p. 310.

182. *Op. cit.*, p. 411.

183. *Op. cit.*, p. 456.

184. *Op. cit.*, p. 450.

185. Jung, *op. cit.*, pp. 310-311.

186. Cf. Baudouin, *De l'instinct à l'esprit*, p. 191.

187. *Op. cit.*, pp. 197, 200.

188. Cf. Sartre, *op. cit.*, p. 144.

189. Cf. Dumas, *Traité*, IV, p. 265. Cf. noção de "sistemas", *in* R. Alleau, *De la nature des symboles*, pp. 17, 38.

190. Cf. Baudouin, *op. cit.*, p. 200.

191. Cf. Van der Leeuw, *Homme primitif et religion*, p. 120, e Gusdorf, *op. cit.*, p. 24. Cf. *infra*, pp. 375 s.

192. Cf. Bréhier, *in Rev. psychol. et morale*, 1914, p. 362.

193. Porque traduz ao mesmo tempo *Gestalt* e *Aufbau*, ou seja, "forma intuitiva" e "princípio organizador". Cf. Goldstein, *La structure de l'organisme*, pp. 18, 24.

194. Cf. Lévi-Strauss, *Anthropologie structurale*, p. 306.

195. Cf. E. Souriau, *Pensée vivante et perfection formelle*, p. 273. "Manter esta forma em todos os casos diante de qualquer coisa que possa acontecer é daqui em diante o ato fundamental desta vida: o seu nome é também Fidelidade..." Sobre a diferença entre estrutura e função, cf. Bergson, *Les deux sources*, pp. 111 e 112; Lacroze, *Fonction de l'imagination*, pp. 11, 12.

196. Cf. Radcliffe-Brown, *On Social Structure*, pp. 4, 6, 10; cf. Lévi-Strauss, *op. cit.*, p. 335.

197. Cf. *infra*, p. 405.

Livro Primeiro. O REGIME DIURNO DA IMAGEM
Primeira Parte. **As faces do tempo**

1. Cf. Baudouin, *Psychanalyse de V. Hugo*, p. 202. Cf. *supra*, p. 27.
2. Cf. D. de Rougemont, *L'amour et l'Occident*, pp. 34, 88, 157. Cf. J. Bédier, *Le roman de Tristan et Iseut*.
3. P. Guiraud, *op. cit.*, p. 163.
4. Cf. P. Guiraud, *Langage et versification d'après l'oeuvre de P. Valéry*, p. 86. Cf. Reichard, Jakobson e Werth, *Language and Synesthesia, in Word*, V, n.º 2, 1949, pp. 226 s.; cf. Lévi-Strauss, *Langage et parenté, in Anthrop. struct.*, pp. 106 s.
5. Em 60 livros da coleção infantil "Les petits livres d'or", edições Cocorico (Paris), 26 têm um nome de animais; 28 em 50 na coleção "Albuns roses", etc.
6. Piaget, *La formation du symbole chez l'enfant*, p. 118; cf. Marie Bonaparte, *Psychanalyse et anthropologie*, p. 174.
7. Cf. Krappe, *op. cit.*, p. 37.
8. Cf. L. Adam, *Le genre dans les diverses langues*.
9. Bréal, art. *in Mém. soc. linguist.*, Paris, t. VII, p. 345.
10. Cf. *infra*, pp. 134 s., 354 s.
11. Bochner e Halpern, *Application clinique du test de Rorschach*, pp. 62 s.
12. Krappe, *op. cit.*, p. 36.
13. Jung, *op. cit.*, p. 26; cf. Bastide, *op. cit.*, p. 46.
14. Jung, *op. cit.*, p. 173; cf. Jó, XL, 10.
15. Jung, *op. cit.*, p. 205.
16. *Op. cit.*, p. 174; cf. P. Grimal, *Dictionnaire de mythologie*.
17. R. Bastide, *Sociol. et psychan.*, p. VII, pp. 38, 191, 194, 207, 278.
18. Cf. Bochner e Halpern, *op. cit.*, pp. 60 s.; cf. Rorschach, *Psychodiagnostic*, pp. 36-38; cf. Bohm, *op. cit.*, I, p. 145; cf. Piaget, *Format. symb.*, pp. 325 s.
19. Bachelard, *La terre et les rêveries du repos*, pp. 56, 60.
20. Cf. filme de Dali-Buñuel, *O cão andaluz*; cf. o quadro: *O grande masturbador*.
21. Bachelard, *op. cit.*, p. 77.
22. Schlegel, *Philosophie de la vie*, t. I, p. 296; Baudouin, *V. Hugo*, p. 141.
23. Cf. Langton, *Démonologie*, p. 216; Apoc., IX, 3 e 7; XVI, 13.
24. Bachelard, *op. cit.*, p. 270.
25. Bachelard, *op. cit.*, p. 270. Cf. P. Ricouar, *Finitude et culpabilité*, II, *La symbolique du mal*, pp. 167 s.
26. Betcherev, *op. cit.*, pp. 221 s. Cf. Kostyleff, *op. cit.*, p. 72; Montessori, *L'enfant*, pp. 17, 22, 30.

27. *Op. cit.*, p. 101.
28. *Op. cit.*, p. 113; cf. Jung, *Libido*, p. 183.
29. Hugo, *Légende des siècles*, "L'aigle du casque".
30. Cf. Malten, *Das Pferd in Totenglauben* (*Jahr. deutsch. Archeo. Inst.*, t. XXIX, 1914), pp. 181 s. Sublinhamos que se trata apenas de um símbolo.
31. *Op. cit.*, p. 201.
32. *Op. cit.*, p. 197; cf. P. Grimal, *Dictionnaire*, artigo *Erinnyes*. Estas últimas são igualmente comparadas a "cadelas" que perseguem os mortais.
33. Ap VI, 8.
34. Malten, *op. cit.*, p. 126; cf. Ésquilo, *Agamêmnon*, V. 1660.
35. Cf. Krappe, *Genèse des mythes*, p. 228.
36. *Op. cit.*, p. 229.
37. *Op. cit.*, p. 229.
38. Jung, *Libido*, pp. 242 s.
39. *Op. cit.*, p. 224.
40. Krappe, *op. cit.*, p. 251.
41. Citado por Jung, *op. cit.*, p. 349. Cf. P. Grimal, *op. cit.*, artigo Hécate. "Ela aparece aos magos e às feiticeiras... sob a forma de diferentes animais: égua, cadela, loba, etc."
42. Cf. Jung, *op. cit.*, p. 272.
43. P. M. Schuhl, *La fabulation platonicienne*, p. 75; cf. Ch. Picard, *Le cénotaphe de Midéa*, in *Rev. philolog.*, 1933, pp. 341-354.
44. Ap X, 17-19.
45. *Rig Véda*, VII, 77; cf. o Sol guerreiro Uitzilopochteli dos antigos mexicanos, Soustelle, *op. cit.*, pp. 24, 64. O Sul é chamado Uitzlampa: "o lado das espinhas".
46. Cf. Krappe, *op. cit.*, p. 85.
47. Rs XXIII, 11.
48. *Brhad-Aran. Upan.*, I, i.
49. Cf. Piganiol, *op. cit.*, p. 108, nota 6.
50. Cf. *infra*, p. 141. Cf. Soustelle, *op. cit.*, pp. 65-66.
51. O sol benfazejo é o Apolo hiperbóreo que parece ter sido imposto às culturas subtropicais e tropicais pelos invasores indo-europeus.
52. Cf. Sébillot, *Folklore de France*, II, pp. 10-12.
53. Cf. Wolf, *Deutschen, Märchen*, pp. 351-580.
54. Cf. Krappe, *op. cit.*, p. 204.
55. Cf. Sébillot, *op. cit.*, II, p. 207.
56. Cf. Eliade, *op. cit.*, p. 181.
57. Cf. Eliade, *op. cit.*, p. 182.

58. Cf. Krappe, *op. cit.*, pp. 205-206. Cf. P. Grimal, *Dictionnaire*, art. *Poséidon*. Este último é pai do cavalo Pégaso e do cavalo Erion.
59. Cf. Krappe, *op. cit.*, p. 169.
60. Jung, *Libido*, p. 269. Sobre a *celeritas*, cf. Dumézil, *Mitra-Varuna*, pp. 19 s.
61. Cf. S. Reinach, *Cultes, mythes, religions*, t. V, p. 124.
62. Cf. Jung, *Libido*, p. 267, e Horácio, *Ode*, I, 34-37: *"tonantes equos"*.
63. Dontenville, *Mythologie française*, p. 154.
64. Cf. Dontenville, *op. cit.*, pp. 156-157.
65. Cf. Dontenville, *op. cit.*, p. 158, cf. p. 168. Em contextos folclóricos ameríndios, americanos e africanos, em que o aspecto teriomórfico é valorizado muito negativamente, S. Conhaire-Sylvain (*Les contes haïtiens*) descobre também a insólita valorização positiva do cavalo (II, pp. 159-212). O cavalo Domangage do conto haitiano parece ser o tipo do cavalo benéfico, umas vezes sensato conselheiro, outras meio mágico de locomoção e que permite à bela Gamarissel e ao seu irmão Dianacoué vencer todas as emboscadas. Apesar desta eufemização de Domangage, este último conserva no entanto as características meteorológicas tradicionais do cavalo mítico demônio da tempestade: "Dianacoué durante todo o percurso esvaziava o ventre do cavalo que engolia vento para substituir as entranhas": *op. cit.*, II, p. 10.
66. Cf. Dontenville, *op. cit.*, II, p. 156.
67. Cf. *infra*, p. 163.
68. Cf. *Renaud de Montauban*, ed. F. Castets, 1906. Cf. Dontenville, *op. cit.*, pp. 162-163.
69. Cf. Dontenville, *op. cit.*, p. 165.
70. Cf. *supra*, p. 46.
71. Cf. R. Lowie, *Manuel d'anthropologie culturelle*, pp. 55-56. Todavia, parece que desde a época paleolítica o cavalo e os bovídeos (boi, bisonte) eram utilizados correlativamente na iconografia das cavernas. Mais: Leroi-Gourhan mostrou estatisticamente que nas parelhas, de animais das paredes das cavernas, "o cavalo é, por excelência, o elemento complementar das parelhas dado que em doze reúne sete dos temas de aparelhamento" (*Répartition et groupement des animaux dans l'art pariétal paléolithique*), in *Bull. soc. préhist. franç.*, t. LV, fasc. 9, p. 517.
72. Cf. o chinês *ghen*, a terra.
73. Cf. Krappe, *op. cit.*, p. 86.
74. Cf. H. Zimmer, *Mythes et symboles dans l'Inde*, p. 71; cf. Krappe, *op. cit.*, p. 82.
75. Cf. Krappe, *op. cit.*, p. 87.

76. Cf. P. Grimal, *op. cit.*; "Podia revestir a forma que lhe agradasse: tanto a de um touro como a de um dragão."
77. Cf. Krappe, *op. cit.*, p. 201.
78. Cf. Dontenville, *op. cit.*, p. 135. Cf. L. Dumont, *La tarasque*, p. 105.
79. Dontenville, *op. cit.*, p. 138.
80. Cf. Eliade, *Traité*, pp. 85-8. *Rig Véda*, II, 34-2; VII, 56-9.
81. *At. Véda*, XII, i, 6.
82. Cf. Eliade, *op. cit.*, p. 88.
83. Krappe, *op. cit.*, p. 87.
84. Eliade, *Traité*, p. 84.
85. Langton, *op. cit.*, p. 229.
86. *Is*, 13, 21, e 24, 14.
87. Cf. *supra*, p. 84.
88. Langton, *op. cit.*, p. 50.
89. Sobre Azazel e o Bode expiatório, cf. Langton, *op. cit.*, pp. 53 s. Podemos encontrar a mesma teriomorfia demoníaca na mitologia dos índios Aymara e Kičua, que também têm um demônio cavalo e vampiro, "Kiciri", um demônio gato, um diabo cornudo, "Ančaču", um diabo aquático, etc. Cf. Métraux, *Contribution au folklore andin, in Journ. Soc. American*, XXVI, 1934, pp. 72-75.
90. Bachelard, *La terre et les rêveries du repos*, p. 62.
91. Cf. Adler, *op. cit.*, cf. pp. 52, 150, 163, 176. Cf. Madeleine Ganz, *La psychologie d'A. Adler et le développement de l'enfant*.
92. Bachelard, *op. cit.*, pp. 62-63; cf. p. 277.
93. Cf. *infra*, p. 224.
94. R. Char, *A une sérénité crispée*.
95. Cf. *article* P. Germain e P. Bugnardin *Rev. franç. psychan.*, 1928, 1934.
96. Bastide, *op. cit.*, 57.
97. Cf. Jung, *Libido*, p. 90.
98. Bachelard, *Rêv. repos*, pp. 194-195.
99. Cf. Desoille, *op. cit.*, p. 94.
100. *Miqueias*, 1, 8.
101. Langton, *op. cit.*, p. 51.
102. Cf. Grimal, *op. cit.*, artigos *Mormô, Mormôlycé*. "A loba Mormólice é, como Mormos, um demônio feminino com que as crianças eram ameaçadas. Diziam que mordia as crianças más... e que as tornava coxas. Passava por ser a ama do Aqueronte..."
103. Cf. Krappe, *op. cit.*, p. 226; cf. O. Gruppe, *Griechische Mytholog.*, p. 769.
104. Cf. Grimal, *op. cit.*, art. *Dis Pater*, "O Pai das Riquezas é um deus do mundo subterrâneo... desde muito cedo identificado a Plutão..."

105. Cf. Krappe, *op. cit.*, p. 173.

106. Cf. Gorce e Mortier, *Histoire générale des religions*, I, p. 218. Sobre o deus "cão" dos antigos mexicanos, "Xolotl", que guia as almas para os infernos, cf. Soustelle, *op. cit.*, p. 54.

107. Cf. Harding, *Mystères de la femme*, p. 228; cf. Grimal, *op. cit.*, art. *Hécate*.

108. M. Bonaparte, *Psychologie et anthropologie*, p. 96.

109. Krappe, *op. cit.*, pp. 135-136.

110. Cf. Boisacq, *Dictionnaire etymologique de la langue grecque*.

111. Cf. Zimmer, *op. cit.*, p. 42.

112. Cf. Sénard, *Le zodiaque*, p. 148; cf. *infra*, p. 340.

113. Cf. Krappe, *op. cit.*, pp. 110, 134. Os antigos mexicanos representavam a terra sob a forma de um ser monstruoso de mandíbulas largamente abertas, Tlaltecutli, "o Senhor da Terra". É ele que engole o sol no fim do dia, tal como o sangue dos sacrificados; cavalga um gigantesco crocodilo, Cipactli, que nada sobre as águas primordiais. Cf. Soustelle, *oc.*, p. 34.

114. Eliade, *Traité*, p. 136; cf. *Rig Véda*, I, 1115-5, e II, 38-1-6.

115. Cf. Granet, *Pensée chinoise*, p. 104, e Tchouang Tseu, CXLIII, p. 383.

116. Cf. *Rig Véda*, I, 248, e *Brhad Aran. Upan.*, I, 3-1.

117. Citado por Jung, *Libido*, p. 270.

118. Krappe, *op. cit.*, p. 132.

119. Donteville, *op. cit.*, p. 117.

120. *Op. cit.*, p. 129.

121. *Op. cit.*, pp. 119-120.

122. *Op. cit.*, p. 126.

123. Cf. Zimmer, *op. cit.*, p. 202, e figura 68, p. 177; *Kali dévorante*, p. 204.

124. Bachelard, *Lautréamont*, pp. 10, 20, 27 s.

125. Baudouin, *V. Hugo*, p. 71.

126. Baudouin, *op. cit.*, pp. 94-95; cf. Huguet, *Métaphores et comparaisons dans l'oeuvre de V. Hugo*, I, pp. 216 s.

127. S. Comhaire-Sylvain, *Les contes haïtiens*, 1º vol., pp. 248 s.

128. Cf. Malraux, *Saturne*.

129. Cit. por Béguin, *Le rêve chez les romantiques allemands*, II, p. 140.

130. Bohm, *Traité*, I, p. 168; cf. Bochner e Halpern, *op. cit.*, pp. 81 s.

131. Bochner e Halpern, *op. cit.*, p. 94.

132. Rorschach, *op. cit.*, p. 20.

133. Citado por Bohm, *op. cit.*, I, p. 169.

134. Bohm, *op. cit.*, p. 170.

135. Peter Mohr, in *Psychiatrie und Rorschach'schen Formdeut. Versuch*, pp. 122-133.
136. Desoille, *op. cit.*, pp. 72, 158.
137. Desoille, *op. cit.*, p. 159.
138. Bachelard, *Terre et repos*, p. 76.
139. Cf. Lucrécio, *De nat.*, V, 973-974. Cf. igualmente Estâncio, *Teb.*, IV, 282, e Manilius, I, 66; *Talmud*, Avoda Sara, fol. 8a.
140. Cf. Krappe, *op. cit.*, p. 161.
141. Cf. Sébillot, *op. cit.*, I, p. 143; II, pp. 132-134.
142. Cf. d'Arbois de Jubainville, *Le cycle mythique irlandais*, p. 104.
143. Eliade, *Traité*, p. 143; cf. *infra*, pp. 314 s. Sobre o S. João, cf. J. P. Bayard, *Le feu*, cap. XIX, pp. 235 s.
144. Eliade, *op. cit.*, p. 163.
145. Cf. Grimal, *op. cit.,* art. *Nyx*: "... é filha do Caos... tem a sua morada no extremo Oeste".
146. Bachelard, *Rêv. repos*, p. 76; cf. p. 175.
147. Cit. por M. Davy, *op. cit.*, p. 100.
148. Cf. G. Durand, *article, in Mercure de France*, agosto 1953.
149. Bachelard, *op. cit.*, p. 194.
150. Cf. Bachelard, *op. cit.,* pp. 27 s.
151. Bachelard, *op. cit.*, p. 27.
152. Conferência feita em Praga em 1947, citada por M. Bonaparte, *Mythes de guerre*, p. 145. Cf. Hitler, *Mein Kampf*, I, cap. II.
153. Cf. Baudouin, *Triomphe du héros*, p. 230. "Os muçulmanos são para os cristãos o que Tróia é para os gregos, o que o temível abismo do inconsciente é para a consciência clara."
154. Dontenville, *op. cit.*, p. 206.
155. Dontenville, *op. cit.*, p. 209.
156. Cf. *Barba-azul*. É muito significativo que no tema mítico do "Cônjuge animal ou do demônio disfarçado" que S. Comhaire-Sylvain analisa (*op. cit.*, II, pp. 122, 125) a personagem nefasta tome indistintamente traços teriomórficos ou de Barba-azul: príncipe turco (Baixa Bretanha) ou mouro (Portugal).
157. G. Dieterlen, *Religion des bambara*, pp. 39-40.
158. Cf. A. Rosenberg, *Le mythe du XXème siècle*, pp. 20, 43, 47.
159. Cf. M. Davy, *op. cit.*, p. 168.
160. Cf. E. Huguet, *Métaph. et comparaisons dans l'oeuvre de V. Hugo*, I, cap. V, p. 216.
161. Cf. Ch. Baudouin, *La découverte de la personne*, pp. 10, 16, 24.
162. Léïa, *Contes de fées*, pp. 13-14, 41.
163. Léïa, *op. cit.*, p. 67.
164. Cf. *supra*, p. 9.

165. Cf. Aldebert Von Chamisso, *Peter Schlemihl*; R. Char, *A une sérénité crispée*, e H. Michaux, *Mon roi*.
166. Cf. Van Eyck, *Retrato de Arnolfini e de sua mulher*, N. Gallery, Londres. Cf. Cocteau, *Le sang d'un poète*; cf. O. Wilde, *O retrato de Dorian Gray*.
167. Cf. Soustelle, *op. cit.*, p. 29.
168. Cf. Bachelard, *L'eau et les rêves*, p. 137.
169. Dontenville, *op. cit.*, p. 133.
170. Cf. Bachelard, *op. cit.*, p. 138; cf. M. Bonaparte, *Edgar Poe, étude psychanalytique*.
171. Bachelard, *op. cit.*, pp. 65, 75-76, 122. Sobre o pântano, a cloaca em Spitteler, cf. Baudouin, *Le triomphe du héros*, p. 211.
172. Bachelard, *op. cit.*, p. 79. Fragmento 68, Heráclito, citado.
173. Cf. Bachelard, *op. cit.*, p. 66.
174. Cf. Bachelard, *op. cit.*, pp. 140-144.
175. Cf. S. Dalí, *Os relógios moles*.
176. Cf. Eliade, *Traité*, p. 183; Krappe, *op. cit.*, p. 330; cf. Granet, *Pensée chinoise*, pp. 135, 356-357.
177. Edgar Poe, *Histórias extraordinárias*.
178. Dontenville, *op. cit.*, pp. 134 s. Cf. F. d'Ayzac, *Iconographie du Dragon* (*Revue d'art chrétien*, 1864), pp. 75-95, 169-194, 333-361; cf. L. Dumont, *op. cit.*, pp. 190 s., 209 s.
179. Dontenville, *op. cit.*, p. 143. Cf. Dumant, *op. cit.*, pp. 155 s., 164 s., 197.
180. Cf. Dontenville, *op. cit.*, pp. 145-153; cf. Granet, *Danses et légendes de la Chine ancienne*, II, p. 554.
181. Cf. Grimal, *op. cit.*, art. *Echidna*. A lição cítica do mito da "mulher-serpente" é um bom exemplo de eufemização; tal como Meluaina é o antepassado epônimo dos Lusignan, assim Cites, filho de Équidna, é o antepassado dos citas.
182. Jung, *Libido*, p. 174; cf. Berger de Xivrey, *Traditions tératologiques*, pp. 60 s., 122 s.
183. Ap XIII, 7-9; Is LI, 9; Sl LXXXIX, 10; Jo XXVI, 12-13, IV, 1; Ez XXIX, 2; XXXII, 7, etc. Sobre a ligação do Dragão e da feminidade em K. Spitteler, cf. Baudouin, *Le triomphe du héros*, pp. 207 s.
184. Cf. Is, XXVII, 1, e Ap, XIII, 1.
185. Cit. por Bachelard, *L'eau et les rêves*, p. 89.
186. Bachelard, *op. cit.*, pp. 124-125.
187. Cf. Baudouin, *Analyse des rêves*, p. 89. Cf. o conto *Batlaping* recolhido por S. Comhaire-Sylvain (*op. cit.*, I, p. 51) no qual é descrito um "inferno aquático" de que o rei é o ogro Dimo.
188. Cf. Baudouin, *V. Hugo*, p. 147; cf. *Travailleurs de la mer*, I, cap. VI.

189. Bachelard, *L'eau et les rêves*, p. 114.
190. Bachelard, *op. cit.*, pp. 115-117.
191. Cf. Eliade, *Traité*, p. 169.
192. Cf. Bachelard, *op. cit.*, p. 116.
193. Cf. G. Dieterlen, *op. cit.*, p. 66.
194. Cf. Krappe, *op. cit.*, pp. 114-116.
195 Cf. R. Lowie, *op. cit.*, p. 94.
196. Cf. *supra*, p. 94.
197. Cf. Bachelard, *L'eau et les rêves*, pp. 120-121.
198. Dieterlen, *op. cit.*, p. 59.
199. Cf. P. Grimal, *Dictionnaire*, artigos *Narcisse, Actéon*. O tema do "duplo" está de fato subjacente a toda a lenda de Acteão: o Centauro Quíron modela uma estátua à imagem de Acteão para consolar os cães desesperados por terem devorado o dono.
200. Eliade, *Traité*, p. 145; cf. Bachelard, *L'eau et les rêves*, p. 111.
201. Cf. Eliade, *op. cit.*, p. 148. Para os mexicanos, a lua é filha de Tlaloc, o deus das águas; cf. Soustelle, *op. cit.*, pp. 26 s.
202. *Rig Véda*, I, 105-1.
203. Eliade, *op. cit.*, pp. 145-148.
204. Cf. *infra*, pp. 317 s.
205. Eliade, *op. cit.*, p. 142.
206. Cf. Eliade, *op. cit.*, p. 155; Krappe, *op. cit.*, p. 116; Harding, *op. cit.*, p. 37.
207 Cf. Dante, *Paraíso*, III, 56-57.
208. Sébillot, *Folklore*, I, pp. 38 s.
209. Mt IV, 25; XVII, 15; cf. Sl XCVI, 6.
210. Cf. Krappe, *op. cit.*, p. 119.
211 Cf. Eliade, *op. cit.*, p. 147.
212. Krappe, *op. cit.*, p. 105; cf. S. Icard, *La femme pendant la période menstruelle*, pp. 261 s.
213. Harding, *op. cit.*, p. 63; cf. Krappe, *op. cit.*, p. 108.
214. Saintyves, *Les saints successeurs des dieux*, p. 274.
215. Citados por Eliade, *op. cit.*, pp. 150-151.
216. Cf. Eliade, *op. cit.*, p. 151.
217. Cf. Krappe, *op. cit.*, p. 107.
218. Cf. *infra*, pp. 111 s.
219. Cf. Harding, *op. cit.*, p. 63.
220. Cf. *Les caprices*, édit. Hazan, 1948.
221. Cf. L. Cellier, *L'epopée romantique*, p. 176.
222. Cf. Baudouin, *V. Hugo*, pp. 132-134.
223. Baudouin, *op. cit.*, p. 136.
224. Cf. Damourette, *Des mots à la pensée*, I, 306 e 308, pp. 365-367, e Baudouin, *Le triomphe du héros*, pp. 208 s. Leroi-Gourhan (*Réparti-*

tion et groupement des animaux dans l'art pariétal paléol., *op. cit.*, p. 521) nota que "63 representações femininas em 89, ou seja, mais de 2/3, estão associadas a figuras animais". Em 48 casos de associação, 32 fazem-se com o cavalo e 27 com o bisonte, "o agrupamento normal, representado por 2/3 dos casos, é portanto: figurações femininas-cavalo, figurações femininas-bisonte, figurações femininas-bisonte e cavalo...".

225. Cf. a concepção tenaz da inferioridade do sexo feminino em todos os dualismos: pitagórico, platônico, valentiano e gnósico, elkasaíta, etc. Cf. Simone Pétrement, *Le dualisme chez Platon, Les gnostiques et les manichéens*, p. 207, nota 101.

226. Cf. Baudouin, *Le triomphe du héros*, pp. 36-50.

227. Baudouin, *V. Hugo*, p. 137. Cf. R. Escholier, *Victor Hugo artiste*, p. 64.

228. Citado por Baudouin, *V. Hugo*, p. 138.

229. Citado por Baudouin, *op. cit.*, p. 137.

230. Baudouin, *op. cit.*, p. 137.

231. Cf. Rank, *Traumatisme de la naissance*, pp. 30 s. Para os antigos mexicanos, a aranha é o animal emblema do deus do Inferno do Norte, Mictlantécutli, o que traz às costas o "Sol negro", patrão do dia "cão", quinto senhor da noite. Cf. Soustelle, *op. cit.*, pp. 55 s. Cf. *infra*, p. 115. Cf. o papel importante que desempenha "a Mulher-aranha", avó dos gêmeos da guerra, na mitologia Hopi. Cf. Don Talayesva, *Soleil Hopi*, Apêndice A, pp. 425 s.

232. Cf. Poemas de Hugo, *La chauve-Souris, Ce que dit la bouche d'ombre, La rose de l'infante*; cf. igualmente: Baudelaire, *Fleurs du mal*, LXXIII, XXX, etc.

233. Cf. Baudouin, *op. cit.*, p. 142.

234. Cf. Baudouin, *op. cit.*, p. 143.

235. Sila, Mulher, cujo baixo-ventre está armado com seis mandíbulas de cães, tal como a Hidra, amplificação mitológica do polvo. Cf. Grimal, *op. cit.*, artigos *Seylla, Hydre de Lerne*. Todos estes monstros são Dragões plurais.

236. Cf. *infra*, pp. 360 s.

237. *Odisséia*, VII, 198.

238. Cf. Eliade, *Images et symboles*, p. 149. Cf. P. Ricoeur, *op. cit.*, p. 144, o conceito de "servo-árbitro".

239. Cf. Desoille, *op. cit.*, p. 161.

240. Cf. *infra*, p. 177, e Eliade, *Images et symboles*, p. 133.

241. Eliade, *op. cit.*, pp. 134, 138.

242. *Op. cit.*, p. 138.

243. Cf. II, Sm XXII, 6; Sl XVIII, 6, CXVI, 3-4; Os VII, 12; Ez XII, 13, XVII, 26, XXIII, 3; Lc XIII, 16.

244. Eliade, *op. cit.*, p. 151.
245. Cf. Harding, *op. cit.*, p. 114.
246. Sobre o isomorfismo da cabeleira, dos elementos que ligam e das cadeias, cf. contos chilenos e dominicanos relatados por S. Comhaire-Sylvain, *op. cit.*, p. 231.
247. Lv XV, 19-33.
248. Dieterlen, *op. cit.*, p. 65.
249. Dieterlen, *op. cit.*, p. 64. Cf. *infra*, p. 182.
250. Cf. Harding, *op. cit.*, pp. 64-66.
251. Harding, *op. cit.*, p. 70.
252. *Op. cit.*, p. 72.
253. Poe, *Aventuras de Gordon Pym*, p. 47; cf. M. Bonaparte, *Ed. Poe*, p. 418.
254. Bachelard, *Eau et rêves*, p. 89.
255. Cf. *supra*, p. 103, e Harding, *op. cit.*, p. 63.
256. James, *Précis*, p. 500; cf. art. do *Mind* (1884), *A teoria da emoção*.
257. Przyluski, *La grande déesse*, p. 195; cf. P. Ricoeur, *op. cit.*, p. 39, *Le symbolisme de la tâche*.
258. Przyluski, *op. cit.*, p. 196; cf. Zimmer, *op. cit.*, p. 202. Seria necessário estudar igualmente o demônio fêmea dos semitas, *Lilith*, cujo nome vem da raiz *"laï lah"*, a noite, descrita na literatura rabínica como tendo uma longa cabeleira. Cf. Langton, *op. cit.*, pp. 56, 82.
259. M. Bonaparte, *Psych. anthr.*, p. 99.
260. Dieterlen, *op. cit.*, p. 16; cf. p. 39.
261. Dieterlen, *op. cit.*, p. 18.
262. Dieterlen, *op. cit.*, p. 18, nota 1.
263. Sobre a ferida símbolo de desarmonia, cf. Jung, *Les types psychologiques*, p. 79, e *Libido*, pp. 227, 278, 279, 283.
264. Bachelard, *L'air et les songes*, p. 105, 110-111, 120.
265. Cf. Betcherev, *op. cit.*, p. 72, e M. Montessori, *L'enfant*, pp. 20-22.
266. Montessori, *op. cit.*, p. 21.
267. Bachelard, *op. cit.*, p. 108.
268. Cf. Eliade, *Traité*, p. 218. Para os antigos mexicanos, nascer é descer do céu. Cf. Soustelle, *La pensée cosmologique des anciens mexicains*, p. 11; cf. Don Talayesva, *op. cit.*, p. 2.
269. Desoille, *Exploration*, p. 152.
270. Cf. Bachelard, *La terre et les rêveries de la volonté*, pp. 350, 400.
271. Bachelard, *op. cit.*, p. 353.
272. Bachelard, *op. cit.*, pp. 344-346; Desoille, *op. cit.*, p. 153.
273. Cf. Diel, *Le symbolisme dans la mythologie grecque*, pp. 64 s., e M. Bonaparte, *Psych.*, p. 99.

274. Cf. Bachelard, pp. 361-366.
275. Cf. Soustelle, *La pensée cosmologique des anciens mexicains*, pp. 55-62.
276. *Henoc*, VI, 1, VII, 2, IX, 11; cf. Ap IX, 1.
277. Langton, *op. cit.*, p. 217.
278. Cf. Krappe, *op. cit.*, p. 287.
279. Langton, *op. cit.*, pp. 144, 147.
280. Cit. por Krappe, *op. cit.*, pp. 288-290.
281. Cf. Van Genepp, *Myth.*, p. 79; Krappe, *op. cit.*, p. 294.
282. Gn III, 16.
283. Cf. Krappe, *op. cit.*, p. 293.
284. Cit. por Krappe, *op. cit.*, p. 297. Para a maior parte dos primitivos, a queda ou a catástrofe diluvial é provocada por uma poluição ginecológica mais que por uma culpa sexual. Cf. Métraux, *Histoire du monde...*, p. 517. Para os matakos, o dilúvio e o seu demiurgo, a grande Píton, são comandados pela ruptura do tabu menstrual, por uma mulher que deixa cair algumas gotas de sangue impuro na água do poço.
285. Krappe, *op. cit.*, p. 297, e S. Pétrement, *op. cit.*, pp. 177, 184; S. Reinach, *C.M.R.*, III, pp. 348-359; R. Berthelot, *Astrobiologie*, p. 328.
286. Cf. *infra*, pp. 354 s.
287. Cf. *infra*, pp. 211 s., 470 s.
288. Cf. M. Bonaparte, *Psych. et anthrop.*, p. 86; Krappe, *op. cit.*, p. 228; cf. K. Nyrop, *Grammaire historique de la langue française*, IV, p. 279.
289. Cf. Guntert, *Kalypso*, pp. 69, 148, 154-155.
290. Cf. D. de Rougemont, *op. cit.*, p. 27.
291. Cf. S. Pétrement, *op. cit.*, p. 205.
292. Cf. Freud, *Jenseits des Lustprinzips*, pp. 45 s.
293. Lv XVIII, 10-11.
294. Gn IV, 3.
295. Cf. E. Lenormant, *Les origines de l'histoire d'après la Bible...*, I, p. 70 s. Cf. o mito ainda mais explícito dos índios matakos, segundo os quais as mulheres possuem duas bocas, uma em cima, outra – a vagina – em baixo, sendo esta boca vaginal, dentada e temível, desarmada por todo um processo mítico, *in* Métraux, *Histoire du monde et de l'homme, textes indiens de l'Argentine (N.R.F.*, 1 set. 1936, pp. 520-524). Cf. sobre a "*vagina dentada*": Verrier Elwin, *Maisons des jeunes...*, pp. 239 s.
296. Bachelard, *La terre et les rêveries de la volonté*, p. 352.
297. Cit. por Bachelard, *op. cit.*, p. 353.
298. Bachelard, *Rêv. repos*, p.168.
299. Cf. Baudouin, *V. Hugo*, p. 73.

300. Cf. Bachelard, *op. cit.*, p. 253, "O esgoto literário é criação da repugnância". Cf. desenho de *L'égoût* por V. Hugo, *in* R. Escholier, *V. Hugo artista*, p. 76.
301. Cit. por Baudouin, *op. cit.*, p. 83.
302. V. Hugo, *Dieu*, "Le vantour".
303. Bachelard, *Rêv. repos*, p. 68; cf. *L'eau et les rêves*, p. 77.
304. Langton, *op. cit.*, p. 176; cf. igualmente o nome judaico do inferno: *ge hinnom*, "o vale dos detritos". Cf. Duchesne e Guillemin, *Ormadz et Ahriman*, p. 83.
305. Bachelard, *Rêv. repos*, p. 239; cf. Jung, *L'homme à la découverte de son âme*, p. 344; cf. *infra*, pp. 218 s.
306. Cf. *infra*, Livro II, 1.ª parte, I.
307. Cf. Bachelard, *Rêv. repos*, p. 240.
308. M. Leiris, *Aurora*, p. 9, cit. por Bachelard, *op. cit.*, p. 126.
309. Cf. Bachelard, *op. cit.*, p. 128.
310. Cf. M. Bonaparte, *Chronos, Eros, Thanatos*, p. 130.
311. Cf. *infra*, pp. 238 s.

Segunda Parte. **O cetro e o gládio**

1. Cf. *infra*, p. 476 s.
2. Cf. Kostyleff, *op. cit.*, p. 230.
3. Cf. Desoille, *op. cit.*, p. 55.
4. Bachelard, *L'air et les songes*, p. 24.
5. Cf. F. Minkowska, *De Van Gogh et Seurat*, p. 108, p. 43; cf. Volmat, *Art psychopath.*, p. 54.
6. Cf. sobre o jogo do Tarô: Maxwell, *Le tarot*, Alcan, 1923; Papus, *Le tarot des bohémiens*, Carré, 1885, e número de agosto-setembro de 1928 do *Voile d'Isis*.
7. Cf. M. Bonaparte, *Psych. anthrop.*, p. 67.
8. Cf. M. Bonaparte, *op. cit.*, p. 71.
9. Bachelard, *L'air et les songes*, p. 18.
10. Bachelard, *La terre et les rêveries de la volonté*, p. 364; cf. Schelling, *Philo. de la mythologie*, II, p. 214, que remete ele próprio para Aristóteles: *De Coelo*, IV, 4, II, 2.
11. Cf. Desoille, *op. cit.*, e *Le rêve éveillé en psychothérapie*, pp. 297-300. Cf. Jean-Paul (*Sam. Werke*, XVII, pp. 164-165), que pressentiu o caráter axiomático das duas polarizações verticais: "Não se pode obter ou impedir à força a subida de certas imagens para fora do tenebroso abismo do espírito."
12. Cf. experiência do Dr. Arthus, *in Le test du village*, p. 291; a verticalidade na construção do teste é interpretada como "equivalente da atividade espiritual e do desapego de si".

13. Koffka, *Principles of Gestalt Psycho.*, p. 219.
14. Gibson e Maurer, *Determinants of Perceived Vertical and Horizontal, in Psychol. Review*, julho 1938, pp. 301-302.
15. Kostyleff, *op. cit.*, p. 103.
16. Cf. Piaget, *La construction du réel chez l'enfant*, pp. 18, 95 s.
17. Cf. Eliade, *Traité*, p. 96 s.
18. Eliade, *Le chamanisme*, pp. 122-125; cf. Kai Donner, *La Sibérie*, pp. 222 s. "Acrescentemos que se crê que os xamãs dos ostiaks do Iénisseï habitam nos cabelos (= os raios) do sol, tal como os piolhos na cabeça dos homens. O xamã utiliza igualmente como talismã de magia simpática um esquilo voador.
19. Gn XXVIII, 12.
20. Bachelard, *Air*, p. 53; cf. *Paradisio*, XXI-XXII.
21. Cit. por M. Davy, *op. cit.*, p. 165.
22. M. Davy, *op. cit.*, p. 175. Cf. a tábua XIII que reproduz uma miniatura do *Hortus deliciarum* que representa a escada das virtudes, na qual aparecem dialeticamente os temas da ascensão e da queda, os pecadores tropeçando nos degraus *negros* da escada.
23. Cf. S. Paulo, III Cor XII, 2.
24. Baudouin, *V. Hugo*, p. 192.
25. Cf. Baudouin, *op. cit.*, p. 194.
26. Eliade, *Images et symboles*, p. 63.
27. Bachelard, *Air et songes*, p. 33; cf. o platonismo subjacente a esta imaginação, *Fédon*, 80 c; *Fedro*, 247 c, 248 a; *Rep.*, VII, 529 d.
28. Bachelard, *La terre et rêveries de la volonté*, p. 384.
29. Cf. Eliade, *Images et symboles*, p. 53; cf. Dumézil, *Dieux des germains*, p. 54.
30. Cf. Piganiol, *Origines*, p. 95.
31. Cit. por M. Davy, *op. cit.*, p. 13.
32. Cf. em Eliade, *Traité*, p. 191, a confusão que reina numa tentativa de síntese das cratofanias líticas.
33. Cf. W. Cohn, *La peinture chinoise*, p. 15; Granet, *Civilisation chinoise*, p. 278, *Pensée chinoise*, pp. 118, 141.
34. Cf. Dontenville, *Mythologie française*, p. 94 s.
35. Cf. Dauzat, *Toponymie française*, p. 80 s.
36. Cf. Dontenville, *op. cit.*, pp. 47, 203.
37. Cf. Dontenville, *op. cit.*, pp. 67-69.
38. Cf. *op. cit.*, pp. 78, 83.
39. Cf. *op. cit.*, pp. 246, 302.
40. Dontenville, *op. cit.*, p. 91.
41. Cf. Bachelard, *Air et songes*, pp. 29-30, 32.
42. Bachelard, *op. cit.*, p. 36.

43. *Op. cit.*, pp. 71, 78, 65.
44. Cf. Bochner e Halpern, *op. cit.*, p. 62; cf. Desoille, *L'exploration de l'activité*, p. 174.
45. Cit. por Bachelard, *op. cit.*, p. 99.
46. *Op. cit.*, p. 103.
47. Bachelard, *op. cit.*, p. 83.
48. Sobre o corvo demiurgo, cf. G. F. Coxwell, *Siberian and Other Folk-Tales*, p. 77; cf. Harding, *op. cit.*, p. 60. Cf. Arnould de Grémilly, *Le coq*, pp. 23, 48, 82.
49. Cf. Piganiol, *Orig. de Rome*, pp. 105-107.
50. Baudouin, *V. Hugo*, pp. 35-36.
51. Cf. Piganiol, *op. cit.*, p. 108.
52. Jung, *Libido*, p. 26.
53. Bachelard, *Air*, pp. 28-29.
54. *Fedro*, 251 b s.; cf. M. Davy, *op. cit.*, p. 168.
55. Cit. por Bachelard, *Air*, p. 82.
56. Leroi-Gourhan, *L'homme et matière*, pp. 80 s.
57. Reprod. *in* Grillot de Givry, *Musée des sorciers*, p. 393.
58. Bachelard, *Air*, p. 83.
59. Cit. por Bachelard, *L'air et les songes*, p. 191.
60. Is, VI, 2.
61. Cf. *infra*, pp. 169 s.
62. Bachelard (*L'air et les songes*, pp. 72, 92) nota que a flecha é a imagem indutora de *Séraphita* de Balzac.
63. Cf. Jung, *Libido*, p. 278.
64. *Kéna Upan.*, I, 1; *Mundaka Upan.*, I, 3.
65. Cf. Granet, *Pensée chinoise*, pp. 367 s. O chefe é um arqueiro, bom exemplo de isomorfismo no seio do princípio Yang onde confluem a soberania, o Alto, a masculinidade, a vitória, o arco e as flechas.
66. *Mundaka Upan.*, II, 4-6.
67. Cit. por Senart., *op. cit.*, p. 338; cf. p. 334.
68. Cf. Krappe, *op. cit.*, pp. 180-182; cf. Granet, *op. cit.*, p. 145, cf. Gn IX, 13-17, e *Ilíada*, XVII, 547 s.
69. Eliade, *Traité*, pp. 17 s.
70. Cf. Dontenville, *Myth. franç.*, pp. 34-36.
71. Cf. Sechehaye, *Journal d'une schizophrène*, pp. 4-6.
72. Eliade, *op. cit.*, p. 68.
73. Cf. Krappe, *op. cit.*, p. 68; cf. Piganiol, *op. cit.*, p. 140; cf. Maus, *Anneé sociol.*, IX, p. 188, XII, p. 111.
74. Cf. Dumézil, *Indo-européens*, p. 61; Krappe, *op. cit.*, p. 69.
75. Cf. Granet, *Pensée chinoise*, pp. 511, 522.
76. Cf. *Mundaka Upan.*, I, 1-2, II, 2-5.

77. Piganiol, *op. cit.*, p. 93.
78. Cf. Eliade, *op. cit.*, p. 94.
79. Bachelard, *Rêv. volonté*, p. 385.
80. *Op. cit.*, p. 380.
81. Eliade, *Traité*, p. 63.
82. Cf. Leenhardt, *Notes d'ethnologie*, tábua XIX, 4.
83. Cf. Lowie, *op. cit.*, pp. 262-263.
84. Freud, *Le je et le tu*, cap. III, pp. 162 s.
85. Eliade, pp. 63 s.
86. Cf. Krappe, *op. cit.*, pp. 71 s.; cf. Granet, *Pensée chinoise*, pp. 354, 458-471.
87. Cf. *infra*, p. 149, 152.
88. Cf. Baudouin, *V. Hugo*, pp. 14-15, 29-30, 33-34.
89. Baudouin, *op. cit.*, p. 34.
90. Cf. Dumézil, *Mitra-Varuna*, p. 130; cf. *Indo-europ.*, p. 206.
91. Cf. Dumézil, *Tarpeia*, pp. 113 s.
92. Cf. Dumézil, *Indo-européens*, p. 198. Do mesmo modo, no panteão do antigo México, o sol é ao mesmo tempo Quetzalcoatl, o rei padre que se sacrifica, e Uitzilopochtli, o herói guerreiro. Cf. Soustelle, *op. cit.*, p. 24.
93. Cf. Dumézil, *Mitra-Varuna*, p. 60.
94. Cf. Dumézil, *Les dieux des germains*, p. 27.
95. Cf. Dumézil, *Germ.*, p. 20; *Indo-européens*, pp. 21-22.
96. Cf. Eliade, *Le chamanisme et les techniques archaïques de l'extase*.
97. Cf. Hildegarde de Bingen e Honorius Augustodunensis citado por M. Davy, *op. cit.*, pp. 107-108.
98. Cf. Eliade, *Le yoga*, p. 238.
99. Bachelard, *Rêv. volonté*, pp. 363-364.
100. Cf. H. Breuil, *Le feu et l'industrie lithique et osseuse à Chou-Kou-Tien* (*Bull. soc. géol. China*, XI, 1931, p. 147) e P. Wernert, *Le culte des crânes à l'époque paléolithique*, in *Hist. gén. relig.*, I, pp. 53 s.
101. Werbert, *op. cit.*, p. 71; cf. E. Lot-Falck, *Les rites de chasse chez les peuples sibériens*, pp. 109 s., 213, 218.
102. Cf. Wernert, *op. cit.*, p. 68; cf. M. Bonaparte, *Psych. auth.*, p. 71.
103. Cf. Wernert, *op. cit.*, p. 67.
104. Cf. Dieterlen, *op. cit.*, p. 65, nota 3; cf. a importância atribuída à cabeça quando das cerimônias iniciáticas no vodu, noções de "pot-tête*" e de "maît-tête*" e práticas do "lavar-cabeça", in Métraux, *Le vaudou haïtien*, pp. 188-189.
105. Baudouin, *V. Hugo*, pp. 14-15.

---

* Termos crioulos = *pote*, tal como em francês, *maît* = *maître*, referindo a forma e a dignidade da cabeça, respectivamente. (N. do T.)

106. Cf. *infra*, pp. 232 s.
107. Cit. por M. Bonaparte, *op. cit.*, p. 71, nota 1; cf. p. 73; cf. Lot-Falk, *Les rites de chasse*, pp. 173, 205 s., 209 s.
108. Cf. M. Bonaparte, *op. cit.*, p. 62, cita Seligman: em calão italiano o pênis chama-se "corno"; cf. *op. cit.*, pp. 51-54; cf. Jó XVI, 15; Am VI, 13; *Saluí*, CXLVIII, 14; XCII, 11.
109. Cf. *Rig Véda*, VII, 86-6.
110. Cf. M. Bonaparte, *op. cit.*, p. 52; cf. Lot-Falk, *op. cit.*, tábuas II, VII.
111. Cf. M. Bonaparte, *op. cit.*, p. 56; cf. 57 60; cf. Breuil, *op. cit.*, pp. 61-63.
112. Cf. M. Bonaparte, *op. cit.*, pp. 76-79.
113. Cf. Vialar, *La grande meute*; e *Règlement taurin*, texto oficial, trad. M. L. Blancou; cf. Sicilia de Arenzana (F.), *Las corridas de toros, su origen...*
114. M. Bonaparte, *op. cit.*, p. 80.
115. Cf. *infra*, pp. 182 s.
116. Cf. Lot-Falk, *op. cit.*; p. 97, especialmente p. 128: "La femme et la chasse".
117. Cf. *supra*, p. 119.
118. Cf. M. Bonaparte, *op. cit.*, p. 63.
119. Cf. igualmente S. de Ganay, *Une graphie soudanaise du doigt du créateur, in An. musée Guimet*, t. CXXXIV, n.º 1, 1951, p. 46. O autor mostra a importância da mão direita à qual é interdito, por exemplo, "tocar no sexo, porque é sagrada e, de algum modo, *vigária* de Deus".
120. Cf. Eliade, *Image et symboles*, pp. 97-98.
121. Bachelard, *Air*, p. 55.
122. Cf. Desoille, *Exploration*; cf. pp. 70-74, 29-30; cf. p. 31. "À medida que as sessões se repetem, as imagens tornam-se cada vez mais brilhantes e imateriais até não serem mais que uma impressão de luz intensa na qual formas muito simples e harmoniosas aparecem como um fogo de luz erguendo-se sobre um fundo deslumbrante de claridade... Essas imagens são acompanhadas por um estado eufórico notável que o paciente traduz pelas palavras de serenidade, felicidade."
123. Séchehaye, *Journal d'une schizophrène*, pp. 4, 5, 20, 21.
124. Séchehaye, *op. cit.*, p. 6.
125. *Op. cit.*, p. 38.
126. *Op. cit.*, p. 21.
127. Cit. por M. Davy, *op. cit.*, p. 100; cf. Bachelard, *La formation de l'esprit scientifique*, p. 84.
128. Cf. Eliade, *Traité*, pp. 63, 68.
129. *Mundaka Upan.*, II, 2 (7, 9, 10), III, 1 (4), III, 1 (7-8), III, 2 (1).
130. Cf. Dieterlen, *op. cit.*, p. 27.

131. *Op. cit.*, p. 29. Mesmo na simbólica dos antigos mexicanos, em que o branco é a cor do Oeste, a brancura é, no entanto, associada à cor "da primeira luminosidade do dia" e as vítimas de sacrifícios humanos ou dos deuses ressuscitados, tal como Tlauizcalpantécutli, são figurados com ornamentos brancos; cf. Soustelle, *op. cit.*, pp. 72, 73, 75.

132. Cf. Griaule, *Dieu d'eau*, pp. 20 s.

133. Desoille, *op. cit.*, pp. 70-74; cf. Bachelard, *Rêv. volonté*, p. 399.

134. Cf. Bachelard, *L'air et les songes*, p. 194.

135. Lamartine, Hölderlin, Goethe, Claudel citados por Bachelard, *op. cit.*, pp. 197, 199, 201. Cf. simbolismo do turquesa, assimilado ao fogo solar para os antigos mexicanos. Soustelle, *op. cit.*, p. 71

136. Bochner, *op. cit.*, p. 47. Contrariamente ao que pensa Bohn (*op. cit.*, I, p. 176). Este último, embora reconhecendo a grande raridade do "choque azul", declara sem explicação: "Num certo sentido, parece ser a réplica do choque negro." Ora, é preciso ter em conta a saturação, e precisamente os cartões X e VIII do Rorschach são coloridos com um azul médio que pode ser visto quer como azul-celeste e descolorido pela iluminação, quer como "azul-noite". A língua alemã, tal como a francesa, não indica esses matizes de intensidade, contrariamente ao que se passa para o "vermelho" e o "rosa".

137. Cf. K. Goldstein e O. Rosenthal, *Zum Problem der Wirkung der Farben auf der Organismus*, pp. 10, 23 s.; cf. D. I. Mason, *Synesthesia and Sound Spectra*, in *Word*, vol. 8, n.º 1, 1952, pp. 41 s.; cf. R. L. Rousseau, *Les couleurs*, pp. 42 s., sobre o azul "cor da Sabedoria" e da sublimação. Cf. o poema de Mallarmé *L'azur*.

138. Cf. L. Rousseau, *op. cit.*, pp. 128 s., o "dourado" enquanto cor deve aproximar-se do amarelo.

139. Cf. Diel, *Le symbolisme dans la mythologie grecque*, p. 176.

140. Cf. *infra*, p. 291. Sobre o simbolismo do "amarelo" solar, cf. Soustelle, *op. cit.*, p. 70.

141. E. Bruyne, *Études d'esthétique médiévale*, III, pp. 13, 14.

142. Ap I, 12, XIV, 14, XIX, 12-13, XIX, 22. Cf. Mc IX, 2, 3, 4.

143. Cf. Eliade, *Traité*, p. 62, *Mundaka Upan.*, II, 25 s., e cf. Jung, *Libido*, p. 97.

144. Cf. Diel, *op. cit.*, pp. 102, 209; cf. L. Rousseau, *op. cit.*, p. 131, *Le jardin des Hespérides*.

145. Cf. Bachelard, *La formation de l'esprit scientifique*, pp. 135, 143; cf. Hutin, *L'alchimie*, pp. 25, 71.

146. Lanza del Vasto, *Commentaires des évangiles*, p. 137.

147. Cf. Piganiol, *op. cit.*, pp. 101-104.

148. Cf. Dontenville, *op. cit.*, p. 90.

149. *Op. cit.*, p. 94; cf. Jung, *Libido*, p. 82. O autor entretém-se a aproximar "Schwan", cisne, ave solar, de "Sonne".
150. Cf. Davy, *op. cit.*, pp. 40, 177, Josué, I, 13; cf. Jung, *Libido*, p. 99.
151. Jung, *Libido*, p. 82; cf. Krappe, *op. cit.*, p. 83; cf. o sol e a águia para os antigos mexicanos, Soustelle, *op. cit.*, p. 21.
152. Cf. M. Davy, *op. cit.*, tábua XI, p. 143; cf. Jung, *op. cit.*, p. 330; cf. Arnould de Grémilly, *Le coq*, pp. 48 s.
153. Cf. *supra*, p. 72.
154. Cf. Gn II, 8; Sl LXVIII, 34; Mt, XXIV, 27.
155. M. Davy, *op. cit.*, p. 142.
156. Soustelle, *op. cit.*, pp. 58 s.
157. *Op. cit.*, p. 59.
158. *Op. cit.*, pp. 23-24.
159. Cf. Jung, *Libido*, pp. 84, 97.
160. Cf. *infra*, pp. 272 s.
161. Cf. M. Davy, *op. cit.*, p. 181; Jung, *op. cit.*, p. 84.
162. Bachelard, *L'air et les songes*, pp. 67-68.
163. Cf. Desoille, *Explor.*, p. 90.
164. *Op. cit.*, p. 91.
165. Alquié, *Philosophie du surréalisme*, p. 185; cf. G. Durand, *Le décor mythique*.
166. Baudouin, *V. Hugo*, pp. 47, 179; cf. do mesmo autor: *Psychanalyse de l'art*, 1.ª parte, cap. V, e *Le triomphe du héros*, pp. 42 s., 49, 101, 121, 150 s.; cf. *supra*, p. 143.
167. Cf. Baudouin, *V. Hugo*, p. 180.
168. Cf. *supra*, pp. 126 s.
169. Cf. *Rig Véda*, VII, 34-10, e Eliade, *Images et symboles*, p. 127.
170. Cf. Dumézil, *Dieux des germains*, pp. 21, 29; cf. *At. Véda*, IV, 16.
171. Sl CXXXIX, 7-8.
172. Cf. Eliade, *Traité*, pp. 119-120.
173. Krappe, *op. cit.*, p. 89.
174. *Op. cit.*, p. 90.
175. Valéry, *Poésies*, p. 147.
176. Cf. *supra*, p. 92.
177. Dumézil, *Indo-europ.*, p. 160; cf. *J. M. Q.*, IV, p. 81, e *M. V.*, p. 149.
178. Cf. Mt V, 29-30.
179. Cf. *infra*, p. 344.
180. Cf. Frutiger, *La myths de Platon*, pp. 11, 144, 268-69.
181. Jo I, 1-18.
182. Gn I, 3; cf. in *Hist. gén. relig.*, I, artigo de Desroches-Noblecourt, p. 253. Cf. *Kéna Upan.*, I, 1, I, 7.
183. Cf. Jung, *Libido*, pp. 155 s.

184. Cf. *Kalevala*, canto VIII, e Leïa, *Contes*, p. 95.
185. Cf. Dumézil, *Germains*, p. 24, nota 3.
186. Dumézil, *Dieux des germains*, p. 25; cf. Granet, *Pensée chinoise*, pp. 32 s., sobre a concepção chinesa da palavra – emblema dotado de eficácia real.
187. Dumézil, *op. cit.*, p. 30; cf. Dumézil, *Indo-européens*, p. 21.
188. M. Choisy, *Métaphysique du yoga*, I, p. 219; cf. *Maitrayana Upan.*, VI, 28.
189. *Op. cit.*, I, p. 220.
190. Cf. Jung, *Libido*, pp. 95-96, 304; X e Bachelard, *Air*, pp. 19-20 e 146.
191. M. Choisy, *op. cit.*, I, p. 89, dá uma muito curiosa etimologia de *sphota* proposta por Fabre d'Olivet, etimologia que, apesar da fantasia lingüística, é muito séria do ponto de vista da arquetipologia: *sphn* decompor-se-ia, segundo a cabala, em *s* "imagem do arco", em *ph* "boca, palavra", em *phov* "inspiração".
192. Cf. Eliade, *Yoga*, pp. 218, 252, e *Chamanisme*, p. 99.
193. Eliade, *Yoga*, p. 219.
194. Eliade, *op. cit.*, p. 220.
195. Por exemplo, quando a mitologia egípcia faz nascer os homens das lágrimas de Rá, é apenas um jogo de palavras entre *remytl* (lágrima) e *rômet* (homem). Cf. *in Hist. gén. rel.*, I, p. 253. Cf. Zimmen, *Mythes et symboles dans l'art et la civilisation de l'Inde*, p. 196, acerca do trocadilho *Çiva, Çava*; cf. Mt XVI, 13-19.
196. Eliade, *op. cit.*, p. 220.
197. Cf. artigo de S. de Ganay, *Les devises des dogons* (*Tr. et m. inst. ethnog.*, XLI, 1942).
198. G. Dieterlen, *op. cit.*, pp. 77-79.
199. Cf. Dieterlen, *op. cit.*, p. 211.
200. Cf. Pradines, *Traité*, II, 1, pp. 206-207.
201. Lévi-Strauss, *Struct. parenté*, pp. 611 s.
202. Cf. Jung, *Libido*, p. 46, sobre a origem sexual do *Pneuma*, pp. 95-96; cf. *Hist. gén. relig.*, I, p. 253.
203. Cf. *supra*, pp. 145 s.
204. Sublinhamos aqui que o cartesianismo, como o platonismo, pode possuir uma coerência isomórfica. Através de Descartes e Platão, o *regime diurno* tornou-se a mentalidade piloto do Ocidente; cf. *infra*, p. 195.
205. Bachelard, *Rêv. volonté*, p. 390.
206. Desoille, *Explor.*, p. 70.
207. Cf. Piganiol, *Origines*, p. 119.
208. Cf. *infra*, p. 334.

209. Desoille, *op. cit.*, p. 76.
210. Cit. por Jung, *Libido*, p. 145; cf. *aroura* = campo, colo, seio.
211. Cit. por Eliade, *Traité*, p. 227.
212. Eliade, *Traité*, p. 227.
213. Dumézil, *Les dieux des germains*, pp. 127, 131; cf. *Indo-européens*, pp. 94, 100.
214. Cf. Dumézil, *Indo-européens*, p. 89, e *Tarpeia*, p. 128.
215. Diel, *op. cit.*, pp. 21, 176.
216. Cf. Baudouin, *V. Hugo*, p. 34.
217. Cf. Dumézil, *Indo-européens*, p. 69; *Germains*, pp. 97, 102.
218. Cf. Dumézil, *Germains*, p. 103; sobre os Três Horácios, cf. Dumézil, *Indo-européens*, p. 154.
219. Cf. *infra*, pp. 321 s.
220. Cf. Dumézil, *Germains*, pp. 93, 165; *Indo-européens*, p. 62; *Tarpeia*, p. 113.
221. Cf. Dontenville, *op. cit.*, pp. 137-138.
222. Cf. Dontenville, *op. cit.*, pp. 138-140 s.
223. Cf. Leïa, *Contes*, pp. 79-81. Cf. Baudouin, *Le triomphe du héros*, pp. 117 s., 130 s.
224. Cf. Dieterlen, *op. cit.*, pp. 143, 146, 169; cf. Dumézil, *Indo-européens*, p. 196; *J. M. Q.*, II, p. 91.
225. Dumézil, *Germains*, pp. 79, 88, 90.
226. Cf. A. Ollivier, *Les templiers*. Sobre o ritual maçônico, cf. as obras de P. Naudon.
227. Cf. Gusdorf, *op. cit.*, p. 243.
228. Cf. Diel, *op. cit.*, pp. 176-178.
229. Diel, *op. cit.*, p. 187.
230. Cf. Eliade, *Forgerons*, p. 27.
231. Cf. Leroi-Gourhan, *Homme et matière*, p. 46.
232. *Op. cit.*, pp. 61-63.
233. Piganiol, *op. cit.*, p. 188.
234. Dumézil, *Germains*, pp. 21-27; *J. M. Q.*, pp. 79-81; *Mitra-Varuna*, pp. 33, 79 s.; Eliade, *Images et symboles*, pp. 120 s.
235. Cf. *supra*, pp. 106 s., 117.
236. Cf. *At. Véda.*, VI, 121-4; *Rig Véda*, VIII, 87-2.
237. Eliade, *Yoga*, pp. 18-29.
238. Cf. *infra*, p. 118.
239. Cf. Bregaigne, *La religion védique d'après les hymnes du Rig Véda*, Paris, 1883, III, p. 115.
240. Eliade, *Im. et symb.*, p. 131. Sobre a "participação homeopática" do herói e do seu adversário, cf. Baudouin, *Le triomphe du héros*, p. 224.
241. Dumézil, *Germains*, p. 154.

242. *Op. cit.*, p. 155.
243. Cf. Dumézil, *Indo-européens*, pp. 162, 166; *Mit. Var.*, p. 179; *Tarp.*, p. 126.
244. Cf. Dontenville, *Myth. franç.*, pp. 141-142; cf. L. Dumont, *La tarasque*, pp. 92, 163.
245. Um bom exemplo de transformação por antífrase é-nos dado na passagem da lenda de S. Marta ao ritual da Tarasca; cf. L. Dumont, *op. cit.*, pp. 224 s.; cf. *infra*, p. 423.
246. Cf. Langton, *op. cit.*, p. 225; cf. Is XXIV, 91; Ap XX, 1.
247. Cf. Ap XX, 7 s.
248. Cf. Sl XVIII e Sm XXII, 6.
249. Eliade, *Im. et symb.*, p. 155.
250. Cf. Grimal, *op. cit.*, artigo *Athéna*.
251. Cf. Desoille, *Rêve éveillé*, p. 149, acerca do papel protetor do círculo mágico.
252. Cf. Piganiol, *Origines*, p. 188.
253. Cf. *infra*, p. 219.
254. Bachelard, *Rêv. repos*, p. 112.
255. Bachelard, *La poétique de l'espace*, p. 62. São estas possibilidades de desvio e de transformação que instauram os elementos fundamentais do imaginário em "estruturas" mais do que em "formas"; cf. *supra*, p. 51.
256. Aqui a "forma" não parece ser mais que um atributo da estrutura. Cf. Bachelard, *Rêv. repos*, p. 148; cf. *La poétique de l'espace*, p. 210.
257. R. Guénon, *Le règne de la quantité et le signe des temps*, p. 138; cf. *infra*, p. 275; sobre a oposição da "cidade" à natureza em Lamartine, Verhaeren, Segantini, Rousseau, Tolstói, cf. Baudouin, *Le triomphe du héros*, p. 484 s. P. Ruyer mostrou bem (*L'utopie et les utopies*) o caráter "esquizóide" da República de Platão e de toda a cidade ideal. Cf. Muchielli, *op. cit.*, p. 101, este "universo contra".
258. Bachelard, *L'eau*, p. 181.
259. *Op. cit.*, p. 189.
260. Cf. Lowie, *op. cit.*, p. 96.
261. Cf. Zimmer, *op. cit.*, p. 159.
262. *Op. cit.*, p. 152.
263. Dieterlen, *op. cit.*, p. 179 s.; cf. Griaule, *Nouvelles recherches sur la notion de personne chez les dogons*, in *Journ. psych. norm. et pathol.*, out.-dez. 1947, p. 428.
264. Cf. Dieterlen, *op. cit.*, pp. 181-183.
265. *Op. cit.*, p. 187.
266. *Op. cit.*, p. 182.
267. *Op. cit.*, p. 65.

268. *Op. cit.*, p. 187.
269. Cf. M. Bonaparte, *Psych. anthr.*, p. 183.
270. Cf. Freud, *Totem et tabou*, pp. 60, 68, 83 s.
271. Bachelard, *L'eau*, p. 182.
272. Bachelard, *op. cit.*, p. 191.
273. Bachelard, *op. cit.*, p. 192.
274. *Op. cit.*, p. 195.
275. Cf. Durand, *Psychanalyse de la neige*, in *Mercure de France*, agosto 1953.
276. Bachelard, *Eau*, p. 198. Sobre a prática da lavagem lustral dos cabelos, cf. Caseneuve, *Les dieux dansent à Cibola*, p. 98. Cf. a cerimônia da lavagem nupcial dos Hopi, in Don Talayesva, *Soleil Hopi*, pp. 228 s.
277. Cf. Eliade, *Traité*, p. 172; cf. Ap, XXII, 1-2; Ez, XLVII; Zc, XII, 1; cf. Sébillot, *Folkl.*, II, pp. 256 s., 460; cf. E. Lot-Falck, *Les rites de chasse chez les peuples sibériens*, pp. 135 s.
278. *Lucas*, III, 16.
279. Cf. Leroi-Gourhan, *Homme et mat.*, p. 66.
280. Cf. Leroi-Gourhan, *op. cit.*, p. 68.
281. Cf. Bachelard, *Psych. du feu*; cf. *infra*, p. 371 s. Cf. J.-P. Bayard, *Le feu*, especialmente cap. VI: "*Purification*", p. 50, cap. VII: "*La lumière*", p. 59, cap. X: "*Feu et eau*", p. 115.
282. Piganiol, *op. cit.*, p. 87.
283. *Op. cit.*, p. 96.
284. *Op. cit.*, p. 101.
285. Bachelard, *op. cit.*, p. 200.
286. Burnouf, *Le vase sacré*, p. 115. Cf. o curioso mito matako contado por Métraux (*Histoire du monde et de l'homme. Textes indiens de l'Argentine*, N. R. F., 1936, p. 525) e que põe bem em evidência esta ambivalência do fogo, ao mesmo tempo sexual e purificador: antes de os homens terem descoberto o fogo, não se podiam separar da mulher quando da união sexual. O fogo desempenha no fim de contas, para os matako, o mesmo papel que a faca da circuncisão para os dogon e os bambara.
287. Cf. Dumézil, *Tarpeia*, p. 107.
288. Cit. por Bachelard, *op. cit.*, p. 205.
289. *Op. cit.*, p. 209.
290. Diel, *op. cit.*, p. 234.
291. Krappe, *op. cit.*, p. 203.
292. Burnouf, *op. cit.*, p. 119; cf. Duchesne-Guillemin, *op. cit.*, pp. 50 s., 57 s.; cf. Underhill, *Mysticism*, p. 421.
293. Cf. Burnouf, *op. cit.*, pp. 130-131; cf. Clavel, *Le gnosticisme*, p. 112.
294. Cf. *infra*, pp. 373 s. É por essa razão que um estudo aprofundado do fogo é sempre plural, o adjetivo qualificativo "luminoso", "quen-

te", "doce", "vegetal", "central", etc., tendo, mais uma vez, mais importância fantástica que o substantivo; cf. A.-J. Pernety, *Dictionnaire mytho-hermétique*, artigo *Feu*.

295. Damourette, *op. cit.*, II, 84, p. 490. Cf. G. Durand, *Les trois niveaux de formation du symbolisme*.

296. Cf. Krappe, *op. cit.*, pp. 303-304.

297. *Brhad. Aaran. Up.*, II, 15.

298. Is VI, 6-7; cf. Ex III, 2.

299. Cf. Bachelard, *Air*, pp. 15, 17, 27.

300. Dumézil, *Indo-européens*, p. 66, *Tarpeia*, 67.

301. *Rig Véd.*, VIII, 100.

302. Dumézil, *Tarpeia*, pp. 70-71, 89-99.

303. *Brhad-Aran. Upan.* citada por Dumézil, *Tarpeia*, p. 50.

304. Cf. *H. G. R. I.*, p. 210.

305. Eliade, *Yoga*, pp. 68, 70; cf. M. Choisy, *op. cit.*, II, pp. 107, 118, e Maspero, *Journ. asiat.*, abril-set. 1937, pp. 177, 252, 353, 430.

306. Eliade, *op. cit.*, p. 234.

307. Choisy, *op. cit.*, II, p. 114; cf. p. 125.

308. Cf. Lv XVII, 11, e Fabre d'Olivet, *La langue hebraïque restituée*, II, pp. 52, 53; *ibidem*, I pp. 88, 132.

309. Dieterlen, *op. cit.*, p. 66.

310. Cf. Eliade, *Yoga*, pp. 237 s.

311. Dieterlen, *op. cit.*, pp. 59-60; cf. Eliade, *op. cit.*, pp. 244, 246; cf. in *H. G. R. I.*, p. 303.

312. Cf. Barthes, *Mythologies*, pp. 38-39.

313. Cf. Eliade, *Yoga*, p. 21.

314. Cits. por Eliade, *op. cit.*, p. 360.

315. Cf. S. Pétrement, *Le dualisme*, pp. 157, 210 s.

316. Eliade, *op. cit.*, pp. 20, 24.

317. *Op. cit.*, p. 27.

318. *Op. cit.*, p. 29.

319. Bréhier, *Hist. philo.*, I, 1, p. 63; cf. Duchesne-Guillemin, *Ormazd et Ahriman, L'aventure dualiste dans l'Antiquité*, pp. 85 s.

320. Cf. Bréhier, *op. cit.*, pp. 63-65.

321. E. Souriau não se enganou quando escreveu (*Pensée vivante*, p. 270, nota 1): "Platônico foi o grande século da Idade Média, o século XII, o de Abelardo e de Notre-Dame de Paris; platônica, também, a filiação que começa em Ramus, passa por Descartes e vai até Montesquieu."

322. Cf. S. Pétrement, *Le dualisme chez Platon, les gnostiques et les manichéens*; cf. pp. 138 s.

323. *Op. cit.*, pp. 208, 216.

324. *Op. cit.*, pp. 39, 48, 160, 164, 170, 175.
325. *Op. cit.*, p. 344; cf. Duchesne-Guillemin, *op. cit.*, pp. 104 s.
326. Gusdorf, *Mythe et métaphysique*, p. 179; cf. p. 258. Num contemporâneo como Lévi-Strauss, o velho esquema polêmico ainda funciona plenamente (cf. *La pensée sauvage*).
327. Cf. Bachelard, *La formation de l'esprit scientifique*.
328. Cf. Canguilhem, *Connaissance de la vie*, p. 56.
329. *Op. cit.*, p. 56.
330. *Op. cit.*, p. 57.
331. *Op. cit.*, pp. 67, 69.
332. Cf. *infra*, pp. 430 s.
333. Cf. *supra*, p. 154. E. Souriau, nas conclusões da sua bela e fervorosa defesa da perfeição formal e da estilização, depois de ter prestado homenagem ao platonismo, estabelece os critérios da iconografia estilizada. Estes anunciam de uma maneira notável as estruturas esquizomorfas que nós aqui distinguimos por outros processos. A utilização das "olheiras" das figuras, a "frontalidade", a simplificação do traço, a simetria, a dialética simétrica dos cheios e dos vazios, todas estas qualidades formais são muito vizinhas das cinco estruturas que nós vamos induzir do isomorfismo dos símbolos do *Regime Diurno*. Cf. Souriau, *Pensée vivante*, pp. 256-263.
334. Cf. Jaspers, *Strindbey et Van Gogh*, p. 218, e Minkowski, *De Van Gogh et Seurat aux dessins d'enfants*, p. 22.
335. Cf. Séchehaye, *Journal d'une schizophrène*, pp. 4, 17, 22, e Minkowski, *La schizophrénie*, p. 203.
336. Séchehaye, *op. cit.*, pp. 20, 17, 66, 80.
337. Cf. *infra*, p. 286.
338. Minkowski, *Schizophrénie*, p. 203.
339. *Op. cit.*, p. 203; cf. Séchehaye, *op. cit.*, p. 28, para quem o doente tem uma representação "coalhada" do universo; cf. igualmente James, *Pragmatisme*, p. 27.
340. Cf. Rogues de Fursac e E. Minkowski, *Contribution à l'étude de la pensée et de l'attitude autiste*, in *Encéphale*, 1923, e *Schizoph.*, p. 80.
341. Cf. Alquié, *Philosophie du surréalisme*, p. 182.
342. Minkowski, *Schizophrénie*, pp. 67, 69; cf. igualmente *L'autisme et les attitudes schizophréniques*, in *Journ. psychol.*, 1927, I, p. 237.
343. Cit. por Minkowski, *op. cit.*, p. 110; cf. Lacroze, *op. cit.*, pp. 121 s.
344. Cf. Séchehaye, *op. cit.*, pp. 54, 89.
345. Minkowski, *op. cit.*, p. 42. Cf. E. Souriau, *op. cit.*, p. 257, que muito judiciosamente opõe a *frontalidade* de uma obra estilizada, como o Grifo do *Campo Santo* de Pisa ou os *Khéroubim* do Louvre, às abreviações das formas moventes e barrocas do "Gaulês a matar-se" da Coleção Ludovisi.

346. Monnier, *Test psychologique de Rorschach*, in *Encéphale*, vol. 29, 1934, p. 265; cf. Bohm, *op. cit.*, II, p. 436. E. Souriau (*op. cit.*, p. 258) mostra bem como a estilização se pode tornar exagerada e cair no autismo; cf. em Malraux (*Voix du silence*, pp. 129 s.) a noção de "regressão" de um estilo para signos puramente formais.

347. *Op. cit.*, II, p. 439.
348. Cf. Minkowski, *op. cit.*, pp. 212-213.
349. Cf. Minkowski, *op. cit.*, p. 219.
350. *Op. cit.*, p. 206.
351. Cf. Séchehaye, *op. cit.*, pp. 14, 21, 24, 51, 77, etc.
352. *Op. cit.*, p. 22.
353. *Op. cit.*, pp. 59, 77.
354. *Op. cit.*, pp. 21, 50.
355. Minkowski, *op. cit.*, p. 89; cf. Bohm, *op. cit.*, II, p. 438.
356. Minkowski, *op. cit.*, p. 90.
357. Séchehaye, *op. cit.*, p. 97.
358. Minkowski, *op. cit.*, p. 94. Cf. a visão "radiográfica" da arte de certos primitivos; Boas, *L'art primitif.*
359. *Op. cit.*, pp. 94, 245, 246.
360. *Op. cit.*, p. 245.
361. Minkowski, *Troubles essentiels de la schizophrénie*, in *Evol. psychiatr.*, p. 28; cf. *infra*, pp. 476 s.
362. Minkowski, *op. cit.*, p. 83.
363. *Op. cit.*, p. 83; cf. Séchehaye, *op. cit.*, p. 24.
364. *Troubles essentiels*, p. 30.
365. Cf. *supra*, p. 34.
366. Minkowski, *op. cit.*, pp. 90-92.
367. Séchehaye, *op. cit.*, pp. 22, 45, 52.
368. Séchehaye, *op. cit.*, pp. 22, 45, 52. – (2) P. Ricoeur, *op. cit.*, p. 261, cap. IV, *"Le mythe de l'âme exilée et le salut par la connaissance"*.

Livro Segundo. O REGIME NOTURNO DA IMAGEM

1. Alain, *Idées*, p. 104. Acrescenta ainda: "É o que Aristóteles significa."
2. Desoille, *Explor.*, pp. 27, 68.
3. Séchehaye, *Journal d'une schizophrène*, pp. 66, 74, 84.
4. Cf. *supra*, p. 119.
5. Cf. M. Bonaparte, *Éros, Chronos et Thanatos*, p. 67.
6. Denis de Rougemont, *op. cit.*, pp. 98 s.
7. É talvez este mesmo trajeto que, na criação literária e na história da literatura, define o *"momento romanesco"*? Cf. o nosso trabalho so-

bre *Le décor mythique de la Chartreuse de Parme*, conclusão: "*Le moment romanesque*".

8. S. Pétrement, *op. cit.*, pp. 160, 205, 207
9. *Op. cit.*, p. 120.
10. Bréal e Bailly, *Dict. étym. langue latine*. Cf. Grimal, *op. cit.*, art. *Libitina*, explica a sua ligação com Vênus "pelo jogo da falsa etimologia *libido-libitina*". Mas para a psicologia não há "falsas" etimologias.
11. Platão, *Banquete*, 203 b.
12. Cf. K. Abraham, *Essai d'une histoire de l'évolution de la libido, in Intern. Psychan. Verlag*, 1924, e M. Bonaparte, *op. cit.*, pp. 67-69.
13. S. Freud, *Para além do princípio do prazer* e *O problema econômico do masoquismo*; cf. R. Nelli, *L'amour et les mythes du coeur*, pp. 107 s.
14. M. Bonaparte, *op. cit.*, p. 119; cf. Jung, *Libido*, p. 406.
15. Schopenhauer, *Le monde*, I, parágrafo 54.
16. Jung, *op. cit.*, p. 122.
17. Jung, *op. cit.*, pp. 130-131.
18. Cf. *op. cit.*, p. 217.
19. *Op. cit.*, pp. 404, 406; cf. Baudouin, *Le triomphe du héros*, pp. 228-229.
20. Cf. P. Auger, *Deux temps, trois mouvements, in Diogène*, julho 1957, p. 3.

Primeira Parte. **A descida e a taça**

1. Baudouin utiliza o termo "reversão"; cf. *Le triomphe du héros*, pp. 124-130.
2. Cf. Dumézil, *J. M. Q.*, I, p. 144, *Tarpeia*, pp. 59, 61; cf. Soustelle, *op. cit.*, pp. 35 s., acerca da ambigüidade da deusa Tlazolteotl.
3. Cf. *supra*, pp. 177 s.
4. Dumézil, *Tarpeia*, p. 56.
5. Cf. Bachelard, *Rêv. repos*, p. 5, e Desoille, *Le rêve éveillé en psychothérapie*, p. 150.
6. Bachelard, *Rêv. volonté*, p. 398.
7. Cf. Desoille, *op. cit.*, pp. 151, 211, 336.
8. Cf. Bachelard, *L'eau et rêves*, p. 146.
9. Bachelard, *Feu*, p. 84. Cf. *Repos*, p. 52. Cf. J.-P. Bayard, *Le feu*, especialmente cap. XI, p. 124, "Le feu des alchimistes", e cap. XIV, p. 168, "Chaleurs magiques".
10. Cf. Reik, *Der eigene un der fremde Gott, in Intern. psychoanal. Verlag*, n.º 2, p. 234, Viena, 1923.

11. Cf. Bachelard, *Repos*, pp. 129 s., 145, *Feu*, p. 85.
12. Bachelard, *Repos*, p. 142; cf. Verrier Elwin, *Maison des jeunes*, pp. 239 s.
13. Cf. *supra*, p. 121.
14. Séchehaye, *Journ. schizoph.*, pp. 70, 84.
15. Cf. André Bay, *Histoires racontées par des enfants*; cf. Bachelard, *Repos*, pp. 132, 178; cf. Baudouin, *Le triomphe du héros*, pp. 18, 24, 49.
16. Harding, *op. cit.*, p. 165; cf. Desoille, *Explor.*, p. 74: "O processo psicanalítico corresponde a uma descida"; cf. M. Carrouge, *A. Breton et les données fondamentales du surréalisme*, pp. 24 s.
17. M. Bonaparte, *Psychanalyse et biologie*, pp. 124 s.
18. *Op. cit.*, pp. 130-135.
19. A característica do discurso mítico e lendário, contrariamente ao objeto ritual, é sintetizar "sincronicamente" continuando a distinguir "diacronicamente". É o que ressalta da lenda de S. Cristóvão e da de S. Marta; cf. Dumont, *La tarasque*, pp. 223-225.
20. *Op. cit.*, p. 138.
21. *Op. cit.*, p. 139. Um fenômeno semelhante de eufemização é posto em relevo por A. Métraux (*Contribution au folklore andin, in Journ. soc. américanistes*, XXVI, 1934, p. 70) entre os índios aimara, que assimilam o seu antigo deus do raio à imagem convencional de S. Tiago. Também entre os voduístas haitianos S. Tiago é confundido com o *loa* Ogou – ferragens; cf. A. Métraux, *Le vaudou haïtien*, pp. 288, 289, e tábua XV, p. 320; cf. Bastide, *Immigration et métamorphose d'un dieu*, in *Cah. intern. sociol.*, XX, 1956, pp. 45-60; cf. igualmente, sobre a assimilação do deus eslavo do trovão ao profeta Elias, G. F. Coxwell, *Siberian and Other Folk Tales*, pp. 989, 1022.
22. J. Hyppolite, *Commentaire parlé sur le "Verneinung" de Freud*, in *La psychanalyse*, 1953-55, I, p. 29.
23. *Op. cit.*, p. 31.
24. *Op. cit.*, p. 33.
25. Cf. Bachelard, *Terre et repos*, p. 156.
26. *Op. cit.*, p. 157.
27. *Op. cit.*, p. 157.
28. Cf. Dontenville, *op. cit.*, p. 120.
29. *Op. cit.*, pp. 51, 57, 59.
30. *Op. cit.*, pp. 61 s.
31. Cf. Bachelard, *La terre et repos*, p. 143.
32. Cf. Bay, *op. cit.*, p. 45, citado por Bachelard, *La terre et repos*, p. 133.
33. Cf. Bachelard, *op. cit.*, p. 135.
34. Cf. Dontenville, *op. cit.*, pp. 120, 129.

35. *Op. cit.*, p. 130: cf. Soustelle, *La pensée cosmol. des anciens mexicains*, p. 20. Bom exemplo de redobramento e de confusão do sentido ativo-passivo na pessoa do deus Quetzalcoatl que, depois de se ter sacrificado sob a forma de Nanauatzin, persegue-se e mata-se sob a forma de Xolotl. Mas é sobretudo L. Dumont quem, nas conclusões da sua obra consagrada a La Tarasque (pp. 223-224), mostra claramente que na ambivalência benéfico-maléfico do ritual das festas da Tarasca vêm confundir-se o malefício da Tarasca lendária e o benefício da lendária S. Marta. Trata-se aqui do processo inverso do desdobramento diairético que o combate do herói com o monstro põe em evidência (cf. Hubert e Mauss, *Essai sur la nature et la fonction du sacrifice*, pp. 112, 113, 115). Aqui, "a santa participa, em certa medida, do monstro que doma". Há assim, portanto, confusão do sentido ativo e do sentido passivo entre o monstro e o sauróctono benfazejo; existe "entre os dois algo diferente de uma oposição pura e simples, porque os serviços pedidos à efígie ritual não são de natureza diferente dos que podem ser esperados da santa protetora".

36. Cf. Bachelard, *L'eau et les rêves*, pp. 68 s.

37. Bachelard, *La terre et repos*, p. 245.

38. Cf. W. Faulkner, *Le bruit et la fureur*; *Sartoris*; *l'Invaincue*; *Absalom, Absalom*, etc.

39. Cf. Bréhier, *Hist. phil.*, II, 3, p. 614, e A. Beguin, *Le rêve chez les romantiques allemands*, I, p. 270; cf. Durand, *Le décor mythique*, *op. cit.*, I, cap. 1, parágrafo 3, *Epiméthée ou les frères opposés*.

40. Steffens, *Caricaturen*, II, p. 697.

41. Carus, cit. por Béguin, *op. cit.*, I, 264.

42. Novalis, *Schrifften*, II, parágrafo 323; cf. III, p. 162.

43. Cit. por Béguin, *op. cit.*, II, p. 151.

44. V. Hugo, *in Contemplation suprême*, "Post scriptum de ma vie", p. 236.

45. V. Hugo, *Dieu, in Lég. des siècles*.

46. Cf. Baudouin, *Psych. de V. Hugo*, p. 167; cf. igualmente Baudouin, *Le triomphe du héros*, pp. 4, 12, 33, 70, 94.

47. A. Breton, *Sécond manifeste*, p. 11.

48. P. M. Schuhl, *Le merveilleux*, p. 68; cf. Bachelard, *Form. esprit scient.*, pp. 99-100, e *Poétique de l'espace*, cap. VII, pp. 140 s.

49. Schuhl, *op. cit.*, p. 69.

50. *Op. cit.*, p. 74.

51. *Op. cit.*, p. 73; cf. Bachelard, *La terre et repos*, p. 61.

52. Cf. Bachelard, *La poétique de l'espace*, p. 142.

53. Lévi-Strauss, *Anthropologie structurale*, pp. 271 s; p. 276, fig. 19; p. 279, fig. 20.

54. Cf. Hutin, *L'alchimie*, p. 89; cf. Schuhl, *op. cit.*, p. 65. Sobre o homúnculo e a "boneca" de Mandrágora, cf. A. M. Schmidt, *La Mandragore*, pp. 53. s., 71 s.
55. Bachelard, *La terre et repos*, p. 151; cf. *Poétique de l'espace*, cap. VII: "*La miniature*", p. 140; cf. G. Paris, *Le petit Poucet et la Grande Ourse*, 1875.
56. S. Dalí, *Ma vie secrète*, pp. 34 s.
57. *Op. cit.*, p. 37.
58. Cf. Jung, *Libido*, p. 114; cf. Bachelard, *Repos*, p. 13.
59. Bachelard, *op. cit.*, p. 14; cf. Schuhl, *op. cit.*, p. 62.
60. S. Comhaire-Sylvain, *op. cit.*, II, pp. 45, 121, 141, 143, 147.
61. *Op. cit.*, p. 158.
62. Cf. Jung, *Libido*, p. 118.
63. *Op. cit.*, p. 122.
64. Cf. *Hist. gén. relig.*, I, p. 237.
65. Bachelard, *Poét. espace*, p. 154.
66. *Çvetâçvatara et Katha Up.*, cit. por Jung, *Libido*, p. 114; cf. parábolas evangélicas do "grão de mostarda" e do "grão lançado", etc., Mt XIII, 3, XXXI, 33.
67. Baudouin, *V. Hugo*, p. 156; cf. Nelli, *op. cit.*, p. 239.
68. Cf. *Fin de Satan; Le gibet*, III; *Pitié suprême*, XIV; cf. Baudouin, *op. cit.*, p. 159.
69. Cf. Jung, *Libido*, pp. 103, 118.
70. Citado por Schuhl, *op. cit.*, 71.
71. Cf. *supra*, pp. 149. s.
72. Dontenville, *op. cit.*, p. 179.
73. Schuhl, *op. cit.*, p. 62.
74. *Op. cit.*, p. 179.
75. *Op. cit.*, p. 182; cf. *infra*, pp. 283 s.
76. *Op. cit.*, p. 180.
77. Cf. Bachelard, *La terre et repos*, p. 134.
78. Em certos mitos, é afirmada no seio do esquema do engolimento a ligação do réptil e do peixe. Lévi-Strauss, depois de Métraux, distingue nas lendas toba ou nas cerâmicas peruanas o tema da serpente Lik cheia de peixes. Essa serpente pode ser substituída, segundo os casos, por um peixe gigante, o *Orca gladiator*, ou entre os iroqueses por uma "Mãe dos bisontes" com a crina cheia de peixes. Lévi-Strauss põe em relevo o isomorfismo da cabeleira, do rio, da abundância, da fecundidade e dos peixes tal como se pode ver em certos frescos maia e em certos mitos do Sudoeste dos EUA que nos mostram o herói a multiplicar os peixes lavando a sua cabeleira no rio. Cf. Lévi-Strauss, *Le serpent au corps rempli de poissons*, in *Anthropologie structurale*, pp. 295 s.

79. Cf. Bachelard, *La terre et repos*, p. 136.
80. Jung, *Libido*, p. 236; cf. *vêlu* indo-germânico.
81. Cf. Harding, *op. cit.*, p. 62.
82. *Op. cit.*, p. 187.
83. Citado por Harding, *op. cit.*, p. 62; cf. Jung, *Libido*, p. 413. Este último lembra que o sobrenome "Ichtus" era dado a Átis.
84. Cf. Jung (*Libido*, p. 241) aproxima a etimologia grega de *delphis*, delfim, de *delphus*, útero, e lembra que a trípode délfica, *delphinis*, repousava em três pés em forma de delfins.
85. Mt IV, 19; cf. *Corão*, Sura, 18.
86. Reproduzida na tábua XV, *in* Davy, *op. cit.*, p. 176.
87. Cf. Contenau, *Déluge babylonien*, pp. 44-47; cf. sobre Oanes: Jung, *Libido*, p. 189; cf. Harding, *op. cit.*, pp. 175-177.
88. Cf. *H. G. R.*, I, p. 210. Segundo Fabre d'Olivet a letra *nun* significa peixe pequeno e criança pequena; cf. *Langue hébraïque*, p. 34.
89. Cf. Jung, *Paracelsica*, p. 159-161.
90. Harding, *op. cit.*, p. 125.
91. Cf. Griaule, *Rôle du silure "Clarias senegalensis" dans la procréation au Soudan français*, in *Deutsch. Akad. der Wissens. zu Berlin Instit. fur Orientforschung*, n.º 26, 1955, pp. 299 s., e J. Soustelle, *La pensée cosmol. des anciens Mexicains*, p. 63.
92. *Op. cit.*, pp. 302-305.
93. *Op. cit.*, p. 308.
94. Cf. *supra*, p. 234, nota 4.
95. *Op. cit.*, p. 302.
96. Cf. Krappe, *op. cit.*, p. 159.
97. *H. G. R.*, I, p. 211.
98. A. Lewitzky, art. *in H. G. R.*, I, p. 158.
99. Cf. *in H. G. R.*, I, pp. 307 s. art., G. Desroches-Noblecourt.
100. Cf. E. Underhill, *Mysticism*, pp. 25, 32.
101. Cf. Milner, *Poésie et vie mystique*, p. 185.
102. Cf. poema *Noite obscura*, 2.ª, 7.ª, 8.ª, 10.ª estrofes; cf. M. Florissone, *Esthétique et mystique d'après Ste. Thérèse d'Avila et St. Jean de la Croix*.
103. Cf. Béguin, *op. cit.*, II, p. 33.
104. Cf. Béguin, *op. cit.*, II, p. 33.
105. V. Hugo, *La fin de Satan*.
106. Cf. Novalis, *Hymnes à la nuit*, trad. A. Béguin, pp. 160-178, e *Schrifften*, I, pp. 54-67, II, pp. 373 s.
107. Béguin, *Le rêve chez les romantiques*, II, p. 125.
108. Cf. *supra*, p. 155. Soustelle nota a importância das cores em todos os povos que têm uma representação sintética do mundo, quer di-

zer, organizada como pontos cardeais em torno de um centro (chineses, pueblos, astecas, maias, etc.). Cf. *La pensée cosmologique*, pp. 68. s.

109. Séchehaye, *op. cit.*, pp. 110-111.
110. Sobre o caráter "centrípeto" da cor verde, cf. L. Rousseau, *op. cit.*, pp. 30 s.
111. Cf. Béguin, *op. cit.*, II, pp. 46-47.
112. Tieck, *La coupe d'or*, cit. por Béguin, *op. cit.*, II, p. 152.
113. Bachelard, *Repos*, p. 34.
114. Sobre a "nigredo", "albedo", "citrinitas" e "rubedo", cf. Eliade, *Forgerons et alchimistes*, p. 167, e J. Evola, *La tradizione ermetica*, pp. 156 s. Cf. sobretudo Basílio Valentino, *Révélation des mystères des teintures des sept métaux*, edição E. Savorel.
115. Bachelard, *op. cit.*, p. 44.
116. *Op. cit.*, pp. 46-47.
117. *Op. cit.*, p. 35; cf. Gray, *Goethe the Alchimist*, e A.Von Bernus, *Alchimie und Heilkunst*, pp. 165 s.
118. *Op. cit.*, p. 38.
119. Bachelard, *Eau*, p. 82.
120. *Op. cit.*, p. 83.
121. Cf. Bachelard, *Terre volonté*, p. 400. Sobre o *violeta*, cf. Rousseau, *op. cit.*, p. 171.
122. M. Bonaparte, *Psych. et anthrop.*, p. 90.
123. Cf. Soustelle, *op. cit.*, p. 69: "Quanto ao centro, não tem cor particular. Síntese e encontro, pode ser multicolor, como o imaginam também os pueblo..."
124. *Op. cit.*, p. 96.
125. Cf. Harding, *op. cit.*, p. 193, e *H. G. R.*, I, p. 186. Cf. Soustelle, *op. cit.*, p. 50. Chlchiuhtlieue, "aquela que tem uma saia de pedra verde", é ao mesmo tempo verde como a floresta e a água e também verde como o sangue das vítimas sacrificadas (Chalchiuatl).
126. Jung, *Paracelsica*, pp. 136 s.
127. Sobre o papel desempenhado pelas cores cardeais nas religiões agrárias, cf. *H. G. R.*, I, p. 187.
128. Cf. Przyluski, *La grande déesse*, pp. 53-54; cf. Soustelle, *op. cit.*, p. 50.
129. Cf. Przyluski, *op. cit.*, p. 55.
130. *Op. cit.*, p. 57; cf. sobre o tema psicanalítico do manto na *Odisséia*, Baudouin, *Le triomphe du héros*, pp. 42-43.
131. Citado por A. Béguin, *op. cit.*, II, p. 137.
132. Citado por Béguin, *op. cit.*, II, P. 137.
133. Cf. Béguin, *op. cit.*, I, p. 48, II, pp. 50, 264.
134. Cf. Granet, *op. cit.*, pp. 126, 400.

135. Cf. *infra*, pp. 376 s.
136. Cf. *supra*, p. 236.
137. Cf. *H. G. R.*, I, p. 201, e leia, *op. cit.*, p. 84; cf. Don Talayesva, *op. cit.*, p. 425, a prece à "Senhora do Oceano do Este".
138. Dieterlen, *op. cit.*, p. 41.
139. Cf. Przyluski, *La grande déesse*, pp. 26-27.
140. Cf. Jung, *Libido*, p. 208; cf. Is XLVIII, 1.
141. Przyluski, *op. cit.*, pp. 36-37 s.
142. Cf. Leïa, *Contes*, p. 84.
143. *Op. cit.*, p. 148.
144. Cf. Przyluski, *op. cit.*, pp. 39-41.
145. Cf. Jung, *Libido*, pp. 208, 226.
146. Cf. Eliade, *Forgerons et alchimistes*, p. 42.
147. Cf. Dontenville, *op. cit.*, p. 198.
148. Cf. Jung, *Paracelsica*, p. 95; cf. artigo *Eau*, in *Dictionnaire mytho-hermétique* de Dom A. J. Pernéty.
149. Jung, *op. cit.*, p. 130.
150. Citado por Jung, *op. cit.*, cf. Basílio Valentino, *Les douze clefs de la philosophie*, pp. 22-26, 37, 49; cf. Paracelso, *Schrifften*, pp. 127, 169, 314. Sobre Paracelso, cf. R. Allendy, *Paracelse, le médecin maudit*.
151. Jung, *op. cit.*, p. 63.
152. Cf. *supra*, p. 92.
153. Cf. *infra*, p. 338.
154. Cf. J. V. Andreae, *Les noces chymiques*, pp. 42-64, 89, 120, etc.; cf. L. Figuier, *L'alchimie et les alchimistes*.
155. Jung, *op. cit.*, p. 167.
156. Cf. Dontenville, *op. cit.*, p. 185.
157. Cf. Briffaut, *The Mothers*, III, p. 184.
158. Citado por Harding, *op. cit.*, p. 107.
159. Cf. Burnouf, *Vase sacré*, pp. 105 s., 117.
160. Dontenville, *op. cit.*, 192; sobre a mulher-peixe, garantia de riquezas, cf. Leenhardt, *Documents néo-calédoniens*, p. 470.
161. Dieterlen, *op. cit.*, p. 41.
162. Cf. Dumézil, *Indo-européens*, p. 158; sobre o papel importante atribuído à cabeleira e ao pentear-se na erótica das Muria, cf. Verrier Elwin, *op. cit.*, pp. 204-205 e 320-321.
163. Citado por Eliade, *Traité*, p. 226.
164. Cf. Piganiol, *op. cit.*, pp. 110-111.
165. *Op. cit.*, p. 112.
166. Cf. Piganiol, *op. cit.*, p. 113.
167. Cf. Eliade, *Traité*, p. 222.
168. Cf. Eliade, *Traité*, p. 211.

169. Cf. Eliade, *Forgerons*, p. 42. Em egípcio, *bi* significa ao mesmo tempo útero e galeria de mina.
170. Cf. Eliade, *Traité*, p. 217.
171. Cf. a importante obra de dietrich, *Mutter Erde, ein Versuch über Volksreligion*.
172. Cf. Eliade, *Traité*, p. 218.
173. Cf. Eliade, *Traité*, p. 213.
174. *Op. cit.*, p. 215.
175. Eliade, *Forgerons*, pp. 46, 48, 49; cf. Bachelard, *La formation de l'esprit scientifique*, p. 247.
176. Cf. Eliade, *Traité*, pp. 211, 216.
177. Citado por Bachelard, *Repos*, p. 207.
178. Cf. Eliade, *Traité*, p. 227.
179. Cf. Eliade, *Forgerons et alchimistes*, p. 128: a alquimia chinesa, ligando-se a certas práticas do ioga tântrico, recomenda que "se vá buscar a essência à fêmea misteriosa, o vale donde o mundo saiu".
180. Cf. Cellier, *L'épopée romantique*, pp. 55-62.
181. Nesta longa epopéia vemos aparecer o tema da cabeleira feminina; Cf. Cellier, *op. cit.*, p. 178, e Baudouin, *Le triomphe du héros*, p. 182. Sobre as imagens da mãe aquática em Michelet, Quinet, Balzac e Renan, cf. Bachelard, *Eau*, p. 178.
182. Citado por Béguin, *op. cit.*, I, p. 46.
183. Cf. Béguin, *op. cit.*, I, pp. 29-30.
184. Citado por Béguin, *op. cit.*, II, p. 229.
185. Citado por Béguin, *op. cit.*, II, p. 232.
186. Cf. Novalis, *Schrifften*, vol. I, pp. 101-103.
187. Novalis, *op. cit.*, I, pp. 181-183.
188. Cf. Bachelard, *Eau*, p. 172.
189. Tieck, *Rünenberg*, trad. Béguin, II, pp. 69-112.
190. Bachelard, *Eau*, p. 64.
191. Cf. *supra*, p. 95.
192. M. Bonaparte, *E. Poe*, p. 367.
193. Lamartine, *Confidences*, p. 51; citado por Bachelard, *Eau*, p. 178; sobre o tema do lago e da barca em Stendhal, cf. Durand, *Le décor mythique*, II, 3.
194. Alquié, *Philo. du surréalisme*, p. 104. "O surrealismo filho do frenesi e da sombra", escreve Aragon (*Le paysan de Paris*, p. 40).
195. Alquié, *op. cit.*, p. 105.
196. Cf. A. Breton, *Le poison soluble*, pp. 77, 83. Breton, nestas páginas, reencontra a intuição fundamental do taoísmo. Cf. Lao-Tsé, *Tao-Te-King*, caps. 8, 78; cf. Cohn, *op. cit.*, p. 16.
197. Alquié, *op. cit.*, p. 117.

198. Cf. S. Dalí, *De la beauté terrifiante et comestible de l'architecture modern'style*, in *Minotaure* n⁰ˢ 3-4 (1933).
199. Cf. Séchehaye, *Journal*, pp. 82. s., cf. *infra*, p. 266.
200. Cf. Grimal, *op. cit.*, artigo *Orphée*; cf. L. Cellier, *Le romantisme et le mythe d'Orphée*, in *Communic. du IXe Congrès de l'association internationale des études françaises*.
201. Citado por Eliade, *Traité*, p. 220.
202. Cf. Soustelle, *op. cit.*, p. 51.
203. Eliade, *op. cit.*, p. 222.
204. *Op. cit.*, p. 221, e *At. Véda*, XII, 1-14, XVIII, 4-48; *Rig Véda*, X, 18.
205. Cf. Eliade, *Traité*, p. 220.
206. *Político*, 270, d-e.
207. Cf. Schuhl, *Fabulation platon.*, p. 98, e *Merveilleux*, p. 67.
208. Eliade, *Traité*, p. 219.
209. Cf. Eliade, *Traité*, p. 219; cf. Baudouin, *Le triomphe du héros*, pp. 11, 43, 125.
210. Cf. Bachelard, *La terre et les rêveries du repos*, pp. 189 s.
211. Cf. Granet, *op. cit.*, pp. 375 s. Cf. *H. G. H.*, I, pp. 312-316.
212. Cf. Jung, *Libido*, p. 208.
213. Bachelard, *op. cit.*, p. 181.
214. Cf. Piganiol, *op. cit.*, e *H. G. R.*, I, pp. 142, 153.
215. *Op. cit.*, p. 91.
216. Cf. Rank, *Traumat. naiss.*, pp. 176-178. É notável que a estatuária egípcia produza a mesma impressão em V. Hugo: para o poeta, ela é emblema do segredo, da máscara, do esconderijo, tudo isto dotado de um certo sentimento de horror desejado; cf. Baudouin, *V. Hugo*, p. 150; cf. Malraux, *Métan. des dieux*, I, p. 9.
217. Cf. Piganiol, *op. cit.*, p. 90.
218. Cf. Leïa, *op. cit.*, pp. 70, 77, 83. O autor relaciona intuitivamente o tema da bela adormecida com o "Simbolismo da água", título de um dos seus capítulos.
219. Cf. Leïa, *op. cit.*, p. 78; cf.Béguin, *op. cit.*, I, p. 244; cf. o tema da bela adormecida em Stendhal, *in Le décor mythique*, *op. cit.*, II, 3.
220. Cf. *supra*, p. 240.
221. Cf. Béguin, *op. cit.*, I, pp. 79, 88, II, p. 307.
222. *Op. cit.*, I, p. 90.
223. *Op. cit.*, I, p. 194; cf. Schubert,. *Geschichte der Seele*, p. 7.
224. Novalis, *Schrifften*, III, p. 189. Numa carta a Schiller, Novalis exprime uma sede da morte e da decomposição, roçando a necrofilia: cf. *Sâm... Werke*, IV, p. 27.
225. Citado por Béguin, *op. cit.*, I, p. 198.
226. Cf. Cellier, *op. cit.*, pp. 88-89; 90: cf. o tema central, na obra de Stendhal, da *Prisão Feliz*, *in Le décor mythique*, II, cap. 2.

227. Cf. Baudouin, *V. Hugo*, pp. 128. s.
228. Baudouin, *op. cit.*, pp. 129, 131.
229. Jones, citado por Bastide, in *Sociol. et psych.*, p. 63; cf. Jung, *Libido*, p. 207.
230. Baudouin, *op. cit.*, p. 114.
231. M. Bonaparte, *Psychan. et anthrop.*, p. 113.
232. *Op. cit.*, p. 114. M. Bonaparte mostrou que quase todas as mulheres que Poe amou efetivamente eram doentes, ou mesmo moribundas. A legítima esposa do poeta era uma criança de 13 anos mentalmente atrasada roída pela hemoptise.
233. Jung, *Libido*, pp. 353 s.
234. Baudouin (*Triomphe du héros*, pp. 57, 58, 61) mostrou claramente como em Lucrécio as imagens do vaso, do continente são antagonistas de todo o sistema epicuriano, do *Regime Diurno* que o saber materialista constitui. O vaso é depreciado pelo mito das Danaides, a avidez oral é condenada pela ascese epicuriana. Este complexo de ablactação estaria, segundo o psicanalista, na origem da melancolia do poeta e do seu suicídio. *Op. cit.*, pp. 66 s.
235. Jung (*Libido*, p. 145) estuda o caso dos heróis "nascidos pela orelha", tais como Gargântua e o Buda mongol. Um velho hino a Maria denomina-a *"Quam per aurem concepisti"*.
236. Bachelard, *Repos*, pp. 194-197, 200, 208.
237. Cf. Bachelard, *op. cit.*, p. 200, e R. Minder, *Ludwig Tieck*, p. 250.
238. Cf. Bastide, *Sociol. et psych.*, p. 35.
239. Salvador Dalí, *Vie secrète*, pp. 36-37.
240. Cf. Saintyves, *op. cit.*, pp. 48, 52; Bachelard, *Repos*, p. 203; Jung, *Libido*, p. 366.
241. Cf. Jung, *op. cit.*, p. 352.
242. Bachelard, *op. cit.*, p. 205.
243. Para todo este trecho reenviamos para a importantíssima fenomenologia das imagens da casa contida nos capítulos I e II de *La poétique de l'espace* de G. Bachelard, pp. 23-51.
244. Citados por Bachelard, *Repos*, pp. 99, 105, 161.
245. Masson-Oursel, *Hist. de la philo.* (orient.), p. 127; cf. Eliade, *Traité*, p. 324.
246. Cf. Freud, *Intr. à la psychan.*, pp. 169, 172.
247. Cf. Arthus, *Le test du village*; cf. Minkowska e Fusswerk, *Le test de la maison*, in *Congrès aliénistes et neurologistes*, julho, 1947; cf. Minkowska, *De Van Gogh et Seurat aux dessins d'enfants*, pp. 59, 78.
248. Cf. Freud, *Introd. à la psychan.*, pp. 169, 176; Bachelard, *Repos*, pp. 95 s.; Griaule, *Dieux d'eau*, p. 173. Cf. Griaule, *Symbolisme d'un temple totémique soudanais* (Roma, Is, M. E. O., 1957), pp. 33 s., onde o

isomorfismo entre a casa redonda ou oval das mulheres, a semente, o cosmo e o sangue menstrual se encontra particularmente afirmado. Cf. Baudouin, *De l'instinct...*, p. 190.

249. Baudouin, *op. cit.*, p. 191.
250. Citado por Bachelard, *Repos*, p. 97.
251. Cf. *supra*, p. 123.
252. Cf. Baudouin, *op. cit.*, p. 192.
253. Bachelard, *Repos*, p. 124; cf. *Poétique de l'espace*, pp. 131-145.
254. Cf. *Mundaka Upan.*, III, 1-6, III, 2-4.
255. Cf. Bachelard, *Repos*, p. 112.
256. Minkowski, *Schizoph.*, p. 249.
257. Cf. Baudouin, *Instinct à l'esprit*, pp. 192-193.
258. Bachelard, *Repos*, p. 108.
259. Bachelard, *Poétique de l'espace*, pp. 23 s.
260. Cf. Leenhardt, *Do kamo*, pp. 65, 137-139; Lévy-Bruhl, *La mentalité primitive*, pp. 232-236; Gusdorf, *op. cit.*, pp. 51, 56; Van der Leeuw, *La religion dans son essence et ses manifestations*, p. 384.
261. Przyluski, *op. cit.*, p. 61.
262. *Op. cit.*, p. 64; cf. *infra*, p. 384; cf. O. Viennot, *Le culte de l'arbre...*, pp. 25 s., 41 s.
263. Sobre o *templum* latino e o *têmenos* grego, cf. Gusdorf, *op. cit.*, p. 58.
264. Cf. Eliade, *Traité*, p. 324, e *Mythe de l'eternel retour*, p. 32 – cf. Jz, IX, 37. Sobre a estrutura "concêntrica" de certas aldeias índias e indonésias, cf. Lévi-Strauss, *Anthrop. structurale*, pp. 150 s. Cf. G. Poulet, *Les métamorphoses du cercle*.
265. Cf. Bastide, *Sociol. et psych.*, p. 63. Bachelard, *Poétique*, pp. 170-172. Sobre a floresta como paisagem "fechada", cf. *Le décor mythique*, II, cap. 2.
266. Cf. Eliade, *Traité*, pp. 318-320; *Yoga*, p. 223, 225. Sobre a bibliografia do mandala, cf. Eliade, *op. cit.*, p. 392. Sobre o parentesco da paisagem sagrada e do "mandala" japonês, cf. Yukio Yashiro, *Deux mille ans d'art japonais*, pp. 146, 150, 151.
267. *Op. cit.*, p. 227.
268. Cf. Jung, *Psych. und Alchimie*, pp. 146 s.; J. Jacobi, *Psychologie de C. G. Jung*, p. 148.
269. Cf. citação de Tieck, *in* Béguin, *op. cit.*, II, p. 138.
270. Cf. J. Jacobi, *op. cit.*, figuras das pp. 17, 18, 19, 22, 25, 28, 31, 42, 44, 97, 130, 142, 143, 148, 149, 150, 151, 152, 153, 162, 163.
271. *Op. cit.*, p. 143. Cf. G. Poulet, *op. cit.*
272. Bachelard, *Form. esprit scient.*, p. 98.
273. Cf. Arthus, *Le village*, p. 268; R. Guénon, *Règne de la quantité*, p. 136; Bachelard, *Repos*, p. 148; Jung, *Psych. und Alch.*, p. 183.

274. Todavia, sobressai na iconografia paleolítica que a feminilidade é indistintamente simbolizada por linhas fechadas retangulares (signos ditos escutiformes) ou ovais, mesmo triangulares. Mas mesmo nos signos não completamente fechados a tendência semiológica consiste sempre em enquadrar um elemento por dois ou três outros. Cf. Leroi-Gourhan, *Répartition et groupement des animaux dans l'árt pariétal paléolithique*, op. cit., p. 520, fig. 2.

275. Arthus, *op. cit.*, p. 265; cf. *supra*, p. 181.
276. *Op. cit.*, p. 266.
277. Cf. Bachelard, *Poétique de l'espace*, pp. 208-218.
278. Gusdorf, *Mythe et métaph.*, p. 58.
279. Leroi-Gourhan, *Homme et mat.*, pp. 151, 156.
280. Dumézil, *Indo-européens*, p. 211; cf. Dumézil, *J. M. Q.*, IV, p. 164, nota 2.
281. Cf. Leroi-Gourhan, *op. cit.*, p. 156.
282. Cf. Bachelard, *Eau*, p. 102. Sobre as navegações psicopompas no mundo céltico, cf. Bar, *Les routes de l'autre monde*, cap. X, parágrafo 2, *"Les navigations"*, p. 38.
283. Cf. Claudel, *Connaissance de l'Est*, p. 35.
284. Cf. Harding, *op. cit.*, p. 115.
285. Leroi-Gourhan, *op. cit.*, pp. 310, 313.
286. R. Barthes, *Mythologies*, p. 92.
287. *Op. cit.*, p. 95.
288. Cf. Bachelard, *Eau*, p. 178.
289. Citado por Bachelard, *op. cit.*, p. 178. Sobre a barca romântica em Stendhal, cf. *Le décor mythique*, II parte, cap. 3.
290. M. Bonaparte, *Mythes de guerre*, pp. 43, 49, 52.
291. Cf. artigo de Giacometti, *La voiture démystifiée*, in *Art*, n.º 639, 1957: "O carro... estranho objeto com o seu próprio organismo mecânico que funciona, com olhos, boca, coração, intestinos, que come e que bebe... estranha imitação transposta dos seres vivos."
292. Cf. Dontenville, *op. cit.*, pp. 212-213.
293. *Op. cit.*, p. 214.
294. Sobre o simbolismo da "Grande Rosa" na *Divina comédia*, cf. Baudouin, *Le triomphe du héros*, pp. 115 s.
295. Cf. Bachelard, *Poétique de l'espace*, capítulos importantíssimos sobre as *"Gavetas, cofres e armários"*, *"A concha e as carapaças"*, caps. III, V, VI, pp. 79, 105, 130; cf. quadro de J. Bosch no museu de Lille: *O concerto no ovo*.
296. Bachelard, *Repos*, p. 18; cf. *Poétique de l'espace*, p. 105.
297. Cf. Freud, *Introd. à la psych.*, p. 173; cf. Verlaine, *Fêtes galantes: "Les coquillages"*.

298. Cf. Eliade, *Forgerons et alchim.*, pp. 124-126, 158; cf. Hutin, *Alchimie*, p. 83; cf. J.-P. Bayard, *Le feu*, pp. 135 s.

299. Sobre o ovo cósmico, para os letões, na África, na Índia, na Austrália, cf. Eliade, *Traité*, p. 353.

300. Citado por Hutin, *op. cit.*, p. 84.

301. Citado por Manty Hall, *op. cit.*, p. 71; cf. *in* Grillot de Givry, *Musée des Sorciers...*, p. 306, figura extraída de *Elementa Chymiae* de Barkhausen.

302. Jung, *Paracelsica*, p. 168.

303. Eliade, *Traité*, p. 354; cf. Griaule e G. Dieterlen, *Un système soudanais de Sirius* (*Journ. soc. des africanistes*, t. XX, 1950, pp. 286 s.). Para os dogon, a minúscula semente de *Digitaria exilis* é um ovo cósmico assimilado a uma estrela donde saem em espiral os seres do mundo: "*Digitaria* é a mais pequena de todas as coisas, é a coisa mais pesada."

304. Notar a sobredeterminação da intimidade no ritual osiriano: Osíris e Ísis unem-se "no ventre de Reia" e o corpo de Osíris morto é encerrado num cofre flutuante; cf. Jung, *Libido*, p. 226.

305. Cf. Eliade, *Forgerons*, p. 123.

306. Cf. Vercoutre, *Origine et genèse de la légende du Saint Graal*, pp. 17, 23; cf. G. Paris, artigo *Graal*, in *Encyclopédie des Sciences religieuses*, t. V; cf. E. Huchier, *Le Saint Graal*, 3 vol.

307. Cf. Vercoutre, *op. cit.*, pp. 4-5.

308. Cf. Mac Calloch, *The religion of the ancient celts*, p. 383.

309. Cf. Harding, *op. cit.*, pp. 156, 165; cf. Viennot, *Le culte de l'arbre...*, pp. 56, 57; Dumézil, *Germains*, p. 79.

310. Cf. *supra*, p. 280.

311. Cf. Eliade, *Forgerons*, p. 123.

312. Cf. Harding, *op. cit.*, p. 155. Sobre a analogia do Graal, do atanor, do Gardal egípcio, da taça de Hermes e de Salomão..., cf. J.-P. Bayard, *op. cit.*, p. 136.

313. Cf. René Guénon, *Le roi du monde*, pp. 36-37.

314. Cf. Magne, *La clef des choses cachées*, p. 124.

315. Cf. Guénon, *op. cit.*, p. 39.

316. Cf. Bachelard, *Format. esprit scient.*, pp. 171-173.

317. Bachelard, *Eau*, p. 146.

318. Cf. Leroi-Gourhan, *op. cit.*, p. 315.

319. Cf. E. Lot-Falck, *Les rites de chasse*, pp. 191 s.

320. Cf. Bachelard, *Format. esprit scient.*, p. 169.

321. *Op. cit.*, p. 177; cf. a utilização "substancial" do sangue, dos dentes, dos ossos, do coração e da língua entre os caçadores siberianos, Lot-Falck, *op. cit.*, pp. 78, 97, 173, 191.

322. Bachelard, *op. cit.*, p. 98.

323. Citados por Bachelard, *op. cit.*, p. 100.
324. Bachelard, *Eau*, p. 158.
325. Michelet, *La mer*, pp. 109, 124; citado por Bachelard, *op. cit.*, p. 160.
326. Cf. Przyluski, *op. cit.*, p. 43.
327. Cf. Bachelard, *Eau* (sobre E. Poe e a beberagem morna e opaca), pp. 126, 165.
328. Séchehaye, *Journal d'une schizophrène*, pp. 67, 84.
329. *Op. cit.*, pp. 67, 74.
330. S. Francisco de Sales, *Tratado do amor de Deus*, t. VIII, cap. I.
331. S. Teresa de Ávila, *Le chemin de la perfection*, p. 121.
332. Cf. Przyluski, *La grande déesse*, pp. 48, 58.
333. *Op. cit.*, p. 81; cf. O. Viennot, *Le culte de l'arbre...*, pp. 9-14, 22, 23, 30-35, 56, 75-78, 84, 91, 156.
334. Acerca do "bife e das batatas fritas como valores nacionais franceses", cf. Barthes, *op. cit.*, p. 87.
335. Dumézil, *Tarpeia*, p. 109.
336. Cf. *Cantic.*, IV-II.
337. Cf. Piganiol, *op. cit.*, p. 209; Przyluski, *op. cit.*, p. 30.
338. *Brhad-Aran. Upan.*, citada por Eliade, *Traité*, p. 246.
339. Cf. Dumézil, *Germains*, p. 119; cf. Eliade, *op. cit.*, p. 246.
340. *Rig Véda*, citado por Eliade, *op. cit.*, p. 245; cf. Duchesne-Guillemain, *Ormazd et Ahriman*, pp. 38 s. A bebida sagrada é assimilada quer ao mel ou à água, quer a um suco de planta e ao vinho, quer ainda ao sangue e ao esperma do touro sacrificado; cf. O. Viennot, *op. cit.*, pp. 61, 74, 80, 83, 134-136.
341. Cf. Eliade, *Traité*, pp. 247-248; cf. Baudouin, *Le triomphe du héros*, p. 38.
342. Cf. Barthes, *Mytholog.*, p. 83. A mitologia do antigo México apresenta-nos um bom isomorfismo entre a divindade lunar e os seus animais (coelho, animais de concha) e as divindades plurais da embriaguez (cf. Soustelle, *op. cit.,* p. 27), "não só a lua representa pelas suas diversas fases o sono e o acordar do homem bêbedo... como também preside, enquanto astro da fertilidade, às colheitas abundantes".
343. Eliade, *Traité*, p. 248. Sobre o simbolismo eucarístico do vinho, cf. J.-P. Bayard, *op. cit.*, pp. 105-106.
344. Cf. Ct I, 6-14, II, 4; cf. S. João da Cruz, *Cant. espirit.*, 17.ª estrofe; cf. *Robaï*, de Omar Kheyyam.
345. Dumézil, *Germains*, p. 109.
346. Cf. P. de Félice, *Poisons sacrés et ivresse divine*; e M. Cahen, *La Libation, Etude sur le vocabulaire religieux du vieux scandinave*.
347. Dumézil, *op. cit.*, pp. 114, 120.

348. Dumézil, *op. cit.*, p. 117.
349. Cf. Bachelard, *Eau*, pp. 325, 331.
350. Citado por Bachelard, *Format. esprit scient.*, p. 174.
351. Citado por Bachelard, *Format. esprit scient.*, p. 120.
352. Cf. Jung, *Psycho. und Alchim.*, pp. 334, 637.
353. Citado por Bachelard, *Format. esprit scient.*, p. 121.
354. Lanza del Vasto, *Comment. évang.*, p. 137.
355. Cf. Eliade, *Forgerons*, p. 137.
356. Sobre yoga e alquimia, cf. Eliade, *op. cit.*, pp. 131-132.
357. Cf. Bachelard, *Repos*, p. 49: "Poder-se-ia dizer que é psiquicamente inalterável."
358. Bachelard, *Form. esprit scient.*, pp. 169 s., 178; f. Abraham, *Capital et sexualité*, p. 47.
359. Bachelard, *Form. esprit scient.*, p. 131; Jung, *Libido*, p. 179.
360. Cf. Dontenville, *op. cit.*, p. 48.
361. Bachelard, *op. cit.*, p. 131.
362. Jung, *op. cit.*, p. 180.
363. Cf. P. Grimal, *op. cit.*, artigos: *Dactyles, Deucalion, Pyrrha.*
364. Cf. Jung, *Libido*, p. 182.
365. Cf. Leia, *op. cit.*, p. 75.
366. Cf. Baudouin, *op. cit.*, p. 85.
367. Jung, *op. cit.*, p. 179.
368. Dumézil, *Germains*, pp. 138 s.
369. *Op. cit.*, p. 140.
370. *Op. cit.*, p. 151.
371. *Op. cit.*, pp. 145 s.
372. Dumézil, *Indo-européens*, p. 69.
373. *Op. cit.*, p. 128. Sobre a síntese das divindades chichimecas* e guerreiras e das divindades sedentárias e agrárias, cf. Soustelle, *op. cit.*, pp. 33, 47, 50.
374. *Op. cit.*, p. 131; cf. Soustelle, *op. cit.*, p. 49: a grande pirâmide do México suportava dois santuários: o de Uitzilopochtli, a divindade tribal dos astecas, e o de Tlaloc, o deus plural dos agricultores pré-astecas.
375. Cf. Dumézil, *J. M. Q.*, I e II, e *Indo-européens*, p. 226.
376. *Kâmini-Kânchana*, este tema é um *leitmotiv* do ensino de um pensador moderno como Ramakrishna; cf. *L'enseignement de Ramakrishna*, p. 58 s.
377. Cf. Dumézil, *Indo-européens*, p. 213. Do mesmo modo, o deus mexicano Tlaloc transforma-se numa multidão de pequenos deuses anões e imitadores: os *Tlaloques*; cf. Soustelle, *op. cit.*, pp. 48 s.

---

* Etnia do México. (N. do T.)

378. Dumézil, *op. cit.*, p. 140; cf. *Germains*, pp. 40, 132.
379. *Indo-européens*, p. 135.
380. Cf. Piganiol, *op. cit.*, pp. 109-111.
381. Para os antigos mexicanos, os dois infernos, o das trevas do Norte e o da iluminação ressequidora do Sul, coexistem. A morada infernal de Mictlantecutli está situada no Sul, no "país dos espinhos", Uitzlampa; cf. Soustelle, *op. cit.*, pp. 64-66.
382. Este inferno parece ter sido claramente visto por Dante, quer na Ptolomea, "o inferno do gelo" que Baudouin aproxima com razão dos "estados de vazio" postos em evidência por P. Janet, quer nos suplícios dos cismáticos, que, por sua vez, estão divididos e fendidos de alto a baixo; cf. *Inferno*, XXVIII, V-24; cf. Baudouin, *Triomphe*, p. 99.
383. Desde a primeira edição desta obra que a observação clínica nos convenceu da fragilidade da categoria nosológica "epileptóide". Seria preferível substituir este termo pela designação tradicional de "melancolia".
384. É neste sentido que Lévy-Bruhl o utiliza, mas para o repudiar, ou ainda Przyluski, mas para o subordinar; cf. Lévy-Bruhl, *Les fonctions mentales dans les sociétés inférieures*, pp. 28-30, 100-112, 453; Przyluski, *La participation*, p. IX, 2, 30-34.
385. Cf. E. Strömgren, *Om dem Ixothyme Psyke*. Hospitals tidende, 1936, pp. 637-648; cit. por Bohm, *op. cit.*, II, p. 398.
386. Cf. Bohm, *op. cit.*, I, p. 287.
387. *Op. cit.*, II, p. 400. Cf. a noção psíquica de *entropia*.
388. *Op. cit.*, I, p. 193.
389. *Op. cit.*, I, p. 192.
390. Minkowska, *De Van Gogh et Seurat aux dessins d'enfants*, pp. 35 s. Fazemos aqui a mesma restrição que a sugerida pela nota 1 da p. 298: Van Gogh sofreu certamente de perturbações epilépticas, mas essas perturbações parecem secundárias em relação à "melancolia" que no fim de contas deu cabo do pintor.
391. Poder-se-ia pôr em relevo na obra, tanto literária como pictural, do pintor das "Noites estreladas", numerosas ilustrações desta estrutura mística do *Regime Nocturno*; cf. *Cartas a Théo*, 8 set. 1888, e especialmente a de 23 de Janeiro de 1889: "tenho uma tela de Ama (*Berceuse*)... tinha-me vindo à idéia pintar tal quadro, para que marinheiros ao mesmo tempo crianças e mártires, vendo-a na cabina de um barco de pescadores da Islândia, experimentassem um sentimento de embalo que lhes lembrasse o canto das suas amas...".
392. Ixotimia, ixoidia, gliscroidia.
393. Bohm, *op. cit.*, I, p. 284; cf. a "participação" estudada por Przyluski, *op. cit.*, pp. 4, 30; e Lévy-Bruhl, *op. cit.*, pp. 100-104.

394. Cf. Przyluski, *op. cit.*, p. 5: "toda a vida mental dos primitivos é profundamente socializada".
395. *Op. cit.*, I, p. 286.
396. Van Gogh, *Cartas a Théo*, 10 de Março de 1888.
397. Minkowski, *Schizophrénie*, p. 209.
398. Cf. Minkowska, *op. cit.*, pp. 63, 99.
399. Minkowski (*op. cit.*, p. 208) cita a carta a Théo de março de 1889.
400. *Op. cit.*, p. 251.
401. *Op. cit.*, p. 219.
402. *Op. cit.*, p. 219. O associacionismo, através das noções de "semelhança" e de "contigüidade", tinha tido a intuição desta estrutura aglutinante das imagens; cf. Hoffding, *Psychologie*, pp. 197, 206, 220-229; cf. Ribot, *Essai sur l'imagination créatrice*, pp. 23-25, *Logique des sentiments*, pp. 7-12.
403. Cf. Minkowska, *op. cit.*, p. 21.
404. Minkowska, *op. cit.*, p. 41. Dalí é um paranóico fobicamente obcecado pelos temas líquidos.
405. Cf. Ziloty, *La découverte de Jean Van Eyck et l'évolution du procédé de la peinture à l'huile du Moyen Âge à nos jours*, pp. 235 s.
406. Cf. Jung, *Types psych.*, p. 294.
407. Cf. James, *Pragmat.*, pp. 27, 30; Worringer, *Abstraktion und Einfhlung*, p. 192.
408. Cf. Jung, *op. cit.*, pp. 294, 308, 317.
409. Cf. Bohm, *op. cit.*, II, p. 451.
410. Cf. Bohm, *op. cit.*, II, p. 400.
411. Minkowski, *Schizophr.*, pp. 200-203.
412. *Op. cit.*, p. 204; Lévy-Bruhl (*Fonctions mentales*, p. 67) descreve a percepção "mística" nas sociedades primitivas.
413. Bohm, *op. cit.*, I, p. 260.
414. Minkowski, *op. cit.*, p. 204.
415. Minkowski, *op. cit.*, p. 205; Minhowski, *op. cit.*, p. 25; Bohm, *op. cit.*, II, p. 449.
416. Minkowski, *op. cit.*, p. 205.
417. Van Gogh, *Cartas*, 15 de agosto de 1888: "A pintura, como é agora, promete tornar-se mais sutil – mais música e menos escultura –, enfim, promete a cor"; cf. carta de 8 de setembro de 1888 sobre o simbolismo das cores do *Café à noite*.
418. Minkowski, *op. cit.*, p. 199.
419. Cf. Bohm, *op. cit.*, I, p. 286; Strömgen, *op. cit.*, pp. 640, 642.
420. Cf. Bohm, *op. cit.*, II, pp. 286, 451.
421. *Op. cit.*, II, p. 400.

422. Citado por Bohm, *op. cit.*, II, p. 451. Cf. Michel Leiris (in *Note sur l'usage de chromolithographies par les vodouïsants à Haïti*, p. 207, in *Mém. de l'institut français d'Afrique Noire*, n.º 27, 1953) que faz uma interessantíssima observação sobre o que chama os "trocadilhos de coisas" na interpretação voduísta de cromos católicos: na maior parte dos casos, é um detalhe que decide da confusão de tal santo católico com tal ou tal "loa" vodu. Cf. *op. cit.*, II, p. 449.

423. Cf. *supra*, p. 235.

424. Bohm (*op. cit.*, II, p. 449) insiste no F (+%) muito baixo na epilepsia. Também em pintura, *"fauves"* e impressionistas, minimizando o desenho e a forma, são os antepassados dos nossos modernos "tachistas" e pintores "informais".

425. "Van Gogh, tipo puro do inspirado... deixa à sua obra o caráter como que abandonado de um fragmento... mensagem preciosa... mas curta", escreve o pintor cubista A. Lothe no *Traité du paysage*, p. 62.

426. Cf. Hillier, *Les maîtres de l'estampe japonaise*, p. 25.

427. Cf. comentário de uma pintura de Tchang-Fang-Yéou por R. Grousset, *Art de l'Extrême-Orient*, p. 10.

428. Cf. Cohn, *Peinture chinoise*, p. 15; cf. P. C. Swann, *La peinture chinoise*, p. 9, 49, 63.

429. A. Lothe, *op. cit.*, p. 10. Cf. Lévi-Strauss, *La pensée sauvage*, p. 34, "a imensa maioria das obras de arte são *modelos reduzidos*".

430. Cf. Minkowska, *op. cit.*, p. 25. Cf. Lévi-Strauss, *op. cit.*, p. 35, que vê muito bem que a redução de escala é o inverso do processo analítico "esquizomorfo", porque no "modelo reduzido o conhecimento do todo precede o das partes". Nós acrescentaremos que no modelo reduzido, sempre "facsimilado", há homogeneização em relação à heterogeneização funcional do modelo real.

Segunda Parte. **Do denário ao pau**

1. Essa dualidade das estruturas na mitologia temporal foi muito bem posta em evidência na tese de J. Guitton: *Le temps et l'éternité chez Plotin et saint Augustin*.

2. Cf. *supra*, p. 55 e *infra*, p. 401 s. Cf. P. Ricoeur, *op. cit.*, p. 153.

3. Cf. Van der Leeuw, *Homme primitif et religion*, p. 124; Hubert et Mauss, *Mélanges d'hist. des religions*, p. 192; cf. Gusdorf, *op. cit.*, p. 26.

4. Cf. Eliade, *Mythe de l'éternel retour*, p. 45.

5. *Op. cit.*, p. 46; cf. Gusdorf, *op. cit.*, p. 71.

6. Eliade, *op. cit.*, p. 81.

7. Gusdorf, *op. cit.*, pp. 71 s.; cf. Couderc, *Le calendrier*, p. 15.

8. Soustelle pôs em relevo este caráter de domínio espacializante no calendário dos antigos mexicanos; cf. J. Soustelle, *La pensée cosmologique des anciens mexicains*, p. 85; cf. igualmente R. Girard, *Le Popol-Vuh*, pp. 292 s., 305; sobre o calendário hindu, cf. Zimmer, *op. cit.*, pp. 22-26.
9. *Op. cit.*, p. 86.
10. *Op. cit.*, p. 93; cf. *infra*, p. 349.
11. *Op. cit.*, p. 110; sobre o *Shalako* dos índios Zuñi, cf. J. Caseneuve, *Les dieux dansent à Cibola*, pp. 125 s., 144. s.
12. Cf. Soustelle, *La pensée cosmologique des anciens mexicains*, pp. 83 s.
13. *Op. cit.*, p. 84.
14. *Op. cit.*, p. 85.
15. *Op. cit.*, p. 15.
16. Cf. Couderc, *Calendrier*; cf. *supra*, p. 101; cf. Berthelot, *Astrobiologie*, pp. 58 s., 360.
17. Cf. Eliade, *Traité*, pp. 160 s.; cf. *Brhad-Aran. Upan.*, I, 5-14; *Chândogya Up.*, VI, 7-1; *Rig Véda*, I, 164-45.
18. Cf. Couderc, *op. cit.*, p. 13; cf. Hubert et Mauss, *Études sommaires de la représentation du temps dans la religion et la magie*, in *Mélanges*, pp. 195 s.
19. Cf. Piganiol, *op. cit.*, pp. 206-208; cf. o sistema *tonalamatl* que repousa na combinação de 13 algarismos e de uma série de 20 números, *in* Soustelle, *La pensée cosmologique des anciens mexicains*, pp. 80 s.
20. Cf. Przyluski, *La grande déesse*, p. 199; cf. Boyancé, *Le culte des muses chez les philosophes grecs*, p. 225; cf. Dontenville, *mythologie française*, p. 121; cf. R. Girard, *Le Popol-Vuh*, pp. 16, 25, 297 s.; cf. Baudouin, *Le triomphe du héros*, pp. 26. s., 36 s.
21. Dontenville, *op. cit.*, p. 22.
22. Cf. *supra*, p. 295. Sobre a ligação da lua com os deuses plurais e com a embriaguez, cf. Soustelle, *op. cit.*, p. 27: os deuses da embriaguez – simbolizando esta última as fases da lua – são considerados como inumeráveis: Centzon Totochtin, "os 400 coelhos".
23. Dumézil, *Indo-européens*, p. 215.
24. *Op. cit.*, p. 224.
25. Cf. Dumézil, *Tarpeia*, p. 113; cf. Przyluski, *La grande déesse*, p. 173; cf. Soustelle, *La pensée cosmologique des anciens mexicains*, p. 11. Ometecutli e Omecinatl, as "divindades da dualidade", alfa e ômega do calendário mexicano antigo, um assimilado ao 1.º signo "*cipactli*", o monstro mítico que sustenta a Terra, outro o último signo "*xochitl*", a flor; cf. p. 13, dualidade de Quetzalcoatl, ao mesmo tempo velho do Oeste e renascimento do Leste.
26. Cf. Soustelle, *op. cit.*, p. 27; cf. Dumézil, *op. cit.*, pp. 39, 45, 111.

27. Przyluski, *op. cit.*, p. 91 s. Sobre a relação entre "dualismo" e "triadismo", Cf. Lévi-Strauss, *Anthropologie structurale*, pp. 166 s.

28. Cf. Przyluski, *op. cit.*, p. 95; cf. *supra*, p. 104.

29. O eixo da simetria dos leões de pedra fronteiros sendo, segundo Przyluski, símbolo vegetal da deusa; *op. cit.*, p. 98; cf. a interpretação triádica da cruz de Cristo e dos ladrões por Jung, *Libido*, p. 191.

30. Cf. Przyluski, *op. cit.*, p. 100; cf. O. Viennot, *op. cit.*, pp. 148, 152-154, 198; cf. Zimmer, *op. cit.*, pp. 62 s.

31. Cf. Przyluski, *op. cit.*, pp. 101-102; cf. Jung, *Libido*, p. 191, 203.

32. Salvo para Jung que não quer ver no drama trinitário senão "idades" do sol; *op. cit.*, p. 192.

33. Cf. Harding, *op. cit.*, p. 228, e Dontenville, *op. cit.*, p. 186.

34. Dontenville, *op. cit.*, p. 123.

35. *Op. cit.*, pp. 125 s.

36. Dontenville, *op. cit.*, pp. 127-129.

37. *Op. cit.*, p. 129.

38. Przyluski, *op. cit.*, p. 178.

39. Eliade, *Traité*, pp. 356-357.

40. *Op. cit.*, pp. 357-359; cf. Przyluski, *La grande déesse*, p. 194; cf. Zimmer, *op. cit.*, pp. 201-202.

41. Esta ambivalência é nitidamente marcada no panteão do México antigo. Uitzilopochtli, o deus solar no Zênite, é ao mesmo tempo o deus vermelho e o deus turquesa; cf. Soustelle, *op. cit.*, pp. 69-71.

42. Cf. o texto siríaco citado, por Harding, *op. cit.*, p. 117. Soustelle pôs muito bem em evidência a ambigüidade lunar do Oeste, que para os antigos mexicanos está ligado à lua. A alternância das fases lunares corresponde ao lado positivo (fertilidade, fecundidade) e ao lado negativo (lugar do declínio, "lugar do terror", "lugar do como") da representação do Oeste. "Entre os símbolos da lua figuram a concha, matriz da mulher, e o crânio descarnado que representa a morte", cf. Soustelle, *La pensée cosmologique des anciens mexicains*, p. 64.

43. Cf. Przyluski, *op. cit.*, p. 189. Cf. H. de Lubac, *Amida*, pp. 118-121.

44. A iconografia mitríaca é freqüentemente triádica, como no baixo-relevo do altar de Mitra em S. Clemente de Roma; cf. Przyluski, *op. cit.*, pp. 191-194. Cf. Duchesne-Guillemin, *op. cit.*, pp. 15 s.

45. Przyluski, *op. cit.*, p. 176.

46. Cf. Bachelard, *Poétique*, p. 200: "Há bem dois seres na porta."

47. Eliade, *Traité*, p. 359; cf. Guénon, *Symbolisme de la croix*, p. 55; cf. Griaule, *"Nouvelles recherches sur la notion de personne chez les dogon"*, *Journ. de psych. norm. et patho.*, out.-dez. 1947, pp. 126 s. Parece, de fato, que a geminalidade é um meio-termo entre a biunidade divina e o androginato propriamente dito. Para os dogon, como para os bambara, a gemi-

noparidade é primordial, e a alma humana é composta por duas partes à imagem dos dois gêmeos primordiais. Cf. Griaule, *Une Mythologie soudanaise (Ann. Univ. Paris*, XVII ano, n.º 2, 1947), pp. 94 s.; cf. igualmente Dom Talayesva, *op. cit.*, pp. 1 s.; cap. I, "Jumeaux fondus en un".

48. Przyluski, *La grande déesse*, p. 176.
49. Cf. Eliade, *op. cit.*, p. 360; cf. Soustelle, *op. cit.*, p. 26.
50. Cf. Przyluski, *op. cit.*, pp. 160, 174, 185, 187.
51. Cf. Harding, *op. cit.*, p. 101. Sobre o Cristo andrógino da Igreja dos Franciscanos em Châteauroux, cf. M. Davy, *op. cit.*, p. 209.
52. O tema do androginato primordial é retomado pelo romântico abade Constant para quem "o homem perfeito" é constituído pela presença de Jesus em Maria e reciprocamente de Maria em Jesus; cf. Cellier, *op. cit.*, pp. 57, 73, 104.
53. Cf. Griaule, *Nouvelles recherches sur la notion de personne chez les dogons (Journ. psych. norm. et pathol.*, out.-dez. 1947, p. 428).
54. Cf. Przyluski, *La grande déesse*, p. 186.
55. *Op. cit.*, p. 188, e Zimmer, *op. cit.*, p. 193, tábua XXXII.
56. Cf. Eliade, *Forgerons*, p. 142, e numerosas reproduções de figuras hermafroditas alquímicas, *in* Grillot de Givry, *Musée des Sorciers*, pp. 393, 395, 396, 397, 399, 403, 404, 417.
57. Cf. Jung., *Libido*, pp. 192, 202, 203.
58. Cf. Baudouin, *Le triomphe du héros*, pp. 143 s.
59. Cf. L. Cellier, *Épopée romantique*, p. 57. Cf. Baudouin, *op. cit.*, pp. 165 s., 174 s.
60. Cellier, *op. cit.*, p. 202.
61. *Op. cit.*, pp. 233, 245. Cellier viu com muita profundidade que *Les Misérables* eram a seqüência natural de *La fin de Satan*.
62. *Op. cit.*, p. 58.
63. Cellier, *op. cit.*, p. 58. Era essa igualmente a tendência do mazdeísmo; cf. Duchesne-Guillemain, *op. cit.*, pp. 135-153.
64. Esta reabilitação do satânico é particularmente nítida em Laprade, que faz do orgulho e da volúpia as "asas de ouro" do progresso; cf. Cellier, *op. cit.*, pp. 206-207.
65. Cf. Eliade, *Traité*, p. 142, *Mythe*, pp. 129-131.
66. Eliade, *Traité*, p. 142.
67. Cf. Krappe, *op. cit.*, p. 110.
68. Cf. Eliade, *Traité*, p. 133.
69. Harding, *op. cit.*, p. 223. Um esboço deste "dualismo mitigado" parece encontrar-se em certos mitos tchouktchi e lituanos, nos quais o Mal é auxiliar do Bem. Cf. G. F. Coxwell, *op. cit.*, pp. 76, 943 s.
70. Eliade, *op. cit.*, p. 142.
71. Cf. Eliade, *Mythe*, p. 148, e Harding, *op. cit.*, p. 170.

72. Bachelard, *L'air*, p. 254.
73. Cf. Harding, *op. cit.*, p. 32.
74. Bachelard, *Repos*, p. 325; cf. Soustelle, *op. cit.*, p. 27.
75. Cf. Bachelard, *Formation esprit scientifique*, pp. 153, 155, 160.
76. Cf. Eliade, *Traité*, p. 309.
77. Taxler, citado por Béguin, *op. cit.*, I, p. 169.
78. Cf. Piganiol, *Orig.*, p. 103; cf. Eliade, *Traité*, p. 148.
79. Ehrenreich, *Allgemeine Mythologie*, pp. 40-41. Cf. Soustelle, *op. cit.*, pp. 26-27.
80. Cf. Krappe, *op. cit.*, p. 112.
81. Eliade, *Traité*, p. 225.
82. Harding, *op. cit.*, pp. 33, 35.
83. Cf. A. M. Schmidt, *La mandragore*, pp. 27 s., e Eliade, *La mandragore et les mythes de la naissance miraculeuse*, in *"Zalmoxis"*, 1940-1942, III, pp. 21 s.
84. Cf. Eliade, *Traité*, p. 266.
85. *Op. cit.*, p. 259-260.
86. Cf. Eliade, *Traité*, p. 263.
87. Cf. Harding, *op. cit.*, p. 185.
88. Cf. Eliade, *op. cit.*, p. 261; cf. P. Grimal, *op. cit.*, artigos *Adonis, Attis*.
89. Bachelard, *L'air*, p. 238.
90. R. Berthelot, *La pensée de l'Asie et l'astrobiologie*.
91. Cf. Berthelot, *op. cit.*, pp. 236 s., 277 s. Sobre a astrobiologia e cultura chinesas, *op. cit.*, pp. 77 s., 106 s.
92. Cf. Leenhardt, *Do Kamo*, pp. 31, 85, 50, 124.
93. *Op. cit.*, pp. 50, 198-199, e Gusdorf, *op. cit.*, pp. 114-115; Berthelot, *op. cit.*, p. 289.
94. Cf. Gusdorf, *op. cit.*, p. 117.
95. Cf. *supra*, pp. 321 s.
96. Cf. Harding, *op. cit.*, p. 116. Cf. o tema da desolação da deusa, idêntica na mitologia mexicana, *in* Soustelle, *La pensée cosmol. des anc. mex.*, p. 40, Hino a Xochiquetzal, a Prosérpina asteca, deusa da vegetação floral, do amor e da tecelagem.
97. Cf. Przyluski, *La grande déesse*, p. 28. Sobre a relação do Filho e da vegetação, cf. A. M. Schmidt, *op. cit.*, p. 48.
98. Cf. Harding, *op. cit.*, p. 103; cf. Soustelle, *La pensée cosmol. des anc. mexic.*, p. 26.
99. Cf. Béguin, *op. cit.*, I, pp. 136, 159.
100. Cf. Piganiol, *Origines*, pp. 119 s.
101. Cf. Piganiol, *op. cit.*, p. 120; cf. P. Grimal, *op. cit.*, artigos *Héraclès, Hercule*.

102. *Op. cit.*, p. 123.
103. Przyluski, *Grande déesse*, p. 83; cf. Fabre d'Olivet, *Vers dorés de Pythagore*, p. 56; cf. F. Bar, *Les routes de l'autre monde*, cap. IV, *La captivité d'Ishtar*, pp. 24 s.
104. Cf. Przyluski, *La grande déesse*, p. 83. Esta cerimônia agrícola era muitas vezes acrescentada com o enterro de um corpo de homem, servindo o esquema agrícola de garantia da ressurreição do homem.
105. Lévi-Strauss, "La structure des mythes", *in Anthropologie structurale*, pp. 248 s.
106. *Op. cit.*, p. 249.
107. *Op. cit.*, p. 251.
108. Cf. Cazenave, *Les dieux dansent à Cibola*, pp. 70 s.
109. Cazenave, *op. cit.*, pp. 72, 74, 76.
110. Cf. Przyluski, *op. cit.*, p. 117, e Eliade, *in Forgerons*, *"Cabires et Forgerons"*, p. 107; cf. P. Grimal, *op. cit.*, artigo *Cabires*: "Na época romana, os Cabiros são, na maior parte das vezes, considerados como uma tríade que recobre as três divindades romanas: Júpiter, Minerva e Mercúrio."
111. Przyluski, *op. cit.*, p. 178.
112. Przyluski, *op. cit.*, p. 179. Sobre Mitra "mediador", cf. Duchesne-Guillemain, *Ormazd et Ahriman*, p. 129, nota 1, p. 132.
113. Cf. Jung, *Paracelsica*, p. 63; cf. A. J. Festugière, *La révélation d'Hermès Trismégiste*, t. I, pp. 47-53, 146 s.
114. Jung, *Psicho. und Alchem.*, p. 229.
115. Max Muller (*Science du langage*, p. 66) aproxima desta etimologia *"legein"* e *"logos"* em Homero.
116. Cf. Senart, *Le zodiaque*, p. 458.
117. Cf. Jung, *op. cit.*, p. 103, gravura do *Mutus liber* de Ripellae. Cf. L. Figuier, *L'alchimie et les alchimistes*, pp. 62, 379-380.
118. Citado por J. V. Andreae, *Les noces chymiques de C. Rosenkreuz*, p. 125.
119. Cf. Jung, *Paracelsica*, pp. 125 s., 132 s. Cf. Eliade, *Forgerons*, p. 51.
120. Cf. Burnouf, *Le vase sacré*, pp. 105-106.
121. Cf. *infra*, p. 371.
122. Cf. Vercoutre, *op. cit.*, pp. 3, 5.
123. *Op. cit.*, p. 24.
124. Um fenômeno semelhante de dicotomia e de sincretismo nota-se na efígie da Tarasca; cf. L. Dumont, *op. cit.*, pp. 224 s.
125. Cf. Jung, *Paracelsica*, p. 68.
126. Cf. Eliade, *Forgerons*, p. 46.
127. *Op. cit.*, p. 53.
128. *Op. cit.*, p. 118.

129. *Op. cit.*, p. 55.
130. O "crescimento" dos metais não é diferente, para o alquimista, do crescimento das plantas ou da gestação do feto. Paradoxalmente, o metal é um vegetal. Cf. Figuier, *op. cit.*, pp. 379 s.; cf. A. M. Schmidt, *op. cit.*, pp. 54 s.; cf. Eliade, *op. cit.*, pp. 45-55.
131. Cf. Rank, *Traumat. de la naissance*, cap. VI.
132. Baudouin, *V. Hugo*, p. 167.
133. Cf. Jung, *Libido*, p. 306.
134. Cf. Baudouin, *Psychanal. de l'art*; cf. W. Faulkner, *Le bruit et le fureur*; cf. Baudouin, *Le triomphe du héros*, pp. 17, 26, 72 s.; cf. G. Durand, *Le décor mythique*, I, cap. 1.
135. Cellier, *op. cit.*, p. 146; cf. p. 138.
136. *Op. cit.*, pp. 152-157.
137. Piganiol, *op. cit.*, p. 194; cf. P. Verger, *Notes sur le culte des Orisa et Vodun*, p. 71; a iniciação é definida não como uma revelação mas como a *aquisição*, por condicionamento, de uma segunda personalidade. Sobre essa "mudança" radical que a iniciação provoca, cf. A. Métraux, *Le vaudou haïtien*, pp. 172, 177.
138. Cf. *supra*, pp. 184 s.
139. Cf. Harding, *op. cit.*, p. 188.
140. *Op. cit.*, p. 192.
141. *Op. cit.*, pp. 94-98.
142. Eliade, *Traité*, p. 158, nós não partilhamos deste ponto de vista, cf. *supra*, p. 183.
143. *Op. cit.*, p. 159.
144. Cf. Piganiol, *op. cit.*, pp. 255-260; Métraux (*Histoire du monde et de l'homme*, p. 513) descreve-nos o belo isomorfismo do mito matako, no qual a lua, transformada em peixe, é partilhada e depois comida; cf. Soustelle, *op. cit.*, p. 21 s.
145. Cf. Harding, *op. cit.*, p.187.
146. Cf. Jung, *Libido*, p. 367; Eliade, *Traité*, p. 143.
147. Eliade, *Forgerons*, p. 108; cf. Soustelle, *op. cit.*, pp. 18 s. O deus Sol Nanauatzin tal como o deus Lua Tecciztecatl atiram-se para um braseiro para se sacrificarem.
148. Cf. Eliade, *op. cit.*, p. 111.
149. Cf. Przyluski, *La grande déesse*, p. 29. Sobre o ritual iniciático por flagelação dos zuñi, cf. Caseneuve, *op. cit.*, p. 117 s.; sobre a flagelação iniciática dos hopi, cf. Don Talayesva, *op. cit.*, pp. 68-74, fig. 20, p. 74.
150. Cf. *supra*, p. 287.
151. Cf. Eliade, *Traité*, p. 295 s. Sacrifício e iniciação confundem-se, de resto: o sacrifício de Nanauatzin e de Tecciztecatl não é, no fundo, senão a iniciação do sol e da lua regenerados; cf. Soustelle, *op. cit.*, pp. 19-20.

152. Eliade, *Traité*, p. 196, sobre Xipe Totec, "nosso senhor esfolado", deus mexicano da vegetação, cf. Soustelle, *La pensée cosmol. des anc. mex.*, p. 43. Este deus é também chamado "o bebedor noturno"."Bebe de noite, acorda de manhã, como a natureza; muda de pele, reveste-se com a da sua vítima, como a terra se cobre com uma vegetação nova na Primavera."

153. Cf. Piganiol, *op. cit.*, p. 98.

154. *Op. cit.*, p. 99.

155. Cf. Gusdorf, *op. cit.*, p. 30, e Przyluski, *op. cit.*, p. 31. "O sacrifício sangrento é a alimentação (tlazcaltiliztli) do sol", Soustelle, *op. cit.*, p. 21. Cf. cultos da fertilidade nos otomis atuais, *in* Soustelle, *La famille Otomi-Pame*, p. 542.

156. Cf. Eliade, *Traité*, p. 273.

157. Cf. *op. cit.*, p. 275.

158. Cf. Bréal, *op. cit.*, pp. 158-159.

159. Cf. Eliade, *Traité*, p. 276; cf. igualmente A. Métraux, *Contribution au folklore andin*, in *Journal soc. americ.*, t. XXVI, 1934, p. 99; cf. Soustelle, *op. cit.*, p. 23; cf. Don Talayesva, *op. cit.*, pp. 166, 228.

160. Griaule, *Remarques sur le mécanisme du sacrifice dogon*, in *Journ. soc. des african.*, 1940, p. 129. Marcel Griaule nota, num artigo decisivo, que o sacrifício não reside nem na destruição dos objetos sacrificados nem numa criação mágica, mas numa *deslocação* de forças. É um "ato técnico que determina uma deslocação de *nyama* (força), a destruição da vítima não tendo por função senão a de desencadear e pôr em movimento as trocas de força". Tal parece ser igualmente a instituição sacrificial para os antigos mexicanos: o sangue humano, tal como o dos primeiros deuses que instituíram o sacrifício, tem por missão ressuscitar ou fortificar o sol a fim de que em troca o sol distribua "benesses"; cf. Soustelle, *op. cit.*, p. 21; cf. Hubert e Mauss, *Essai sur la nature et la fonction du sacrifice*, pp. 30-37.

161. M. Bonaparte, *Mythes de guerre*, pp. 11 s.

162. *Op. cit.*, p. 50.

163. Hubert e Mauss (*op. cit.*, p. 66) notam nitidamente a confusão do passivo e do ativo no ato sacrificial.

164. Cf. M. Bonaparte, *op. cit.*, p. 17; Hubert e Mauss, *op. cit.*, pp. 44, 48.

165. M. Bonaparte, *op. cit.*, pp. 19, 21. Deixamos de lado a interpretação estreitamente edipiana da psicanalista. "Os filhos mobilizados vão todos juntos desfrutar em paz da pátria, essa mãe exaltada..."

166. Sobre Melquisedeque, cf. Gn, XIV, 19-20; Heb, VII, 1-3; cf. R. Guénon, *Le roi du monde*, cap. VI, "Melki-Tsedeq", p. 43.

167. Hubert e Mauss, *op. cit.*, p. 61.

168. Joseph de Maistre, *Traité des sacrifices*, pp. 24, 32 s.
169. Cf. Eliade, *Traité*, pp. 305, 306.
170. *Op. cit.*, p. 307.
171. *Op. cit.*, p. 309.
172. Cf. Caillois, *Homme et sacré*, pp. 36, 107, e Dumézil, *Temps et mythes*, in *Recherches philol.*, V, 1935-36, p. 243.
173. Cf. Leenhardt, *Notes d'ethnologie*, pp. 143 s., e *Gens de la Grande Terre*, p. 159 s. Cf. igualmente sobre o *shalako* dos índios zuñi, Caseneuve, *op. cit.*, pp. 125 s.
174. Cf. Gusdorf, *op. cit.*, p. 81.
175. Cf. Zimmer, *op. cit.*, p. 68; cf. *infra*, p. 469.
176. Cf. *supra*, p. 95.
177. Cf. *H. G. R.*, I, p. 185, e Przyluski, *La grande déesse*, pp. 100-101.
178. Cf. Von Schubert, *Symbolik*, p. 30.
179. L. Dumont notou muito bem, no seu estudo etnográfico de *La tarasque* (*op. cit.*, pp. 15-20, 60-62, 150-152 s.), a ambivalência fundamental da efígie ritual, ao mesmo tempo benéfica e temida, "soma" ritual, de algum modo.
180. Cf. *supra*, p. 280.
181. Cf. Eliade, *Traité*, pp. 144-145; cf. Soustelle, *op. cit.*, pp. 19, 26, Tecçiztecatl, "o da concha", de *Tecciztli*, "a concha".
182. Cf. *H. G. R.*, I, pp. 184, 193, 198; Buhot, *Arts de la Chine*, pp. 10, 16, 17, 20, 21; cf. I. Groth Kimball e F. Feuchtwanger, *L'art ancien du Mexique*; assinalemos especialmente a bela taça em forma de concha do Museu de Villahermosa e a tatuagem espiralada da face esquerda de uma estátua de Uxmal, muito próxima dos desenhos faciais caduveo; cf. Lévi-Strauss, *Tristes tropiques*, pp. 130, 184, 186; *Anthropologie structurale*, p. 269 s., gravs. VII, VIII, X e fig. 21.
183. M. Ghika, *Le nombre d'or*, p. 200; cf. p. 178.
184. *Op. cit.*, pp. 38-40
185. Cf. Eliade, *Traité*, p. 156; cf. Harding, *op. cit.*, p. 171; cf. Lot-Falck, *op. cit.*, pp. 104, 170 s., 202.
186. Cf. Eliade, *Traité*, p. 158; cf. Harding, *op. cit.*, p. 38; cf. Soustelle, *op. cit.*, pp. 19, 27.
187. Cf. *supra*, p. 106.
188. Cf. J. Buhot, *Arts de la Chine*, pp. 37, 163.
189. Bachelard, *Repos*, p. 179.
190. Cf. *supra*, p. 261.
191. Para os canacas a morte e a geração explicam-se pelo fato de que os homens se recusaram a "mudar de pele" como fazem os crustáceos; cf. mitos huailu e nemea: "Le premier couple", "Les premiers hommes", in Leenhardt, *Documents néocalédoniens*, pp. 447-449.

192. Cf. Senard, *Le zodiaque*, p. 126.
193. Cf. Jung, *Libido*, p. 281.
194. Cf. Eliade, *op. cit.*, pp. 150, 158.
195. Cf. Piganiol, *op. cit.*, p. 106; cf. Eliade, *Traité*, p. 150; Jung, *Libido*, pp. 6, 96 s., 101, 106, 323 s., e M. Choisy, *Satan*, p. 443.
196. Bachelard, *Repos*, p. 282.
197. Cf. Eliade, *op. cit.*, p. 150; cf. Harding, *op. cit.*, p. 60.
198. Bachelard, *Repos*, pp. 280-281.
199. Cf. Granet, *Pensée chinoise*, p. 135; cf. Eliade, *Traité*, p. 183. Cf. uma bela imagem do *ouroboros* alquímico, in *Anatomia auri* de Mylus, reproduzida *in* M. Caron e S. Hutin, *Les alchimistes*, p. 182: "A serpente que morde a cauda indica que o fim da Obra presta homenagem ao começo."
200. Citado por Jung, *Libido*, p. 101; cf. Leisegang, *Le mystère du serpent*, Eran. Jahrb., 1939, p. 153.
201. Bachelard, *Repos*, p. 274.
202. Cf. *H. G. R.*, I, p. 185; cf. Soustelle, *op. cit.*, pp. 23 s., 28, 87.
203. Cf. R. Girard, *op. cit.*, p. 189; cf. Soustelle, *op. cit.*, pp. 71 s.
204. Cf. Eliade, *Traité*, p. 186; Granet, *Civilis. chin.*, p. 206.
205. Cf. Dontenville, *op. cit.*, pp. 185, 188.
206. Cf. Harding, *op. cit.*, p. 61.
207. Cf. Zimmer, *op. cit.*, pp. 69-70; *op. cit.*, grav. II, figs. 3, 4, grav. III, figs. 5, 7; cf. O. Viennot, *op. cit.*, p. 182.
208. O monstro Cipactli dos antigos mexicanos traz sobre o dorso Tlaltecutli, "o senhor da terra"; cf. Soustelle, *op. cit.*, p. 34.
209. Cf. *supra*, p. 94.
210. Cf. Zimmer, *op. cit.*, p. 66; cf. Viennot, *op. cit.*, pp. 82, 90, 102-104, 121, 171.
211. Granet, *Pensée chinoise*, p. 135; cf. Eliade, *Traité*, p. 152.
212. Cf. Granet, *op. cit.*, p. 206; e Eliade, *op. cit.*, p. 184.
213. Eliade, *op. cit.*, p. 155.
214. Cf. Soustelle, *op. cit.*, p. 47.
215. Granet, *Pensée chinoise*, p. 135; cf. Harding, *op. cit.*, p. 61.
216. Cf. Eliade, *op. cit.*, p. 153; cf. Baudouin, *Âme et action*, p. 57.
217. Cf. Eliade, *Traité*, p. 83; cf. Harding, *op. cit.*, pp. 61-62.
218. Citado por Jung, *Libido*, p. 323.
219. Cf. Eliade, *Yoga*, pp. 243, 247; cf. Jung, *Homme à la découverte de son âme*, p. 336, e M. Choisy, *Satan*, p. 446.
220. Jung, *Libido*, pp. 6, 106; Bachelard (*Repos*, p. 154) relata lendas populares relativas à serpente que se introduz nos orifícios naturais do corpo humano.
221. Cf. Piganiol, *op. cit.*, p. 106; cf. Eliade, *Traité*, p. 153; Harding, *op. cit.*, p. 61.

222. Bachelard, *Repos*, p. 287.
223. Cf. Eliade, *Traité*, p. 253; M. Choisy, *Satan*, p. 445.
224. Eliade, *op. cit.*, p. 253; cf. Jó II, 4-6; cf. Ap XII, 10-12.
225. Cf. *Brhad-Aran. Upan.*, III, 6.
226. Cf. Eliade, *op. cit.*, p. 163. Ninguém melhor que Valéry soube exprimir esta ambigüidade constitutiva da Parca; cf. *La jeune parque*.
227. Przyluski, *La grande déesse*, p. 172; cf. Soustelle, *La pensée cosm. des anc. mexic.*, p. 36, sobre a deusa Tlazolteotl, divindade da tecelagem, que traz na fronte a faixa de algodão pregada com fusos, no nariz um ornamento em forma de crescente. Além disso, esta divindade divide-se em quatro, os *ixcuiname*, os quatro "filhos" de algodão dos pontos cardeais.
228. Cf. Eliade, *op. cit.*, p. 162.
229. Citado por Krappe, *op. cit.*, p. 122; cf. Eliade, *op. cit.*, p. 163.
230. Cf. Dontenville, *op. cit.*, p. 186.
231. Krappe, *op. cit.*, p. 103.
232. Leroi-Gourhan, *Homme et mat.*, pp. 101, 103, 262.
233. Cf. Bréal, *Sémantique*, p. 128.
234. Minkowski (*op. cit.*, p. 249) dá um valor afetivo e positivo à "ponte" que liga as duas margens; cf. Leenhardt, *Notes d'ethnol.*, p. 178.
235. Canguilhem, *Connaiss. de la vie*, p. 76.
236. *Op. cit.*, p. 77.
237. *Op. cit.*, *ibidem*.
238. Cf. R. Guénon, *Le symbole de la croix*, p. 107.
239. *Tao-Te-King*, XVI, cit. por Guénon, *op. cit.*, p. 110; cf. *Lie-Tzeu* I e *Tchouang-Tzeu* 18 f.
240. De "Çak": ter o poder de agir, e "*Kra*": mover-se.
241. Cf. Harding, *op. cit.*, pp. 232-233.
242. R. Girard, *Popol Vuh*, p. 77. Sobre o jogo da "bola celeste", cf. R. Alleau, *Nature des symboles*, p. 112, e L. Becq de Fouquières, *Les jeux des anciens*, p. 177.
243. Cf. Senart, *Le zodiaque*, p. 159; cf. Berthelot, *Astrobiologie*, pp. 30, 360.
244. Cf. Harding, *op. cit.*, pp. 175, 200.
245. Cf. Krappe, *op. cit.*, p. 85; Dontenville, *op. cit.*, p. 100.
246. Citado por Harding, *op. cit.*, p. 231; cf. Guénon, *Le symbolisme de la croix*, p. 89.
247. Cf. Dontenville, *op. cit.*, p. 121.
248. Cf. Harding, *op. cit.*, p. 231; Dontenville, *op. cit.*, p. 122.
249. Cf. Granet, *Pensée chin.*, pp. 161, 177, 186, 200, 205, e R. Girard, *Popol Vuh*, p. 26; cf. *infra*, pp. 472 s.
250. Lévi-Strauss, *Tristes tropiques*, pp. 225, 229 s.; cf. *Anthropologie*

structurale, pp. 133 s., "Les structures sociales dans le Brésil central et oriental", e pp. 147 s., "Les organisations dualistes existent-elles?".

251. Lévi-Strauss, *Tristes tropiques*, p. 190; cf. figuras pp. 184, 186, 189, 193, 195, 198, 200, 201.

252. Cf. Lévi-Strauss, "Le dédoublement de la représentation dans les arts de l'Asie et de l'Amérique", *in Anthropol. structurale*, pp. 269 s.; cf. *H. G. R.*, I, pp. 84, 142.

253. Lévi-Strauss, *Tristes tropiques*, p. 196.

254. *Op. cit.*, p. 203; cf. Lévi-Strauss, *Anthropologie structurale*, pp. 156 s. Como a pintura para os dogon, a coméstica caduveo não passaria de um resíduo estético de uma cosmologia perdida, desafetada da sua significação profunda; cf. Griaule, *Masques dogons*, p. 817.

255. Cf. *Tristes tropiques*, p. 254.

256. *Op. cit.*, pp. 246-247.

257. *Op. cit.*, p. 230; cf. *Anthropologie structurale*, pp. 139 s.

258. Cf. *in* Feutchtwanger, *op. cit.*, grav. 8, máscara de argila de Tlatlico, meia cabeça de morto, meia cabeça viva, não deixa de evocar o famoso *Tao-T'ie* chinês e as figuras de duplo sentido e de simetria axial, tais como o *Kîrtimukha* indo-javanês e o *Tiki* polinésio; cf. Lévi-Strauss, *Anthropologie structurale*, p. 286, grav. IX.

259. Cf. Dontenville, *op. cit.*, p. 98.

260. Leïa, *op. cit.*, p. 44.

261. O itinerário do carro suscita mais que um simbolismo estático, suscita sobretudo um *discursus*, um mito, geralmente um mito sob a forma itinerante e totalizante da "demanda", da "procura da unidade e da imortalidade". Cf. mitos de Rá, de Satni Khâmois, de Gilgamesh, etc. Cf. F. Bar, *Les routes de l'autre monde*; Cf. Platão, *Fedro*, 246, 247-257.

262. Leïa, *op. cit.*, p. 46.

263. Cf. Dontenville, *op. cit.*, pp. 162, 170; cf. *supra*, p. 76; cf. Platão, *Fedro*, 246 s.

264. Cf. Eliade, *Traité*, pp. 253-254; cf. J.-P. Bayard, *Le feu*, pp. 238 s.

265. Cf. M. Bonaparte, *Psychan. et anthropol.*, p. 82.

266. R. Guénon, *Le symbolisme de la croix*, p. 48.

267. *Op. cit.*, pp. 69 s., p. 54, nota 1.

268. Cf. Soustelle, *op. cit.*, p. 67.

269. *Op. cit.*, pp. 19, 42, 67.

270. Cf. E. Burnouf, *Le vase sacré*, pp. 119 s.; O. Viennot (*Le culte de l'arbre dans l'Inde ancienne*, p. 32) sublinha que, quando da produção ritual do fogo, o *çami*, "árvore masculina" de madeira dura, é colocado sobre o *açvattha*, a madeira mole, árvore feminina. Cf. Frazer, *Mythes sur l'origine du feu*, pp. 233, 244, 265, 270, 272; cf. J.-P. Bayard, *Le feu*, pp. 152 s.

271. *Op. cit.*, pp. 13 s.
272. *Op. cit.*, p. 15. *Rig Veda*, I, 95-2, III, 29, V, 11, 6, VI, 48. Cf. Viennot, *op. cit.*, pp. 54-55 e 174-175.
273. Harding, *op. cit.*, p. 143.
274. Bachelard, *Air*, p. 234; cf. Bayard, *Le feu*, pp. 28 s.
275. Cf. Dumézil, *Tarpeia*, p. 106.
276. Eliade, *Traité*, pp. 268-269; cf. J.-P. Bayard, *op. cit.*, pp. 235 s.
277. Cf. Frazer, *Rameau*, III, p. 474; Bachelard, *Feu*, p. 68.
278. Cf. Harding, pp. 144-145; cf. J.-P. Bayard, *op. cit.*, pp. 34 s., 45 s. Sobre as fogueiras de S. João, cf. *ibidem*, pp. 235 s., 252 s., cap. XIX, "Les feux de la St. Jean", cap. XX, "St. Jean, emblème du feu". Cf. P. Naudon, *Le loges de St. Jean*.
279. Cf. Leroi-Gourhan, *Homme et matière*, p. 71; cf. figs. 87, 88.
280. Jung (*Libido*, p. 140) insiste no radical *math* ou *manth*, "produzir esfregando".
281. Cf. Dumézil, *Tarpeia*, p. 108.
282. Cf. Leroi-Gourhan, *op. cit.*, pp. 170, 171, 174.
283. Cf. F.-J. Nicolas, *Mythes et êtres mythiques des L'êla de la Haute-Volta (Bull. Instit. français Afrique noire*, t. XIV, n.º 4, out. 1952), pp. 1355 s.
284. *Op. cit.*, pp. 1363 s.
285. *Op. cit.*, p. 69.
286. *Op. cit.*, p. 100.
287. Cf. Jung, *Libido*, p. 145; cf. Harding, *op. cit.*, p. 146.
288. *Brhad-Aran. Upan.*, VI, 4, 20; cf. VI, 4, 3; cf. *Rig Véda*, III, 29, 1-3; cf. Harding, *op. cit.*, p. 143; cf. igualmente Eliade, *Yoga*, p. 256, e *Forgerons*, p. 40; cf. J.-P. Bayard, *Le feu*, pp. 181 s.
289. Cf. Eliade, *Forgerons*, pp. 62-63; cf. Eliade, *Le mythe de l'éternel retour*, p. 107.
290. Cf. Leroi-Gourhan, *op. cit.*, p. 69. Cf. *in* M. Caron e S. Hutin, *op. cit.*, pp. 152, 158, figurações "nupciais" da *conjunctio* alquímica, tiradas da *Anatomia auri* de Mylius e de um tratado tântrico.
291. Cf. Bachelard, *Psych. du feu*, pp. 54, 56.
292. Bachelard, *op. cit.*, p. 54. Nós mesmos fizemos um teste aos alunos das classes terminais no qual se deviam imaginar na situação de Robinson abandonado na sua ilha. Todos, sem exceção, pensaram em reinventar o fogo, 85% socorreram-se de um isqueiro por fricção e 97% destes últimos confessam nunca ter realizado na prática tal operação.
293. Bachelard, *op. cit.*, p. 84. Sobre o fogo dos alquimistas, cf. J.-P. Bayard, *op. cit.*, p. 137.
294. Bachelard, *Feu*, p. 48.
295. Cf. Eliade, *Traité*, pp. 256-286.

296. Cf. Eliade, *Forgerons*, pp. 101-102.
297. Cf. Jules Bloch, *Les tziganes*, p. 28.
298. Cf. *supra*, p. 246.
299. Cf. *supra*, p. 238.
300. Cf. Griaule, *Le symbolisme des tambours soudanais* (*Mélanges d'hist. et d'esth. musicales*, 1955), pp. 79 s. Sobre os interditos sexuais relativos aos tambores, cf. Griaule, *Masques dogons*, p. 705.
301. Cf. Sachs, *Geist und Werden der Musikinstrumente*, pp. 254 s.; cf. Schaeffner, *Origine des instruments de musique*, pp. 24, 238 s.; cf. artigo de P. Germain, *La musique et la psychanalyse* (*Rev. fr. de psychan.*, 1928, n.º 4), pp. 751 s.; cf. igualmente Granet *Pensée chin.*, p. 211; teoria da divisão dos 12 tubos da música chinesa em 6 tubos "machos" e 6 tubos "fêmeas". "Por outro lado", escreve Granet, "o mito relativo aos 12 tubos faz expressamente alusão a danças sexuais...", *op. cit.*, p. 215. Sobre a natureza fisiológica do ritmo em oposição à natureza intelectual da harmonia, cf. E. Willems, *Le rythme musical*, pp. 35, 36. O autor, na seqüência de F. Gevaert (*Histoire et théorie de la musique de l'antiquité*, Hoste, Gand, 1881, p. 5) mostra o valor fisiológico da fórmula grega ao definir o ritmo como *arsis-thésis*, diástole-sístole. Não só o ritmo pode ser sugerido pelos movimentos cardíacos, como também pela respiração, pela marcha e pelo "amor (carícia, desejo, movimento das ancas tornados, por vezes, mais excitantes pelo emprego de pequenos instrumentos sonoros)", *ibidem*, p. 111.
302. B. de Scholoezer, *Introduction à J.-S. Bach*, p. 31; cf. G. Brelet, *Le temps musical*, 1 vol., pp. 259 a 364.
303. Granet (*op. cit.*, p. 214) mostra a explícita ligação, na China, do calendário e dos 12 tubos de bambu produtores das 12 sonoridades fundamentais.
304. Zimmer, *op. cit.*, p. 149; cf. o papel do deus mexicano Macuilxochitl, deus do amor, da dança e da música; cf. Soustelle, *op. cit.*, p. 42. Cf. J.-P. Bayard, *op. cit.*, pp. 72, 175, 205, 216, 218.
305. J. Cuisinier, *op. cit.*, pp. 17-30.
306. Cf. Griaule, *Masques dogons*, pp. 166, 198, 204; Cazeneuve, *Les dieux dansent à Cibola*, pp. 184 s.; Leenhardt, *Notes d'ethnographie*, pp. 160, 163, 171.
307. Citado por Leenhardt, *op. cit.*, p. 118.
308. Granet, *op. cit.*, p. 200, nota 2.
309. Sublinhado por nós.
310. Cf. Granet, *op. cit.*, p. 319.
311. Cf. Granet, *op. cit.*, pp. 124-209.
312. Granet, *op. cit.*, pp. 210, 220.
313. Poder-se-ia acrescentar a esta lista tecnológica os instrumentos de música "de fricção": violas, violinos, etc. Cf. E. Willems, *op. cit.*, p. 115.

314. Cf. Bachelard, *Air*, p. 231.
315. Cf. Eliade, *Traité*, p. 245; cf. Ez, 47; Ap, XXII, 1-2.
316. Cf. Przyluski, *op. cit.*, pp. 80, 90; cf. O. Viennot, *op. cit.*, pp. 26, 27, 29, 84, 92.
317. Cf. *H. G. R.*, I, pp. 109, 130, 146, e Eliade, *Traité*, p. 236; cf. Przyluski, *Participation*, p. 41, e Jr, II, 20, XVII, 1-3.
318. Cf. Harding, *op. cit.*, pp. 53 s. Sobre o *Yupa* (poste sacrifical), cf. O. Viennot, *op. cit.*, pp. 41-54.
319. Cf. Piganiol, *op. cit.*, p. 96. Sobre a origem "sabina" de Terminus, cf. Grimal, *op. cit.*, art. *Terminus*.
320. Cf. Przyluski, *La grande déesse*, p. 89; cf. Jr, II, 27; cf. Jung, *Libido*, p. 210; cf. Guénon, *Symb. croix*, p. 77.
321. Cf. Harding, *op. cit.*, pp. 126,130.
322. Cf. Harding, *op. cit.*, pp. 142, 227; cf. Zimmer, *op. cit.*, tab. III, fig. 8, p. 32; cf. O. Viennot, *op. cit.*, pp. 26, 27, 84.
323. Cf. Przyluski, *op. cit.*, pp. 67, 69 s.; cf. O. Viennot, *op. cit.*, pp. 35, 44, 45.
324. Cf. *supra*, pp. 135 s.
325. Jung (*Libido*, p. 210) aproxima o "Pal" – *pallos* – de madeira símbolo de Ceres, de Latona ou Príapo, de "*phalages*", trave, de "*phalos*", luminoso, e finalmente de "*phales*", falo.
326. Cf. Przyluski, *op. cit.*, pp. 81, 82, 86; cf. O. Viennot, *op. cit.*, pp. 52, 53. Sobre a bissexualidade da árvore para os Canacas (*diro* e palmeiras machas opostas ao *taro* e às eritrinas fêmeas), cf. Leenhardt, *Notes d'ethnologie*, p. 21 s. Cf. tabs. V, 1, VI, 1, 3.
327. Cf. Dontenville, *op. cit.*, p. 48.
328. Cf. Eliade, *Traité*, pp. 238-239, 248; cf. sobre a árvore alquímica Grillot de Givry, *op. cit.*, pp. 324, 388, 395 (figs. II, III, VI), 400, 404, 407, 414; cf. Hutin, *op. cit.*, p. 76.
329. Cf. Przyluski, *op. cit.*, p. 80; cf. Viennot, *op. cit.*, pp. 26, 84.
330. G. Dieterlen, *Religion des bambaras*, p. 36.
331. Eliade, *Traité*, p. 241. Belo exemplo de árvore cósmica ligando o céu à terra num mito matako relatado por Métraux e através do qual transparece o isomorfismo com o fogo. Cf. Métraux, *Histoire du monde*, p. 509.
332. Cf. Guénon, *op. cit.*, p. 83.
333. Cf. Bachelard, *Air*, pp. 237, 250; cf. A. M. Schmidt, *op. cit.*, pp. 14 s.
334. *Bagh, Gîtâ*, XV, 1-3.
335. Cf. *supra*, p. 333 s.; cf. Eliade, *Traité*, p. 239.
336. Eliade, *Traité*, p. 261, cf. p. 263.
337. Bachelard, *Repos*, p. 30.
338. Cf. Eliade,*Traité*, p. 254.

339. Cf. Cuénot, *L'évolution biologique*, p. 17, fig. 3, "árvore genealógica do reino animal".
340. Cf. Dn, X, 13; II Esd, IV, 26, VI, 20, VII, 12, VIII, 1.
341. Cf. Langton, *Démonol.*, p. 227.
342. Langton, *op. cit.*, p. 226.
343. Langton, *op. cit.*, p. 227.
344. Cf. *supra*, p. 358. Sobre a "árvore invertida" e a sua bibliografia védica, consultar O. Viennot, pp. 32 s.
345. *Kath. Upan.*, VI, 1; *Maîtri. Upan.*, VI, 7.
346. Cf. Eliade, *Traité*, pp. 239-240.
347. Cf. Eliade, *op. cit.*, p. 241.
348. Hino *Crux fidelis*, liturgia católica da paixão; cf. Guénon, *Symb. de la croix*, p. 80.
349. Kretschmer, *Körperbau und Charakter*; cf. Bleuler, *Die Probleme der Schizoïdie und Syntonie* (*Zeitschrift für die gesam. Neur. und Psych.*, LXXVIII, 1922).
350. Cf. Bohm, *op. cit.*, II, p. 397.
351. *Op. cit.*, II, pp. 446-448.
352. Cf. *supra*, p. 301.
353. Cf. Kretschmer, *op. cit.*, p. 102.
354. Minkowski, *Schizoph.*, pp. 31, 33.
355. Cf. *supra*, pp. 376 s.
356. Sartre, *L'imaginaire*, p. 244.
357. Cf. Spengler, *Le déclin de l'Occident*, I, pp. 272, 279.
358. Cf. B. de Schloezer, *op. cit.*, p. 124. Retomando a terminologia de Lupasco pode-se dizer que há aqui "antagonismo" harmônico.
359. Cf. Freud, *Psych. de la vie quotidienne*, p. 55, e Ch. Odier, *Le problème musical et le point de vue de l'origine* (*in La sem. litt.*, janeiro-fevereiro 1924).
360. Cf. A. Michel, *op. cit.*, pp. 164, 210.
361. Cf. teoria dos signos expressivos em J.-S. Bach, *in* A. Pirro, *Esthétique de J.-S. Bach*, pp. 10-15, 32-47 s.
362. Cf. *supra*, pp. 202 s.
363. A. Michel, *op. cit.*, p. 215. Esta opinião de A. Michel parece-nos extrema porque a música faz sempre apelo a uma morfologia espacial, quanto mais não fosse pelo compasso e pelo ritmo; cf. E. Willems, *op. cit.*, p. 89, cap. II, parágrafo 7, *La musique et l'espace*.
364. Cf. Berthelot, *op. cit.*, p. 378.
365. *Op. cit.*, pp. 155, 163.
366. *Op. cit.*, p. 163.
367. E. Souriau pôs bem em evidência no universo dramático esta "tensão inter-humana", este jogo de forças (arc-boutement) que, na har-

monia da obra teatral, constitui o dinamismo específico da função dramática; cf. Souriau, *Les deux cent mille situations dramatiques*, pp. 48, 49, 55, 94. Não se deve confundir esta dialética dos antagonistas com a exclusão antitética.

368. Cf. W. R. Spalding, *Manuel d'analyse musicale*, p. 179.

369. Sobre o aspecto sintético do romance e do "momento romanesco", cf. G. Durand, *Le décor mythique*, "Conclusion".

370. E. Souriau fez um excelente estudo desta "combinatória dramática"; cf. E. Souriau, *op. cit.*, pp. 94 s.: "Não haveria todavia drama se a tendência não encontrasse nenhum obstáculo..., a força da tendência só é dramática se encontrar uma resistência."

371. Cf. *supra*, p. 321.

372. Spengler, *op. cit.*, I, pp. 63, 118.

373. Cf. Dumézil, *Indo-européens*, pp. 143 s.

374. *Op. cit.*, pp. 127 s.

375. *Op. cit.*, pp. 154, 157-158.

376. *Op. cit.*, pp. 141-142; cf. *supra*, pp. 283 s.

377. Cf. Dumézil, *Indo-européens*, p. 170; *Servius*, pp. 65-68, 190.

378. Cf. Cellier, *op. cit.*, pp. 47-51.

379. Cf. Merleau-Ponty, *Les aventures de la dialectique*, especialmente pp. 81 s. e 280.

380. Michelet, *Histoire de la Révolution Française*, IV, 1 p.

381. Cf. Dumézil, *Indo-européens*, p. 172; *Servius*, p. 65; *J. M. Q.*, III, p. 181.

382. Cf. R. Girard, *op. cit.*, p. 31.

383. Cf. Dumézil, *Indo-européens*, p. 240.

384. *Op. cit.*, p. 241; cf. J. Guitton, *Le temps et l'eternité chez Plotin et saint Augustin*.

385. Cf. Eliade, *Forgerons*, p. 179.

386. *Op. cit.*, p. 180. A alquimia é, com efeito, o modelo ocidental e oriental de um progresso para um fim triunfante do drama químico, a astrobiologia é apenas promessa de um retorno.

387. Cf. *supra*, pp. 56 s. Cf. P. Ricouer, *op. cit.*, p. 153, noção de "símbolo primário".

388. Embora seja interessante verificar como um mito *stricto sensu* anexa de passagem os acontecimentos históricos importantes, como mostra a comparação de um mito caledônio relatado por Leenhardt com a sua lição histórica relatada pelo P. Lambert; cf. Leenhardt, *Documents néo-calédoniens*, pp. 60-65; cf. P. Lambert, *Moeurs et superstitions des néo-calédoniens*, p. 301; cf. Krappe, *op. cit.*, pp. 328 s. Contrariamente ao que pensa o evemerismo, não é o documento histórico que provoca o mito, mas sim as estruturas míticas que captam e informam o documento arqueológico.

389. Cf. J.-P. Bayard, *Histoire des légendes*, p. 10.
390. Cf. Lévi-Strauss, *Structure et dialectique*, in *Anthropologie structurale*, pp. 257 s.; cf. *infra*, p. 423.
391. Lévi-Strauss, "La structure des mythes", in *Anthropologie structurale*, p. 320. Como o próprio autor afirma, "aproximar o mito da linguagem não resolve nada".
392. Reintegração muito relativa porque o sincronismo redundante num mito anula de algum modo a linearidade diacrônica.
393. Cf. *supra*, pp. 19 s.; cf. Lévi-Strauss, *op. cit.*, pp. 105 s., nas quais o autor minimiza a lei lingüística do arbitrário do signo.
394. Lévi-Strauss, *op. cit.*, p. 232. Cf. Lévi-Strauss, *La pensée sauvage*, p. 206, onde admite com Saussure que "o arbitrário do signo comporta graus".
395. *Anthrop.*, p. 233; cf. polêmica com G. Haudricoure e G. Granai. *Op. cit.*, p. 95.
396. Lévi-Strauss, *op. cit.*, p. 233.
397. O mesmo termo de *pacote* é utilizado, num sentido muito próximo daquele que lhe damos, por Leroi-Gourhan, *in La fonction des signes dans les sanctuaires paléolithiques, op. cit.*, p. 308.
398. Cf. J. Soustelle, *La pensée cosmologique des anciens mexicains*, p. 9.
399. Nós mostramos que é o processo musical que é da mesma essência que o discurso mítico. Não dependem um do outro mas classificam-se no mesmo grupo de estruturas sintéticas.
400. Lévi-Strauss, *op. cit.*, p. 252.
401. *Op. cit.*, p. 229.
402. *Op. cit.*, p. 255. É a tese desenvolvida em *La pensée sauvage*.
403. Cf. a polêmica com Gurvitch, *in* Lévi-Strauss, *Anthropologie structurale*, p. 354; cf. *supra*, p. 47.
404. Cf. Troubetzkoy, *Principes de phonologie*, pp. 37, 48, 82.
405. Lévi-Strauss, *Les mathématiques de l'homme*, in *Bull. intern. des sciences soc.*, UNESCO, vol. 6, n.º 4, republic. por *Esprit*, n.º 10, 1956, pp. 529-532; cf. Gurvitch, *Le concept de structure sociale (Cahiers intern. de soc.*, vol. 19, 2.º ano, 1955, pp. 14, 17, 19); cf. Lévi-Strauss, *Les mathématiques et les sciences sociales*, in *Bull. intern. des sciences soc.*, p. 647.
406. Cf. Piaget, *Epistémologie génétique*, I, pp. 77-80.
407. Cf. *infra*, pp. 423 s.
408. Cf. Lévi-Strauss, *Les math. et les sciences soc.*, pp. 647 s.
409. É o que a própria lingüística reconhece muito bem ao aperceber-se que é mais difícil de formalizar, e mesmo de formular as estruturas sintáticas, e mais ainda as semânticas, que as da fonologia. A bem

dizer, o termo de estrutura só começa a ser bem aplicado em lingüística ao nível do léxico. Cf. P. Guiraud, *La sémantique*, p. 68; Matoré, *Méthode de lexicologie*, pp. 15, 22, 61, 65. Cf. Saussure, *op. cit.*, p. 183.

410. Lévi-Strauss, *Structure des mythes*, p. 236.
411. *Op. cit.*, pp. 245 s.
412. *Op. cit.*, p. 248.
413. Cf. *supra*, pp. 314 s.
414. Cf. G. Durand, *Lucien Leuwen ou l'héroïsme à l'envers*.
415. Lévi-Strauss, *op. cit.*, p. 254.
416. Cf. Eliade, *Images et symboles*, p. 73, e *Mythe de l'éternel retour*, pp. 83 s.; cf. Griaule, *Masques dogons*, p. 774.
417. Lévi-Strauss, *op. cit.*, p. 254.
418. Cf. R. Girard, *Le Popol-Vuh*, *op. cit.*, pp. 32, 38, 43 e J. Soustelle, *La pensée cosmologique des anciens mexicains*, pp. 14-18.
419. Cf. Lévi-Strauss, *op. cit.*, p. 223.
420. Cf. *supra*, p. 66.
421. Cf. Leenhardt, *Documents néo-calédoniens*, pp. 421-428: "Le cadet de Mèjeno" e "Le cadet de Taou", cf. igualmente p. 466, "Les memmes du polygame".
422. Cf. S. Comhaire-Sylvain, *Les contes haïtiens*, vol. I.
423. Cf. J. Nicolas, *Mythes et êtres mythiques des L'éla de la Haute-Volta*, *op. cit.*, pp. 1370 s.
424. Cf. Griaule, *Les masques dogons*, p. 702.
425. Leenhardt, *op. cit.*, p. 426, "Le cadet de Taou".
426. Cf. J. Nicolas, *op. cit.*, p. 1376.
427. Cf. Griaule, *op. cit.*, p. 703: "Neste caso o cabreiro perdeu porque não tinha feito o bem"; cf. J. Guiart, *Contes et légendes de la Grande Terre*, pp. 17 s.
428. S. Comhaire-Sylvain, *op. cit.*, p. 75.
429. *Op. cit.* (Lição Rep. Dominicana e Batlaping), p. 17.
430. Cf. *supra*, pp. 207 s.
431. Comhaire-Sylvain, *op. cit.*, p. 15 (Brasil).
432. Cf. Leenhardt, *op. cit.*, pp. 421-426.
433. Cf. J. Soustelle, *op. cit.*, p. 19.
434. *Op. cit.*, pp. 24 e 71.
435. Leenhardt, *op. cit.*, p. 423.
436. Cf. F. Bar, *Les routes de l'autre monde*. Na coleção dos contos de Comhaire-Sylvain, o mergulho, o enterramento é muitas vezes substituído por uma explícita alusão aos infernos: aldeias dos "Sem-mães" (versão bulu, p. 45), "país dos espíritos" (versão benga, p. 47), "infernos aquáticos" (Batlaping, p. 51), "país dos mortos" (Dschagga, p. 51), mais raramente "viagem até Deus" (Niassalândia, p. 55).

437. Cf. *supra*, pp. 216 s.
438. *Op. cit.*, p. 7.
439. Cf. *supra*, pp. 279 s.
440. Leenhardt, *op. cit.*, p. 427.
441. Comhaire-Sylvain, *op. cit.*, p. 31.
442. *Op. cit.*, pp. 8, 34.
443. Cf. *supra*, pp. 283 s.
444. *Op. cit.*, pp. 16, 22.
445. Comhaire-Sylvain, *op. cit.*, pp. 2-3; Griaule, *op. cit.*, p. 702.
446. Leenhardt, *op. cit.*, p. 428.
447. Comhaire-Sylvain, *op. cit.*, p. 36.
448. J. Nicolas, *op. cit.*, p. 1376.
449. Comhaire-Sylvain, *op. cit.*, pp. 13, 20.
450. *Op. cit.*, p. 43 (versão Bene-Mukuni).
451. Cf. J. Nicolas, *op. cit.*, p. 1382.
452. Cf. *supra*, pp. 260 s.
453. Cf. *supra*, pp. 278 s.
454. Cf. *supra*, pp. 364 s.
455. Cf. Comhaire-Sylvain, *op. cit.*, pp. 51, 144.
456. *Op. cit.*, pp. 209 s.
457. *Op. cit.*, p. 217.
458. *Op. cit.*, pp. 236, 239, 248.
459. Cf. *supra*, pp. 76, 81 s., 222 s.
460. Invertemos as duas espécies da *Forma* 1 tais como se encontram classificadas em Comhaire-Sylvain. A série do tipo *Carneiro*, na qual a esposa é devorada, parece-nos menos eufêmica que a do tipo *Domangage*. Classificaríamos os tipos de contos coligidos por Comhaire-Sylvain na ordem seguinte: *Cobra* (caso extremo no qual a esposa devorada morre), *Domangage, Miroté, Carneiro, Nova Cobra, Três Cães, Razcouiss Macaq* e *Gentil*.
461. *Op. cit.*, pp. 85, 116, 129, 201, 239. Em todas estas lições chilenas, africanas (Lamba), índias (Arowaq, Choco, Pamné ou Tepecano) ou ainda provençais é um interdito semelhante ao dos velhos mitos mediterrânicos: Psique, Eurídice, Pandora; cf. versão neocaledônica, "A mulher peixe", *in* Leenhardt, *op. cit.*, p. 470.
462. Comhaire-Sylvain, *op. cit.*, p. 209.
463. *Op. cit.*, pp. 30, 67, 178.
464. Cf. *supra*, p. 231.
465. Cf. *supra*, p. 85; *op. cit.*, p. 248.
466. *Op. cit.*, p. 171, 172, 175.
467. *Op. cit.*, p. 226, tipo de conto "Os três cães", no qual são os cães que são vítimas do mau cônjuge. São queimados, mas graças a um

osso conservado numa pequena caixa, e ao qual se juntam grãos, um alfinete e um cabelo (gulliverização), serão ressuscitados.

468. *Op. cit.*, pp. 64, 173, 177.
469. *Op. cit.*, pp. 9, 209, 217.
470. *Op. cit.*, pp. 51, 144, 217, 220, 248.
471. *Op. cit.*, p. 221.
472. *Op. cit.*, p. 52 (República Dominicana).
473. *Op. cit.*, p. 57.
474. S. Comhaire-Sylvain, *op. cit.*, p. 154.
475. *Op. cit.*, pp. 51, 124, 159.
476. *Op. cit.*, pp. 30, 178.
477. Cf. Przyluski, *La grande déesse*, p. 65.
478. Cf. E. Dardel, *La signification du mythique, in "Diogène"*, n.º 7, 1954.
479. Cf. Lévi-Strauss, *op. cit.*, p. 225.
480. Cf. Dumézil, *Les dieux des germains*, p. XIII.
481. Lévi-Strauss, *op. cit.*, p. 225.
482. Lévi-Strauss, *Structure et dialectique, op. cit.*, p. 257.
483. L. Dumont, *La tarasque*, pp. 25-117. Cf. igualmente o papel da narrativa paralelamente ao do desenho no teste arquetipal de Yves Durand (*in Cahiers intern. de symbolisme*, n.º 4, 1963).
484. L. Dumont, *op. cit.*, pp. 139-170.
485. *Op. cit.*, p. 223.
486. *Op. cit.*, p. 225.
487. Preferimos decididamente *isotopismo* a *isomorfismo* utilizado por Ch. Baudouin e cuja desagradável raiz lembra demasiado a vacuidade da forma. Cf. Baudouin, *Psychan. de V. Hugo*, p. 202; cf. *supra*, p. 27.
488. Cf. Soustelle, *op. cit.*, pp. 63-65.
489. Não pensamos, com efeito, que num tal domínio a história e a geografia devam ser solicitadas "em primeiro lugar"; cf. Lévi-Strauss, *op. cit.*, p. 273. Porque o documento fantástico escapa à história ainda mais que o documento tecnológico, cf. Leroi-Gourhan, *Homme et matière*, p. 18.
490. Lévi-Strauss, *op. cit.*, p. 225. Cf. *La pensée sauvage*, cap. VIII, "Le temps retrouvé".

Livro Terceiro. ELEMENTOS PARA UMA FANTÁSTICA TRANSCENDENTAL

1. Cf. *supra*, pp. 7, 21, 25.
2. Foi o que excelentemente pressentiu Alain que, como Bachelard, se recusa a considerar o sonho como um signo vergonhoso que reenvia para uma significação escondida; cf. *Préliminaires* pp. 211-213: "E fala-

se muito de um método que interroga os sonhos como se fossem ladrões que mentissem por sistema. A verdadeira Chave dos Sonhos está bem abaixo destes pensamentos teológicos... Mas qual seria então a interpretação verdadeira? Não deixar o sonho, tomá-lo no seu corpo, saber o que é, fazer a descrição..."

3. Cf. Lacroze, *La fonction de l'imagination*, pp. 1-3, 12, 35.
4. Novalis, *Schrifften*, II, p. 365; cf. Bachelard, *Terre*, p. 5, e Von Schubert, *Symbolik*, p. 55.
5. Cf. W. James, *Pragmatisme*, p. 27.
6. Cf. Jung, *Les types psych.*; cf. Jung, *Contrib. à l'étude des types psychol.*, in *Arch. psychol.*, n.º 52, dez. 1913, p. 289.
7. Cf. *supra*, p. 198.
8. Cf. James, *op. cit.*, p. 29.
9. Minkowski, *Schizophr.*, p. 204.
10. Jung, *op. cit.*, p. 8; cf. p. XX, 6, 291, 302.
11. Cf. Minkowski, *op. cit.*, p. 224.
12. Minkowski, *op. cit.*, pp. 19, 30; cf. o caráter "imperialista" da imagem assinalado por Dumézil, *Les dieux des germains*, p. XIII.
13. Krasnuschkine e Minkowska, *La constitution épileptoïde et ses rapports avec la structure de l'épilepsie essentielle*, in *Rec. de travaux* oferecidos ao Prof. Bruchanski.
14. Cf. Minkowski, *op. cit.*, p. 241. No seu "Teste arquetipal" Yves Durand utiliza a noção de "tensão". Cf. *Le test archétypal à 9 éléments*.
15. *Op. cit.*, pp. 205-206; cf. Bochern e Halpern, *op. cit.*, pp. 55, 91, 108.
16. Cf. *supra*, pp. 183 s.
17. As *Poésies* não correspondem mais que os *Chants de Maldoror*, estas duas obras funcionam em regimes do imaginário totalmente diferentes, uma é o antídoto psíquico da outra. Cf. Bachelard, *Lautréamont*. Cf. Ch. Lalo, *L'art loin de la vie*.
18. Cf. Jung, *Types psych.*, p. 436; Baudouin, *Introd. analys. des rêves*, p. 19; cf. igualmente Von Schubert, *Symbolik*, pp. 12, 67, 69.
19. Cf. James, *Pragmatisme*, p. 25.
20. Cf. Jung, *Psychologie und Religion*, pp. 150 s. Cf. Bachelard, *La poétique de la rêverie*, pp. 64, 70, 72.
21. Cf. J. Jacobi, *Psych. de C. G. Jung*, pp. 126 s.
22. Cf. Jung, *op. cit.*, p. 297; cf. p. 133.
23. J. Jacobi, *op. cit.*, p. 127.
24. Cf. Jung, *Types*, p. 667, e Jung, *op. cit.*, pp. 128-129.
25. Cf. Jung, *op. cit.*, pp. 154-329.
26. Cf. *supra*, pp. 30 s.
27. Cf. Ostwald, *Les grands hommes*, p. 27, 262; cf. Jung, *Types*, pp. 333.

28. Cf. Bachelard, *Formation esprit scient.*, p. 246.
29. Cf. S. Pétrement, *op. cit.*, pp. 57 s.
30. Cf. Gusdorf, *op. cit.*, p. 276.
31. Cf. G. Michaud, *Introd. à une science de la littérature*, pp. 255 s. Sobre a delimitação das "gerações lingüísticas", cf. G. Matoré, *La méthode en lexicologie*. Cf. P. Sorokin, *Social and Cultural Dynamics*.
32. Cf. Worringer, *Abstraktion*, pp. 30 s., e Malraux, *La métamorphose des dieux*, pp. 44 s., 126, 285.
33. Cf. Jaspers, *Strindberg et Van Gogh*, p. 272. Cf. igualmente *Psychopath. gén.*; cf. M. Foucault, *Histoire de la folie*.
34. Cf. Jung, *Types*, p. 299; Worringer, *op. cit.*, p. 18, e Ch. Bru, *Esthétique de l'abstraction*, p. 146. E. Souriau aproxima muito judiciosamente a "estilização" dos primitivos da função formalizadora tal como aparece no platonismo; cf. *Pensée vivante*, pp. 249 s.; cf. H. Tongue, *Bushman Paintings*; J. W. Fewkes, *Hopi Katcinas*.
35. Cf. Ch. Bru, *op. cit.*, p. 158.
36. Worringer, *op. cit.*, pp. 18-20.
37. Jung, *op. cit.*, p. 300.
38. Cf. Lévi-Strauss, *Tristes tropiques*, p. 440. J. Cazeneuve, na seqüência de Ruth Bénédict, escreve da cultura dos índios zuñi que "não é de modo nenhum dionisíaca", que é "uma cultura puramente apolínea", todas as produções artísticas dos zuñi, e especialmente as máscaras, atingem com efeito um elevado grau de abstração. Cf. J. Cazeneuve, *op. cit.*, p. 240, e R. Bénédict, *Echantillons de civilisations*, pp. 27, 35, 43 s.; cf. J. W. Fewkes, *Hopi Katcinas*.
39. *Op. cit.*, p. 443; cf. o nosso livrinho *L'imagination symbolique*.
40. E. Souriau (*in Pensée vivante*, p. 248) caracteriza exatamente a atitude espiritual platônica ao escrever que ela é "hieroglífica".
41. Cf. Séchehaye, *op. cit.*, p. 125 s.; cf. Dracoulidès, *op. cit.*, p. 16, e J. Frois Wittmann (*in Rev. franç. psych.*, n.º 2, 1929), *Considérations psychan. sur l'art moderne*.
42. Cf. Guy Michaud, *op. cit.*, p. 255.
43. Cf. L. Cellier, *op. cit.*, p. 269.
44. *Op. cit.*, p. 53.
45. *Op. cit.*, pp. 41, 44-45.
46. *Op. cit.*, pp. 48-51.
47. Cazeneuve pôs bem em evidência a coexistência na civilização "apolínea" dos zuñi elementos rituais "noturnos", tais como os *clowns* koyemshis. "Os zuñi, precisamente porque são um povo apolíneo, tinham necessidade desta válvula de escape." Cazeneuve, *op. cit.*, pp. 244-245; cf. R. Caillois, *Le mythe et l'homme*, pp. 29, 30, 33. Toda a tese de Piganiol sobre *Les origines de Rome* é igualmente inspirada pela coexistência das duas mentalidades, sabina e romana, na cidade.

48. Cf. *supra*, pp. 397 s.
49. Cf. *supra*, pp. 27, 372.
50. Gusdorf, *op. cit.*, p. 180.
51. Gusdorf, *op. cit.*, pp. 218, 222, 230.
52. *Op. cit.*, p. 111.
53. Cf. Moret e Davy, *Des clans aux empires*, pp. 15, 27, 88.
54. Cf. Gusdorf, *op. cit.*, p. 114.
55. O império napoleônico não é estranho ao universalismo romântico.
56. Gusdorf, *op. cit.*, p. 118.
57. *Op. cit.*, p. 42. Se nós mesmos tivéssemos aderido a este credo progressista, teríamos então construído esta obra segundo o plano ontogenético da aparição dos reflexos dominantes: reflexos de sucção, reflexos posturais, regulação e dominantes sexuais, mas a humanidade, enquanto espécie psicológica, não tem uma gênese controlável.
58. Lévy-Bruhl, *Carnets*, p. 131; cf. p. 136; cf. igualmente Durkheim, *Formes élémentaires*, pp. 340-342, 625.
59. Cf. Gusdorf, *op. cit.*, p. 247. Sobre etnologia e história, cf. Lévi-Strauss, *Anthropologie structurale*, pp. 3 s.
60. Cf. Bastide, *Sociologie et psychan.*, p. 278 s. Cf. a noção de "derivação" em V. Pareto, *Traité de sociologie*.
61. Cf. Bastide, *op. cit.*, pp. 194 s.
62. Damourette, *op. cit.*, I, pp. 105, 375, 389, 390.
63. Cf. *supra*, pp. 30 s.; cf. Lévi-Strauss, *op. cit.*, pp. 27, 28. "A passagem do consciente ao inconsciente é acompanhada de um progresso do especial para o geral."
64. Lacroze, *La fonction de l'imagination*, Boivin, Paris, 1938.
65. Cf. *supra*, pp. 7, 22.
66. Lacroze, *op. cit.*, pp. 130 s.
67. *Op. cit.*, p. 132.
68. *Op. cit.*, pp. 98, 139.
69. *Op. cit.*, p. 98.
70. *Op. cit.*, p. 58.
71. *Op. cit.*, p. 117.
72. *Op. cit.*, p. 109.
73. *Op. cit.*, pp. 111, 119, 120.
74. Lacroze, *op. cit.*, p. 84; cf. Dalbiez, *op. cit.*, I, p. 175.
75. Lacroze, *op. cit.*, p. 91.
76. Cf. Alain, *op. cit.*, p. 213: "Julgo seriamente que o fundo dos sonhos, mesmo terríveis, é feliz e até alegre"; p. 210: "E o sono é uma espécie de riso apaziguado, mas que se assegura ainda de si próprio por uma libertação total e uma perfeita indiferença às razões."

77. Cf. R. Barthes, *Mythologies*, pp. 224, 251.
78. *Op. cit.*, p. 221.
79. *Op. cit.*, pp. 222, 233. Nesta dicotomia entre a linguagem e o mito, Barthes parece desmentir a tese que sustentava em *Le degré zéro de l'écriture*, segundo a qual a "mitologia pessoal" do estilo, essa "hipofísica da palavra", primava sempre a escrita. Quanto a nós, parece-nos que o mito é o "grau zero" da linguagem, da semiologia. Cf. Barthes, *Le degré zéro*, pp. 19, 22, 35-40.
80. *Mythol.*, p. 222.
81. Cf. Gusdorf, *op. cit.*, p. 265.
82. Barthes, *op. cit.*, p. 233, nota 7.
83. Cf. Bachelard, *Formation de l'esprit scientifique*, pp. 38, 119.
84. Barthes, *op. cit.*, p. 232.
85. Gusdorf, *op. cit.*, p. 249.
86. Cf. sobre a noção de "mentira vital", Lacroze, *op. cit.*, p. 115; cf. Piaget, *Symbol.*, p. 117. Preferiríamos a expressão "verdades doxológicas" por oposição às verdades "epistemológicas".
87. Bachelard, *op. cit.*, p. 78.
88. Bachelard, *op. cit.*, p. 78. Sobre *L'imagination et la science*, cf. J. Bernis, *op. cit.*, cap. IX, p. 69. Esse esforço de "descoloração" tem a ver com a "clareza", a "distinção", colocando, por isso, imediatamente o esforço científico no *Regime Diurno* do imaginário.
89. Lacroze, *op. cit.*, p. 58. Cf. Muchielli que, na conclusão do seu belo livro *Le mythe de la cité idéale* (p. 300), mostra que o mito universal da cidade é no fim de contas "vontade" ética de promoção desse modelo ideal.
90. Gusdorf, *op. cit.*, p. 278; cf. J. Bernis, *op. cit.*, cap. III, p. 43, "Le mythe et le jeu", pp. 77, 81-82, cap. X, "L'imagination et la vie".
91. Quando redigimos este livro não conhecíamos a obra magistral de Henri Corbin, *L'imagination créatrice dans le soufisme d'Ibn'Arabî*. Esse trabalho, tão próximo em tantos pontos das conclusões do nosso presente estudo, tem o imenso mérito de dar ao Imaginativo o lugar primordial que lhe tinha sido tirado pelas interpretações averroístas do *intellectus adeptus*.
92. Cf. Sartre, *L'imaginaire*, pp. 22, 121, 171; cf. M. Bonaparte, *Eros*, pp. 25, 27, 33; cf. Alain, *Préliminaires*, p. 80: "Qualquer mudança nas coisas reais supõe um trabalho, que se reduz no fundo a uma deslocação. As coisas imaginárias deslocam-se sem esforço, como se vê nos contos; um palácio surge e desaparece pela varinha..."
93. Cf. Thomas de Quincey, *The Confession of an English Opium Eater*, pp. 32, 45 s.; Baudelaire, *Paradis artificiels*, pp. 23 s.; Proust, *Le temps retrouvé*, II, p. 72.

94. Cf. Piaget, *Pensée symbolique chez l'enfant*, pp. 212, 215.
95. Alain, *op. cit.*, p. 212.
96. Cf. M. Bonaparte, *Eros*, p. 33; cf. Alain, *op. cit.*, p. 212: "Digamos que o espírito dos sonhos... persiste na expressão dos grandes homens...: para amanhã os negócios!"
97. Cf. Bergson, *Essai*, p. 175.
98. Kant, *Critique de la raison pure*, p. 74.
99. Cf. Alquié, *Désir d'éternité*, p. 91.
100. Cf. Burloud, *Psychologie des tendances*, p. 32.
101. Alquié, *op. cit.*, p. 91.
102. M. Bonaparte, *Éros*, p. 17.
103. Bergson, *Évol. créatr.*, p. 367; cf. *Pensée et mouvant*, pp. 117-118.
104. Bergson, *Évol. créatr.*, pp. 265, 267, 278.
105. Cf. Bergson, *op. cit.*, p. 286.
106. Gusdorf, *op. cit.*, p. 102.
107. *Op. cit.*, p. 103.
108. Cf. Pradines, *Traité*, II, 2, pp. 14 s.
109. Bergson, *Les deux sources*, p. 127.
110. Cf. Proust, *Du côté de chez Swann*, pp. 54, 58, e *Le temps trouvé*, II, cap. III, pp. 11, 14, 53 s. Sobre o "existencialismo de Bergson", cf. H. Bonnet, *Roman et poésie*, p. 236 s. A nossa tese está neste ponto muito próxima da de E. Souriau (cf. *Pensée vivante*, p. 265), para quem a memória é "concatenação", quer dizer, encadeamento reversível e não devir existencial e fatal.
111. Cf. Kostyleff, *Réflexologie*, p. 232.
112. Cf. Malraux, *Les voix du silence*, III, pp. 119, 145, 146, 150.
113. Cf. Allendy, *L'enfance méconnue*, p. 60, e Baudouin, *Introduction à l'analyse des rêves*, p. 37.
114. Cf. M. Dufrenne, *La personnalité de base*, pp. 155 s. Cf. G. Durand, *Les troix niveaux de formation du symbolisme*.
115. Cf. Kostyleff, *op. cit.*, pp. 32, 232; cf. Goldstein, *op. cit.*, p. 135: "O reflexo é reação do organismo total."
116. Cf. Baudouin, *op. cit.*, p. 33.
117. Cf. Goldstein, *op. cit.*, p. 135: "Os reflexos são a expressão da reação do organismo a um isolamento qualquer de algumas das suas partes."
118. Lévi-Strauss, *op. cit.*, p. 225: "Sabe-se bem que qualquer mito é uma procura do tempo perdido"; cf. Bastide, *Lévi-Strauss ou l'ethnographe "à la recherche du temps perdu"* (*Présence africaine*, abril-maio, 1956).
119. Bergson, *Deux sources*, p. 127.
120. *Op. cit.*, p. 137.

121. *Op. cit.*, p. 159; cf. p. 160.
122. *Op. cit.*, p. 159.
123. Cf. Sartre, *L'imaginaire*, p. 217.
124. *Op. cit.*, p. 232.
125. Griaule, *Masques dogons*, p. 818: "A arte dos dogon pela sua origem é uma luta contra a podridão."
126. Cf. Malraux, *Les voix du silence* e *La métamorphose des dieux.*
127. Cf. Bastide, *Le château intérieur de l'homme noir*, *op. cit.*, p. 256: "A máscara é o sucedâneo do êxtase... é-se possuído pelos deuses, mas desempenham-se os papéis dos antepassados." Cf. Griaule, *op. cit.*, pp. 773 s.
128. *Op. cit.*, p. 802.
129. *Op. cit.*, p. 775.
130. *Op. cit.*, pp. 776 s.
131. *Op. cit.*, p. 789.
132. *Op. cit.*, p. 792, nota 4; cf. Hubert e Mauss, *Esquisse d'une théorie générale de la magie* (*Ann. sociol.*, VII), p. 99; cf. A. Breton, *L'art magique*, pp. 11 s., especialmente pp. 48 s.
133. A. Breton, *op. cit.*, p. 56, resposta de Lévi-Strauss.
134. Griaule, *op. cit.*, p. 806.
135. *Op. cit.*, p. 802.
136. A *Awa* é a Sociedade das máscaras.
137. *Op. cit.*, p. 819.
138. Cf. Bergson, *Évol. créatr.*, pp. 173, 270.
139. Cf. Pradines, *Traité de psych.*, I, pp. 531, 538, 540, 559.
140. É a própria posição de Alain para quem as "coisas reais resistem à deslocação"; *op. cit.*, p. 80.
141. Sartre, *L'imaginaire*, p. 165.
142. *Op. cit.*, p. 166.
143. Piaget, *Représent. esp.*, pp. 532, 535.
144. Cf. Séchehaye, *op. cit.*, p. 97.
145. Cf. Séchehaye, *op. cit.*, p. 121.
146. Cf. Bachelard, *Poétique de l'espace*, p. 184. Essa faculdade reflexógena de coexistência, quer dizer, de redobramento, faz passar o ser do domínio da existência ao da essência.
147. *Op. cit.*, p. 27.
148. M. Bonaparte, *Éros*, pp. 15, 34.
149. Piaget, *op. cit.*, p. 555; cf. p. 565.
150. Cf. L. Binswanger, *Grundformen und Erkentnis menschlichen Dasein*, p. 31.
151. Cf. A. Rouhier, *La plante qui fait les yeux émerveillés*, e Raucoule, *Hallucinations mescaliniques*, in *Encéphale*, junho, 1938. Cf.

Reichard, Jakobson e Werth, *Language and Synesthesia*, in *Word*, V, n.º 2, 1949, pp. 226 s. O atlas auditivo liberta-se mais dificilmente do utilitarismo que a visão. O ouvido mantém-se mais tempo simples sentido de alerta, simples receptor de sinais. A acuidade visual estende-se muito mais longe que a acuidade auditiva.

152. Stravinsky, *Poétique musicale*, p. 28.
153. Cf. Sartre, *L'imagination*, p. 149. Sobre os limites do prosaico em literatura, cf. *Le décor mythique, op. cit.*, II Parte, cap. 2.
154. Porque a vista é por essência órgão do longínquo, porque a "ocularidade" recua instintivamente o horizonte através dos "espaços infinitos".
155. Cf. *supra*, pp. 225, 275 s.
156. Cf. Eliade, *Hist. relig.*, pp. 324-325.
157. Cf. *supra*, pp. 408 s.
158. Cf. Bachelard, *Philo. du non*, p. 108; cf. *Rationalisme appliqué*, p. 84; cf. igualmente Korzybski, *Science and Sanity*, p. 52-58, para o qual toda a lógica copulativa se resolve em *coincidências, inclusões* e *invasões* espaciais.
159. Bachelard, *Philo. du non*, pp. 116 s.
160. Cf. Korzybski, *op. cit.*, pp. 56-58. A noção de *invasão* é geometricamente muito ambígua, uma vez que as variedades da invasão são infinitas.
161. Cf. Lévy-Bruhl, *Fonctions mentales dans les sociétés inférieures*, pp. 453 s.; cf. Przyluski, *La participation*, pp. 156 s., 167; cf. Bastide, *Contribution à l'étude de la participation* (*Cah. intern. sociol.*, XIV, 1953), pp. 130-140.
162. Bleuler, *Handbuch der Psychiatrie*, IV, 1, pp. 38, 75 s.
163. Cf. J. Soustelle, *La pensée cosmol. des anciens mexicains*, especialmente cap. VII: "Le séjour des morts", VIII: "Les points cardinaux", IX: "Espace et temps". Cf. *supra*, II livro, 2.ª parte. Cf. Halbwachs, *La topographie légendaire des évangiles en Terre Sainte*.
164. Cf. *supra*, pp. 43 s.
165. Granet, *Pensée chinoise*, pp. 184 s.; cf. igualmente Cazeneuve, *Les dieux dansent à Cibola*, pp. 68 s.; cf. igualmente Lévi-Strauss, "Les organisations dualistes existent-elles?", in *Anthrop. struct.*, pp. 148-180.
166. Soustelle, *op. cit.*, pp. 68 s., 73-75.
167. *Op. cit.*, p. 67.
168. Cf. Durkheim e Mauss, *De quelques formes primitives de classification* (*Ann. sociol.*, t. II), pp. 480 s.
169. Cf. *supra*, p. 179.
170. Cf. *supra*, pp. 298 s., pp. 390 s.
171. Cf. *supra*, p. 302 s.; cf. Lévi-Strauss, *Anthropologie structurale*,

pp. 104 s.; cf. P. Guiraud, *La sémantique*, p. 116, que marca bem o primado do "núcleo" semântico sobre o flutuante "halo" estilístico.

172. Cf. Kant, *Critique de la raison pure*, I, p. 172: "Ora, é essa representação de um processo geral da imaginação, que serve para encontrar para um conceito a sua imagem, que eu chamo o esquema desse conceito."

173. *Op. cit.*, p. 176.

174. Cf. P. Guiraud, *La stylistique*, cap. III, "Stylistique de l'expression".

175. Cf. *supra*, p. 183.

176. Guiraud, *Sémantique, op. cit.*, p. 116.

177. Cf. Matoré, *op. cit.*, pp. 20, 27, 60, 62.

178. Usando a terminologia de Barthes, poderíamos dizer que a *escrita* só tem valor por referência ao *estilo*.

179. Cf. *supra*, p. 204.

180. Cf. *supra*, pp. 196 s.

181. Cf. *supra*, p. 201.

182. Cf. *supra*, p. 198 *in fine*.

183. Cf. Volmat, *op. cit.*, pp. 193 s.

184. *Op. cit.*, p. 308.

185. Volmat, *op. cit.*, p. 211.

186. Volmat, *op. cit.*, p. 204.

187. Cf. *supra*, pp. 221 s.

188. Cf. *supra*, pp. 299 s.

189. Cf. *supra*, pp. 225 s.

190. Cf. *supra*, p. 308.

191. Cf. *supra*, p. 305.

192. Bréal, *Sémantique*, pp. 149-150.

193. Cf. *supra*, p. 309.

194. Cf. *supra*, pp. 397 s.

195. Cf. *supra*, pp. 312 s.

196. Cf. *supra*, pp. 391 s.

197. Cf. *supra*, pp. 316-320.

198. Cf. *supra*, p. 399.

199. Paradoxalmente, é na época em que se separa judiciosamente o estilo da "escrita" retórica e que se afirma *o estilo é o homem* que a filosofia se afasta da retórica, do estilo e, por conseqüência, do homem. Cf. Guiraud, *La stylistique*, p. 31: "Décadence de la rhétorique."

Conclusão

1. Cf. o belo estudo de C. Lévi-Strauss, *L'efficacité symbolique*, in *Anthrop. struct.*, p. 205, no qual o autor não receia pôr em paralelo a

cura de um psicanalista e a de um chamane Cuna. Cf. G. Durand, *L'Occident iconoclaste*, in *Cahiers intern. de symbolisme*, n.º 2, 1963.

2. Cf. Przyluski, *La participation*, p. XI: "A crise moral que atravessamos vem, em parte, da nossa impotência em conceber a unidade do humano no tempo e no espaço."

3. Cf. R. Barthes, *op. cit.*, pp. 232, 235, 237. P. Ricoeur faz uma excelente e sutil diferença entre "desmitologizar" e "desmitizar", *in* "Le symbole donne à penser", *Esprit*, julho 1959.

4. Cf. Friedmann, *Où va le travail humain?*, pp. 150-151, 235 s., 343. Cf. Stern, *La troisième révolution*, pp. 124 s. Cf. sobretudo a reação generalizada contra a arte dita "abstrata", não por um retorno ao "figurativo", mas por uma tendência para o "informal". Cf. obras de Franz Kline, Mark Tobey, Zao-Wou-Ki, Domoto, *in Catalogue exposition "Orient-Occident"*, Museu Cernuschi, nov. 1958.

5. Cf. o estudo muito recente que Jung consagra à "psicose" dos "discos voadores". C. G. Jung, *Ein moderner Mythus, Von Dingen, die am Himmel gesehen werden*. Rascher, Zurique, 1959.

6. Barthes, *op. cit.*, p. 233. Contrariamente a Barthes, L. Aragon viu muito bem, numa perspectiva baudelairiana, que o luxo é inseparável da arte tal como da esperança; cf. Aragon, *Apologie du luxe*, prefácio do *"Matisse"*, Skira, Genebra, 1946.

7. *Fédon*, 114 d.

8. Cf. Séchehaye, *La réalisation symbolique*.

9. Cf. Desoille, *op. cit.*

10. Cf. Moreno, *Les fondements de la sociométrie*.

11. Cf. o nosso livro: *Le décor mythique de la Chartreuse de Parme*.

12. Sobre as projeções míticas da revolta, cf. Muchielli, *Le mythe de la cité idéale*.

13. Cf. *Fédon*, 60 e.

Anexo I. **Das convergências da nossa arquetipologia com o sistema lógico de S. Lupasco**

1. Sobre o estado desta questão, cf. nosso artigo *Les structures polarisantes de la conscience psychique et de la culture*, in *Eranos Jahrbuch*, Rhein Verlag, Zurique, 1968, Band XXXVI.

2. Cf. Yves Durand, *op. cit.*

3. Cf. P. Sorokin, *Social and Cultural Dynamics*, Porter Sargent Publisher, Boston, 1957.

4. Cf. Yves Durand, *op. cit.*; S. Lupasco, *Les trois matières*, Julliard, 1960; R. Bastide, *Le principe de coupure et le comportement afro-brésilien* (Anais do XXXI Congresso Intern. de Americanistas, São Paulo, 1955).